개정판

제4차산업혁명시대
# 부동산정보기술론
Real Estate Information Technology Theory

경정익 저

박영사

이 저서는 2020년 대한민국 교육부와 한국연구재단의 지원을 받아 수행된 연구임.
(NRF－2020S1A5B5A17089965)

# 머리말

부동산
정보기술론

작년 말 부동산정보기술론 개정판 출판을 제안받고 또 수강하는 학생들로부터 서점에서 책을 구입할 수 없다는 말을 들으면서도 차일피일 미루다가 이제야 출판을 하게 되었다. 개정작업을 하면서 많은 신생 용어가 나오고, 기술이 발전하여 성공적인 다양한 비즈니스 모델이 출현하는 등으로 종전 책의 많은 부분을 개정하게 되었다. 세상이 급변함을 새삼 실감하게 된다.

토마스 프레드먼(Tomas L. Friedman)은 앞으로의 세계는 BC(Before Corona)와 AC(After corona)로 나누어질 것이며, 코로나 이후 어떤 변화가 닥칠지 예견할 수 없겠지만 세계는 지금까지 우리가 알고 있던 것과는 무척이나 많이 다를 것이라 한다. 어쩌면 코로나와 함께하는 WC(With Corona)시대가 될지도 모르겠다.

얼마 전 늦은 저녁 시간에 코로나 이후 무인상점, 치킨 조리와 방역 활동을 하는 비대면 로봇, 스마트 공장 등 실생활에 많은 변화가 나타나는 현상에 관한 TV 방송을 보면서 상상도 하지 못했던 세상이 눈앞에 다가왔음을 느끼고 내가 잘 적응할 수 있을까 하는 두려운 생각이 들기도 한다.

부동산에 대한 국내 인식도 종전의 Low Tech.에서 High Tech.로 바뀌고 있다. 조금 늦은 감은 있지만 그래도 참으로 다행스럽다. 불과 몇 년 전만 해도 부동산에서 빅데이터, 인공지능 등 정보기술에 대해 언급하면 생소해 하기도 하고 대학에 과목개설 제안을 하면서 무안하기도 하였다. 그러나 최근에는 많은 대학에서 빅데이터, 블록체인, 증강 및 가상현실, 인공지능 등 정보기술과 부동산 관련 전공과 과목을 개설하거나 준비 중에 있다. 국내의 프롭테크(Proptech)도 정책적인 지원과 투자, 창업이 부족하고 발전속도와 규모가 제한적이나, 참여 기업의 증가와 관심도 높아가고 있다. 정말 세상이 그리고 부동산도 많이 변하고 있구나 하는 생각이 든다.

　　필자는 실생활을 하면서 일어나지도 않은 것에 대해 불필요한 걱정을 한다는 주변 지인의 지적을 받기도 하지만 앞으로의 세상이 어떻게 될 것인가에 대해 관심이 많다. 특히 필자가 공부하는 부동산은 앞으로 어떻게 변할 것인가에 늘 생각이 많다.

　　본 졸서는 이러한 생각에서 개정판을 집필한 학습서이다. 제4차산업혁명에 의한 변화발전 그리고 디지털전환(Digital Transformation)에 의해 우리 앞에 전개되고 전개될 것으로 예상되는 아니 어떻게 세상이 바뀌게 될 것인지 상상도 제대로 되지 않는 이 시점에 부동산이 어떻게 발전할 것인지를 본서를 통해 학습할 수 있기를 바란다. 그리고 본서를 출발로 더 많은 연구와 학습서가 출판되어 우리나라 부동산 산업이 발전하길 바라며, 앞으로 국내에 한정되지 않고 전 세계로 확대될 것으로 예상되는 국내 부동산시장에 글로벌한 경쟁력을 갖출 수 있기를 기대한다.

　　그리고 종전에 포함되었던 부동산정보에 관한 내용은 제외하려고 하였으나 아직 이에 대한 이론서가 미흡한 상태로 부동산정보, 부동산정보시스템, 부동산정보화정책 등에 대한 이론적 학습과 연구를 할 수 있도록 포함하였다.

　　이번 부동산정보기술론을 개정하면서도 내 인생의 반려자인 아내 김금숙 님의 도움이 컸다. 매사에 필자의 부족한 부분을 채워주어 감사와 사랑하는 마음을 전하고 싶다. 그리고 본서의 개정출판과 같은 시기인 금년 1월에 결혼한 아들 경용현과 황혜민, 직장과 학업을 겸하는 어려움 속에 경영대학원을 졸업하는 큰아들 경진현에게 특별히 축하하는 마음을 전한다. 또한 본서의 출판을 하여준 박영사 임직원, 정성혁 님과 예쁘게 편집을 하여 준 조보나 님께 감사드린다.

2021년 2월 20일

불암산을 바라보는 별내서재에서

부동산
정보기술론

# 차례

## PART 02
# 부동산정보와 정보시스템

# PART 03
# 부동산정보와 공간정보

## PART 05
# 부동산 중개 정보화

PART

# 01

# 사회변혁과
# 부동산정보

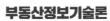
부동산정보기술론

# CHAPTER 01 기술발전과 사회변혁

SECTION 01 제4차산업혁명과 그 변혁

## 1. 제4차산업혁명의 도래

2016년 1월 세계경제포럼(WEF, 일명 다보스포럼)에서 클라우스 슈밥(Klaus Martin Schwab) 회장은 제4차산업혁명의 시대 진입을 주창하였다. 제4차산업혁명시대는 기술의 발전이 지금까지와는 다르게 빠르게 변화하여 우리의 미래는 혁신적이고 파괴적인 변화를 가져올 것이라 한다. 따라서 모든 산업에서 파괴적인(disrupting) 혁신을 불러와 생산, 경영 및 거버넌스 등을 포함하는 사회 전체에 변혁이 이루어질 것으로 예상된다.

WEF(2016)에서 정의하는 제4차산업혁명은 인공지능(AI)과 기계학습(ML), 로봇공학, 나노기술, 3D 프린팅과 유전학과 생명공학기술과 같이 예전에는 서로 단절되었던 분야들이 경계를 넘어 융·복합을 통해 발전해나가는 '파괴적 기술혁신'의 패러다임이 큰 특징이라고 볼 수 있다. 이러한 제4차산업혁명시대는 첫째, 혁신적인 기술의 융·복합하는 트렌드는 향후 스마트홈, 스마트 공장, 스마트 농장, 스마트 그리드 또는 스마트시티 등 스마트화 된 시스템 구축으로 공급사슬 관리부터 기후 변화에 이르기까지 다양한 문제에 대응할 수 있는 범용적인 기술로 자리 잡을 것으로 예상된다. 둘째, 혁신적인 기술의 발전과 병행하여 진행되는 일련의 광범위한 사회·경제적, 지정학적, 인구학적 발전 또한 기술적 요인에 버금가는 영향을 미칠 것이다.

제4차산업혁명에서 가장 주목할 만한 혁신으로 기술적 측면을 강조하는 '제조업 혁신'이라는 관점에서 바라보는 입장도 있다. 이는 IoT, 클라우드 컴퓨팅, 3D프린터, 빅데이터 등 ICT기술을 통해 생산공정시스템을 지능적으로 구축함으로써 작업 경쟁력을 제고하는 독일의 '인더스트리 4.0'이 대표적이다. 제4차산업혁명은 제조공정에 CPS(사이버물리시스템)[1]를 도입하는 등 자동화, 지능화되어 '제조공정의 디지털화', '제품의 서비스화'라는 측면이 강조된다. 제조공정의 디지털화는 스마트공장의 확산을 의미하는 것으로, 3D프린팅을 기반으로 맞춤형 소량생산이 가능해진 공정혁신으로부터 현재 GE의 산업인터넷(Industrial Internet) 전략처럼 공정전반과 제품의 유지관리, 제품을 기반으로 고객접점을 확보하고 지속적인 AS를 지원하는 등 그 범위가 광범위하다. 다시 말해 제조업의 수익모델이 기존에 제품을 판매하는 것에서, 제품이라는 플랫폼을 기반으로 각종 서비스를 판매하는 이른바 제품서비스로 변화하고 있으며, 모바일 기기 이외에도 자동차, 가전기기 등 여러 제품군에서 이러한 변화의 바람이 일고 있는 것이다.

좀 더 관점을 확대해 보면, 제4차산업혁명은 플랫폼을 활용한 신규 서비스 시장 전체를 의미한다고 할 수 있다. 즉 플랫폼 비즈니스로서 공유경제, 구독경제, 온디맨드(On-Demanded)[2] 서비스 시장이 바로 여기에 해당된다. 새로운 산업들은 중개인(에이전트)을 대신하는 지능적인 플랫폼을 기반으로 유휴자원에 대한 수요와 공급을 즉각적으로 연결해주는 특징으로 고용시장의 유연화가 가능하다.

서로 모르는 사용자들끼리 신뢰를 보증하는 공적기관을 두지 않고 프로그래밍을 통해 암호화되는 시스템(예 블록체인)을 공동으로 만들어가는 산업구조도 플랫폼 비즈니스에 적용될 수 있다. 실제 블록체인 기술에 의한 비트코인(Bitcoin)으로 금융거래가 이루어지고 있으며, 이는 향후 국가에서 발급하는 제반 증명서, 보험금 청구, 의료기록, 온라인 투표 등 코드화가 가능한 모든 거래는 블록체인에 의해 가능할 것으로 전망되고 있다.

이와 같이 제4차산업혁명은 크게 융·복합되며 공진화하는 기술혁신, 제조업의 산업구조 혁신(제조공정의 디지털화, 제품의 서비스화), 그리고 AI기반의 플랫폼 비즈니스(공유경제, 블록체인 등) 이라는 3가지 측면으로 파악될 수 있다. 그리고 제4차산업혁명으로 인한 기술혁신은 기술의 융·복합과 플랫폼 기반의 온디맨드 경제(서비스 중심)의 확산으로 이어지고, 이에 따라 제조업의 위상과 역할도 크게 변화할 것으로 예상된다.

---

1) 사이버물리시스템(CPS: Cyber Physical System): 현실세계의 다양한 물리시스템을 컴퓨터와 네트워크를 통해 연결하여 자율적, 지능적으로 제어할 수 있는 시스템.
2) 온디맨드(On-Demand): 모바일을 포함한 정보통신기술(ICT) 인프라를 통해 소비자의 수요에 맞춰 즉각적으로 맞춤형 제품 및 서비스를 제공하는 경제 활동.

## 2. 제4차산업혁명의 혁신기술

제4차산업혁명시대는 ICT와 기존의 별도 영역의 기술이 상호 융·복합되고 공진화(Co-Revolution)되는 '혁신기술'의 패턴을 보일 것으로 예상된다. 여기서 혁신기술이란 기술 기반의 플랫폼이 확산되며 산업구조가 변화되거나 새로 창출되도록 하는 영향력을 가지는 특성이 있다.

세계경제포럼은 제4차산업혁명을 주도하는 혁신기술로 인공지능, 메카트로닉스3), 사물인터넷(IoT), 3D 프린팅, 나노기술, 바이오기술, 신소재기술, 에너지 저장기술, 퀀텀 컴퓨팅4) 등을 지목했다. 이러한 혁신기술에 의해 기가인터넷, 클라우드 컴퓨팅, 스마트 단말, 빅데이터, 딥러닝, 드론, 자율주행차 등의 산업이 확산될 것으로 전망하며 물리학 기술, 디지털기술, 생물학기술이라는 메가트렌드 관점에서 살펴보면 다음과 같다.

디지털 기술인 사물인터넷(IoT)은 상호 연결된 기술과 다양한 플랫폼을 기반으로 사물(제품, 서비스, 장소)과 인간을 연결하는 새로운 패러다임을 창출하고 있다. IoT 환경에서 생성되는 다양한 데이터를 처리하기 위한 클라우드 컴퓨팅 및 빅데이터 산업이 발달하고 일련의 혁신적인 기술들은 인공지능(AI)이 더해지며 삶의 변화를 이끌어내고 있다. IoT는 현재 인공지능의 초기 단계인 기계학습을 통해 다양한 서비스 제공이 가능하며, 상황을 인지하고 학습하는 컴퓨터의 능력이 발전할수록 무인자율자동차, 드론, 로봇 등 IoT를 통해 제공할 수 있는 서비스도 함께 발전되어 나갈 것이다.

나아가 만물인터넷(IoE: Internet of Everything) 시대는 온디맨드 경제구조로 산업구조의 빠른 전환을 야기한다. 블록체인(Block Chain)은 서로 모르는 사용자들이 공동으로 만들어가는 시스템인데, 암호화(보완)되어 모두에게 공유되기 때문에 특정 사용자가 시스템을 통제할 수 없어 오히려 투명한 거래방식이 될 수 있다.

물리학 기술은 무인운송수단, 3D프린팅, 로봇공학, 그래핀 등 신소재 등 유형의 소재, 제품에 ICT기술을 접목하여 다음과 같은 혁신이 등장하고 있다. 첫째, 센서와 인공지능의 발달로 자율 체계화된 모든 기계의 능력이 빠른 속도로 발전함에 따라 드론,

---

3) 메카트로닉스(Mechatronics)는 공학의 여러 분야가 복합된 학문으로 기계공학·전기공학·전자공학을 복합적으로 적용하는 새로운 개념의 공학이다. 오늘날의 자동차·항공기, 기계와 생산가공, 시험 및 계측을 비롯한 대부분의 기계와 공정들은 전기와 기계적 본질이 어우러진 복합체로, 기계·전자·시스템 등 한 어느 분야만으로 이루어지는 경우는 거의 없다. [네이버 지식백과]
4) 퀀텀컴퓨터(Quantum computer): 원자의 집합을 기억 소자로 간주하여 원자의 양자 역학적 효과를 기반으로 방대한 용량과 초병렬 계산이 동시에 가능한 컴퓨터.

트럭, 항공기, 보트 등 다양한 무인운송수단이 등장하고 있다. 둘째, 3D 프린팅은 디지털설계도를 기반으로 유연한 소재로 3차원 물체를 적층(additive)하는 방식으로 기존 제조공정과 완전히 다른 작업환경을 필요로 하며 이미 다양한 분야에 실용화되고 있다. 셋째, 로봇은 센서의 발달로 주변 환경에 대한 이해도가 높아지고 그에 맞는 대응과 다양한 업무 수행이 가능해졌다. 기존에 없던 스마트 소재를 활용한 신소재(재생가능, 세척가능, 형상 기억합금, 압전 세라믹 등)가 시장에 등장하고 있다.

생물학 기술은 기술적으로 빠르게 발전하고 있으나 생물학의 한계는 기술이 아닌, 법/규제 그리고 윤리적인 문제가 더 중요하다. 과거 인간 게놈프로젝트 완성에 10년이 넘는 시간과 27억 달러가 소요되었으나, 현재는 몇 시간과 100달러 가량의 저비용으로 낮아졌다. 특히 합성생물학 기술은 DNA데이터를 기록하여 유기체를 제작할 수 있어 심장병, 암 등 난치병 치료를 위한 의학분야에 직접적인 영향을 줄 수 있다. 그리고 유전공학의 발달은 경제적이고 효율적인 작물을 키워내는 것부터 인간의 세포를 편집하여 병증을 미연에 방지하는 것까지 광범위하고 우리의 삶과 직결되어 있다(이은민, 2016).


# 3. 제4차산업혁명이 야기하는 사회변화

## 1) 기술적 영향

2016년 세계경제포럼(WEF)에서는 15개국을 대상으로 9개 산업부문에 걸쳐 1,300만여 명을 고용하고 있는 총 371개의 세계적 기업의 최고 인사책임자(CHRO)와 고위 인재 전략 담당 임원들을 대상으로 제4차산업혁명에 의한 변화요인이 무엇인지를 알기 위해 설문조사를 실시했다. 그 결과 아래 그림에서 보는 바와 같이 제4차산업혁명에 의한 주요한 영향은 작업환경의 변화와 노동 유연화(44%), 신흥시장 중산층의 성장(23%), 기후변화, 자연자원의 제약과 녹색경제로의 이행(23%), 지정학적 변동성의 확대(21%) 등이 높은 순위에 올랐다.

또한 제4차산업혁명에 의한 기술적인 영향으로는 모바일 인터넷과 클라우드 기술(34%), 컴퓨터 처리 능력과 빅데이터 활용 확대(26%), 신 에너지 공급과 기술(22%), 사물인터넷(14%), 클라우드소싱, 공유경제(12%) 등의 순으로 나타났다.

[그림 1-1] 제4차산업혁명의 인구 사회 경제적 및 기술적 요인

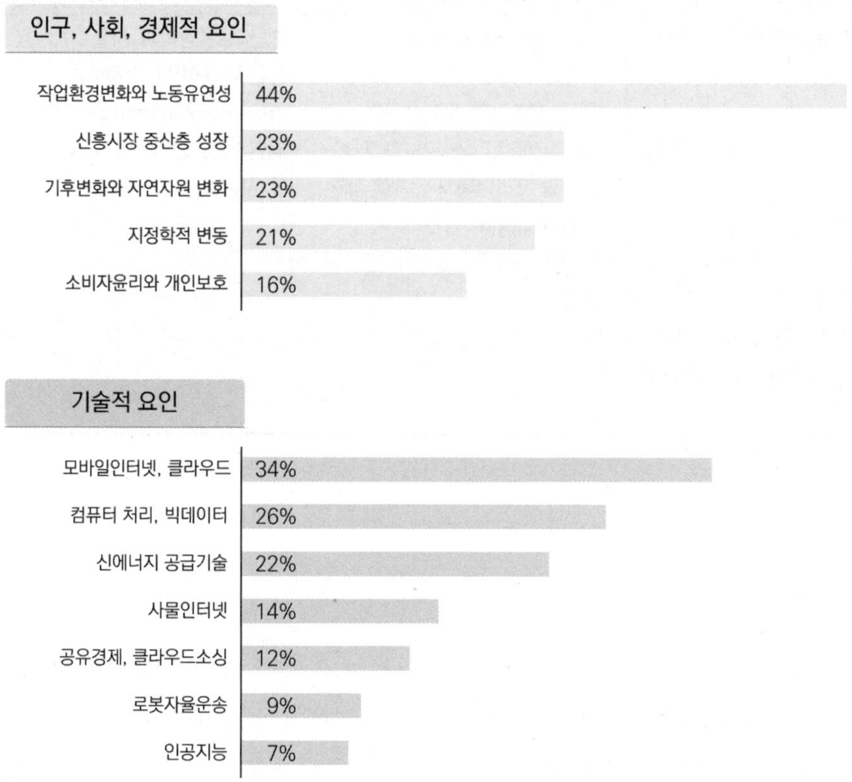

**인구, 사회, 경제적 요인**

| | |
|---|---|
| 작업환경변화와 노동유연성 | 44% |
| 신흥시장 중산층 성장 | 23% |
| 기후변화와 자연자원 변화 | 23% |
| 지정학적 변동 | 21% |
| 소비자윤리와 개인보호 | 16% |

**기술적 요인**

| | |
|---|---|
| 모바일인터넷, 클라우드 | 34% |
| 컴퓨터 처리, 빅데이터 | 26% |
| 신에너지 공급기술 | 22% |
| 사물인터넷 | 14% |
| 공유경제, 클라우드소싱 | 12% |
| 로봇자율운송 | 9% |
| 인공지능 | 7% |

위에 언급된 제4차산업혁명에 의한 영향들을 시기별로 나누어 살펴보면 다음과 같다. 2015~2017년 사이에 제4차산업혁명으로 인한 기술적 측면은 사물인터넷(IoT), 첨단 제조업과 3D 프린팅, 신에너지 공급과 기술로 분석되고, 인구, 사회, 경제적 측면은 평균수명 증가와 고령화 사회, 윤리와 프라이버시 문제에 대한 소비자의 우려 증가, 여성의 사회적 열망과 경제력 상승 등이다.

2018~2020년에 나타난 영향은 첨단 로봇공학과 자율주행차량, 인공지능(AI)과 기계학습(machine learning), 첨단소재, 생명공학기술과 유전체학(genomics)이다.

WEF(2016)의 조사결과에서 나타났듯이 전 세계 많은 전문가들은 제4차산업혁명이 가까운 미래에 IoT, 빅데이터, 클라우드 컴퓨팅, AI 등 모바일 플랫폼 비즈니스를 가능케 하는 혁신적인 기술적 환경이 조성되고, 3D프린팅 및 첨단제조업 등 제조업의 혁신을 가져올 것이라 예상하고 있다.

┃〈표 1-1〉 제4차산업혁명의 시기별 영향

| 이미 나타난 영향 | 2015~2017 | 2018~2020 |
|---|---|---|
| • 모바일 인터넷과 클라우드 기술<br>• 컴퓨터의 처리 능력과 빅데이터의 확대<br>• 클라우드소싱, 공유경제와 개인간 (p2p) 플랫폼<br>• 신흥시장 중산층의 성장<br>• 신흥시장의 청년층 인구 증가<br>• 급격한 도시화<br>• 작업환경의 변화와 노동 유연화<br>• 기후변화, 자연자원의 제약과 녹색 경제로의 이행 | • 신에너지 공급과 기술<br>• 사물인터넷(IoT)<br>• 첨단 제조업과 3D 프린팅<br>• 평균수명 증가와 고령화 사회<br>• 윤리와 프라이버시 문제에 대한 소비자의 우려 증가<br>• 여성의 사회적 열망과 경제력 상승 | • 첨단 로봇공학과 자율주행차량<br>• 인공지능(AI)와 기계학습 (machine learning)<br>• 첨단소재, 생명공학기술과 유전체학(genomics) |

자료: WEF(2016).

## 2) 고용구조 변화

비즈니스 모델의 변화는 새로운 환경에서 직무능력(skill set)의 파괴적 변화로 이어질 것으로 예상되며, 이미 광범위한 일자리와 산업에서 파괴적 변화로 인한 기존 직무능력의 적합성에 대해 가시적인 변화를 느끼고 있다. 혁신기술에 대한 요구가 빠르게 높아질수록, 개별 직업군과 직업에 대한 기술 요건의 변화 정도는 더욱 확연하게 된 것이다. 예를 들어 로봇공학과 기계 학습 같은 기술의 파괴적 변화는 기존 직업과 직종을 완전히 대체하기 보다는 직업의 일부로 이전에 수행하던 특정 과업만을 대체하게 되어, 근로자는 보다 자유롭게 새로운 과업에 집중하게 되어 이들 직업에서 핵심 직무능력에 급속한 변화가 일어날 것으로 보인다. 심지어 기술적 변화로 고용의 직접적인 영향을 받지 않는 안정적인 직종, 예를 들어 신흥시장의 새로운 인구 층을 겨냥한 마케팅이나 공급사슬 전문가는 앞으로 몇 년 후 생태계의 변화에 따라 크게 달라진 직무능력을 요구 받게 될 것이다. 이처럼 비즈니스 모델에 대한 기술적, 인구학적, 사회경제학적 변혁의 영향은 고용 지형과 직무능력 요건의 큰 변화를 불러오며 이에 따라 인재의 채용, 훈련과 관리에 상당한 어려움이 초래될 것으로 전망된다.

뿐만 아니라 만물의 네트워크화가 진행되고 온디맨드 경제가 대두됨에 따라 고용구조는 현재의 상용 근로직에서 임시계약직으로 변화할 가능성도 높아진다. 기존의 고용

구조가 회사가 직접 직원을 채용해서 고객에게 제품이나 서비스를 제공했다면, 온디맨드 경제구조에서는 수요에 대응한 초단기 계약직을 다수 활용함으로써 기존의 양질의 일자리가 줄어드는 사회문제를 야기할 수 있다.

이렇듯 기업들은 필요한 시점과 기간에 따라 정규직이 아닌 계약직이나 임시직으로 인력을 활용하고 대가를 지불하는 '긱 이코노미(Gig Economy)'시장으로 변화될 것으로 보인다. 이미 미국 상무성은 2016년 6월 긱 이코노미와 관련된 통계자료를 만들기 위해 이 용어의 범주를 명확히 정의하였다. 우버(UBER)가 전 세계 자사 디지털 플랫폼을 이용하는 기사들과 직접적인 고용을 맺는 대신 '드라이브 파트너'라는 임시계약구조를 가져가는 것이 바로 긱 이코노미의 대표적인 예라고 할 수 있다.

## 4. 공유경제와 구독경제

제4차산업혁명의 도래로 '자동화', '노동대체 기술의 발전', 그리고 '온디맨드 플랫폼 비즈니스 확대' 등의 공유경제(Share Economy, Collaborative Economy)[5]를 통한 산업구조적인 패러다임 변화가 빠르게 진행되고 있다. 또한 구독경제가 최근 성행하여 일각에서는 공유경제는 구독경제로 대체될 가능성도 제기하고 있다.

### 1) 공유경제

기존 산업구조에서 시장의 메커니즘은 사람, 유휴 자산(재화)과 정보를 유통 플랫폼에 등록하고, 수요자와 공급자가 모두 그 안에서 거래를 하는 방식이다. 이때 공급과 수요가 만나는 지점에서 가격이 결정되고 이는 시장 전체에 통용되는 기준으로 적용된다.

공유경제란 한번 생산된 제품을 여럿이 공유해 쓰는 협업소비의 개념이며, 기존 자원(즉 유휴자원)을 활용해서 서로 이익을 얻는 것을 중요하게 생각하는 경제활동을 말한다.

---

5) 공유경제란 용어는 미국 하버드 법대 로렌스 레싱(Lawlence Lessing)교수가 2008년 저서 「Remix」를 통해 최초로 사용하였다.

[그림 1-2] 공유경제 비즈니스 모델

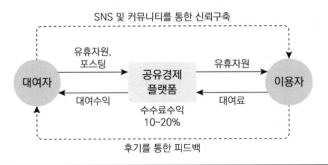

자료: 클라우드 산업연구소 위즈돔(2013).

공유경제는 거래에 당사자들이 제품과 서비스를 소유하지 않은 상태에서 이용할 수 있으며, 디지털 플랫폼이 거래의 중개인 역할을 담당하게 된다. 디지털 플랫폼은 충분히 활용되지 못하는 잉여자원(자동차, 집의 남는 방, 거래 중개자, 배달이나 집수리를 위한 기술, 지식 등)을 효율적으로 사용할 수 있는 접점의 역할을 한다. 이러한 디지털 플랫폼은 서비스를 추가로 제공할 때 발생하는 한계비용이 거의 제로에 가까운 특징이 있다. 따라서 이러한 이유로 디지털 플랫폼은 자산을 활용하여 거래를 하거나 서비스를 제공할 때 발생하던 거래비용이나 마찰비용을 획기적으로 감소시켜, 참여자 모두에게 경제적 이익을 추구할 수 있다. 그 대표적인 예로 세계에서 가장 큰 택시기업인 우버(Uber)는 자체 소유하고 있는 자동차가 없고, 세계에서 가장 큰 숙박 제공업체 에어비앤비(AirBnB)는 소유한 숙박시설이 없지만 디지털 플랫폼을 통하여 기존의 비즈니스와는 완전히 다른 형태의 비즈니스임을 보여준다.

온디맨드 경제는 아래 표에서 보는 바와 같이 차량, 숙박 뿐 아니라 배달, 청소 등 단순노동 서비스로 확장되어 진행되고 있으며, 최근에는 법무 및 컨설팅 등 전문인력 서비스 분야에까지 확대 적용되고 있다. 특히 부동산분야의 개발, 분양, 중개, 임대분야 등에 적용되어 획기적인 변화가 있을 것으로 예상된다.

이러한 공유경제와 부동산의 연관성을 좀 더 구체적으로 살펴보면 다음과 같다. 차량의 공유 활성화는 자동차 소유를 줄일 수 있다. 예를 들어 중·대형차와 소형차 등 2대의 차량을 소유하는 경우 연비가 좋은 소형차만 유지하고 중·대형차는 필요할 때만 대여하여 사용할 수 있을 것이다. 차량공유 서비스업체인 릴레이 라이즈와 집카는 공유되는 자동차 1대당 10~13대의 자동차와 주차공간을 줄일 수 있다고 주장하고 있다(박종훈, 2013). 알릭스파트너스(AlixPartners, 2014)는 미국 10대 대도시의 1,000명의 차량공유서비스 이용자와 1,000명의 차량공유 비 이용자를 대상으로 조사해 신차 구매 절감효과를 실증적으로 분석한 결과 공유차량 1대당 무려 32대의 신차 구매 절감되는 효과가 있는 것으로 나타났다. 이에 따라 미국에서만 차량공유를 통해 누적 50만대의 차량구입이 절감되며, 2020년까지는 120만대의 신차구입이 감소할 것으로 예측하였다. 따라서 차량의 숫자가 감소하고 이에 따라 주차공간이 급격히 감소되어 이에 대한 부동산 용도에도 커다란 변화가 예상된다.

또한 Pureswaran and Lougee(2015)의 분석에 따르면 미국의 상업용부동산의 절반에 사물인터넷과 인공지능을 적용해 유휴공간에 대한 실시간 거래시장을 형성한다면 이를 통해 39%의 추가적인 수용공간이 공급되며, 공급 증가로 단위면적당 비용이 42% 인하되는 효과가 발생할 것으로 분석되고 있다. 또한 기존의 주차공간이 다른 용도로 전환되면 상업용부동산 산업과 공급중가로 임대료가 감소하고 수익이 악화될 수도 있을 것이다.

▮〈표 1-2〉 분야별 온디맨드 비즈니스 사례

| 업체 | 구분 | 내용 |
| --- | --- | --- |
| Lyft | 택시 | 우버와 유사한 카쉐어링 업체로 택시서비스 제공 |
| InstaCart | 장보기 | 코스트코, 홀푸드 등 마트에서 고객이 원하는 신선식품 등을 1시간 이내에 배달하는 쇼핑대행서비스 제공 |
| Handy | 가사노동 | 집안청소부터 가구조립, 실내 페인팅, TV설치, 에어컨설치, 전구교체 등 각종 가사노동 및 수리서비스 제공 |
| TaskRabbit | 심부름 | 지역 내 인력 매칭 플랫폼으로, 청소, 이사, 배달, 출시일에 맞춰 매장에 줄서기, 각종 수리 서비스 등을 제공 |
| DoorDash | 음식배달 | 자체 배달 서비스를 제공하지 않는 지역 내 유명 레스토랑 음식을 집으로 배달해주는 서비스 제공 |
| Luxe | 발레파킹 | 주차공간을 찾는 데 오랜 시간이 걸린다는 점에서 착안, 모바일 앱을 통해 주차대행 서비스 제공 |
| DogVacay | 펫시터 | 반려동물을 돌봐주는 펫시터를 연결해주는 플랫폼 |
| Fiverr | 전문가 | 음악, 그래픽, 번역, 비디오편집, 디자인, 이력서 첨삭, 웹분석 등 각종분야의 전문가 서비스 제공 |
| Quicklegal | 법무 | 법률적 조언이 필요한 사람과 변호사를 연결 |
| HourlyNerd | 컨설팅 | 1~2인 회사부터 대기업까지 17,000명의 각 분야의 독립 컨설턴트를 연결하고 컨설팅 서비스를 제공 |

자료: KB금융지주경영연구소(2016.8.1).

## 2) 구독경제

구독경제(Subscription Economy)는 구독을 뜻하는 서브스크립션(subscription)과 인터넷 기반 전자상거래를 가리키는 e−커머스(e−Commerce)의 합성어를 의미하는 구독상거래이다[6].

즉 구독경제는 제품이나 서비스를 구매·소유하는 것보다 적은 금액을 지불하고 일정 기간 동안 사용할 수 있는 방식을 의미하는 것이다. Zuora(기업용 구독경제 결제 시스템·소프트웨어솔루션 기업)의 창립자이자 최고경영자인 Tien Tzuo는 세계 최초 구독경제 전문사로 제품판매가 아니라 서비스 제공을 통한 반복적 수익의 창출을 위해 고객을 구독자로 전환시킨 것으로, 이런 경제 환경의 변화를 '구독경제'라고 지칭하면서 시작되었다(조혜정, 2019).

[그림 1-3] 구독경제 수익모델

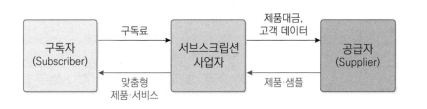

자료: 클라우드 산업연구소 위즈돔(2013).

구독경제 시장 규모는 2015년 약 4,200억 달러(470조 원)이고, 2020년에는 약 5,300억 달러(594조 원)로 성장할 것으로 전망되었으며(Credit Suisse, 2015), 2012~2016년까지 5년간 구독경제는 미국 소매 매출보다 420%, 미국 경제보다 500% 빠른 성장률을 보이고 있다. 특히 정기배송모델 형태의 시장규모는 2011년 5,700만 달러에서 2018년 29억 달러로 성장하였으며, 정기배송모델이 소비자들의 구매습관을 바꿔놓고 있다.

구독경제는 월구독료 납부 후 매달 집으로 수차례 배송하는 정기구독 모델로 초기에는 소비자들이 주기적으로 사야하는 상품들이 주를 이루었으나, 최근에 개인맞춤 서비스와 결합되고 있다. 또한 월 구독료 납부 후 무제한 이용하는 무제한 구독 모델은

---

6) 구독경제는 계약을 통해 유료고객을 가입시켜 일정기간동안 자동으로 재화를 전달하는 것은 기존 정기구독 모델과는 동일하나, 구독상거래 기업이 직접 생산하는 것이 아니라 고객과 생산기업 사이의 중개자 역할을 수행하는 차이점이 있다.

디지털 콘텐츠를 무제한으로 보는 형태를 넘어 음식료와 의료, 헬스케어로 확대되고 있다.

**┃〈표 1-3〉 해외 구독경제 사례**

| 구분 | 구독 서비스 | 비고 |
|---|---|---|
| 달러 쉐이브 클럽 | 면도날 자동 배송 | |
| 무비패스 | 월 금액에 따라 무제한 영화 관람권 제공 | 2018년 300만 명 이용 |
| 넷플릭스 | 월정액으로 영화, 드라마 등 콘텐츠 무제한 시청 | 2016년 93백만 명 이용, 88억불 매출 |
| 포워드 헬스케어 | 월149달러로 수시 병원 건강 체크, 앱으로 의사 24시간 상담 | |
| 팰로토(Peloton) | 실내 자전거 구매후정액제로 동영상 결합 무제한 시청 | 2018년 6만 명 구독, 1.7억불 매출 |
| 케어 바이 볼보 (Care by Volvo) | 월정액(600-2000달러)으로 원하는 차종을 선택하여 사용 | |
| 북 바이 캐릴락 | | |
| 스트리밍 | 월 139달러에 명품의류를 대여 | |
| 패더 | 월 35-200달러 가구 대여 | |

국내에서도 구독경제 모델을 활용한 비즈니스 모델에 대한 관심이 높아지고 있으나 아직 미비한 초기단계이다. 국내는 셔츠, 유아용품, 식자재 등 생필품에서 꽃, 술, 미술품 등으로 서비스 영역이 확대되고 있다.

---

### 데이터경제의 발전과 우려

현 시대가 제4차산업혁명시대로 사회가 변모함에 따라 기존 비즈니스의 방식과 구조가 변화하고 있다. 특히, 빅데이터와 머신 러닝 등 데이터 처리 및 분석 기술발전으로 부가가치 창출의 원천이 점차 데이터 기반 산업으로 이동하면서 데이터의 가치와 잠재성이 더욱 증가하고 있다. 소비자가 재화와 서비스를 이용하는 과정에서 생성된 막대한 규모의 데이터가 산업 발전을 주도하고 새로운 가치 창출의 촉매 역할을 하는 '데이터 경제(Data Economy)'로 패러다임이 변화하고 있는 것이다. 이와 같은 사회경제적 환경 변화는 소비자의 역할과 권리에도 많은 영향을 미친다.

생산과 소비가 동시에 일어나는 양방향성의 특성을 가진 ICT 생태계에서 소비자는 서비스 이용자이자 가입자인 동시에 콘텐츠를 생산하는 '프로슈머(Prosumer)'로 기능하며 가치창출자로써 역할을 확대해 왔다. 특히, 데이터 경제의 관점에서 소비자는 가치 창출의 원천인 데이터의 생산 주체로써 사회적 역할이 더욱 강화된다. 더불어, 데이터 기반 알고리즘으로 제공되는 서비스는 소비자가 더 나은 의사결정을 할 수 있도록 소비자에게 더 많은 주체성을 부여하고 소비자는 보다 편리한 서비스를 이용할 수 있는 혜택을 누리게 된다.

데이터 경제에서 소비자 역할이 강화되고 편익이 향상될 것이라는 긍정적 기대와 함께 소비자 권리 침해로 인한 소비자 문제가 심화될 수 있다는 우려 또한 상존한다. 거대 IT 기업의 서비스 독과점은 재화와 서비스에 대한 소비자의 선택권 제한 뿐 아니라 데이터 독과점으로도 이어진다. 데이터의 독과점은 특정 서비스에 대한 소비자 의존성이 심화되는 고착(Lock-In) 효과로 인한 소비자 선택권 제한을 더욱 심화시키는 악순환이 반복된다. 또한, 고도화된 데이터 분석 기술과 복잡한 알고리즘은 기업과 소비자 간의 기술 격차를 심화시키고 소비자의 알 권리를 약화시킨다. 소비자는 충분한 정보에 기반하여 합리적 의사결정할 수 있는 기회가 제한되고 이는 곧 소비자의 주체성 상실로도 이어질 수 있다.

모든 것이 연결되는 초연결 사회에서 데이터 활용 범위 확장으로 인한 과잉 연결 또한 문제이다. 직접적인 계약 관계 외로 데이터가 확장 및 전파됨에 따라 기존의 전통적 계약 관계로는 소비자 문제 및 분쟁 해결에 한계가 있어 데이터에 대한 소비자의 통제권이 상실될 우려도 있다.

자료: 데이터 경제와 소비자 데이터 주권(2019.4).

<br>

## SECTION 02  뉴 노멀과 미래사회 변화

## 1. 코로나19(Covid-19) 이후 뉴 노멀

역사적으로 살펴보면 바이러스는 사회 변혁에 절대적인 영향을 미쳐 사회 문화가 진화되었다고 할 수 있다. 예를 들어 14세기에는 흑사병으로 유럽의 사회와 문화, 도시공간이 탈바꿈되고, 19세기에는 콜레라로 인해 지하 하수 시스템의 확장을 가져왔다. 이처럼 2020년 코로나19로 인한 팬데믹의 충격 또한 감염병의 통제·관리에서부터 사회변화, 국제 질서 전반에 이르기까지 변화가 강요될 것으로 예상된다. 특히 현재와 같이 COVID-19의 급속한 전 지구적 확산 과정은 그물망처럼 짜여진 오늘날의 글로벌 가치사슬(GVC: Global Value Chain)과 국제 협력 구조가 얼마나 취약하고 중요한지 인지할 수 있는 계기가 되고 있다. 수많은 사람들이 자유롭게 넘나들던 국경이 폐쇄되고, 세계는 끝을 알 수 없는 역성장과 장기적 침체의 수렁으로 더 깊이 빠져들 것 같다.

인류는 하루라도 빨리 평범했던 과거의 삶으로 돌아갈 수 있기를 갈망하고 있다. 얼마 전까지만 해도 마스크 없이도 편히 숨을 쉬고, 여럿이 같은 공간 속에 함께 어우러져 오락을 즐기며, 가고 싶은 어디든 여행을 떠날 수 있었던 당연한 일상의 회귀가 하루빨리 되기를 갈망하고 있다. 누구도 상상하지도 못했던 코로나19 팬데믹이 지속되면서 이제는 우리는 이제 원하건 원하지 않건 코로나와 공존(with Corona)하는 법을 배워야 하는 상황에 직면해 있다. 일부는 진화하는 변종 바이러스들을 완벽하게 퇴치하기란 어려워 우리가 익숙했던 일상으로의 복귀는 영원히 불가능할지도 모른다는 극단적 비관을 하기도 하고, 일부에서는 18−24개월 정도는 지속될 것이라 전망하기도 한다(Moore et al., 2020).

그러나 다른 한편에선 '극단적 사건(X−event)'으로서 COVID−19의 대유행은 지금까지 경제적, 사회·문화적 장벽에 가로막혀 도입되지 못했던 혁신적 기술들을 일상에 과감히 도입하여 진화하게 만드는 효과를 유발하게 될 것이라 한다. 실제로 하나의 신기술이 사회적 변혁의 기폭제가 되기 위해서는 수많은 난관들을 극복해야만 한다. 이러한 난관은 새로운 가능성을 이론적으로 입증하기 위한 '지식의 난관'과 이를 실제로 만들어 구현할 수 있는 '기술적 난관'이 있다. 또한 생산 효율성과 시장에 내놓을 만큼의 가격 경쟁력을 갖추기 위한 '경제적 난관'을 넘어야 하며, 마지막으로 신기술에 대한 사회적 거부감과 통념을 극복하기 위한 '사회·문화적 난관'까지 극복해야 한다. 이러한 장애물들을 뛰어넘을 때, 우리는 비로소 기술 혁신을 통한 사회적 진화를 기대할 수 있을 것이다.

COVID−19가 촉발한 뉴 노멀 사회의 도래는 지금까지 이론적·기술적으로 구현 가능하나 시장이나 사회·문화적 거부감에 가로막혀 확산되지 못했던 제4차산업혁명의 기술 트렌드를 일상 영역에서 비로소 시도하게끔 만드는 추동력으로 작용하고 있음을 시사한다. 즉 코로나19로 인해 마지막인 사회·문화적 난관도 수용할 수밖에 없는 환경이 조성되었다는 것이다.

예를 들어, 최근 많은 이해관계자들의 갈등과 안전 문제로 지지부진했던 원격 의료 도입이 감염병에 대비하는 새로운 의료 방역문화의 정착과도 맞닿아 코로나19 이후 급물살을 타고 있다. 당장은 감염병 이슈에 집중되겠지만, 다양한 의료 분야와 맞춤형 비대면 의료 서비스의 확산으로 이어지게 될 것이다.

그리고 안전과 AI의 윤리적 판단 이슈, 사고 시 책임 소재의 문제 등으로 완전 자율 주행 단계 논의에 막혀 있었던 무인 자율 주행 시스템 역시 사회적 관심과 수요가 기대되면서 새로운 전환점을 맞이하여 장기적으로는 이동·유통 체계에 또 다른 혁신으로 이어질 가능성이 높다.

또 하나는 코로나 위기는 뉴 노멀시대에 맞게 통념을 완전히 바꾸는 모멘텀으로 새로운 대체 아이디어 역시 자극할 것으로 보인다. 현대인의 상징적 생활 터전인 도시는 고밀도 환경에 기초하여 효율성을 창출하는 공간이었다. 그러나 팬데믹에 따른 '고강도 사회적 거리두기'의 지속으로 도시는 비접촉, 물리적 거리두기가 가능한 저밀도 공간으로서 도시를 재정의하고 진화를 고민하게 되었다. 원격으로 이루어지는 일터·작업 공간의 협업 방식 확대와 다변화 움직임 또한 이를 뒷받침한다. 그리고 관광·스포츠·레저 산업 역시 '기본적으로 소비자가 현장을 방문해야 하는 것'이라는 기본 전제가 흔들리고 있다. 당장은 무관객 상태로 운영되거나 화면을 통한 참여가 임시 대안으로 인식되고 있지만, 현장에 가지 않아도 동일하게, 혹은 그 이상으로 실감하고 경험할 수 있는 방법에 대한 구현이 이미 시작되고 있는 것이다. 가상현실(VR)과 증강현실(AR)을 넘어, 현장과 공감하고 소통하는 데 이질감을 느낄 수 없는 이른바 '혼합현실(MR)'을 찾는 문화 패러다임으로의 확산이 이를 말해준다.

이와 같이 COVID-19의 충격은 전통 서비스 산업의 종언과 비대면에 기초한 뉴 노멀시대의 첫 장을 여는 양면적 의미를 갖고 있다. 사회 전반의 디지털전환 기폭제로서 코로나 사태가 보여주고 있는 또 다른 모습은 우리가 현재의 위기를 어떻게 접근하느냐에 따라 기술 혁신과 사회적 변환을 위한 돌파구로 기능할 수 있음을 암시한다.


## 2. 코로나19(Covid-19)와 디지털전환

코로나19로 인해 개인의 일상생활에서부터 기업과 국가의 활동에 이르기까지 많은 변화가 나타나고 있다. 외출 금지, 재택근무, 입국 금지 같은 생소한 단어들이 익숙해지고, 심지어 무리한 주장이라고 여겨지던 기본소득이 단발성이기는 하나 재난지원금이라는 유사한 형태로 전 국민에 대하여 시행되고 있다.

인류가 경제적·사회적으로 발전하는 데는 다음과 같은 역사적 배경이 있었다. 20세기에서 찬란한 경제적 성과를 나타낸 것은 산업화(Industrialization)라 할 수 있다. '산업화'는 제1차산업혁명(1760-1840) 시기에 씨가 뿌려져서, 제2차산업혁명(1870-1914) 때에 본격적으로 싹이 트고, 결국 1950년대 이후 꽃을 피우고 열매를 맺었다고 할 수 있는데 여기에서 주목해야 할 특이한 두 가지가 있다(이지효, 2020).

첫 번째는 제1, 2차산업혁명이 이루어진 시기와 실제로 그 열매가 맺어지는 20세기의 후반부 사이에 '대공황'과 '세계대전'이라는 세계의 판을 바꾸는 큰 계기가 있었다는 것이다. 산업혁명으로 인하여 경제·사회적으로 크나큰 변화가 생겨나게 되었지만, 중세시대 봉건사회의 잔재가 뿌리 깊게 남아있는 상황에서, 산업혁명을 통한 현대 산업사회로 탈바꿈하기 위해서는 과거의 부조리를 깨뜨리고 새로운 시대에 맞는 새로운 경제·사회 체계를 만들어 낼 필요가 있었다. 그 과정에서 대공황과 세계대전이란 사건은 부서져 버렸고, 그 잿더미 위에서 세계는 완전히 새로운 현대 사회로 전환해 갈 수 있었다. 그렇지 않았다면 봉건시대의 유산은 두고두고 발목을 잡았을 것이고, 20세기의 눈부신 발전은 없었을지도 모른다.

그리고 두 번째는 제2차산업혁명으로 '산업화'가 급속도로 이루어진 이 시기에 산업화를 성공적으로 달성한 국가들은 대공황이나 세계대전의 결과와 무관하게 20세기 내내 선진국의 지위를 누렸다. 미국, 영국, 독일, 프랑스, 일본 등 지금의 선진국은 모두 이때부터 선진국의 자리를 차지했다. 그러나 21세기로 넘어온 세상에서 20세기의 선진국들은 모두 1~2% 수준의 낮은 성장률에 고전하고 있다. 다시 말하면 '산업화'를 통한 경제 성장사이클이 이제는 그 수명을 다했다고 할 수 있는 것이다. 전 세계의 경제가 다시 성장하기 위해서는 '산업화'의 뒤를 이을 새로운 성장동력이 필요하고, 그것이 바로 '디지털화(Digitalization)'이다.

제4차산업혁명은 이러한 커다란 의미가 있다. 제3차산업혁명(1980~2000년)을 통해 디지털화의 씨앗이 뿌려졌다고 한다면 지금의 이 시기는 바로 디지털화가 싹을 틔우는 시기인 것이다. 산업화의 20세기를 지배한 선진국들이 제2차산업혁명 시기에 남들보다 먼저 산업화의 싹을 틔움으로서 100년 가까이 세계를 선도할 기회를 잡았듯이 디지털화의 21세기는 커다란 기회와 위기가 공존하고 있다.


## 3. 코로나19(Covid-19)의 언택트 사회

2020년에 나타난 코로나19 라는 극단적 사건(X-Event)은 우리의 삶을 급격하면서도 광범위하게 바꿨다. 초·중·고등학교, 대학교 등 교육 과정들이 온라인으로 대체되었고, 모든 회의는 줌(Zoom)이나 웹엑스(Webex) 같은 화상회의로 대체되었다. 그리고 원격 및 재택근무가 일상이 되었고, 쇼핑과 금융 서비스들도 온라인과 모바일로 변화되고 있다. 심지어 사람들과의 소통도 줌(Zoom) 속에서, 일명 랜선 커피 타임과 랜선 회식을 하는 상황을 맞았다. 인류는 영화에서조차 상상하지 못했던 현실 앞에 미증유(未曾有) 경험을 하며 당황하고 있다. 이렇게 코로나19라는 팬데믹으로 인해 언택트(Untact) 사회로 소용돌이처럼 몰고 가 우리 삶의 뉴 노멀(New Normal)이 되고 있다.

코로나19가 사회에 끼친 영향은 블랙 스완(Black Swans)급으로 예상치 못한 극단적 상황과 경제적·사회적 파장을 증폭시켜, 얼마 전까지 BC(Before Corona)와 AC(After Corona)로 구분지었으나 코로나가 장기화되면서 이제는 WC(With Corona) 시대임을 염두에 두어야 하는 상황이 되었다.

비즈니스 측면을 살펴보면 최근 몇 년간 오프라인 매출이 감소하는 반면 온라인과 모바일 매출이 늘어나는 현상이 나타나고 있다. 머신러닝, AI, 컴퓨터 비전 등의 최첨단 기술에 의해 고객을 파악하고 모니터링할 뿐 아니라 모바일 앱·결제로 자동 계산까지 처리하는 등 온라인 소비의 편의성이 극대화되고 있다. 또한 온라인으로 주문된 상품을 로봇과 드론으로 배달하며, 인공지능(AI)을 접목해 소비자들의 기호를 분석하고 그에 맞는 상품들을 큐레이션해서 소비자의 집으로 배달해주는 서비스 덕분에 소비자들이 오프라인 매장을 찾을 필요가 없게 되면서 온라인이 오프라인(O₄O: OnLine for OffLine)을 대체하고 있다.

이러한 변화의 진행은 코로나19로 인해 적어도 5년은 앞당길 것으로 예상한다(황치영, 2020). USA투데이의 조사에 의하면 코로나19 팬데믹이 진행 중인 2020년 3월 기준 미국 소비자의 13%가 오프라인 쇼핑에서 온라인으로 이미 옮겨갔으며, 18%는 예정이라 한다. 홈트레이닝과 온라인 건강검진을 하는 디지털 헬스케어 서비스의 이용도 대폭 늘고 있다. 또한 미국에서는 온라인 비디오로 진단을 하고 5분 안에 필요한 약을 처방받을 수 있는 메디컬 서비스 원격모델로 대면으로 인한 코로나19 감염의 불안함을 없앤 디지털 헬스케어의 이용이 급증하고 있다. 또한 드라이브 스루와 커브사이드 픽업(Curbside Pickup)7) 등의 서비스가 확대되고 있으며, 심지어 지금까지 직접 보고 사던 상품들(예 아파트, 자동차)까지도 직접 보지도 않고 온라인으로 구입하는 서비스들이 속속 론칭되고 있는 것이다.

뿐만 아니라 2020년에는 이동을 주저하던 50~60대 이상 연령대의 소비자들도 코로나19로 인해 반강제적으로 온라인으로 이동하면서 일명 '5060 엄지족8)'이라는 신생어

---

7) 라인으로 주문하고 매장에 도착하면 직원들이 차 트렁크에 구입한 물건을 실어주는 서비스.
8) 엄지족은 스마트폰으로 몇번 태핑(Tapping)해 필요한 것을 주문하는 소비자를 말한다.

도 출현하고 있다. 이러한 엄지족 연령대의 확장이 중요한 이유는 코로나19로 촉발된 반강제적인 이동을 통해 편의성을 경험하고 나면 그 상황적 요인이 사라진 후에도 편함을 느꼈던 서비스를 이용할 확률이 높기 때문이다. 이는 2008년 서브프라임 금융 위기에 이미 경험한바 있다. 자체브랜드(PB: Private Brand) 상품은 일반 브랜드(NB: National Brand)에 비해 상품 품질이 낮다는 인식에 가격이 낮음에도 인기가 별로 없었지만, 서브프라임 경제 위기를 계기로 사용해보니 생각보다 괜찮다고 느낀 소비자들이 그 이후에도 계속 사용하게 된 것이다.

이와 같은 연장에서 쇼핑뿐만 아니라 의료와 교육, 비즈니스까지 광범위한 영역의 언택트 방식이 코로나19 사태가 진정이 되고 나서도 지속될 것으로 예측되고, 여러가지 측면에서 언택트 방식은 단기적 트렌드가 아닌 장기적인 생활양식이 될 가능성이 있다는 것이다.

또한 언택트의 확산은 오프라인의 위기가 될 수도 있을 것이다. 실제 오프라인 중심의 자영업자의 매출 급감과 백화점과 대형마트들도 파산하거나 매장을 줄여 나가고 있다. 미국의 경우 온라인의 확대로 2019년 오피스 문구 매장의 약 50%, 가전 매장의 28%, 스포츠 관련 매장의 27%, 의류 매장의 20%가 이미 문을 닫고 있는데 코로나19로 인해 오프라인 매장 몰락은 더 가속화되고 있다[9].

2020년 한 해 무려 2만 5천여 개의 매장이 문을 닫을 것이라는 전망과 2025년까지 약 10만 개의 매장이 문을 닫을 것이란 절망적인 예측도 나오고 있다[10]. 하나하나 열거하기도 벅찬 파산과 적자 뉴스들은 온라인의 위기를 느끼기에 충분하다.

반면에 역설적으로 언택트가 장기적인 소비의 뉴 노멀이 된다는 것은 온라인 중심 비즈니스의 기회가 될 수 있다. 즉 언택트로 신규 고객이 유입되고, 온라인의 편의성을 경험한 소비자들은 그들에게 충성고객(Loyal Customers)이 될 가능성이 높기 때문이다.

그리고 스마트폰에 의한 실시간 영상으로 판매자가 자유롭고 다양한 각도에서 상

---

9) 2017~2018년 초까지 완구업계 대표 토이저러스(ToysRUs)와 130년 역사를 가진 시어스(Sears) 백화점 등을 비롯한 1만 5천여 개의 매장이 문을 닫았다. 2019년에는 글로벌 고급 델리 브랜드 딘 앤 델루카(Dean & Deluca), 글로벌 패션 리더 포에버21(Forever 21) 등 무려 9천여 개 매장이 문을 닫았다. 2020년 상반기에는 미국 1위 명품 백화점 니만 마커스(Neiman Marcus), 제이크루(J.Crew), 남성복 브랜드 브룩스 브라더스(Brooks Brothers), 차량 렌탈 허츠(Hertz) 등의 브랜드들의 파산 소식이 연이어 쏟아졌다.
우리나라에서도 1993년 11월 창업 이후 승승장구하던 이마트는 2019년 사상 첫 적자를 기록했고 홈플러스나 롯데마트도 성과가 적은 곳을 중심으로 매장을 정리하는 중이다.
10) Coronavirus Finishes the Retail Reckoning That Amazon Started. Wallstreet Journal. May 14. 2020.

품설명을 하고 소비자와의 소통을 반영하는 쌍방향 소통(Two-way Communication)이 가능하고 구입까지 편리한 라이브 커머스(Live Commerce)는 온라인에서의 단점을 보완하여 급격히 성장할 것으로 예상된다.

UC버클리 교수인 로버트 라이시(Robert Reich) 교수는 코로나19 팬데믹이 미국 사회에서의 새로운 계급의 분열과 불평등을 조명한다는 점은 시사하는 바가 크다. 라이시 교수(Robert Reich, 2020)는 위기에 직면한 사람들을 <표 1-4>와 같이 네 계급으로 분류하였다.

▌〈표 1-4〉 코로나19가 초래한 새로운 계급의 분열과 불평등

| 특성 | 내용 |
|---|---|
| 원격 근무가 가능한 노동자 (The Remotes) | 전체 노동자의 35%에 해당하는 이들로, 전문직과 관리직, 기술인력으로 노트북으로 장시간 업무를 하고 화상회의가 가능하며 전자문서를 다룰 수 있는 사람들이다. 코로나 이전과 동일한 임금을 받고 다른 세 계급에 비해 이 위기에서 안전한 계급이다. |
| 필수적인 일을 하는 노동자 (The Essentials) | 30%에 해당하는 사람들로 의사, 간호사, 육아 노동자, 재택 노동자, 음식 배달원, 약국 직원 등 위기 상황에서 꼭 필요한 일을 해내는 인력이다. 위험 수당을 받을 만하며 일자리를 잃지 않지만 코로나19 감염 위험 부담이 따르기 때문에 고용주가 필수적인 보호 장비를 제공해야 한다. |
| 임금을 받지 못한 노동자 (The Unpaid) | 이 위기에 임금을 받지 못한 노동자들을 의미하며 실직자 그룹보다 더 큰 규모로 25%를 차지할 수 있다. 리테일 소매점, 제조업체 직원들은 원격 근무가 불가능하므로 코로나 때문에 무급휴가를 떠나거나 직장을 잃은 사람들이다. 락다운으로 인한 경제적인 피해가 가장 크고, 그로 인해 경제 재개에 대한 요구가 가장 큰 그룹이다. |
| 잊혀진 노동자 (The Forgotten) | 이민자, 노숙인, 원주민, 이주민 등을 포함한다. 물리적으로 거리 두기가 불가능한 공간에서 머무르기 때문에 코로나 감염 위험도 가장 높다. |

자료: Robert Reich(2020).

코로나19로 인해 사회적 계급이 분열된다는 것도 안타까운 일이지만 전문성을 쌓지 않는다면 이런 위기가 닥칠 때 더 큰 위험을 겪을 수 있다.

모바일 디바이스(스마트폰, 태블릿 PC 등)가 비즈니스의 플랫폼과 쇼룸이 되는 우리가 마주할 지금 시대는 결국 다양한 서비스와 콘셉트가 어우러져 새로운 라이프 스타일이 일상이 되는 시대일 것이다. 동시에 미래 산업주로 각광받던 우버와 에어비앤비 같은 공유경제가 비대면, 비접촉의 소비행태로 침체되는 것처럼 불확실성도 크고 어려움이 예측되는 미래이기도 하다.

코로나19로 인해 이미 소비자의 행태가 바뀌었고, 과거의 성공방식은 더 이상 유

효하지 않다는 인식하에 하우(How)의 문제에 집중할 필요가 있다. 언택트 기업들은 소비자들에게 어떠한 편의성과 자신만이 제공할 수 있는 가치를 발견하고 그것을 극대화하는 전략을 취해 데이터 수집과 활용, 클라우딩 등 시스템의 안정성과 확장성을 높여야 한다. 그리고 앞으로 AI기술이 더 필요해질 환경이지만 인간에 근본을 둔 비즈니스를 염두에 두어야 한다. 반면 오프라인 중심 비즈니스는 언택트를 부분적으로라도 도입하는 한편, 더 근본적으로 소비자가 굳이 스마트폰을 두고 매장에 방문할 만한 상품과 경험을 디자인해야 할 것이다.

---

## SECTION 03 기술발전에 의한 사회변혁

## 1. 디지털전환(Digital Transformation)

### 1) 디지털전환의 개념

2016년 세계경제포럼 이후 제4차산업혁명은 전 세계 산업을 아우르는 핵심 이슈가 되었다. 제4차산업혁명은 생산 현장에서 디지털 기반 기술도입으로 인해, 생산성, 고용구조, 생산공정 등의 패러다임이 전환되는 의미라 할 수 있다. 이처럼, 디지털 기술도입 및 활용 확산에 의한 생산현장 중심 변화에 초점을 맞춘 용어로는 '산업 4.0(Industry 4.0)'이 있다.

Industry 4.0이란 용어는 독일 정부의 언급을 통해 처음 등장하는데, 제조업의 컴퓨터화를 촉진하는 개념으로 시작되었다(Sung, 2018). 그러나 디지털전환(Digital Transformation)은 디지털화에서 더 진전된 디지털 기술의 도입으로 인한 일상생활, 사회 및 경제의 지속적인 변화를 일으키게 되는 것이다(Bounfour, 2015; Gotsch et al., 2019; Lucas Jr. et al., 2013).

아래 <표 1-5>와 같이 디지털전환에 대한 연구자들의 정의를 정리하여 보면, 디지털전환은 산업 뿐 아니라 사회의 디지털화와 ICT 적용으로 생산성의 향상, 새로운 비즈니스 창출, 소비자 편익 증진이 나타나는 현상이라 할 수 있다. 이러한 디지털전환은 1970년대부터 시작된 컴퓨터와 인터넷으로 대표되는 정보혁명의 산물이 기술적 기반이 되어 산업과 사회의 디지털화가 심화되는 과정으로 이해할 수 있는 현상이다. 이

는 새로운 산업혁명으로의 구분 논의가 있을 정도로 경제사회에 미칠 높은 파급력이
기대되고 있다(장윤종 외, 2017).

**▌〈표 1-5〉 디지털화, 디지털전환 및 산업 4.0 관련 정의**

| 연구 | 용어 | 정의 |
|---|---|---|
| Bounfour<br>(2015) | 디지털화 | • 디지털 기술 활용하여 정보저장 방법을 전환하는 것 |
| Dalenogare et al.<br>(2018) | 산업 4.0<br>(Industry 4.0) | • 디지털 기술을 생산현장에 도입함으로써 촉발되는 경쟁질서 및 시장수요 포괄하는 산업구조의 변화 |
| Gotsch et al.<br>(2019) | 디지털화 | • 생산 현장 내 이익창출, 비즈니스 모델 개선, 생산 공정을 전환시키는 디지털 기술 도입 |
| Hinings et al.<br>(2018) | 디지털전환 | • 다양한 디지털 혁신 통한 조직, 시스템, 산업 및 분야의 변화, 위협, 대체 및 보조 현상 |
| 장윤종 · 김석관<br>(2017) | 디지털전환 | • 사회의 디지털 및 ICT 기술 적용으로 인한 생산성 향상, 신 비즈니스 형성, 소비자 편익 증진 등 |
| 김준연 외<br>(2017) | 디지털전환 | • 기존 활용되던 디지털 기술의 고도화 및 적용범위 확장에 따른 사회구조 변화 |

자료: 신기윤 · 여영준 · 이정동(2020).

〈표 1-5〉를 살펴보면 Industry 4.0과 디지털전환은 그 변화를 촉발하는 기술유
형이 거의 동일하지만, 변화 범위에 있어서 서로 다른 차이가 있다. 다시 말해 Industry
4.0은 보다 생산 현장에 초점이 맞추어져 있으며, 그 효과 역시 생산 현장의 효율성 증
대 등에 집중되어 있다(Büchi et al., 2020; Dalenogare, 2018; Fatorachian and Kazemi,
2018). 반면에 디지털전환은 디지털 기술혁신을 통한 특정 생산현장의 변화를 넘어, 산업
구조의 전반적인 변화와 이로부터 촉발되는 경제 및 사회 영향을 포괄하는 개념이다.

디지털전환의 목적은 크게 두 가지로 나누어서 생각해 볼 수 있다. 하나는 기존의
사업과 상품을 유지한 채 기업 내부의 비효율성을 제거함으로써 비용을 절감하고 프로
세스를 개선하는 목적으로 기술을 활용하는 것이다. 주로 공장의 수율(收率)을 높이고
영업의 효율화를 개선시키고 재고를 줄이며 생산 공정상의 낭비를 줄이기 위해 추진하
는 것이다.

또 하나는 새로운 상품을 만들거나 더 나은 고객 경험을 위해 서비스를 개선하고
비즈니스 모델을 변화시키는 데 활용하는 것이다. 기존 고객이 아닌 신규 고객을 확보
하기 위해 새로운 상품이나 비즈니스에 진출하는 것이 대표적이다. 이 과정에서 고객

에게 새로운 가치를 제공함으로써 매출의 확대가 이루어진다.

전자의 대표 사례는 전통적인 제조, 에너지, 유통 관련 기업의 공장에서 상품을 만드는 과정에 빅데이터 분석이나 자동화 로봇 등의 기술을 적용하는 방식이다. 이 경우 기존 상품 제조과정의 효율성을 높아진다. 후자는 테슬라가 자동차에 자율주행 AI를 도입해 기존의 자동차와는 다른 차별화된 고객 경험을 제공하고, 에너지, 콘텐츠 중계 등의 사업 다각화를 통해 자동차를 마치 스마트폰처럼 다양한 서비스 확장의 도구로 삼아 혁신을 이룬 게 대표 사례이다.

코로나19는 이러한 혁신의 범위를 넓히고 있다. 팬데믹 이전의 디지털 트랜스포메이션이 주로 ICT 산업에 국한되어 추진되었다면 팬데믹이 유행인 2020년에는 전통산업 영역으로 확장되는 추세가 뚜렷하다. 코로나19로 위기에 빠진 전통 기업들은 비용을 줄여 생존해야 하는 필요성과 기존 사업의 효율화가 더 절실해졌다. 성장을 위해서는 비즈니스 포트폴리오를 확장하여야 하며 디지털 트랜스포메이션에 적극적으로 나설 수밖에 없는 상황이다.

부동산산업과 같이 디지털 기술에 익숙하지 않은 기업에서의 성공적인 디지털 트랜스포메이션 추진을 위해서는 다음과 같은 3가지의 원칙이 필요하다.

첫째는 디지털전환의 추진을 통해 얻고자 하는 목적에 대한 명시화를 통한 전사적인 공감대 형성이다. '왜(Why)'에 대해 정의하고, 그것을 디지털 트랜스포메이션을 추진 부서는 물론 사업 현장과 기업 전체에 공유하고 공감대를 형성해야만 한다.

둘째, 기간과 목표 기반의 마일스톤(Milestone) 수립과 그에 맞는 투자 규모 설정이다. '무엇(What)'을 할 것인가에 대해 구체화하고 기대 성과에 맞는 적정 투자 계획을 수립해야 한다.

셋째는 기술 내재화와 아웃소싱 및 인프라 구축 등에 대한 디자인을 할 수 있는 전담 조직 정비다. '어떻게(How)' 설계할 것인가를 결정할 기술 전문 인력과 역량이 필요하다. 디지털전환 추진 부서 외에도 관련된 사업 현장 그리고 전사적으로 디지털전환 추진 과정에서의 시행착오를 공유하고, 디지털 기술에 대한 이해와 활용 방안 등을 모두 함께 숙지하고 학습할 수 있도록 해야 한다. 그래야 회사 전체가 디지털 기술을 업무에 효과적으로 활용할 수 있는 기반을 마련할 수 있다. 디지털전환이 특정 전담 부서만의 전유물이 되어서 안 되고 어떤 비즈니스 영역에서든 필요에 맞게 디지털 기술을 응용할 수 있는 디지털 역량을 보유해야만 한다. 그것이 장기적으로 기업이 기술 혁신을 통해 지속 성장할 수 있는 비결이다(이데일리, 2020.12.24).

## 2) 디지털전환에 따른 분야별 변화

### (1) 연구개발 분야

연구개발 분야에서 디지털전환에 의해 변화하는 방향을 살펴보면 다음과 같다.

첫째는 스마트그리드, 스마트팜, 스마트시티, 스마트홈, 스마트팩토리 등 '스마트 X'로 불리는 디지털 기술에 기반한 융복합 연구분야가 나타나고 있다.

둘째는 연구개발을 함에 있어 디지털 기술의 활용이 획기적으로 확대되고 있다. 예를 들어 스마트폰, 웨어러블(wearable) 기기, SNS 등을 활용해 양방향 소통으로 소비자 반응과 니즈를 신속히 파악하고 이를 제품 개발과정에 반영하기도 한다(이지효, 2016). 또한 Iris AI나 IBM의 왓슨(Watson)과 같은 인공지능을 논문 분석이나 신약개발에 활용하기도 한다[11]. 특히 소비자 니즈에 민감하거나 방대한 데이터를 다루는 분야에서 디지털 기술의 활용도가 높으며 특히 이를 통해 연구개발에 소요시간을 단축하고 연구생산성을 증가시킨다.

셋째는 오픈 사이언스(Open Science) 접근의 확산을 들 수 있다. 디지털기술의 발달로 데이터 처리 및 보관비용이 감소하면서 연구자료나 결과의 디지털화가 가속화되고 이에 따라 과학분야 특히 공공 연구성과에 있어 공개하려는 움직임이 과학계와 정책집단에서 확대되고 있다(신은정 외, 2017). 이러한 현상으로 글로벌 거대 연구네트워크가 출현하는 등 전 세계 연결성이 높아지고 있다.

### (2) 경제 및 산업분야

디지털전환의 경제 및 산업구조 측면의 주요한 영향에 대해 살펴보면 다음과 같다.

먼저 제조분야에서는 스마트 공장 도입 확산이 자동화 공정의 고도화를 넘어 생산공정의 유연화를 이끌고 있으며, 이에 따른 효율성이 증대된다(정미애 외, 2018; Fatorachian and Kazemi, 2018). 디지털 기술이 생산공정에 적용하는 스마트 팩토리(Smart Factory)가 개발·확산됨에 따라 생산공정의 자동화와 유연화, 온디맨드화가 촉진되고 있다. 스마트 공장은 IoT, 인공지능, 로봇 기술 등을 바탕으로 그간의 자동화된 공정을 보다 고도화한다. 또한 생산공정의 모듈화, 이동형 무인로봇의 활용 등으로 생산공정의 변화가 유연해지고 있으며, 소비자 수요에 따른 온디맨드 생산으로 전환되어 간다.

또한 스마트화의 영향으로 필요 노동력이 감소하고 시장 수요와 연계되는 온디맨

---

11) Techcrunch(2016.12.5.), https://techcrunch.com/2016/12/05/iris−is−an−ai−to−help−science−rd/

드 생산의 중요성이 강조되면서 시장 근처로 생산 시설이 이동하는 리쇼어링(Reshoring)이 발생되고 있다(김은 외, 2017; 조호정, 2013). 스마트 공장의 자동화로 필요한 노동력이 크게 감소하게 됨에 따라, 인건비 절약을 위해 저임금 국가에 구축되었던 글로벌 기업의 공장들이 스마트 공장의 구현을 위한 인력과 인프라가 잘 갖추어져 있으며, 생산품 판매 시장이 가까운 선진국으로의 리쇼어링이 가속화되고 있다(김은 외, 2017). 리쇼어링 효과의 대표적인 사례로, 아디다스의 스피드 공장의 경우 중국, 베트남 등의 생산거점을 벗어나 미국 애틀랜타, 독일 안스바흐에 건설되었으며, 신발 50만 켤레 생산을 위한 인력이 500명에서 10명으로, 맞춤형 신발을 주문하고 생산되기까지의 시간이 6주에서 5시간으로 감소되었다(한국경제, 2016).

또한 3D 프린팅 기술이 발전되고 보급될수록 특정 수요에 대한 소량의 제품을 소규모 기업이나 개인이 보다 가까운 곳에서 보다 빠르고 저렴하게 제작할 수 있게 되어 이러한 생산공간의 시장 근접 수요는 더욱 증가할 것으로 예상된다(김은 외, 2017).

ICT 기반 서비스업의 경우, 제조업과 달리 시설의존도가 낮고, 전문 인력의 원활한 수급이 가장 중요하며, 넓은 면적이 필요하지 않아 본사가 도심에 존재하는 경향이 있다. 구글, 페이스북 등 주요 IT 기업들은 샌프란시스코 인근 실리콘밸리에 본사가 있으며, 많은 ICT 기반의 스타트업들이 실리콘밸리와 보스턴 등 전문 인력과 시장수요가 풍부한 도심지 내에서 발생 중이다. 더구나 ICT 기술을 바탕으로 한 제조업의 서비스화 현상에 의해 해당 서비스 업무 영역을 수행하기에는 전문 인력과 소비자가 모여 있는 도심 집중이 가속화될 것으로 보인다.

또한, PwC(2018)에서는 인공지능(AI) 기술에 초점을 맞추어 국가별, 산업별 노동생산성에 미치는 영향을 확인하고자 하였으며, 최근 일부 연구에서는 기업별 서로 다른 디지털전환 기술의 도입 수준과 기업성과 간의 관계를 분석하고자 시도하고 있다(Büchi et al., 2020; Dalenogare et al., 2018).

농업 부분에서는 디지털전환을 이끌고 있는 주요 기술인 IoT, 빅데이터, 인공지능, 로봇, 드론 등이 농업현장에 적용 중이며, 농촌 작업환경의 자동화와 경험을 기반으로 하는 농업에서 데이터 기반 농업으로의 전환을 이끌고 있다(손진 외, 2016; 장필성, 2017). 즉 스마트팜(Smart Farm)으로 원격으로 농작물을 모니터링하고, 필요한 조치를 수행할 수 있는 여건이 마련됨에 따라, 농작물 생산자 거주지와 생산지가 분리될 수 있다. 특히 도심형 스마트팜, 버티컬팜(Vertical Farm)의 구현을 통해 농업이 수요자와 가까운 도시로 진입하는 현상이 촉진되고 있다(Despommier, 2013). 이러한 스마트팜은 IoT를 통해 일조량, 온도, 습도, 이산화탄소 농도, 식물 상황과 같은 작물과 농장의 상황을 자동으로 모니터링하고 농장 시설 전반을 효율적으로 관리하고자 하는데, 건물 실내의 여러 층의 재배대와 LED 조명을 이용하는 버티컬팜으로 구현되고 있다(Despommier, 2013). 별도의 농경지가 필요하지 않고, 농약이나 제초제 등이 사용되지 않기 때문에 소비자가 많은 도심지에서 생산이 가능하고, 기후적 조건에 관계없이 적용될 수 있다는 가치가 있다(Despommier, 2013).

▌〈표 1-6〉 디지털전환의 경제 및 산업구조 영향 관련 주요 연구분석 결과

| 연구 | 결과 |
|---|---|
| Buchi et al. (2020) | • 산업 4.0 주요 기술에 대한 개방 정도 및 가치사슬 내 활용 정도가 클수록 기업이 높은 수준의 생산성 향상을 경험함을 발견 |
| Dalenogare et al. (2018) | • 디지털전환 관련 기술에 대해 제품개발 관련 기술과 생산과정 관련 기술 간 기대효과 차이가 있음을 언급 |
| PwC (2018) | • 인공지능 도입에 의한 노동생산성 개선 효과가 중국, 미국 등에서는 크게 나타나나, 북유럽, 남미 등에서는 그렇지 않음을 확인<br>• 유통, 교통, 방송 및 통신 등의 산업에서 인공지능 의한 생산성 개선 효과가 크게 나타남을 확인 |
| 정미애 외 (2018) | • 스마트 공장 도입 이후 생산인력 및 생산기간 획기적 감축 사례 제시 |

전반적으로 디지털전환시대 생산환경 변화에 따른 공간 변화는 생산비용이 저렴한 외곽 지역에서 전문인력과 소비자와 풍부한 도심 지역으로 이동하는 경향을 가질 것으로 전망된다. 농업의 경우 도심형 스마트팜, 버티컬팜의 구현을 통해 농업이 수요자와 가까운 도시로 진입하는 현상이 촉진되고 있으며, 제조업의 경우 필요 노동력이 감소하고 시장 수요와 연계되는 온디맨드 생산의 중요성이 강조되면서 시장 근처로 생산 시설이 이동하는 리쇼어링 발생이 증가할 것이다. 무엇보다 디지털전환시대에 ICT 기반 B2B, B2C 서비스를 제공하는 기업들의 급격한 성장이 전망되며, 이는 생산과 혁신 활동이 도시 집약적으로 이루어지게 될 것으로 예측된다(과학기술정책연구원, 2018).

(3) 사회변화

디지털전환시대는 디지털 기술 확산을 통해 다양한 정보에 접근성이 강화되면서 개방형 혁신이 심화되고 다양성이 증가하는 특성을 가지고 있다. 이와 더불어 1인 가

구 증가, 고령화, 모바일 연결에 익숙한 밀레니얼 세대의 경제활동 연령 진입 등 인구·사회구조의 변화가 함께 나타나면서 삶의 방식, 일하는 방식, 그리고 공간에서 변화가 일어나고 있다(Pew Research Center, 2010). 우선 밀레니얼 세대의 라이프스타일인 늦은 결혼, 1인 가구 증가, 차량과 주택 소유보다 공유 선호 등을 반영하여 일-주거-소비 활동이 인접해서 이루어지는 환경을 선호하면서 일-주거-소비 공간의 연계가 강화되고 있으며, 언제 어디서나 일할 수 있는 환경이 가능해지면서 원격근무, 디지털 노마드 등 업무 공간의 제약이 사라지고 있다(도유진, 2017).

디지털 노마드(Digital Nomad)로 생업을 유지하면서도 시간이나 사유에 제한 없는 여행을 할 수 있는 라이프스타일을 추구하는 노동자 그룹으로 스마트폰을 비롯한 각종 디지털 장비, 어디서나 쉽게 이용 가능한 초고속 인터넷망, 그리고 온갖 자료를 공유할 수 있는 클라우드 서비스와 같은 기술을 활용하여 장소에 제약받지 않고 세계 어느 곳이든 원하는 곳에서 일하며 살아갈 수 있는 삶이 가능해졌다(MBO partners, 2018; 도유진, 2017).

이러한 디지털 노마드의 등장은 원격 근무의 시작과 그 궤를 같이 하는데(도유진, 2017), Forbes지는 2017년 1월 5일 기사를 통해 아마존, 아메리칸 익스프레스, GE 등을 포함한 23개의 원격 근무 우수기업을 소개했다(Kauflin, 2017). 이렇듯 세계 유수의 기업이 원격 근무를 장려하고, 디지털 노마드족이 점차 증가하는 것은 회사를 운영하는 쪽과 노동을 제공하는 쪽 모두 경제적 이점이 있기 때문이다(도유진, 2017). 경영진 입장에서는 사무실 임대료와 같은 운영비를 절감할 수 있으며, 인력 충원에 있어서도 전 세계 어디서든 원격으로 근무하며 만족스러운 결과물 그 이상을 창출 가능한 글로벌 인재를 채용할 수 있게 되었고, 노동자 역시 장소 선택의 자유가 주어지면 출퇴근에 들어가는 비용과 체력 소모를 아낄 수 있고, 굳이 직장 근처나 역세권에 살 필요가 없기 때문에 대도시의 생활비 부담에서 보다 자유로워질 수 있으며, 시간에 유연성을 가짐으로써 업무효율성을 높일 수 있다(도유진, 2017).

디지털 노마드의 등장과 더불어 지식기반경제 성장 등 다양한 분야간 융복합에 기반한 개방형 혁신의 필요성 증가로 협업과 네트워킹 중요성이 증가하면서 코워킹 스페이스 등 제2의 업무 공간이 각광받고 있다(한국산업기술진흥원, 2017).

## 3) 디지털전환과 고용구조 변화

디지털전환은 노동 구조의 변화와 필연적인 관계가 있다. 대부분의 발명은 노동을 대체하는 용도로 활용되어 왔지만, 그 영향은 노동의 성격에 따라 다르게 나타난다(Autor and Dorn, 2013; Frey and Osborne, 2017).

디지털 기술도입으로 인해 반복업무기반(routine-based) 직종이 기술 또는 자본으로 대체되며, 이로 인해 제조업의 일자리 총량이 줄어들 수 있다(Charles et al., 2013; Jaimovich and Siu, 2012). 컴퓨터화의 진행에 따라 반복업무기반의 메뉴얼 및 인지 기반 직무의 일자리는 줄어드는 반면, 비반복적 인지적 직무 집약도가 높은 일자리는 늘어나는 것을 보이고 있다(Autor et al., 2003; Frey and Osborne, 2017). 여기에 더 나아가 디지털 기술 및 컴퓨터의 발전으로 인해 비반복적 메뉴얼 직무 역시 컴퓨터화로 인해 대체될 가능성이 높아지고 있는 것이다.

반면, 일부 연구에서는 기술혁신에 의해 새로운 일자리가 창출될 수 있음을 주장하기도 한다(Greenan and Gullec, 2000; Van Reenen, 1997). Bessen(2015), Katz and Margo(2014) 등은 역사적 사실을 바탕으로 혁신이 일자리를 없애는 것이 아니라 필요한 곳으로의 이동을 일으키는 것이라 하기도 한다.

Arntz et al.(2016)는 자동화에 의한 노동대체 우려가 있으나, 자동화에 의해 제품 소비가 증가할 경우 새로운 노동 수요가 발생할 수 있다고 한다. 이처럼 기술혁신과 노동구조 변화와 관련한 주요 연구 결과를 정리하면 <표 1-7>과 같다.

기술혁신에 의한 노동구조 변화와 관련한 분석 연구는 임금 구조에서 비롯되는 소득분배 영향으로 확장되어 왔다. 일반균형 모형을 통해 로봇 도입에 따라 장기적으로 실질 임금은 상승하나, 전체 소득 중 노동소득이 차지하는 비중은 줄어들 수 있다고 한다(Berg et al., 2018). 그리고 경제체제 내 노동소득 분배율 하락은 특정 형태의 기술 진보에 의한 것이라고 분석하기도 하였다(Oberfield and Raval, 2014). 더불어, 정보통신 기술 산업이 발전하고 디지털 기술이 확산됨에 따라, 자본재의 상대가격이 하락하고, 자본에 의한 노동대체 현상이 심화될 것이라 한다. 즉 디지털전환 등 기술혁신 흐름이 가속화될 때, 자본가에게 더욱 높은 경제적 이윤을 배분함으로써 자본가와 노동자 간 소득 격차가 확대될 수 있음을 시사한다.

| 〈표 1-7〉 기술혁신과 노동구조 변화 관련 주요 연구분석 결과

| 연구 | 결과 |
|---|---|
| Acemoglu and Restrepo (2018) | • 생산 현장 자동화 및 디지털화로 인해 프로그래밍, 데이터 분석 등 새로운 작업을 수행하는 일자리가 필요해질 것 |
| Balsmeier and Woerter (2019) | • 고숙련 노동자 고용은 디지털화 투자 정도와 양의 관계가 있으나, 중숙련 및 저숙련 노동자의 고용은 음의 관계가 있음 |
| Charles et al. (2013) | • 디지털 기술도입은 반복업무 기반 직업이 대체되도록 하며, 이에 따라 제조업의 전반적인 일자리가 줄어들 수 있음 |
| Frey and Osborne (2017) | • 직업별 디지털전환 가속화에 의해 위협을 받는 정도는 다르게 나타나며, 교통 및 유통, 사무직 등이 고위험군으로 파악됨<br>• 미국의 약 47%의 일자리가 고위험군에 속하는 것으로 나타남 |
| 정성문 외 (2017) | • 제품혁신과 공정혁신을 모두 고려할 경우, 신규 고용이 발생하여 소득은 증가하나, 양극화 문제를 발생시킬 수 있음 |

## 2. 정보화사회

정보화사회는 과거 농경사회, 산업사회와는 달리 제2차 세계대전 이후에 컴퓨터와 정보통신이 발달함에 따라 정보가 중요한 가치를 창출하게 됨으로서 등장하게 되었다. 이러한 정보화사회의 개념과 특성을 이해하기 위해서 정보사회의 정의와 발전과정, 그리고 사회적 특성 등에 관해 먼저 살펴보고자 한다.

### 1) 정보사회와 정보화사회

정보사회(Information Society)의 개념을 한마디로 정의하는 것은 쉽지 않을 뿐만 아니라 더욱이 정보사회라는 용어사용의 적정성도 아직 논란이 되고 있다.

정보기술의 발전에 따라 1960년대 초 앞으로 다가올 미래사회를 지칭하는 '지식사회(Machlup, 1962)'라는 용어가 등장하게 되었고 더불어 '후기 산업사회(Post-Industrial Society)'의 개념도 제시되었다. 이와 같은 시점에 '정보사회'라는 용어는 주로 일본의 학자들에 의해 사용하기 시작한 것으로 알려져 있으나(신윤식 외, 1992) 용어사용의 적절성에 대해서는 아직도 근본적인 의문이 제기되고 있다.

<표 1-8>의 정보사회에 대한 정의를 보면 학자들에 따라 관점이 다소 다르다는 점을 알 수 있다. 즉 벨(Bell)은 '정보의 역할'을 중시하는 것으로 보고 있는 반면 윌로

이트(Wilhoit)는 '정보의 접근성'을 중시하고 있으며, 오브라이언(O'Brien)은 '산업 또는 고용구조'를 중시하고 있다. 이러한 세 가지 관점을 종합하여 보면 정보사회는 "정보가 노동과 자본 이상으로 중요한 역할을 수행하며, 풍부한 양의 정보가 신속하게 생산·가공·유통되어 모든 사회구성원이 손쉽게 접근할 수 있고, 또한 고용과 관련된 활동과 산업에 정보가 집중되는 사회"로 정의할 수 있을 것이다.

▌〈표 1-8〉 정보사회의 정의

| 학자 | 정보사회의 정의 |
|---|---|
| Bell(1973) | 정보와 지식이 사회적·경제적 교환수단으로서 노동과 자본 이상으로 중요한 역할을 하는 사회 |
| Wilhoit(1981) | 풍부한 정보를 생산·가공·유통시킬 수 있고 정보의 분배와 변환이 신속하고 효율적이며, 사회의 모든 구성원이 값싸게 정보에 접근할 수 있는 사회 |
| O'Brien(1986) | 경제활동의 영역이 상품의 제조에서 정보와 지식을 제조하는 영역으로 이동하고, 전문화된 정보와 새로운 기술의 효율적 이용에 관한 분야가 각광 받는 사회 |

자료: 김은홍 외(2008), 「경영정보학 개론」.

반면 정보사회는 그 핵심적 특성에 있어 기존의 산업사회와 확연히 구분될 수 있느냐 하는 것이다. 이러한 의문을 제기하는 학자들은 정보사회란 존재하지 않고 단지 산업사회의 연속선상에서 '정보화' 과정만 나타나고 있을 뿐이라는 것이다(Webster, 1995).

이는 앞에서 정의한 정보사회로 진행하는 과정 또는 정보사회의 특성을 실현하기 위해 진행하는 과정, 즉 정보화(Informatization)의 화(化)라는 의미로 완성되었다기보다는 진행된다는 동태적인 의미이다. 참고로 우리나라의 '정보화촉진기본법' 제2조에서는 "정보를 생산·유통 또는 활용하여 사회 각 분야의 활동을 가능하게 하거나 효율화를 도모하는 것"으로 정보화 개념을 정의하고 있다.

따라서 앞에서 여러 학자들의 정보사회에 대한 정의를 종합해 보면 '정보사회'는 우리 사회가 도달하고자 하여 정보화가 완성된 사회를 의미하며, '정보화사회'는 정보사회로 진행되어가는 현 시점의 사회를 의미한다고 할 수 있다. 즉 정보사회는 사회가 지향해야 할 목적성, 또는 방향성을 의미하는 정태적 의미라면 정보화사회는 정보사회로 가는 과정상 동태적인 의미이다.

더불어 정보화에 대한 영어표기 문제에 대해 한번 검토해 봐야 할 것이다. 국내에서 '정보화'를 영어로 표기할 때는 흔히 'Informatization'이라고 하는데, 이 단어는 아직 웹스터(Webster) 사전과 같은 권위 있는 영어사전에 등록된 단어가 아니다. 그럼에도 불구하고 주로 아시아나 유럽 등 비영어권 국가에서 'Informatization'을 개인·조직·국가·사회 등에서 정보화를 의미하는 단어로 사용하고 있는데, 이는 미국 등 영어권 국가에서 이와 비슷한 의미로 사용하는 자동화(Automization) 또는 컴퓨터화(Computerization)와 같은 맥락에서 '정보화'의 의미를 제대로 표현할 수가 없기 때문이다. 따라서 본서에서는 정보화란 용어를 사용하기로 한다.

## 2) 정보화사회의 발전과정

인간사회는 초기 수렵시대와 농업사회를 지나 그 후 18세기 중엽 증기기관의 발명과 함께 시작된 산업사회, 그리고 제2차 세계대전 이후 컴퓨터와 정보통신기술의 발달로 형성된 정보사회로 변천되어 왔다. 과거 산업혁명이 농경사회에서의 정치·경제·사회·문화 등 모든 부문을 새롭게 창출하여 새로운 가치체계와 인간관계를 형성했듯이, 정보화사회에서는 정보가 중요한 가치를 창출하게 되는 새로운 패러다임으로 변화되는 사회를 탄생시키게 되었다.

이러한 변화를 미국의 미래학자 토플러(Toffler)는 농업혁명(제1의 물결)과 산업혁명(제2의 물결)에 이은 고도 과학기술에 의한 제3의 물결, 즉 정보혁명이라고 명명하였다(Toffler, 1980). 이러한 혁명은 산업사회가 안고 있는 물질자원과 환경파괴·에너지 고갈·공해 등의 문제를 해결하고 더 나아가 풍요로운 삶을 인류에게 안겨줄 것으로 기대하는 것이다.

20세기 후반에 나타난 정보화사회는 과거 농업사회, 산업사회와는 달리 짧은 기간 내에 급진전을 하게 되었는데 그 원인은 무엇일까? 정보화의 발전 배경에 대해서는 경제적 측면과 사회적 측면으로 나누어 볼 수가 있다.

경제적 측면에서 보면 1970년대 2차 석유파동 이후 인류가 석유·석탄·목재 등 부존자원의 고갈에 대비하여 에너지 절약형 산업구조로의 전환을 모색하게 된 점을 들수 있다. 아울러 과학기술분야의 급속한 혁신은 지식 및 정보의 중요성을 더욱 부각시키게 됨으로서 이러한 경제적 여건의 변화에 따라 정보를 물질, 에너지와 함께 또 하나의 중요한 자원으로 보는 인식이 자리 잡게 된 것이다.

또한 사회적 측면에서 보면 물질적 풍요로 인해 보다 고급의 정신적·심리적 욕구의 충족을 꾀하려는 경향이 늘고 있어 종래의 획일적인 수요에서 개별적·선택적 수요로 전환되고 있다는 점을 들 수 있다. 개인적 취향 및 정보에 대한 요구가 다양해지면서 이제까지 대중매체에 의해 제공된 정보의 홍수 속에서 소극적 대중으로 남아 있던 개인들이 보다 적극적이고 개성을 가진 주체로 전환되기 시작한 것이다.

**[그림 1-4]** 인류사회의 변천단계

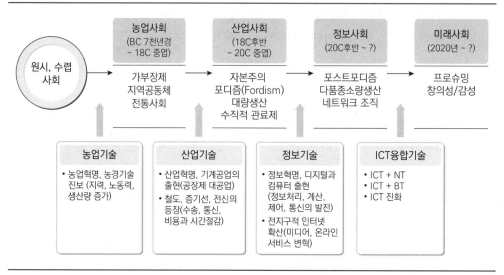

자료: 한국정보화진흥원(2011).

그 밖에도 산업혁명 이후 사회·경제 시스템의 발전으로 인해 발생하기 시작한 여러 가지 문제를 해결할 수 있는 대안의 하나로서 각계 각층에서의 정보화가 절실히 필요하게 된 것이다.

그렇다면 인류가 정보화사회로 진입하게 된 것은 구체적으로 어느 시점부터인가? 이에 관해서는 아직도 많은 이견들이 있다.

정보화사회로의 진입이 가장 앞선 미국의 경우를 보면 급속한 산업성장과 대량생산으로 인한 번영을 누리고, 화이트칼라 노동자 수가 블루칼라 노동자 수를 넘어선 1950년대 후반부터 정보사회의 특징이 나타나기 시작한 것으로 보고 있다(Bell, 1973). 이 시기는 컴퓨터와 통신기술의 급속한 발전과 함께 미국과 구소련 간의 우주여행 경쟁이 본격적으로 시작되던 시기이기도 하다.

한편, 우리나라의 경우 1970년대 초까지만 해도 전체 경제활동인구 중 1차산업 종사자가 차지하는 비율이 50%가 넘는 전근대적인 상황에서 벗어나지 못하였다. 그 후 2차산업과 3차산업의 급속한 발전과 함께 1차산업의 비중이 급격히 낮아지면서 1980

년대 후반에 이르러서는 3차산업 종사자가 전체 경제활동인구의 50%를 넘어서게 되었다. 즉 산업 또는 고용 구조를 바탕으로 정보화사회를 정의하는 관점에서 본다면 우리나라는 1980년대 후반을 정보화사회에 진입한 시기로 볼 수 있을 것이다.

따라서 이와 같은 판단을 종합해 정보화사회로의 진입 시기를 보면 미국의 경우는 1960년대, 일본·영국·프랑스 등은 1970년대, 그리고 우리나라는 1980년대 후반 또는 1990년대 초반으로 보는 견해가 일반적이라 할 수 있다.

## 3) 정보화사회의 특성

산업사회는 대량생산을 전제로 하는 사회로서 대중사회·대중정당·대중미디어·확실화를 지향하는 대중교육과 집단적 기강 및 규율에 의해 공장·가족·종교들이 중심이 되는 사회이다.

반면에 정보화사회는 탈 대량화, 탈 대중화를 특징으로 한다. 즉 대량생산에서 주문생산으로, 대중미디어에서 전문화·개별화된 정보통신체제로, 집단적 가족에서 개인 중심의 가족으로, 제조업 중심 경제로부터 디자인, 정보처리 등 서비스 위주의 경제로 이동해 가는 것이다. 따라서 종전의 산업사회에서는 물질·노동·에너지 등의 부존자원과 공업생산력이 국가경쟁력이었으나, 정보화사회에서는 정보와 기술력이 중요한 사회이다.

이를 좀 더 구체적으로 살펴보면, 우선 정보화사회의 개인은 물질적 욕구가 어느 정도 충족된 상태에 있으므로 정신적·심리적 욕구를 더욱 중요하게 생각하게 되었다. 또한 수요의 양상도 종래의 획일적인 수요로부터 개별적·선택적 수요로 전환되고 있다. 따라서 생산자는 고객을 만족시키기 위해서는 산업생산의 논리가 종래의 소품종 대량생산에서 다품종 소량생산으로 변하지 않으면 안 되었다. 또한 경제활동이 국제화로 확대되면서 보다 다양한 정보가 필요하게 되었다.

이러한 사회적·경제적 수요의 변화에 대처하기 위해서는 필연적으로 정보화를 추구하게 되고, 이렇게 형성되는 정보화사회는 규격화, 전문화, 동시화, 집중화, 극대화, 집권화 등 과거 산업사회의 속성에서 벗어나 다양화, 탈전문화, 탈동시화, 탈집중화, 탈극대화, 분권화라는 특성을 가지게 된다(Toffler, 1981).

또한 정보화사회의 도래와 함께 권력의 본질이 변화하고, 그에 따라 사회 전반에 걸쳐 권력의 이동이 일어난다는 주장이 제기되어 많은 관심을 불러일으키기도 하였다 (Toffler, 1990). 역사적으로 보면 인류사회에 근본적인 변혁이 일어나게 되면 권력의 근원도 함께 변해 왔다. 원시사회에서는 육체적인 힘, 농경사회에서는 토지, 산업사회에서는 자본으로부터 권력이 창출되었다면 정보화사회에서는 정보와 지식으로 권력이 이동하고 창출된다.

정보화사회에서는 지식 없이 새로운 부의 창출이 이루어지지 못하기 때문이고, 그에 따라 권력은 결국 자본가로부터 창의적 지식을 행동으로 연결시킬 수 있는 '혁신적 지식인'에게로 이동하게 되는 것이다.

## 4) 정보화사회에 대한 견해

정보화사회는 정보화가 이루어진 사회로서 예상보다도 훨씬 빠른 속도로 진화되어 가고 있다. 이렇게 빠르게 발전해가는 정보화사회에 대해서 일부 학자는 종전의 사회와는 전혀 다른 새로운 사회로 규정하고 있는 반면, 다른 학자들은 산업사회의 연장으로 받아들이고 있다.

또한 정보화사회가 우리 사회에 어떤 영향을 미치고 있는 것인가에 대한 견해는 학자에 따라 서로 다르게 나타나고 있다. 정보화의 결과는 양면성을 갖게 되는데, 아래 <표 1-9>에서와 같이 정보사회를 바라보는 이론가들의 시각을 보면 크게 낙관론과 비관론으로 대립되고 있다.

### (1) 낙관적 견해

낙관론자들에 의하면 정보화사회가 됨으로써 홈뱅킹, 홈쇼핑, VOD, 재택근무 등을 통해 생기는 여가시간을 삶의 질(LoQ: Life of Quality)을 향상시키는 데 활용할 수 있게 되었다는 것이다. 그리고 산업사회와 자본주의 사회에서 나타난 문제점들의 대부분이 해소되어 이른바 컴퓨토피아(Computopia)가 이루어지거나 자본주의 사회의 문제였던 불평등과 갈등의 문제점들이 거의 해소될 것으로 보고 있다. 예를 들면, 지역 간 불평등, 빈부의 격차, 계급 간의 갈등, 민주주의 실현문제, 노동의 비인간화 등의 많은 문제들이 해결될 것으로 전망하고 있는 것이다. 또 정보기술의 비약적인 발전은 정보의 불평등과 권력 불평등도 줄어 평등한 다원사회로 나아가게 되었다.

### (2) 비관적 견해

비관론자들에 의하면 낙관론자들과는 상반되게 정보사회가 될수록 산업사회에서 나타난 계급 간의 불평등이나 권력의 독점들과 같은 현상은 그대로 지속되거나 더욱 악화될 수 있을 것으로 보는가 하면 개인정보의 유출로 인하여 개인의 프라이버시나 권익까지 침해당할 염려가 있는 등 빅 브라더스에 대한 우려를 하고 있다.

그리고 컴퓨터 운영과 데이터를 저장·관리하는 소수의 전문가가 사회를 지배하게 되고 결국 자본이 정보를 장악하게 되어 정보의 불평등이 새로운 권력을 낳게 된다는 것이다.

┃〈표 1-9〉 정보화사회에 대한 낙관론과 비관론

| 낙관론적 견해 | 비관론적 견해 |
| --- | --- |
| 정보화로 사회적 생산력과 효율성 증대 | 다국적 자본과 기득계층, 정보전문가 등 특정계층만 유익 |
| 중앙집중화와 조직의 분권적, 수평적 관리 | 기존의 대기업 위주의 조직원리 그대로 지속 |
| 소통 강화로 보편적 이득 | 정보의 불평등과 소득불균형 악순환 |
| 단순반복적 노동 실종과 정신노동이 육체적 노동 대체 | 정보화·자동화의 진전으로 실업률 증가 우려 |
| 가정과 일터의 융합으로 여성노동력 활용 증대 | 여성 가사와 노동 이중 부담 |
| 지식인, 지식노동자 급격한 증대, 주도적 작업집단 | 새로운 전문관리층, 전문기술계급층 문화 지배 |
| 지방자치 활성화, 시민사회 성숙 | 지역 간, 국가 간 정보 불평등 심화, 정보수집 확장으로 감시 우려 |
| 창의력, 상상력, 도전 정신을 중시하는 개별학습 주도 | 인터넷을 통한 음란물의 유통과 원격교육의 일반화로 대면 접촉을 통한 인간교육 기회를 박탈 |

## 5) 한국의 정보화 현주소

### (1) 정보화정책 추진

우리나라의 정보화는 1980년대 후반부터 개별부처의 PC 도입과 병행하여 행정업무 전산화를 시작으로 추진되었다. 특히, 1990년대에 접어들면서 인터넷의 등장과 함께 전 세계적으로 지식정보사회 실현을 위한 정보화의 중요성이 높아짐에 따라 정부는 국가정보화를 본격적으로 추진하게 되었다.

1994년 12월 정부는 정보화에 능동적으로 대처하기 위해 정보통신산업을 국가발전 전략산업으로 집중 육성하기 위해 주무부처인 '정보통신부'를 신설하고, 국가정보화를 촉진하기 위한 '정보화촉진기본법'을 제정(현재 '국가정보화기본법'으로 법률명 변경)하였으며, 정보화촉진기금 마련 등 국가정보화 추진의 실행력을 담보하기 위한 제도적 기반을 탄탄히 구축하였다.

또한 대내외 환경변화와 정보화 도입·발전·성숙기별 시대적 요구를 반영한 국가정보화 마스터플랜을 수립·추진하였으며, 이는 '국가정보화기본법'에 의거한 법정계획으로 추진되어 정책 추진의 실효성을 담보할 수 있었다. 1996년 '제1차 정보화촉진기본계획'을 수립하여 정보화촉진 10대 중점과제, 고속정보통신망 조기 구축, 정보통신산업 기반 조성 등을 차질 없이 추진함으로써 정보통신 선진국으로 도약하기 위한 준비를 차근차근 진행하였다.

1997년에는 IMF 경제위기와 지식기반경제로의 전환 등 정보화 추진환경이 크게 변화함에 따라 지식정보화 선진국으로 발돋움 할 수 있도록 정책의 수정·보완이 요구되어, 1999년 3월 '창조적 지식기반 국가 건설'이라는 비전 달성을 위한 'Cyber KOREA 21'을 수립하였다.

그 후 2002년 4월에는 글로벌화와 전 국민의 정보화 능력함양 요구 등의 환경변화를 반영한 'e-KOREA VISION 2006'을 수립하였고, 2003년 12월에는 새로운 정부의 정보화 비전을 반영하여 제3차 계획의 수정버전으로 'Broadband IT KOREA VISION 2007'을 수립하였다. 한편 2006년에는 기술의 빠른 발달 속도에 맞춰 스마트사회를 앞당겨 실현하기 위해 'u-KOREA 기본계획'을 수립하였다.

이후 탄탄한 인터넷 인프라를 기반으로 인터넷 이용이 보편화되고 정보화가 국가사회 전반으로 확산됨에 따라, 촉진과 확산 중심의 기존 정책의 한계가 노출되었으며 해킹, 개인정보 유출 등 IT의 활용과 관련된 다양한 사회문제가 대두되면서 정보화정책에 대한 새로운 요구들이 발생하게 되었다. 이러한 문제점들을 근본적으로 해소하고, 촉진에서 활용으로의 정보화 패러다임 변화에 대응하기 위하여 정부는 2008년 12월 '창의와 신뢰의 선진 지식정보사회 실현'을 비전으로 하는 '제4차 국가정보화 기본계획(2008~2012)'을 수립하여 추진하였다.

최근에는 글로벌 저성장의 장기화, 불확실성의 증대 등 경제사회적 문제를 극복하기 위해 정보화에 대한 새로운 역할 설정 및 전환의 필요성이 대두되었다. ICT가 사회 전반에 내재화 되면서 그간 추진해온 정부 주도의 정책 추진에서 나아가 국민의 상상력과 창의력을 ICT와 결합하여 사회현안을 해결하고, 새로운 가치를 창출하는 것에서 정보화의 역할을 찾는 것이 매우 중요해졌다.

이에 정부는 2013년 12월 창조경제 실현과 국민이 행복한 대한민국 건설을 위한 '제5차 국가정보화기본계획(2013~2017)'을 수립하여 추진 중에 있다(한국정보화진흥원, 2014).

우리나라가 지난 20여 년간 추진해온 국가정보화는 세계적인 정보화 추세에 발맞춘 시의 적절한 중장기 국가정보화 마스터플랜 수립·추진으로 국가사회 전반의 효율화 및 생산성 향상을 주도하였으며, 정부 주도의 적극적인 정보화정책 추진으로 세계 최고 수준의 ICT 인프라를 조기에 구축할 수 있었다. 그 결과 많은 국민들이 빠르고 간편하게 인터넷을 이용할 수 있게 되면서 정보화가 국민의 삶에 밀접하게 내재화되었으며, ITU의 ICT 발전지수와 UN의 전자정부 평가 등에서 수위를 하는 등 세계 속에 우리나라의 브랜드를 널리 알리는 데 기여하였다.

국민들은 언제, 어디서나 시간과 장소에 구애됨이 없이 모바일로 쇼핑과 업무 처리를 편리하게 할 수 있게 되었으며, 소셜네트워크서비스(SNS)를 통한 소통과 공감 문화가 확산되었다. 또한 생활불편에 대한 스마트폰 신고, SOS 국민안심서비스 등 국민 생활 편익과 안전을 위한 다양한 모바일 공공서비스가 제공되면서 모바일 및 ICT 신기술 기반의 경제·사회적 활동이 보편화되었다. 이와 같은 ICT 활용의 변화 모습은 정보화가 단순히 생산성과 효율성 향상의 도구에서 나아가 신성장동력과 가치 창출의 원동력으로서 국가경제사회의 발전을 견인하고 있음을 보여준다.

더 나아가 창조적 활동과 아이디어가 경제적 가치를 창출하는 창조경제 시대에는 정보화의 활용 범위 및 역할이 더욱 확대될 것이다. 그간 축적해 온 고도화된 정보화 기반을 바탕으로 지식정보의 창조적 활용과 개인의 창의성, 융합을 촉진함으로 써 신수요 창출과 사회현안 해결에 기여하고 우리 삶을 더욱 혁신적으로 변화시킬 것으로 기대된다.

최근 IoT(Internet of Thing), 빅데이터, 클라우드, 인공지능 등 새로운 기술의 등장은 국가정보화 부문에 또다른 변화를 요구하고 있다. ICT 신기술의 발달로 사람 중심의 초연결·지능형 사회로 진화하면서 신 시장 수요 발굴 등 새로운 가치 창출 기회가 도래하고 있다. 이에 부응하기 위한 정책들이 필요한 시점이다. 지난 20년간 추진해온 국가정보화는 정부, 기업, 국민 등 국가사회 전반을 ICT로 혁신하는 핵심적인 위치에 있다. 정부 부문뿐 아니라 글로벌 경제와 사회 환경에서도 ICT를 통한 경제성장과 새로운 부가가치의 창출이 중요한 추진 목표로 부상하고 있다. 특히 콘텐츠, 플랫폼, 네트워크, 기기(Device) 등이 긴밀하게 연계된 ICT 생태계 형성이 가속화되면서 각 영역의 구분 없는 통합 전략의 중요성이 주목받고 있다.

[그림 1-5] 국가정보화 패러다임 변화와 정보화정책 추진경과

| 정보화 패러다임 | 1975 · 20년 전의 정보화 | | 1994 · 20년 동안의 정보화 | | 2013 중반 | 현재 그리고 앞으로의 정보화 |
|---|---|---|---|---|---|---|
| | PC 시대<br>디지털화, 전산화 | | 인터넷 시대<br>온라인화, 정보화 | | 모바일 시대<br>모바일화, 소셜화 | 초연결 시대<br>개인화, 지능화 |
| 정보화이슈 | 데이터베이스, PC통신, GPS, 초고속인터넷망 | | 전자정부, 온라인 | | 스마트폰, 모바일 인터넷, 포털, SNS | 융합, 클라우드, 빅데이터, IoT, 웨어러블 |

**국가정보화 기본계획 추진**

| | PC 시대 | | 인터넷 시대 | | 모바일 시대 | 초연결 시대 |
|---|---|---|---|---|---|---|
| 목적 | 행정전산화 추진 | 국가기간전산망 보급·확장 | 국가사회 정보화 촉진 | | 지식정보사회 구현 | 초연결사회의 창조경제 구현 |
| 근거 | 박정희 대통령 행정전산화 추진지시(1975) | 전산망보급과 이용촉진에 관한 법률 | 정보화촉진기본법 | | 국가정보화기본법 | 국가정보화기본법 |
| 정책 | (1978년 수립) 1차 행정전산화 기본계획 (1978~1987) | (1988년 수립) 1차 국가기간전산망 기본계획 (1987~1991) | (1996년 수립) 1차 정보화촉진 기본계획 (1996~2000) | (1999년 수립) 2차 Cyber Korea21 (1999~2002) | (2002년 수립) 3차 e-Korea (2002~2006) / (2003년 수립) 3차 개정 Broadband IT KOREA Vision 2007 (2003~2007) / (2008년 수립) 4차 국가정보화기본계획 (2008~2012) | 5차 국가정보화기본계획 (2013~2017) |
| | (1982년 수립) 2차 행정전산화 기본계획 (1978~1986) | (1992년 수립) 2차 국가기간전산망 기본계획 (1992~1996) | | 3차 연동 u-Korea 기본계획(2006~2010) | (2012년 수립) 4차 수정 국가정보화 기본계획 (2008~2012) | 6차 국가정보화 기본계획 (2018-2022) |

**정보화 사업·산업활성화 정책 추진**

| PC 시대 | 인터넷 시대 | | 모바일 시대 | 초연결 시대 |
|---|---|---|---|---|
| - | 1차 국가기간전산망 사업 (1987~1991) | (1995년 수립) 초고속정보통신 기반구축 종합추진계획 | (2002년 수립) 초고속정보통신망 고도화 사업추진 | <2020년 수립> 한국판 뉴딜종합계획 |
| | | (2001년 수립) 전자정부사업 | (2004년 수립) IT839 | (2013년 수립) SW 혁신전략 |
| | | | (2004년 수립) USN 구축 | ICT R&D 중장기 전략 |
| | | | (2011년 수립) 빅데이터 활용 스마트정부 구현 | <2018년 수립> 블록체인기술 발전전략 |
| | 2차 국가기간전산망 사업 (1992~1996) | (1997년 수립) 정보통신망 고도화 추진계획 | (2004년 수립) 1차 BCN 시범사업 | (2013년 수립) 빅데이터 산업 발전전략 |
| | | (2001년 수립) 초고속정보통신망 고도화 기본계획 | (2006년 수립) 2차 BCN 시범사업 | (2014년 수립) 클라우드 산업육성 |
| | | | (2009년 수립) Giga인터넷 / (2009년 수립) 사물지능통신 / (2009년 수립) 클라우드 활성화 | (2014년 수립) 사물인터넷 기본계획 |
| | | | (2010년, 2012년 수립) IT융합 확산전략 / (2012년 수립) 빅데이터 서비스 활성화 방안 / (2012년 수립) 빅데이터 마스터플랜 / (2013년 수립) 인터넷 신산업 육성 방안 | (2014년 수립) ICT 융합활성화 기본계획 |

자료: 한국정보화진흥원(2014), 「국가정보화 20년 기록」. 재구성.

## (2) 정보화 수준

국제전기통신연합(ITU), 유엔(UN), 세계경제포럼(WEF), 국제경영개발원(IMD), 경제협력개발기구(OECD) 등의 다양한 국제기구와 기관들은 국가별로 정보화 관련 발전 정도와 준비수준 등을 설문 조사와 직접 평가 등을 통해 매년 또는 격년으로 발표한다. 특히 최근에 각 기관들은 제4차산업혁명, 디지털전환 등 새로운 정보화 환경변화를 반영해 신규 지수 개편을 추진 중이다. 즉 IMD는 기술변화를 반영해 2017년 디지털경쟁력지수를 신규 발표했으며, WEF는 2018년 국가경쟁력지수를 제4차산업혁명과 경제환경 변화를 반영해 평가기준을 개편했다. 또한 ITU는 새로운 지표를 기반으로 한 새로운 ICT 발전지수(IDI)의 결과를 공표한다.

정보화 수준에 관련된 주요 국제지수는 UN의 전자정부발전지수와 온라인참여지수

(2018.7), WEF의 '국가경쟁력지수(ICT 도입 부문 지수)'(2018.10), ITU의 '사이버보안지수'(2018.11) 등이 있다. 최근에 발표된 우리나라의 주요 정보화 수준은 전자정부 발전지수(3위, UN), 온라인 참여지수(1위, UN), WEF 국가경쟁력지수의 ICT 도입 지수(1위, WEF) 등에서 상위권에 위치하며 ICT 강국으로의 위상을 보여주고 있다. 그리고 ICT 보급률 세계 1위(세계경제포럼, 2019), 반도체 매출액 세계 1위(가트너, 2019), 스마트폰 점유율 세계 1위(가트너, 2019)이다.

또한 스위스 국제경영개발연구원(IMD)은 디지털 기술에 대한 적응력 등에 대해 지식, 기술, 미래준비도 등 3개 분야 52개 세부 지표를 측정해 국가별 디지털 경쟁력을 평가해 발표하고 있다. 2020년 세계 디지털 경쟁력 평가에서 한국이 평가대상 63개국 중 8위로 전년 대비 2단계 상승했다고 밝혔다.

❙〈표 1-10〉 주요 정보화 관련분야의 국제 평가 결과(2013~2018)

| [작성기관] 지수명 | 작성 목적 | 우리나라 순위(조사 대상 국가수) | | | | | | 주요국 최근 순위 |
|---|---|---|---|---|---|---|---|---|
| | | 2013 | 2014 | 2015 | 2016 | 2017 | 2018 | |
| [ITU] ICT 발전지수 | • 국가별 정보사회의 발전 정도 및 선진국-개도국 간 정보격차를 측정 | 1위 (157) | 2위 (166) | 1위 (167) | 1위 (175) | 2위 (176) | – | 아이슬란드 1위 한국 2위 스위스 3위 |
| [UN] 전자정부 발전지수 | • 국가별 전자정부를 통한 공공서비스 제공 준비 상태와 역량을 측정(격년) | – | 1위 (193) | – | 3위 (193) | – | 3위 (193) | 덴마크 1위 호주 2위 한국 3위 |
| [UN] 온라인 참여지수 | • 국가별 온라인을 통한 시민의 공공정책 의사결정에 참여할 수 있는 수준 측정(격년) | – | 1위 (193) | – | 4위 (193) | – | 1위 (193) | 한국, 덴마크, 핀란드 공동 1위 |
| [OECD] 공공데이터 개방지수 | • 공공데이터 개방 정책 평가 지수로 가용성, 접근성, 정부지원 등 측정 | – | – | 1위 (30) | – | 1위 (31) | – | 한국 1위 프랑스 2위 일본 3위 |
| [WEF] 국가경쟁력 지수(ICT 도입) | • 국가경쟁력지수의 ICT 보급(채택) 수준 측정<br>• 4차산업혁명과 경제환경 변화를 반영해 지수 개편 (2018년) | – | – | – | – | – | 1위 (140) | 한국 1위 홍콩 2위 일본 3위 |

| [작성기관] 지수명 | 작성 목적 | 우리나라 순위(조사 대상 국가수) | | | | | | 주요국 최근 순위 |
|---|---|---|---|---|---|---|---|---|
| | | 2013 | 2014 | 2015 | 2016 | 2017 | 2018 | |
| [IMD] 디지털경쟁력지수 | • 기술변화에 대한 국가별 적응력, 기술개발 능력, 미래 준비 정도 평가 (2017년 처음 발표) | 14위 (63) | 21위 (63) | 18위 (63) | 17위 (63) | 19위 (63) | 14위 (63) | 미국 1위 싱가포르 2위 스웨덴 3위 |
| [ITU] 사이버 보안지수 | • 사이버보안을 구현·촉진하기 위한 노력 수준 평가<br>• 법적/기술적/조직적 대책, 역량 구축, 국제적 협력 등 측정(2015년 처음 발표) | – | – | 5위 (105) | – | 13위 (134) | 15위 (155) | 영국 1위 미국 2위 프랑스 3위 |

자료: 2019년도 국가정보화에 관한 연차보고서(2019.8.26).

## 3. 스마트사회

스마트사회의 정확한 정의는 아직 공식화되어 있지 않으나 '스마트(Smart)'는 멋있고 유능하다는 의미를 지니고 있어 현재보다 진화된 더 나은 미래사회를 뜻한다고 할 수 있다. 스마트사회는 스마트기술을 적용한 스마트기기들을 기반으로 인간중심, 창의성, 행복중심과 같은 새로운 가치를 창출함으로써 기존의 가치보다는 더욱 효율적이고 새로운 변화를 추구하는 사회라는 개념을 부여할 수 있을 것이다.

스마트사회를 주도하는 IT기술에서 진화된 스마트기술의 핵심적인 요소는 융·복합과 모바일이라고 할 수 있다. 융·복합은 다양한 요소기술들을 접목시켜 새로운 가치를 생산하는 복합적인 사고의 틀 속에서 발전하고 있으며 최근의 추세는 스마트폰의 확산과 더불어 모바일이 가장 중요한 요소로 인식되고 있다.

스마트사회는 인간중심의 지능형사회로서 스마트기기들을 활용하여 일하는 방식 및 생활양식, 사회문화 등 국가사회 전반에 걸쳐서 혁신을 통한 새로운 가치를 창출하는 사회라고 할 수 있다. 우리의 일상생활은 스마트폰과 모바일앱에 의한 새로운 문화를 창조하고 스마트워크, 소셜비즈니스, 모바일 뱅킹, 모바일 콘텐츠, 클라우드 컴퓨팅 등 다양한 모습으로 변화하고 있다.

## 1) 스마트사회의 새로운 IT 트렌드

첫째, 스마트사회의 가장 두드러진 특성은 스마트폰의 확산이라고 할 수 있다. 우리나라는 2020년 기준으로 스마트폰 보급률은 95% 이상으로 인구대비 세계에서 가장 빠른 증가세를 보이고 있다. 음성전화기능에서 출발하여 메시지 전달기능을 첨가하는 형태에서 진화된 스마트폰은 이제 오히려 문자와 영상이미지를 더 많이 활용하는 기기로 변모하고 있다.

둘째, 소셜네트워크서비스(SNS)의 확산이다. SNS(Social Network Service)란 인터넷을 기반으로 인적 네트워크 형성 및 인맥관리와 정보공유를 해주는 서비스로 연결을 통한 사회적관계의 구축을 지향하는 것이다. 개인 간의 인맥구축이라는 활용목적에서 출발하여 이제는 기업, 비즈니스, 정치 등 다양한 분야에 활용되면서 그 범위를 넓혀가고 있다. SNS의 대표 주자는 페이스북과 트위터라고 할 수 있으며 SNS의 등장으로 개인과 그룹의 의사소통이 급속도로 확대되고 새로운 정보교환과 소통의 문화를 만들어가고 있다.

셋째, SNS가 활성화되면서 현재 포털 및 쇼핑몰을 통한 소비자의 정보습득과 구매활동을 벗어나서 SNS를 이용하는 방식으로 한 새로운 비즈니스가 소셜비즈니스 형태로 나타나고 있다. SNS를 비즈니스에 활용할 경우 비교적 저렴한 비용과 원활한 커뮤니케이션, 그리고 빠르고 광범위한 전파력을 장점으로 생각할 수 있다.

변화하는 소비트렌드를 반영할 수 있는 소셜비즈니스는 소셜커머스, 소셜러닝, 소셜게임, 소셜마케팅, 소셜고객관리 등 다양한 영역으로 확장되고 있다. 그리고 1인 기업이라는 새로운 창조적 기업영역으로 발전되고 있다.

넷째, GPS를 탑재한 단말이 확산되면서 위치기반과 융합된 다양한 위치기반서비스가 관심을 받고 있다. 위치기반서비스(LBS: Location Based Service)란 무선통신망 및 GPS 등을 통해 얻은 위치정보를 바탕으로 사용자에게 위치에 따른 특정 정보를 제공하는 서비스를 의미한다. 위치기반서비스는 현 위치의 주변정보 제공, 길 찾기, 교통정보, 장애인 위치정보, 친구 찾기, 재난 위치, 특정 물체의 추적 등 다양한 용도로 범위가 확대되고 있으나 프라이버시 침해문제도 이슈화되고 있다.

다섯째, 현대의 업무형태와 생활양식에 큰 변화를 주고 있는 스마트워크(Smart Work)도 인간중심의 새로운 문화를 만들어가고 있는 중요한 트렌드라고 볼 수 있다. 언제 어디서나 필요한 정보를 얻을 수 있고, 일을 할 수 있어 가치를 창출하는 중요한 형태라고 볼 수 있다. 일하는 방식의 획기적인 변화를 추구하는 스마트워크는 서류위주의 탁상업무를 현장중심의 즉시처리로 결재를 간소화하고 칸막이식 업무에서 비롯된 의사결정 지연현상을 원격협업을 통한 시간 문제해결을 통해 신속한 의사결정을 할 수 있도록 해준다. 또한 육아, 고령으로 인한 취업제한을 재택근무 또는 근무형태를 다양화시킴으로서 취약계층에게도 취업기회를 확대할 수 있는 방식이다. 최근 코로나19로 인해 더욱 확대될 것으로 예상된다.

여섯째, 클라우드 컴퓨팅의 확산이다. 지금까지 정보의 공유와 소통에 중점을 두었지만 이제는 정보 뿐만 아니라 컴퓨팅 기기들과 분석능력까지도 공유할 수 있는 클라우드 컴퓨팅 환경은 국경을 초월하여 범세계적으로 확대되고 있다. 클라우드 컴퓨팅 환경이 정착된다면 최소사양의 모바일기기로 편리하고 효율적으로 자료를 수집, 분석하고 업무에 활용할 수 있는 환경이 된다. 이와 같은 클라우드 서비스에 대해서는 우리나라 뿐만 아니라 미국, EU 등 여러 선진국들이 중요한 정책으로 추진하고 있다. 추가하여 엣지 컴퓨팅(Edge Computing)을 통해 향후 더욱 혁신적인 스마트사회 실현이 이루어질 것으로 보인다.

일곱째, 앞에서 언급한 다양한 트렌드를 실현하기 위한 선결과제로 정보보호와 개인의 프라이버시 보호가 주목받고 있다. 스마트사회를 견인하는 IT기술은 항상 관련된 다양한 데이터를 다루고 있다. 따라서 수집, 저장, 유통되는 데이터를 보호하고 개인의 프라이버시를 보호하는 것은 매우 중요한 이슈이다. 최근 개인정보보호법[12]이 제정되어 개인정보를 다루는 기업의 책임이 더욱 무거워지고 있으며 기업의 독자기술을 보호하는 일은 기업의 성패를 좌우하는 핵심 과제로 인식되고 있다.

## 2) IT기술과 모바일의 융합

지금까지 살펴본 스마트사회의 새로운 트렌드는 사실상 IT기술과 모바일의 융합에서 비롯된 트렌드라고 볼 수 있다. 즉 스마트폰과 태블릿 PC 등을 더욱 편리하고 손쉽게 구할 수 있는 환경이 되면서 모바일과 관련된 융합서비스와 제품이 급속도로 발전하게 된 것이다.

특히 모바일 콘텐츠 산업을 이끄는 핵심으로 떠오른 모바일 애플리케이션(Mobile Application)은 무선네트워크의 진화, 모바일 인터넷 환경의 확대, 스마트기기의 확산에 힘입어 사용이 급속도로 증가하고 있는 분야이다. 최근의 추세는 공공기관이 보유하고 있는 양질의 정보를 민간에게 개방하는 방향으로 나가고 있으며 기업뿐만 아니라 창의

---

12) 국회, '개인정보보호법', 법률 제10465호, 2011.3. 제정.

적인 아이디어를 갖고 있는 개인들도 적극적으로 모바일앱을 개발하는 데 나서고 있다.

또한 스마트폰을 중심으로 모바일 기능을 탑재한 디바이스들의 확산에 기반을 둔 SNS를 이용하는 서비스들은 새로운 생활방식과 문화를 창출해 나가고 있다.

SNS는 인터넷과 모바일 기능에 힘입어 빠른 전파력과 광범위한 정보전달을 장점으로 내세우고 있다. 이와 함께 페이스북, 트위터 등의 인간관계 중심의 친근성을 바탕으로 실시간으로 전달되기 때문에 비즈니스 차원에서의 파급력과 동조화 세력을 규합하는 정치적인 파워까지 기대할 수 있는 막강한 파워집단으로 성장하고 있다.

금융서비스의 양상도 모바일과 융합된 대표적인 변화이다. 이제는 은행, 증권회사, 우체국과 같은 금융기관을 방문하여 시간과 노력을 소모하는 형태는 많이 달라지고 있다. 사무실에서 또는 이동 중에도 마음대로 손쉽게 금융 업무를 할 수도 있고 다양한 분석자료 등을 제공받을 수 있다. 이러한 변화는 우리의 생활양식과 생각하는 방식에도 커다란 변화가 나타나고 있다.

## 3) 스마트사회의 변화

스마트사회는 그 태생 자체부터 정보화사회와 유사한 측면이 많다고 할 수 있다. 정보화사회와 스마트사회의 공통점은 지식과 정보가 중시되고 소프트웨어와 같은 무형의 가치가 더 높게 평가된다는 것이다. 그러나 정보화사회는 정보가 특정장소에 집중되어 사회구성원들에게 일방적인 이행을 강제하는 반면 스마트사회는 대중들이 정보를 스스로 생산하고 공유하는 쌍방향의 정보유통 혁명이 이루어진다는 차이점이 있다. 또한 정보화사회는 정보와 지식이 중요시되는 사회인 반면, 스마트사회는 지식을 기반으로 하면서도 창의성과 개방성에 대한 사회의 절실한 필요가 전면에 등장하는 차이가 있다.

먼저 경제 산업분야를 살펴보면, 산업사회에서는 동종 대량생산에 적합한 '규모의 경제'가 지배를 하였지만 사회 변화가 급격하게 진행되는 스마트시대에는 다양한 니즈(Needs)에 부응하기 위해서 신속하고 개인화된 생산 그리고 이종(異種)영역과의 융합을 통한 시너지 효과를 나타낼 수 있는 규모가 작은 다수의 경제주체들이 공존하는 '범위의 경제'로 변화되고 있다. 그리고 경제·산업부문에 실시간 정보교류로 정보 대칭(Symmetric Information)의 경제시스템화, 스마트 기술 관련 산업의 부상, 온라인 시장의 성장, 스마트 융합의 확산, 스마트 벤처 붐 등의 영향이 미치게 된다. 또한 스마트기기 보급에 따른 실시간 정보공유로 정보를 가진 자와 갖지 못한 자 간에 발생하는 정보 비대칭

(Information Asymmetric)이 감소하게 된다.

　　이러한 스마트사회에 대한 각 분야별 관점과 그 영향은 다음 <표 1-11>과 같다.

▍〈표 1-11〉 스마트사회에 대한 분야별 관점

| 구분 | 스마트 혁명을 보는 시각 | 분야별 관련 현상 및 영향 |
|------|------------------------|--------------------------|
| 경제산업 | 규모의 경제에서 '범위의 경제'로의 이행, 창의·혁신이 핵심생산 요소로 전면에 등장 | • 정보대칭의 경제시스템화<br>• 스마트 관련 산업의 부상<br>• 온라인시장의 성장<br>• 스마트 융합(Smart Convergence) |
| 기업경영 | 소비자의 시장 주도권 이전 | • 개방성 초점의 새로운 사업 방식 등장<br>• 스마트화된 마케팅 환경의 도래<br>• 스마트 소비의 활성화<br>• 기업 내 업무 환경의 스마트화<br>• '기업 내 기업'의 확산 |
| 사회문화 | 개방, 참여 중심인 유연한 사회로 진전, 감성 중심의 문화가 더욱 강조되는 현상 | • 스마트 세대의 부상<br>• 올드 세대의 Tech Stress<br>• 개인주의의 가속화<br>• 집단지성의 중요성 증대<br>• 프라이버시 관리 및 유출 문제 부각 |
| 기술 | 인간 중심의 기술과 스마트 환경의 구현을 목표로 관련 기술의 혁신이 빠르게 진행 | • 스마트기기(Smart Object) 보급 확산<br>• 유비쿼터스 네트워크 환경의 구축<br>• 사용자 중심의 기술 혁신<br>• 인지과학·인공지능에 대한 연구 활성화<br>• 기술 융합 분야의 확장 |

　　기업·경영분야를 살펴보면, 과거에는 기업이 소비자에 비해 상대적으로 강한 조직력과 네트워크를 가지고 있어 시장에 대한 우위가 가능했다. 그러나 스마트시대에서는 소비자들 간 정보공유와 커뮤니케이션이 증대되어 소비자가 시장을 주도하는 시대가 되어 가고 있다. 이에 따라 기업의 마케팅 환경에 큰 변화가 발생하여 기업의 사업방식은 개방성에 초점을 둔 소비자 참여형 경영으로 전환되고 있다.

　　스마트한 마케팅 환경이 도래하여 생활밀착형이면서 개인화된 인맥구축서비스(SNS), 위치기반서비스(LBS) 등 신기술이 더욱 진화하면서 일반인들의 일상생활조차 스마트하게 변하여 기업의 마케팅 접점 역시 스마트해지고 있다. 앱스토어(App Store)처럼 기업은 단순히 소비자를 위한 마케팅의 장(場)을 마련해주는 것에 그치고, 그 공간 안에서 소비자들은 스스로 자신을 위한 마케팅을 펼칠 수 있게 되는 것이다.

또한 스마트 소비가 활성화되어 스마트기기를 통해 가격비교의 정확성과 신속성의 보장, 스마트한 소비를 이끌어주는 소셜커머스 쇼핑몰의 등장 등으로 스마트 쇼퍼(Smart Shopper)로 불리는 스마트한 소비자가 늘어나면서 불필요한 소비형태가 감소하는 현상이 나타나게 된다.

또한 완성된 조직구조를 갖춘 비즈니스 모델이 아닌 1인 기업 형태의 독자적인 기업이 보다 적합하게 되어 가고 있다.

다음은 사회·문화 분야로 이동성(Mobility)과 즉각 반응성(Reflex)의 성격을 가지는 모바일 스마트기기의 확산으로 개방·참여가 자유로운 유연한 사회가 되어가면서 감성 중심의 문화가 더욱 강조되고 있다. 그리고 자신들의 관심과 가치관을 중요시하는 사람들과 네트워크를 제공하는 개인주의가 더욱 강화되고, 이러한 네트워크 강화로 다수의 의견이 자연스럽게 모아진 결과인 집단지성(Collective Intelligence)의 역할이 점차 커지게 되는 것이다.

이러한 집단지성은 다수의 의견과 지식이 반영되어 다양하고 풍부한 정보를 보유하고 있어 그 결과물은 정부와 기업 정책에 활용되며 개인보다 사회적인 파급효과가 높게 나타난다.

기술 분야에서는 사람의 욕구를 보다 높은 수준에서 파악하고 충족시키는 '인간 중심기술'이 진화된 사회로 인간과 스마트기기[13]들이 상호작용하는 네트워크 구축을 목표로 관련 기술의 혁신이 빠르게 진행되고 있다.

클라우드 컴퓨팅(Cloud Computing)[14]은 개인·기업·사회적 차원에서 IT자원 활용의 효율성을 증대시킬 것으로 전망되며, 또한 네트워크를 통한 경험이 확산되는 속도가 빨라지면서 기술혁신 및 비즈니스 모델 개발에서도 사용자 경험(UX)[15]의 중요성이 부각되고 있는 것이다.

---

13) 스마트기기(Smart Device)의 기술적 정의는 센서와 작동장치, 마이크로프로세서, 통신장치, 전원으로 구성된 기기를 의미하며, 실질적 정의는 외부와의 상호작용이 가능하고 다른 기기와의 통신을 위해 네트워크(인터넷)에 연결된 기기를 의미(JP. Vasseur and Dunkels, 2010)하며 스마트폰, 태블릿 PC, 스마트 TV 등이 있다.

14) 클라우드 컴퓨팅은 개인용 컴퓨터(PC)에 저장해 두었던 데이터와 소프트웨어를 인터넷상의 서버에 저장하고 이 정보를 PC, 태블릿 PC, 노트북, 스마트폰 등 각종 IT기기를 통해 언제 어디서나 이용할 수 있도록 하는 기술.

15) 사용자 경험(User Experience): 상품·서비스에 대한 사용자의 총체적 지각을 뜻하며, 효용성, 효율성, 감성적 만족, 공급자와의 관계 등을 포함(한국정보화진흥원, "Smart Things," 2010).

그리고 스마트기기를 더욱 똑똑하게 만들기 위해 컴퓨터공학, 뇌과학, 신경생물학, 심리학, 언어학 등의 연구성과를 통섭(統攝, Consilience)하는 방향으로 연구가 진행되어 미래의 검색은 검색이 사라지는 것(구글의 검색기술 수석연구원 시알 박사)이라는 말이 있듯이 정보과잉의 환경에서 알고 싶어하는 정보를 미리 파악하여 알려주는 검색엔진 개발이 추진 중에 있으며, 패턴인식16), 대화 이해, 자동번역과 같은 인공지능 기술의 발전과 함께 기계학습17)에 필요한 방대한 데이터 처리기술 등이 활발하게 연구되고 있다.

## 4. 지능정보화사회

지능화란 세상 만물이 지적 능력을 갖게 되는 것으로 예전에는 인간의 지적 활동 도구에 지나지 않던 컴퓨터 및 각종 디바이스가 스스로 생각하는 지적 능력을 갖는 것이며, 또한 이 생각하는 컴퓨터가 자동차, 가전기기, 빌딩 등 각종 기계와 융합하여 세상 만물에 생각하는 능력을 부여하는 것이라 할 수 있다. 즉 인공지능의 발전으로 지능정보화사회가 등장하게 된 것이다.

지능정보화사회는 어떤 모습으로 우리사회에 다가올지 정확하게 예측하기가 어렵다고 한다. 인공지능의 발전 속도만 놓고 보더라도 2030년 또는 2045년에는 인간 두뇌 뇌수준의 인공지능이 가능할 것이라 한다. 반면 50년 이상이 걸려야 그런 수준에 다가갈 수 있다고 생각하는 전문가도 적지 않을 뿐 아니라 일부는 그런 수준의 인공지능이 불가능하다고까지 주장한다(Bostrom, 2016; Müller & Nick, 2016). 이 밖에도 인공지능의 발전이 사람들에게 기회가 될지 아니면 위협이 될지 등등 미래변화를 예측하는 데 수없이 많은 이견이 존재하고 있다.

그러나 지능화는 산업화에 비견되거나 아니면 이를 능가하는 거대한 변화를 수반할 것이라는 점은 틀림없어 보인다. 산업화는 기계와 에너지 혁명을 통해 농경사회와 다른 새로운 사회구조를 만들어 내었고, 20세기 후반부터 정보화가 새로운 물결로 다가왔지만 사회 운영의 패러다임을 그대로 따라왔기에 산업화의 틀을 크게 벗어나지 못했다. 이에 비해 지능화는 산업화 시대와는 전혀 다른 사회시스템을 만들 것으로 보인다.

---

16) 패턴인식(Pattern Recognition): 컴퓨터를 이용하여 영상, 문자, 음성 등을 인식하는 기술.
17) 기계학습(Machine Learning): 컴퓨터 학습을 통하여 판단능력을 향상시킬 수 있도록 하는 알고리즘과 기술을 개발하는 분야.

무엇보다 인간만이 독점하는 지적 능력을 사물도 구사할 수 있게 됨으로써 사물이 독립적 혹은 준독립적 사회구성 요소로 등장하게 된다는 것이다(Kurzweil, 2005; Brynjolfsson & McAfee, 2014). 예를 들어 SF영화와 같이 사람과 똑같은 수준의 지능을 갖는 로봇의 등장은 어렵겠지만 사람의 역할을 대신하는 컴퓨터와 기계가 속속 등장하여 사회 전반의 운영방식을 근본적으로 바꾸어 놓을 것이다.

▌〈표 1-12〉 정보화와 지능화의 비교

| 구분 | 정보화 | 지능화 |
|---|---|---|
| 핵심능력 | 계산 능력 | 생각하는 능력 |
| 핵심가치 | 효율적 업무처리(do things right) | 효과적 문제해결(do the right thing) |
| 상품구조 | 컴퓨터 (HW+SW) | 모든 사물(HW+SW+지능) |
| 적용범위 | 사이버 공간(아날로그/디지털 분리) | 현실세계 전반(아날로그의 디지털화) |
| 핵심기술 | ICT | ICT, 로봇, 알고리즘 등등 |

지능화 개념은 정보화와 어떤 관계인지를 살펴 볼 필요가 있다. 즉 지능화와 정보화를 동일한 성격의 연속적인지 아니면 서로 다른 특성을 갖는 단절적인 것인지를 생각해 봐야 한다.

다수의 학자들은 지능화를 정보화의 고도화된 단계로 보는 연속적인 입장을 견지 (Schwab, 2016)하지만 <표 1-12>에서 보듯이 지능화와 정보화는 여러 측면에서 근본적인 차이가 있다.

예컨대 정보화와 지능화는 기술의 속성부터 전혀 다르다. 정보기술에서의 컴퓨터는 계산(compute)을 주목적으로 하는 반면, 지능기술은 생각하는 능력을 목적으로 한다. 그 결과 정보화는 일하는 과정에 초점을 맞추지만, 지능화는 의사결정 자체를 과학화하는 것을 지향한다. 상품구조도 정보화는 HW와 SW로 구성된 컴퓨터가 주류를 이루지만, 지능화는 여기에 지능 혹은 알고리즘이 중요한 요소로 첨가되고 대상도 모든 사물로 확대된다. 특히 정보화는 사이버 공간에 국한해서 진행되는 반면, 지능화는 모든 아날로그를 디지털화하여 현실세계 전체를 적용범위로 한다. 이런 점에서 최근에는 지능화를 정보화와 구분되는 새로운 현상으로 이해하는 입장이 늘어나고 있다(Schwab, 2016).

지능화의 특징을 산업화 및 정보화와 비교해 보면, 정보처리와 의사결정에 있어서 아래 [그림 1-6]과 같은 차이를 보인다. 산업화 단계에서는 사람이 데이터 생성에서

부터 의사결정에 이르는 전 과정을 처리하는 반면, 정보화 단계에서는 데이터 처리, 즉 정보 처리를 컴퓨터에 맡긴다. 이를 통해 사람들은 정보처리능력의 한계를 극복할 수 있었다. 한 자리에 앉아 전 국민에 대한 자료를 처리하고 손 끝 하나로 세상에 있는 모든 정보에 접근할 수 있었던 것도 모두 기계에 의한 정보처리가 가능했기 때문이다. 하지만 데이터 입력과 의사결정은 여전히 사람의 몫이었다. 이에 비해 지능화는 데이터 입력부터 기계가 담당한다. 소위 '사물인터넷(Internet of Things)'이 그 대표적인 경우로 이를 통해 수없이 많은 센서들이 연결되어 데이터가 생성되고 수집된다. 이로 인해 데이터의 양도 폭발적으로 증가하며 이를 통해 현실에 대한 정보도 아주 정교하게 제공할 수 있다.

하지만 지능화의 가장 큰 특징은 기계가 의사결정을 할 수 있게 된다는 점이다. 사람이 만들어준 알고리즘에 의존하기는 하지만 스스로 학습을 하고 새로운 문제와 상황에 직면했을 때 스스로 생각해서 가장 적합한 해법을 찾아 해결한다. 기존의 사람이 시키는 일만 하던 기계와 달리 인간의 판단능력과 활동범위를 혁신적으로 확장시킬 수 있는 것이다.

이런 차이는 지식과 능력을 만들어내는 메커니즘에서도 나타난다. 아래 [그림 1-6]과 같이 산업사회는 상황파악에서부터 의사결정에 이르기까지 전 과정을 사람이 해야 하기 때문에 경험이 가장 중요한 지식의 원천이 된다. 더 많이 경험한 사람, 더 많이 공부한 사람이 전문가가 되고 최고의 능력을 발휘할 수 있을 것이다. 이에 비해 정보사회는 정보시스템과 인터넷으로 복잡한 연결망을 형성하기 때문에 네트워크가 강할수록 더 많은 지식이 모이는 구조를 갖는다. 예컨대 '문제해결방법(know how)'보다 '전문가 위치(know where)'를 아는 것이 더 중요해지는 것도 네트워크가 지식과 능력의 원천이 되기 때문이다.

또한 지능정보화사회는 산업사회와 달리 경험이 더 이상 지식의 중요한 원천이 되지 못한다. 물론 풍부한 이해력과 직관을 갖기 위해 많은 경험을 해야 하는 점은 달라지지 않겠지만, 인공지능이 그 역할을 대신할 수 있기 때문에 필요한 지식을 습득하기 위해 모두가 노력을 할 필요는 없다. 아울러 지능화사회는 정보사회와 달리 네트워크의 힘에 전적으로 의존하지도 않을 것이다. 더 많은 사람이 속한 네트워크에 속하는 것보다 더 고도화된 지능기술의 도움을 받는 것이 더 중요하다. 대신 지능화사회에서는 데이터가 중요한 지식의 원천이 된다.

지능화와 데이터의 관계를 개념화하면 [그림 1-7]처럼 표현할 수 있다. 지능화의

1단계는 현실세계를 최대한 있는 그대로 데이터로 전환하는 것이다. 현실세계를 정밀하게 데이터로 표현될수록 정확한 분석과 서비스가 가능해져 이는 '사물인터넷(IoT)'이 지향하는 바이다. 지능화 2단계는 이렇게 모아진 데이터를 활용하여 의사결정을 지능화하는 것으로 빅데이터, 인공지능 등 다양한 기술이 활용된다. 사람의 의사결정을 지능화하는 경우에는 빅데이터, 시뮬레이션 같은 데이터 분석기법이 주로 활용되고, 사물의 의사결정을 지능화할 때는 인공지능 기술 등이 주로 활용된다.

지능화 시대에서 데이터는 그 이전과 다른 특성을 가질 것으로 보인다. 몇 가지만 추려보면, 첫째, 지능정보화시대에는 기계가 데이터의 주된 수요자가 된다. 지금까지 정보시스템들만 일부 사용해 온 데이터를 앞으로는 무인자동차, 로봇 등 모든 스마트 기기들이 엄청난 규모로 소비할 것이다. 그것도 인간이 사용하는 수준의 정밀도가 아니라 초정밀 실시간 데이터가 주류를 이룰 것이다.

둘째, 데이터들이 무한히 확대 재생산된다. 기존 데이터는 독립된 자원이기보다 정보시스템 운용을 위한 재료 정도의 의미를 가졌다. 그래서 데이터들을 상호 융합하는 것이 매우 어려웠다. 그러나 지능화 시대의 데이터는 독립적인 자원으로 구축되고 관리된다. 얼마든지 융합, 재융합이 이루어 질 것으로 보인다.

셋째, 데이터가 현실세계를 대신한다. 가장 대표적인 예가 뒤에서 언급할 무역구조의 변화이다. 그동안 물리적 제품의 국가간 이동이 무역의 본질이었다면 앞으로는 데이터 자원의 이동이 무역에서 점점 더 큰 중요성을 차지할 것이다(McKinsey, 2016). 뿐만 아니라 R&D 활동도 과거에는 지식과 기술 개발을 위해 실제로 실험과 관찰을 했지만 앞으로는 데이터 분석으로 더 많은 성과를 올릴 것으로 기대하고 있다.

[그림 1-6] 사회발전 단계별 정보처리 및 의사결정　　　　[그림 1-7] 지능화와 데이터 관계

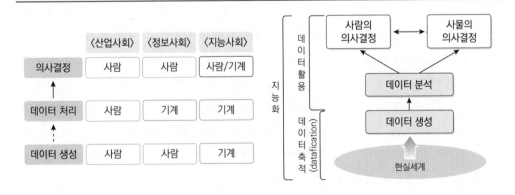

# 5. 초연결사회

초연결(Hyper Connectivity)은 캐나다 사회과학자인 Anabel Quan-Haase와 Barry Wellman에 의해 처음 사용된 용어로 네트워크를 통해 사람과 사람, 사람과 사물, 사물과 사물이 통신하여 커뮤니케이션 할 수 있는 상태를 말한다. 이러한 초연결성은 기존과 다른 사회서비스를 만들어내고 이를 통해 새로운 문화와 가치를 형성해 나가는 기반이 된다.

2008년 가트너가 처음 사용한 초연결사회(Hyper connectivity Society)는 인터넷, 통신기술 등의 발달에 따라 네트워크로 사람과 사람, 사람과 사물, 사물과 사물의 연결의 확장에 의해 폭발적으로 생성되는 데이터를 통해 사회 전 분야에 변화와 혁신을 이끄는 사회이다.

사람들은 인터넷 네트워크를 통해 서로를 연결하고 소통하면서 삶의 시공간을 지속적으로 확대해오고 있다. 이미 실제로 네트워크에 연결된 각종 기기의 수가 전 세계 인구를 이미 초과할 정도로 증가했고, 연결대상도 사람 뿐 아니라 사물 중심으로 크게 확대 중이다. 과거 PC 기반 인터넷에서 간헐적으로 연결하던 방식에서 스마트폰, 태블릿 PC 등 다양한 모바일 기기와 각종 센서 등장으로 인한 실시간 연결의 확장을 지향하고 있다.

다시 말해 IT 활용이 일상화되면서 일반인들도 쉽게 PC를 소유하여 커뮤니티, 경제생활에 이용하기 시작했으며, 스마트폰의 보급은 일반적인 생활 전반에 영향을 미치고 있다. 이와 같이 정보화 2세대는 접근의 용이성과 24시간 연결성을 기반으로 인간의 관계가 획기적으로 변해 가고 있다.

뿐만 아니라 최근 급부상하고 있는 모바일, 클라우드, 빅데이터와 함께 또 한번의 사회변화를 이끌고 있다. 정보화 3세대로 일컬어지는 초연결사회에서는 인간만이 아니라 사물에도 컴퓨팅 파워가 접목되고 인터넷을 기반으로 모든 객체가 연결됨으로써 사람과 사물의 운영에서 발생하는 데이터가 프로세스에 고스란히 저장/관리, 이용할 수 있게 된 것이다.

정보화 3.0는 모든 사물이 인터넷에 연결되고 여기서 축적되는 다양한 데이터를 지능적으로 처리하게 됨으로써 상황과 특성에 따라 최상의 서비스를 적시에 제공할 수 있는 기술적 환경이 완성된다. 최근 이러한 사회를 초연결사회라고 일컬으며 이를 통해 혁신적인 서비스의 출현에 대한 기대가 높아지고 있다.

**▌〈표 1-13〉 초연결사회의 주요 영향**

| 구분 | | 특징 |
|---|---|---|
| 1 | 스마트폰의 확산 | • 2011년을 기점으로 전 세계 스마트폰 이용자수가 PC 이용자수를 상회하였으며, 2021년 스마트폰 이용자수(38억 명)가 PC 이용자수(24억 명)를 약 14억 명 넘음<br>• 국내에서는 계기로 스마트폰 보급이 급속히 확산되어 2019년 스마트폰 보급률 95%(선진 18개국 중 1위, Pew Research) |
| 2 | IT의 융합 | • 기존 산업, 서비스, 기기에 다양한 정보통신 기술이 융합하여 이들이 새롭게 지능화하며 진화하는 현상 발생<br>• 스마트홈, 스마트시티, 스마트 팩토리, 스마트 농장, 스마트 자동차, 스마트 그리드 등 무한대의 단말과 공간이 인터넷 생태계에 편입되는 시대로 발전 |
| 3 | 생활상에 쉽고 편리한 정보교환의 가능 | • IoT 기술이 적용된 단말에 의해 쉽고 편리하게 정보를 교환하는 상황이 보편화<br>• 모바일 결제서비스가 손쉽게 이루어져, 모바일 신용카드 결제, 전자화폐 사용, 단말 간 계좌이체, 할인카드 추천, 쿠폰·멤버십 제공 등 다양한 서비스의 제공이 편리하게 이루어지고 있음<br>• 모바일 전자상거래(종이티켓 → 전자티켓), 위치 찾기(종이지도 → 실시간, LBS), 실시간 소통(PC기반 블로그 → 실시간 SNS), 맛집 검색(입소문 → 실시간 댓글) 등 다양한 분야에서 모바일을 통한 서비스 중 |
| 4 | 미디어 매체간 경계의 붕괴 | • 신문, TV, 인터넷 등 매체간 경계의 붕괴로 개인 맞춤형 미디어 서비스가 증가<br>• 고객의 콘텐츠 소비방식이 Portal에서 App을 통한 직접 구독 |
| 5 | '빅데이터 (Big Data) 활용 | • 규모가 방대하고, 생성 주기도 짧고, 형태도 수치 데이터뿐 아니라 문자와 영상 데이터를 포함하여 복잡해 수집·저장·검색·분석이 난해한 데이터를 활용하는 사례가 여러 영역에서 발생<br>• 초연결사회에서는 천문학적인 규모의 디지털 데이터가 발생하고 이를 다루는 컴퓨팅 능력을 필요로 함 |
| 6 | 클라우드 컴퓨팅 활성화 | • 인터넷만 연결되어 있다면 언제, 어디서나 필요한 데이터와 애플리케이션을 손쉽게 이용할 수 있는 환경 대폭 확산<br>• 이 서비스를 이용할 경우, 개별적으로 구입해야 했던 하드웨어, 소프트웨어 비용과 업그레이드 및 유지보수에 소요되는 비용을 크게 절감 가능 |

또한 사회를 기존의 단순한 연결에서 이를 월등히 뛰어 넘는 초연결 상태로 진행시키는 강력한 동인(動因)이 우리 사회 속에 내재되어 있으며 그 힘을 발휘하기 시작하고 있다. 다시 말해 ICT에 친숙한 세대로서 현실과 가상 세계를 넘나들며 네트워크를 형성하고, 거대한 양의 정보를 생산·소비하며 '연결'을 지향하는 C세대(Connection Generation)가 출현하여 성장 중에 있다. 또한 연결 비용이 격감하고(미국 기준, '00년 대비 '10년 1/100 이하 수준), 최근 5G까지 진화할 정도로 연결 속도가 증가한 것이다.

따라서 장차 연결의 극치인 초연결사회 도래를 예상하고 있는 것이다. 현재 발전을 거듭하는 인터넷으로 인해 향후 사람들 간의 연결 상태는 기존의 연결을 월등히 뛰어넘는 초연결 상태로 변화해 갈 것으로 예상되고 있는 것이다. 초연결 상태에서는 센서와 액추에이터(Actuator)로 물리세계와 사이버 세계가 실시간으로 연계되거나 하나로 융합된 새로운 네트워크 환경이 조성된다. 초연결성은 인터넷 네트워크에 의한 인간을 중심으로 한 연결이 사람과 사물, 사물과 데이터, 프로세스, 시간과 공간, 지식 등 지구상의 모든 요소로 확장되어 가는 일련의 과정이 구현되게 한다.

초연결사회에서의 일상생활 시스템은 생활통신망, 단말기, 플랫폼, 서비스/콘텐츠 계층 구조에서 만물간 통신, 연결 상태를 지능형으로 구현된다. 초연결사회에서는 지능로봇의 부각(가정이 거대로봇), 재택근무 보편화, 전자종이의 만능 디스플레이화, 웨어러블(Wearable) 단말기의 확대, 스마트 네트워크와 클라우드 컴퓨팅의 보편화 등이 큰 트렌드를 형성하여 초연결 과정에서 모바일/입체 가상공간 라이프의 실현, 소셜미디어의 관계형성 주요 채널화(공공서비스 제공, 긴급상황 전달, 선거활용 등 영역), 소셜 쇼핑, 맞춤형 서비스(예 스마트 레저, 스마트 러닝, 스마트 헬스 등)의 이용이 점차 심화되어 가게 된다.

▌〈표 1-14〉 미래인터넷 구분에 의한 초연결성의 범위 및 특징

| 구분 | 네트워크 환경 특징 | 사회적 특징 |
|---|---|---|
| 사람인터넷(IoP)<br>(Internet of People) | 전지구적 차원의 수많은 사람들 간의 연결이 네트워크 중심에서 유·무선기기 사용으로 가능 | 스마트폰 사용과 복수의 통신수단(전화, 이메일, 인스턴트 채팅, SNS 등)을 이용함으로써 사회 구성원들의 연결성이 크게 증대된 네트워크 사회 |
| 사물인터넷(IoT)<br>(Internet of Things) | 인간의 개입이 없거나 최소인 상태에서 기기 또는 사물간의 통신 및 연결 가능 | 통신, 방송, 인터넷 인프라를 사람 대 사물에서 사물 간 영역으로 확대, 연계하여 사물을 통해 정보를 지능적으로 수집, 가공, 처리하여 상호 전달함 |
| 만물인터넷(IoE)<br>(Internet of Everything) | 사람과 사물에 이어 프로세스와 데이터가 상호 밀접하게 연결 | 프로세스를 중심으로 연결된 수많은 사람들과 사물, 그리고 데이터가 다시 프로세스간의 연계를 통해 수십 억 또는 수 조 개가 연결되어 네트워크 중심의 의사소통이 이루어짐 |
| 만물지능인터넷(IIoE)<br>(Intelligent IoE) | 인간을 중심으로 사물, 데이터, 프로세스, 시간과 공간, 지식 등의 지구와 인류 문명의 요소들을 상호 연결 | 개인/사회/인류 차원의 가치와 지구의 물리적 요소(시간, 공간, 생물, 무생물, 자연), 디지털자원 (데이터와 정보), 그리고 인류의 지식이 양방향 및 실시간으로 연결됨으로써 지구 차원의 지능이 발현됨 |

자료: 하원규·최민석·김수민(2013). 재정리.

[그림 1-8] 초연결사회의 일상생활 조망(예시)

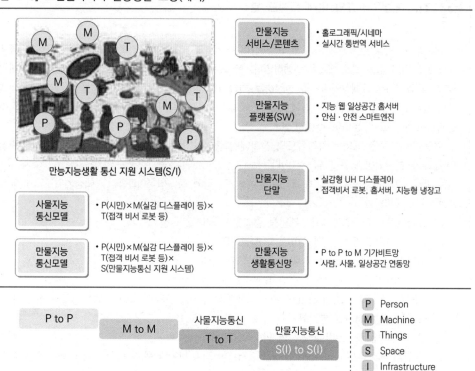

만물지능생활 통신 지원 시스템(S/I)

| 만물지능<br>서비스/콘텐츠 | • 홀로그래픽/시네마<br>• 실시간 통번역 서비스 |
|---|---|
| 만물지능<br>플랫폼(SW) | • 지능 웹 일상공간 홈서버<br>• 안심 · 안전 스마트엔진 |
| 만물지능<br>단말 | • 실감형 UH 디스플레이<br>• 접객비서 로봇, 홈서버, 지능형 냉장고 |
| 만물지능<br>생활통신망 | • P to P to M 기가비트망<br>• 사람, 사물, 일상공간 연동망 |

| 사물지능<br>통신모델 | • P(시민)×M(실감 디스플레이 등)×<br>T(접객 비서 로봇 등) |
|---|---|
| 만물지능<br>통신모델 | • P(시민)×M(실감 디스플레이 등)×<br>T(접객 비서 로봇 등)×<br>S(만물지능통신 지원 시스템) |

P to P

M to M

사물지능통신
T to T

만물지능통신
S(I) to S(I)

P  Person
M  Machine
T  Things
S  Space
I  Infrastructure

한국정보화진흥원의 빅데이터 전략연구센터는 2013년 초 세계 최초로 빅데이터 분석을 통해 IT미래 먹거리 발굴 프로젝트를 수행하였다. 본 프로젝트는 기존의 기술예측, 미래전망과 빅데이터 분석기반 미래 IT핵심키워드를 선정하는 차별화된 방법론으로 미래 IT기술을 언급하는 국내외 데이터를 수집하여 4단계(분석 컨택스트 및 출처 정의-크롤링-미래 IT 기술영역 도출-미래 IT 핵심키워드 도출)로 구분하여 수행하였다.

연구결과를 보면 해외는 클라우드의 진화에 집중되어 있는 반면 국내는 다양한 신기술에 관심이 고르게 분산되어 있음을 알 수 있다.

선정된 17개 핵심키워드에 대해서는 본서의 각 장에 하나씩 "미래의 IT 핵심키워드"코너에서 소개하기로 한다.

① 스마트기기 대중화에 따른 개인형 클라우드 서비스 확산
② Open API로 무장한 웹 플랫폼의 전성시대
③ 대용량 스트리밍 서비스를 가속화 할 LTE 시대 도래
④ 개인화된 맞춤형 서비스로 진화하는 소셜네트워크서비스
⑤ NFC(Near Field Communication, 근거리 무선통신)가 장착된 스마트기기 확산에 따라 모바일 월렛 서비스 본격화
⑥ 모바일 서비스와 스마트 가전의 만남
⑦ APT(Advanced Persistent Threats, 지능형 지속 보안 위협)에 대한 선제적 대응 기술 부상
⑧ 빅데이터 분석을 통한 비즈니스 가치 창출
⑨ 더 많은 데이터를 더 적은 공간에 채워 넣는 고밀도 저장장치(High-Density Storage)시장 급성장
⑩ BYOD(Bring Your Own Device)에서 BYID(Bring Your Own ID) 시대로 진화
⑪ HTML5 기반의 개방형 웹 생태계가 확산
⑫ OTT(Over the Top)로 인한 미디어 산업 패러다임 시프트
⑬ 사람의 감각, 행동, 인지 능력 만으로도 디지털 기기를 제어하는 NUI(Natural User Interface) 대중화
⑭ 4G가 불러온 3D 콘텐츠 수요 가속화
⑮ 일상으로 다가 온 사물인터넷(Internet of Things)
⑯ SDN(Software defined network)으로 네트워크 관리 최적화 실현
⑰ 태양광을 활용한 혁신적 하이브리드 기술, 고효율 태양전지

자료: 한국정보화진흥원(2013), 빅데이터로 풀어 본 대한민국 IT미래 먹거리.

**TIP** 20세기와 21세기의 시대 특징 비교

21세기에는 아래 표에서 보는 바와 같이 좌뇌·이성·제조·분업이 여전히 중요하지만 '우뇌·감성·창조·협력'의 중요성이 상대적으로 더 높아지며 변화를 주도할 전망이다.

우뇌·감성·창조·협력이 강조되는 21세기는 20세기의 제한된 가능성 선점에서 무한한 가능성 추구로 경쟁환경이 변화할 것으로 예상하고 있다. 즉 21세기에는 인간의 감성을 충족시켜 줄수 있는 더 나은 창조를 위해 개방적 협력이 더욱 중요하게 요구되는 시기이다.

20C와 21C의 시대적 특징 비교

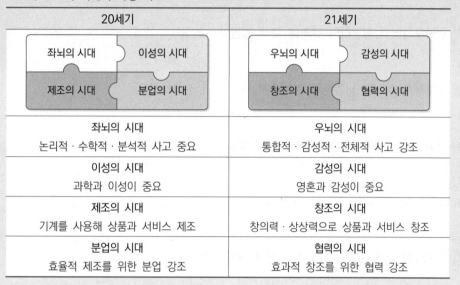

| 20세기 | 21세기 |
|---|---|
| **좌뇌의 시대**<br>논리적·수학적·분석적 사고 중요 | **우뇌의 시대**<br>통합적·감성적·전체적 사고 강조 |
| **이성의 시대**<br>과학과 이성이 중요 | **감성의 시대**<br>영혼과 감성이 중요 |
| **제조의 시대**<br>기계를 사용해 상품과 서비스 제조 | **창조의 시대**<br>창의력·상상력으로 상품과 서비스 창조 |
| **분업의 시대**<br>효율적 제조를 위한 분업 강조 | **협력의 시대**<br>효과적 창조를 위한 협력 강조 |

과거 20세기에는 기계화와 정보화로 사람들이 원하는 상품과 서비스를 최대한 낮은 가격에 효율적이고 고품질을 제공하는 것이 경쟁력으로 인식되었다. 다시 말해 사람들이 원하는 필요(Needs)와 기능을 충족시키기 위해 상품과 서비스를 생산하여 제공하는 '생산성 경영'의 기대라고 할 수 있으며, 투입원가를 낮추고 효율성과 생산성을 높이려는 '분모전략'을 강조하는 시기였다.

그러나 21세기에는 필요가 생산을 넘어 욕망과 감성을 그리고 효율과 편리를 넘어 마음과 영혼을 채워주는 것을 경쟁력으로 하는 시대인 것이다. 예컨대 가치, 감성, 창의, 디자인, 브랜드, 서비스와 같은 가치지향적 요소들이 더 중요해지는 '인간중심 경영'의 시대이며, 무한한 가능성을 추구하는 '분자전략'이 중요한 시대인 것이다.

자료: 한국정보화진흥원(2012), 스마트사회 실현을 위한 전략과 과제.

# 연/습/문/제

1. 정보사회와 정보화사회에 대해 비교 설명하시오.

2. 정보사회의 도입배경 중 기술적 배경에 대해 설명하시오.

3. 정보사회의 사회변화의 효과에 대해 설명하시오.

4. 정보사회에 대한 낙관론과 비관론에 대해 비교 설명하시오.

5. 제4차산업혁명의 특징에 대해 설명하시오.

6. 스마트사회에 대해 분야별 기술하시오.

7. 코로나19 이후 언택트사회에 대해 설명하시오.

---

✔ 주요용어

정보사회, 정보화사회, 정보사회 도입 배경, 정보의 대칭과 비대칭, 뉴 노멀, 언택트사회

# CHAPTER 02 정보기술발전과 부동산

## SECTION 01 스마트 정보기술과 부동산

과거에는 경제성장과 산업육성을 위한 도구로써 양적 성장을 통한 물질적 풍요를 추구하기 위해 ICT를 비롯한 과학기술의 발전은 중요했다. 그러나 미래에는 사회의 발전에 따라 과학기술의 역할이 사회적 역할로 확장되는 추세이다. 과학기술을 활용한 사회문제를 비롯한 다양한 정책문제 해결을 위한 요구가 증가되고 있다. 따라서 2000년대부터 질적 성장의 패러다임으로 전환하여, 삶의 질과 지속가능한 발전으로 대변되는 사회적 역할의 중요성이 강조되고 있고 있다. 특히 최근 ICT역할이 코로나19의 촉발로 경제적 측면과 사회적 측면에서 비대면화가 급속히 진행됨에 따라 ICT의 역할이 더욱 넓어지고 중요하게 인식되고 있다. 그리고 ICT 발전이 가져오게 될 미래 사회 변화를 기술 중심이 아닌 사람 중심의 접근으로 이해하고 이끌어 가야한다는 공감대 형성이 중요해지고 있다.

미래사회는 융합기술의 급격한 발전, 고령화, 기후변화 등 변화의 폭과 속도가 커지면서 발전적 기회와 위험이 상존하는 역동적인 사회가 될 것이라고 전망하고 있다(한국정보화진흥원, 2011a).

IT의 지속적이고 기하급수적 발전으로 인해 변화의 폭과 속도가 점차 커지고 빨라지고 있다. [그림 2-1]에서 보는 바와 같이 농경시대의 기술발전은 6,000~7,000년에 걸쳐 이루어진 데 비해, 산업사회는 250년, 정보화시대는 50년으로 기술발전은 현대에 이를수록 그 기간이 짧아지고 있으며, 이는 앞으로 더욱 단축될 것으로 예상된다.

미래학자인 커즈와일(Ray Kurzweil, 2011)은 기술이 발전할수록 가속도가 붙어서

[그림 2-1] 기술발전의 속도변화

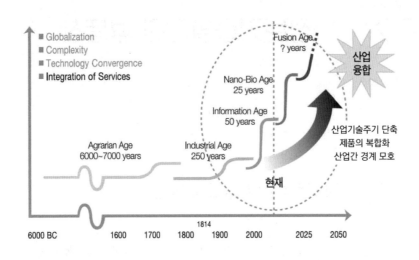

자료: 한국정보화진흥원(2011c), 「스마트시대의 패러다임 변화 전망과 ICT전략」.

2045년경에는 과학기술의 발전이 특이점(Singularity)[18]을 통과할 수 있다고 주장하는 등 향후 폭발적인 발전과 급속한 변화를 거듭할 것으로 예견되고 있다(R. Kurzweil, 2011).

뿐만 아니라 미래사회에는 급속도로 발전하는 정보기술을 기반으로 이종(異種)분야 간의 경계가 점차 허물어지는 융합의 시대(Fusion Age)가 도래되어 더욱 복잡하고 극심한 변화를 맞이하게 될 것으로 예상하고 있다.

산업발전의 예를 보면 [그림 2-2]와 같이 50년 또는 100년 주기로 혁신적으로 변화하고 있는 것으로 볼 수 있어 2030년에 이르게 되면 정보기술의 발전은 정점에 다다르게 될 것으로 예상하며 정보기술이 고도화로 발전함으로서 '제5의 큰 물결'이 다가올 것으로 예상하기도 한다(임성무, 2006). 이와 같이 정보기술의 발전과 변화를 예측해 보는 것은 다가오는 미래를 대비하기 위함이며, 이는 경쟁력과 연관되어 향후 나아가야 할 방향을 설정하기 위한 것이다.

지금까지 정보기술이 발전하는 추세를 바탕으로 정보기술의 미래를 예측해 보면 현재의 급격한 정보기술의 발달로 인해 정보사회가 심화·고도화되면서 스마트사회는

---

18) 특이점이란 어떤 기준을 상정했을 때 그 기준이 적용되지 않는 점이란 용어로, 원래는 물리학이나 수학 등의 학문에서 사용되는 용어임. 커즈와일은 기술의 발전이 어느 순간 수확체증적으로 발전하는 시점이 온다고 하여 이를 특이점이라 하고, 기술적 특이점은 인공지능이 사람의 지능을 초월하는 시점을 의미한다.

[그림 2-2] 사회 패러다임 변혁을 가져온 산업발전 주기

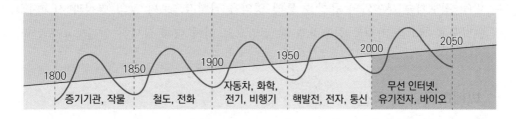

자료: 임성무(2006), "미래기술 혁신의 방향과 유망분야".

더욱 더 핵심가치에 중점을 두고 진화될 것으로 보인다. 따라서 앞으로의 스마트사회는 정보사회의 본격화로 시간·공간·지식관계가 확장(Enhanced)됨에 따라 핵심가치는 변화되면서 새로운 가능성이 형성되는 모습을 보게 될 것이다. 과거 역사를 되돌아보면 사회 패러다임이 변화하면서 기술발명·혁신이 핵심적인 역할을 하였듯이 미래 사회에서는 변화의 기저에 정보기술의 발전이 있을 것이라 한다(한국정보화진흥원, 2010). 여기서 말하는 정보기술은 바이오, 나노기술 등과 융합(IT+BT+NT)하여 보다 혁신적인 모습으로 진화함으로서 미래 사회구조의 변화를 견인할 것이다. 뿐만 아니라 정보기술은 그동안 현안 이슈(Issue)에 직접적·사후적으로 개입하여 대응하여 왔으나, 점차 정보기술은 내재화·고도화됨에 따라 미래에 당면할 이슈에 대해서까지 본질적·선제적으로 대응할 수 있도록 발전되고 있는 것이다.

사회구조의 변화를 견인하는 정보기술의 발전이 적용되는 구체적인 사례를 살펴보면 먼저 기후변화와 에너지 고갈에 대해서 스마트 그리드(Smart Grid)를 통해 지역과 건물의 에너지 수급현황을 파악 조정하여 절감하는 방식으로 접근하고 있으며, 스마트 오피스(Smart Office) 도입으로 기후와 에너지 문제뿐만 아니라 저출산, 생산성 문제 해결에 기여하고 있다. 자연재해 문제도 정보기술을 이용하여 실시간 모니터링하고 대응할 수 있다.

또한 현실과 거의 동일한 수준의 정보를 제공하는 공간정보서비스의 확산으로 GIS 기반의 시뮬레이션 예측이 가능해지면서 공간활용에 효율성과 위험(재해)의 획기적인 감소가 가능해지는 방향으로 나아가고 있다.

그 밖에도 실시간이면서 상시적으로 상황인식이 가능해져 위험의 적시정보 및 대처가 가능하도록 신원이나 위치의 자동식별이 가능한 정보기술은 첨단화, 지능화되어 사회안전이나 범죄예방 등에 폭넓게 활용되고 있다.

미래의 정보기술은 현재와는 전혀 다른 미래를 가능하게 할 것이다. 즉, 정보기술은 비(非)정보기술 분야와의 융합을 통해 영역을 넓혀감으로써 삶의 방식과 사회시스템을 바꾸고 새로운 가치를 창출하게 될 전망으로 이에 대해 상세히 살펴보고자 한다.

## 1. 빅데이터와 부동산

### 1) 빅데이터의 등장 배경

2010년 Cukier는 이코노미스트의 기고를 통해 전 세계가 상상할 수 없을 만큼 디지털정보가 전 분야에서 매우 빠르게 증가하고 있다고 하면서 이를 '빅데이터'라 표현한 것이 용어 사용의 출발이라 할 수 있다. 또한 맥킨지(MGI: McKinsey Global Institute)가 2011년 5월 인터넷 데이터의 증가가 전 세계에 미치는 영향을 분석한 보고서를 '빅데이터(Bigdata)'라는 이름으로 발표하면서 빅데이터 기술이 주목받기 시작하였다(Manyika et al., 2011).

IoT, 모바일, 클라우드, SNS 등의 확산으로 근본적인 인프라와 데이터 변화가 일어나면서 데이터를 바라보는 시각이 변하고 있다. 즉 IT의 주도권이 인프라, 기술, 소프트웨어 등에서 데이터로 전이되고 있으며 데이터가 IT에서 분리되어 독립된 주체로 발전하고 있는 것이다.

이와 같이 데이터의 폭발적인 증가로 인하여 빅데이터가 등장[19]하게 되었는데 그 원인에 대해 좀 더 자세히 살펴보면 다음과 같다.

첫째, 스마트시대에 따라 SNS, 이메일, 멀티미디어 등의 확대로 데이터가 폭발적으로 증가하고 있으며, 앞으로 2~5년 이내에 [그림 2-3]에서 보는 바와 같이 SNS 활성화, 사물인터넷(IoT)의 확산으로 더욱 폭발적인 데이터 증가로 혼돈과 잠재적인 가능성이 공존하는 본격적인 빅데이터 시대가 도래할 것이라고 예상하고 있다.

엔터프라이즈 스트레티지 그룹(ESG)은 인터넷 데이터 특성별 분석 보고서에서 지난 7년 동안 새로운 형태의 데이터, 즉 비정형 데이터(Unstructured Data)가 급성장했다고 한다(ESG, 2010). 비정형데이터란 특정시스템 또는 서비스에서 공통적으로 생성되는 기존 데이터와 달리 구조가 정형화되어 있지 않아 컴퓨터에 의해 연산이 불가능한 데

---

19) 빅데이터가 형성되고 활용되는 이 시대를 스마트폰을 비롯한 각종 정보기기 사용의 확산으로 이에 의해 모든 활동이 기록이 되고 있어 "라이프로깅(Life Logging)시대"라고 하며, 엄청난 정보가 생산·활용되고 있어 "제타바이트(Zeta Byte)시대"라 하기도 한다.

[그림 2-3] ICT발전에 따른 데이터의 변화 방향

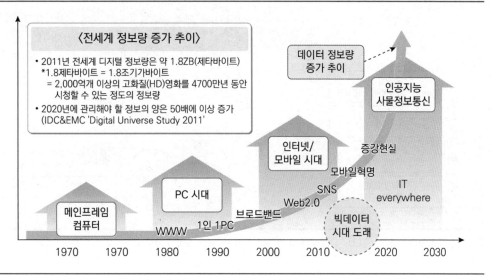

자료: 정지선(2011).

이터를 말한다.

이런 비정형데이터가 발생하는 유력한 근원지로 스마트 단말기와 SNS(Social Network Service) 그리고 사물인터넷(IoT)을 꼽을 수 있다. 기계적 데이터보다 사용자 간 개인적 의미가 담긴 커뮤니케이션 중심의 대화 데이터가 폭발적으로 늘어 정형화데이터에 비해 비정형화 데이터는 3배 이상 증가하고 있다.

둘째, 네트워크 접속 및 이용 방법의 다양화, 브로드밴드 등 고속 대용량 통신 기술의 발전과 더불어 소비자의 IP트래픽이 증가하는 등 네트워크의 활용도가 증대되었다. 따라서 유선 인터넷 뿐 아니라 스마트폰 등 모바일 단말기의 보급이 증대됨에 따라 네트워크 접속 및 이용 방법이 다양화되면서 데이터량이 증대된 것이다.

셋째, 다양한 센서, 디바이스(Device) 기능의 발전으로 인해 데이터가 급증하였다. CPU의 기능이나 하드디스크 기억용량 증가 등 각종 디바이스 기능의 고도화 및 데이터 수집 등에 이용되는 센서의 소형화, 저렴화로 대용량 데이터의 생성과 활용이 용이해지게 되었다. 2000년부터 2010년 사이 CPU의 연산 성능과 하드디스크의 기억용량은 약 100배 증가하는 등 각종 디바이스의 기능이 급격히 발전하게 된 것이다.

[그림 2-4] 빅데이터의 출현과 신가치 창출의 흐름

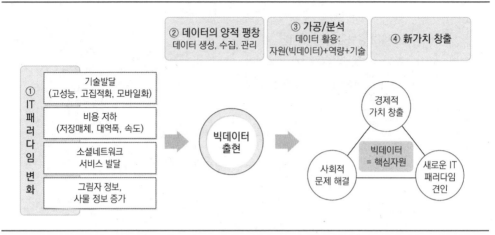

자료: 한국정보화진흥원(2011), 성공적인 빅데이터 활용을 위한 3대 요소.

## 2) 빅데이터 개념과 의의

MGI(2011)는 빅데이터를 양적인 측면에서 기존의 데이터베이스관리 도구인 DBMS의 데이터 수집·저장·분석하는 역량을 넘어서는 몇십 테라바이트(Tera Byte)에서 수 페타바이트(Peta Byte)규모를 데이터 셋(Data Set)이라 하고 있다. 또한 가트너(2012)는 빅데이터의 조건을 3V(Volume, Velocity, Variety)라 정의하고 있으며, 빅데이터 기술 기업인 SAS(2012)는 가치(Value)를 추가하여 정의하고 있다. 삼성경제연구소(2011)는 "기존의 관리 및 분석체계로는 감당할 수 없을 정도의 거대한 데이터의 집합으로서 이에 관계되는 기술과 도구(수집·저장·검색·공유·분석·시각화 등)를 포함하는 것"으로 정의하고 있다. 뿐만 아니라 한국정보화전략위원회(2011)에서는 "대량으로 수집한 데이터를 활용 분석하여 가치 있는 정보를 추출하고 생성된 지식을 바탕으로 능동적으로 대응하거나 변화를 예측하기 위한 정보화 기술"로 정의하고 있다.

경정익(2014)은 빅데이터는 기존의 관리 및 분석체계로는 감당하기 어려울 정도의 엄청난 양의 집합이라는 협의의 개념과, 이러한 협의의 개념에 이를 저장·관리·분석할 수 있는 하드웨어, 소프트웨어 그리고 이를 포괄하는 프로세스를 포함하여 원하는 가치(Value)를 얻을 수 있는 거대 플랫폼을 포함하는 광의의 개념으로 구분하였다.

빅데이터는 기존 데이터베이스를 구축 활용하던 소프트웨어로는 수집, 저장 관리, 분석하기 어려운 방대한 규모의 데이터로, 최근 민간은 물론 정부 및 공공부문에도 관심이 확대되고 있다.

**▌〈표 2-1〉 외국 주요기관의 빅데이터 정의**

| 기관 | 빅데이터 정의 |
|---|---|
| Gartner (2012) | 향상된 시사점(Insight)과 더 나은 의사결정을 위해 사용되는 비용 효율이 높고 혁신적이며, 대용량, 고속 및 다양성의 특성을 가진 정보 자산 |
| Mckinsey (2011) | 일반적 데이터베이스 SW가 저장, 관리, 분석할 수 있는 범위를 초과하는 규모의 데이터 |
| IDC (2011) | 다양한 종류의 대규모 데이터로부터 낮은 비용으로 가치를 추출하고 데이터의 초고속 수집, 발굴, 분석을 지원하도록 고안된 차세대 기술 및 아키텍처 |

이와 같은 논의를 종합해 보면 빅데이터는 대용량 데이터라는 의미와 더불어 "정형, 반정형, 비정형 데이터를 저장, 관리, 분석하는 플랫폼으로 해당 현상을 이해하고 그 흐름을 파악하여 미래를 예측하는 정보와 지식을 창출하는 기술"이라 할 수 있다.

## 3) 빅데이터의 주요 특성 및 요소

빅데이터의 근본적인 목적은 기술적, 사회적, 경제적 환경에서 존재하는 방대한 데이터 속에서 흐름을 파악하고 그 안에 숨겨진 패턴을 찾아내는 것이다(Park and Leydesdorff, 2013). 즉 현 사회 패러다임을 선도하기 위해서는 빅데이터의 활용이 핵심이며 그 수준이 경쟁력과 성패를 좌우하게 되는 것으로, 이는 빅데이터의 특성과 요소를 잘 이해하는 것에서부터 시작된다고 할 수 있다.

가트너(Gartner, 2011)는 3V(Volume, Velocity, Variety)를 빅데이터의 특성이라 하고 있으며, 연구자에 따라 가치(Value) 또는 복잡성(Complexity)을 추가하기도 한

| bit | 비트 | |
|---|---|---|
| byte | 바이트 | 8bit |
| KB | 킬로바이트, | $10^3$ |
| MB | 메가바이트, | $10^6$ |
| GB | 기가바이트, | $10^9$ |
| TB | 테라바이트, | $10^{12}$ |
| PB | 페타바이트, | $10^{15}$ |
| EB | 엑사바이트, | $10^{18}$ |
| ZB | 제타바이트, | $10^{21}$ |
| YT | 요타바이트, | $10^{24}$ |
| VB | 브론트 바이트, | $10^{27}$ |

다. 이중 다양성(Variety)은 정형화하여 구축된 데이터(DBMS: Data Base Management System) 뿐만 아니라 소셜(Social) 데이터와 같이 비정형화된 실시간데이터 등이 복합적인 분석과 활용을 의미한다.

빅데이터는 기존의 데이터 단위를 넘어선 엄청난 양(Volume)과 데이터의 생성과 흐름이 빠르게 진행되어 데이터 처리에 속도(Velocity)가 요구되며, 사진이나 동영상 등 구조화되지 않은 다양한(Variety)형태의 데이터이다. 또한 빅데이터는 구조화 표준화되

지 않아 데이터의 관리 및 처리의 복잡성(Complexity)이 심화되어 새로운 기법 개발이 요구되며, 분석결과에 대한 가치(Value)가 핵심인 특징이 있다.

**Ⅰ〈표 2-2〉 빅데이터 구성 요소**

| 구분 | 주요 내용 |
|---|---|
| 규모<br>(Volume) | • 기술적인 발전과 IT의 일상화가 진행되면서 해마다 디지털정보량이 기하급수적으로 폭증<br>  ⇒ 제타바이트(ZB) 시대로 진입 |
| 다양성<br>(Variety) | • 로그기록, 소셜, 위치, 소비, 현실데이터 등 다양한 비정형데이터 활용<br>• 텍스트 이외의 멀티미디어 등 비정형화된 데이터 유형의 다양화 |
| 복잡성<br>(Complexity) | • 구조화되지 않은 데이터, 데이터 저장방식의 차이, 중복성 문제 등<br>• 데이터 종류의 확대, 외부 데이터의 활용으로 관리대상의 증가<br>• 데이터 관리 및 처리의 복잡성이 심화되고 새로운 기법 요구 |
| 속도<br>(Velocity) | • 사물정보(센서, 모니터링), 스트리밍 정보 등 실시간성 정보 증가<br>• 실시간성으로 인한 데이터 생성, 이동(유통) 속도의 증가<br>• 대규모 데이터 처리 및 가치 있는 현재정보(실시간) 활용을 위해 데이터 처리 및 분석 속도가 중요 |
| 가치<br>(Value) | • 데이터를 활용하여 사회적, 산업적 가치 있는 분석결과 도출<br>• 해결되지 않았던 난제를 해결(예측과 대비)<br>• 정책수행과 산업발전의 혁신적 활용 |

## 4) 데이터의 형태

빅데이터가 일반적인 데이터 분석과 가장 큰 차이점이라 하면 종전에는 지난 과거에 구축된 데이터를 활용하던 것을 실시간에 의해 반정형 또는 비정형데이터까지를 활용한다는 것이다. 정보화시대에 생성되는 데이터는 아날로그 또는 디지털 형태로 문서, 이미지, 동영상, 지도 등 다양한 형태로 광범위하다. 이러한 빅데이터에 포함되는 데이터는 정형화 정도에 따라 정형데이터, 비정형데이터, 반정형데이터로 분류한다.

정형데이터(Structured Data)는 정해진 구조로 고정된 필드에 의해 저장된 데이터로서 기존 관계형 데이터베이스(RDBMS)가 그 대표적인 예라 할 수 있다. 반정형데이터(Semi-Structured Data)는 고정된 필드에 저장되지는 않았지만 특정한 형식이 없이 축적되고 있는 데이터이다. 비정형데이터(Unstructured Data)는 미리 정해진 구조나 고정된 필드 없이 일반 텍스트 문서, 이미지, 동영상, 음성 등과 같이 특정시스템 또는 서비스에서 공통적으로 생성되는 기존 데이터와 달리 구조가 정형화되지 않고 기계적으로 의미를 파악하는 것이 불가능한 데이터를 말한다.

▎〈표 2-3〉 데이터 유형

| 정의 | 설명 |
|---|---|
| 정형데이터<br>(Structured) | 고정된 필드에 저장된 데이터, 컴퓨터의 연산이 가능한 데이터<br>예 관계형 DB, 스프레드시트 |
| 반정형데이터<br>(Semistructured) | 고정된 필드에 저장되어 있지 않지만, 메타 데이터나 스키마 등을 포함하는 데이터<br>예 XML, HTML 텍스트 |
| 비정형데이터<br>(Unstructured) | 고정된 필드에 저장되어 있지 않은 데이터, 컴퓨터의 연산이 불가능한 데이터<br>예 텍스트 분석이 가능한 텍스트 문서 및 이미지/동영상/음성 데이터 |

빅데이터에서 주로 관심을 가져야 하는 데이터는 비정형데이터이다. 2010년 이후 본격적인 스마트, 모바일 확산과 함께 사용자들이 자발적으로 참여하고, 정보를 생성하여 소셜데이터(Social Data)가 대폭적으로 확대되었다. 이러한 소셜데이터는 세상을 이해하는 데 도움을 주며, 기업들은 고객과의 시장 공감의 맥을 찾는 양방향 소통의 수단으로 활용할 수 있다. 소셜데이터 이외에도 이메일, 동영상 등과 같은 비정형데이터가 [그림 2-5]에서 보이는 바와 같이 향후 10년 동안 생성되는 전체 데이터 중 80~90%에 달할 것으로 전망(Mcknight, 2006)하고 있기 때문이다.

[그림 2-5] 정형-비정형 데이터 유형 변화

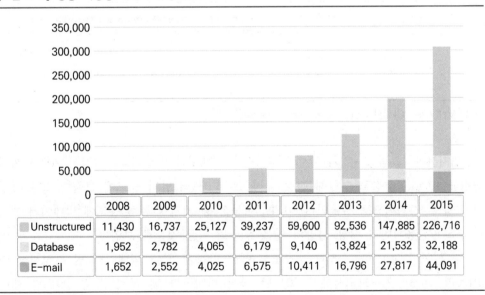

| | 2008 | 2009 | 2010 | 2011 | 2012 | 2013 | 2014 | 2015 |
|---|---|---|---|---|---|---|---|---|
| Unstructured | 11,430 | 16,737 | 25,127 | 39,237 | 59,600 | 92,536 | 147,885 | 226,716 |
| Database | 1,952 | 2,782 | 4,065 | 6,179 | 9,140 | 13,824 | 21,532 | 32,188 |
| E-mail | 1,652 | 2,552 | 4,025 | 6,575 | 10,411 | 16,796 | 27,817 | 44,091 |

자료: Enterprise Strategy Group(2010).

## 5) 빅데이터 활용 효과

세계 각국의 정부와 기업은 빅데이터가 향후 국가발전과 기업의 성패를 가름할 새로운 경제적 가치의 원천이 될 것으로 기대하고 있다.

[그림 2-6] 빅데이터의 분야별 활용효과

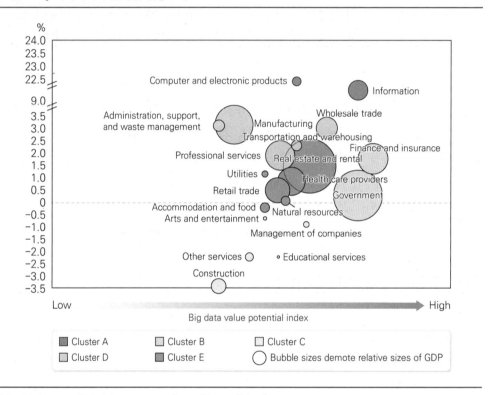

자료: McKinsey Global Institute analysis Cluster(2011).

위키본은 [그림 2-7]과 같이 향후 전체 빅데이터 애널리틱스시장이 2027년까지 연평균 10.48% 성장을 거듭해 전 세계적으로 1,030억 달러 규모에 이를 것으로 예상하고 있다. 장기적으로 사물인터넷(IoT), 이동성 등 엣지 컴퓨팅 용도에 빅데이터 애널리틱스가 활용되면서 시장 성장의 많은 부분을 이끌 것으로 보인다.

최근 한국IDC(https://www.idc.com/kr)에서 발표한 '국내 빅데이터 및 분석시장 전망(2019-2023)' 연구보고서에서 2019년 국내 빅데이터 및 분석시장은 2018년 대비 10.9% 증가하여 1조 6,744억 원이다. 또 국내 빅데이터 및 분석시장은 2023년까지 연평균 11.2% 성장하여 2조 5,692억 원의 규모에 달할 것으로 전망된다. 그 중 IT 및 비즈니스서비스는 연평균 16.3% 성장하며 가장 큰 비중을 차지할 것으로 주목되고 있다. 해당 시장의 성장은 빠르게 변화하는 비즈니스 환경에 대처하면서 데이터 흐름을 실시간으로 수집하고 분석하는 것이 과거에 비해 중요한 화두가 되고 있기 때문으로 보여진다. 또한 인공지능시스템 구축 수요를 충족하기 위한 데이터의 필요성 증가도 시장성장에 기여한 것으로 보인다.

**[그림 2-7]** 빅데이터시장 성장 전망 추이      **[그림 2-8]** 국내 빅데이터 시장 전망

(2011~ 2027)    (단위: 십억 달러)      (2019~2023)      (단위: 십억 원)

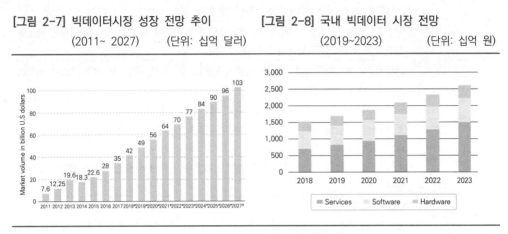

자료: IDC(2019).

## 6) 빅데이터 분석과정과 기법

### (1) 빅데이터 분석기법

빅데이터 어낼리틱스(Bigdata Analytics)[20]란 상대적으로 가치가 낮은 대량의 데이터로부터 통찰력 있는 고급정보를 얻는 과정(이만재, 2012)으로, 다양한 자료수집·처리, 분석, 시각화 기술이 적용된다.

대표적인 분석기법으로는 <표 2-4>에서와 같이 데이터마이닝, 텍스트마이닝, 평판분석, 소셜분석, 클러스터분석, 현실마이닝 등이 있다.

---

20) 어낼리틱스(Analytics)는 통계학, 데이터마이닝, 컴퓨터기술이 동시다발적으로 어낼리시스(analysis)를 위해 사용되는 과학이며, 이와 연관되는 어낼리시스는 복잡한 주제나 실체를 더 쉽게 이해하기 위해 파편화하고 단순화하는 과정이다(Michael, 2012).

**❘〈표 2-4〉 빅데이터 분석 기법**

| 분석기법 | 내용 |
|---|---|
| 데이터마이닝 | • 데이터 안에서 숨겨진 패턴을 발견할 목적<br>• 통계기법과 패턴인식 기술에 의해 대용량 데이터를 조사 분석하는 기법<br>• 도출된 가치 있는 정보는 의사결정에 적용 |
| 텍스트마이닝 | • 비정형 또는 반정형 텍스트 데이터에서 자연어 처리 기술에 기반해 유용한 정보를 추출, 가공하는 기법<br>• 대용량 언어자원과 통계적·규칙적 알고리즘 사용<br>• 문서분류, 문서 군집, 정보추출, 문서요약 등에 응용 |
| 감성분석 | • 텍스트에 나타난 감정, 뉘앙스, 저자의 태도 등을 판별하여 의미 있는 정량화된 정보로 전환하여 의사결정에 활용하고자 하는 기술 |
| 평판분석 | • 웹사이트와 소셜미디어에 나타난 여론과 의견(긍정, 부정, 중립 등 선호도)을 분석하여 실질적으로 유용한 정보로 재가공하는 기술<br>• 특정 서비스 및 상품에 대한 반응 및 입소문 분석 등에 활용 |
| 소셜분석 | • 일명 소셜네트워크분석(SNA)으로 소셜네트워크의 연결구조 및 강도 등을 기반으로 소셜 네트워크상의 위치를 규명<br>• 소셜미디어의 글과 사용자를 분석해 소비자 흐름이나 패턴 등을 분석하고 판매나 홍보에 적용 |
| 클러스터분석 | • 일명 군집분석<br>• 통계기법에 의해 비슷한 특성을 가친 개체를 클러스터로 나누는 방법을 통해 유사성 판단 |
| 현실마이닝 | • 사람들의 일상 또는 특정한 시기 행동패턴 예측을 위한 분석<br>• 사회적 행동과 관련된 정보를 휴대폰이나 GPS등의 기기를 통해 수집<br>• 현실에서 발생하는 정보를 기반으로 인간관계와 정보추구 또는 이용행태 등을 추론 |

자료: 경정익(2017), 재구성.

## (2) 빅데이터 분석과정

빅데이터 분석과정[21]은 학자들에 따라 다양하게 정의하고 있으나 본고에서는 데이터 수집-처리 및 저장-데이터 분석-시각화의 4단계로 구분하고자 한다.

빅데이터 분석에서 '데이터 수집과정'은 분석을 통해 알아보고자 하는 결과와 이에 영향을 미치는 요인간의 관계에 적합한 데이터를 선별하여 수집하는 것으로 중요한 핵심이라 할 수 있다. 따라서 분석 목적에 맞는 데이터의 종류와 특성을 정의하고, 해당 데이터를 수집하여 형태와 분류에 따라 가공·저장하는 것이다.

---

21) 빅데이터 분석의 전체 소요시간 중 데이터 수집 및 처리·저장 과정이 20%, 데이터 분석이 65%, 시각화 15% 정도라 할 수 있다(한형상 외, 2014).

다음은 '데이터 처리 및 저장과정'으로 다양한 형태로 수집된 정형 또는 비정형데이터에 대한 이해와 분석을 위해서 컴퓨터가 처리할 수 있는 구조로 변환하여 저장하는 것이다. 빅데이터를 분석 활용하기 위해 수집하는 데이터는 여러 분야에 분산되어 있어 이를 안정적으로 분산저장 및 처리를 위한 하둡(Hadoop)[22]과 같은 빅데이터 프레임워크가 필요하게 된다.

'데이터 분석 과정'은 데이터내 변수간 관계를 도출하는 과정과 도출된 독립변수와 종속변수간 상관 및 인과관계 여부를 검증하는 과정이다. 따라서 데이터내 변수간 관계를 도출하는 과정에서 나타나는 현상(종속변수)에 영향을 미치는 요인(독립변수)이 무엇인지를 정의하는 것으로 해당 도메인에 대한 전문성이 필수적으로 요구된다.

'시각화(Visualization)과정'은 방대한 데이터로부터 유용한 정보와 인사이트를 얻기 위한 과정으로 데이터 분석과 의사소통을 그 목적으로 한다. 데이터 시각화는 말 그대로 매우 광범위하게 분산된 방대한 양의 자료를 분석해 분석결과의 이해를 용이하게 도표, 차트 등으로 정리하여 표현한 것이다. 방대한 빅데이터를 처리 분석한 결과를 사용자의 요구에 맞추어 얼마나 신속하게 전달할 수 있는가 하는 시각화기술은 빅데이터의 핵심이라 할 수 있다.

## 7) 빅데이터 활용

### (1) 해외 빅데이터 활용

#### (가) 미국

미국 연방정부는 빅데이터 활용에 관해 행정명령 형태의 가이드라인으로 범정부적 전략을 수립하고 이를 부처별로 재설계하여 추진하는 법령체계로 운영되고 있다. 시급한 국가적 과제를 해결하는 데 빅데이터를 활용하기 위해 지난 2012년 3월 과학기술정책국(Office of Science and Technology)에서 발표한 '빅데이터 연구 개발 이니셔티브(Big Data R&D Initiative)'가 대표적인 근거법령이며, 이는 2016년 5월에 연방정부 네트

---

22) 하둡(Hadoop)은 대용량의 데이터를 병렬적으로 처리하는 오픈소스 프레임 워크로서 하둡분산파일시스템(HDFS)와 맵리듀스(MapReduce)로 구성되어 있다. HDFS(Hadoop Distributed File System)은 대용량의 파일을 여러 대의 컴퓨터에 나누어 저장하고 관리하는 시스템이다. 맵리듀스는 효율적인 데이터 처리를 위해 여러 대의 컴퓨터를 활용하는 분산 데이터 처리기술로서, 컴퓨터에 블록단위로 분산된 데이터를 병렬적으로 처리해 중간 결과 데이터를 생산하는 맵(Map)과 생성된 중간 결과물을 취합하여 최종결과를 생산하는 리듀스(Reduce)로 구성되어 있다.

워킹 IT R&D 프로그램(Federal Networking and Information Technology R&D) 산하 빅데이터 협의체에서 발표한 '빅데이터 R&D 전략계획(7대 R&D 전략 및 18개 세부과제)'으로 이어진다. 이와 함께 미국은 지역 혁신 허브에서 수집된 데이터를 활용하기 위해 대학, 비영리법인, 민간기업 등이 참여하는 프로그램을 운영하고 있으며 250개 이상의 대학, R&D재단, 기업 등이 참여해 데이터를 수집·분석하고 사회문제 해결에 빅데이터를 활용하고 있다. 미국은 빅데이터 R&D의 전략 중 하나로 국가의 빅데이터 교육 및 훈련 환경 개선과 폭넓은 인력 확충을 강조하였으며, 이에 따른 세부과제로 데이터 과학자의 양성, 데이터 영역 전문가 커뮤니티 확장, 데이터 사용이 가능한 인력 확충, 공공의 데이터 활용역량 개선을 제시했다. 미국은 자료 보안과 프라이버시 보호를 강화하면서 기존 행정자료의 활용이 가능한 기술 개발에 주목하고 프라이버시 강화 기술과 자료 보안 접근 기술을 함께 개선하여 정부가 수집한 자료를 이용하고 보호하는 방식을 혁신적으로 발전시키기 위해 노력 중이다.

### (나) 유럽연합(EU)

EU의 데이터산업 활성화 정책은 미국에 뒤처진 데이터산업의 경쟁력을 확보하기 위해 2014년 빅데이터 산업에 대한 투자를 결정하면서 본격화되었다. 유럽위원회는 Nokia, Orange, SAP 등 유수의 ICT 기업과 독일인공지능연구센터, 베를린공대, 이탈리아 볼로냐대 등 연구기관과 대학이 회원사로 있는 빅데이터가치협회(Big Data Value Association)와 함께 2016년부터 2020년까지 에너지, 제조, 헬스 등 분야의 민관 빅데이터 연구 및 혁신 활동에 민관합작투자(Public-Private Partnership) 형태로 총 25억 유로를 지원하기로 하였다.

그 후 '유럽 데이터 경제 육성(Building a European Data Economy) 정책'과 데이터 경제의 활성화에 따라 발생할 수 있는 개인정보보호 이슈를 다룬 '개인정보보호규정(GDPR)'을 발표하면서 데이터 산업 활성화를 위한 정책 환경을 꾸준히 조성하고 있다. 먼저 2017년 발표된 유럽 데이터 경제 육성 정책에서는 EU 회원국 간의 자유로운 데이터의 접근과 데이터 분석역량을 제고함으로써 데이터 활용을 증대하고 새로운 가치 창출을 위한 비즈니스 모델을 발굴하는 데 집중하고 있다. 2018년 5월부터 EU 회원국에 적용되는 GDPR의 목적은 데이터 처리와 관련된 보호와 책임을 강화함으로써 EU 내에서 합법적인 개인 데이터의 자유로운 활용을 보장함에 있다. 특히 EU 시민권자의 개인정보를 취급하는 기업은 사업장의 소재지가 EU 외부에 있더라도 규정을 적용받게 되어 있어 국내 기업의 관심과 주의가 요구된다.

### (다) 유럽 주요국가

월드와이드웹 재단에서 발표하는 국가별 오픈데이터 지표 순위에서 4년 연속으로 1위를 기록한 영국은 유럽국가 중 데이터산업이 가장 활성화된 국가로 정부 차원에서 적극적으로 데이터 관련 정책을 수립해왔다. 2013년 데이터 시대를 대비하여 마련된 '정보 경제 전략(Information Economy Strategy), 데이터 역량 강화 전략(A Strategy for UK Data Capability)'을 시작으로 2014년의 오픈데이터 전략, 2015년 데이터의 개방과 활용을 위한 오픈 데이터 로드맵, 2017년 디지털 경제법 등이 대표적이다. 영국은 2010년부터 공공데이터 포털사이트(data.gov.uk)를 운영 중으로 2019년 6월 말 현재 'data.gov.uk'에는 5만 1,173개의 데이터세트가 올라와 있으며, 이는 경영·경제, 환경, 범죄, 교육, 건강, 교통 등 12개 분야로 분류돼 제공되고 있다. 미국의 Data.gov와 마찬가지로 데이터 활용을 위한 소프트웨어 애플리케이션도 함께 제공된다. 영국 정부는 동 포털사이트의 활용을 제고하고자 2018년 3월부터 지속해서 사이트를 개편(검색 편의성 강화 등)하고 있으며 개편을 추진할 예정이다.

아울러 영국연구혁신기구(UK Research and Innovation)는 데이터를 통한 서비스 산업 개선 방안을 마련하기 위한 연구 프로젝트에 2020년까지 1,200만 파운드 투자 계획을 2018년 6월 발표하였다. 동 연구를 통해 데이터를 기반으로 한 인공지능(AI)과 같은 4차 산업혁명의 기술이 회계, 보험, 법률서비스에서 발생할 수 있는 문제(사기, 감사, 손해사정, 문건 검토 등)를 완화하고 효율성, 생산성, 경쟁력을 향상시킬 것으로 기대된다.

월드와이드웹 재단에서 발표하는 국가별 오픈데이터 지표 순위에서 미국을 제치고 3위를 기록한 프랑스는 최근 공공데이터 개방 활성화를 위한 정부 주도 투자와 행동을 강력하게 추진 중이다. 마크롱 대통령은 2018년 3월에 인공지능(AI)과 데이터 과학 분야에 15억 유로이상 투자할 것을 발표하면서 공공–민간 간 데이터를 공유할 수 있는 새로운 플랫폼 구축의지를 표명하였다. 아울러 '2018~2020 투명하고 협력적인 공공활동'을 위한 행동계획을 실시하여 공공데이터 개방을 위한 법적·기술적 기반 강화를 위한 노력도 하고 있다.

프랑스 정부 또한 공공데이터 플랫폼(data.gouv.fr)을 운영하고 있으며, 2019년 6월 말 기준 농업, 문화, 경제, 교육, 에너지, 건강, 사회, 교통 등 9개 분야 3만 7,566개의 데이터 세트가 올라와 있다. 동 사이트는 다양한 이해관계자들이 공동으로 시스템을 구축하는 오픈소스 방식으로 운용되고 있으며, 팔로잉, 업데이트 및 제거 정보, 댓글 실시간 확인, 알림 기능, 자료 전송 기능 탑재 등 실시간 이용자 활동이 공개되고 있다.

## (라) 중국

중국은 신산업성장동력으로 빅데이터 산업을 중점적으로 육성하기 위한 정책을 추진하고 있다. 먼저 빅데이터를 국가 신산업으로 지정하고 정부 및 공공데이터의 개방과 빅데이터 수집, 관리 및 응용 촉진을 위한 기초 인프라, 시범기지를 건설하고 빅데이터 산업 발전을 위한 시장 환경 조성을 위해 노력해오고 있다. 2012년 국무원은 '12차 5개년 국가 전략적 신흥산업 발전규획'을 통해 빅데이터 저장, 처리 기술의 연구 개발 및 산업화를 천명한 후 2014년 3월 '2014년 정부 업무보고'에서 미래를 선도할 5G, 반도체, 첨단제조업, 신에너지, 신소재, 빅데이터 등 신흥산업 중 하나로 '빅데이터'가 처음으로 등장하였다. 이후, 중앙정부의 적극적인 빅데이터 지원 정책을 통해 데이터 산업 관련 생태계가 형성되기 시작하였다.

2015년 8월 중국 국무원은 '빅데이터 발전 촉진을 위한 행동 강요(关于促进大数据发展的行动纲要)'를 리커창 총리의 주재하에 개최된 상무회의에서 통과시켰다. 여기에서 '빅데이터'라는 기초적 전략자원을 충분히 개발·응용하여 '대중창업, 만인혁신(大衆創業, 萬人革新)'을 촉진하고, 전통산업을 업그레이드시키며, 정부의 관리감독 서비스를 개선하고 사회관리 수준을 제고하기 위한 목적으로 동 조치를 통해 중국은 '빅데이터' 발전이라는 전 세계적인 변화의 바람에 발맞추고자 하는 강력한 의지를 천명함과 동시에 빅데이터의 개발, 공공데이터 개방, 데이터의 활용 극대화를 통해 중국 사회 전체의 산업이 효율적으로 개선되기를 기대한다고 밝혔다.

중국 정부는 중앙정부뿐 아니라 지방정부 차원에서도 데이터 거래 활성화를 위해 노력하고 있는데, 중앙정부에서 데이터거래와 관련된 세부 정책을 빅데이터 발전계획에 포함한 후 지방정부에서도 이와 관련된 정책을 구상하여 발표하는 방식이다. 따라서 각 지방정부는 빅데이터 거래 시장을 조성하기 위해 빅데이터 종합연구소, 빅데이터 센터 등을 설립하여 데이터 활용을 촉진하고 있다.

## (마) 싱가포르

싱가포르는 경제개발청(Economic Development Board) 주도로 정부와 기업의 경쟁력 강화를 위한 데이터 분석 연구소를 설립하였으며, 국가안보조정국에서는 데이터 기반으로 위협 요소를 평가하는 RAHS(Risk Assessment and Horizon Scanning) 시스템을 구축했다. 그리고 2012년 1월에는 이를 운영하기 위한 기관인 RAHS Programme Office)을 설립하였다. 이를 통해서 싱가포르는 해안 안전과 조류 인플루엔자 시뮬레이션을 실행하고 국가 위기 대응 능력을 향상시키고 있다.

### (바) 일본

2017년 국가별 오픈데이터 지표 순위에서 8위를 기록한 일본은 2012년 '액티브 데이터(Active Data) 전략' 수립 이후로 데이터 관련 법률을 개정하는 등 적극적으로 데이터 활용정책을 추진하고 있으며, 2016년 이후 데이터 거래 및 유통을 촉진하기 위한 정책에도 관심을 기울이고 있다. 일본은 2011년 3월 동일본 대지진을 계기로 사회 전반의 협력을 위한 데이터의 중요성을 인지하고 오픈데이터 정책을 본격적으로 준비하게 된다. 2012년 총무성이 수립한 '액티브 데이터 전략'은 ICT 활성화 전략인 '액티브 재팬 전략(Active Japan ICT)' 5대 중점 분야의 하나로 같은 해 발표된 빅데이터 활용 특별부의 빅데이터 활용 기본 전략을 반영한 것이다. 데이터 활용을 촉진하기 위해 데이터 개방 및 활용지원 환경 마련, 데이터의 신뢰성 및 안정성 확보를 위한 연구 개발, 데이터 사이언티스트 인력 육성, 빅데이터 비즈니스 창출에 기여하는 M2M 보급 촉진, 법·제도 정비, 추진체계 정비, 글로벌 협력 강화가 포함된 7대 추진 과제를 제시했다.

2016년에는 '일본재흥전략(日本再興戰略) 2016'에서 4차산업혁명의 핵심 요소 중 하나로 빅데이터를 선정하고 2017년 '미래투자전략 2017'에서는 새로운 사회의 인프라로서 데이터 기반 플랫폼을 구축하고 데이터 활용을 촉진하기 위한 규제 및 제도 방향을 제시하였다.

일본 정부는 2018년 6월 데이터 활용의 기반 조성을 위한 관민 데이터 활용 추진 기본계획(官民 データ活用推進基本計劃)을 수립하여 정부와 지방단체의 협업을 통해 데이터가 사람을 풍요롭게 하는 사회 실현을 목표로 제시하였다. 일본은 5가지 사항을 담은 기본계획을 토대로 세계적인 데이터 활용 국가로 거듭나기 위한 의지를 피력하였다.

미국, 영국과 같이 일본 정부 또한 공공데이터 플랫폼(data.go.jp)을 운영하고 있으며 2019년 6월 말 기준 재무행정, 경제, 사법, 안전, 교통, 인구, 정보통신, 과학기술 등 17개 분야 총 2만 5,000개의 데이터 세트가 등재되어 있으며 메타데이터를 종류별로 일괄 다운로드할 수 있는 기능을 제공하고 있다.

## (2) 국내 빅데이터 활용

### (가) 초기 빅데이터 추진

우리나라는 2011년 국가정보화전략위원회에서 "빅데이터에 의한 스마트 정부구현 방안"을 발표하면서 중요한 화두가 되었다. 2012년에는 방송통신위원회에서 "빅데이터 활성화 방안"을 발표하고, 정부부처 합동으로 "스마트 국가 구현을 위한 빅데이터 마스터플랜"을 수립하는 추진전략을 마련하였다.

빅데이터는 범부처와 민간이 협업체계를 구축하고 국가정보화전략위원회는 이를 총괄 조정하는 체제하에 정부부처는 추진협의회를 구성하며, 국가데이터 활용지원센터 설치와 전문기관을 통해 기술적 지원과 인력양성을 하는 전략을 마련하여 추진하였다. 이 마스터플랜에서는 데이터의 공유와 협업으로 스마트 강국 실현을 목표로 하여 2013년에는 우선적으로 활용할 수 있는 6개 분야 16개 우선활용과제, 그리고 4개 분야 12개 활용기반과제를 선정하여 추진하고 클라우드 컴퓨팅 환경의 범정부가 공동으로 활용할 수 있는 빅데이터 공통기반을 구축하고자 하는 계획을 수립하였다. 또한 부처간 정보공유와 시스템의 연계 통합으로 협업을 적극 지원하며 기관간 행정정보의 공동이용을 확대하고자 하였다.

2013년 6월에는 정부 3.0 추진 기본계획을 수립하여 "일 잘하는 유능한 정부" 실현을 목표로 빅데이터 활용을 집중하고자 하였다. 2014년에는 본격적인 빅데이터 추진을 위해 세부 추진계획을 수립하여 세부과제로 "빅데이터를 활용한 과학적 행정구현"을 선정하여 데이터 기반, 증거기반 정책을 수립하여 추진하고 있다.

또한 미래창조과학부는 빅데이터 산업 활성화 전략을 준비하면서 이에 선행하여 구체적인 시범 및 기반조성 사업을 추진하고 있다. 그 주요 시범사업으로 지자체와 통신사간 데이터 연계를 통한 심야버스 노선 수립, 국민 의료건강 데이터 베이스와 소셜 미디어와의 연계분석을 통한 질병주의 예보, 의약품 안전성 조기 경보, 심실부정맥 예측 등 의료서비스, 점포이력분석, 지능형 뉴스 검색 서비스 등이 있다.

민간부문에서는 글로벌 IT기업들이 국내 빅데이터 시장 진출을 선언하면서 국내 시스템 통합(SI: System Integration) 업체들도 관련 솔루션 출시와 빅데이터 사업 참여를 본격화하기 시작하였다. 자체 솔루션을 기반으로 사업 적용 사례를 확대하며 역량을 강화하고 있는 일부 국내 IT 기업을 제외하고는 다수의 국내 빅데이터 기업들은 상대적으로 경쟁력이 약한 편이다. 이를 극복하기 위해 국내 빅데이터 기업들은 자체 네트워크를 기반으로 경쟁력 강화를 모색하고 있다.

▎〈표 2-5〉 미래창조과학부 빅데이터 공동기반 및 활용과제

| 주체(컨소시엄) | 서비스명 | 내용 |
|---|---|---|
| (주)KT(서울특별시) | 심야버스 노선 정책 지원 | 서울시 교통데이터와 KT 유동인구 데이터를 연계, 분석하여 최적의 심야버스 노선 정책 수립 지원 |
| 국민건강보험공단 (다음소프트) | 국민건강주의 예보 서비스 | 국민건강보험공단의 건강보험 DB와 SNS 정보를 연계하여 홍역, 조류독감, SAS 등 감염병 발생 예측 모델을 개발하고 주의 예보 |
| 에스지에이(주) (한국의약품안전관리원, 와이즈넷) | 의약품안정성 조기 경보서비스 | 유해사례DB, 진료기록, SNS 등을 분석하여, 유의 약품을 추출하고, 병원, 제약회사 및 유관기간 등에 위험도 예측 서비스 제공 |
| 서울아산병원 (ETRI, 한국MS, 테크아이, 켐아이넷(주), 한국쌔쓰소프트웨어) | 심실부정맥예측 등 보건의료 서비스 | 포털(다음), 질병관리본부 데이터와 병원 자체 데이터 등을 활용하여 독감 유행 예측, 심실부정맥 예측, 입원병상 배경 최적화 등 제공 |
| ㈜오픈메이트 (비씨카드(주), 한국부동산원) | 소상공인 창업성공율 제고를 위한 점포이력분석 서비스 | 카드거래, 부동산, 상가이력 정보 등의 연계 분석을 통해 창업 관련 과거/현황 분석 및 예측 정보를 제공하여 소상공인 창업 지원 |
| 차세대융합기술연구원 (서울대 융합과학기술대학원, 이스플러스) | 모바일을 통한 지능형 뉴스검색 서비스 | 대량의 기사DB에 대해 중요도, 관계도 등 다각도의 고급분석을 적용하여 지능형 뉴스 검색 서비스 제공 |

자료: 김미정 외(2013), 과학적 국토정책을 위한 공간빅데이터 활용방안.

## (나) 데이터 유통 및 활용 활성화 추진

빅데이터, 인공지능, 초고속·대용량 네트워크와 같은 정보통신기술(ICT)을 이용하여 국가경제를 회복·성장시키고 신산업을 창출하는 제4차산업혁명시대에서 데이터(data)는 경제적 가치를 창출하는 핵심적인 수단이자 동시에 데이터 그 자체가 중요한 상품으로 거래되는 자산이 되고 있어 세계적으로 데이터의 거래·유통이 빠르게 확산되고 있다.

미국에서는 민간 주도의 데이터 거래소와 데이터 브로커[23]가 활발하게 운영 중이며 데이터 거래 규모는 2017년 기준으로 약 1,500억 달러로 추산하고 있다. 그리고 중국에는 정부 주도의 '귀양 빅데이터 거래소'와 정부·민간이 공동으로 운영하는 '데이

---

23) 데이터 브로커(Data Broker)는 다른 기관이 보유하고 있는 데이터를 수집·분석하여 수요자들의 요구에 따라 맞춤형으로 제공하는 사람이나 기업을 의미함.

터 거래 지원센터(상해·북경·심천)'가 있으며, 이 중에서 귀양 빅데이터 거래소의 거래 규모는 2018년 기준으로 약 100억 원 수준이다.

그러나 우리나라는 아직까지 데이터의 거래가 활발하지 않고, 데이터를 거래할 수 있는 유통 기반도 약한 상황이라 할 수 있다.

민간영역의 데이터 거래 시장이 형성되지 못한 상황에서 정부가 2019년부터 10대 분야를 선정하여 온라인으로 데이터를 거래할 수 있는 '빅데이터 플랫폼'의 개설과 운영을 지원하고 있다. 정부가 온라인 데이터 거래·유통 시장을 개설함으로써 데이터 수요자인 기업·연구자·개인들은 필요한 데이터를 구매할 수 있게 되었고, 데이터 소유자들은 제값을 받고 데이터를 판매하는 기회를 얻었으며, 국가적으로는 데이터를 통한 가치 창출의 기반을 마련할 수 있게 된 것이다.

2018년 6월 4차산업혁명위원회 '데이터 산업 활성화 전략'에서 빅데이터 유통 플랫폼 논의가 제기되었고, 그 해 8월 '데이터·블록체인·공유경제'가 '인공지능' 및 '수소경제'와 함께 혁신성장 3대 전략투자 분야 중 하나로 선정되었다.

2019년 1월에는 혁신성장전략회의에서 '데이터·AI 경제 활성화 계획'을 발표하여, 빅데이터에 대한 전략적 투자가 시급하므로 '국가재정법' 제38조 제2항에 따라 국무회의 심의를 거쳐 예비타당성 조사에서 면제되었다. 이에 2019년 3월에 '빅데이터 플랫폼 및 센터 구축'에 관한 1차 공모를 실시하여 5월에 10개 플랫폼과 72개 센터(중복 제외)를 선정하였고, 7월부터 2차 공모를 실시하여 9월에 22개 센터를 추가로 지정하였다.

▌〈표 2-6〉 빅데이터 플랫폼 사업기간 및 내용

| 구분 | 1차 년도(2019년) | 2차 년도(2020년) | 3차 년도(2021년) |
|---|---|---|---|
| 주요목적 | 구축 | 연계·활용 | 확산 |
| 세부내용 | • 플랫폼 및 센터 구축<br>• 데이터 생산·구축<br>• 빅데이터 얼라이언스 구성·운영 | • 플랫폼간 연계<br>• 플랫폼별 융합데이터 생산<br>• 공익·신산업 혁신서비스 발굴·확산 | • 공공데이터포털·AI허브 등과 연계<br>• 플랫폼간 융합데이터 생산<br>• 산업적 활용 확대 등 유통 활성화 |
| 예산 | • (당초) 743억 원<br>• (조정) 736억 원: 플랫폼당 24억 원, 센터당 4억 원<br>• (확정) 743억 원 | • (당초) 400억 원<br>• (조정) 448억 원: 플랫폼당 10억 원, 센터당 3억 원<br>• (확정) 454억 원 | • (당초) 300억 원<br>• (조정) 332억 원: 플랫폼당 10억 원, 센터당 2억 원<br>• (확정) 미정 |

자료: 과학기술정보통신부(2019).

[그림 2-9] 빅데이터 플랫폼의 구성 및 운영체계

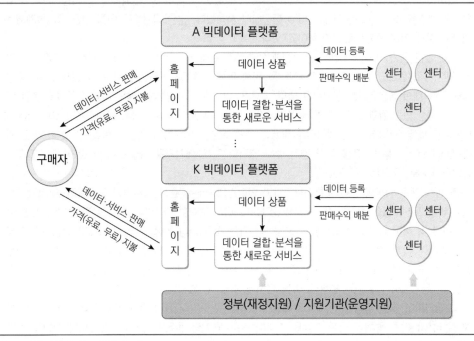

자료: 과학기술정보통신부(2019).

빅데이터 플랫폼 사업은 2019년에 발표된 '빅데이터 플랫폼 및 네트워크 구축사업 기본계획'에 따라 2019년부터 2021년까지 3년간 시행되며 사업비 규모는 약 1,500억 원 수준으로 1차 년도(2019년)는 빅데이터 플랫폼·센터를 구축하고, 2차 년도(2020년) 는 플랫폼·센터간 연계 및 활용 강화하며, 3차 년도(2021년)는 플랫폼·센터의 확산을 주요 목적으로 한다.

---

**빅데이터 시대의 국가통계**

국가 전반의 의사결정 과정에서 통계자료가 그 어느 때보다 다양하게 활용되는 국가통계의 중요 성이 나날이 높아지고 있다. 원래 국가통계는 과거 지배층이 피지배층을 대상으로 조세 징수나 징병 제 등을 원활히 유지하기 위해 누가, 어디서, 어떠한 상태에 놓여 있는지를 파악하려고 만든 것이 국가통계의 시초였다.

하지만 오늘날 국가통계는 국가 전반의 정보를 객관적이고 가치중립적인 수치적 자료로 만들어, 사회현상에 대한 공통된 인식을 공유할 수 있는 기회를 제공하고 있다. 국가통계를 통한 공통된 상 황 인식은 국가 운영 방향을 논의하는 출발점이 되어 효율적인 의사결정의 기회를 제공해 준다. 최

---

근 들어 정보통신기술(ICT) 분야의 발전과 더불어 등장한 빅데이터로 인해 기존 국가통계체계의 실효성에 의문을 갖게 만드는 사례가 다수 등장하기 시작했다. 많은 국가들은 이를 기존 국가통계체계의 위기이자 기회 요인으로 받아들이고 있다.

현재 많은 국가들이 경기 상황을 사전에 예측하기 위해 많은 비용을 투여해 관련 지표를 집계하고 있다. 네덜란드만 하더라도 경기 진단을 위해 매월 1,000가구를 추출해 지역 경제 상황, 고용 상태 등에 대한 설문조사를 실시하고 있다. 하지만 이러한 조사 방식은 많은 비용이 투여될 뿐만 아니라 적시성 있는 결과를 얻기도 힘들어 2010년 6월부터 2012년 8월까지 사회관계망서비스(SNS) 메시지를 매월 6,000만건의 데이터를 활용해 경제 상황을 예측하기 위한 노력을 해 왔다. 해당 기간 전통적인 국가통계지표를 통한 경기 예측 결과와 SNS 메시지를 바탕으로 한 경기 예측 결과가 상당히 유사한 것으로 확인되었다.

또 한 사례로 미국의 민간 교통정보기업인 인릭스(Inrix)는 출퇴근 시간대 교통량이 줄어드는 현상을 바탕으로 실업률 증가를 미국 공식 통계보다 먼저 예측한 바 있다. 실제 실직 상태에 놓인 사람들이 실직 바로 다음날 실업수당을 신청하러 가는 것은 아니다. 실제 실직 상태와 실업수당 신청으로 통계에 집계되는 데까지 약간의 시차가 발생할 수 있다. 하지만 실직 상태에 놓이면 바로 다음날부터 출근할 필요가 없기에 교통량은 이를 즉각적으로 반영할 수 있다. 이러한 시차로 인해 인릭스는 미 통계청보다 실업률 변동 추이를 먼저 감지할 수 있었다.

각 국가마다 질병 발생을 통제하고 예방하기 위한 기구와 지표가 존재한다. 미국 역시 질병통제예방센터(CDC)를 통해 그러한 기능을 수행해 왔다. 하지만 한동안 구글이 CDC보다 질병을 보다 빠르게 예측해 화제가 됐다. 구글은 어느 지역에서 감기 관련 검색이 늘면 얼마 지나지 않아 해당 지역에 독감주의보가 발표되더라는 사실을 확인했다. 이후 구글은 이에 대한 면밀한 연구를 진행해 검색창에 관련 검색어가 입력되는 빈도를 토대로 독감 확산 여부를 포착했으며, CDC보다 2주나 빠르게 식별할 수 있게 되었다고 발표한 바 있다. 이제는 아예 전 세계 독감 확산 현황을 파악할 수 있는 전용 페이지를 만들어 보급하고 있다.

이상의 사례를 통해 다양한 빅데이터를 활용할 경우, 훨씬 저렴하고 빠르게 유의미한 통계자료를 도출할 수 있음을 알 수 있다.

하지만 현재까지 이들 신종 데이터가 국가통계를 완벽하게 대체하지는 못하고 있다. 그것은 국가통계가 갖추어야 할 정확성, 일관성, 국제적 비교 가능성 등의 측면에서 아직까지는 보완해야 할 점이 많기 때문이다. 앞서 언급한 구글 사례의 경우만 하더라도 2009년 신종 인플루엔자(H1N1)의 전 세계적 유행을 놓치고, 2013년에는 실제 독감 발생률의 2배에 달하는 예측치를 내놓아 구글 독감 트렌드의 신뢰도에 문제가 제기된 바 있다.

하지만 분명한 것은 이들 빅데이터 역시 언젠가는 국가통계체계에 포함될 것이라는 사실이다. 이러한 상황에 보다 적극적으로 대응하기 위해서는 기존 국가통계 공적 기관들뿐만 아니라 카드사, 이통사 등 신종 데이터를 확보하고 있는 민간 경제주체들과의 교류 협력도 그 어느 때보다 강화해야 할 것이다.

자료: 경향신문(2019.5.21)

## 8) 부동산분야 빅데이터 활용

### (1) 부동산분야 빅데이터 활용 가능성

빅데이터란 기존의 데이터 관리와 분석방법으로는 수정과 분석이 어려울 정도의 대용량 데이터를 말한다. 지금까지 개인, 기업, 정부는 활동 간에 생산되는 방대한 데이터를 수집·저장하게 되고, 정보기술이 고도화되면서 '이를 어떻게 활용할 수 있을까?'하는 생각을 하게 된 것이다. 데이터는 스마트폰의 출현과 소셜미디어의 발전으로 더욱 더 많은 정보가 생산되었으며 이는 SNS라는 매체를 통해 빠르게 재생산, 유통되면서 급속도로 증가하게 되었다. 또한 일상생활 중에도 의도적이든 아니면 비의도적이든 도처에 설치되어 있는 각종 센서(CCTV, 교통카드 등)와 각종 정보통신 기기(PC, 스마트폰 등)를 통해 엄청난 양의 정보들이 발생되고 있다.

이러한 빅데이터는 국민들의 실생활 속에서 직·간접적으로 영향을 받는 생활밀착적인 분야인 부동산분야의 문제를 해결하는 적합한 기술이라 할 수 있다. 우리나라는 최근 수년간 유엔에서 발표한 전자정부 발전지수 1, 2위인 고도의 공공정보가 축적된 국가로서, 그리고 이렇게 구축된 상위 10대 데이터 중에는 44.4%가 부동산과 관련되어 있어 빅데이터를 통해 부동산 문제를 해결하기 좋은 조건을 갖추고 있다. 부동산의 행정정보와 공간정보의 통합 그리고 위치기반서비스(LBS)에 기반한 소셜 및 라이프로그 데이터 등 비정형데이터의 융합을 통해 필요로 하는 시기에 산출되는 결과는 기대 이상의 엄청난 부가가치를 창출할 수 있을 것이다.

### (가) STEEP에 의한 부동산분야의 빅데이터 활용 분석

앞에서 빅데이터에 대한 개념과 특징, 빅데이터 기반 및 분석 기술 등 일반사항과 빅데이터 국내·외 기술동향과 활용 그리고 추진동향에 대해 살펴보았다. 이를 바탕으로 STEEP분석[24]을 통해 부동산분야에서 빅데이터 활용의 적절성을 분석해 보면 다음 <표 2-7>과 같다.

### (나) 부동산분야 빅데이터 활용

해외의 부동산분야에서 빅데이터 활용을 살펴보면, 공공의 경우는 이미 구축되어진

---

24) STEEP분석은 거시환경의 영향도를 파악하여 최소화하거나 탈피하는 전략을 찾고 세부적인 기회요인을 추출하여 추진전략에 이용하기 위해 Social(사회), Technology(기술), Ecological(환경), Economic(경제), Political(정책/법규)의 5가지를 분석하는 것임.

▮〈표 2-7〉 STEEP에 의한 부동산 빅데이터 활용 분석

| 분야 | 부동산 빅데이터 활용 트렌드 |
|---|---|
| Social<br>(사회) | • 빅데이터 관심 고조 및 활용 인식 확산(정부/공공기관, 기업, 국민)<br>• 정보화(스마트기기, SNS, IoT) 발달로 대량의 데이터 생산 및 유통<br>• 빅데이터가 IT분야의 새로운 패러다임이자 신성장동력으로 급부상<br>• 데이터를 기반한 예측가능한 부동산정책의 선제적 대응 요구 증대 |
| Technical<br>(기술) | • 지식과 기술의 융·복합으로 새로운 기회 등장<br>• 국가 및 사회발전을 위한 ICBM[25] 분야 중점 추진<br>• 수요자 중심의 정보 서비스 제공 필요성 증가<br>• 시스템 연계·통합으로 개인화된 맞춤식 부동산정보제공 요구 증가 |
| Economic<br>(경제) | • 빅데이터는 경영혁신과 현안해결 등 경제·사회 발전의 원동력<br>• 주요국 및 글로벌 기업의 빅데이터 사업 육성 및 활용 주력<br>• 빅데이터를 통한 신규 비즈니스 모델 개발 활발<br>• 민·관 부동산 데이터 통합을 통한 부동산산업 확장 및 일자리 창출 |
| Ecological<br>(환경) | • 공공데이터 개방 확대 및 민간데이터 융합에 의한 인사이트 창출<br>• 선진국 수준의 국민 신뢰도 제고 요구 증가<br>• 데이터 공개·공유 확대에 따른 개인정보 보호 제한 및 정보이용 역작용<br>• 부동산분야는 빅데이터 활용에 최적의 여건(데이터 확보, 특성 고려) |
| Political<br>(정책) | • 새로운 패러다임에 맞는 범정부 혁신 요구 증대<br>• 다양한 분야의 데이터 융·복합을 통한 창조경제 실현<br>• 빅데이터는 국가경쟁력 확보 및 미래를 대비하는 동력이라는 공감대 형성<br>• 빅데이터를 활용한 과학적 부동산정책 추진 |

대규모의 다양한 데이터를 확대 활용하고 있다. 미국 주택도시개발부(Department of Housing and Urban Development)는 공공데이터 개방정책에 따라 발간하는 보고서, 자료, 부동산통계 등을 API 방식으로 하여 테이블(엑셀), 지도, 인포그래픽스(Infogrphics) 등 다양한 형태의 자료를 HUD USER 포털사이트를 개설하여 제공하고 있다.

영국의 지방자치부(DCLG: Department of Communities and Local Government)는 In-terform 사이트를 통해 부동산의 각종 자료 및 통계를 취합하여 제공하고 있다. 캐나다의 온타리오주의 MPAC(Municipal Property Assessment Corporation)은 빅데이터를 통해 부동산의 가치를 감정하여 재산세를 부과하며, 매년 감정시가를 통보하여 세금 부과 금액을 사전에 알 수 있도록 하고 있다.

일본 국토교통성은 전국적으로 운영 중에 있는 부동산거래정보망인 REINS에 공공

---

25) ICBM: I(IoT: 사물인터넷), C(Cloud: 클라우드), B(Big Data: 빅데이터), M(Mobile: 모바일)

정보와 민간정보를 취합한 빅데이터를 연계한 '부동산정보센터(Real Estate Information Center)' 구상을 밝히고 있다.

또한 민간부분에서는 미국의 SmartZip(www.smartzip.com)은 리얼터에게 부동산 매물의 2,000개의 속성정보를 데이터마이닝에 의한 빅데이터 분석으로 향후 6－12개월 이내 매물이 예상되는 대상을 제공하여 주는 매물 예상 분석서비스를 제공하고 있다. 또한 미국의 Zillow사는 미 전역의 일억천만 가구 이상의 정보를 축적하여 주택소유자나 부동산 전문가가 'Zestimates'라는 빅데이터 분석 툴을 활용하여 입력한 부동산정보, GIS 위치정보, 인구 및 통계정보, 학군 정보 등 부동산 매매에 필요한 정보를 통합하여 주택가격지수를 산정하여 활용하고 있다. 이러한 분석은 'R'을 기반으로 예측시스템을 구축하여 해당 가격대의 낮은 범죄율을 가진 지역 내의 집이나 높은 등급의 초등학교에서 30분 거리에 있는 매물정보를 제공하고 있다. 또한 캐나다의 Teranet사는 'Geoware－house'라는 사이트를 통해 토지정보, 가격, 소유주 등 다양하고 상세한 정보와 각 지역의 가구수, 평균소득 등 지역데이터와 물건에 대해 인공위성으로 찍은 3D사진, 그리고 다양한 각도에서 찍은 사진정보 등 방대한 부동산 등기정보를 데이터웨어하우스(www.geowarehouse.ca)를 구축하여 서비스하고 있다.

국내부동산분야에서 빅데이터에 대한 추진은 2013년부터 주로 공공부문 위주로 진행되고 있다. 2013년에는 국토교통부의 '공간 빅데이터 구축 및 활용방안'에 대한 연구와 국토연구원의 '국토정책 선진화를 위한 빅데이터 활용에 관한 기초연구 등을 추진하였다. 그리고 2014년에는 이를 확대되어 국토교통과학기술진흥원의 '빅데이터를 활용한 부동산시장 분석 및 예측 모형 개발 기획'과 국토교통부의 '공간 빅데이터26) 체계구축 사업'과 국토정보공사의 'LX 빅데이터 추진전략 수립'과 '빅데이터 기반 구축' 등이 추진되고 있다.

국토교통부의 '공간 빅데이터 체계 구축'의 공간 빅데이터 활용 서비스를 제공하는 부문은 부동산 투기 감지 및 실수요 거래를 분석하여 수요기반의 부동산정책 지원, 공공 및 민간정보 융합분석을 통한 대중교통 정책 의사결정을 지원하는 등 다양한 행정목적 활용이 포함되어 있다. "공간 빅데이터 체계 구축 연구"는 2014년 빅데이터 활용의 기반구축과 2015년에는 다양한 분야의 DB를 융합한 활용 서비스 구축 그리고 2016년 이후에는 활용 서비스를 강화할 수 있도록 추진할 예정이다. 이는 부동산 현안

---

26) 공간정보는 지상·지하·수상·수중 등 공간상에 존재하는 자연 또는 인공지물 객체에 대한 위치정보 및 이와 관련된 공간적인 인지와 의사결정에 필요한 정보로서, 부동산정보는 공간정보의 한 부분이다(경정익, 2015).

에 대한 사전 대응 또는 미래 예측과 관련하여 공간 기반 빅데이터 수집·분석 체계를 활용함으로써 변화추이 및 부동산 시장 위험징후를 빠르게 파악하여 선제적 정책 수립을 지원하고, 부동산 민간정보 분석을 수행하여 지역별로 언급되는 주택 유형, 임대 유형에 대해 확인함으로써, 향후 지역별 수요조사에 유용하게 사용될 수 있을 것으로 기대된다.

## (2) 부동산의 빅데이터 활용 확대 분야

부동산정책과정은 [그림 2-10]과 같이 현안을 진단하고 정책의제를 결정하여 집행하며 그 정책 효과를 평가하여 다시 정책과제를 선정하는데 피드백되는 순환구조를 이룬다. 이런 일련의 정책과정에 부동산 관련 빅데이터는 국민, 전문가, 정치권, 정책입안자 등 다양한 참여자의 의견은 정책과제를 발굴하고 모니터링하며 정책효과를 평가할 수 있는 중요한 데이터이다. 그러나 지금까지 수집 분석에 활용된 데이터는 현재형이 아닌 주기적으로 생산된 과거형이며, 정책에 반영된 의견은 설문조사 등에 의한 소수 전문가와 국민의 의견 및 여론27)을 반영함으로서, 빠르게 변하는 현실과 다수의 의견을 충분히 반영을 하지 못하는 근본적인 문제가 있다.

[그림 2-10] 부동산정책과정의 빅데이터기술 활용

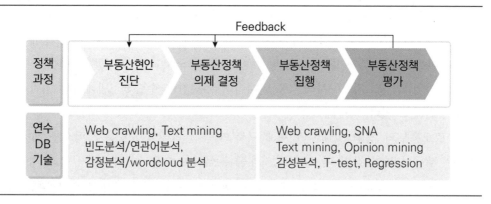

----

27) 빅데이터의 감성분석은 국민의 여론을 실시간적으로 모니터링하여 실제 시장에 어떠한 영향을 미치는지에 대해 다양한 관점에서 분석을 가능하게 한다. 이러한 감성분석 결과와 부동산 매매와 임대차 계약정보를 종합적으로 분석하면 부동산정책이 시장에 직접적으로 어떠한 영향을 미쳤는지 그리고 그 원인이 무엇인지 파악할 수 있다. 이러한 감성분석의 실효성에 대해서는 파일럿 프로젝트를 수행한 김대종(2013)의 연구를 통해 확인할 수 있다.

빅데이터 기술은 이와 같은 문제를 해결할 수 있는 기술로서, 실시간으로 사회변화를 예측하고 국민의 요구를 파악하여 선제적인 정책추진과 맞춤형 서비스를 제공하며, 객관적인 데이터를 기반으로 증거기반의 정책을 추진할 수 있을 것이다.

특히 부동산정책에서 그 실효성이 클 것으로 기대된다. 부동산정책은 국민의 실생활과 직결되어 사회적으로 크게 부각될 뿐만 아니라 다양한 분야와 복합적으로 연계되어 최적의 해결방안을 모색하기가 쉽지 않으며, 정책의 실효성에 대한 국민 체감도가 높은 특성이 있다.

빅데이터의 다양한 분석기술은 종전에는 반영할 수 없었던 비정형데이터까지 수집 분석하여 실시간으로 반영할 수 있다. 성공적인 정책을 추진하기 위해서는 정책의 수요자인 국민의 목소리 뿐만 아니라 각계각층의 다양하고 광범위한 의견 반영은 매우 중요한 부분이다. 따라서 국민여론, 전문가 의견, 정책입안자 등 다양한 의견을 텍스트 마이닝과 오피니언 마이닝에 의한 감성분석으로 정형화하여 정책을 예측하고 사전에 모니터링하여 정책을 성공적으로 추진할 수 있는 것이다.

부동산분야에서 빅데이터를 적용할 수 있는 대표적인 몇 가지 활용방안을 살펴보면 다음과 같다.

첫째, 빅데이터는 복잡한 정책 수립과정을 정량적인 분석을 통해 정책의 신뢰성과 투명성을 향상시켜 예측 가능한 국민공감형 부동산정책 실현이 가능할 수 있다. 빅데이터는 부동산정책요구에 대한 국민의 니즈(Needs)를 파악하고 소통하여 정책에 대한 국민평가와 정서를 반영한 선제적 국민공감형 부동산정책 추진을 가능하게 한다.

둘째, 토지이용 트렌드 및 패턴기반의 선제적 맞춤형 정책을 추진할 수 있다. 어느 토지에 어떠한 현상이 발생하고 있는지를 신속 정확하게 진단하고 예측할 수 있는 다양한 정보가 공공부문과 민간부문에 실시간으로 축적되고 있어 이러한 데이터를 수집하여 분석한다면 토지개발의 위치와 패턴을 파악하여 예측가능한 정책수립이 가능하게 되는 것이다.

셋째, 빅데이터 활용으로 주택정책에 예측가능하고 선제적인 정책을 추진할 수 있다. 최근의 주택정책에서는 다변화되는 주택수요[28]에 맞는 세분화된 정책이 요구된다.

---

28) 1981년 1월 택지개발촉진법을 제정하여 국가(공공) 주도의 택지개발 등 획일적인 주택 공급을 하여 아파트와 아파트 외 인 단독·다가구·연립·다세대 등으로 분류되다가, 2009년 2월 개정된 주택법에 근거하여 서민과 1~2인 가구를 위한 도시형 생활주택, 주상복합, 오피스텔 등의 수요층을 충족하기 위한 다양한 유형의 주택을 공급하고 있으며 시간이 지날수록 더욱 다양화되고 있다.

따라서 적절한 공급형태를 제공하기 위한 공시지가, 면적, 인구 증감의 단순통계에 따른 단일 형태의 주택공급이 아닌 전출입의 상세정보에 따라 가구 구성별 증감, 연령층별 증감, 소득층별 증감 등 각 정보별 세부 항목과 상세 데이터의 분석을 필요로 한다. 부동산 소유 구조도 단일 소유에서 공동소유와 펀드소유 등으로 다양화되고 있다. 이와 같이 다양해지는 주택의 수요와 공급을 분석하고 예측하기 위해서는 최신성 있고, 다양한 부동산정보를 분석하여야 한다.

특히 부동산에 대한 사회적 영향력을 고려해 보았을 때 실시간으로 갱신되는 대용량 데이터의 적시적인 분석과 예측이 필요하므로 이에 빅데이터를 적용하여 판단할 수 있다.

이와 같이 주택정책과정에 이용함으로서 다변화된 수요욕구를 충족하고 예측력을 높여 선제적인 정책을 추진할 수 있다.

[그림 2-11] 토지이용 최적화를 위한 빅데이터 활용

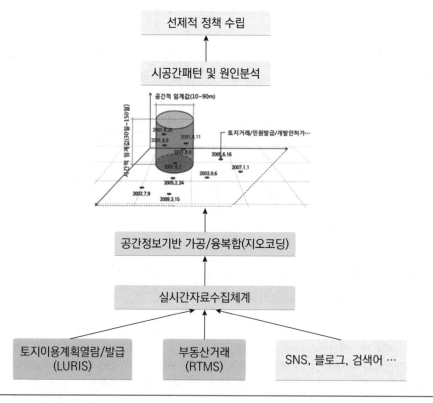

자료: 김대종(2013).

넷째, 부동산 활동의 의사결정에 효율성을 높일 수 있다. 현재까지 DB로 구축된 정형데이터와 부동산 관련 뉴스, 소셜데이터, 웹 로그데이터 등 비정형데이터를 텍스트 마이닝(Text Mining)과 오피니언 마이닝(Opinion Mining)을 통해 부동산의 매매, 임대, 중개, 이용, 개발, 입지선정, 정책, 가격결정 등 부동산 활동의 효율성을 높일 수 있다.

실제 증권시장에서는 증권과 관련된 각종 인터넷블로그나 소셜네트워크서비스(SNS), 웹상의 기사 등에 올라온 특정종목에 관한 내용을 텍스트 마이닝하여 기존 주가 예측모델과 소셜 데이터 함수에 넣어 주가 변동 추이를 분석하는 'K-지수(감성분석지수)'를 개발하여 주가예측 적중률을 60%로 향상시키고 있다는 것이다(매일경제, 2014).

따라서 부동산분야에서도 이와 같은 데이터 분석방식을 적용한다면 실시간에 의한 제반 부동산 활동의 의사결정에 빅데이터를 광범위하게 활용할 수 있을 것이다.

[그림 2-12] 빅데이터의 부동산 활동 의사결정 분석 모형

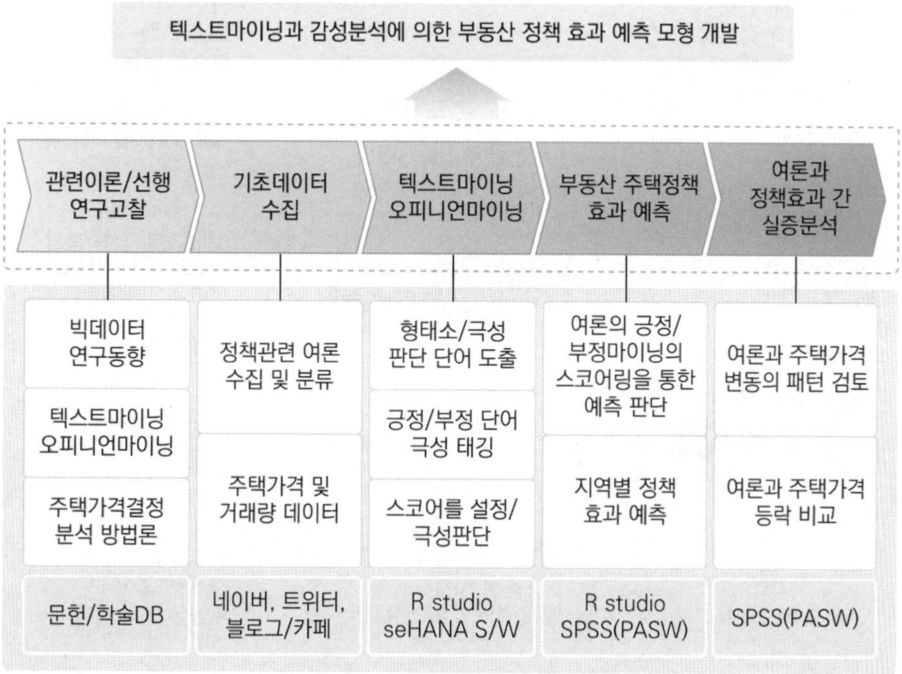

텍스트마이닝과 감성분석에 의한 부동산 정책 효과 예측 모형 개발
관련이론/선행 연구고찰
기초데이터 수집
텍스트마이닝 오피니언마이닝
부동산 주택정책 효과 예측
여론과 정책효과 간 실증분석
빅데이터 연구동향
텍스트마이닝 오피니언마이닝
주택가격결정 분석 방법론
정책관련 여론 수집 및 분류
주택가격 및 거래량 데이터
형태소/극성 판단 단어 도출
긍정/부정 단어 극성 태깅
스코어를 설정/ 극성판단
여론의 긍정/ 부정마이닝의 스코어링을 통한 예측 판단
지역별 정책 효과 예측
여론과 주택가격 변동의 패턴 검토
여론과 주택가격 등락 비교
문헌/학술DB
네이버, 트위터, 블로그/카페
R studio seHANA S/W
R studio SPSS(PASW)
SPSS(PASW)


다섯째, 빅데이터는 부동산 평가업무의 효율성을 높일 수 있다. 고도로 복잡화된 사회 현상속에서 평가 대상 물건도 더욱 다양하게 됨으로서, 기존의 3방식 6방법(비교

방식, 원가방식, 수익방식)[29]에 의한 부동산가치를 평가하는 정확성의 한계를 빅데이터 활용으로 극복할 수 있다. 현재 평가에 적용하고 있는 3방식으로는 증가하고 복잡화되는 부동산물건의 가격과 가치평가의 정확성을 보장할 수 없어 이를 보완하기 위해 회귀분석과 총소득승수법, 노선가식 등을 보조수단으로 활용하고 있는 실태이다(노용호 외, 2003).

예를 들어 [그림 2-13]에서와 같이 경·공매 웹사이트에서 실제 거래가 이루어진 토지 및 주택관련 데이터를 웹 크로링(Web Crawling)을 통해 수집하여 위치와 속성 등 변수를 이용한 모델링을 통해 부동산가치를 예측할 수 있다.

[그림 2-13] 부동산 데이터 수집 및 모델링에 의한 가치 예측(예시)

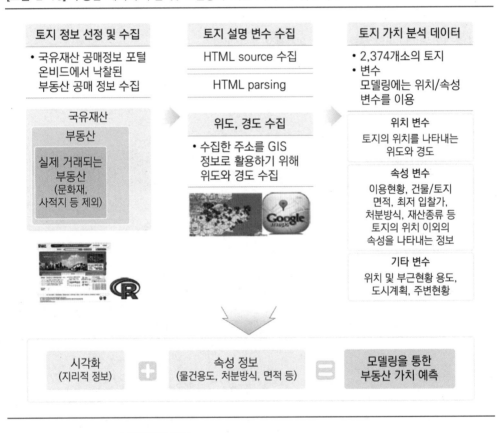

---

29) 기존의 감정평가는 비교방식, 원가방식, 수익방식이란 3방식과 거래사례비교법(매매, 임대), 원가법, 적산법, 수익환원법, 수익분석법 등 6방법 중 가장 적정한 방법에 의해 평가함(감정평가에 관한 규칙 제10조). 이중 거래사례비교법이 현실성과 객관성, 평가의 간편성으로 실무에 가장 많이 적용되고 있음(안정근, 2011).

여섯째, 부동산 개발에서는 데이터를 기반으로 개발 입지선정이나, 최유효이용을 통한 부동산 가치를 높이는 노하우를 창출할 수 있을 것이다. 예를 들어 토지에 건축을 하거나 건물의 리모델링을 통하여 수요자의 니즈에 맞도록 최적화하여 부동산가치를 상승시킬 수 있는 방안을 제시할 수 있을 것이다.

일곱째, 부동산 중개 및 컨설팅에서는 부동산과 관련된 다양한 데이터를 통해 수요자의 니즈(Needs)에 최적화된 개인화된 정보를 제공할 수 있을 것이다. 즉 수요자의 성향과 연령, 소득, 소비패턴, 요구수익률, 시기 등 다양한 조건에 맞도록 부동산 물건을 선정하고 추천하는 컨설팅이 가능할 것이다.

여덟째, 부동산 빅데이터는 부동산 허위정보 유통 방지에 대한 대안이 될 수 있을 것이다. 부동산 거래(특히 매매 및 임대차 거래)와 관련한 의사결정은 가장 생활밀착적인 중대한 의사결정임에도 불구하고, 부동산 관련정보의 낮은 품질과 서비스로 인해 거래 참여자들의 합리적인 의사결정을 저해하고 있다. 국내 가계 보유자산의 75% 이상이 부동산에 투자되어 있는 현실을 감안해 볼 때, 부정확하고 신뢰도가 낮은 거래정보는 부동산 가격시장을 왜곡시키게 되며, 잠재적인 부동산 거래사고 발생가능성을 높이고 있다.

부동산정보의 빅데이터의 활용은 이러한 부동산 거래의 허위매물정보[30] 유통을 방지할 수 있어 부동산정보의 신뢰성 회복을 통해 건전한 부동산 시장과 거래질서가 확립될 수 있을 것으로 보인다. 부동산분야에서 빅데이터의 구체적인 활용에 대해서는 앞으로 많은 연구가 요구되고 있다.

그리고 개인이 편리하게 이용할 수 있는 빅데이터 플랫폼을 통해 개인의 성향과 패턴, 부동산 시장을 분석한 결과 등이 고려되어 부동산 활동을 할 수 있는 개인화된 정보를 활용할 수 있을 것이다.


## 2. 인공지능과 부동산

과학자들은 인류가 호모 사피엔스(Homo Sapiens)시대 이후 지능과 신체 한계를 기술로 극복한 '트랜스 휴먼(Trans Human)'시대를 맞을 것이라고 전망하며, 인간이 발명한 기술에 의해 스스로 진화할 것이라고 한다. 나아가 슈퍼컴퓨터급 두뇌로 사고하며

---

30) 허위매물정보는 사실과 다른 매물정보로 부존재 매물정보, 가격오류 매물정보, 속성오류 매물정보, 조건오류 매물정보 등 4가지 유형으로 구분할 수 있다(김종삼 외, 2009).

병에 걸리거나 늙지 않으면서 반사회적인 유전자를 제거해 평화롭게 공존하는 '포스트 휴먼(Post Human)'시대가 열릴 것으로 내다보고 있다.

국내·외 연구자들은 기존 머신러닝(Machine Learning)의 한계를 극복한 다차원 머신러닝, 사람 대신 AI가 AI를 설계하는 메타 AI, 가상현실과 증강현실을 접목한 차세대 HMI(Human Machine Interface), 중추신경계 및 신체와 소통하며 신체의 일부분처럼 작동하는 신체 결합 로봇기술 등을 경쟁적으로 연구하고 있다. 반면에 이러한 기술들이 실용화되는 과정에서 인간 삶과 사회시스템, 인류 문명과 조화롭게 작동하도록 만드는 것은 매우 중요한 인류의 숙제이기도 하다.

마윈 알리바바 창업자는 2020년 9월 중국 상하이에서 열린 세계 AI 콘퍼런스에서 테슬라와 스페이스X 창업자인 엘론 머스크와 가진 대담에서 "AI에 대해 흥분되는 것은 AI가 사람들이 스스로를 더 잘 이해하는 장을 열어줄 것이라는 점"이라 하였다. 그러면서 "사람들이 AI가 가져올 재앙에 대해 걱정하지만 그것은 재앙이 아니라 실수다" "인류는 그런 실수들을 바로잡고 스스로 발전해 나갈 수 있을 것이다. 그래서 우리에게 교육이 필요하다"고 강조했다(디지털타임스, 2020)[31].

AI로 인해 증강된 제품들이 늘어나면서 이 기술이 가져올 자동화와 개인화의 활용이 늘어나고, 그 결과로 이 기술을 찾는 소비자의 수요와 요구도 증가할 전망이다.

글로벌 컨설팅기업인 프라이스워터하우스쿠퍼스(PwC)는 2030년에는 인공지능에 의한 시장규모가 114조 달러에 이를 것으로 전망하면서, AI 활용을 통해 GDP가 최대 14% 늘어날 것으로 전망한다. IT 자문기업인 가트너는 AI로 파생되는 글로벌 비즈니스가치가 2019년 2조 6,000억 달러를 넘어 2025년에는 5조 520억 달러에 이를 것으로 예상한다. 가트너는 2020년 10대 기술 트렌드에 인간증강(Human Augmentation)과 자율사물(Autonomous Things)을 포함하기도 하였다. 그리고 웨어러블 기기를 통한 신체능력 강화와, 인간과 AI의 협업을 통한 인식능력 증강이 10년 내에 일반화될 것으로 전망하고 있다. 이와 함께 로봇, 드론, 자율주행차 등 기기가 인간의 활동을 대신해 주고, 주변환경이나 사람들과 상호작용하면서 생활 도우미 역할을 할 것으로 내다보고 있다.

---

31) 디지털타임스(2010.3.2), 초연결 슈퍼지능시대, 인류의 삶 생활이 바뀐다.
    자료: http://www.dt.co.kr/contents.html?article_no=20200303021021316500018ref=naver.

## 1) 인공지능 발달 연혁

인공지능은 1950년에 Turing의 "Can machines think?"라는 논문에서 인간과 같이 생각할 수 있고 대화할 수 있는 기계 혹은 시스템 개발을 제안하면서 본격적으로 연구가 시작되었다. 초기에는 인간과 자연스러운 대화를 할 수 있는 음성인식과 이해가 가능한 시스템을 만드는 데 그 초점이 맞추어져 있었다. 1987년 애플(Apple)은 그들의 미래에 대한 비전이라고 발표한 'Knowledge Navigator'라는 홍보용 비디오에서 인간과 자유롭게 대화를 통해서 인간과 같이 지적활동을 수행하는 시스템을 소개한 이후, 약 20여 년이 지난 2011년에서야 비로소 음성인식이 가능한 시스템인 Siri(Speech Interpretation and Recognition Interface)를 개발하여 현재 많은 분야에서 상용화되고 있다.

인공지능에 대한 연구는 지금까지 2번의 '붐'과 2번의 '겨울의 시대'를 거쳐 3번째 붐의 시대에 이르고 있다[32].

1990년대 후반에는 인터넷상의 데이터가 폭발적으로 증가하면서 이를 이용한 '머신러닝'이 주목받기 시작했다. 머신러닝은 데이터를 입력하면 스스로 학습을 하는 기술이다. 따라서 양질의 데이터가 머신러닝기술의 승패를 좌우한다.

지식획득 문제들을 해결하기 위하여 지식을 인간 전문가로부터 습득하는 것이 아니라 데이터로부터 습득하는 기계학습(Machine Learning)이라는 또 다른 AI기술이 등장하게 되었다(Langley, et al., 1995).

## 2) 인공지능에 대한 관점

제4차산업혁명에 논의와 함께 AI(Artificial Intelligence)라는 용어가 대중적으로 확산되었으나, 그 의미는 매우 다양하게 해석이 가능하다. 이에 AI라는 용어의 사용에 공통된 이해를 돕기 위해 협의의 AI에서 광의의 AI까지 세 가지 관점으로 구분하여 정의되고 있다(ETRI, 2020). 첫째, 협의의 AI는 전통적인 기술적 관점의 AI로서 실제 인간의 지적 능력을 컴퓨터로 구현한 것으로, 인공지능을 잘 다룰 수 있는 방법이나 능력을 의미하며, AI 기술로 구현할 수 있는 인간의 다양한 지적능력으로는 ① 상황인지, ② 논리적 판단 행동, ③ 감성·창의적 능력 등이 있다.

---

32) 자세한 사항은 「부동산 빅데이터 블록체인 프롭테크」(2020) 424 – 425쪽 참조.

[그림 2-14] AI의 3가지 관점

| 범위 | 관점 | 정의 |
|---|---|---|
| 협의 ⇕ 광의 | AI기술 | • 실제 인간의 지적 능력을 컴퓨터로 구현한 것<br>예 기계학습, 알파고 등 |
| | AI 서비스 | • AI기술과 초성능 컴퓨팅 및 초연결 네트워킹 기술 등이 융합되어 각종 응용분야에서 새로운 가치를 창출함<br>예 이세돌 vs. 알파고의 바둑 대국, 애플의 시리 서비스 등 |
| | AI 패러다임 | • 사람과 조직의 생각과 행동을 바꾸는 경제·사회 발전의 새로운 기제<br>예 인공지능 국가전략, American AI Initiative |

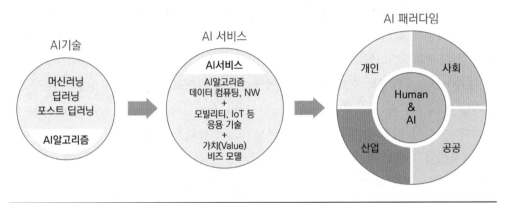

자료: 한국전자통신연구원(2020)

둘째, 중 범위의 서비스 관점의 AI로 초성능 컴퓨팅 및 초연결 네트워킹 기술 등이 다양한 분야와 융합되어 각종 응용 분야에서 새로운 가치를 창출하는 것이다. 예를 들어 AI를 대중화시킨 계기가 된 이세돌과 알파고의 대국이 있고, 일반인들은 스마트폰이나 스피커를 플랫폼으로 서비스되는 AI 음성 비서를 통해 AI 서비스를 체험할 수 있게 된 것이다.

셋째, 가장 광의의 패러다임 관점의 AI로 최근 우리 정부가 발표한 '인공지능 국가전략'이나 미국 백악관이 인공지능 분야의 개발과 투자확대를 위해 발표한 'American AI Initiative'가 패러다임 관점의 AI라 할 수 있다. 즉 개인, 사회, 산업, 공공 등 모든 분야의 혁신을 유도하고, 사람과 조직의 생각과 행동을 바꾸는 경제·사회 발전의 새로운 기제(機制)로 AI가 삶의 방식, 산업구조, 일자리 구조, 정부 정책 등 모든 분야를 변화시키고 있어, 이를 정책 또는 전략수준에서 채택되고 있다.

## 3) 인공지능 활용

현재 진행 중인 제4차산업혁명을 이끌 핵심기술로 AI기술이 언급되면서 이 기술을 이용한 애플리케이션 개발에 기업과 정부에서도 많은 관심을 보이고 있다. 제4차산업혁명의 핵심기술인 빅데이터와 사물인터넷(IoT)기술이 AI기술과 융합되면 상상할 수 없었던 시너지 효과를 낼 수 있을 것으로 예상하고 있다(황경태 외, 2005; Schwab, 2016; Atzori, et al., 2010). 딥러닝과 같이 빅데이터를 이용하여 학습할 수 있는 다양한 AI 알고리즘이 개발되고, 이러한 알고리즘이 일상생활에서 사용되는 제품이나 서비스에 널리 적용된다면 우리의 생활은 크게 변화될 것이다.

인공지능기술과 산업의 동향을 살펴보기 위해 인공지능의 분야별 스타트업기업의 수를 살펴보면 다음과 같다. Venture Scanner 통계에 따르면 2016년 전 세계적으로 등록된 AI 스타트업기업은 이전 대비 50% 증가한 1,535개 업체였으며, 2019년 3분기에는 2,649개 업체로 또 다시 58% 증가하였다.

[그림 2-15] 인공지능기술 분야별 업체 현황

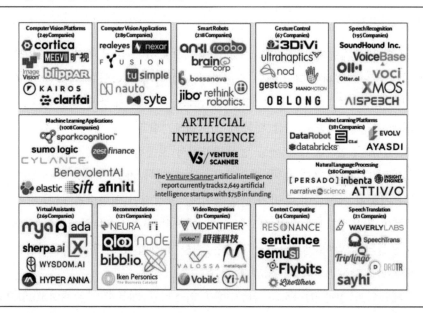

자료: Venture Scanner Sector Maps정보 활용(2019년 12월).

정보통신기술의 급속한 발전은 사회의 각 부문을 자동화 단계를 넘어서 지능화 단계로 빠르게 변화시키고 있다. 농업·제조업·서비스업 등 주요 산업분야 생산방식이 인간의 개입을 최소화하고, 데이터를 기반으로 지능화가 추진되고 있다. 그리고 복잡하고 다양한 시장의 욕구가 제품이나 서비스의 지능화를 요구하고 있는 것이다.

근래에 등장하는 많은 제품이나 서비스는 새로운 정보통신기술을 이용하여 과거의 제품이나 서비스로부터 경험하지 못했던 새로운 가치를 소비자들이 경험하도록 하고 있다. 특히 최근 들어서는 다양한 센싱기술(Sencing Tech.)의 발전으로 센서로부터 습득한 대규모의 데이터를 효율적으로 처리할 수 있는 AI기술의 발전이 더욱 더 지능적인 제품이나 서비스를 소비자들이 경험할 수 있게 만들고 있다.

따라서 지능적인 제품을 제작하기 위해서는 제품의 지능적인 행동을 통제하기 위한 AI 기반의 플랫폼이 필요하다. 지능형 자동차, 지능형 책, 지능형 건물, 지능형 전화 등 우리가 일상생활에서 사용하고 있는 거의 모든 물리적인 제품이 지능화되고 있다. 서비스분야에서도 소비자의 만족과 생산성을 높이기 위하여 AI 기반의 지능형 서비스가 개발되고 있다. 그리고 지능형 검색엔진, 지능형 게임, 지능형 쇼핑 사이트 등과 같이 기존에 우리가 사용하였던 서비스의 효율성과 소비자가 느끼는 효용을 높이기 위하여 AI기술 기반의 서비스가 추가되고 있는 추세이다.

## (1) 지능형 제품

최근 IoT라는 개념이 널리 알려지고 활용됨으로서 기존에 우리가 사용하여 왔던 사물에 인터넷을 연결하여 과거에는 소비자가 경험하지 못하였던 다양한 제품들이 등장하고 있다(윤영석 외, 2016). 최근 많은 사람들의 관심의 대상이 되고 있는 무인자동차는 과거에는 상상도 하지 못한 제품이 네트워크기술과 컴퓨팅기술의 발전으로 가능하게 되고 있다. 무인자동차 외에도 일상생활에서 사용하고 있는 세탁기, 청소기 그리고 집과 건물 자체에도 AI기술이 적용되어 지능화되어 가고 있다.

그러나 지능형 제품들이 우리의 생활에 항상 긍정적인 영향만을 미치는 것은 아니다. 최근 들어 자율주행자동차의 사고와 같은 하드웨어나 소프트웨어적인 오류로 인한 지능형 제품들의 결함이 발생하면서 이제는 지능형 제품의 역기능이 우리가 해결하여야 할 과제로 생각하는 계기가 되었다.

또한 제품의 품질을 검사하기 위한 체크 리스트가 제품마다 존재하고 있으나, 제품과 지능형 서비스가 결합된 지능형 제품의 품질을 보증하기 위한 방법은 아직 소개된 것이 없을 뿐만 아니라 제품 결함발생 시 책임 소재 여부도 불분명하여 소비자들로부터 신뢰감을 상실할 가능성이 매우 높은 실정이다(Park, et al., 2001). 기존의 지능형 제품들은 지능적인 활동을 위하여 입력된 지식 베이스를 기반으로 적절한 판단과 행동을 하는 단순 지능형 제품이었으나, 최근에는 주변의 환경 변화를 스스로 인지하고, 합리적인 판단과 행동을 스스로 할 수 있는 기계학습 기능을 지닌 지능형 제품들이 소개되고 있다.

## (2) 지능형 서비스

물리적인 사물이나 제품과 서비스에도 다양한 AI기술이 적용되어 지능적인 서비스를 소비자에게 제공하고 있다. 전통적으로 오프라인상에서 제공하던 서비스와 인터넷을 기반으로 한 온라인서비스에도 업무의 생산성과 소비자의 만족을 제고하기 위하여 AI기술을 다양한 용도로 사용하고 있다. 급속하게 발전한 AI기술을 이용하여 법률, 의료, 투자, 교육, 그리고 세무서비스와 같은 지식 집약적인 서비스분야에도 지능형 서비스가 소개되어, 양질의 서비스를 저렴한 비용으로 보다 많은 사람이 그 혜택을 누릴 수 있게 되고 있는 것이다.

지능형 제품과 같이 지능형 서비스도 우리들의 일상생활과 업무생산의 효율성을 높여 주고 있다. 과거에는 접근이 불가능하였던 지식이나 서비스가 이제는 지능형 서비스를 통하여 접근이 가능하게 되었고, 또한 과거에 수행이 불가능하였던 업무를 완벽하게 수행할 수 있게 되고 있다.

## (3) 지식서비스

의료, 법률, 투자서비스와 같이 지식집약적인 직종에 있어서는 아직까지 AI기술이 완전히 인간의 업무를 대체하지는 못하고 있다. 하지만 인간의 업무를 효율적으로 처리하는 데 도움을 줄 수 있는 다양한 지식과 정보를 제공하여 줌으로써, 과거 고비용 장시간 소요되었던 업무를 좀 더 신속하고 정확하게 오류를 줄여 처리할 수 있게 도움을 주고 있다. 특히 전문서비스분야일수록 일반적으로 수많은 정보와 지식을 검색하고, 정리하는 데 많은 시간과 노력이 요구된다. 그렇다 보니 전문가들에게는 무엇보다도 오랜 경험이 업무의 효율성과 성과를 좌우하는 주요한 요소였다. 하지만 최근 들어서 AI에 의한 지능형 서비스는 전문가들의 의사결정의 질을 크게 상승시키고 있다.

AI기술은 인간과의 협업에서 큰 시너지 효과를 창출할 수 있다. 특히 업무가 비정형적이어서 매뉴얼에 의한 업무 처리보다는 상황에 따른 인간의 판단이 요구되는 분야에 그 효과가 크다. AI기술은 방대한 양의 데이터를 신속하게 처리할 수 있는 고성능 컴퓨터의 등장과 그 데이터를 학습하여 향후의 유사한 상황에 학습한 내용을 적용할 수 있게 되어 복잡한 인간 업무의 보완 및 협업이 가능하여 부동산의 다양한 활용에 유용하다.

최근 들어 인간의 업무를 보완하고 협업이 가능한 AI 기반 시스템 적용분야로 많은 사람들의 관심을 받고 있는 분야 중 하나는 법률서비스인 리걸테크(Legal Tech)이다. 리걸테크는 인공지능 등 정보기술을 공공서비스인 법률서비스에 적용한 것으로 판사, 검사, 변호사 등이 수행하는 법률서비스(Legal Service)와 기술을 결합한 것이다. 이 분야 역시 의료분야만큼 비정형적인 업무가 많아서 인간의 판단력에 준하는 방대한 양의 데이터를 처리할 수 있는 시스템의 도움이 필요한 분야이다. 근래 AI기술을 기반으로 법률, 판례분석 등에서 기계학습 활용을 통한 비용 절감으로 다양한 법률서비스가 널리 확대되고 있다(김석관, 2017).

미국의 Blackstone Discovery(www.blackstonediscovery.com)사와 법률분석기업인 Fiscal Note(www.fiscalnote.com), Lex Mahina(www.lexmahina.com)사는 AI기술과 빅데

[그림 2-16] 가트너의 2019년 인공지능 하이퍼사이클

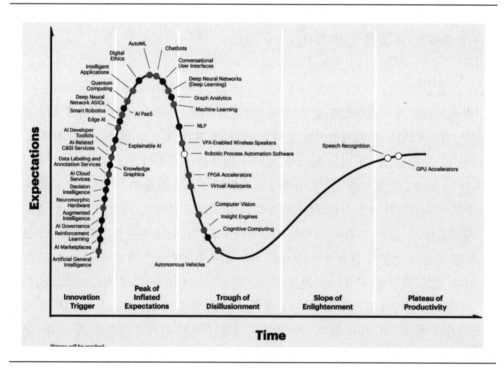

자료: Gartner(2019).

이터 기법을 이용한 지능형 검색기술서비스를 제공하여 소송에서도 AI 기술이 활용되었다.

국내에서도 AI 기반의 다양한 법률서비스를 5년 연구 끝에 2015년 지능형 법률정보시스템 아이리스(i-LIS) 개발에 성공하여 2016년 세계법률경진대회(COLLEE)에서 수상하였다.

의료나 법률서비스만큼 복잡한 정보처리와 인간의 판단 능력이 요구되는 또 다른 분야는 투자서비스분야일 것이다. 예측하기 힘든 다양한 사건이 벌어지고, 그 사건에 실시간으로 적절히 대응하는 것이 매우 중요한 투자서비스분야에서는 과거부터 많은 증권사와 펀드 운용회사에서 트레이딩에 '시스템 트레이딩'이라는 컴퓨터기반 알고리즘을 사용해왔다. 최근 들어서 딥러닝, 추리, 기계학습 등의 AI기술을 시스템 트레이딩에 도입하면서 좀 더 지능적인 트레이딩시스템을 만들고자 노력하고 있다.

그러나 가까운 미래에 인간이 더 복잡하고, 많은 문제에 AI기술을 적용하고자 시도하면서 많은 오류와 문제가 발생할 가능성이 있어 우려스럽다(Hengstler, et al., 2016). 이러한 문제는 많은 물적 손실을 가져다 줄 수도 있고, 심지어는 생명을 잃게 할 수도 있을 것이다. 그러나 아직까지 오류시 그 책임 소재가 누구에게 있는지에 대한 명확한 법적 해석이 존재하고 있지 못한 실정으로 이에 대한 대안마련이 필요하다고 할 수 있다.

## (4) 국내 인공지능 개발 추진

외국 뿐만 아니라 국내에서도 산업분야에 직접 또는 간접적으로 ICT가 활용되어, 이제 인공지능은 산업 기반 기술로 여겨지고 있는 상황이다. 2019년 12월, 국무회의에서 "IT강국을 넘어 AI강국으로"를 주제로 범정부 역량을 결집하여 AI시대 미래비전과 전략을 담은 "AI 국가전략"을 발표하였다. 이를 기반으로 경제·사회 전반의 혁신을 위한 3대분야 9대전략, 100대 실행과제를 제시하고, 인공지능을 통해 경제효과 최대 455조 원 창출, 2030년까지 삶의 질 세계 10위 도약을 목표로 수립하였다(과학기술정보통신부, 2019).

인공지능의 높은 관심은 산업의 변화와 함께 공공기관의 기술 및 활용을 위한 서비스 지원에서도 나타나고 있다. 한국정보화진흥원은 AI기술 및 제품·서비스 개발에 필요한 AI 인프라(AI 데이터, AI SW API, 컴퓨팅 자원)를 지원함으로써 누구나 활용하고 참여할 수 있는 AI 통합 플랫폼인 AI Hub를 제공하고 있다. AI Hub는 다양한 사용자가 AI를 개발 및 활용하기 위한 인프라서비스 4종(AI 데이터, AI 소프트웨어, AI 컴퓨팅, AI 이지빌더)과 AI 활성화를 위한 서비스 3종(AI 혁신체험, AI 리더보드, AI 커뮤니티)의 총

7가지 서비스를 지원하고 있다(AI Hub website, 2019).

ICT분야 미래 기술 연구를 위한 기관으로 한국전자통신연구원(ETRI: Electronics and Telecommunications Research Institute)에서는 과학기술정보통신부 R&D 과제를 통해 개발된 인공지능기술들을 오픈 API 형태로 개발하여 중소·벤처 기업, 학교, 개인 개발자 등의 다양한 사용자들에게 제공하고 있다.

인공지능 응용 개발과 개방형 인공지능 혁신 생태계 조성을 통해 국내 인공지능산업의 경쟁력을 강화하는 것을 목표로 하며, 인공지능 SW기술과 함께 학습 데이터도 제공하여 국내 인공지능 개발자들이 인공지능기술 개발을 경험하도록 하고 있다. 공개된 인공지능 SW기술들은 '데모'와 'Open API'를 통해 단순 기술 체험 및 연구 활용이 가능하고, 해당 기술에 기반을 둔 기술사업화에 관심이 있을 경우, 기술이전을 통해 사업화를 추진할 수 있도록 지원한다(ETRI, 2019).

ETRI에서는 인공지능을 위한 KSB(Knowledge-converged Super Brain) 플랫폼을 지원하고 있다. BeeAI 플랫폼으로도 알려져 있으며, 인간중심 초연결 지능사회 구현을 위한 자가학습형 지식융합 슈퍼브레인 핵심기술로 소개하고 있다.

## (5) 인공지능과 부동산

인공지능은 부동산산업 규모를 확대하고 고도화를 이끌 수 있는 잠재력을 가지고 있어 다음과 같이 부동산의 다양한 분야의 발전을 위해 폭넓게 활용할 수 있는 기술이다.

첫째, 인공지능을 통해 데이터분석을 기반으로 전문성 있는 부동산 활동과 부동산산업 분야 진입이 가능하다. 다양한 데이터를 기반으로 하는 정량적 분석(Quantitative Analysis)을 통해 기존의 분석자의 경험과 지식을 바탕으로 하는 정성적 분석(Qualitative Analysis)보다 과학적이고 근거기반 분석(EBA: Evidence Based Analysis)을 통해 의사결정을 할 수 있다.

둘째, 인공지능에 의한 의사결정의 지능화를 통해 부동산개발, 투자 등 다양한 부동산산업분야에서 각종 리스크를 획기적으로 낮출 수 있을 것으로 기대된다. 부동산은 거래금액이 고액이며, 각종 규제와 권리관계가 복잡하기 때문에 다양한 변수를 종합적으로 검토하여 위험을 최소화하여야 한다. 인공지능은 다양한 데이터 분석을 지능화하여 리스크를 효과적으로 관리할 수 있어 부동산에 적용하면 부동산 투자, 개발, 거래, 금융 등에서 리스크를 줄이고 산업구조를 확대하는 효과를 거둘 수 있다.

셋째, 인공지능은 공간의 지능화를 통해 임대서비스 등 고부가서비스를 활성화할 수 있다. 공간의 지능화는 크게 두 가지 측면을 생각할 수 있다. 하나는 컴퓨터 파워가

공간에 내재되는 것이고, 다른 하나는 공간내 사물이 인터넷으로 서로 연결되어 지능화된 기능을 수행하는 것이다. 인공지능은 스마트홈, 스마트오피스 등 공간에 내재된 지능요소의 가치를 높여 이를 공간 자체보다 더 큰 부가가치의 원천으로 활용할 수 있다.

넷째, 관계의 지능화도 인공지능이 부동산산업에 기여할 수 있는 중요한 변화 중 하나이다. 판매자와 수요자를 연결하고, 건물주와 임대인을 연결하는 등 중개와 관리는 부동산산업의 고유한 분야이다. 인공지능은 이런 부동산 관계를 지능화하여 소유 중심으로 발전해온 한국 부동산시장을 다양화할 것으로 기대된다. 인공지능이 각종 사회관계 및 권리관계를 과거와 비교할 수 없을 정도로 정교하고 정확하게 실시간 관리할 수 있게 해 줄 수 있기 때문이다(황종성, 2017). 이를 통해 소유보다 공유와 접근을 통한 부동산 이용을 활성화할 수 있다.

마지막으로 인공지능은 서비스의 지능화를 통해 부동산산업의 고도화를 촉진시킬 수 있다. 특히 스마트도시의 발전은 부동산산업의 지형을 획기적으로 바꿔놓을 것으로 기대된다. 스마트도시는 도시가 하나의 플랫폼으로서 교통, 에너지, 안전 등 각 부문을 서로 연계하고 데이터와 서비스를 융합하며 그 위에서 자율주행자동차, 드론 등 신기술의 활용을 가능케 하는 도시를 의미한다. 인공지능은 이런 스마트시티서비스를 구현해 가는 기술로서 이를 통해 부동산산업은 완전히 새로운 구조를 갖게 될 것이다.

이와 같이 인공지능의 활용은 부동산산업의 고도화를 앞당길 수 있다. 리스크 관리 기반이 약한 개발업, 중개업, 분양업 등 부동산의 다양한 분야에 전통방식의 Low−Tech에 의존하고 있는 현 상태를 탈피하여 경험이 많지 않은 사람도 참여하고 다양한 서비스도 안전하게 제공할 수 있는 유연한 시장을 만들 수 있다. 공간의 지능화를 통해 임대업의 활성화를 넘어 다양한 부가서비스의 제공이 가능해지고, 관계의 지능화는 소유 중심의 부동산시장을 공유와 접근 중심의 시장으로 바꾸는 계기가 될 것이다. 그리고 스마트도시의 서비스까지 접목시키면 내부적으로는 부동산이 상호간에 연결되고 외부적으로는 공공서비스와 연계되는 새로운 산업구조로 발전될 것이다.

인공지능이 가져올 부동산산업의 변화 중 일자리 창출에 매우 긍정적인 효과를 수반할 것으로 보이는 다음과 같은 이유와 마인드 변화가 요구된다.

첫째, 부동산산업이 신기술을 수용하는 속도도 매우 느려서 아직도 부동산산업현장에서 활용되는 최신 기술은 인터넷 관련기술이 주류를 이룬다. 따라서 인공지능이 만드는 새로운 서비스와 시장은 기존 산업인력보다는 새롭게 진입하기 위해 대비하는 세대에게 유리할 수밖에 없다. 꼭 개발자가 아니더라도 기술의 잠재력을 정확하게 이

[그림 2-17] 인공지능과 부동산 관계

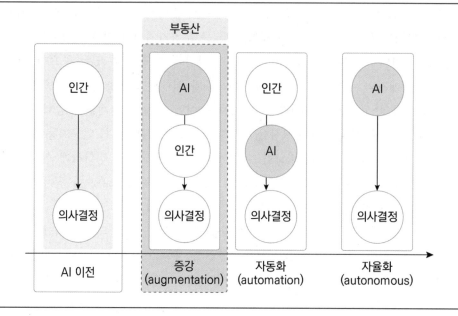

해하고 이를 적재적소에 활용하는 능력을 발휘할 수 있어야 할 것이다.

둘째, 부동산산업이 플랫폼 기반으로 되어 간다는 점이다. 기술과 서비스와 도메인 사이의 경계가 사라지고 서비스 개발에 필요한 각종 기반들이 빠르게 자리를 잡고 있다. 예컨대 실내·외 지도가 확대되고 있고, 유무선 통신을 넘어 사물통신 기반도 강화되며, GPS 등 부동산과 관련된 공간정보도 날로 정교화되고 있다. 이런 기반이 없을 때에는 부동산서비스 개발자가 하나의 서비스를 위해 필요한 모든 요소를 직접 구축해야 했지만, 이제는 이미 구축된 플랫폼을 활용하여 손쉽게 서비스를 개발할 수 있는 환경이 조성되어 창의력과 도전정신이 요구된다.

부동산의 구매자를 탐색하는데 인공지능, 특히 챗봇(Chatbot)이 효율적으로 활용된다. 2016년 창업한 미국의 Rex 부동산은 통상 5~6%하는 중개수수료를 인공지능을 활용한 중개서비스를 도입하여 2%로 낮추어 큰 인기를 끌고 있다(Zhao, 2018). 기존 부동산 회사들이 매물 리스트에 자기 물건을 올려 놓고 구매자가 올 때까지 기다리는 것과는 달리 Rex는 각종 데이터를 분석하여 구매자를 타깃팅하는 전략을 취한다. 이런 타깃팅 전략은 일반적으로 생각하는 것보다 뛰어난 성과를 낸다.

Facebook의 광고 메시지와 챗봇을 결합한 Wepsbot 부동산의 경우는 10일만에 3

건의 아파트 계약을 성사시키는 성과를 거두기도 했다. 그들의 방법은 생각보다 단순하다. 페이스북에 광고를 올리고, 광고를 클릭하는 사람에게 챗봇이 맞춤형 메시지를 보내면, 이를 보고 물건을 보러 오는 사람이 생기는 것이다. 이 회사는 10일만에 아파트 3건을 판매하는 데 1,064건의 광고 클릭이 있었고, 그 중 243명이 대화에 응했으며, 이중 60명이 구체적 상담을 시작했다. 챗봇만으로 잠재적 구매자를 찾은 것으로는 아주 높은 생산성이라 할 수 있다.

챗봇의 판매능력을 보여주는 또 다른 사례는 부동산 전문 잡지인 Inman이 2016년 챗봇과 실제 부동산 중개인을 경쟁시킨 일이다. 세 명의 부동산 중개인과 챗봇이 구매자의 관심과 특성을 반영하여 각각 매물을 제안했는데 챗봇이 제안한 매물을 모두 선택한 것이다.

하지만 부동산 중개의 전 과정을 챗봇, 혹은 인공지능만으로 진행하는 것은 아니다. 잠재적 구매자를 찾는 것까지 인공지능이 해내면, 그 다음은 실제 중개인이 판매를 담당한다. 인간과 인공지능이 협업관계의 일종인 증강관계를 형성하는 것이다(황종성, 2018).

---

**미래 기상이변까지 예측하는 AI**

엘니뇨는 태평양 동부 또는 중부의 바닷물 온도가 평년보다 0.5도 이상 높은 상태로 수개월간 유지되는 현상으로 전 세계에 폭염과 강추위 등 다양한 기상이변을 일으킨다. 엘니뇨의 발생과 소멸은 2년가량 걸리는데 기존 엘니뇨 예측 기법은 1년 단위 예측만 가능했다. 절반 이하만 맞힐 수 있어 예측 가치가 떨어졌다. 3년간 인공지능(AI)을 공부한 한국의 기상학자(함유근 전남대 지구환경과학부 교수)가 AI를 활용해 엘니뇨 예측 기간을 6개월 이상 늘리는 데 성공했다고 '네이처'에 2019년 9월 19일 발표했다.

AI와 과거 자료를 활용하면 보다 먼 미래를 정확히 예측할 수 있다는 사실을 입증했다. AI가 무작위 형태부터 학습을 통해 스스로 진화하면서 점점 원하는 형태의 물건을 찾도록 하는 원리다. AI에 영상 대신 1871년부터 1973년까지 해수면 온도와 바닷물의 열량 정보를 집어넣어 학습시켰다. 두 수치는 엘니뇨 예측에 쓰이는 중요한 지표다.

AI는 이를 바탕으로 특정 시점으로부터 23개월 이내에 엘니뇨의 발생 가능성을 예측하는 모델을 만들었다. 과거 자료를 철저하게 학습한 AI가 현재 해수면 온도와 열량만 훑어보고 엘니뇨 징후를 발견하게 했다.

기존에 학습하지 않은 1984년부터 2017년까지 관측한 자료를 활용해 정확성을 검증한 결과 엘니뇨를 발생 17개월 전에 예측할 수 있었다. 기존 모델이 1년 전 예측이 불가능하거나 정확도가 절반 이하로 떨어졌던 것과 비교된다.

당초 이 AI는 2017년 말 처음 제작됐다. 하지만 기존에 없던 모델이다 보니 논문 검증에만 1년 반이 걸렸다. 함 교수는 "대부분의 AI는 어떻게 작동하는지 설명하기 어려운 부분이 많지만 이번에 개발한 AI의 경우 정확한 원리를 설명했던 것이 논문 채택으로 이어진 것 같다"고 말했다.

자료: 동아사이언스(2019.9.20)

---

## 3. 블록체인과 부동산

### 1) 블록체인 개념 및 의의

블록체인은 2009년 사토시 나카모토(Satoshi Nakamoto)에 의해 비트코인이란 가상화폐의 기반 플랫폼으로 개발된 기술이다. 이는 제4차산업혁명에서 기존 산업의 연결과 융·복합을 기반으로 한 패러다임 변화의 중요한 기술이라 할 수 있다.

블록체인은 소비자와 생산자를 실질적으로 연결하는 네트워크의 혁신 중 하나로 세계경제포럼(WEF)에 참가한 글로벌 전문가 및 경영진의 50% 이상이 2025년까지 블록체인 기반의 플랫폼이 전 세계 GDP의 약 10%를 차지할 것으로 전망하는 기술이다(Schwab, 2016).

2016년 세계지식포럼에서 미래 전문가들은 향후 블록체인 기술이 상용화되면 사회 전반에 걸쳐 인터넷 발전만큼 혁신적 대변혁을 가져올 것으로 전망하고 있다.

[그림 2-18] 가트너의 Hype Cycle for Blockchain, 2019

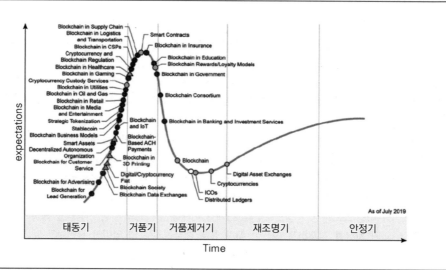

자료: Gartner(2019).

블록체인은 거래의 기록 및 관리에 대한 권한을 중앙기관 없이 P2P(Peer to Peer) 네트워크를 통해 분산하여 블록(Block)으로 기록하고 보관하는 분산장부(Distributed Ledger) 기술이다. 즉 거래정보의 검증을 위해 10분 동안 발생한 거래를 모아 묶은 형태를 블록이라고 하며, 개념적으로 블록들이 순차적으로 연결된다는 의미에서 블록체인이라고 한다.

즉 네트워크의 전체 구성원이 공동으로 거래정보를 기록·검증·보관함으로써 중앙은행이나 행정기관 등과 같은 "공인된 제3자(Trusted 3rd party)"의 공증 없이도 거래기록의 신뢰성을 확보할 수 있으며, 새로운 거래가 발생할 때마다 각 구성원이 보관중인 장부를 똑같이 업데이트하므로 해킹시 모든 장부를 변조해야 한다는 점에서 보안성이 매우 높은 장점이 있다.

블록체인에 의한 거래의 특징을 살펴보면 현재 금융시스템은 은행 등 공인된 제3자(trusted 3rd party)가 개입하여 금융거래를 관리하지만 블록체인은 암호화폐 프로토콜을 이용하여 제3자 없이 개인간 직접 금융거래를 안전하게 할 수 있다. 즉 특정 시간(비트코인 약10분, 이더리움 약 14초) 동안 발생한 모든 거래정보가 기록된 블록을 생성하고 모든 구성원에게 전송되며, 전송된 블록의 유효성이 확인될 경우 기존 블록체인에 연결하는 방식으로 구현된다. 또한 공개키 암호화(Public Key Encryption)기술과 작업증명(PoW)거래를 검증하는 메커니즘을 도입하여 거래기록의 신뢰성을 제고하고 있다.

[그림 2-19] 블록체인의 의미와 특징

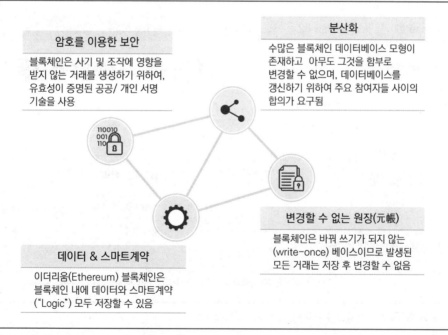

자료: RWE(2016.5), Building the Decentralised Utility on the Ethereum Blockchain.

## 2) 블록체인 원리

블록체인은 특정 시간(10분)마다 발생한 모든 거래기록 정보에 대하여 ① 정보 집합(블록)을 생성하고 ② 모든 구성원들에게 이를 전송, ③ 전송된 블록[33]의 유효성이 확인될 경우(작업증명), ④ 기존 블록체인에 최근 블록(Block)을 연결(Chain)하는 방식으로 구현하는 것이다.

---

**블록체인 메커니즘 요약**

① 새로운 거래 내역이 발생하면 모든 노드에 알려짐
② 각 노드들은 새로운 거래 내역을 10분마다 블록에 취합
③ 타임스탬프 서버(노드)들은 그 블록에 대한 작업증명 과정을 통해 거래를 검증
④ 작업증명에 성공한 노드는 전체 노드에게 해당 블록을 전송
⑤ 각 노드들은 해당 블록에 포함된 모든 거래가 이전에 쓰이지 않은 경우에만 승인
⑥ 50% 이상의 노드가 동의(승인)한 경우 이전 블록과 체인으로 연결

---

[그림 2-20] 블록체인 메커니즘

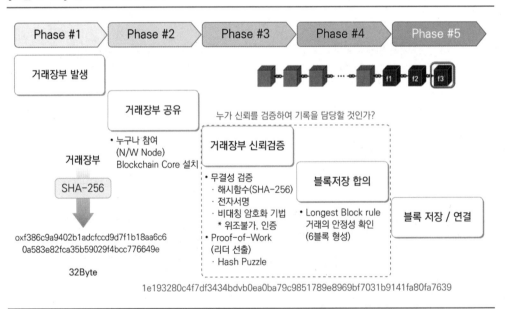

자료: 경정익(2020), 「부동산 빅데이터 블록체인 프롭테크」.

---

33) 블록(Block)이란 거래내역 및 발생시간 등의 내용을 문자, 숫자형태로 암호화하여 포함한 것으로 순차적으로 연결된 일종의 데이터 패킷을 의미함.

블록체인은 블록에 데이터를 담아 체인 형태로 연결하여 네트워크에 참여하는 수많은 컴퓨터에 동시에 이를 복제해 저장하는 분산형 데이터 저장기술로 공공거래 장부라고도 한다. 또한 중앙 집중형 서버에 거래 기록을 보관하지 않고 거래에 참여하는 모든 사용자에게 거래 내역을 보내 준다. 따라서 거래 때마다 모든 거래 참여자들이 정보를 공유하고 이를 대조하기 때문에 데이터를 위조하거나 변조할 수 없다. 이렇게 생성된 블록은 참여하는 모든 노드에 배달된다. 만약 연결되어 있는 블록 중 임의의 한 블록을 조작해 거짓 장부를 보냈다고 한다면 다른 노드에 형성된 블록들과는 정보값에서 차이가 나게 되며 이 거짓 장부는 탈락되고 제대로 된 장부만 배달된다. 따라서 무결성(Integrity)의 블록이 배달되고, 그 후의 블록이 또 앞의 블록의 무결성을 검증하게 되어, 해킹이 매우 어려워지고, 더욱이 중앙 집중 기관이 없으니 그쪽을 해킹하는 것도 불가능하다. 따라서 블록체인은 가장 무결성 검증이 뛰어나고 해킹이 가장 어려운 정보 거래 방식이라 한다[34].

## 3) 블록체인 특성

블록체인 기술은 다음과 같은 탈중앙화, 투명성, 비가역성, 가용성의 중요한 특징이 있다.

첫째, 기존의 중앙통제되는 시스템에서는 사전에 신뢰가 검증되고 선정된 특정자에 의해 중앙에서 기록저장함으로서 의도적인 기록저장의 위조 가능성이 있었다. 따라서 블록체인은 탈중앙화(Decentralization)를 통해 자유로운 참여를 하고자 하는 불특정 다수의 검증을 통해 시스템에 기록저장함으로서 위변조를 원천적으로 방지한다.

둘째, 모든 거래기록을 블록체인시스템에 참여하는 모든 노드에게 생성하는 트랜잭션(거래장부)을 분산저장하여 공개적으로 접근 가능하게 함으로서 저장되고 관리되는 모든 기록을 위변조할 수 없어 투명성이 보장되어 관리감독과 규제비용을 절감할 수 있다.

셋째, 블록체인은 기록저장된 모든 기록을 임의로 수정·변조할 수 없는 비가역성(Immutability)이란 특징이 있다. 따라서 블록체인에 의한 시스템은 신뢰성을 증대시키

---

34) 사토시 나카모토(Satoshi Nakamoto)에 의해 2007년 블록체인 기술이 고안된 배경도 글로벌 금융위기 사태를 통해 중앙집권화된 금융시스템의 위험성을 인지하고 개인 간 거래를 통한 안전한 시스템을 만들고자 한 것이었다고 한다(Satoshi Nakamoto, Bitcoin: A Peer-to-Peer Electronic Cash System, 2008(https://bitcoin.org/bitcoin.pdf) 참조).

며 보관과 관련된 소요비용을 절감할 수 있게 한다.

넷째, 블록체인에 의한 시스템은 탈중앙화를 통해 참여한 모든 노드가 데이터를 공유함으로써 시스템의 상시 가동성이 보장되는 가용성(Availability)이란 특징이 있다.

## 4) 블록체인 유형

블록체인은 기본적으로 퍼블릭, 프라이빗, 컨소시엄 등이 있으며, 이것을 복합한 유형도 있다.

### (1) 퍼블릭 블록체인(Public Blockchain)

퍼블릭 블록체인은 비허가형 블록체인(Permissionless Blockchain)으로 비트코인(Bitcoin) 및 이더리움(Ethereum)과 같은 오픈소스 시스템이다. 누구든지 사용자, 채굴자, 개발자 또는 커뮤니티 회원으로 참여할 수 있다. 퍼블릭 블록체인에 참여하는 모든 회원에게 공유되는 공용 블록에서 이루어져 누구나 트랜잭션 세부 사항을 검사할 수 있다. 퍼블릭 블록체인은 블록체인 또는 처리 순서에 기록된 트랜잭션을 제어하는 개인이나 엔티티가 없이 완전히 분산되도록 설계되었다. 퍼블릭 블록체인에는 일반적으로 네트워크 참가를 유도하고 보상하기 위한 토큰(Token)이 있다.

퍼블릭 블록체인은 위치, 국적 등을 막론하고 누구나 블록체인 네트워크에 가입하여 참여할 수 있어 검열을 피할 수 있어 국가가 시스템을 폐쇄하는 것은 매우 어려운 특성이 있다.

### (2) 프라이빗 블록체인(Private Blockchain)

프라이빗 블록체인은 허가형 블록체인(Permissioned Blockchain)이라고도 하며, 퍼블릭 블록체인과 많은 차이점이 있다. 트랜잭션은 비공개이며 네트워크에 참여할 수 있는 권한을 부여받은 자만 사용할 수 있다. 참가자는 네트워크 가입에 동의해야 한다. 프라이빗 블록체인은 퍼블릭 블록체인보다 중앙 집중식으로 데이터를 공동으로 만들고 공유하려는 기업에게, 중요한 데이터를 퍼블릭 블록체인에 표시하지 않으려는 기업에게 유용하다. 본질적으로 이러한 사슬은 더욱 중앙 집중화되어 있다. 프라이빗 블록체인은 네트워크에 참여를 유도할 필요가 없어 체인과 관련된 토큰이 없을 수 있다.

### (3) 컨소시엄 블록체인(Consortium Blockchain)

컨소시엄 블록체인은 그룹의 지도력에 의하여 운영된다. 퍼블릭 블록체인과는 달리, 인터넷에 액세스할 수 있는 사람은 거래 확인 프로세스에 참여할 수 없다. 페더레이션(Federation)된 블록체인은 더 빠르며(높은 확장성), 더 많은 트랜잭션 프라이버시를 제공한다. 따라서 컨소시엄 블록체인은 주로 금융분야에서 사용된다.

컨소시엄 블록체인은 프라이빗 블록체인과 가장 큰 차이점은 컨소시엄 블록체인은 단일 개체가 아닌 그룹에 의해 관리된다는 것이다. 이 접근 방식은 프라이빗 블록체인의 모든 이점을 가지며 별도의 유형의 사슬과 달리 프라이빗 블록체인의 하위 모델로 간주될 수 있다.

▎⟨표 2-8⟩ 블록체인 유형

| 유형 구분 | 개념 및 특징 | 활용 사례 |
|---|---|---|
| 퍼블릭 블록체인<br>(Public Blockchain) | • 최초의 블록체인 활용사례<br>• 인터넷을 통해 모두에게 공개 및 운용<br>• 컴퓨팅 파워를 통해 누구든 공증에 참여 가능<br>• 네트워크 확장이 어렵고 거래속도 느림 | 상호 익명성<br>공개적 접근 가능 |
| 프라이빗 블록체인<br>(Private Blockchain) | • 개인형 블록체인<br>• 하나의 주체가 내부전산망을 블록체인으로 관리함<br>• 해당 체인개발을 위한 플랫폼 서비스 등장 | A사<br>상호 인지<br>허가된 사용자만 접근 가능 |
| 컨소시엄 블록체인<br>(Consortium Blockchain) | • 반(半)중앙형 블록체인<br>• 미리 선정된 소수(N개)의 주체들만 참여 가능<br>• 네트워크 확장이 용이하고 거래속도 빠름 | B사<br>A사　C사<br>상호 인지<br>허가된 그룹의 사용자만 접근 가능 |

자료: 경정익(2020), 「부동산 빅데이터 블록체인 프롭테크」.

## 5) 블록체인 발전

블록체인은 개방적이고 분산된 원장으로서 양 당사자 사이의 거래를 효율적이고 검증가능하고 영구적으로 기록할 수 있는 반면, 기록된 데이터를 수정·변경하기 어려운 비가역성이 있다. 블록체인 기술은 암호화폐로 활용되는 시기(2009~2014년)를 지나[35], 2015년 이후에는 스마트계약, 분산앱(Dapp) 등으로 발전하고 있다.

「블록체인: 신 경제를 위한 청사진(Blockchain: Blueprint for a New Economy)」의 저자이자 블록체인 과학연구소 설립자 멜라니 스완(Melanie Swan)에 따르면 블록체인의 기술발전은 3단계를 거치게 된다고 한다.

블록체인 1단계는 비트코인(Bitcoin)은 개방적이고 분산된 원장으로서 양 당사자 사이의 거래를 효율적이고 검증가능하고 영구적으로 기록할 수 있는 공평하게 공유, 복제 및 동기화되는 데이터베이스이다(National Archives and Records Administration, 2019). 블록체인 1.0은 블록체인의 분권화와 탈중앙화에 기반한 글로벌 단일 금융시스템을 시도했다는 점에서 그 의의가 있으나 금융분야에서의 한정된 사용, 느린 거래 속도 및 낮은 확장성, 분산화된 시스템으로 인한 의사결정 과정에서의 합의 도출의 어려운 한계점도 있다.

블록체인 2단계는 2세대 블록체인인 이더리움(Ethereum)의 '스마트 컨트랙트(Smart Contract)'를 중심으로 계약자동화가 이루어지는 단계이다. 온라인상에서 거래 중개자 없이도 컴퓨터 코드만으로 법적 효력을 지닌 계약 집행이 가능하다는 점에서 스마트 컨트랙트는 화폐의 성격이 강한 비트코인을 뛰어넘는 온라인거래 플랫폼으로의 블록체인의 발전 가능성을 보여주고 있다.

블록체인 3단계는 기술이 사회 전반에 확산·적용되는 단계이다. 이전 블록체인 기술이 가지고 있던 문제점들을 해결하기 위한 블록체인 3.0은 합의 알고리즘의 변화, 거래처리속도 개선, 자체 의사결정 기능 탑재 등 기술 향상에 주력하고 있다. 3세대 암호화폐로 주목받고 있는 이오스(EOS), 에이다(ADA), 네오(NEO) 등은 새로운 합의 알고리즘을 기반으로 보다 혁신적이고 발전된 플랫폼을 선보이고 있어 향후 블록체인의 활용 범위를 더욱 넓혀줄 것으로 기대되고 있다.

## (1) 블록체인 기술의 영향

탈중앙화 및 분산장부 시스템 기반의 블록체인은 현재 경제·사회·문화를 대폭 전환시킬 만큼 파괴적인 기술로서 전 분야에 영향을 미치고 있다. 세계경제포럼(WEF)은 미래(2018~2027년)세상을 변화시키는 유망한 기술로 웨어러블 컴퓨팅, 사물인터넷, 인

---

35) 이 시기의 블록체인은 화폐로서 가치를 저장하거나 전달하는 기능이었다. Bitcoin, Litecoin, Dogecoin 등이 있다.

공지능의 의사결정 등 21개를 선정하였으며, 이 중 블록체인 관련 기술을 2개 분야가 포함되어 있다.

즉 하나는 'Goverment and Blockchain'으로 각국 정부는 2023년에 블록체인으로 세금을 받기 시작할 것으로 전망하고 있다. 블록체인 조세제도 도입은 기회와 도전으로 국가가 통화정책을 추진시 중앙은행의 통제가 약화되고 블록체인 자체에 내장될 새로운 조세 메커니즘(예를 들면 작은 거래세)이 역할을 대신 수행할 것으로 예상되고 있다.

다른 하나는 'Bitcoin and Blockchain'으로 2027년에 전 세계 총생산(GDP)의 10%가 블록체인 기술로 저장될 것으로 예상하고 있다. 2016년 현재 비트코인의 가치는 200억 달러로 80조 달러의 글로벌 GDP 대비 약 0.25% 수준이다. 이에 따라 블록체인의 긍정적인 영향으로 이머징 시장에서 양질의 금융서비스 증가, 새로운 거래 서비스로서 금융기관의 직거래 생성, 모든 종류의 가치교환이 가능한 거래자산의 폭발적인 증가, 스마트 계약으로 거래 및 법적 서비스 증가 등을 들 수 있다. 블록체인 기술의 영향을 금융 구조 혁신, 암호화폐 확산, 생태계 변화 측면에서 살펴보면 <표 2-9>와 같다.

## (2) 블록체인 활용사례

블록체인은 단순한 기술요소가 아니라 새로운 경제체제를 유발하게 할 수 있는 파

▌〈표 2-9〉 블록체인 기술의 영향

| 구분 | 블록체인 기술의 영향 |
|------|---------------------|
| 금융구조 혁신 | • 기존 중앙화된 금융구조가 분산기반으로 가능해져 효율성과 비용절감을 통한 금융혁신을 이룰 수 있으며, 대다수 금융기관들은 이러한 파괴적인 기술을 긍정적으로 수용<br>• 중앙은행이나 예탁결제원이 현물을 보증하는 디지털 금융자산(전자화폐, 어음, 증권, 보험, 펀드 등)도 지급결제의 완결성과 효율성 제고 |
| 암호화폐 확산 | • 블록체인 기술이 적용된 비트코인, 이더리움, 리플, 라이트코인 등 §블록체인 기술이 적용된 비트코인, 이더리움, 리플, 라이트코인 등 8,060개(2020. 12월)의 암호화폐에 의해 P2P거래, 실질적인 화폐로 일부 국가 인정/통용 추세(CoinMarketCap)<br>• 세계적으로 가상화폐 또는 디지털화폐 용어를 사용하고 사실상 화폐로 인정하는 추세 |
| 생태계 변화 | • 현재 중앙집중의 각종 디바이스와 사물이 연결되어 유통되는 종속개념의 수직 생태계는 모든 객체가 독립적으로 상호 연결되어 자동 관리되는 수평 생태계로 전환되어 경제사회 및 ICT 생태계에 커다란 변화가 나타날 것으로 예상<br>• 미래는 블록체인 기술의 영향으로 이종/개별 산업군의 형태로 생태계 구조 자체가 변화 |

자료: 임영환(2016.5.31), 블록체인 기술의 활용과 전망, ETRI.

급력이 큰 범용 기술(KISTEP, 2018)로서, 금융구조 혁신과 암호화폐의 확산, 산업생태계의 혁신적 변화를 줄 수 있는 기술이다.

그러나 현재 블록체인 기술은 미완성된 기술로서 기존의 퍼블릭 블록체인에서 탈중앙화가 현실적으로 구현하기에는 많이 제한되어 프라이빗 블록체인, 컨소시엄 블록체인 등으로 변형되어 금융분야, 물류분야, 자금조달(ICO), 부동산분야 등에서 활발하게 적용이 시도되고 있다. 특히 블록체인에 의해 생성되는 토큰을 프리세일(Pre−sale)함으로서 소요되는 자금을 조달하는 ICO(Initial Coin Offering)도 해가 지날수록 확대되어 가고 있다.

다양한 분야에서 블록체인 기술을 도입하려는 이유는 시간과 비용을 절감하면서 거래효율을 높일 수 있을 뿐만 아니라 한번 입력된 정보는 수정할 수 없어 거래의 투명성도 확보할 수 있기 때문이다. 블록체인 기술이 이슈가 된 초기에는 금융분야에서 활발하게 도입했지만 이더리움이 등장한 2015년 이후에는 다양한 분야에서 경쟁력 향상을 위해 이용되면서 많은 기업들이 활발한 논의와 도입이 이루어지고 있다. 뿐만 아니라 각국 정부도 공공서비스의 신뢰성 확보와 업무수행 및 서비스의 효율성을 높일 수 있어 블록체인 기반의 공공서비스 도입을 위한 실험이 증가하는 추세이다.

전문가들은 대부분의 산업에서 블록체인 기술이 정점에 도달하기까지는 향후 5년~10년 이상 소요될 것으로 예상하고 있다. 미국 IT분야 시장조사 및 컨설팅 회사인 가트너는 2019년 발표한 블록체인 하이프사이클(Hype cycle)을 보면 분산원장, 가상통화 지갑, 합의 알고리즘 등 블록체인 관련 기술들에 대한 시장과 대중의 관심이 정점을 향하고 있다고 한다.

뿐만 아니라 블록체인에 의한 비트코인, 이더리움, 리플(Ripple) 등 암호화폐에 의한 지불수단이 핀테크(Fin Tech)분야에 큰 영향을 주고 있다. 그리고 사물인터넷(IoT) 관련 분야에서도 발전할 잠재력이 매우 크다. 가령 IoT기기와 연계해서 스마트계약의 집행 관리 인프라 구축에 블록체인이 활용될 것으로 기대된다. 특히 IoT는 그 자체만으로도 엄청난 잠재력을 가진 것이어서 산업현장에서 더욱 저변을 넓혀갈 것으로 전망된다36).

---

36) IoT와 관련하여 차량에서 사용되는 사물인터넷은 각 센서가 수집한 데이터를 모아 빅데이터로 활용할 뿐만 아니라, IoT와 블록체인을 결합하여 렌터카 업체에서 이를 사용하게 된다면, 전원 콘센트나 자동차 키와 같은 장치가 블록체인으로 연계해서 결제정보나 계약정보를 토대로 시동을 걸어 주는 등 IoT서비스를 활성화 하기 위한 방안으로 활용될 수 있고, 이를 지원하는 인프라를 블록체인 기술 세트로 구축할 수 있을 것이다.

## [그림 2-21] 블록체인 활용분야

| 금융 | 포인트/페이백 | 자산관리 | 물류관리 | 공공 |
|---|---|---|---|---|
| 결제(SETL, Factory Banking) | 기프트카드 교환 (Gyft Block) | 비트코인 자산관리 (Uphold, 구Bitreserve) | 서플라이 체인 (Skuchain) | 자치단체 예산 공개 (Mayors chain) |
| 환전, 송금, 저축 (Ripple, Stellar) | 아티스트용 페이백 (Popchest) | 초기등기 등 공증 (Factom) | 트랙킹 관리 (Provenance) | 투표 (Neutral Voting Bloc) |
| 증권거래 (Overstock, Symbiont, BitShares, Mirror, Medgy) | 프리페이드 카드 (BuyAnyCoin) | **스토리지** | 마켓 플레이스 (OpenBazzar) | 가상 국가/우주개발 (BitNation/ Spacechain) |
| 비트코인 거래 (itbit, Coinffeine) | 페이백 토큰 (Ribbit Reward) | 데이터 보관 (Stroj, Bigchain DB) | 다이아몬드 소유권 (Everledger) | 기본소득 (GroupCurrency) |
| 소셜 뱅킹(ROSCA) | **자금조달** | **인증** | 디지털 계정 관리 (Colu) | **의료** |
| 이민자 송금(Toast) | 가수들 자금 조달 (PeerTracks) | 디지털 ID (ShoCard, OneName) | **콘텐츠** | 의료정보(Bithealth) |
| 산흥국 송금(Bitpesa) | 클라우드펀딩 (Swarm) | 예술품 소유권 (Ascribe/VeriSart) | 스트리밍(Streamlum) | **IoT** |
| 이슬람계 송금 (Abra, Blossoms) | **커뮤니케이션** | 약품 진본 증명 (Block Verify) | 게임 (Spells of Genesis, Voxelnauts) | IOT (Adept, Filament) |
| | SNS (Synereo, Reveal) | **공유** | **미래예측** | 비트코인 채굴전구 (BitFury) |
| * (기업명) | 메신저, 거래 (Getgems, Sendchat) | 자동차 공유(LaZooZ) | 미래예측, 시장예측 (Augur) | 비트코인 채굴 칩 (21 Inc.) |

자료: 블록체인기술을 이용한 서비스 분야(일본 경산성, 2017).

불록체인 관련 연구는 일상생활분야에서도 부동산거래, 공과금 납부, 증명서 발급, 콘텐츠중개, 저작권보호 등에 관한 제2세대까지 진화하고 있으나, 제3세대 연구도 활발히 시도되고 있다.

### (가) 금융권 분야

현행 금융서비스는 복잡한 구조와 상이한 플랫폼이 혼재되어 있어 블록체인이 낮은 비용으로 안전하고 일관성 있는 플랫폼을 제공할 수 있는 대안으로 부상하고 있다. 국내에서는 은행권을 중심으로 독자적 또는 협업을 통해 블록체인 플랫폼 활용을 추진 중에 있다.

해외는 글로벌 협력체계를 통해 금융 통합시스템 구축 및 국제표준 개발 중으로 금융기관 청산시스템 및 전산처리 등 일련의 과정의 혁신 및 통합을 위한 세계 최대 규모의 금융기관 글로벌 블록체인 컨소시엄(R3CEV Project) 구성하여 추진 중에 있다. 이 프로젝트의 목적은 전 세계 금융망을 블록체인을 활용하여 하나로 통합하는 것으로 8개 세부영역(결제, 거래, 보험 등)에 걸쳐 안정적인 금융거래시스템 개발을 계획 중이다.

UBS(스위스 연방은행)은 디지털 화폐인 공용결제화폐(Utility Settlement Coin) 코인 거래 실용화 목표로 블록체인을 이용한 새로운 디지털 화폐 개발을 진행 중에 있다.

### (나) 非금융업 분야

최근 사물인터넷(IoT) 시대가 열리면서 기기 데이터 수집, 통신 연결에 신뢰 가능한 시스템이 필요해짐에 따라 블록체인 기술 연구가 활발하게 진행 중이다.

대표적으로 Ethereum & Microsoft는 온라인 네트워크 상에서 스마트 계약 서비스 플랫폼을 개발중에 있다. 이는 거래 기록에 대한 임의 수정 및 위조가 거의 불가능하다는 특징에 기반하여 이더리움 시스템을 통해 소유권 이전, 상속·증여 등 일반적인 자산거래 계약에 활용하게 된다. 또한 Microsoft사는 블록체인 개발 선도업체와 파트너십을 맺고 일정 조건을 만족시키면 거래가 자동으로 실행되는 '기업형 스마트 계약 기능'을 상용화하는 프로젝트를 진행 중으로 향후 블록체인 기반 플랫폼은 금융분야 뿐만 아니라 법률 거래, 저작권, 신분확인 등 기업 금융환경 및 공공서비스 분야까지 다양한 분야에서 적용될 것으로 예상된다.

또한 IBM & Samsung은 사물인터넷 간의 금융 거래 및 분권형 관리 시스템을 개발 중이다. 이는 사물인터넷(IoT) 적용시 가장 중요한 개인정보 및 판매이력 문제 해결이 가능할 것으로 보인다. 즉 제조사는 제품에 대한 정보뿐만 아니라 생산-유통-판매에 이르는 전 과정에 대한 정보가 모든 참여자에게 제공되므로 소비자 맞춤형 마케팅 전략수립이 가능하다. 그리고 분산형 사물인터넷 네트워크 플랫폼(ADEPT)[37] 개발 및 시현을 추진 중에 있다.

## 6) 블록체인과 부동산

블록체인 기술을 활용하여 부동산거래의 효율성을 구현하기 위해서는 신원증명, 분산원장기술에 의한 신뢰성 있는 부동산 데이터 구축, 다중 서명지갑, 블록체인 관련 기술, 정확한 데이터, 이해관계자, 전문 커뮤니티 교육 등 다양한 기술적 요소의 존재가 전제된다. 이러한 조건의 충족을 전제로 Granglia and Mellon(2018)은 다음 <표

---

37) ADEPT(Autonomous Decentralized Peer-to-Peer Telemetry): IoT 기기 간 파일공유, 스마트 계약 실행방식, P2P 메시지 전달 프로토콜(Tele-hash) 등을 결합한 플랫폼.

2-10>과 같이 블록체인의 부동산 활용 발전을 8단계로 나누어 제시하고 있다.

▌〈표 2-10〉 부동산의 블록체인 활용 발전 8단계(세계은행)

| 1단계 | 블록체인 기록 | • 부동산거래에 블록체인 기술 적용<br>• 부동산거래/기록의 비가역성으로 신뢰성 향상 | 거래의<br>효율성<br>향상 |
|---|---|---|---|
| 2단계 | 스마트<br>워크플로우 | • 거래 참여자가 볼 수 있도록 거래 진행상황 기록<br>• 종전 부동산거래의 투명성과 신속성 향상에 기여 | |
| 3단계 | 스마트 에스크로<br>(Escrow) | • 스마트계약을 통해 에스크로 대체<br>• 모든 계약조건 충족 시 블록체인을 통해 소유권 이전 | |
| 4단계 | 블록체인 등기 | • 블록체인이 기존 등기시스템 대체<br>• 1-3단계 중앙집중식 데이터베이스, 4단계는 프라이빗(허가형) 블록체인 | |
| 5단계 | 권리 분할 | • 권리를 분할한 다음 블록체인을 통해 개별 관리<br>• 모든 거래는 블록체인시스템을 통해 추적 가능 | 거래의<br>혁신성<br>구현 |
| 6단계 | 구분소유권 | • 투자자가 특정 자산의 일부를 구매<br>• 블록체인 기술의 활용을 통해 거래비용이 상당히 낮아짐 | |
| 7단계 | P2P거래 | • 중개인 없이 구분소유권 개인 간 거래<br>• 빠른 청산과 낮은 비용으로 거래 가능, 단 법적 권리의 명료화 필요 | |
| 8단계 | 상호운용성 | • 여러 블록체인들의 병합 운영<br>• 물리적 공간과 법률적 권리에 대한 통일된 정의 필요 | |

자료: Granglia and Mellon(2018), 저자 정리.

## (1) 국내 부동산분야 블록체인 추진정책

부동산 매매나 대출을 하는 경우 등기소나 국세청, 또는 은행 등에 종이로 된 해당 부동산증명서를 제출해야만 했다. 이렇게 발급된 부동산증명서는 2018년의 경우 약 1.9억만 건으로, 발급비용이 무려 1,292억 원 정도가 소요된 것으로 나타났다[38]. 따라서 이러한 문제를 해소하기 위해 2018년 기존 부동산종합공부시스템(KRAS)에 블록체인 기술을 도입하여 금융권, 법무사, 공인중개사 등과 연계하는 부동산거래 원스톱서비스를 제공하는 부동산 스마트거래 플랫폼을 시범 구축하였다. 그리고 2019년에는 제주특별자치도를 시범지역으로 지정하여 제주도 내 금융기관과 부동산공부를 블록체인에 의해 공유하는 시범사업을 시도하였다(국토교통부 보도자료, 2018.10.31).

---

38) 2018년에 발급된 190백만 건의 부동산 증명서는 국토교통부 소관의 서류와 법원 소관의 서류로 구분된다. 국토교통부 소관 서류로는 토지대장과 지적, 토지이용계획 확인서 등 총 15종 43백만 건이 발급되었고, 법원 소관 서류로는 토지와 건축물, 그리고 집합건물 등 3종 147백만 건의 등기사항증명서가 발급되었다(국토교통부 보도자료, 2018.10.31).

그리고 국토교통부 주관하여 한국인터넷진흥원을 전문기관으로 2020년부터 블록체인 기반의 부동산정보 공유플랫폼 구축을 추진하여 건축물대장 등을 온라인으로 실시간 공유해 부동산거래 시 기관 방문과 종이문서 발급을 줄인다는 계획을 수립하였다. 2020년에는 전략계획(ISP)을 수립하고, 2021년부터 2024년까지 총 4년간 약 200억 원을 투입하여 블록체인 기반 부동산 플랫폼 구축을 추진할 예정이다. 이 블록체인 기반의 부동산정보 공유플랫폼은 블록체인 기술에 의해 토지대장, 건축물대장 등 부동산 공부를 분산 저장하여 관계기관, 민간업체 등이 실시간으로 부동산거래정보를 공유하여 계약 전 건축물대장, 토지대장, 토지이용계획 등 거래정보를 실시간으로 확인할 수 있다(파이낸셜뉴스, 2020.4.8).

## (2) 부동산분야의 블록체인 활용

부동산거래는 일단 등기소의 시스템이 블록체인 기반으로 구축되면 매매로 인한 소유권 이전등기 역시 간편하게 처리될 가능성이 높다[39]. 그리고 블록체인 기반의 부동산 통합시스템에서는 부동산거래가 스마트계약에 의해 계약이 체결되면 부동산거래계약서, 토지대장과 건축물대장을 포함해 실거래가 신고필증, 인감증명, 주민등록등본, 국민주택채권 매입증명서 등 이전등기에 필요한 서류가 한 번에 처리될 수 있다(김승래, 2018). 또한 다운계약서, 불법 및 편법 증여, 불법 분양권거래 등이 모두 통제가 가능하다.

따라서 많은 국가들이 국가 토지대장 구축과 건물 부동산 등기 관리에 블록체인 기술을 도입하는 추세이다. 정부의 부동산 규제에 대한 고민도 해결될 수 있어 미국, 영국, 독일 등 각 국가의 정부는 블록체인 기술을 활용한 부동산거래 시스템에 박차를 가하고 있다.

포레스터 리서치(Forrester Research)의 2018년 보고서(Predictions 2019; Distributed Ledger Technology, 2018.11)에서 부동산은 블록체인 기반 네트워크상에 토큰화 됨으로써 부동산 관련 기업들은 거래 프로세스가 완전히 바뀐 새로운 비즈니스 모델을 창출해 낼 수 있을 것으로 전망하고 있다.

블록체인에 의한 토큰화(Tokenization)는 블록체인시스템상에서 부동산거래가 가능하도록 자산을 디지털화 하는 것으로서 새로운 소유권 및 서비스 모델의 탄생을 의미한다. 부동산에 일대 혁신이 이루어질 것으로 전망된다. 블록체인으로 부동산을 토큰

---

39) 거래내역이 모든 참여자들에게 전파되고 새로운 블록에 쓰여지는 과정에 시간이 소요되어 전체 네트워크의 거래처리 용량은 약 1초에 7회 정도로 제한되어 있다.

화함으로서 부동산 투자, 매매, 임대 등 부동산 전자상거래가 가능하게 될 것이다. 또한 부동산의 소유권의 세분화를 통한 구분소유권 설정을 가능하게 함으로써 부동산의 개발, 투자, 금융 등에 혁신적 변화와 발전이 예고되고 있다.

실제 이와 같이 부동산의 토큰화를 통해 거래가 가능하도록 유가 증권화에 가장 앞장서고 있는 기업으로 폴리매스(Polymath), 시큐리타이즈(Securitize), 그리고 하버 (Harbor), 아틀란트(ATLANT), 메리디오(Meridio), 퀀텀RE(Quantm RE) 등이 있다[40].

부동산 지분투자 과정에서는 지분을 보유한 소유자를 신뢰하여야 거래가 진행될 수 있는데 이러한 문제를 블록체인으로 해결할 수 있다. 블록체인의 탈중앙화에 의해 분산원장기술과 정보의 비가역성이란 특성은 이와 같이 허위거래나 이중거래를 원천 적으로 방지할 수 있다. 실제 미국에서는 이를 방지하기 위한 비용으로 부동산 가격의 1~2% 수준의 수수료가 발생하나, 블록체인 기술을 활용하면 허위매물의 등록이나 거래가 원천적으로 불가능하므로 부정을 방지하고 있다. 서비스의 질은 높아지고, 시간과 비용을 절약 가능하다.

블록체인은 이제까지 우리가 생각해온 '소유'의 개념에 혁신적 변화를 주게 한다. 이는 블록체인이 국경에 제한받지 않는 '글로벌 분산장부시스템(Distributed Ledger System)'으로서 작동이 가능한 기술이다.

또한 새롭게 구축하고 있는 블록체인 기반의 부동산거래시스템은 블록체인 기술을 활용하여 종이증명서가 아닌 데이터 형식의 부동산정보를 관련기관에 제공하고 이를 통해 실시간으로 부동산정보를 공유할 수 있다. 따라서 부동산과 관련하여 대출을 받고자 하는 경우, 부동산 증명서를 은행에 제출하지 않아도 은행담당자가 블록체인에 저장된 토지대장 같은 부동산정보를 확인할 수 있게 됨으로서 경제적, 시간절감 등 효율성을 기할 수 있을 것이다. 이외에도 블록체인은 단일 부동산을 제공하는 대신 아파트 건물 집합 또는 상업용 부동산 등 여러 부동산 집합을 포괄하는 인덱스를 구성하여 투자자는 개별 부동산이든 집합된 부동산이든 이를 선택할 수 있다. 블록체인을 이용하면 더 이상 '특정 부동산'에 얽매이지 않아도 된다는 것이다.

블록체인상에서 부동산은 암호화폐(코인)로서 대출을 받기 위한 증권, 또는 단순히 수익을 기대할 수 있는 금융 자산으로 취급될 수도 있다. 그리고 또 다른 사용 사례는 부동산거래시장이다. 부동산업자, 구매자, 판매자, 모기지 대출업자 모두 블록체인을 통해 재산권 이전의 모든 데이터를 투명하게 볼 수 있으므로 시간과 결제 과정에 따른

---

40) 자세한 내용은 「부동산 빅데이터 블록체인 프롭테크」(2020, 경정익 저) 참조.

비용을 줄일 수 있다.

## (3) 블록체인에 의한 부동산 변화 조망

블록체인을 적용하기 위해서는 데이터를 분산저장함으로 공개되어도 무방한 데이터야 하며, 무결성이 필수이며 거래 발생 빈도가 낮아야 한다. 또한 명확한 상호관계를 정의할 수 있어야 하며 프라이버시가 보장되는 환경이 요구된다.

앞에서 살펴본 블록체인 특성과 비교해 보면 연관성이 높아 블록체인은 부동산의 다양한 분야에서 안전성, 신뢰성, 신속성, 편리성을 기대할 수 있어 [그림 2-22]에서 보는바와 같이 다음과 같은 혁신적인 변화와 발전을 기할 수 있는 기술이다.

첫째, 부동산의 거래 및 등기, 거래시간 단축, 간소화와 신뢰성을 증대할 수 있어 등기, 계약, 대출 등 부동산거래에 혁신적 변화를 줄 수 있을 것이다.

둘째, 블록체인에 의해 비대면 스마트계약과 글로벌화되어 국가 간에도 제한 없이 부동산거래를 할 수 있는 부동산의 전자상거래를 구현할 수 있을 것이다.

셋째, 부동산의 자산 디지털화(ICO)로 부동산산업의 확대와 발전을 기할 수 있을 것이다. 즉, ICO를 통해 부동산의 개발, 투자에 소요되는 자금을 조달할 수 있다. 또한 토큰화(Tokenization)를 통해 소액의 부동산 투자가 가능한 대중화, 민주화가 실현되고 지역적 한계를 넘어 글로벌화 하는 등 부동산 투자의 획기적인 변화가 가능할 것이며 이를 통해 블록체인 기술에 의한 프롭테크의 확대와 발전이 있을 것으로 보인다.

넷째, 부동산 매물정보의 신뢰성과 정확성을 높일 수 있을 것이다. 블록체인 기술의 분기(Fork)와 Longest Chain Win Rule의 특성과 블록체인의 유형 중 하이퍼레저 패블릭으로 인해 부동산 매물의 허위매물을 근절시킬 수 있을 것으로 기대된다.

이와 같이 블록체인에 의해 부동산분야는 종전의 기술적, 환경적 제한의 한계를 벗어나 부동산 공공서비스의 혁신과 부동산거래, 개발, 금융, 투자분야의 혁신적 발전과 블록체인에 의한 프롭테크가 확대 발전을 하게 될 것으로 보인다. 블록체인의 분산원장기술(DLT)에 의해 중앙집중식 공부 저장 관리에서 부동산공부의 분산저장 관리로 부동산공부의 투명성과 신뢰성이 높아지게 된다. 그리고, 부동산정보의 공유를 통해 누구든지 신뢰성 있고 시간적 변화에 따른 정보의 현시성이 높아지며, 소요시간과 비용의 절감 효과가 있는 정보에 의한 각종 권리 설정 및 확인이 가능해져 부동산 공공서비스의 혁신이 이루어질 것으로 전망된다.

[그림 2-22] 블록체인에 의한 부동산 변화

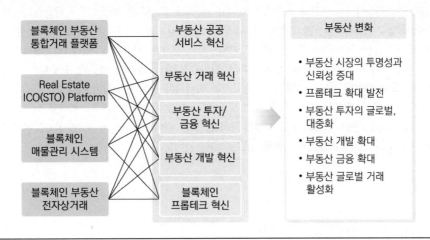

자료: 경정익(2020), 「부동산 빅데이터 블록체인 프롭테크」.

## TIP 디지털 트랜스포메이션과 블록체인의 미래

그동안의 중앙관리적 점유 및 프로세스를, 분산환경에서 공유하며 관리하는 방안으로 블록체인이 등장한다. 블록체인은 종전의 시스템의 프로세스를 바꾼다.

일반적으로 블록체인은 가상공간의 전자화폐를 생성하는 기술로 널리 알려져 있다. 컴퓨터를 실행하여 코인을 모으기 때문에 이를 땅에서 금을 캐는 것과 같다고 하여 채굴이라 표현한다.

블록체인의 핵심은 중앙관리가 아닌 참여자 모두에게 거래내역을 공개한다는 것이다. 즉 정보의 내용을 블록에 담아 네트워크 참여자에게 공유하며 체인으로 묶어서 장부를 관리하는 것이다. 인터넷은 디지털 기반으로 정보를 전달하며 확장해 왔다면, 블록체인은 인터넷을 기반으로 새로운 프로세스를 적용하여 소유를 공유하는 것이다.

그림은 인터넷과 블록체인의 진화과정을 보여주고 있다.

인터넷과 블록체인의 진화

인터넷은 기존의 아날로그 정보를 디지털로 변환해 유통되는 시대를 열었다. 텍스트 정보를 쉽고 정확하게 전달하며 이미지와 프로그램 그리고 동영상으로 범위를 확장하면서 대용량의 정보가 스트리밍됐었다. 현재는 플랫폼 기반의 서비스로 진화하면서 새로운 디지털 산업을 구축하고 있다.

코인으로 시작한 블록체인 기술은 스마트 계약으로 발전하여 자동화되고 있다. 암호화폐를 만들어내는 기술이란 시각에서 스마트 계약과 특허, 자산관리 방법으로 발전하고 있으며 더 나아가 플랫폼 기반으로 발전할 것으로 전망된다. 활용성과 파급력이 더욱 높아지는 것이다.

인터넷의 발전과 블록체인의 전망은 앞의 그림과 같이 많은 유사점이 있다. 블록체인 기술은 금융, 부동산, 제조, 통신, 물류와 유통, 의료, 공공 등 모든 서비스에 적용될 수 있다는 점에서 주목할 가치가 있는 잠재력을 지닌다. 물론 시간은 걸릴 것이다.

# 4. 클라우드 컴퓨팅과 부동산

## 1) 클라우드 컴퓨팅 개관

클라우드 컴퓨팅은 '서로 다른 물리적인 위치에 존재하는 컴퓨터들의 자원을 가상화하는 기술로 통합해 제공하는 기술로 하드웨어, SW 등 전산자원을 필요로 하는 곳에 필요한 만큼 자원을 제공하는 기술'이다. 이는 각 PC 내부저장장치에 프로그램을 설치하여 이용하는 것이 아니라 인터넷 네트워크를 통해 필요한 자원을 이용하는 방식이다.

클라우드 컴퓨팅은 기업의 자원을 최소화하여 네트워크, 서버, 스토리지, 컴퓨팅 자원 서비스, 애플리케이션 등의 IT 자원을 구매하여 소유하지 않고 시간과 장소에 상관없이 필요한 시점에 인터넷을 통해 서비스 형태로 이용할 수 있는 컴퓨팅 방식을 의미한다.

클라우드 컴퓨팅(Cloud Computing)은 마치 구름처럼 인터넷상에서 무형의 상태로 존재하는 하드웨어(H/W), 소프트웨어(S/W) 등의 컴퓨팅 자원을 언제 어디서나 불러내 사용하는 서비스이며 공유경제의 한 부분이기도 하다. 클라우드 컴퓨팅은 IT환경을 근본적으로 바꾸는 '제3의 IT혁명'으로서 IT산업전반에 지대한 영향을 주어 아마존, 구글, 마이크로 소프트(MS), IBM 등과 국내의 삼성전자, 네이버, KTF 등 유수의 IT 기업들이 경쟁적으로 클라우드 시장에 진입하고 있다.

## 2) 클라우드 컴퓨팅 유용성

클라우드 컴퓨팅의 유용성을 살펴보면 ICT 자원의 구축·운영비용 절감, ICT 사용환경개선, 친환경 ICT 환경조성 등 다양하다.

첫째, ICT 자원의 구축·운영비용 절감으로 클라우드 컴퓨팅을 이용할 경우 각종 ICT 자원을 개별적으로 구입 또는 소유하는 대신 필요한 만큼 사용하고, 대형 데이터센터에서 물리적 ICT 자원을 통합적으로 운영·관리하기 때문에 개별 이용자의 비용을 감소시킬 수 있다.

둘째, 서비스 선택을 통해 손쉽게 ICT 자원을 추가·변경할 수 있기 때문에 ICT 자원 활용의 편리성이 높아지며, 안정적으로 서비스를 지속할 수 있어 경제적이다. 또한 사무용 ICT 자원을 클라우드에서 구현하는 가상 데스크톱 기능을 이용하면 스마트 워크 방식으로 업무 연속성을 확보할 수 있어 기업의 생산성 향상에 유리하다.

셋째, 저전력·저탄소 환경을 마련할 수 있으며 물리적 ICT 자원이 줄어들기 때문에 장래에 발생되는 ICT 폐기물의 양을 사전에 줄일 수 있다.

넷째, 정클라우드 컴퓨팅을 통해 낮은 비용으로 최신의 ICT 자원을 이용할 수 있기 때문에 정보통신처리에 대한 접근성을 개선하고, 궁극적으로는 정보격차(Digital divide) 해소에도 기여할 수 있다.

## 3) 클라우드 컴퓨팅의 유형

클라우드 서비스는 서비스 유형에 따라 IaaS(Infrastructure as a Service), DaaS(Data as a Service), PaaS(Platform As a Service), 그리고 SaaS(Software as a Service) 등으로 분류된다. 그리고

SaaS(Software as a Service)는 애플리케이션 기능을 인터넷을 통해 이용할 수 있는 서비스를 말하며, 클라우드 컴퓨팅의 최상위에 위치하는 서비스라 할 수 있다. SaaS의 한 예로는 네트워크의 ERP CRM e-커머스, 세일즈 포스 닷컴의 CRM SPA같은 서비스가 있다. 그리고 PaaS(Platform as a Service)는 애플리케이션을 포스팅하는 플랫폼의 기능을 인터넷을 통해 이용할 수 있는 서비스이며, 클라우드 서비스 사업자는 서비스 구성 컴포넌트, 호환성 제공 서비스 등을 지원한다. 해당 서비스의 예로는 구글의 Google App Engine을 들 수 있다. 또한 IaaS(Infrastructure as a Service)는 애플리케이션을 호스팅하는 인프라(자원)를 인터넷을 통해 사용자에게 하드웨어를 판매하는 것이

아니라 하드웨어 자원을 빌려주는 서비스이다.

클라우드 컴퓨팅은 IT의 모든 자원을 공유하여 활용함으로서 정보기술 자원의 효율성을 제고할 수 있어 스마트폰, 전자북 등 다양한 모바일 단말기를 활용해서 시간과 공간의 제한이 없는 업무의 혁신이 공공과 민간에서 점차 확대 적용되고 있는 스마트 워킹(Smart Working)에 필요한 기반이다.

## 4) 클라우드 컴퓨팅의 부동산 활용

클라우드 컴퓨팅이 활발하게 활용될 초연결사회로 진입하면서 공유를 통해 효율이 향상되고 혁신이 쉬워지면서, 부동산분야에 다음과 같은 변화가 나타나게 될 것이다. 첫째, 오픈소스가 활성화됨에 따라 클라우드 컴퓨팅을 통해 부동산산업의 많은 부분에서 프롭테크가 활발하게 나타나 미래사회의 부동산 비즈니스 플랫폼이 주목받게 될 것이다.

가트너(Gartner)에서, 2015년 7월부터 8월까지 2개월에 걸쳐 조사한 결과, 전 세계 11개 국가 547개의 IT기업 중 22%에 해당하는 기업이 업무환경 전체에 오픈소스 소프트웨어를 사용하는 것으로 나타났다. 가트너는 2010년까지 글로벌 2천개 기업의 75%에서 사용됐던 오픈소스 소프트웨어가 2016년에는 99%까지 확대되어 필수적인 소프트웨어 포트폴리오로 포함될 것으로 예측하였으며, 비(非)IT기업 중 50%가 경쟁력을 갖추기 위한 비즈니스전략으로 오픈소스를 활용할 것으로 전망하고 있다.

조사기관인 GRP 파트너스에 따르면 2000년에는 500만 달러에 달했던 실리콘의 평균 창업비용이 2011년에는 0.1% 수준인 5천 달러로 감소되었다고 한다. 이러한 변화는 클라우드기술의 발달로 오픈소스 그리고 혁신 플랫폼의 등장으로 부동산분야의 창업자는 혁신을 가져오는 핵심역량에만 집중할 수 있게 된 것이다. 또한 창업자는 창업 및 신사업 개발 시 필요한 공통요소들을 창업 및 사업화 플랫폼화 하여 빠른 부동산서비스 제품 개발과 실행이 가능해졌다. 또한 클라우드 기반의 부동산분야 플랫폼을 활용하여 낮은 초기 비용으로도 수익 창출이 가능하게 될 것이다.

둘째, 클라우드 컴퓨팅은 부동산산업분야 중 프롭테크의 초기 진입에 경제성과 효율성을 제공하여 부동산산업 규모를 획기적으로 증대하게 될 것이다. 부동산산업의 정보기술을 활용하여 혁신적인 비즈니스 모델을 구현하고자 할 경우 Iaas, Saas, Paas 등의 클라우드 컴퓨팅서비스를 통해 필수적인 IT자원만을 활용함으로서 과거에 비해 최소한의 자금으로 프롭테크를 구현할 수 있을 것이다.

셋째, 클라우드 컴퓨팅은 클라우드 펀딩(Crowd Funding)을 효율적으로 할 수 있는 기술로 부동산개발, 부동산투자 부동산임대 등 부동산산업분야의 프롭테크를 확대할 수 있을 것이다. 클라우드 펀딩은 일반인들이 모여서 프로젝트에 같이 후원 또는 투자하는 모델로, 누구나 투자자가 될 수 있다. 주어진 기간 동안에 후원 또는 투자하는 사람들에게는 특별한 서비스를 제공하거나 생산된 제품의 가격을 할인해주는 등의 특혜를 준다. 또한 후원하는 사람 입장에서는 해당 프로젝트가 진행될 수 있도록 더 많은 사람을 끌어들이기 위해 스스로 홍보에 나서기도 한다.

클라우드 컴퓨팅에 의한 클라우드 펀딩을 통해 부동산 개발, 부동산 투자, 부동산 임대 등 부동산 활동에 소요되는 자금을 조달할 수 있어 부동산산업의 활성화를 기할 수 있을 것이다.

넷째, 클라우드 컴퓨팅은 스마트 워크(Smart Work)를[41]통해 부동산 활동의 시간과 장소의 제한을 극복하게 하여 업무의 효율성을 제고할 수 있다.


# 5. 사물인터넷과 부동산

## 1) 사물인터넷 개념 및 의의

사물인터넷(IoT: Internet of Thing)은 '언제 어디서나, 무엇이든 연결된다'는 의미로 사람·사물·공간 등 모든 것(things)이 인터넷으로 연결되어 정보를 수집·생성·공유·활용한다는 개념이다. 즉 인간과 사물, 서비스 등 분산된 구성 요소들 간에 인위적인 개입 없이 상호 협력적으로 센싱, 네트워킹, 정보 처리 등 지능적 관계를 형성하는 사물 공간 연결망을 의미한다. 이는 센싱, 유무선통신 및 네트워크 인프라 기술(5G), IoT 서비스 인터페이스 기술 등 3대 주요 기술이 급속히 발전하게 되어 IoT의 현실화로 방대한 양의 정보 지식이 생산 공유되면서 새로운 성장 기회와 가치창출을 가능하게 될 것으로 기대된다.

IoT는 이제 개발이 막 가속화 되기 시작한 초기 단계로, 아직 사용자의 일상을 획기적으로 변화시킬 상태는 아니나 미래 IT 환경을 이끌 혁신적 기술이라 할 수 있다.

비즈니스에서 데이터는 '새로운 천연자원'이며 분석 기술은 이를 정제하고 나아가

---

41) 스마트 워크(Smart Work)는 시간과 장소에 구애되지 않고 언제 어디서나 편리하게 네트워크상에서 함께 일을 할 수 있어 실시간의 업무처리와 업무의 효율성을 향상시킬 수 있는 유연한 근무방식이다.

미래를 '예측'하는 도구다. 실제로 현재의 분석 기술은 자연재해를 막을 수는 없어도 이를 사전에 알 수 있는 단계까지 발전했다. 이러한 분석 기술을 비즈니스에 적용해 얻을 수 있는 가치는 상상을 초월한다.

현재 매일 생성되고 있는 데이터는 무려 2.5엑사바이트(EB)에 달하며 인터넷에서는 그 어느 때보다도 엄청난 규모의 정보가 넘쳐나고 있다. 또한, Y세대의 96%는 소셜네트워크를 통해 인터넷에서 다양한 참여 활동을 하고 있다. 2020년 500억개가 연결된 현재 인터넷은 이제 정보의 바다, 참여의 광장에서 나아가 모든 것을 연결하는 사물인터넷으로 진화하고 있다.

물론, 오늘날 한 명의 사용자가 보유하고 있는 모바일 기기는 스마트폰, 혹은 태블릿PC 등 '몇몇'에 지나지 않는다. 그러나 가까운 미래에는 도어락이나 식기세척기, 칫솔, 커피머신, 전등, 온도계 등 사용자가 소유하고 있는 모든 사물이 서로 연결됨에 따라 이를 관리할 수 있는 통합된 플랫폼과 각종 요소들을 응용할 수 있는 다양한 서비스가 등장할 것으로 전망된다.

클라우드와 소셜네트워크, 모바일과 빅데이터가 그러했듯이 사물인터넷 또한 비즈니스의 가치 창출 과정 전체에 큰 변화를 가져올 것이다. 그러나 기회를 적시에 포착하고 활용하기 위해서는 우선적으로 소비자들이 새로운 기술에 무엇을 바라고 있는지를 정확하게 파악해야 할 것이다.

사물인터넷의 의의는 이러한 빅데이터를 가치 있는 정보로 가공해 삶의 질을 향상시키는 데 있다. 특히 퍼블릭 클라우드와 소셜 데이터 그리고 수많은 센서들이 생성하는 스트리밍 데이터를 분석하는 빅데이터 분석 솔루션은 몇 분의 1초 사이에 의사결정을 가능하게 해 각종 비즈니스 프로세스와 의사결정 과정 특히 다채널 실시간 마케팅과 같이 시간에 민감한 프로세스들에서 중요하게 활용될 것이다.

## 2) 사물인터넷 관련 유망산업 동향

### (1) 스마트홈

스마트홈이란 가정에서 활용되는 모든 기기가 연결되어 능동적인 상황인지·분석·실행 과정을 자동화하여 맞춤형 서비스를 제공하는 기술이다. 즉 가정에서 활용되는 모든 기기가 지능화되고 통신망에 연결되면서 유지·관리와 편의성 제고, 사용자 행동 분석 기반의 자율형 서비스 제공 등 새로운 부가가치를 창출할 수 있는 기술이다.

스마트홈은 2025년경까지 가사 자동화, 에너지 관리 효율화 등을 통해 연간 최대

3,490억 달러의 경제적 효과를 창출할 것으로 기대되고 있다(Mckincey, 2016).

## (2) 스마트도시

스마트도시란 도시행정, 교육, 복지 등 다양한 도시 부분에 ICT의 첨단 인프라가 적용되어 도시의 효율성을 제고하고 지속가능한 부가가치를 창출하는 도시이다. 스마트도시는 스마트 빌딩, 스마트 헬스케어, 스마트 교통, 스마트 인프라(유틸리티), 스마트 정부, 스마트 보안, 스마트그리드(에너지) 등이 유기적으로 연결되는 지능형 서비스를 제공한다.

대도시로의 인구유입 심화, 신흥국의 급속한 도시화로 2020년까지 세계 인구의 58%에 해당하는 46억 인구가 도시지역에 거주할 것으로 예상하고 있다. 이러한 도시 인구 증가는 교통난, 에너지 부족, 환경오염 등 도시 문제를 가중시키고 주거 지역의 설계, 운영에 대한 해결 방안의 모색이 요구된다. IoT기반 스마트도시의 확산은 빌딩 관리 자동화, 지능화된 에너지 관리 시스템, 교통 인프라 효율화 등을 통해 해결하며 부가가치를 창출할 수 있다.

## (3) 커넥티드카(Connected Car)

커넥티드카란 자동차와 ICT 기술이 융합되어 안전하고 편안한 운전 경험을 제공하는 차량으로 자동차에 통신기능이 장착되어 차량, 인프라, 스마트 디바이스 간 실시간 정보교류를 통해 안전하고 편안한 운전 경험을 제공하는 차량을 의미한다. 현재로서는 차량 제어 모니터를 차량 내에 탑재하고, 미디어 콘텐츠 스트리밍 및 기타 애플리케이션 서비스 등은 스마트폰과 연결해 이용하는 'Smartphone' 형태가 주를 이루고 있으나, 궁극적으로 솔루션 및 플랫폼이 차량에 탑재되어 차량 자체가 하나의 '커넥티드 디바이스(Connected Device)'가 되는 'Embedded' 형태로 진화할 전망이다.

## 3) 사물인터넷과 부동산

부동산관리분야에서 사물인터넷은 공간정보를 기반으로 발전하여 효율성을 기할 수 있을 것이다. 현실세계를 가상세계에서 시뮬레이션하는 디지털트윈(Digital Twin)이나 스마트도시도 사물인터넷 기술을 기반으로 한다.

사물의 위치를 기반으로 한 센서데이터를 바탕으로 사용자 개개인에게 의미 있는 정보를 제공할 수 있도록 Geo−IoT[42] 플랫폼서비스 개발을 지속적으로 추진하고 상용화한다면 이를 통해 누구나 쉽고 유용하게 이용할 수 있는 사람중심의 고도의 부동산서비스 실현이 가능할 것이다.

따라서 기존의 부동산 상태를 육안조사로 실시하는 체계에서 2015년부터 한국국토정보공사(LX)의 공간정보연구원에서 Geo-IoT 플랫폼의 개발을 추진하고 있다. IoT 센서기술을 사용하여 실시간으로 취합되는 센서정보를 수집·분석하여 저비용으로 건축물의 노후 상태, 누수, 전등 수명 및 교체 시기, 냉난방 상태 등을 실시간 상시 모니터링 점검이 가능하다. 건축물 관리의 시간과 비용을 절감할 수 있으며 사용자의 편의성을 증대시킬 수 있다. 그리고 또한 Geo-IoT 플랫폼은 지방소멸, 인구감소에 따라 공가 또는 폐가 발생이 증가함에 따라 이러한 건물을 실시간으로 모니터링하고 관리하는 데 효율성을 기할 수 있을 것이다(공간정보연구원, 2018).

**[그림 2-23] 센서를 통한 건물노후상태 모니터링**

즉 부동산측면에서 IoT에 의해 부동산 활동에서 정량적 분석에 필요한 각종 데이터를 실시간에 대량으로 수집·활용할 수 있게 될 것이다. 다시 말해 IoT에 의해 수집되는 부동산 관련 데이터를 빅데이터에 의해 분석하고 디지털트윈(Digital Twin)에 의

---

42) Geo-IoT란 공간정보와 사물인터넷의 융·복합기술로서 위치를 바탕으로 사물의 정보를 수집하고 분석하여 공간상황에 대해 인지하고 반복적인 센서 데이터 처리에 따른 학습을 토대로 상황을 예측하여 스마트한 공간서비스를 구현하는 기술이다.

해 시뮬레이션함으로서 더욱 효율적으로 부동산정책, 개발, 평가 등의 부동산 활동을 할 수 있게 될 것이다.

## 6. 확장현실과 부동산

### 1) 확장현실(XR: eXtended Reality)의 개관

확장현실은 VR·AR·MR을 통칭하는 용어로 가상으로 실제와 같은 체험을 할 수 있도록 설계되어 있어 자연을 비롯한 기타 외부 환경에 영향을 받지 않고 실제와 유사한 환경을 창출하여 소통을 비롯한 일상생활에 연관된 작업을 실제와 같이 대체하여 경험할 수 있다, 특히 전 세계적으로 불어 닥친 코로나 사태로 뜻하지 않게 언택트(Untact)시대에 살고 있는 급작스런 환경의 변화로 사회적으로나 산업적으로 비대면 관련 비즈니스, 기술 등이 각광받고 있다.

제4차산업혁명시대의 성장동력으로 높은 성장세가 예측되는 가운데 전 세계 증강현실 및 가상현실 산업규모는 2023년까지 연평균성장률(CAGR)이 77%에 이를 것으로 전망되고 있다(한국콘텐츠진흥원, 2020). 또한 2030년에 이르면 확장현실의 전 세계 규모는 약 1.5조 달러로 GDP의 1.81%에 달할 것이며, 2027년에는 8,553억 달러 규모로 성장할 것으로 예상된다(PWC, 2020).

국내에는 2023년 9.9~11.8조원의 생산성, 3.9~4.2조원의 부가가치, 4.7~5.2만 명의 고용효과가 있을 것으로 전망하고 있다(소프트웨어정책연구소, 2019).

[그림 2-24] 전 세계 AR/VR 시장 규모 현황 및 전망     (단위: 십억 달러)

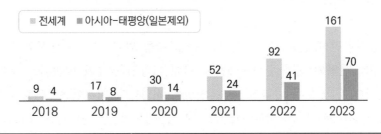

자료: IDC Worldwide Augmented and Virtual Reality Spending, IDC analysis, 2019.

확장현실의 특성상 비대면으로 안전한 상황에서 커뮤니케이션을 비롯한 일상생활과 관련된 것들을 실제와 같이 경험하면서도 실제와 유사한 정보를 최대한 많이 얻을 수 있기 때문일 것이다.

특히, 회의나 교육, 원격진료와 같이 직접적인 커뮤니케이션 활동이 빈번하게 일어나는 현장에서 대면이나 접촉 시 발생할 수 있는 안전 이슈가 있는 경우를 대비하여 VR·AR을 활용한 다양한 서비스와 콘텐츠들이 속속 선보이고 있다. 업무의 특성상 대면으로 커뮤니케이션이 필요한 경우에도 아래 [그림 2-25]와 같이 가상현실은 실제 환경과 같은 가상환경을 제공하여 언택트 시대에도 업무의 능률이 떨어지지 않고 유지될 수 있도록 할 수 있다.

**[그림 2-25] 증강현실 연속체**

자료: 세종대학교 디지털콘텐츠학과 제작.

5G가 등장하면서 실감콘텐츠 산업은 큰 탄력을 받아 향후에는 산업 생태계의 안정적인 구성과 산업의 성과 규모면에서도 기대 이상의 결과가 예측되는 상황이다. 초고속·초저지연 등의 특성을 가진 5G 통신망에 적합한 킬러콘텐츠로 VR·AR 등이 부상하고 있고 실감콘텐츠는 몰입감, 상호작용, 지능화 등 3I(Immersive, Interactive, Intelligent) 특징을 통해 높은 실재감과 몰입감을 제공하면서 경험 영역을 확장할 수 있도록 한다. 이와 같은 특성을 극대화하기 위한 실감콘텐츠 기술은 ICT 시장을 크게 변화시키고 새로운 시장을 창출할 수 있는 파괴적 기술(Destructive Technology)이자 경제

전반의 혁신을 가속화시킬 수 있는 기술로 급부상하고 있다.

실감콘텐츠 기술은 세부적으로 <표 2-11>과 같이 VR(Virtual Reality: 가상현실), AR(Augmented Reality: 증강현실), MR(Mixed Reality: 혼합현실) 등으로 구분한다.

가상현실(VR: Virtural Reality)은 실제 현실과 단절시킨 상태에서 컴퓨터에 의해 인위적으로 생성한 공간을 체험하게 하여 증강현실과 많이 비교된다. 1994년 Milgram과 Kishino는 다음 그림과 같이 사용자가 체험할 수 있는 세계를 실재현실, 가상현실, 실제와 가상이 혼합된 현실로 구분하는 증강현실 연속체를 정의하였다.

▎〈표 2-11〉 확장현실(XR) 기술의 정의 및 동향

| 기술분야 | 정의 | 동향 |
|---|---|---|
| VR (Virtual Reality: 가상현실) | 현실과는 상반되는 100% 가상현실의 공간만 보여지는 것을 의미하며 실제와 같은 가상공간을 통해 몰입감을 극대화 시킬 수 있음 | • 가상현실은 현실과 유사한 가상세계를 제공하되 현실세계와는 완전히 차단되면서 외부 영향을 받음<br>• 이러한 경험을 통해 트라우마를 비롯하여 다양한 증상을 극복하고 완화시키는 디지털치료제로 활용됨<br>• 기능성을 갖춘 콘텐츠로 확장 |
| AR (Augmented Reality: 증강현실) | 증강현실의 현실은 가상현실과 다르게 실제의 현실을 의미하며 투영된 현실 위에 부가정보가 겹쳐져 제공되는 형태를 의미함 | • VR에 비해 대중화된 디바이스인 핸드폰이나 태블릿을 사용할 수 있다는 이점과 비교적 콘텐츠 제작이 용이한 이점으로 대중화에서 VR에 비해 앞서가고 있음<br>• 현재는 산업현장을 비롯하여 회의, 교육, 의료, 쇼핑 분야 등에서 폭넓게 활용중이며 조만간 가상현실 규모를 능가할 것으로 예측 |
| MR (Mixed Reality: 혼합현실) | 혼합현실에서 현실은 실제현실과 가상현실 모두를 의미함. AR이 현실에 부가정보를 보여주는 것이라면, MR은 현실공간에 가상의 물체를 배치하거나 현실의 물체를 인식하여 그 주변에 가상의 공간을 구성하는 것 | • VR·AR에 비해 콘텐츠적으로 정확하게 의미나 기술을 대표할 사례를 찾기가 쉽지는 않고 대부분 AR과 많이 혼용해서 사용하는 편이었음<br>• 이후 마이크로소프트사의 홀로렌즈가 출시되면서 관련 기술과 콘텐츠 제작에도 활기를 띄기 시작 |

자료: 이상헌·최선일·김승진(2018).

증강현실(AR: Augmented Reality)은 가상정보를 실시간으로 증강하는 것으로 사용자가 증강된 가상정보와 상호작용하여 실기(實記)하는 기술로 1995년 Azuma는 실제와 가상물체의 결합, 실시간 상호작용의 가능, 가상물체가 실제 공간에 정확하게 정합하는 3가지 조건을 만족하는 기술을 증강현실로 정의하였다. 또한 증강현실은 실제의 환

경에 객체 및 정보를 끊임없이(Seamless) 혼합하여 실기한 것으로 가상현실보다 현실감 있게 몰입 할 수 있어 모바일에 의한 스마트폰이 활성화되면서 새로운 모바일 애플리케이션으로 주목받고 있는 정보기술이다.

증강현실은 실제 공간에서 사용자 자신의 감각기관을 통해 직접 획득할 수 없는 가상의 정보를 증강하여 사용자의 인지능력을 향상시키고자 하는 것이다. 따라서 증강현실시스템은 사용자에게 정보가 위치해야 하는 실제 공간에 사용자의 맥락에 맞추어 가상정보를 제공하여 사용자가 정보를 찾아 실제공간을 연결시켜야 하는 인지부담을 경감시킨다.

혼합현실(MR: Mixed Reality)은 1992년 보잉사에서 근무하던 토머스 코델 박사가 비행기 전선 조립을 하기 위해 실제 화면에 가상 이미지를 겹쳐 쓰면서 처음으로 '혼합현실(MR)'이라고 부른 이래 발전을 거듭하고 있다. 혼합현실(MR)은 가상현실(VR)과 증강현실(AR)을 포함하는 개념으로, 현실 공간과 가상 공간을 혼합하여 현실의 물건과 가상의 물건이 실시간으로 영향을 주고받는 새로운 공간을 구축한다. 가상현실의 장점인 몰입도와 증강현실의 장점인 현실감을 결합해 HMD나 스마트글래스 등의 형태로 다양한 분야에 적용되고 있어, 가상현실과 증강현실의 다음 단계로 혼합현실이 대세가 될 것으로 전망되고 있다(남현우, 2018).

오프라인에서 온라인 중심으로 사회가 빠르게 이동하는 가운데 예기치 않은 코로나 팬데믹 상황의 발생으로 사회는 비대면 환경으로 더욱 급속하게 변화되어 가고 있다. 이는 현실세계에서 가상세계로의 전환 과정과 맥이 닿아 있는데 가상세계는 비대면 환경에서 실재감을 충족시켜줄 수 있는 대안으로 떠오르고 있다.

일상이 정지되는 상황이 반복되면서 평면적이고 단편적인 기능에 머무르는 화상회의나 온라인 교육을 비롯하여 쇼핑에 이르기까지 공간을 중심으로 한 관계형성을 단지 정보전달 중심의 커뮤니케이션 환경으로 대체한 기존 온라인상의 활동은 현재 코로나 사태 상황에서 많은 불편함을 주고 있으며, 실재감을 필요로 하는 커뮤니케이션 측면에서의 불만족을 느끼게 하는 요인이 되고 있다. 오프라인상에서의 섬세하고 입체적이며 쌍방향적인 커뮤니케이션 활동이나 관계 속의 감정이입과 풍부한 표현을 중심으로 한 즉각적이고 복잡한 정보전달 측면에서 분명한 한계가 있기 때문이다.

커뮤니케이션하는 많은 사람들이 실제 장소가 아닌 가상의 세계에서 함께 있는 것과 같은 느낌을 주는 기술 혹은 서비스인 텔레프레즌스(Telepresence)와 같이 보다 입체적이고 사실적인 환경을 제공해 주고 오감활용이 가능한 기능들이 부여될 수 있는 확장현실의 활용도가 점점 더 높아지는 이유이다. 이와 같은 사회적 요구가 생겨나고 있지만 정작 산업적 뒷받침은 여전히 미비한 실정이다. 사회적인 관심과 정부의 적극적인 지원에도 대중화라는 문턱에 걸리고 이를 실현시키기 위한 로드맵은 다소 길게 느껴진다.

코로나라는 반갑지 않은 기회이지만 사회적인 분위기가 만들어진 가운데 나름의 성장 엔진을 달 수 있다면 지지부진했던 확장현실산업 발전의 한계를 극복할 수 있는 계기가 될 수 있을 것이다.

이러한 증강현실은 국방, 부동산, 교육, 의료, 게임 등 다양한 부문에서 빠른 속도로 상용화가 되어 가고 있어 소셜네트워크서비스(SNS)와 같은 온라인 인맥구축서비스와 이러닝(e-Learning) 등에 적용하면서 향후 더욱 확대 발전될 것으로 전망된다.

▎〈표 2-12〉 코로나19 언택트 시대 확장현실 기술 활용 분야

| 활용 분야 | 활용 사례 |
|---|---|
| 공연 | • 국립국악원은 사물놀이, 시나위, 승무, 부채춤, 장구춤, 동래학춤 등 37가지 래퍼토리를 8K 고화질 360° VR로 제작한 콘텐츠를 유튜브에 선보임<br>• SK텔레콤은 SM엔터테인먼트와 손잡고 슈퍼주니어 온라인 콘서트에서 3D 혼합현실 공연을 선보임. 혼합현실 제작소 '점프 스튜디오'에서 제작한 콘텐츠를 온라인 라이브 공연에 적용한 첫 사례 |
| 방송, 중계 | • SK텔레콤은 '2020 LCK(리그 오브 레전드 챔피언스 코리아)' 봄 시즌을 모바일로 볼 수 있도록 '점프 VR' 서비스를 강화함. 점프 VR 앱에서 봄 시즌 90경기를 모두 실시간 생중계함 |
| 마케팅 | • 가전·가구·부동산 등 상품 판매에 있어서 VR·AR을 이용한 비대면 서비스가 호평을 받음. 가전가구의 비대면 배치 서비스, VR홈 투어, 언택트 상담 등을 통해 매출 상승 효과를 얻음 |
| 전시, 박람회 | • 실감콘텐츠 기술은 전시 및 박람회 분야의 오프라인의 경험을 혁신적인 온라인 경험으로 전화시킬 수 있음. 올림플래닛은 국내 첫 실감형 기술 기반 온라인 전시회를 시작으로 비대면 온라인 가상 전시회에 맞는 실감형 솔루션 '마이스 뷰(Miceview)'를 출시함 |

자료: 언택트시대, 실감콘텐츠 기술의 지향점(2020).

## 2) 확장현실과 부동산

부동산 개발, 부동산 분양, 부동산 중개, 부동산 임대, 부동산 마케팅 등 부동산의 다양한 분야에서 증강현실은 매우 유용하게 활용될 수 있는 기술이다. 현재 국내·외에서 증강현실을 적용하여 부동산정보를 검색할 수 있는 애플리케이션(Application)이 개발되어 서비스가 제공되고 있다. 스마트기기에 증강현실을 적용한 앱을 통해 다양한

부동산정보를 신속하고 편리하게 검색할 수 있으며, 대상 부동산(주택)을 입체적으로 볼 수 있으며, 내부배치를 가상으로 검토할 수 있어 부동산 마케팅 등 앞으로 그 활용이 더욱 확대될 것으로 전망된다.

특히 부동산 개발업, 분양업, 중개업에서 가상현실과 증강현실 나아가 혼합현실기술을 적용하면 개발 및 마케팅 등에서 소요비용을 대폭적으로 낮출 수 있다. 예를 들어, 분양하기 위해 가상현실기술에 의한 모델하우스를 운용하면 실제 모델하우스 설치비용이 10분의 1로 오프라인에서 온라인 모델하우스로 대체하여 대폭적으로 비용을 절감할 수 있어 활용이 확대되고 있다.

또한 중개업에서 중개매물에 대해 실제 현장을 방문하는 임장활동에서 가상현실이 적용된 대상물에 대한 확인으로 실제 직접 임장활동을 하는 이상으로 상세하게 매물을 확인할 수 있다. 따라서 중개 공간이 지역적 한계를 벗어나 전국 또는 글로벌한 공간으로 확장될 수 있으며 더 나아가 블록체인 기술과 더불어 적용하면 부동산의 전자상거래가 활성화되는 데 크게 기여할 수 있을 것이다.

미국의 eXp Realty는 가상현실(VR) 공간에 중개사무소를 운영하여 급성장하는 중개법인이다. eXp Realty는 2009년 글랜 샌포드(Glenn Sanford)가 창립하여 중개사무실 없이 가상 공간에서 운영함으로써 사무실 임대 및 운영비용, 로열티, 프랜차이즈 수수료 없이 창업과 비용을 최소화할 수 있으며, 본사와 중개사간 중개 수수료를 나눔을

[그림 2-26] 가상현실에 의한 모델하우스 사례(홈픽 브릭코)

자료: 가상현실(VR) 2018 산업 트렌드를 바꾸는 가상현실의 현재.

통해 국제화되어 미국 49개주와 캐나다의 3개시에서 13,000 중개사가 활동하는 부동산 중개회사로 급성장하고 있다.

중국에서도 코로나19로 인해 110개 부동산 중소기업이 도산을 하고 있는 상황에서 Beike Zhaofang은 VR기반으로 12개 도시에 330만개의 주택에 대한 가상 투어 서비스를 제공하여 2020년 1월에 비해 35배 증가한 35만건으로 조회가 증가하고 있다(이승환, 2020).

시행사 및 시공사는 가상현실과 증강현실, 혼합현실을 적용하게 되면 입지를 분석하고, 입지선정을 하고 최적화된 내부 공간 활용을 할 수 있도록 시뮬레이션할 수 있어 활용이 이루어지고 있다.

[그림 2-27] 부동산분야 가상현실, 증강현실 적용

| | 현재(Off-Line) | 향후(AR/VR/MR) | |
|---|---|---|---|
| 건립 세대 |  |  | |
| 비건립 세대 |  | 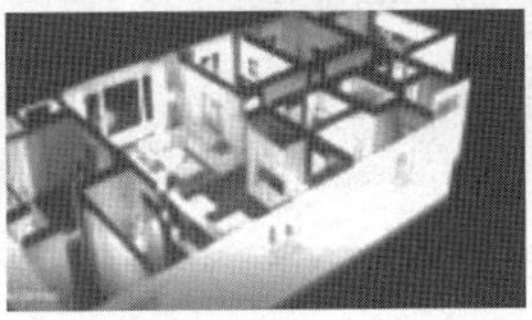 |  |
| 조경 및 전망 |  |  | |

자료: 지도와 모형에 의존한 상상은 이제 그만, 공간정보, 2018 Spring vol.18.

또한 건축 설계 과정을 효율화할 수 있다. 세계 건설시장은 약 10조 달러에 달한다. 이중 약 13%가 설계 오류로 인한 재건설비용이다. 이는 설계 과정에서 충분한 시뮬레이션을 거치지 않았기 때문에 발생한다. 특히 설계 과정에서 채광이나 경관 등에 대한 고려는 필수적이나 실제 도면과 수치에만 의존해서 해결하기에는 현실적인 어려움이 있다. 가상현실을 적용하여 3차원 공간정보를 이용한 설계단계의 가상 시뮬레이션을 해 본다면 이러한 어려움을 해결하고, 재건설비용 축소에 큰 도움이 될 수 있다. 뿐만 아니라 여러 설계사들이 설계도면을 가상현실로 구현한 건물에 동시에 접속해 가상건물에서 채광, 경관, 내부 구조 등에 대해 실시간으로 확인·보완할 수 있다. 미국 등 선진국에서는 이미 설계 단계에서 가상현실기술을 도입해 사용하기 시작하고 있다. 실제로 이 분야의 소프트웨어를 개발하고 있는 미국의 스타트업 IrisVR(http://irisvirtualreality.com)은 낮은 그래픽 수준에도 불구하고 대규모 투자를 유치하는 등 높은 사업성을 인정받고 있다.

[그림 2-28] 가상현실을 이용한 부동산 실사

## XR이 주목받는 이유

첫째, XR로 많은 정보전달이 가능해져 사용자의 주의집중시간 향상 등 적극적인 의사소통이 가능하다. 밋인(MeetinVR)에 따르면 VR회의가 영상회의보다 주의집중력이 25% 높으며, 청각에만 의존적인 오디오 컨퍼런스는 회의시간에 다른 업무처리, 음식물 섭취 등 회의 참석 주의 집중에 한계가 있다.

둘째, XR은 제4의 벽(The Forth Wall)의 벽을 허물어 관찰자가 아닌 실제 참여자가 되도록 지원을 한다. 즉 실감기술은 제4의 벽이 없고 실제 이야기 세계 안에 있게 하는 효과가 있다(Marco, Gillies)

셋째, XR은 대면시와 같은 경험효과로 정보를 더 빠르고 쉽게 이해하고 활용 가능하게 한다. 아래 그림 경험원추(Cone of Experience)이론에 따르면 사람들은 읽는 것에서 10%, 들은 것에서 20% 기억하고, 실제 경험한 것에서 90% 기억한다. 따라서 XR을 통해 경험을 하게 함으로서 충분한 효과를 기대할 수 있다.

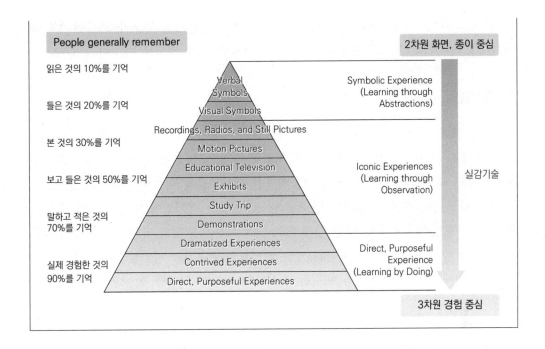

## 7. 디지털트윈과 부동산

　　디지털 시대에 따라 데이터가 폭발적으로 증가되어 가트너는 인터넷에 연결된 사물 수가 2013년에는 개인별 0.44개(26억개/70억명)에서 2020년에는 3.71개(260억개/70억명)로 증가할 것이라 하였다[43]. 따라서 이렇게 개인별로 연결된 사물수가 증가함에 따라 기하급수적으로 급증하는 데이터를 활용하고자 하는 디지털트윈은 폭발적으로 성장할 잠재력이 있다. 예를 들어, 의료기기, 자동차, 로봇, 항공기, 보안 및 감지시스템 등에서 사이버물리시스템은 구성 요소의 복잡성 증가로 전체 시스템의 결합이 증대되어 이러한 요소를 유기적으로 통합하여 효율성을 기할 수 있다.

　　디지털트윈(Digital Twin)은 현실세계를 가상세계에 모사하고, 가상세계에서 각종 시뮬레이션, 최적화, 예측 작업을 수행한 뒤 그 결과를 다시 현실세계에 반영하는 일련의 시스템과 과정을 일컫는다. 현실세계에서는 불가능한 리허설을 가상세계에서 해 봄으로써 사전에 관련한 영향을 파악하고 이해당사자들과 소통하며 불필요한 갈등과 위험을 줄일 수 있다.

---

43) 실제 2020년에는 500억개가 연결이 되어 있으며, 전 세계인구는 77억으로 개인별로 6.49개가 연결되어 있다.

마켓스앤마켓스(Markets and Markets)는 디지털트윈의 시장 규모가 2017년 2조 원에서 2023년 18조 원으로 연평균 37.8%의 성장세를 가질 것으로 예상하고 있다.

## 1) 디지털트윈의 정의

디지털트윈은 2002년에 미국 미시간대학교에서 처음으로 언급된 이후 "현실 세계에 존재하는 대상이나 시스템의 디지털 버전", "물리적 자산에 대한 살아있는 디지털 시뮬레이션 모델", "물리적 객체의 시뮬레이션 모듈" 등의 의미로 설명되고 있다.

디지털트윈은 자산, 프로세스 및 시스템 등 물리적 객체들에 대한 디지털 복제(쌍둥이)로서, 수명주기 전체에 대한 객체 요소들의 속성과 현상을 유지하며 어떻게 작동 반응하는지의 동적 성질을 묘사하는 가상의 시뮬레이션이다. 디지털트윈은 관심 대상의 물리 객체에 대한 데이터와 행위를 추상화한 디지털 모델을 만들고 시뮬레이션을 통해 해당 실체계의 운영과 관련된 예측과 최적화를 달성하고자 하는 것이다.

## 2) 디지털트윈의 활용

디지털트윈(Digital Twin)이란 현실세계와 동일하게 구축된 가상의 세계로써, 현실세계와 상호작용을 주고받는 다양한 인터페이스가 포함되어 현실세계에 대한 모니터링 및 분석뿐 아니라, 시뮬레이션, 예측 등을 수행한다. 또한 이를 바탕으로 현실세계의 문제를 발견해 그 해결방안과 보다 효율적인 현실세계의 운영방안을 도출하며, 나아가 현실세계의 문제를 사전에 예방할 수 있도록 하는 것이다. 디지털트윈은 제조분야의 문제점을 해결하고 생산성을 향상시키기 위한 방법으로 고안되었으나, 최근에는 다양한 분야로 확장되어가고 있다.

디지털트윈은 산업분야에서 사업의 가치 창출 등 긍정적인 효과를 기대할 수 있어 적용 범위는 다음과 같이 매우 광범위하다.

첫째, 설계, 제조(생산), 판매, 운영 및 유지보수 등의 단계에서 최적화, 성능관리, 고장진단, 예지정비 등의 응용 목적으로 적용할 수 있으며, 관심 대상에 따라 부품, 제품, 시스템, 공정, 공장 또는 공급망 전체를 범위로 디지털트윈이 구축되어 활용할 수 있다.

둘째, 제조, 전력, 의료, 항공, 자동차, 스마트도시 등 산업 전반에 걸쳐 활용할 수 있다. 제조부문에서는 제품 설계에서부터 플랜트 운영 감시, 작업량과 로드 예측, 생산 손실 예측, 고장 진단과 예측 등 제조 공정의 효율성 제고 및 최적화를 위해 널리 사용하며, 항공 및 전력산업에서는 프로펠러, 터빈 등 기계의 고장 진단, 예측 등의 목적으로 사용할 수 있다.

셋째, 자동차분야에서 가상 모델은 차량의 성능을 분석하고 고객에게 맞춤식 경험을 제공하여 설계, 판매 등에 도움이 되며, 의료분야에서 IoT 플랫폼의 데이터를 활용한 개인화된 의료서비스 제공 및 효율적인 환자 모니터링을 가능하게 한다.

넷째, 스마트도시에서는 해당 도시에 대한 교통, 에너지, 환경 등의 새로운 정책을 가상 도시(모델)를 통해 사전 검증할 수 있다.

디지털트윈 기술은 데이터 수집, 처리, 분석, 가시화 기술의 발전을 바탕으로 제조분야를 중심으로 그 서비스 혁신에 기여해왔다. 효율적인 인프라 운용 관리를 위한 모니터링, 고장 진단, 생산량 예측, 시스템 운용 최적화 등에 주로 이용되고 있다. 제너럴 일렉트릭은 항공 엔진 관리, 발전소 관제, 스마트팩토리(Smart Factory) 등에 디지털트윈 기술을 적용한 제너럴 일렉트릭의 프레딕스(Predix)플랫폼은 클라우드 기반으로 전세계의 시스템을 연결하고 스마트팩토리 내 데이터를 수집 · 분석하여 설비를 관리 · 제어하며, 장비 상태 관리, 시스템 이상 감지, 유지보수 관리 등에 활용되고 있다.

지멘스도 스마트팩토리에 디지털트윈 기술을 적용하였는데, 지멘스의 옴네오(Omneo) 디지털트윈 플랫폼은 클라우드 기반으로 사물인터넷 시스템과 연동되어 공장 내 기계 이상이나 불량품 등을 실시간 감지한다. 미국의 앤시스와 프랑스의 다쏘시스템은 디지털트윈을 위한 모델링 플랫폼을 제공한다. 또한 앤시스의 트윈 빌더(ANSYS Twin Builder)는 시스템 및 객체의 3D 모델링, 물리 기반 시뮬레이션 분석 기능을 제공한다.

다쏘시스템의 3D 익스피리언스(3D Experience)는 컴퓨터 기반 설계(CAD), 3D 모델링, 다중 물리 시뮬레이션 분석 기능을 제공한다. 3D 익스피리언스는 그 활용 범위를 제조 분야로도 확장하여 생산과 제조 과정에 대한 프로세스를 시뮬레이션할 수 있게 지원한다.

싱가포르의 버추얼 싱가포르(Virtual Singapore)는 2018년 완료한 국토 가상화 프로젝트로, 싱가포르 전역에 존재하는 건축물, 구조물, 도로, 날씨 등 실제 도시 데이터를 기반으로 가상환경에 구현한 가상도시이다. 버추얼 싱가포르는 3D 공간지도에 있어서 상당한 정교함을 보여주는데 도시 내 도로 구성, 주차 공간, 날씨 변화 등에 대한 데이터를 실시간으로 수집하기 위해 사물인터넷 등을 활용한다. 디지털트윈에 의한 가상 싱가포르 플랫폼을 통해 화재, 유독가스 누출 등의 재난 상황 시뮬레이션도 가능하다.

국내에도 생산·제조 공정 관리, CCTV 솔루션을 활용한 항만 관리 등에 디지털 기술을 적용하여 활용한 사례가 등장하고 있다(방준성, 2020).

## 3) 디지털트윈의 부동산 활용

부동산분야에서 디지털트윈의 활용 형태는 크게 두 가지로 구분할 수 있다. 하나는 부동산의 다양한 문제를 해결하기 위한 물리적 현실세계를 구축하기 위해 그 전에 가상세계에서 다양한 문제점을 선제적으로 파악한 후 이를 물리적 현실세계에서 문제점을 해결하는 '시뮬레이션 형태'이다. 그리고 또 하나는 실제 현실세계에서 발생하는 다양한 부동산 문제가 발생할 경우, 가상세계를 통해 원격으로 해결하는 '원격제어 형태'다.

제4차산업혁명에 대응하기 위해서 공간정보는 정태적(情態的) 표현 수준에서 벗어나 현실세계와 가상세계를 서로 연결·상호작용이 가능한 동적(動的)인 '디지털트윈 공간(DTS: Digital Twin Space)'으로 발전하여야 할 것이다.

디지털 트윈은 부동산을 비롯한 교통, 에너지, 환경, 재난재해 등 사회 각 분야의 현황과 문제점을 효과적으로 모니터링·분석하고, 시뮬레이션을 통해 해결책을 모색하는 사회적 사이버물리시스템(Social CPS)의 통합 및 협업 플랫폼으로 융합 발전이 요구된다.

부동산분야에서 실세계의 데이터를 활용한 모니터링, 분석, 예측, 시뮬레이션으로 부동산정책 수행, 부동산 개발, 부동산 투자 등 다양한 부동산 문제를 해결할 수 있는 정보를 도출하고, 이를 현실세계에 반영하여 효율성을 기할 수 있을 것이다.

그리고 스마트도시에 디지털트윈을 적용하여 다양한 부동산 문제를 효율적으로 해결할 수 있을 것이다[44]. 스마트도시는 사람의 감각기관처럼 정보를 수집하고 두뇌처럼 판단하며 신경처럼 행동을 제어하는 것을 말한다. 도시가 사람처럼 똑똑해지기 위해서는 사람의 몸과 같은 시스템이 필요하다. 사람은 어떤 일을 시행하기 전에 정보를 수집하고 이들을 연결해서 문제가 무엇인지, 그리고 가장 효과적인 방법은 무엇인가 등을 생각한다. 실제로 벌어질 일을 뇌에서 충분히 시뮬레이션한 다음 실행한다. 사람의 뇌와 같이 시뮬레이션이 가능한 가상 공간을 만들어서 활용하려는 노력을 도시 전체에

---

44) 국토교통부에서는 한국판 뉴딜 10대 과제 중의 하나로 디지털트윈의 성공적 구축을 선정하고, 이를 위해 3차원지도, 정밀도로지도, 지하공간지도 등을 포함한 다양한 유형의 공간정보 구축을 추진 중이다. 국가시범사업으로 스마트시티를 추진 중인 세종시와 부산시와, 서울시의 3차원 모델과 LX한국국토정보공사가 전주시와 함께 추진했던 버추얼전주 등도 디지털트윈을 표방하고 있으며, LH토지주택공사와 시흥시 등도 활발하게 추진하고 있다.

확산하는 것이다. 실세계의 문제를 디지털 가상세계에서 분석하고 시뮬레이션한 후 실세계에 적용하는 디지털트윈을 초연결 스마트시티에 구현하고자 하는 가장 이상적인 기술로 주목받고 있다.

부동산과 관련한 현실세계와 동일한 가상세계를 구축하고, 현실의 데이터를 가상세계로 연결하여 다양한 분석과 예측을 수행함으로써 부동산 문제를 해결함은 물론 사전에 예방할 수 있을 뿐만 아니라 최적의 환경을 유지할 수 있다.

디지털트윈은 일회성으로 그치는 것이 아니라 부동산의 변화하는 정보, 변화하는 현실 상황을 실시간으로 반영하여 지속적으로 연계하고 피드백 하는 동적인 시스템이다. 현실세계와 가상세계의 연결을 위하여 부동산의 다양한 문제를 해결할 수 있는 시범사례를 발굴하여 활용할 수 있어야 할 것이다.

[그림 2-29] 디지털트윈의 부동산 적용 개념

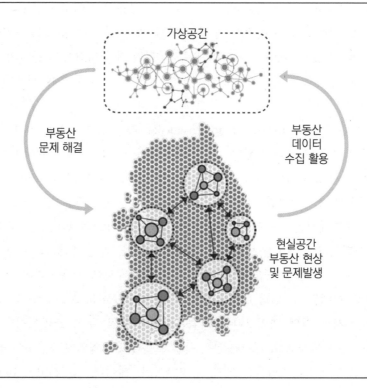

## SECTION 02 프롭테크 개관

## 1. 프롭테크의 정의

프롭테크(PropTech)는 부동산(Property)과 기술(Technology)의 합성어로 부동산업과 정보기술을 결합한 새로운 형태의 산업, 서비스, 기업을 포괄하는 의미이다. JLL(2017, 2018)은 프롭테크(Proptech)를 부동산 중심 관점으로 기술을 활용하여 부동산서비스를 보다 효율적으로 개발하거나 개선하는 것으로 정의하여, 부동산의 구매, 판매, 임대, 개발, 관리의 전(全) 단계에서 기술을 활용하는 것이라 하고 있다.

프롭테크와 유사한 의미로 부동산플랫폼 비즈니스, 공유경제, 리테크(REtech: Real Estate Technology), 콘테크(ConTech: Construction Technology) 등으로 다양하게 명명되기고 있다. 여기서 공유경제(Sharing Economy)는 금융위기 이후 사용된 용어로 한번 생산된 제품을 여럿이 공유해 쓰는 협력 소비를 하는 경제 방식으로, IT기술에 의해 종전의 공간적, 시간적, 거리의 제약이 없는 환경이 조성되면서 부동산의 주택, 사무실 등을 공유하는 것으로 대표적으로 위키피디아, 공유 자동차, 에어비앤비 등의 비즈니스가 있다.

그리고 콘테크(ConTech)는 건설(Construction)과 기술(Technology)의 합성어로 영국을 중심으로 주로 사용되어 왔다. 건축, 엔지니어링, 시공, 시설 관리(FM)분야에서 AI, 빅데이터, VR/AR, 블록체인 등 기술을 활용한 새로운 산업과 서비스이다. 최근에는 데이터에 기반한 스마트빌딩, 조달시스템 선진화 등을 중심으로 발전하고 있다.

옥스퍼드대에서는 그림에서 보는 바와 같이 프롭테크와 핀테크를 구분하여 부동산에 특화된 핀테크를 부동산 핀테크로 정의하고 있다. 다만 핀테크와 공유경제, 콘택트, 리걸테크에는 부동산을 제외한 영역이 존재하기 때문에 부동산과의 교집합부문만을 프롭테크로 이해할 수 있다(University of Oxford Research, 2020). 또한 MIPIM(2017)의 혁신 포럼에서는 산업 영역보다는 기술분야에 초점을 두고 스마트빌딩, 사물인터넷, 스마트시티, 3D·가상현실, 데이터 분석 등을 프롭테크의 영역에 포함하여 정의하고 있다.

해외 유수 컨설팅기업들은 미래 유망분야로 '데이터 드리븐(data driven)'서비스를 지목하면서, 그 대표적인 사례로 공간 빅데이터를 기반으로 다양한 서비스를 제공할 수 있는 프롭테크를 꼽았다.

[그림 2-30] 프롭테크 산업의 위계

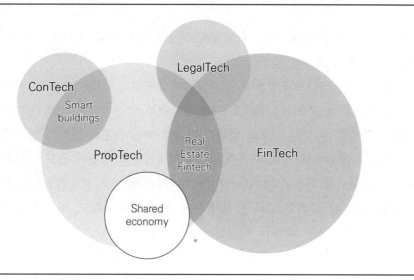

자료: University of Oxford Research.(2020).

　　그동안 제공되었던 부동산 데이터는 질(정확성, 정합성, 신뢰성, 다양성, 현시성)이 떨어져 서비스화하기 어려웠을 뿐 아니라 그마저도 일부 주체들이 독점하고 있는 구조였다. 이 때문에 부동산서비스를 확산시키기에는 한계가 존재할 수밖에 없었다. 하지만 각종 IT기술을 적용한 프롭테크가 등장하면서 이러한 한계를 극복할 수 있게 되었으며 그 결과 더욱 편의성과 유용성 있는 부동산서비스의 제공이 가능했다. 따라서 부동산서비스 관점에서 프롭테크는 데이터에 기반한 부동산산업의 디지털화다. 즉, 프롭테크는 지금보다 더욱 고차원의 부동산 활동의 정보를 제공할 수 있도록 하는 데이터 기반 기술의 집합체라 할 수 있다.

　　따라서 프롭테크는 부동산분야에 빅데이터, 인공지능, 블록체인, 증강현실, 가상현실 등 다양한 정보기술을 활용하는 부동산산업서비스이다. 즉, 프롭테크는 콘테크, 핀테크, 레그테크(RegTech: Regulation Technology), 공유경제 등에서 부동산과 연관된 부분을 모두 포함하는 개념이라 할 수 있다.

## 2. 프롭테크 발생 배경과 발전과정

프롭테크가 성장할 수 있게 된 배경으로는 부동산산업을 둘러싼 다음과 같은 네가지 환경의 변화가 조성된 것이다.

첫 번째는 미국과 영국정부의 '오픈데이터정책'이다. 그간 프롭테크산업은 미국과 영국을 중심으로 발달해 왔는데, 그 근간에는 정부의 공공데이터 개방을 통해 프롭테크 기업이 활용할 수 있는 정보의 범위가 크게 확대된 환경의 변화가 있었기 때문이다.

두 번째는 제4차산업혁명이 본격화되며 빅데이터를 비롯한 정보기술의 부동산 산업내 적용이 빠르게 확산된 것이다. 빅데이터·블록체인 등 정보기술을 통해 프롭테크 기업이 활용가능한 정보의 양과 범위가 다시 한번 확대되었고, 이 데이터를 머신러닝 기술을 통해 의미 있는 정보로 변환할 수 있게 된 것이다.

세 번째 환경의 변화는 '플랫폼'이 소비와 거래의 주요한 채널로 부상한 점에 있다. 온라인 마켓플레이스(Marketplace)를 통한 소비가 일상화되며 합리적인 부동산거래 플랫폼에 대한 니즈가 확대되었다. 마지막으로 모바일을 통한 실시간거래, 플랫폼을 통해 큐레이팅(Curating)된 소비에 익숙한 밀레니얼세대가 등장하며 부동산플랫폼이 부동산거래의 주요한 채널로 성장하는 것을 가속화한 것이다.

프롭테크는 1980년대부터 영국을 비롯하여 유럽에서부터 부동산서비스를 각종 정보기술을 활용하여 효율적으로 하기 위한 비즈니스로 발전하게 되었다.

1980년대 중반에 상업용 부동산에 대한 설계, 재무, 중개부문의 소프트웨어 업체들이 등장하면서 RETech 영역이 영국에서 태동하였다. 대표적인 프롭테크기업인 Yardi(1984)는 부동산 회계·자산관리 통합시스템인 Basic Property Management를 부동산기업들에게 제공하여 업무를 효율적으로 수행하는 서비스를 하였다. 또한 CoStar Group(1987)은 2017년 기준으로 기업의 자산가치가 67억불이 되는 유니콘기업[45]으로 사무실, 산업부지, 소매점 및 기타 상업용 부동산에 대한 매매·임대 물건정보, 시세분석, 임차인정보 등을 DB로 구축한 'CoStar Property Professional'을 개발하여 중개사와 구매자에게 정보를 제공하고 있다.

2000년대에는 인터넷을 이용한 e-Business사업이 부동산 중개부문에 활발히 적

---

45) 유니콘(Unicorn)은 원래 머리에 뿔이 하나 달린 신화 속의 동물을 일컫는데 경제분야에서는 기업가치가 10억 달러 이상인 비상장 신생기업(Startup)을 의미하며, 데카콘은 전설 속에 등장하는 머리에 뿔이 10개 달린 희귀한 말을 의미하여 기업가치가 100억 달러 이상인 스타트업을 지칭하는 용어로 사용한다.

용되면서 RETech기업들이 성장하여, 대표적으로 RightMove는 2000년에 Halifax, Countrywide plc, Royal&Sun Alliance, Connells 등 4개의 대형 부동산기업이 합자하여 설립한 영국의 온라인 부동산 포털 회사로, 부동산 중개사들의 매물에 대한 리스팅·검색서비스를 제공하고 주택가격지수를 제공하고 프롭테크로 2017년 기준으로 기업의 자산가치가 46억불에 해당하는 유니콘기업이다.

1990년대 말 유럽을 중심으로 등장하게 된 新 RETech는 모바일 채널과 빅데이터 분석, VR 등 하이테크 요소를 결합하는 특징이 있다. 영국이 주도가 된 RETech는 2008년 부동산 중개 포털을 런칭한 Zoopla와 기존 부동산기업들을 인수하면서 2009년 7백만 파운드의 수익을 달성하면서 확대되었다.

그 이후 프롭테크 스타트업의 창업이 본격화되어 벤처캐피탈인 Spire Ventures가 2014년 유럽 최초의 프롭테크 스타트업 엑셀레이터인 Pi Labs(英)를 설립한 것을 계기로 유럽 각국 정부는 PropTech 지원기구를 구성 운영하면서 더욱 발전하게 되었다.

2010년대 들어서면서 전통적 Low－Tech산업인 부동산산업에 첨단 정보기술 접목을 통한 변화가 활발히 진행 중으로 정보기술을 활용하여 방대한 부동산정보를 분석하고, 웹과 모바일 등 사용자 친화적 방법으로 정보를 제공하는 스타트업이 미국과 유럽을 중심으로 우후죽순격으로 나타나고 있다.

2017년 6월 발표된 포브스지(Forbes)에 의하면 "세계에서 가장 혁신적인 성장기업(the World's Most Innovative Growth Companies)" 20개사 중 프롭테크에 의한 부동산기업이 3개사가 포함되었다. 영국의 부동산 플랫폼인 Rightmove(1위), 미국의 Zillow(13위), CoStar Group(15위) 등 3개사가 선정되는 등 미국, 영국, 독일 일본, 중국에 이르기까지 전 세계적으로 프롭테크가 속출하고 있다.

북미와 아시아 지역에서도 프롭테크 스타트업의 창업이 급격히 증가하면서 투자유치액도 2018년에 비해 3배 증가한 300억 달러에 이른다(CRETECH, 2020).

최근에 와서는 미국이 전 세계 프롭테크 투자 건수의 반 이상을 차지하고 있으며, 2011년 Airbnb, 2014년 Wework, Houzz, Ten－X가 프롭테크 유니콘(Unicorn) 또는 데카콘(Decacorn)기업으로 성장하였으며 2016년에는 SMS Assist, Compass, Opendoor 등이 유니콘기업으로 성장하는 등 프롭테크가 확장 중에 있다.

[그림 2-31] 해외 프롭테크 성장

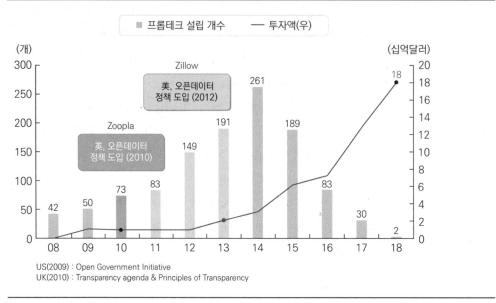

자료: CB Insights, 대신증권Research Center.(2020).

또한 중국은 2015년 대중창업, 만중창신 선언을 통해 프롭테크 및 기타 기술기반 기업의 성장을 장려하고 있어 2017년 8월 알리바바와 항저우 저장성 지방정부는 주택임대를 위한 온라인시스템을 시작하는 등 민간기업과 지방정부가 협업하여 프롭테크 발전을 가속화하고 있다.

글로벌 프롭테크 기업은 800여개 이상으로 그 중 23개 기업이 유니콘기업으로 성장하였으며, 2019년 기준으로 보면 전체 프롭테크의 70%가 미국 기업이며 나머지는 중국기업으로 여전히 프롭테크 1.0의 보완적 단계인 온라인 마켓플레이스가 절대 다수를 차지하고 있다[46].

그리고 세계 민간 유니콘기업의 1/3은 아시아에 본사를 두고 있으며, 아시아 태평양 내에서 15개 국가 중 8개 국가가 1억 달러 이상의 펀드를 받은 스타트업 한 개 이상을 보유하고 있다. 중국은 아시아 지역에서 10억 달러 스타트업의 70% 이상을 보유한 주요 위치에 있다. 아시아 태평양의 프롭테크 미래는 밝아 2020년에 지역펀딩가치는 45억 달러에 이를 것으로 전망된다.

---

46) https://www.cbinsights.com/research/construction – tech – startup – market – map/.

[그림 2-32] 프롭테크 분야별 유니콘기업 현황

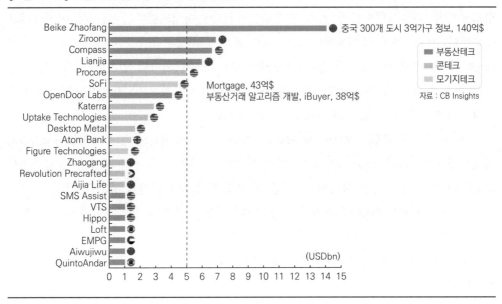

자료: CB Insights, 대신증권Research Center.(2020).

프롭테크는 부동산과 기술의 융합이기에 프롭테크 성장은 부동산시장의 상황과 기술의 민첩성에 크게 의존한다. JLL은 아시아 태평양 여러 시장을 맵핑하여 부동산시장 규모와 디지털 진화에 관련한 매트릭스를 구성해오고 있다. 이를 통해 국가별로 프롭테크 번창을 위한 최고의 조건들을 제안하여, 최고의 기회로 이 분야의 유니콘 업체들을 육성하고자 하고 있다.

## 3. 프롭테크 발전단계

Bain Capital Ventures는 프롭테크 산업의 성장 3단계(Phase)를 다음과 같이 제시하고 있다.

'Phase 1.0'은 보완적인 단계(The Complimentary Phase)로 소프트웨어 위주와 부가적인 데이터 제공 업체 중심으로 형성되었으며, 시장 판도의 변화보다는 기존 부동산 사업자 기술을 보완하는 수준에서 혁신이 이루어진 단계이다. 이 1단계 프롭테크는 2011년 질로우의 IPO(Initial Public Offering: 주식공개상장)가 이루어지며 다음단계로 진입하게 된다.

'Phase 2.0'은 도전단계(The Challenge Phase)로 본격적인 기술기반의 서비스가 등장하였으며, 기존사업자들과 직접 경쟁하는 구도가 형성되었다는 점에서 이전단계와 구분된다. 예를 들어 에어비앤비(AirBnB)가 호텔의 시장점유율을 축소시켰고, 위워크(WeWork)는 리저스(Regus)와 같은 전통적인 오피스 관리회사의 입지를 약화시키는 극도의 변화가 있었다. 이에 따라 업계내에서 프롭테크기업의 시장 지속가능성이 검증되었다는 판단하에 대규모 투자사례도 발생하였다.

Phase 3.0'은 통합단계(The Synthesis Phase)로, 빅테이터와 블록체인(Blockchain), 가상현실(VR: Virtual Reality)과 같이 제4차산업혁명 기반 기술들이 부동산 산업내에서도 본격적으로 활용되기 시작하며, 기존 사업 프로세스나 모델의 효율성 개선이 크게 이루어진 시기이다. 이에 따라 부동산 산업외부에서도 프롭테크를 주목하기 시작했다.

그리고 현재는 지금까지 발전한 프롭데크의 수익성 검증이 필요한 단계이다. 이는 2019년 위워크의 IPO 철회를 계기로 투자자들은 성장보다 수익성검증을 요구하기 시작하였다.

[그림 2-33] 프롭테크 발전단계

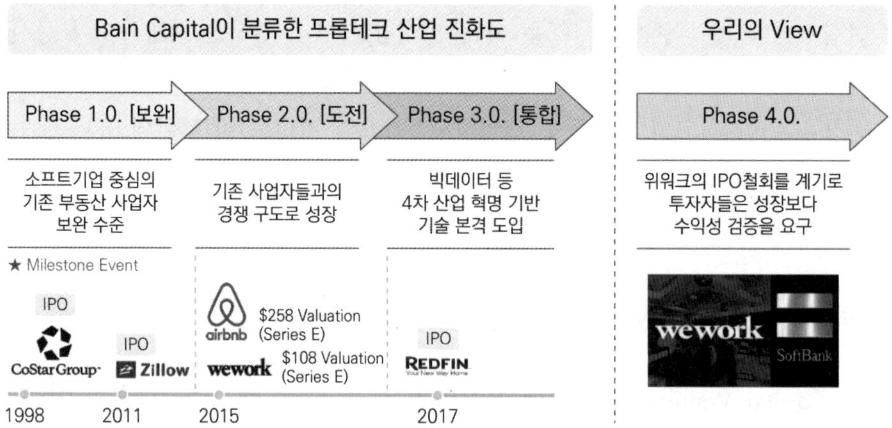

자료: Bain Capital, 대신증권Research Center.(2020).

## 1. 주요국 프롭테크 현황

　　프롭테크는 부동산 플랫폼, 중개 및 임대, 부동산 관리, 부동산 개발, 투자 및 자금 조달 등의 5가지 분야로 구분할 수 있다.

　　먼저 부동산 플랫폼분야는 부동산정보 제공 플랫폼과 부동산거래 플랫폼으로 세분될 수 있다. 인공지능과 빅데이터, 사물인터넷, 클라우드 컴퓨팅, 디지털트윈(Digital Twin), 가상/증강/혼합현실 등 정보기술에 의해 데이터를 수집, 저장, 관리, 분석하여 정보를 제공해 주는 지능형 부동산 플랫폼(Intelligence Real Estate Platform)이 운용될 것이다. 그리고 여기에 블록체인이 추가되어 부동산거래, 개발, 금융 등 부동산산업 혁신적인 발전을 기할 수 있는 블록체인 기반 부동산거래통합 플랫폼(Blockchain based Real Estate Transaction Integration Platform)으로 발전하여 부동산 전자상거래까지 부분적으로 구현되고 있다.

　　부동산 플랫폼을 운용하는 프롭테크기업으로는 질로우(Zillow), 라이트무브(Righ tmove), 코스타 그룹(Costar Group) 등이 있으며, 블록체인기반의 부동산거래 프롭테크로는 임브렉스(Imblex), 프로피(Propy), 아트란트(ATRANT), 메리디오(Meridio), 퀀 틈RE(Quantm RE) 등이 있다.

**[그림 2-34] 프롭테크의 비즈니스 영역**

투자 및 자금조달
(Propy, QuantmRE)

부동산 개발
(Procore, Matterport)

부동산 관리
(VTS, Honeywel, Hive)

중개·임대
(Zillow, Redfin)

자료: JLL(2017).

　　중개 및 임대분야는 부동산정보를 기반으로 개별 부동산에 대한 물건정보 등재에서부터 데이터분석, 자문, 중개, 광고 및 마케팅에 이르는 매매 및 임대정보를 제공하고 있다. 중개 및 임대 영역은 플랫폼을 중심으로 성장하기 때문에 다수의 참여자 확보가 성공요소라 할 수 있다. 이를 위해 독자적인 정보를 개발하고 정보의 질 향상, 비용절감 등이 중요하다. 실제로 리얼터(Realtor), 레드핀(Redfin), exp Realty 등은 각각 디테일한 매물정보와 수수료 인하 등으로 플랫폼에 다수 참여를 유도하여 시장지배력을 확보하고 있다.

[그림 2-35] 해외 프롭테크 생태계 현황

자료: 대신증권Research Center.(2020).

부동산 관리분야는 에너지관리, 사물인터넷(IoT), 센서기술 등에 스마트기술을 기반으로 하여 임차인과 건물 관리서비스를 하고 있다. 건물주에게 상업용 건물에 대한 보안 및 제어시스템을 제공하는 KISI와 센서 및 IoT기술을 이용해 스마트홈 시스템을 구현하는 Hive 등이 선도기업이다. 이는 중개 및 임대영역과 연계한 플랫폼으로 확장 가능하며, 중개인 없이 건물주와 임차인 간 중개, 임대, 부동산 관리서비스를 제공하는 대표적 사례라고 할 수 있다.

부동산 개발과 관련된 프롭테크는 건설, 인테리어 디자인, VR/3D분야 등이 이에 해당한다. 개발 진행 과정에 대한 효율적 관리를 지원하며 고도화된 기술을 적용하거나 프로젝트 성과를 예측, 모니터링하는 소프트웨어를 제공한다. Procore, RUMBIX, Bluehomes, Holobuilder 등이 주요한 사례라 할 수 있다. 최근에는 Matterport, Eyespy360 등 가상현실 기술을 이용하여 3D설계, 모바일 도면 등을 제공하는 기업들이 주목받고 있으며 부동산 플랫폼에 정밀한 정보 제공에 기여하고 있다.

## 2. 국내 프롭테크 현황

최근 국내 부동산산업도 정보기술 적용과 공공의 부동산 관련 데이터 공개와 활용이 확대됨에 따라 부동산 관련 서비스 및 사업기회가 점차 확대되어 가고 있다. 부동산시장 내 새로운 주거수요의 출현과 부동산시장의 다변화가 대응하기 의한 정보기술이 접목된 프롭테크는 미국, 영국, 중국 등에 비해 미진하지만 점진적으로 확대되어 가고 있는 것이다.

2018년 10월 30일 설립된 한국프롭테크포럼의 최초 회원사는 26개였으나 2020년 12월 현재 230개로 회원사가 확대되고 있다.

한국프롭테크포럼에 의하면 2019년 기준 국내 프롭테크 57개 사 기준 매출액은 총 7,025억 원으로 나타났고, 이 중 임대 및 중개 서비스 회사의 매출은 3,689억 원에 달했다. 지난 10월 기준 86개사의 누적 투자 유치 금액은 1조 3,997억 원이다.

코로나19 이후 프롭테크 산업은 비대면의 부상으로 주목받고 있다. 특히 비대면 기술을 활용한 분야가 활발하다. 프롭테크 스타트업 '어반베이스'의 경우, 가상으로 만들어진 집 공간에서 인테리어를 실제와 유사하게 꾸밀 수 있는 어플로 인테리어 시뮬레이션을 제공하고 있다. 실제로 올해 1~8월 기준 해당 서비스 가입자는 전년 동기 대비 177% 늘었고, 사용자는 64.5% 증가했다.

자세한 내용은 「부동산 빅데이터 블록체인 프롭테크」(2020)를 참조할 수 있다.

**❙ 〈표 2-13〉 국내 프롭테크 기업 현황**

단위: 억 원)

| 분야 | 기업 | 소개 | 설립년도 | 매출액 | 투자규모 | URL |
|---|---|---|---|---|---|---|
| 부동산 마케팅 플랫폼 | 리퍼블릭 | 부동산 O4O 서비스 | 2017 | - | 10 | www.republiq.net |
| | 마이빌딩북 | 임대차 부동산 종합 관리 | 2015 | - | 12 | www.wonlab.com |
| | 알스퀘어 | 사무공간 전문 솔루션 | 2009 | - | 158 | www.rsquare.co.kr |
| | 친친디산업개발 | 부동산 개발 O2O 플랫폼 | 2018 | 80 | - | www.chinchind.com |
| | 피터팬의 좋은방 구하기 | 부동산 중개 플랫폼 | 2013 | 53 | 62 | www.duse.co.kr |
| | 하우빌드 | 건축사 및 건설사 중개 건축 플랫폼 | 2007 | 7 | 30 | www.howbuild.com |
| | 호갱노노 | 주거 부동산 중개 플랫폼 | 2015 | 0.5 | 23 | www.hogangnono.com |
| 공유 서비스 | CIC | 리테일 상업 공간 개발 | 2015 | 30 | 10 | www.ciccorp.co.kr |
| | 고스트키친 | 공유 주방 | 2017 | - | 121 | www.ghostkitchin.net |
| | 나누다키친 | 공유 주방 및 식당 | 2016 | 24 | 28 | www.nanudakitchin.com |
| | 마이워크스페이스 | 공유 오피스 | 2015 | 18 | 13 | myworkspace.co.kr |
| | 쉐어니도 | 공유 오피스 및 주거 | 2016 | 12 | 10 | www.sharerido.com |
| | 스위트스팟 | 팝업스토어 플랫폼 | 2015 | - | 75 | www.sweetspot.co.kr |
| | 스테이즈 | 부동산 중개 및 공유 주거 서비스 | 2014 | -.67 | | www.stayes.com |
| | 스파크플러스 | 공유 오피스 | 2016 | 140 | 600 | www.sparkplus.co |
| | 앤스페이스 | 부동산정보, 커뮤니티 공간 기획 및 운영, 사회주택 개발 및 운영 | 2013 | 17 | 12 | www.nspace.co |
| | 엠지알브이 | 코리빙(Co-living) 서비스 | 2018 | 50 | 16 | www.mangrove.city |
| | 작심 | 교육 공간 운영 | 2013 | 200 | 189 | www.zaksim.co.kr |
| | 코리아런드리 | 세탁 솔루션 | 2013 | 117 | - | www.korealaundry.com |
| | 패스트파이브 | 공유 오피스 | 2015 | 425 | 747 | www.fastfive.co.kr |
| | 홈즈컴퍼니 | 공유 주거 서비스 | 2015 | 50 | 16 | www.mrhomes.co.kr |
| 데이터& 밸류 에이션 | 디스코 | 종합 부동산정보 플랫폼 | 2016 | 23 | - | www.disco.re |
| | 리치고 | 부동산 빅데이터 AI | 2019 | 11 | 2.5 | www.richgo.ai |
| | 스페이스워크 | 토지 개발 솔루션 | 2016 | - | 100 | www.saperwalk.lech |
| | 집펀드 | 맞춤형 부동산 및 금융 정보 서비스 | 2015 | 14 | - | www.zipadvisor.co |
| | 플라이하이 | 전자민원 서류 발급 대행 B2B 솔루션 | 2015 | 16 | 13 | www.flyhigh-x.com |
| 부동산 관리 | 쏘시오리빙 | ICT기반의 커뮤니티 주거 서비스 | 2017 | 20 | 9 | www.ssocioliving.com |
| | 잘살아보세 | 아파트 종합 관리 솔루션 | 2017 | - | 20 | www.jalsalda.com |
| IoT& 스마트홈 | 어웨어 | 실내 공기질 측정기 | 2014 | 36.5 | - | www.kr.getawair.com |

| 분야 | 기업 | 소개 | 설립년도 | 매출액 | 투자규모 | URL |
|---|---|---|---|---|---|---|
| 건축<br>솔루션&<br>VR/AR | 아키드로우 | VR/AR 및 AI 기술을<br>활용한 인테리어 솔루션 | 2014 | - | 23 | www.archisketch.com |
| | 어반베이스 | 3D 공간 데이터 플랫폼 | 2014 | - | 100 | www.urbanbase.com |
| | 엔젤스윙 | 드론 데이터 플랫폼 | 2016 | 1.7 | 18.5 | www.angelswing.io |
| | 집뷰 | 실감형 콘텐츠 기반<br>부동산 솔루션 | 2015 | 60 | - | www.business.zipview.kr |
| | 청소프트 I&I | 개별 프로세스 특화 3D<br>BIM 솔루션 개발 | 2008 | 20 | 50 | www.chang-soft.com |
| | 큐픽스 | 3D 디지털트윈 | 2015 | - | 77 | www.cupix.com |
| 인테리어 | 오늘의집 | 인테리어 플랫폼 | 2014 | 242 | 111 | www.bucketplace.co.kr |
| | 인스테리어 | 빅데이터 기반의 인테리어<br>플랫폼 | 2016 | 13.7 | 40 | www.insterior.co.kr |
| | 집꾸미기 | 리빙 미디어 커머스 | 2012 | 124 | 90 | www.ggumim.co.kr |
| | 집닥 | 인테리어 견적 및 건축<br>중개 플랫폼 | 2015 | - | 200 | www.zipdoc.co.kr |
| | 하우저 | 가구 클라우드 인프라<br>서비스 | 2016 | 100 | 76 | www.service.howser.co.kr |
| 자금조달 | 어니스트펀드 | 핀테크 투자 서비스 | 2015 | 455 | 334 | www.honestfund.kr |
| | 위펀딩 | 부동산 시장 리서치,<br>투자자문, 부동산<br>포트폴리오 투자 | 2015 | 35 | 750 | www.wefunding.com |
| | 카사 | 부동산 수익증권 유통<br>플랫폼 | 2018 | - | 100 | www.kasa.co.kr |

자료: 대신증권Research Center.

## SECTION 04　프롭테크 발전방향

　부동산 플랫폼은 부동산 수요자와 공급자, 중개인 등이 부동산정보를 원활하게 주고받을 수 있도록 하는 정보포털이면서 부동산거래를 위한 마켓플레이스 역할을 할 수 있도록 발전되어야 한다. 따라서 부동산에 대한 상세정보, 데이터분석 등을 제공하는 임대 및 개발공급업과 부동산 관리 및 중개업 등에서 프롭테크 활성화를 통해 부동산 플랫폼을 활성화하여야 할 것이다.

　해외의 부동산 플랫폼은 서비스 차별화, 다양한 비즈니스영역 간 연계를 통한 네트워크 효과(Network Effect)를 통해 경쟁력을 확보하는 추세이다. 또한 기존의 부동산

기업을 부동산 플랫폼에 의한 스타트업기업은 기존 시장지배력을 선점하고 대량의 데이터를 확보한 선도기업과의 경쟁에 불리하게 되어 있어 이를 타개하기 위해 서비스를 다각화하여야 할 것이다.

[그림 2-36] 부동산 프롭테크 모델

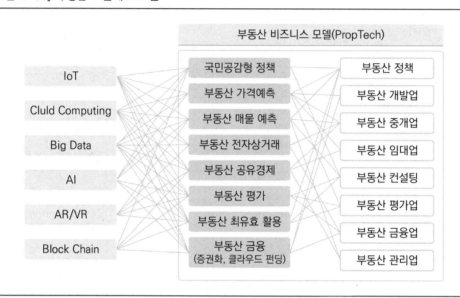

둘째, 가상현실과 증강현실, 그리고 디지털트윈은 일종의 가상시연으로 부동산정보 플랫폼의 부정확한 정보전달 문제 및 임장활동을 통한 부동산 물건 확인에 소요되는 시간·비용 문제를 효과적으로 해결할 수 있는 대안이 되고 있다. 가상현실과 증강현실, 대체현실 등은 부동산에 대한 혁신적인 체험서비스를 제공하여 부동산정보의 질 개선과 부동산 플랫폼의 업그레이드를 주도하게 될 것이다.

현재 VR을 통해 부동산정보를 제공하는 방식에는 360도 촬영, 3D렌더링을 기반으로 한 안내 가상방문 방식, 사용자가 결정한 동작을 통해 대화식으로 공간을 이동하는 대화식 가상방문 방식 등을 구현할 수 있다. 셋째, 디지털 장부는 분산원장 방식으로 데이터 구축을 위한 중앙시스템 구축과 운영비용, 서버의 유지비를 절감할 수 있다.

그리고 관련 정보는 항상 검증되어 갱신되므로 최신 정보를 이용할 수 있어 신뢰성과 정확성 등 업무의 효율성을 높일 수 있다. 또한 블록체인에 의한 스마트계약은 자동으로 계약을 체결하고 이해·관리하는 프로세스로 중개자의 도움 없이 부동산 거래 프로세스를 단순화하여 낮은 수수료와 계약미이행 시 발생되는 비용을 절감할 수 있다.

지금까지 프롭테크는 데이터를 기반으로 하는 부동산서비스의 디지털화를 통해 결국 부동산산업의 생산성을 제고할 수 있어 투자액이 급증하는 등 주목을 받고 있다. 하지만 프롭테크가 실제 부동산서비스에 원활히 적용되고 있는지는 의문이 많다.

프롭테크의 발전과 기업들의 기술 도입이 서로 속도 차를 보이는 것은 첫째, 여전히 기업의 임원들이 기술 도입에 있어 퍼스트 무버(First Mover, 선도적인 활용)보다는 패스트 팔로워(Fast Follower, 선도기업이 성공적으로 이용되면 따라하려고 하는 전략)를 구사하고 있기 때문이다(KPMG, 2018a). 이러한 경향성은 KPMG(2018b)의 조사 결과에 의하면 프롭테크로 인한 기술혁신이 사업에 어떤 영향을 미칠 것인가에 대한 질문에 97%의 응답자가 영향을 미칠 것이라고 대답해 파급효과에 대한 인식은 뚜렷한 것으로 나타나고 있다. 그러나 응답자의 7%만이 최첨단(Cutting Edge)기술을 활용하고 있다는 점에서 혁신 이론에서 흔히 언급하는 램(Ram 1987)의 혁신저항 모델(Model of Innovation Resistance)[47]이 프롭테크분야에서도 적용되고 있다는 것을 확인할 수 있다.

넷째, 기존의 부동산 투자자들은 새로운 기술 도입보다는 여전히 자산의 수익성에 관심을 두고 있다. 프롭테크가 가진 잠재력이 자산의 효율적 관리에 활용될 뿐, 실제로 산업 전반에 미칠 파급력에 대해 현업에서 제대로 파악하지 못하고 있다는 점을 유의하여야 할 것이다.

따라서 가까운 미래에는 프롭테크에 대한 저항을 극복하기 위해 기존 서비스와 자연스럽게 융화되면서도 프롭테크의 효율성을 충분히 발휘할 수 있는 심리스(Seamless, 끊김 없는)전략을 도입해 기존의 밸류 체인을 일체화하는 방향으로 나아가야 할 것이다. 이는 기존 부동산산업이나 IT업체들이 자체보유한 장점을 최대한 살리면서 프롭테크에 진입하기 위해 취하고 있는 전략과 같은 개념이라 할 수 있다.

---

47) 램(Ram, 1987)은 혁신저항을 "혁신을 채택할 때 수반되는 변화들에 대한 소비자들의 저항"이라고 정의하고, '변화에 대한 저항'의 한 유형으로 보았다. 즉 혁신저항이란 혁신을 채택함으로써 야기되는 변화에 대한 '부정적 태도'를 의미하는 것이다(유연재, 2011). 여기서 주의할 점은 혁신저항은 혁신 그 자체에 대한 부정적 태도가 아니라 혁신이 야기하는 변화에 대한 저항이라는 점이다. [네이버 지식백과] 혁신저항 모델(뉴미디어 채택 이론, 2013.2.25, 박종구)

# 스타트업이 실패하는 9가지 흔한 이유

• 시장 적합성의 결여

CB인사이트의 데이터를 보면 설문에 참여한 무려 42%의 신생회사가 '제품에 대한 시장 수요의 결여'를 실패의 원인으로 지적했다. 즉 '시장 요구에 부응하는 문제가 아닌 흥미로운 문제를 해결하려고 노력한 것'이 실패의 가장 큰 원인이라는 것이다.

기술이 탁월하다고 해도, 시장으로의 명확한 진로를 가지고 있지 않다면 실패하기 마련으로 기본적으로 아이디어는 명확한 사업계획으로 뒷받침되지 않는다면 가치가 없다.

• 부실한 수익 모형

인공지능 또는 머신러닝 분야의 신생기업이 최근 증가했다. 결과는 들쑥날쑥하다. 오늘날 대다수 AI 신생기업은, 특별한 경우를 제외하고, 극히 초기 단계이고, 실제 고객 수가 매우 적다. "유행하는 사업 모델에 무작정 뛰어드는 것은 사업 계획이 아니다. 'SaaS' 또는 '….의 우버'로 자신을 소개하는 것은 당신의 사업이 무엇이고, 당신의 고객이 누구이고, 또는 당신이 수익을 얻는 방식이 무엇인지를 제대로 설명하지 않는다"는 것이다.

• 현금 고갈

'번 레이트(burn rate)'는 신생 기업이 수익을 발생시키기 전에 간접비를 지출하는 속도이다. 번 레이트는 반드시 핵심 요인이라 할 수는 없지만, 마냥 방치될 수는 없다(우버는 여전히 기록적인 속도로 현금을 소비하고 있다).

회사를 운영한다면, 급여를 지급해야 하고, 서비스, 법률자문, 임대 비용을 결제하며 현금을 극히 빠른 속도로 소비할 수 있어 비용에 정말 주의하는 접근법을 취해야 한다.

• 부적절한 구성원

좋은 시절이라면 머릿수는 흔히 순조로운 성장을 상징하기에 팀을 보강하려는 유혹을 받을 것이다. 인재를 채용하는 것은 좋은 분위기를 조성하고 사기를 높일 수 있다.

그러나 신생기업 실패의 이유로 '죽은 나무'를 표현한다. 해고는 좋은 사람을 영입하는 것만큼 중요하다. 사람을 잘못 고용했다는 생각이 든다면 즉시 내보내라. 이들을 대체하기가 아무리 어렵더라도 그렇게 해야 한다".

• 지키지 못할 약속

의료기술 신생기업인 서래노스(Theranos)는 2003년 19세의 홈즈에 의해 설립된 이래 촉망 받는 기업이었다. 그러나 무려 90억 달러의 시장 가치로 평가되었던 최고점 후 홈즈가 자신의 기술로 할 수 있는 것에 대해 과장된 약속을 하여 가치가 완전히 폭락했다.

• 확장 실패

세계로 확장하는 위해서는 국가의 문화, 시장이 어떻게 작용하는지, 진출하려는 시장의 사업 실행 방식이 근본적으로 어떤 차이가 있는지를 이해하지 못한다면 실패는 예정된 것이다.

# 연/ 습/ 문/ 제

1. 정보기술의 발전이 부동산분야에 어떻게 적용하여 활용될 수 있는지 설명하시오.

2. 클라우드 컴퓨팅의 어느 부분이 부동산분야에 적용될 수 있는지에 대해 설명하시오.

3. 부동산에는 현행 정보기술이 활용될 수 있는지에 대해 설명하시오.

4. 정보기술과 정보통신 기술의 차이에 대해 설명하시오.

5. 부동산분야의 국내 빅데이터, 블록체인의 대표적인 활용 사례를 설명하시오.

✔ 주요용어

정보기술의 개념, 정보기술의 발전 동향, 빅데이터, 블록체인, 디지털트윈, 인공지능, 클라우드 컴퓨팅 확장현실, 미래정보기술

PART

# 02

# 부동산정보와
# 정보시스템

부동산정보기술론

# CHAPTER 03 부동산정보활동

## 부동산정보의 개념

## 1. 정보의 개념

'정보'라는 용어는 영어의 'Information'을 의미하는 것으로서, 서양에서는 1940년 대부터 그리고 국내에서는 1960년대 이후부터 본격적으로 사용되기 시작하였다.

정보의 정의를 설정하려는 시도는 그동안 많이 이루어져 왔으나 정보의 포괄적인 정의는 여전히 합의되지 않고 있다. 그 이유는 일반 사회에서 통상적으로 사용하는 의미와 학술적으로 사용하는 의미가 부분적으로 다르고, 또 학문분야별로도 그 의미를 상이하게 사용하고 있기 때문이다.

예컨대 일반 사회와 저널리즘 분야에서는 통상적으로 정보를 '실정에 대하여 알고 있는 지식 또는 사실 내용'이라는 개념으로 사용하고 있으며, 전산학 분야에서는 '일정한 약속에 기초하여 인간이 문자·숫자·음성·화상·영상 등의 신호에 부여한 의미나 내용(예 bit)'으로 사용하고 있고, 문헌정보학 분야에서는 '인간의 판단이나 행동에 필요한 지식'으로 이해하고 있다.

지식사회학자 자이퍼트(Seiffert, H.)는 '정보(Information)'라는 용어의 어원이 'Informatio'라는 라틴어 또는 더 위로 거슬러 올라간다고 하였다. 자이퍼트에 따르면 라틴어의 'Informatio'는 원래 형태 또는 내용을 지니는 무엇인가의 제공(Providing)이라는 의미였으나 형성(Forming) 또는 교육의 뜻으로도 사용되었으며, 이때 'Information'이 지녔던 교육적 의미는 가르침·지도·교화 등을 통한 주관적 교육보다는 진술·설명·해명 등에 의한 객관적 교육의 측면을 주로 지칭하는 것이었다.

좀 더 구체적으로 살펴보면 'Information'의 교육적 의미와 관련된 학문(例 교육학, 사회학, 심리학)들이 최근까지 주로 주관적인 교육 측면에 집중하게 됨에 따라 이를 위해서는 전통적으로 사용하던 용어인 'Education'으로 충분했기 때문에 정보라는 용어에 담겨있던 객관적 측면의 교육이라는 의미는 별로 필요하지 않았을 것으로 분석하고 있다(한국민족문화대백과).

정보란 사회전반의 다양하고 수많은 자료를 체계적으로 수집, 정리하여 좀 더 가치 있는 형태로 가공한 것을 의미하는 것으로, 현실세계에서 발견하는 현상 그 자체는 정보가 아니라 자료에 불과한 것이다. 이러한 점에서 정보는 서비스나 특허, 노하우 등과 같은 경제의 소프트한 측면을 포괄하는 광범위한 개념이다(강병기 외, 2005). 즉 정보는 알리는 행위로서 어떤 주어진 사실이 전달되는 행위와 알려진 사실로서 구성된 형체 그 자체를 의미한다. 따라서 정보는 행위에 앞서 알아야 할 필요가 있는 지식이고 불확실성을 제거하거나 축소시키는 것이기도 하며, 확실성을 증진시키는 것이라고 할 수 있다. 이러한 측면에서 보면 부동산정보는 부동산으로부터 인지할 수 있는 사실로서 이에 대해서 좀 더 자세히 살펴보기로 한다.

## 2. 부동산정보의 정의

부동산정보(Real Estate Information)의 정의에 대해서는 여러 학자에 의해 다음과 같이 다양하게 제시되고 있다.

김영진(1980)은 부동산 현상과 부동산 활동 등의 분석을 위하여 사전에 알고 있어야 하는 지식이라 하였으며, 이창석(2000)은 정보생성의 시간성과 정보의 쓰임새에 의해 많은 영향을 받는 부동산 현상이나 부동산 활동의 정보를 수신자가 전달받아 유용하게 활용할 수 있는 것이라 하였다. 강병기 외(2005)는 부동산 현상과 부동산 활동에 관계되는 것으로 어떤 부동산 현상 분석과 부동산 결정을 하기 위해서 사전에 알고 있어야 하는 지식이라 하였다.

한편 박상돈(2006)은 부동산과 관련된 의사결정이나 부동산에 대한 각종 분석 등과 같은 "부동산과 관련된 제반활동 과정에 필요한 지식 또는 정보"라고 하였다. 이를 광의의 부동산정보와 협의의 부동산정보로 구분하였다. 광의의 부동산정보는 부동산 시장에 상호 영향을 미치는 부동산 시장의 외적 환경에 존재하는 경기관련 경제지표를 총칭하며, 협의의 부동산정보는 부동산 상품의 투자가치를 적절하게 제공하는 다원적인 특성에 대한 자료의 종합이라 하였다. 지대식(2004)은 부동산에 대한 자료가 이용자에게 가치 있는 형태로 제공되는 것이며, 시장에서 나타나는 현상이나 거래활동을 통하여 얻어지는 것이기 때문에 분류표준을 어떻게 구분하느냐에 따라 다양하게 분류할 수 있다고 하였다. 그리고 거래, 개발, 가격, 소유와 같은 각종 요인자료 등의 부동산정보는 다양한 분야에 걸쳐 있다고 하였다. 경정익(2011)은 정보란 '다양한 자료가 체계적으로 수립·정리되어 보다 가치 있는 형태로 가공된 것'이라 정의하고 있다.

이러한 학자들의 다양한 개념을 고려해 볼 때, 부동산정보는 '토지, 건물이란 특수한 경제재로서 부동산에 대한 자료가 이용자에게 가치 있는 형태로 가공된 것이라고 할 수 있으며, 또한 부동산 활동을 위해 사전에 알고 있어야 하는 사실을 의미한다.

앞에서 살펴보았듯이 정보에 대한 개념을 한마디로 정의하기 어려운 것처럼 부동산정보도 마찬가지로 정의하기 쉽지 않다.

부동산은 고가이며, 이질성과 위치의 고정성으로 인해 통제 불가능한 주변현상 요인이 있기 때문에 부동산정보는 다른 정보보다도 유용성을 위한 자료의 가공이 중요하다고 할 수 있다.

이러한 부동산정보는 부동산 고유의 특성으로 인하여 상시 변동성이 있어 현행화를 거쳐야 하며, 거래의 비공개성과 개별성으로 인해 정보의 가공과정이 필요하며, 사회·경제·법률·행정 등 다양한 정보를 수집하여 복합적으로 고려해야 하는 것이다.

따라서 지금까지 살펴본 학자들의 다양한 부동산정보의 개념과 부동산정보의 특성을 고려하여 보면 부동산정보는 대상 부동산에 대한 부동산 활동에 불확실성을 감소시키기 위해 사전에 알고 있어야 하는 사실 또는 지식이라고 할 수 있다.


## 3. 부동산정보와 데이터의 관계

일상생활에서 부동산 데이터와 부동산정보는 거의 같은 의미로 사용하는 경우가 많다. 그러나 개념적으로 정보와 데이터 간에는 차이가 존재한다. 데이터(Data)란 일반적으로 특정한 일에 유용하게 사용될지도 모르는 관련된 사실, 즉 있는 그대로의 관련 사실을 의미한다. 반면 정보(Information)는 그 형식이나 내용이 특정한 목적이나 용도에 맞도록 구성되고, 추출되고, 정제된 데이터라 할 수 있다.

얼터(Alter, 1995)는 데이터, 정보, 지식과의 관계를 다음과 같이 체계적으로 정의하였다. 정보를 산출하기 위해서 어떠한 데이터가 필요하고, 이 데이터를 어떠한 과정을 거처 정보로 변환시켜야 하며, 이러한 데이터와 정보를 바탕으로 어떠한 의사결정과 행동을 수행하는 데는 지식(Knowledge)에 의해 통제된다. 그리고 의사결정과 행동의 결과는 다시 새로운 지식을 추가하거나 기존의 지식을 수정하는 과정으로 이어지게 된다. 즉 지식은 데이터가 정보로 전환되는 과정에서 이를 여과하고 수정하기 위하여 사용되어지는 축적된 힘이라 할 수 있다. 이러한 데이터, 정보, 그리고 지식은 부동산 활동에서 기능과 계층에 따라 각각 서로 다른 형태와 내용으로 만들어지고 제공되어야 하므로 이들을 처리하여 제공하는 정보기술이나 정보시스템은 서로 다른 요구에 따라 달라진다.

그러나 자료와 정보를 명확히 구분하기는 모호하다. 자료를 수집·분석하는 처리과정을 거쳐 정보로 도출하였더라도 활용목적에 부합하지 않으면 이는 자료가 되기도 한다. 따라서 자료와 정보는 활용목적의 부합성에 따라 구분되어야 할 것이다.

[그림 3-1] 데이터와 정보의 관계

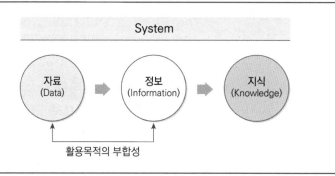

부동산정보는 부동산 활동에 관련된 지식의 교류나 습득을 수반하여 부동산 활동의 불확실성(Risk)을 감소시킨다. 나아가 가치 있는 부동산정보를 보유한다는 것은 의사결정을 위하여 필요한 대안들을 쉽게 발굴하거나, 또는 무관하거나 별 가치가 없는 대안을 제거하기 쉽다는 것을 의미한다. 중요한 것은 부동산정보가 단순히 단어들의 조합이 아니라는 것으로, 부동산 활동의 의사결정자에 영향을 미쳐서 주어진 상황에 적절히 대응하도록 유도하고 필요한 경우에는 위험신호를 보내서 장래를 미리 대비하도록 도와주기도 한다.

이와 같은 맥락에서 [그림 3-2]에 묘사된 정보의 순환과정을 살펴보면, 먼저 데이터는 '모형'을 통하여 여과, 요약되어 정보로 창출된다. 정보를 접수한 개인이나 조직은 의사결정을 하고 행동을 취한다. 이와 같은 과정은 다른 행위나 사건을 유발하게 되는데 해석·결정·행동의 과정을 거쳐 또 다른 '데이터'를 산출한다. 이 데이터는 수정되어 '투입(Input)'으로 작용하고, 이러한 과정은 다시 반복된다. 정보는 지식축적에 도움을 주어야 하며, 주어진 상황과 관련성이 있어야 한다. 이때 정보가 부족하면 지식도 부족한 상태라고 할 수 있는데, 이러한 경우를 우리는 '불확실'하다고 일컫는다.

[그림 3-2] 데이터, 정보, 지식의 관계

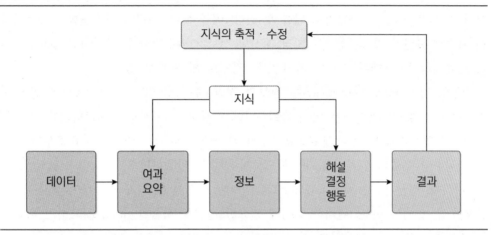

자료: Alter, Steven, Information Systems; A Management Perspective, California: The benjamin //cumir Publishing Company, 1995, p.29.

## 4. 부동산정보의 특성

일반적으로 정보는 정확성, 관련성, 적시성, 검증가능성, 접근가능성이란 특성을 지닌다. 부동산정보도 이와 같은 정보의 일반적인 특성에 근거하여 그 특성을 지닌다고 할 수 있다. 먼저 일반적인 정보의 특성에 대해 알아보면 다음과 같다.

### 1) 일반적인 정보의 특성

첫째, 정확성(Accuracy)은 정보에 오류가 없음을 의미한다. 항상 정확한 정보만을 얻을 수 있다면 이상적이겠지만 당면하는 의사결정이나 문제들과 관련된 모든 정보를 정확하게 수집하는 것이 매우 어렵기 때문에 필요한 정보에 따라 요구되는 정확도가 달라질 수 있다.

둘째, 관련성(Relevancy)으로 정보를 필요로 하는 목적에 맞게 사용될 수 있을 때 정보는 관련성이 있다고 말한다. 특정 상황에서의 관련성은 절대적인 기준이 되는 것은 아니다. 왜냐하면 같은 내용의 정보라 하더라도 그 정보를 사용하는 목적에 따라 관련성의 정도가 달라지기 때문이다. 따라서 관련성은 특정 정보가 필요한 때에 그 의미를 갖는다고 할 수 있다.

셋째, 적시성(Timeliness)으로 정보는 시간적 가치를 가지고 있다. 즉 적시성 여부에 따라 정보의 가치는 천차만별로 변할 수 있다. 예를 들어, 최근의 시장변화의 대응이나 신 기술과 관련된 의사결정에는 가장 최신의 정보가 필수적이만, 장기적인 수요예측이나 판매예측 등 오래된 정보도 가치 있는 정보로 활용될 수 있다.

넷째, 검증가능성(Verifiability)은 정보의 정확성을 확인할 수 있는 능력을 말한다. 일반적으로 정보의 정확성은 이미 확실하다고 알려져 있는 정보와 비교하거나, 정보의 원천을 확인하거나, 혹은 정보원천으로부터 데이터를 역추적하거나 데이터로부터 정보를 추적하여 이들의 일치성을 확인함으로써 검증이 가능하다.

다섯째, 접근가능성(Accessability)으로 정보는 필요할 때 쉽게 접근하여 의사결정에 활용할 수 있어야 한다. 편리하고 쉽게 필요한 정보를 획득할 수 있도록 하기 위해서는 정보를 저장하고, 활용하는 기술 등에 많은 고려가 있어야 한다.

## 2) 부동산정보의 특성

부동산정보는 부동산정책, 부동산 거래, 과세책정, 감정평가 등의 부동산 활동에서 의사결정에 필요한 정보로서 정확하고 신속한 최신의 정보가 요구되고 있으며 다음과 같은 특징이 있다(경정익, 2011b).

첫째, 부동산정보는 현행성이란 특성을 지니므로 현행화(現行化) 작업이 필수적이다. 부동산은 구축물의 경우 건설이나 병합·분할 등으로 말미암아 물리적인 변화가 가능하며, 부동산을 둘러싼 인문적, 자연적인 변화로 인하여 과거에 조사된 정보는 반드시 현재 시점과 일치하는지 여부를 확인하거나 변동된 사항을 현재와 일치시키는 현행화 작업을 거쳐야 한다. 이와 같은 현행화 작업이 부동산에 특별히 필요한 이유는 목적 부동산에 대한 활동을 수행한 후 동일한 부동산에 대한 또 다른 부동산 활동을 시작할 때까지는 상당한 시간이 경과되는 경우가 많기 때문이다. 또한 부동산 활동과정에서 잘못된 정보를 기초로 수행한 의사결정을 번복하여 원상회복하는 것은 상당한 손실이 뒤따르게 되므로, 과거에 수집한 정보를 활용하려면 그 정보의 정확성을 재확인하는 작업이 반드시 선행되어야 하는 것이다.

둘째, 부동산정보는 비공개성의 특성을 지닌다. 부동산정보 중에서 특히 거래에 관한 정보의 비공개성은 부동산시장 자체의 비공개성과 거래의 개별성으로 말미암아 발생한다. 따라서 부동산의 거래정보는 수집이 어려운 것이 대부분이며, 수집된 정보 역시 부분적으로 왜곡되어 있는 경우가 많다[1]. 이러한 특징은 부동산의 거래당사자(매도인과 매수인)가 직접 부동산 거래에 참여하기보다는 공인중개사 등 중간 매개자를 개입시키기 때문이며, 특정한 규모나 종류의 부동산에 대한 거래자가 제한적인 것도 그 원인이라 할 수 있다.

셋째, 부동산정보는 가공성을 통해 유용성이 좌우되는 특성이 있다. 즉 부동산정보의 가공이 필수적으로 이루어 질 때 정보의 가치가 향상되게 된다. 부동산은 개별성이란 특성으로 말미암아 수집된 정보 자체는 완전한 정보로서의 효용을 갖추기 어렵다[2]. 예를 들어 한 채의 단독주택이 거래된 경우 발생한 거래가격 정보는 해당 단독주택의 개별성과 매도자와 매수자 간의 가격과 거래조건 절충과정에서 발생된 거래의 특수성으로 인해 다른 단독주택의 거래에 그대로 적용할 수 없다. 부동산정보의 비공개성과 정보의 가공작업이 미흡한 정보가치의 한계로 말미암아 이제까지 부동산 전문가들이 부동산정보의 수집이나 관리를 등한시 한 결과로 부동산분야의 정보가치의 수준은 낙후되어 있다고 할 수 있다.

넷째, 부동산정보는 그 용도의 다양성이라는 특징을 지니고 있으며, 부동산을 둘러싼 자연적·인문적 환경에 의해 지배받는 경향이 있다. 따라서 하나의 부동산을 대상으로 특정 목적의 부동산 활동을 수행하기 위해서는 기술·사회·경제·행정 전반에 걸친 다양한 정보를 수집해야 한다.

특히 다양성과 앞에서 논의한 현행성의 특성으로 말미암아 부동산정보는 다른 산업과 같이 일상 업무과정에서 사전에 준비를 하고, 이를 활용하기가 어렵다. 특히, 어떤 종류의 부동산에 대해서 어떠한 형태의 부동산 활동이 이루어질지 예측할 수 없는 상황이 되기도 한다.

다섯째, 부동산정보는 복합성이란 특성이 있다. 부동산은 요소가 각양의 것으로 구

---

1) 과거에는 특정 지역에 대한 개발정보가 공표되기 이전에 일부 정책입안자들을 통해 사전에 누출되어 이로 인한 '개발계획 독점'의 문제가 제기되었으나, 최근에는 지방자치제의 실시와 행정의 투명성 등으로 인해 이런 사례는 크게 감소되고 있다. 따라서 여기서 말하는 비공개성은 거래의 정보에 대한 비공개성으로 국한하여 설명한다.

2) 이래영(1986), 「부동산경영론」, 기공사, p.97.

성되어 있어 부동산문제를 해결하는 데 수단의 다양성이 존재하게 된다. 따라서 부동산정보는 다양한 수단을 복합적으로 고려해야 한다.

## 5. 부동산정보의 가치

부동산정보는 부동산의 제반 활동에 심대한 영향을 미친다. 따라서 부동산정보의 가치를 평가하기 위한 어떠한 노력도 그 정보의 지원을 받는 부동산 활동과 매우 밀접한 관련을 맺고 있다. 그러나 부동산정보는 그 자체가 어떤 절대적인 가치를 갖는 것이 아니라 누가, 언제, 어떤 상황에서 그 정보를 이용하느냐에 따라 상대적인 가치가 정해진다.

인간은 오래전부터 부동산정보의 가치를 화폐가치와 같은 정량적 기준을 활용함으로써 정보 간의 객관적 비교가 가능한 형태로 측정하고자 노력해 왔다. 그 구체적 방법으로는 다음과 같이 네 가지가 있다.

### 1) 부동산정보의 규범적 가치

부동산정보의 규범적 가치 개념은 주로 부동산 활동의 의사결정자가 항상 자신의 의사결정 과정에 대해 어느 정도의 사전 지식을 가지고 있다는 가정을 전제로 한다. 일반적으로 사전 지식은 객관적인 것이든 주관적인 것이든 간에 어떤 사전확률의 개념으로 표현할 수 있는데, 이 경우 부동산 활동에서 의사결정의 기대성과를 통계학적 방법으로 쉽게 계산할 수 있다. 여기서 결과에 대한 추가적인 부동산정보가 투입되면 각 결과의 발생확률이 수정되고 그에 따라 기대되는 성과도 달라진다. 바로 이때 부동산정보의 추가로 인해 수정된 기대성과와 사전적 기대성과와의 차이로 정의되는 개념이 부동산정보의 규범적 가치이다.

이와 같은 부동산정보의 규범적 가치는 그것이 체계적이고 정형화된 가치평가모형을 제공해 주고 부동산 활동의 의사결정이 이루어지기 전에 미리 그 가치를 평가할 수 있다는 장점을 가지고 있다. 그러나 이 접근방법은 다음과 같은 문제점을 안고 있기 때문에 실제적인 적용범위가 크게 제한되어 있다(Ahituv and Neumann, 1986). 첫째, 의사결정에 따른 성과를 동일한 척도로 정확히 예측하기가 어렵다. 둘째, 사전확률 및 정보의 추가에 따른 결과의 발생확률을 추정하기가 어렵다. 끝으로 이용되는 모형들이 주로 개인적 의사결정을 다루고 있어 조직의 집단적 의사결정 상황에는 잘 맞지 않는다는 것이다.

## 2) 부동산정보의 현실적 가치

우리는 부동산정보가 부동산 활동의 의사결정을 지원하고, 이러한 의사결정은 부동산 활동을 유발하고, 다시 부동산 활동은 어떤 성과를 초래하는 일련의 관계가 형성된다. 부동산정보의 현실적 가치 개념은 바로 이러한 관계를 전제로, 나타난 성과의 차이를 측정함으로써 부동산정보의 가치를 역으로 평가할 수 있다. 물론 이러한 가치개념이 의미를 갖기 위해서는 성과를 정확히 측정할 수 있을 뿐만 아니라 부동산정보, 의사결정, 부동산 활동 및 성과 간의 관계가 명확히 밝혀질 수 있어야 한다는 가정이 뒷받침되어야 할 것이다.

부동산정보가치 평가에 대한 현실적 접근방법은 우선 복잡한 통계적 혹은 수리적 모형을 만들기 위해 노력할 필요가 없다는 점과 이미 나타난 성과를 측정하는 것은 비교적 쉽다는 큰 장점이 있다. 그러나 이 방법은 부동산정보의 가치를 사후적으로 평가할 수밖에 없다는 데 가장 큰 문제가 있다. 따라서 부동산 활동을 위한 의사결정이 이루어지기 전에 부동산정보의 가치를 평가할 수 있기 위해서는 사전에 실험을 거쳐야 하는데, 보통의 경우 다른 변수의 영향을 통제하고 부동산정보와 성과 간의 관계에 대한 실험을 한다는 것이 그렇게 쉬운 일은 아니다.

## 3) 부동산정보의 주관적 가치

부동산 활동의 의사결정 과정이나 그 결과를 엄밀히 정의하기가 어렵고 각 결과의 발생확률이라든가 얻을 수 있는 성과 측정이 어려운 상황이라면 앞서 언급된 두 가지 접근방법 중 어느 방법도 적용하기 쉽지 않다. 이와 같은 상황에서는 결국 주관적인 방법으로 부동산정보의 가치를 평가할 수밖에 없다. 그런데 일반적으로 부동산정보의 주관적 가치는 의사결정자의 가상적 실험을 통해 평가한다. 예를 들어 어떤 사람이 부동산정보의 가치를 평가하고자 할 때, 과연 부동산가격이 얼마 이상 올라가면 투자를 중지할 것인지를 생각해 봄으로써 간접적으로 자신에 대한 부동산의 가치를 평가할 수 있는 것이다. 그러나 이런 방법에 의해 평가된 부동산정보가치는 정보간의 객관적 비교가 어렵고, 많은 경우 일단 부동산정보가 이용된 이후에야 가치측정이 가능하다는 점에서 근본적인 문제점이 있다.

## 4) 부동산정보의 정성적 가치

앞에서 논의한 바와 같이 부동산정보의 가치를 계량화한다는 것은 현실적으로 많은 어려움이 따른다. 따라서 현실세계에서는 부동산정보가 가져야 할 속성을 바탕으로 도출된 몇 가지 정성적 기준에 의해 부동산정보의 가치를 평가하는 것이 일반적이다. 이와 같은 부동산정보의 가치 또는 질을 결정하는 속성으로는 여러 가지를 제시할 수 있으나, 다음과 같은 관련성, 정확성, 적시성 및 완전성의 네 가지를 포함해야 한다(Zmud, 1978).

- 관련성(Relevancy): 부동산정보가 현재 의사결정자가 해결해야 할 문제와 얼마나 관련이 있는가, 다시 말해서 부동산 활동의 의사결정에 도움이 되는 정도를 의미한다.
- 정확성(Accuracy): 부동산정보의 정확성이란 그것이 얼마나 오류가 적은 정보인가를 나타내는 속성인데, 보다 정확한 부동산정보를 얻기 위해서는 추가적인 비용이나 시간이 요구될 경우가 많기 때문에 상황에 따라 적정수준의 정확성을 갖추게 되기도 한다.
- 적시성(Timeliness): 필요한 부동산정보를 꼭 필요한 시점에 제공해 주는가를 평가하는 기준으로서, 모든 부동산정보를 신속히 제공해야 한다는 의미는 아니다.
- 완전성(Completeness): 문제 해결에 필요한 모든 부동산정보 중 어느 정도의 정보를 제공할 수 있느냐는 속성으로, 완전성을 추구하기 위해 지나치게 많은 부동산정보로 인한 정보과부하 현상을 초래하지 않도록 주의해야 한다.


## SECTION 02  부동산정보의 분류 및 관리

## 1. 부동산정보의 분류

부동산정보는 <표 3−1>과 같이 일반정보, 지역정보, 개별정보로 분류할 수 있다. 즉 일반정보는 부동산 활동에 영향을 줄 수 있는 국가 전체적인 경제·사회·법률적 환경에 대한 정보이며, 지역정보는 대상 부동산에 영향을 미칠 수 있는 지역적 범

위에 속한 환경에 대한 정보로서 자연적 조건(자연환경 및 자연자원)과 인문적 환경인
경제·사회·법률적 환경에 대한 정보를 말한다. 개별정보는 대상 부동산이 지닌 속성
(면적, 경계, 높이, 경사도 등)을 말한다(국토교통부, 2008).

**▌〈표 3-1〉 부동산정보 분류**

| 분류기준 | 의미 | 세부분류 | |
|---|---|---|---|
| 일반정보 | 부동산 시장의 거시적 환경에 대한 정보 | 경제적 요인 정보, 사회적 요인 정보, 행정적 요인 정보 | |
| 지역정보 | 대상 부동산의 인근지역 환경에 대한 정보 | 자연요인 정보 | • 자연적 지질 정보<br>• 자연적 자원 정보 |
| | | 일반요인 정보 | • 경제적 요인<br>• 사회적 요인<br>• 행정적 요인 |
| 개별정보 | 대상 부동산이 다른 부동산과 구별되는 요소에 대한 정보 | 토지요인 정보 | 소재지, 면적, 지목, 가격, 접면도로, 용도지역, 형상, 지세, 지질 등 |
| | | 건물요인 정보 | 소재지, 면적, 층수, 용도, 가격, 사용승인일, 부대설비 등 |

자료: 국토교통부(2008.12), 필자 재정리.

## 2. 부동산정보의 관리 및 업무체계

부동산 관련 정보의 관리 및 운영에 대한 업무는 서로 유기적인 연관성을 가지고
있음에도 불구하고 담당기관의 다원화로 인해 정보의 중복 및 불일치 문제, 정보공동
활용 문제 등이 발생되고 있다. 또한 이를 처리하는 정보시스템은 각 기관별로 시차를
두고 개발되어 표준화가 이루어지지 않음으로써, 정보망 간의 연계·통합을 통한 다양
한 정보를 제공하는 데 많은 문제점이 지적되고 있다. 특히 부동산 관련 업무의 처리
에 있어서 민원인 입증주의 민원처리로 민원인이 여러 기관을 방문하여 민원서류를 발
급·제출해야 하는 등 불편이 초래되고 있다.

부동산정보는 <표 3-2>와 같이 크게 토지에 관한 업무, 건축물에 관한 업무, 그
리고 토지 및 건축물에 관한 등기업무로 구분할 수 있다(류영달, 1999).

현재 개별부처에서 관리되고 있는 부동산 관련 정보의 관리실태를 살펴보면 토지
(임야)대장을 관리하는 지적정보 관리업무는 정부조직법 개편(2009.2.29)에 따라 당시

행정안전부에서 국토교통부로 업무가 통합되었으며, 국토교통부의 건축물대장 정보, 행정안전부의 과세(지방세)정보, 법원행정처의 등기정보 등으로 나뉘어 운영되고 있다.

토지정보는 필지단위로 토지에 대한 지목, 면적 등의 표시사항과 등기부상에 기재되어 있는 소유자 사항을 관리하고 기초자치단체에서 지적행정업무의 수행에 의한 토지(임야)대장을 관리하고 있으며, 건축물정보는 건축행정과 주택 행정업무 수행을 통하여 운영되는 정보로서 국가공부인 건축물대장을 운영하고 있다. 등기정보는 주택 및 토지에 대한 재산세 정보를 관리하는 과세정보와 부동산의 표시와 그 권리관계를 기재하는 정보로서 부동산을 표시하는 중요한 정보이다.

▌〈표 3-2〉 부동산 관련 정보별 비교

| 구분 | 토지 | 건축 | 과세(재산세) | 등기 |
|---|---|---|---|---|
| 의의 | 국토의 전체를 필지단위로 구획하여 토지에 대한 물리적 현황과 법적 권리관계 등을 등록, 공시/관리하는 국가의 제도 | 건축허가, 착공, 사용승인까지의 건축행정업무와 주택조합 설립부터 사업/사용승인에 이르는 주택행정업무의 전 과정을 관리하는 제도 | 토지·건물·주택에 대하여 관할시장·군수가 세액을 산정하여 징수하는 지방세 제도 | 부동산의 표시와 그 부동산에 관한 권리관계를 기재하도록 하는 제도 업무 |
| 업무 | 지적행정업무 | 건축행정업무 | 지방세업무 | 등기업무 |
| 운영 | 기초자치단체(읍·면·동)에서 처리. 국토교통부 관할 | 기초자치단체(읍·면·동)에서 처리. 국토교통부 관할 | 기초자치단체(시·군·구)에서 처리. 행정안전부 관할 | 지방법원, 지원이 관할구역 내의 등기사무 관장. 법원행정처 관할 |
| 관련 법령 | 지적법, 지적법 시행령, 지적법 시행규칙 | 건축법, 건축법 시행규칙, 건축물대장의 기재 및 관리 등에 관한 규칙 | 지방세법 | 부동산 등기법 |

자료: 한국정보사회진흥원(2007).

행정안전부와 국토교통부 소관업무는 행정기관의 특성 및 구조상 대부분의 업무가 시·군·구 단위로 관리되며, 중앙행정기관은 시·군·구에서 발생된 정보를 활용하여 각종 정책자료를 개발하며, 대법원 소관업무인 등기는 등기소에서 처리한다. 행정안전부 소관업무는 시·군·구 지적과에서 담당하며, 국토교통부 소관업무의 경우 토지관련 업무는 시·군·구 지적과, 건축 관련 업무는 시·구·군 건축과에서 담당하고 있다.

부동산정보와 관련한 토지와 건물에 대한 속성정보는 18종의 공적장부에 흩어져 국토교통부와 대법원에서 분산 관리되고 있어 동일한 위치의 부동산 물건에 대한 정보를 획득하기 위해서는 다수의 공적장부를 각각 확인해야 하며, 각각의 공적장부에서 고유업무만을 기재하는 것이 아니라 중복적으로 정보를 유지 및 관리하고 있어 정보의 정확성과 최신성에 대한 문제가 발생하고 있다. 즉 국토교통부에서는 토지와 건물에 대한 일반정보, 가격정보와 토지이용정보를 5개의 관례법으로 관리하고 있다. 토지의 일반정보는 지적법에 의해 토지대장, 임야대장, 공유지연명부, 대지권 등록부, 지적도, 임야도, 경계점 좌표 등록부가 관련되고 있으며, 건물의 일반정보는 건축법에 의한 건축물대장(총괄 표제부), 일반 건축물대장, 집합 건축물대장(전유분)으로 관리되고 있다.

토지이용은 토지이용 규제 기본법으로 토지이용계획 확인서를 관리하고 있으며, 가격정보는 부동산 가격 공시 및 감정평가에 관한 법률로 개별공시지가 확인서, 개별주택가격 확인서, 공동주택가격 확인서로 관리되고 있다.

대법원에서는 부동산 등기법에 따라 토지, 건물, 집합건물에 대하여 등기부등본으로 소유현황을 관리하고 있다.

▌〈표 3-3〉 속성정보 중복기재 현황

| 중복정보 | 건축물대장 | 토지대장 | 등기부등본 | 토지이용 계획확인서 | 개별공시지가 및 주택가격 확인서 |
|---|---|---|---|---|---|
| 지번 | ○ | ○ | ○ | ○ | |
| 지목 | | ○ | ○ | ○ | |
| 대지(토지)위치 | ○ | ○ | | ○ | ○ |
| 대지(토지)면적 | ○ | ○ | ○ | ○ | |
| 용도지역지구 | ○ | ○ | | | |
| 건물명칭, 번호 | ○ | | ○ | | ○ |
| 소유자 | ○ | ○ | ○ | | |
| 가격 | ○ | ○ | | | ○ |

자료: 국토해양부(2008.12), 필자 재정리.

토지와 건물정보의 통합을 통한 부동산정보의 고도화를 위해서 측량·수로조사 및 지적에 관한 법률 제71조 제3항에서는 토지의 소재, 지번, 대지권 비율, 소유자 현황에 대하여 부동산 등기법에 따라 등록해야 됨을 명시하고 있다. 또한 등기예규에서는 대장에 다른 사람 소유명의로 등재되었다는 사실만으로 '그 사람이 소유권 기타의 권리를 취득하거나 권리자로 추정되는 효력은 인정되지 아니 한다'라고 하고 있어 권리관계에서는 등기사항증명서의 기재가 우선한다.

가격은 부동산 가격공시 및 감정평가에 관한 법률에서 관리하고 있으며 관련 정보에 대하여 관계행정기관의 자료를 제공하고 있다. 측량·수로조사 및 지적에 관한 법률 제70조에서 공시지가는 관련 기관에 자료를 요청하여 공부를 효율적으로 활용하고 있다. 토지이용의 경우 대장과 관련된 법에서는 그 내용을 관리하고 있지 않아 토지이용규제기본법을 따라야 한다. 도출된 정보의 위계에 따라 기존의 건축물 번호키와 토지코드를 대장에서 토지와 건물의 기본정보로 사용하며, 개별주택가격·공동주택가격·개별공시지가 확인서에서 가격정보를 사용하고, 등기부등본에서 소유자 정보, 토지이용계획 확인서에서 토지이용정보를 사용하여 정보의 최신성 확보와 정확도를 향상시킬 수 있다.

▌〈표 3-4〉 부동산관련 공적장부별 속성정보

| 구분 | 내용 | 세부항목 |
|---|---|---|
| UFID | 토지건물정보 | 토지코드, 소재지, 지번, 건축물 번호키, 건축물명칭, 동 명칭, 호명칭 |
| 건물 | 건축물<br>기본정보 | 주용도, 주구조, 지붕, 대지면적, 높이, 건축면적, 연면적, 층수(지상/지하), 건축수, 총호수, 주부구문, 호수, 가구, 세대, 부속동/면적, 특이사항, 주차대수, 기타기재사항, 허가, 착공, 사용승인일, 주차대수 |
| | 층별정보 | 주부구분, 층별(명칭), 층별 용도, 층별 구조, 층별 면적(전유, 공유) |
| | 호별정보 | 대지권비율, 주부구분, 호별 용도, 호별 구조, 호별 면적(전유, 공유) |
| | 변동연혁 | 변동내용 및 원인, 변동원인일 |
| | 도면정보 | 도면종류, 축척, 작성자 |
| 토지 | 토지정보 | 지목, 면적 |
| | 이력정보 | 토지이동일, 토지이동사유 |
| | 도면정보 | 지적도(X, Y 좌표), 축척, 작성자 |
| | 용도지역, 지구 | 지역/지구(국토이용, 타법령), 토지이용규제, 행위제한 |
| 가격 | 공시지가 | 기준년월일, 개별공시지가 |
| | 주택가격 | 기준년월일, 개별주택가격, 공동주택가격 |
| 등기 | 토지소유정보 | 등록번호, 성명, 주소, 지분, 변동원인, 변동원인일 |
| | 건물소유정보 | 등록번호, 성명, 주소, 지분, 변동원인, 변동원인일 |

자료: 국토교통부(2008.12), 필자 재정리.

[그림 3-3] 부동산정보의 접목 흐름도

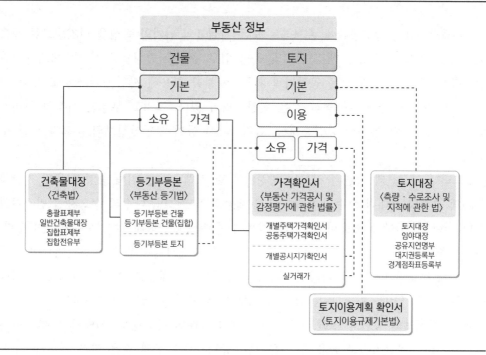

자료: 국토교통부(2008.12), 필자 재정리.

---

**미래 IT 핵심 키워드 해설** 클라우드 (Cloud)

- 자신이 보유한 음악, 동영상, 문서파일 등을 개인형 클라우드에 저장하고 인터넷과 연결되는 여러 기기를 통해 데이터 이용
- 데이터 사용의 공간적 제약에서 자유로우며, 접근을 허용한 특정사람과 파일 공유가 가능하여 업무 현업도구로 활용 가능
- Dropbox, 네이버 Mybox, 다음 클라우드, 구글 드라이브 등 개인형 클라우드서비스 확산
[스마트기기 대중화에 따른 개인형 클라우드 서비스 확산]
자료 : 한국정보화진흥원(2013), 빅데이터로 풀어 본 대한민국 IT미래 먹거리.

## 3. 부동산정보의 수요자 및 공급자

부동산정보는 일상공간에 존재하는 모든 시설물의 위치와 속성을 디지털화한 중요한 정보로서 그 수요자는 행정업무 및 공적 업무 수행을 중심으로 한 중앙정부·지방자치단체 및 공사 등과 같은 공공기관과 공간정보를 활용해 사업을 추진하고 있는 건설 및 토목업체·금융기관 등과 같은 민간기업이 있다. 그리고 부동산 시장의 참여자인 거래 당사자와 부동산 공인중개사, 감정평가사 등이 부동산정보의 수요자라 할 수 있다.

그러나 부동산과 관련된 정보는 행정업무 및 정책수립을 위해 중앙정부 및 지방자치단체 중심의 상대적 소수의 수요자에게 제공되고 있으며, 다수의 수요자인 민간기업이나 일반국민들에게 제공되는 부동산정보의 종류는 다양하지 않다는 문제점이 있다. 따라서 앞으로는 공간정보산업 및 시장의 성장을 위해서는 수많은 민간기업들이 국가의 부동산정보를 바탕으로 가공된 부동산정보서비스를 제공할 수 있는 환경을 조성해야 함은 물론 일반국민도 부동산의 고급정보를 이용할 수 있어야 할 것이다.

부동산정보의 공급자 또한 수요자와 비슷한 형태인 중앙정부·지방자치단체·공기업 등과 같은 공공기관과 금융 및 언론기관·중개사무소 등과 같은 민간기업들로 구성되어 있다. 그리고 최근 Web 3.0에 의미 있는 정보의 융합으로 부동산정보 제공자 역할이 확대될 것으로 예상되며, 일반국민도 향후에는 공급자의 역할을 수행하게 될 것이다.

현재 부동산정보 공급은 상당수 공공기관이 보유한 공간정보를 국가공간정보센터에서 통합하여 제공하고 있다. 전국적으로 다양한 공간정보들이 국가공간정보센터로 집결되고 있으며 이를 바탕으로 정보의 가공을 통해 서비스를 하고 있는 것이다. 민간기업 또는 개인이 보유하고 있는 부동산정보 역시 가치가 높은 것이 많지만 이들 공간정보를 획득할 수 있는 체계는 아직 미비한 실정이다. 따라서 장기적으로는 보다 다양한 부동산정보의 공급체계를 확보하여 수요자에게 부동산정보의 질과 서비스의 질을 높일 수 있는 체계를 마련해야 할 것이다.

[그림 3-4] 부동산정보의 수요/공급자 현황

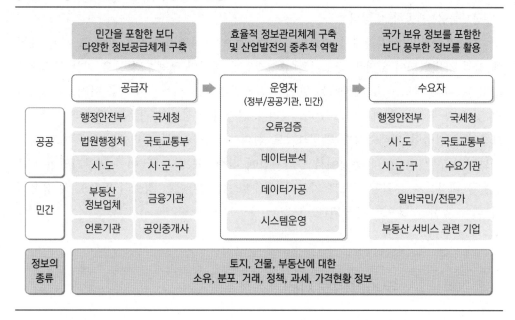

즉 부동산정보에서는 공공정보 개방을 더욱 확대하여 그 활용성을 높일 수 있어야 한다. 정부는 공공정보로 구축된 상위 10대 데이터 중 44.4%가 부동산과 관련된 데이터 로서 이에 대한 공개를 확대하여 민간과 함께 다양하게 활용할 수 있어야 하는 것이다.

**❙〈표 3-5〉 공공의 상위 등록 10대 데이터 현황**

| 분야 | 토지 자원 | 부동산 | 지식 정보 | 지방 세 | 재난 재해 복구 | 생활 정보 | 금융 산업 | 의료 기관 지원 | 지적 자산 | 상수도 |
|---|---|---|---|---|---|---|---|---|---|---|
| 데이터 수(종) | 1,842 | 1,531 | 1,431 | 960 | 895 | 471 | 294 | 280 | 276 | 236 |

자료: 국가정보화전략위원회(2012.11), 스마트 국가 구현을 위한 빅데이터 마스터플랜.

현재 대부분의 부동산정보가 <표 3-5>와 같이 공공기관을 중심으로 제공되고 있으나, 부동산과 관련성이 많은 우수한 정보를 민간에서도 보유하고 있다. 금융기관, 언론기관 및 부동산정보서비스 사업자 등과 같은 민간에서 보유하고 있는 정보들은 내 부업무뿐만 아니라 대외서비스를 통해 이익을 창출하기도 한다.

또한 매우 구체적인 거래·투자·가격정보 등을 제공하고 있고 특히 개인에게 유용한 정보들을 제공하고 있다[3].

공공기관과 민간기관에서 제공하고 있는 정보는 목적과 용도가 다르고 사용 대상에 따라 차별화되어 있다[4]. 공공기관이 행정업무 처리와 정책수립 등을 위한 목적으로 가격 및 거래 정보 등을 제공하는 반면 민간기관에서는 투자와 수익을 목적으로 한 가격 및 투자 정보들을 제공하고 있다. 그러나 민간기관 정보의 경우 신뢰성과 정확성을 보증하기 힘들어 피해사례가 발생하기도 한다. 국가공간정보센터에서 보유하고 있는 정보의 경우 신뢰성이나 품질에서 민간기업에 비해 월등하므로, 이를 민간기업이나 개인들을 대상으로 유익한 정보로 가공하여 서비스할 경우에는 정보의 활용도 및 유용성이 매우 높아질 것으로 예상된다.

## SECTION 03  부동산정보처리

## 1. 부동산 활동의 의사결정

### 1) 부동산 의사결정과정

인간 또는 조직이 부동산 활동에서 의사결정을 하는 과정을 분석해 보면 기본적으로 [그림 3-5]에 나타나 있는 바와 같이 사이먼(Simon, 1960)이 제시한 탐색, 설계, 선택 및 실행의 네 단계의 동일한 과정을 거치게 된다.

[그림 3-5] 부동산 활동의 의사결정 과정

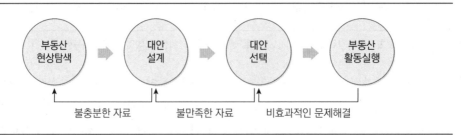

3) 서울시정개발연구원(2008), "부동산정보 유통체계 발전방향".
4) 국토해양부(2005), "부동산정보 신뢰구축을 위한 정책현황".

## (1) 부동산 현상 탐색단계

부동산 현상 탐색단계는 부동산 활동에서 나타나는 문제를 인식하고 이에 관한 자료를 수집하는 단계이다. 어떤 의사결정이 이루어지기 위해서는 먼저 의사결정자가 그 필요성을 인식해야 한다. 부동산분야에서 이와 같은 필요성의 인식은 첫째로 부동산 활동에 대한 문제의 발견과, 둘째로 부동산 활동에서 문제의 탐색은 예상을 벗어나 당초의 계획이나 규범, 표준 등과 맞지 않는 것을 찾아내는 과정을 의미하는 것이라 할 수 있다. 또한 기회의 탐색은 부동산 활동에서 의사결정자의 부나 편익을 증대시킬 수 있는 어떤 상황을 추구하는 과정을 말한다. 일단 부동산과 관련하여 문제가 인식되고 나면 그와 관련된 자료를 수집하여 처리하는 과정을 거치게 된다. 여기까지가 의사결정 과정에서의 탐색단계에 해당된다.

## (2) 대안 설계단계

설계(design)단계는 부동산 활동과 관련하여 문제해결을 위한 여러 가지 대안을 계획하는 단계이다. 설계단계는 탐색단계에서 수집된 자료를 기초로 가능한 모든 해결방안을 모색하는 과정과 어떤 기준에 따라 각각의 해결방안을 평가하는 과정을 포함하고 있다. 그런데 이 과정에서 부동산 활동의 의사결정자가 부동산 활동을 선택하기에 자료의 부족을 느끼게 되는 경우, 다시 이전 탐색단계로 돌아가서 추가로 자료를 수집한 후 설계단계를 진행시키기도 한다. 따라서 부동산 활동의 의사결정 과정은 본질적으로 반복적 과정이지, 단순한 순차적 과정이 아닌 것이다.

## (3) 대안 선택단계

부동산 활동을 위한 여러 가지 가능한 해결방안 중 하나를 선택하는 단계이다. 선택(choice)단계에 있는 부동산 활동의 의사결정자는 여러 대안 중 하나를 반드시 선택해야 하는 입장에 처하게 되는데, 이 선택과정에는 많은 어려움이 따른다. 이는 미래 부동산에 대한 불확실성이라든가, 부동산 활동의 여러 가지 선택기준 간의 불일치성 등의 이유 때문인데 그로 인해 부동산 활동의 의사결정자는 다시 설계단계나, 심지어는 탐색단계까지 되돌아가기도 한다.

## (4) 부동산 활동 실행단계

부동산 활동을 위해 선택된 대안을 실제로 실행(Implementation)으로 옮기는 단계로, 여기서 유의해야 할 가장 중요한 문제는 훌륭한 대안이 선택되었다고 하는 것이

곧 성공적 실행으로 연결되는 것은 아니라는 점이다. 특히 조직적 차원에서 이루어지는 의사결정의 경우 권력이라든가 인간관계 등의 요인으로 인해 최선의 선택으로 판단된 대안이 실행되지 못하는 예가 적지 않기 때문이다.

이러한 문제를 해결하는 방법은 여러 가지가 있을 수 있지만, 흔히 조직 내에서 새로운 대안의 실행으로 인해 영향을 받게 되는 구성원들을 의사결정 과정에 참여시키는 방법 등 다양한 변화관리(Change Management) 기법 등을 적용할 수 있다.

## 2) 부동산의 의사결정 유형

부동산 활동의 의사결정에는 여러 가지 유형이 존재한다. 특히 부동산의 복합성과 다양성이란 특성으로 인해 다양하고 복잡한 정보 또는 자료를 고려해야 하는 연유로 부동산 활동의 의사결정은 그 상황에 따라 부동산 활동에 대한 결과의 예측가능성과 문제의 구조화 정도에 따른 의사결정의 유형으로 구분할 수 있다.

### (1) 결과의 예측가능성을 기준으로 한 의사결정 유형

부동산 활동을 위한 의사결정의 어떤 특정 대안을 선택했을 경우 나타나게 될 결과에 관해 어느 정도 예측이 가능한지를 기준으로 확실성하에서의 의사결정(Decision Making Under Certainty), 위험하에서의 의사결정(Decision Making Under Risk) 및 불확실성하에서의 의사결정 (Decision Making Under Uncertainty)의 세 유형으로 나눌 수 있다.

여기에서 확실성이라는 개념은 부동산 활동을 위한 각 대안이 초래하는 결과에 대해 완전하고 정확한 정보가 주어진 상황을 의미한다. 반대로 불확실성은 부동산 활동을 위한 대안별로 여러 가지의 결과가 나타날 수 있고 그에 대한 징조가 전혀 없는 경우를 말하는 것이다. 이 양자의 중간적인 성격의 상황을 위험성으로 표현하는데, 이는 부동산 활동을 위한 각 대안에 따라 나타날 수 있는 결과가 다양하게 정의되고 각각의 결과에 대한 발생확률이 주어진 경우이다.

이 중 확실성 또는 위험성하에서의 부동산 활동을 위한 의사결정이라면 컴퓨터 및 정보시스템의 역할이 매우 크지만, 불확실성하에서 이루어지는 부동산 활동을 위한 의사결정의 경우 그 역할은 크게 제한될 수밖에 없을 것이다.

### (2) 문제해결의 구조화 정도를 기준으로 한 의사결정 유형

의사결정을 필요로 하는 문제상황이 구조화된 정도에 따라 의사결정유형을 구조적

(Structured) 의사결정과 비구조적(Unstructured) 의사결정으로 나눌 수 있다(Simon, 1960). 학자에 따라서는 두 극단의 중간적 성격을 갖는 반구조적(Semi-Structured) 의사결정을 별도의 유형으로 구분하기도 한다. 여기서 부동산 활동의 의사결정의 구조화 정도란 사전에 부동산 활동의 의사결정에 필요한 규칙이나 절차가 준비되어 있는 정도를 의미한다. 따라서 구조적 의사결정의 경우에는 의사결정 자체를 부동산정보를 시스템화하거나 의사결정자에 대한 정보시스템의 지원이 비교적 용이하지만, 부동산의 비구조적 의사결정에 대한 정보시스템 지원은 주로 의사결정자에게 관련 부동산정보나 의사결정모형을 제공해 주는 등의 간접적인 지원만 가능한 것이 보통이다.

다양한 부동산현상과 부동산 활동에 대한 사실 등의 정보는 일정한 체계에 의하여 수집·분류하고 보관해야 한다. 즉 부동산정보의 수요에 부응할 수 있는 정보의 상품화를 도모하는 길이 '부동산정보의 구조화'라고 할 수 있다.

현재 부동산에서 조직화가 이루어지는 분야는 부동산 거래정보 분야이다. 이것은 주로 거래(매각, 임대 등)에 필요로 하는 정보라고 할 수 있다. 그러나 조직화의 합리성은 선진국에 비해 수준이 낮은 편으로 이는 부동산 활동(거래, 임대, 개발투자, 감정평가 등)에 관한 정보의 데이터베이스(DB)의 조직화가 필요하다고 할 수 있다.

부동산정보의 구조화가 이루어지면 이를 유용하게 관리할 수 있는 체계의 구축이 필요하다. 이는 부동산정보관리체계의 설치와 맞물려 있기 때문이다. 최종적인 부동산정보의 소비자는 PC나 스마트폰을 통하여 관리되는 정보를 시간과 장소에 구애됨이 없이 수집하고 분석할 수 있어야 한다.

또한 특정 부동산업계에서 부동산정보를 얼마만큼 유용하게 활용할 수 있는가 하는 점은 그 부동산업계의 성장과 밀접한 관계가 있다. 따라서 부동산정보의 유능한 관리자는 다양한 부동산정보를 충분히 공유·활용할 수 있어야 한다. 뿐만 아니라 부동산정보업계의 발전을 도모하기 위해서는 부동산정보를 공유하도록 하여야 하며, 정보분석능력을 향상시키기 위한 상호 공동노력을 기울여야 한다(이창석 외, 2000).


## 2. 부동산정보처리

부동산정보는 부동산 활동의 의사결정을 지원하는 중요한 요인으로 부동산정보의 수신자에게 제공된 부동산정보를 어떻게 처리하여 의사결정에 이용하는지는 부동산정보의 활용성과 효율성에 깊은 상관관계가 있다.

## 1) 인간의 정보처리

앞에서 부동산정보는 부동산 활동의 의사결정을 지원한다고 하였는데, 그렇다면 정보의 수신자 입장에서는 그에게 제공된 부동산정보를 어떻게 처리하여 의사결정에 이용하는 것일까? 이에 대한 해답을 구하기 위해 인간을 일종의 정보처리자(Information Processor)로 가정하고 이에 관해 알아보자.

정보처리자로서의 인간을 설명하는 모형은 [그림 3-6]과 같이 간단히 나타낼 수 있다. 인간은 감각기관(입력경로에 해당)을 통해 외부로부터 입력된 신호를 두뇌(처리장치와 기억장치에 해당)에 저장 또는 처리한 다음, 이를 근육의 움직임(출력경로에 해당)을 통해 행동이나 말, 글 등으로 반응하게 된다는 것이다(Davis and Olson, 1985).

[그림 3-6] 일반적인 인간의 정보처리 과정

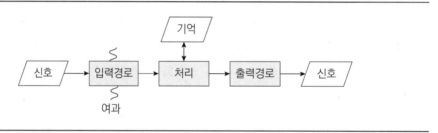

자료: Davis, G. & Olson(1985).

## 2) 부동산에서 정보처리

정보의 의사결정 과정과 정보처리 모형을 통하여 부동산 활동에서 어떻게 부동산정보가 활용되어질 것인지를 이해할 수 있다.

또한 앞에서 살펴본 정보처리 과정에 대한 논의를 통해 부동산의 정보처리에서 적용할 수 있는 두 가지의 시사점을 도출할 수 있다. 하나는 인간의 정보처리 과정과 마찬가지로 부동산정보도 외부로부터 입력된 정보를 저장 또는 분석·처리하여 최선의 부동산 활동을 할 수 있도록 정보시스템화하여 인간 정보처리시스템의 한 요소로 대치하거나 적어도 원활히 지원할 수 있는 기능을 수행할 때 소기의 목적을 달성할 수 있다는 점이다. 또 하나는 정보시스템을 구축할 때 부동산정보 중에서 불요불급한 정보와 필요한 정보를 선별할 수 있는 여과기능이 필수적이며 부동산정보시스템 구축에도 정보과부하를 방지하기 위한 여러 기능에 대한 고려가 매우 중요하다는 것이다.

또한 의사결정을 일반적으로 생각할 수 있는 여러 가지의 방법 중에 하나를 선택하는 것이라고 보기 쉬우나 이는 잘못된 사고이다. 선택이라는 최후의 부동산 활동을 위해서는 행동에 도달하기 전에 정보의 수집 · 검색과 분석이라는 길고도 복잡한 과정을 거쳐야 하는 것이다. 이러한 관점을 잘 나타내 주는 것으로 사이먼(Herbert A. Simon)이 주장한 의사결정 과정을 들 수 있다.

사이먼에 의하면 의사결정 과정은 [그림 3-7]의 정보활동, 기획활동, 선택활동의 3단계로 이루어진다. 그러나 어떠한 단계에서도 앞 단계로 돌아갈 수 있다.

이 사이먼의 모델을 원용해 본다면 부동산 활동과 관련된 의사결정 과정은 대부분의 경우 초기 활동인 정보활동단계에 집중적으로 이루어지는 것이다.

**[그림 3-7] 부동산 활동의 의사결정 과정**

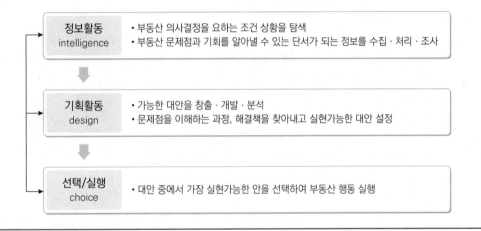

1. Internet/Broadband/World Wide Web (인터넷/브로드밴드/월드와이드웹)
2. PC/Laptop Computers (PC/노트북 컴퓨터)
3. Mobile Phones (휴대전화)
4. EMail (이메일)
5. DNA Testing & Sequencing/Human Genome Mapping (DNA테스트 기술/게놈지도)
6. Magnetic Resonance Imaging (자기공명 단층촬영 장치)
7. Microprocessors (마이크로프로세서)
8. Fiber Optics (광섬유)
9. Office Softwares (사무용 소프트웨어)
10. Non-Invasive Laser/Robotic Surgery (비침습 레이저수술/로봇 수술)
11. Open Source Software and Services (오픈소스 소프트웨어/서비스)
12. Light Emitting Diode products (발광 다이오드 제품)
13. Liquid Crystal Displays (액정화면 LCD)
14. GPS (위치정보시스템)
15. Online shopping/E-commerce/Auctions (온라인 쇼핑/e-커머스/옥션)
16. Media File Compression (미디어 파일 압축)
17. Microfinance (무담보 소액 금융 지원)
18. Photovoltaic Solar Energy (광전지 태양 에너지)
19. Large Scale Wind Turbines (대규모 풍력발전기)
20. Social Networking via Internet (소셜네트워크)
21. Graphic User Interface (그래픽 사용자 인터페이스 GUI)
22. Digital Photography/Videography (디지털 카메라/비디오)
23. RFID and Applications (RFID/애플리케이션)
24. Genetically Modified Plants (유전자 변형 식물)
25. Biofuels (바이오연료)
26. Bar Codes and Scanners (바코드와 스캐닝)
27. ATMs (자동현금인출기)
28. Stents (의료용 인조철망)
29. SRAM/Flash Momory (S램 플래시 메모리)
30. Anti-Retroviral Treatment for AIDS (에이즈 치료기술)

\* 상위권(1-4위)는 ICT기반 발명품일 정도로 지난 30년간 ICT가 세상 변혁을 주도

자료: 미 공영방송 PBS와 와튼스쿨이 방송30주년 기념으로 지난 30년간
사회와 삶을 근본적으로 변화시킨 30대 발명품 선정(2009.2.16).

**TIP** 미래의 나는 과연 누구인가?

미래의 커뮤니케이션은 인간 대 인간이 아닌 인간 대 인간대행으로 복합화 될 것으로 예상한다. 여기에서 '인간대행'은 홀로그램, 사이버 세계, 하이퍼 세계, 가상현실, 사이버 펑크, 스마트 형태로 혹은 이들이 복합된 형태로 나타나게 될 것이다. 그리고 신경을 통한 이미지 커뮤니케이션이 이루어질 것이다.

[그림] 인간의 커뮤니케이션 변화

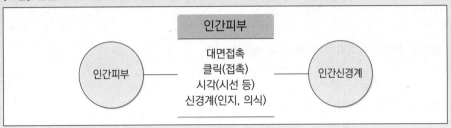

미래의 인간은 비생물적인 요소를 몸속에 삽입하게 될 것이며, 이러한 비생물체도 결국 생물체에서 진화한 것이 될 것이라 한다.

한 예로 인공지능이 완성되면 인간은 자아(自我)에 대해서 많은 혼란을 가지게 될 것이다. 즉 타인의 기억이 자신의 뇌에 업로드 된다면 현재의 기억을 가진 나는 누구일까?

만약 경험에 대한 기억이 인간의 자아를 규정짓는 잣대라면 인간의 육체를 담아두는 저장용기에 불과할 뿐이다. 그리고 경험이 이리저리 옮겨지고 그러한 기억들이 합쳐진다면 나(我)라는 고유한 자아는 존재하지 않을 것이라 한다(R. Kurzweil, 2010).

자료: 국제미래학회 공저(2013), 「미래가 보인다」.

# 연/ 습/ 문/ 제

1. 자료와 데이터, 정보, 지식의 차이에 대해 설명하시오.

2. 학자들의 다양한 부동산정보의 정의를 바탕으로 부동산정보에 대한 정의를 기술하시오.

3. 정보와 부동산정보의 차이에 대해 설명하시오.

4. 부동산정보의 정의와 그 특성에 대해 설명하시오.

5. 부동산정보와 공간정보를 비교 설명하시오.

6. 부동산정보의 가치에 대해 기술하시오.

---

✔ 주요용어

정보의 개념, 부동산정보, 부동산정보의 가치, 부동산 활동의 의사결정과정, 부동산정보의 처리

# 부동산정보시스템

부동산정보시스템 개관

## 1. 정보시스템

### 1) 시스템과 정보시스템의 개념

시스템(System)은 그리스의 Systema란 어원에서 출발하여, "여러 개의 부문으로 구성된 전체(Whole Compounded of Several Parts)"라는 의미에서 유래되었다. 시스템의 사전적 의미는 어떤 목적을 위한 질서 있는 조직체계 또는 컴퓨터에서 필요한 기능을 실현하기 위하여 관련 요소를 어떤 법칙에 따라 조합한 전체이다. 즉 시스템은 어떤 공동의 목적을 위해 구성요소들이 상호 의존적 관계에 있는 복합체인 것이다.

정보시스템이란 지정된 정보처리 기능을 수행하기 위하여 조직화되고 규칙적으로 상호 작용하는 기기와 방법, 절차, 그리고 경우에 따라서는 인간도 포함하는 구성 요소들의 집합이다. 이를 달리 표현하면 체계, 조직, 제도 등 요소의 집합 그리고 요소와 요소 간의 집합이며 어떤 과업의 수행이나 목적 달성을 위해 공동 작업하는 조직화된 구성 요소의 집합으로 정보의 수집·가공·저장·검색·송신·수신 및 그 활용과 관련되는 기기와 소프트웨어의 조직화된 체계이다.

컴퓨터는 마이크로프로세서와 그와 관련되는 집적회로(IC)칩과 회로, 입력 장치(글쇠판, 마우스, 디스크 구동 장치), 출력 장치(모니터, 디스크 구동 장치), 그리고 주변 장치(프린터, 모뎀) 등으로 구성되는 하나의 하드웨어 시스템으로 그 내부에는 하나의 운영체계가 있다. 흔히 이 운영체계를 '시스템 소프트웨어'라고 하여 하드웨어와 데이터 파일을 관리하여 응용 프로그램들을 실행시키는 필수적인 프로그램들의 집합체로서 시스템이라 할 수 있다.

정보시스템은 정보를 처리하는 데 이용되는 프로그램과 절차, 데이터 및 기기들의 다양한 집합이나 조합을 가리킨다. 이런 정보시스템은 부동산 거래관리시스템, 회계관리 시스템, 온라인 데이터베이스 관리시스템, 통신망 관리 시스템 등 다양한 유형이 있다.

## 2) 시스템 접근방식(Systems Approach)

### (1) 개념

시스템 접근방식은 일반적인 시스템 이론에 바탕을 두고 있는 매우 광범위한 개념으로 많은 이론이나 기법, 방법론이 포함되어 있다. 시스템 접근방식의 개념을 한마디

[그림 4-1] 시스템 접근방식의 적용절차

| 범주 Ⅰ 정의단계 |
|---|
| 단계 1 조직을 하나의 시스템으로 인식한다. |
| 단계 2 조직의 환경시스템을 파악한다. |
| 단계 3 조직의 하위시스템을 파악한다. |

| 범주 Ⅱ 문제 대안 탐색단계 |
|---|
| 단계 4 분석의 수준을 하위시스템으로 점차 낮춘다. |
| 단계 5 일정한 순서에 따라 시스템 요소를 분석한다. |

| 범주 Ⅲ 최적 대안 적용단계 |
|---|
| 단계 6 여러 가지 대안을 모색한다. |
| 단계 7 여러 대안을 비교 평가한다. |
| 단계 8 최선의 해결대안을 선택한다. |
| 단계 9 해결안을 실행한다. |
| 단계 10 해결안이 효과를 얻도록 사후 분석한다. |

자료: McLeod(1995).

로 정의하기는 쉽지 않으나 대체로 접근대상을 하나의 시스템으로 간주하여 그 시스템의 모든 면을 살펴보려는 사고체계 내지는 철학이라 할 수 있다.

즉 Thome and Willard(1966)에 의하면 "시스템 접근방식은 복잡한 성격을 가진 인간의 욕구를 평가하는 체계적 방법의 하나로서, 보다 객관적 입장에서 다양한 각도로 상황을 파악하고자 하는 사고체계가 그 바탕이 된다"고 한다.

또 다른 한 가지 핵심은 시스템 접근방식은 일련의 단계로 이루어진다는 것이다. 구체적으로 시스템 접근방식은 어떤 단계들로 구성되는가에 대해서는 학자에 따라 다양한 의견이 있으나, 크게 보면 "문제를 이해하는 단계"와 "해결대안을 찾는 단계" 및 "선택된 대안을 적용하는 단계" 등 세 단계를 포함하는 것으로 이해할 수 있다.

### (2) 시스템 접근방식의 적용절차

시스템 접근방식의 절차 또는 단계에 대해서는 그 동안 많은 논의가 있으나 대표적인 시스템 접근방식의 적용절차로 McLeod(1995)는 [그림 4-1]과 같이 크게 세 범주의 10단계로 구분하여 제시하고 있다. 시스템 접근방식은 특히 기업 내에서의 문제해결 및 의사결정 과정에 초점을 맞추고 있다는 점에서 관련된 문제를 해결하는 과정에 직접적으로 활용할 수 있다.

## 3) 정보시스템의 개념

정보시스템이란 다양한 시스템중의 하나로 정보와 시스템이 결합되어 의사결정이나 업무처리과정에 필요한 자료를 수집, 처리, 저장, 분석하는 인적, 물적자원 및 절차의 집합체이다.

정보시스템은 하드웨어(H/W), 소프트웨어(S/W), 자료(Data), 인적자원(Personnel), 수행절차(Procedure), 통신(Network)의 총 6가지로 구성되어 있다. 특히 현대의 정보시스템은 하드웨어와 소프트웨어 기술을 기반으로 하고 있어 정보시스템을 컴퓨터 기반정보시스템(CBIS: Computer Based Information System)이라고 표현하기도 한다.

인류 역사적 측면으로 보면 인간은 원초적으로 정보를 상호 소통하고 관리하고자 하였다. 즉, 원시시대로부터 심볼(Symbol)을 통해서 다른 사람과 정보를 교환하고 공유하고자 하였으며, 이는 언어 또는 문자로 발전하게 된 것이다.

또한 인류역사는 의사결정의 역사라고 할 수 있다. 이러한 의사결정을 하기 위해서 문제를 인식하고 그 문제를 해결하기 위한 대안들은 협의를 통해서 논의하고 그 문제를 풀 수 있는 대안 중에서 한 가지를 선택하는 일들이 반복되어 왔다. 이와 같이 의사결정은 정보가 없으면 이루어질 수가 없다. 따라서 정보를 습득하고 관리하기 위해 캐비닛, 매뉴얼 등 나름대로의 체계가 존재했다. 그 중에서 이러한 정보를 좀 더 효율적으로 습득하거나 관리 활용하기 위한 체계를 컴퓨터 정보기술의 발달로 이루어진 것이 바로 컴퓨터 기반 정보시스템(CBIS)이다. 그렇지만 전산화를 기반으로 하는 정보시스템은 기존의 전산화와 관계되지 않은 정보시스템보다 반드시 효과적일 것이라고 할 수는 없다. 단지 더 효과적일 확률이 높은 것뿐이다.

따라서 정보시스템 개발이란 반드시 전산화를 수반하지는 않는다. 즉 정보시스템 개발이라고 하는 용어와 전산화라고 하는 용어가 항상 일치하는 것은 아니라는 것이다.

정보화는 정보시스템 개발보다 상위개념으로써, 또 추진전략의 하나라고 할 수 있다. 즉 전산화 외에 다른 전략으로도 정보시스템을 개발할 수 있다는 것이다. 일단 전산화를 할 때, 먼저 그 전산화 대상이 되는 기업이나 조직의 업무 프로세스, 조직문화가 전산화를 할 수 있는 준비가 되어 있는지를 먼저 파악을 하고 프로세스를 확충한 다음에 전산화로 들어가야 하는 것이다. 따라서 업무 프로세스의 혁신이 선행되어야 한다.

따라서 이러한 업무 프로세스의 개선은 해당 분야 전문가에 의해 조직의 업무를 잘 이해하고 다른 조직의 업무를 잘 벤치마킹하여 그 조직의 업무를 먼저 혁신시킨 후 그 중에서 전산화를 할 부분을 선택하게 되는 것이다. 이때 모든 프로세스가 전산화 대상이 되는 것은 아니다. 그 중에는 사람들의 지혜가 필요한 부분이 있고 전산화가 가능하지 않은 부분도 있어 그 선별이 필요하다.


## 2. 부동산정보시스템

부동산정보시스템(REIS: Real Estate Information System)은 부동산정보와 시스템이 결합되어 부동산 활동을 위한 의사결정이나 업무처리과정에 필요한 자료를 수집, 처리, 저장, 분석하는 인적, 물적자원 및 절차의 집합체로서, 시스템이란 큰 개념의 한 분야이면서, 정보시스템의 한 부분이기도 하다.

즉 [그림 4-2]에서 보는 바와 같이 정보시스템은 시스템 중의 하위이고 정보시스템 또한 어떤 분야에 활용하느냐에 따라 행정정보시스템, 경영정보시스템, 교통정보시스템, 부동산정보시스템 등으로 구분된다.

[그림 4-2] 정보시스템 체계도

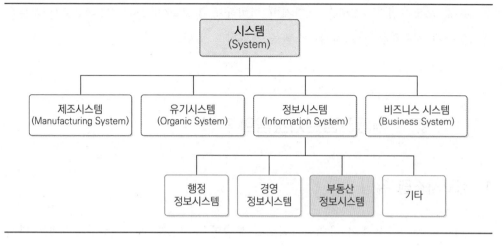

## 1) 부동산정보시스템의 개념

부동산정보시스템은 부동산 활동의 의사결정을 할 때 이에 필요한 정보를 검색, 분석하는 등 필요한 정보를 효율적으로 추출하기 위해 설정된 정보시스템이다. 즉 부동산 활동을 효율적으로 하기 위해 컴퓨터에 의해 관련 자료를 수집, 분류, 저장, 평가, 분석함과 동시에 이를 필요로 하는 의사결정자에게 제공하는 정보를 관리하여 부동산 활동에 필요한 정보를 지원하는 시스템이다.

## 2) 부동산정보시스템의 특성

부동산정보시스템은 다양한 요소를 복합적으로 통합 분석하여 효율적인 부동산 활동을 지원하기 위한 시스템으로 그 특성을 알아보면 다음과 같다.

첫째, 인간 – 기계시스템(Man – Machine System)으로 부동산정보시스템은 컴퓨터 등의 정보기술만을 의미하는 것이 아니라 인적자원도 포함되는 개념으로 상호 결합하여 운용하게 된다.

둘째, 정보이용에서 성과적 측면과 자원의 낭비 방지 측면을 고려한 부동산 종합시스템의 성격을 갖게 되며, 이와 같은 역할을 수행하기 위해서 부동산자료의 종합관리 및 처리를 가능하게 하는 데이터베이스 구축이 요구된다.

셋째, 부동산정보시스템은 공공과 민간의 데이터를 통합하여 바람직한 부동산 활동의 의사결정을 지원한다.

넷째, 부동산정보시스템은 포괄적인 의미에서 공공과 민간이 모든 부동산 활동을 광범위하게 지원하는 자료처리시스템을 포함하고 있다.

---

## SECTION 02 부동산정보시스템의 유형

## 1. 정보시스템 유형

정보시스템은 몇 개의 하위시스템으로 분할할 수 있고, 또 그 하위시스템은 다시 몇 개의 하위－하위시스템으로 분할할 수 있는 계층적 구조를 가진다. 부동산정보시스템도 하나의 시스템과 그 하위 정보시스템으로 구성되는 복잡한 구조를 형성하여 다양한 기능을 수행하게 된다. 이와 같이 부동산정보시스템은 경영정보시스템(MIS: Management Information System)과 유사하여 MIS의 하위에 있는 거래정보시스템, 정보보고시스템, 의사결정시스템 등 다양하여 세부적인 정보시스템의 유형을 알아보면 다음과 같다[5].

### 1) 거래처리시스템(TPS: Transaction Processing System)

거래처리시스템(TPS)은 정보시스템 유형의 하나로서 경영활동수준의 관점에서 본 MIS의 하위시스템 중 하나이다. 이는 컴퓨터 활용의 역사에서 볼 때 가장 먼저 형성된 시스템으로서, 정보가 아닌 단순한 자료의 처리에 중점을 두고 있다. 따라서 대부분은 TPS를 정보시스템보다는 자료처리시스템(DPS: Data Processing Systems)의 한 유형으로 인식하고 있다.

일반적으로 조직은 일차적인 역할 또는 목표와 목적 달성을 수행하기 위해 필수적인 활동이 있게 마련이다. 예를 들어 제조기업의 경우 외부환경으로부터 원자재나 인력 등의 투입물을 받아들이고 이를 제품으로 변환시켜 다시 외부로 내보내는 것이 그 일차적인 역할이다. 이와 같은 거래라는 과정을 처리하는 시스템이 거래처리시스템이다.

그러나 엄밀히 말한다면, 거래처리시스템은 실제 거래를 처리하는 것이 아니라 그

---

5) 정보시스템의 유형에 대해서는 김은홍 외(2008), 「경영정보학 개론」의 일부를 요약정리하여 기술함.

거래행위를 반영 또는 기술하는 거래자료를 처리하는 것이다. 예를 들어 완제품을 창고에 입고시키는 행위는 분명히 거래행위이지만 그것이 거래처리시스템의 한 요소가 되지는 않는다. 거래처리시스템에서는 단지 새로 입고되는 완제품에 관한 자료를 처리함으로써 그 행위를 뒷받침해 주고 있는 것이다.

한편 이와 같이 처리된 거래자료는 MIS(Management Information System)의 근간을 형성하게 되어 앞으로 언급될 여타 유형의 정보시스템에 투입된다.

따라서 거래처리시스템은 "기록의 보존이나 여타 MIS 하위시스템에의 입력을 위하여 거래자료를 수집, 분류, 저장, 유지, 갱신, 검색하는 기능을 수행하는 시스템"이라 할 수 있다(Kroeber and Watson, 1984).

## 2) 의사결정지원시스템(DSS: Decision Support System)

의사결정지원시스템(DSS)은 "컴퓨터를 이용해서 반구조적(Semistructured) 또는 비구조적(Unstructured)의사결정을 지원하는 시스템"으로 정의한다(Gorry and Dcott Morton, 1971). 이를 보다 구체적으로 표현하면 "경영자의 반구조적 또는 비구조적 의사결정을 지원하기 위하여 의사결정모형과 자료에 보다 쉽게 접근할 수 있게 해주는 대화식 시스템"으로 정의하기도 한다(Kroeber and Watson, 1984).

대화식 시스템이란 의사결정자 또는 그의 참모(Staff)가 단말기 앞에 앉아 직접 시스템을 운영하면서 관련 자료를 저장하고 새로운 의사결정모형을 만들거나 기존의 모형을 이용하여 접근 가능한 자료를 분석할 수 있도록 준비된 시스템을 말한다. 이와 같이 DSS에 의해 효과적인 의사결정이 가능하려면 상당히 고도화된 소프트웨어 시스템이 필요한 것이다. 또한 DSS에 투입되는 자료는 일부 TPS에서 추출되기도 하지만 주로 경영활동과 관련된 조직 내·외부의 자료들을 별도로 수집·보관하여 이용하는 것이 보통이다. [그림 4-3]은 이러한 DSS의 개념정의를 바탕으로 기본구조를 도식화한 것이다.

그런데 DSS는 MIS 개념이 지속적으로 변화·발전되어 온 것과 동일하게 정보기술의 발전과 함께 많은 변화를 겪어 왔다. 그 중에서도 특히 DSS와 인공지능의 결합에 의해 지식기반 의사결정시스템 또는 지능형 의사결정시스템(IDSS: Intelligent Decision Support System)의 개념이 등장하여 현재까지 이상적인 형태의 DSS로 발전되고 있다.

DSS의 데이터와 모형 이외에 지식까지 통합 관리하고자 하는 개념을 바탕으로 구축되는 DSS의 기본구조를 간단히 도식하면 [그림 4-3]과 같다. 이는 결국 전통적인

DSS와 뒤에서 논의될 전문가시스템의 개념을 상호 보완적 관계로 파악하여 의사결정
지원의 효과성을 제고하고자 하는 목적으로 제시된 DSS 개념이라 할 수 있다.

[그림 4-3] 의사결정지원시스템의 기본구조

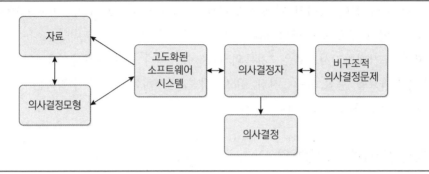

자료: 김은홍 외(2008), 「경영정보학 개론」.

## 3) 지능정보시스템(IIS: Intelligent Information System)

　　최근 대부분의 조직에서는 급격한 환경 변화에 따라 점점 더 복잡하고 다양한 문제가
빈번하게 발생하는 데 비해서 이에 신속히 대처하기 위해 필요한 경험과 지식이 크게
부족하다는 점을 인식하고 있다. 이처럼 불확실한 상황 속에서 복잡한 문제에 대한 신속한
의사결정이 필요한 경우에는 인공지능을 기반으로 구축된 지능정보시스템(IIS)이 매우
유용한 수단으로 활용될 수 있다. 여기서 인공지능(AI: Artificial Intelligence)이란 "인간의
지능으로 할 수 있는 사고, 학습, 자기개발 등을 컴퓨터가 할 수 있도록 하는 방법을
연구하는 컴퓨터 공학 및 정보기술의 한 분야로서, 컴퓨터가 인간의 지능적인 행동을
모방할 수 있도록 하는 것(네이버 백과사전)"으로 정의된다.

　　인공지능의 활용범위는 매우 다양하여 최근 조직의 IIS 구축과 관련하여 비교적 활
발한 연구가 진행되고 있는 개념 또는 기술이다. 이러한 지능정보시스템의 유형으로는
전문가시스템, 사례기반추론, 지능형 에이전트, 시멘틱웹 등이 있다.

### (1) 전문가시스템(ES: Expert System)

　　전문가시스템이란 전문가의 지식과 경험을 체계화하여 컴퓨터에 구현시킴으로써,
전문가가 아닌 일반사람들이 전문가의 능력을 빌려 스스로 의사결정을 할 수 있도록
하는 정보시스템을 말한다.

1976년 미국 스탠포드(Stanford)대학에서 의사가 환자에게 자신의 지식체계에 따라 필요한 순서대로 질문하고 판단하여 병을 진단할 수 있는 것과 동일하게 컴퓨터로 구현하기 위해 개발한 마이신(MYCIN)이라는 소프트웨어가 최초의 ES라고 할 수 있다. 그 후 ES는 광맥탐사, 컴퓨터설계, 분자구조 설명 등의 과학 및 공학분야와 생산 일정계획, 제품 및 공정설계, 신용평가, 투자자문, 세무 및 법률상담 등 다양한 분야에서 성공적으로 활용되고 있다.

그런데 ES도 결국은 인간의 의사결정을 지원하기 위한 시스템이라는 측면이고 보면 DSS와 유사한 개념으로 볼 수 있으나 그러나 다음과 같은 세 가지 점에서 DSS와 차이가 있다(McLeod, 1995).

첫째, DSS는 모형과 데이터를 중심으로 구축되는데 비해, ES는 지식을 기반으로 한다. 둘째, DSS에 의한 의사결정의 성과는 의사결정자 개인의 능력이나 의사결정방식 등에 의해 결정될 수밖에 없는 데 비해 ES는 의사결정자보다 훨씬 뛰어나 전문가의 능력을 활용할 수 있다. 셋째, ES는 어떤 결론에 도달하게 된 논리적 추론과정에 대한 설명을 제공해 주는데, 경우에 따라서는 결론 그 자체보다도 오히려 문제해결을 위한 추론과정이 더 중요할 수도 있다.

ES는 시스템에 따라 약간의 차이는 있으나 기본적으로 [그림 4-4]와 같이 지식베이스, 지식관리모듈, 추론엔진, 설명모듈로 이루어지는 구조를 가지고 있다.

[그림 4-4] 전문가시스템의 기본구조

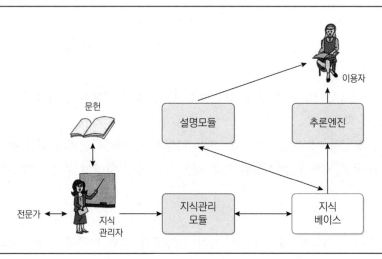

## (2) 지능형 에이전트(IA: Intelligent Agent)

지능형 에이전트는 상황에 따라 소프트웨어 에이전트, 소프트봇(Softbots), 노우봇(Knowbots), 위자드(Wizards) 등 다양한 용어로도 지칭되는 기술로서, 복잡하고 역동적인 환경 속에서 자율적으로 감지하고 행동하면서 설계된 목표나 임무를 수행하는 컴퓨터 프로그램이다. 이를 사용자의 관점에서 보면 "사용자의 행동양식을 관찰하고 학습하여 정보공간에서 사용자를 대표하고, 학습된 사용자의 행동양식을 기반으로 사용자가 해야 할 작업을 자동으로 수행해 주는 소프트웨어(이재규 등 편저, 2006)"라고 정의될 수 있다.

예를 들어 지능형 에이전트는 사용자를 대신해서 스스로 불필요한 메일을 삭제하거나 고객과의 면담일정을 잡고, 가장 저렴한 항공요금을 찾아 인터넷 사이트를 검색하기도 한다.

이와 같은 기능을 수행하기 위하여 지능형 에이전트가 갖추어야할 핵심 특성 또는 속성은 다음과 같다(이재규 등 편저, 2006).

- 자율성: 특정 목적에 대해 사람이나 다른 시스템의 간섭 없이 동작하며 자신의 내부행동과 상태를 자율적으로 제어하는 능력
- 협동성: 다른 에이전트와 협동해서 목적을 달성하려는 성질(상이한 기능을 수행하는 여러 에이전트들이 협업을 통해 보다 큰 업무를 수행하는 다중 에이전트 시스템의 구축을 가능하게 하는 특성)
- 정직성: 정확한 정보를 주고받으며 이를 그대로 사용자에게 전달하는 성질
- 이동성: 특정 목적을 달성하기 위하여 네트워크를 통해서 자유롭게 이동할 수 있는 능력
- 적응성(학습능력): 주변 환경이나 특정 목적 등의 변화를 인식하고 그에 적응하기 위한 학습능력
- 사회성(통신능력): 다른 에이전트 또는 다양한 시스템 자원과 통신할 수 있는 능력
- 추론능력: 규칙기반, 지식기반 등을 이용하여 특정 영역의 문제를 해결할 수 있는 능력

한편, 오늘날 지능형 에이전트는 여러 분야에서 매우 다양하게 활용되고 있으며, 다음과 같은 임무 또는 역할을 수행할 수 있다(임규건 등 공역, 2003).

- 정보검색과 수집 대행: 데이터베이스를 검색하거나 새로운 웹페이지를 찾아 정보를 검색하고 수집해서 사용자에게 보내는 인터넷 검색엔진은 오늘날 가장 널리 활용되는 지능형 에이전트의 한 유형이다.
- 사용자 인터페이스 지원: 이메일 필터링 에이전트 등과 같이 컴퓨터와 사용자 간의 인터페이스를 담당하는 개인비서 역할을 지원한다.
- 의사결정 지원: 에이전트를 활용하여 복잡하고 시간이 많이 소요되는 의사결정을 지원 또는 촉진할 수 있고, 이를 바탕으로 권한이양도 가능해진다.
- 반복적 직무활동 자동화: 판매나 고객지원 등과 같은 분야에서 사무직원이 반복적으로 수행하는 작업을 자동화함으로써 사무생산성을 향상시키고 인건비를 절감할 수 있다.
- 모바일 에이전트: 사용자가 다른 일을 하는 동안 스스로 여러 인터넷 사이트를 이동하면서 사용자들이 필요한 데이터를 보내거나 받을 수 있다.

## (3) 시멘틱웹(Semantic Web)

최근 정보기술 인프라의 확장과 인터넷의 활용 증대 등으로 인해 웹문서(Web Documents)가 기하급수적으로 증가하고 있다. 이렇게 방대해진 웹문서로 인해서 사람들이 보다 많은 정보를 공유할 수 있게 된 반면에, 그만큼 필요한 정보를 찾아서 활용하는 데 어려움을 겪고 있는 것이다. 이처럼 현재의 웹에서 정보의 효율적인 검색과 재사용이 어렵게 된 근본적인 원인은 웹의 구성방식에 있는 것이다. 사람이 이해할 수 있도록 작성되어 있는 기존의 HTML(Hyper Text Markup Language) 기반의 웹문서는 컴퓨터가 전혀 그 의미를 파악하지 못하기 때문에 컴퓨터 간의 의사소통이 불가능하게 된 것이다.

기존의 웹이 가지고 있는 이러한 한계를 극복하기 위한 개념이 시멘틱웹(Semantic Web)으로서, 1999년 미국의 버너스-리(Berners-Lee, 1999)에 의해 처음 제시되었다. 시멘틱웹은 간단히 "컴퓨터가 정보를 이해하고 처리할 수 있는 웹(전현주 외, 2005)"이라고 정의할 수 있다. 이는 기계가 처리할 수 있는 언어로 표현된 정보의 공간이고, 형식적 및 의미적으로 연결된 정보의 웹이다. 여기서 형식적이라고 하는 것은 기계가 정보를 읽고 처리함으로써 문서의 내용을 자동으로 처리할 수 있음을 의미한다. 따라서 시멘틱웹의 목적은 웹상의 정보에 잘 정의된 의미를 부여하여 사람뿐만 아니라 컴퓨터도 쉽게 문서의 의미를 해석할 수 있도록 함으로써, 정보의 검색과 해석, 통합 등의 업무를 자동화하는데 있다(김수경·안기홍, 2005). 즉 기존의 HTML 대신에 XML(eXtensible Markup Language)을 기반으로 웹문서를 표현함으로써, 웹이 '사람들을 위한 웹'에서 '데이터의 웹'으로 진화한 것이 시멘틱웹이다(이재규 등 편저, 2006).

예를 들어 시멘틱웹이 구현되면, 휴가계획을 수립하기 위하여 웹상에 있는 여행정보를 일일이 직접 찾아서 비행기와 호텔을 예약하는 대신에 자동화된 프로그램에 대략적 휴가일정과 개인의 기호만을 알려주면 시멘틱웹에 의해 자료의 의미가 포함되어 있는 웹상의 정보를 해독하여 손쉽게 세부 일정과 여행에 필요한 예약이 이루어질 수 있게 된다. 그러나 시멘틱웹이 현실화되어 이와 같은 형태로 활용되기 위해서는 웹에 산재한 수많은 정보원(Information Source)으로부터 정보를 수집하고 이를 처리한 후, 그 결과를 다른 컴퓨터 소프트웨어와 교환하고 공유할 수 있는 다양한 에이전트 프로그램의 개발이 필요하다.

시멘틱웹이 성공적으로 구현하게 되면 응용시스템들은 서로 경계를 벗어나 정보를 공유할 수 있는 가능성이 대폭 확대될 수 있을 것이다. 따라서 이러한 가능성이 현실화 된다면 현재보다 훨씬 정확한 자료를 찾아내는 웹 검색이 가능해지고, 지능형 에이전트들 간에 신뢰할 수 있는 정보를 교환할 수 있을 것이다. 또한 기업 내의 유용한 정보나 지식의 공유 및 재사용이 용이해지고 ERP, SCM, CRM 등 기업 내의 여러 응용시스템의 확장과 재사용을 고려한 시스템 통합이 훨씬 수월하게 이루어질 수 있게 될 것이다(유동희 외, 2005).

## 4) 경영자 정보시스템(EIS: Executive Information System)

경영자 정보시스템(EIS)은 특별히 최고경영층의 활동만을 지원하기 위해 개발된 시스템이라는 점에서 DSS 등 다른 정보시스템과 구별될 수 있다. 우리말로 임원정보시스템 또는 최고경영층 정보시스템 등으로 다양하게 번역되기도 하는데 EIS는 "조직의 최고경영층으로 하여금 조직의 운영결과나 상황에 대한 평가·감시 및 계획수립을 위해 필요한 각종 정보나 분석도구에 손쉽게 접근할 수 있도록 구축된 정보시스템(Ginberg, 1992)"으로 정의할 수 있다.

이와 같은 경영목적을 달성하기 위해 EIS는 조직 내·외부 정보를 포함하는 데이터베이스와 연계되어 최고경영층 스스로 원하는 정보를 검색할 수 있도록 하며, 가장 효과적으로 정보를 제공할 수 있게 한다.

EIS에 있어 정보제공 양식이 특히 중요한 이유는 대부분의 최고경영층이 컴퓨터에 익숙하지 못하고, 그들이 최소한의 시간 내에 최대한의 정보를 소화시킬 수 있도록 해야 하기 때문이다.

그밖에도 전자우편, 일정관리 등 최고경영층의 활동을 보다 효과적으로 수행하기 위해 필요한 기능들도 함께 지원해야 하는 것이다.

## 2. 부동산정보시스템의 유형

부동산정보는 일반적으로 지리정보와 수치속성정보로 구분할 수 있다. 지리정보는 부동산의 지형, 행정체계, 도로망, 도시시설물의 위치, 도시계획, 토지이용현황 등 각종 지도나 도면에 의한 표현정보이며, 수치속성정보는 도시인구, 취업구조, 주택, 건물면적 등 각종 통계보고서나 대장에 의해 관리되고 있는 정보를 말한다. 이러한 부동산정보는 하나의 기반자료로 묶어 통일적으로 관리함으로서 농촌·도시의 모든 정책과 관련된 부동산정책을 결정하거나 업무의 효율적인 시행을 지원한다(강병기 외, 2005).

부동산정보시스템은 부동산 활동을 위한 의사결정이나 업무처리과정에 필요한 자료를 수집, 처리, 저장, 분석하는 인적, 물적자원 및 절차의 집합체로서, 그 기능에 따라 다음과 같이 몇 개의 부체계(Sub-System)로 구분해 볼 수 있다(국토개발연구원, 1985).

첫째, 자료처리부체계로 부동산정보시스템에서 사용되는 각종 자료를 기계가 해독 가능한 상태로 변환시키는 자료전산화 과정과 자료형태에 따라 자료기반에 저장하는 기능을 가지게 된다. 따라서 부동산정보시스템에서 가장 중요한 요소인 자료기반과 자료수집과정이 포함된다.

둘째, 자료이용분석부체계로서 자료기반에 수록되어 있는 자료의 검색기능을 비롯해서 간단한 연산기능이나 통계학적 분석 그리고 고도의 정책대안평가분석을 위한 모형까지 분석한다.

셋째, 정보이용부체계로서 부동산정보이용자의 의사결정에 도움을 주는 시스템으로 통상 비전산화(非電算化)된 활동을 지원하기 위한 부동산정보시스템의 외부요소로 분류되지만 종합적인 도서정보시스템의 구성이라는 측면에서 정보시스템에 포함시킨다.

넷째, 운영관리부체계로서 부동산정보시스템의 종합적인 운영관리를 위한 부체계로서 컴퓨터시스템과 부동산정보시스템의 효율적인 작동과 운영을 위한 조직, 인원, 설치와 다른 부체계를 움직이는 규칙적인 절차와 자료기반에 접근하는 절차 등도 포함된다.

## 1) 부동산정보시스템의 분류

부동산정보화에 따른 효과의 대상은 정보화를 구현하는 행정기관 내부 조직원(조직내부)과 그렇지 않은 외부조직원 또는 일반국민(조직외부)을 설정할 수 있다. 반면에 정보화를 통하여 얻고자 하는 정보의 내용은 조직의 업무일상이며 업무의 효율성과 편의성을 얻기 위한 업무정보(업무처리중심)와 조직이 결정해야 하는 정책결정에 활용될 수 있는 정책관련 정보(정보산출 중심)로 나눌 수 있다.

이와 같이 분류해 볼 때 정보화의 유형은 다음의 <표 4-1>에서와 같이 4가지 유형으로 구분할 수 있다. 이와 같은 분류는 정보의 공개 여부, 가격 책정 여부 등의 결정에 유용하게 적용할 수 있을 것으로 생각된다.

▎〈표 4-1〉 부동산정보화 유형

| 서비스 대상<br>정보화 내용 | 조직 내부 | 조직 외부 |
|---|---|---|
| 업무처리 중심 | 〈유형1〉 내부업무 전산화 | 〈유형2〉 민원서비스 정보화 |
| 정보산출 중심 | 〈유형3〉 정책결정지원 정보화 | 〈유형4〉 열린정부 정보화 |

<유형1>의 내부 업무전산화란 조직이 정보화를 통해 중복되거나 반복되는 업무를 일회로 처리하거나 자동화하여 업무처리 인력과 시간을 절감하고 업무의 신속성과 정확성을 높여 준다.

<유형2> 민원서비스 정보화는 조직 외부의 기관이나 기업 또는 일반국민을 대상으로 하며 이들에게 업무처리의 편의성을 제공하는데 목적을 두고 있다.

<유형3>의 정책결정지원 정보화는 정보화의 내용이 통계, 해외정보, 연구결과 등의 정보를 체계적이고도 대량으로 확보하여 정책결정에 필요한 정보를 의사결정자에게 제공함으로써 의사결정의 합리성을 높이기 위하여 시행된다.

<유형4> 열린정부 정보화는 정부나 공공부문이 보유하고 있는 공공정보를 기업이나 일반국민들에게 제공하여 행정의 투명성을 제고하고 일반국민의 알권리를 신장하며 시민 생활의 편의성을 높이기 위하여 시행된다.

현재의 국가공간정보센터에서 운영하는 3개의 시스템은 조직내부 및 조직외부 모두를 대상으로 운영되고 있으며, 온나라부동산포털은 대국민서비스를 목적으로 점차

서비스의 범위를 넓혀가고 있는 추세로서, 다음의 <표 4-2>와 같이 구분될 수 있을 것이며, 이와 같은 시스템의 특성에 따른 적합한 전략이 수립되어야 할 것이다.

▌〈표 4-2〉 행정정보화 유형에 따른 시스템 분류

| 행정정보화 유형 | 부동산정보관리<br>시스템 | 지적정보시스템 | 온나라부동산포털 |
|---|---|---|---|
| 〈유형1〉 내부 업무전산화 | ○ | ○ | |
| 〈유형2〉 민원서비스 정보화 | ○ | | ○ |
| 〈유형3〉 정책결정지원 정보화 | ○ | ○ | ○ |
| 〈유형4〉 열린정부 정보화 | | ○ | |

자료: 2008년도 국가GIS 지원연구(2008.12).

이상과 같은 구분 기준에 따라 국가공간정보센터에서 제공하는 부동산정보를 정보의 형태와 행정정보화 유형으로 다음의 <표 4-3>과 같이 분류된다.

▌〈표 4-3〉 공간정보의 형태 및 행정정보화 유형에 따른 부동산정보의 분류

| 구분 | | 해당시스템 | | | |
|---|---|---|---|---|---|
| | | 〈유형1〉<br>내부 업무전산화 | 〈유형2〉<br>민원서비스 정보화 | 〈유형3〉<br>정책결정지원 정보화 | 〈유형4〉<br>열린정부 정보화 |
| 정보의<br>형태 | 소유현황 | ○ | | ○ | |
| | 분포현황 | ○ | | ○ | |
| | 거래현황 | ○ | | ○ | ○ |
| | 정책현황 | | | ○ | ○ |
| | 과세현황 | ○ | | ○ | |
| | 가격현황 | ○ | ○ | ○ | ○ |

자료: 2008년도 국가GIS 지원연구(2008.12).

**〈표 4-4〉 공공기관별 부동산 관련 정보시스템 구축 현황[6]**

| 부처 | 시스템 명칭 | 비고 | 부처 | 시스템 명칭 | 비고 |
|---|---|---|---|---|---|
| 국토 교통부 | 부동산정보관리시스템 | 국토정보시스템 으로 통합 | 환경부 | 환경부지리정보시스템 | 국토환경정보 종합제공 |
| | 지적정보시스템 | | 농림부 | 농지종합정보시스템 | 농지보전 및 관리 |
| | 본부시스템 | | 행정 자치부 | 통합지방세행정시스템 | 지방세통합정보제공 |
| | 국토지대장시스템 | | | 세외수입정보시스템 | 과태료 등 세외수입관리 |
| | 지적도면기반시스템 | | | 새주소관리시스템 | 새주소, 지번 연계제공 |
| | 씨:리얼 | 인터넷 서비스 제공 | 기획 재정부 | 국유재산관리시스템 | 국유재산 공개, 처분 |
| | 국가지리정보 유통망 | | 국세청 | 국세정보시스템 (TIMS) | 국세정보 제공 |
| | 부동산거래관리시스템 | 인터넷 거래신고 | 통계청 | 통계지리정보시스템 | GIS를 통한 통계제공 |
| | 인터넷건축행정시스템 | 인터넷 인허가 접수처리 | 소방 방재청 | 국가재난정보센터 | 재난정보 종합제공 |
| | 주택소유확인시스템 | 청약당첨자 관리 | 산림청 | 산림지리정보시스템 | 산지보전 및 이용 |
| | 국토 포털 사이트 | 국토정보제공 (지리원) | 문화 재청 | 문화재기본 지리정보시스템 | GIS기반 문화재 관리 |
| | 한국토지정보시스템 | KLIS | 법원 행정처 | 대법원 인터넷 등기소 | 등기 관리 및 서비스 |
| 국토 교통부 | 토지이용규제 정보시스템 | 용도, 행위제한 제공 | 총 11개 부처 25개 정보시스템 | | |

자료: 경정익 외(2010).

또한 <표 4-5>에서와 같이 행정업무의 내용에 따른 수요자 중심으로 대상물의 종류에 따라 토지정보, 건물정보, 기타 공간정보 3종으로 분류할 수 있으며, 정보의 형태에 따라 소유현황, 분포현황, 거래현황, 정책현황, 과세현황, 가격현황 등으로 구분할 수 있다.

---

6) 부처별로 부동산과 관련된 업무수행의 효율성을 위해 구축하여 운영하는 정보시스템은 총 11개 부처 25개로서, 5개 부처(국토부, 환경부, 농림부, 산림청, 문화재청) 9개 정보시스템을 연계하여 운영되고 있다.

| 구분 | | 정보의 대상 | | |
|---|---|---|---|---|
| | | 토지정보 | 건물정보 | 기타 공간정보 |
| 정보의<br>형태 | 소유 현황 | 부동산시스템, 지적시스템 | 부동산시스템 | 부동산시스템 |
| | 분포 현황 | 부동산시스템, 지적시스템 | 부동산시스템 | 부동산시스템 |
| | 거래 현황 | 부동산시스템, 지적시스템,<br>씨:리얼(SEE:REAL) | 부동산시스템,<br>씨:리얼(SEE:REAL) | 부동산시스템,<br>씨:리얼(SEE:REAL) |
| | 정책 현황 | 씨:리얼(SEE:REAL) | 씨:리얼(SEE:REAL) | 씨:리얼(SEE:REAL) |
| | 과제 현황 | 부동산시스템 | 부동산시스템 | 부동산시스템 |
| | 가격 현황 | 부동산시스템,<br>씨:리얼(SEE:REAL) | 씨:리얼(SEE:REAL) | 씨:리얼(SEE:REAL) |

자료: 2008년도 국가GIS 지원연구(2008.12).

---

**미래 IT 핵심 키워드 해설** 근거리무선통신 NFC(Near Field Communication)

- 10㎝이내의 가까운 거리에서 13.5㎒의 주파수 대역을 사용하여 비접촉식으로 데이터를 주고 받을 수 있는 무선 태그 기술
- 짧은 통신거리로 보안성이 우수하며 데이터 송수신이 편하여 모바일결제나 개인정보 식별 등 일상생활에 영향력이 큰 기술
- NFC를 통해 모바일 월렛 서비스, 스마트폰에 의한 카드단말기 기능 수행으로 오프라인 상거래 변화 전망

[NFC가 장착된 스마트기기 확산에 따라 모바일 월렛 서비스 본격화]
자료: 한국정보화진흥원(2013), 빅데이터로 풀어 본 대한민국 IT미래 먹거리.

## 2) 부동산정보시스템의 운영

### (1) 시스템별 부동산정보 현황

현재 국토교통부에서 구축하여 운영되고 있는 부동산정보관련 시스템은 크게 토지 부문과 건물부문, 조세부문의 부동산정보에 대한 DB구축 및 정보시스템으로 운영되고 있다. 각 부문별 해당 시스템과 제공되는 부동산정보를 살펴보면 다음과 같다.

토지 부문의 부동산정보는 다음의 <표 4-6>과 같이 한국토지정보시스템 DB, 토지정책지원시스템 DB, 지적정보 DB, 시·군·구 지적행정 시스템 DB, 개별부처 정

보시스템 DB, 3차원 및 위성영상 DB에 축적되어 있다.

한국토지정보시스템(KLIS: Korea Land Information System) DB는 국토교통부의 토지관리정보시스템(LMIS)[7]과 행정안전부의 필지중심토지정보시스템(PBLIS)[8]이 2003년 통합됨으로써 단일 DB 구축 및 전체 데이터를 공유하는 DB로서, 토지거래관리 정보, 개발부담금 정보, 부동산 중개업정보, 공시지가, 공시지가 통계정보, 용도지역지구 정보, 외국인 토지관리 정보, 투기분석 정보, 레이어 설정 정보, 공간자료관리 등의 부동산정보가 있다.

토지정책지원시스템 DB는 토지동향 분석을 위한 각종 정보 및 자료 검색이 가능하도록 구현한 데이터웨어하우스 형태의 DB로서, 공시지가, 공시지가 통계정보, 부동산 중개업 정보, 개발부담금 정보, 용도지역지구 정보, 외국인 토지취득 정보, 투기 분석 정보, 레이어 설정 정보 등의 정보가 있다.

지적정보 DB는 시·도의 자료를 1일 주기로 갱신하며 DB 형태로 요약 구축된 지적 전반의 DB로서, 토지임야 기본정보, 소유권 이력정보, 공유지연명부 정보, 토지표시 연혁정보, 집합건물관리 정보, 집합건물대지권 정보, 집합 건물 소유권 정보, 주민자료, 공시지가 정보 등의 정보가 있다.

시·군·구 지적행정시스템 DB는 지적 분야의 전반적인 업무정보이며 시·도 지적행정시스템 구축 완료 후 시·도로 변동 자료를 실시간으로 제공할 DB로서, 토지표시 연혁정보, 집합건물관리, 기본정보, 소유권 연혁정보, 공유지연명부 정보, 토지표시정보, 집합건물대지권 정보, 상황파일, 지적공부 목록, 지적통계정보 등의 정보가 있다.

개별부처 정보시스템 DB는 국토통합정보시스템을 구축하기 위해 개별부처가 구축하는 대축척 기반의 주제도 또는 국토관련 DB로서, 농림부 농업진흥구역도, 문화재청 문화재영향평가지도, 산림청 정밀임상도, 산림입지도, 산지이용구분도, 해양수산부 연안정보도, 환경부 국토환경성평가지도, 생태자연도 등이 포함된다.

3차원 및 위성영상 DB는 지방자치단체 업무대상의 3차원 및 위성 영상 공간정보를 구축하여 기존업무에 활용함은 물론 새로운 정보를 제공하기 위한 기초 DB로서, 수치지형도(1/1,000, 1/5,000, 1/25,000), LiDAR, 정사영상지도, 이동형 측량시스템데이터, 3차원 수치사진측량 정보, 가시화 및 속성정보, 위성영상지도, 위성영상 데이터 등의 부동산정보가 있다.

---

7) LMIS(Land Management Information System)는 토지종합정보망으로 1998년 구축.

8) PBLIS(Parcel Based Land Information System)은 필지중심의 토지정보시스템으로 1995년 구축.

▌〈표 4-6〉 토지 부문 부동산정보 현황

| 구분 | 부동산정보 |
|---|---|
| 한국토지정보 시스템 DB | 토지거래관리 정보, 개발부담금 정보, 부동산 중개업정보, 공시지가, 공시지가 통계정보, 용도지역지구 정보, 외국인토지관리 정보, 투기분석 정보, 레이어 설정 정보, 공간자료관리 정보 |
| 토지정책지원 시스템 DB | 공시지가, 공시지가 통계정보, 부동산 중개업 정보, 개발부담금 정보, 용도지역 지구 정보, 외국인 토지취득 정보, 투기 분석 정보, 레이어 설정 정보 |
| 지적정보 DB | 토지임야 기본정보, 소유권 이력정보, 공유지연명부 정보, 토지표시 연혁정보, 집합건물관리 정보, 집합건물대지권 정보, 집합건물 소유권 정보, 주민자료, 공시지가 |
| 시·군·구 지적행정 시스템 DB | 토지임야 기본정보, 소유권 연혁정보, 공유지연명부 정보, 토지표시 연혁정보, 집합건물관리 정보, 집합건물대지권 정보, 상황파일, 지적공부목록, 지적통계 정보 |
| 개발부처 정보시스템 DB | 농림부 농업진흥구역도, 문화재청 문화재영향평가지도, 산림청 정밀임상도, 산림입지도, 산지이용구분도, 해양수산부 연안정보도, 환경부 국토환경성평가 지도, 생태자연도 |
| 3차원 및 위성영상 DB | 수치지형도, LiDAR, 정사영상지도, 이동형 측량시스템데이터, 3차원 수치사진측량 정보, 가시화 및 속성정보, 위성영상지도, 위성영상 데이터 등 |

자료: 2008년도 국가GIS 지원연구(2008.12).

건물 부문 부동산정보는 다음의 <표 4-7>과 같이 건축행정 정보시스템 DB와 건물정책 정보시스템 DB, 주택전산망 DB에 축적되어 있다.

건축행정 정보시스템 DB는 국토교통부의 건축 인허가 처리에 의해 자동 생성된 건축물대장 DB로서, 건축물대장정보, 건물변경 이력정보, 소유자 변동 자료, 건축허가/신고대장 정보, 건물현황도 정보, 도면정보, 통계정보 등의 정보가 있다.

▌〈표 4-7〉 건물 부문의 부동산정보 현황

| 구분 | 부동산정보 |
|---|---|
| 건축행정 정보시스템 DB | 건축물대장 정보, 건물변경이력정보, 소유자 변동자료, 건축허가/신고대장 정보, 건물현황도 정보, 도면정보, 통계정보 |
| 건물정책 정보시스템 DB | 건축물대장요약정보, 건물소유자요약정보, 건축허가/신고대장요약정보, 통계정보 |
| 주택전산망 DB | 건물소유정보, 양도세정보(주택) |

건물정책의 정보시스템 DB는 시·군·구에서 관리되는 건축물대장 요약정보를 중

앙전산본부가 취합, 관리하는 DB로서, 건축물대장 요약정보, 건물소유자 요약정보, 건축허가/신고대장 요약정보, 통계정보 등의 정보가 있다. 또한 주택전산망 DB는 소유자 중심의 재산세 정보이며 양도세는 국세청에서 제공 받는 DB로서, 건물소유 정보, 양도세 정보(주택) 등의 정보가 있다.

조세 부문의 부동산정보는 다음의 <표 4-8>과 같이 주택전산망 DB, 종합토지세전산망 DB, 지방세시스템 DB, 국세통합시스템 DB에 축적되어 있다.

주택전산망 DB는 과세 감면대상 확인을 위해 재산세 관리항목만을 취합하고 CD를 통해 취합하는 부동산 양도 DB로서, 재산세에 관련된 성명, 주소, 주민등록번호, 소재지, 구조, 형태, 면적, 취득일 등 정보와 부동산 양도정보로서 성명, 주소, 주민등록번호, 소재지, 구조, 용도, 면적, 취득일, 양도일 등의 정보가 있다.

종합토지세전산망 DB는 정기분 과세자료의 경우 저장매체를 통하여 시·군·구 → 시·도 → 행정안전부로 취합되며, 수시분 과세자료는 온라인으로 시·군·구에서 행정안전부로 취합되는 DB로서, 년도, 소재지, 공부상지목, 현황지목, 공부상 면적, 지가적용률, 대분류, 소분류, 해당면적, 취득일자, 공시지가, 전년지가, 도시계획세구분, 도시계획세 해당면적, 납세자 성명 및 주민등록번호 등의 정보가 있다.

지방세시스템 DB는 시·도, 시·군·구별로 재산세 관련 정보를 관리하고 취합하는 DB로서 재산세건축물대장정보, 재산세건물변동대장정보, 재산세건물과세정보, 재산세건물소유자정보, 종합토지세과세대장정보, 통합토지세과세정보, 토지 소유자정보 등의 정보가 있다.

국세통합시스템 DB는 지역별 세무서에서 부동산 등기자료와 국세청 TIS DB로 토지대장과 건축물대장을 확인 후 전산 처리한 DB로서, 부동산 양도소득세 관련 정보로서 등기권리자, 등기의무자, 토지/건물 정보, 기준시가 등의 정보가 있다.

▎〈표 4-8〉 조세 부문 부동산정보 현황

| 구분 | 부동산정보 |
|---|---|
| 주택전산망 DB | • 재산세 정보(전국 취합정보): 성명, 주소, 주민등록번호, 소재지, 구조/형태, 면적, 취득일 등<br>• 부동산 양도정보: 성명, 주소, 주민등록번호, 소재지, 구조, 용도, 면적, 취득일, 양도일 등 |

| 구분 | 부동산정보 |
|------|-----------|
| 종합토지세<br>전산망 DB | • 종합토지세(전국 취합정보): 연도, 시·도, 시·군·구, 행정동, 법정동, 동리, 특수지, 본번, 부번, 동, 호수, 순번, 공부상지목, 현황지목, 공부상 면적, 지가적용률, 대분류, 소분류, 해당면적, 취득일자 공시지가, 전년지가, 적용지가, 도시계획세구분, 도시계획세 해당면적, 납세자구분, 주민등록 번호, 관리번호, 성명, 상세주소 등 |
| 지방세시스템 DB | • 재산세건축물대장정보, 재산세건물변동대장정보, 재산세건물과세정보, 재산세건물소유자정보, 재산세건물수시분정보, 재산세부대대장정보, 재산세부대과세정보, 재산세부대수시분정보, 재산세선박대장정보, 종합토지세과세 대장정보, 종합토지세과세 대장 변동 정보, 통합토지세과세정보, 토지소유자정보 |
| 국세통합<br>시스템 DB | • 부동산 양도소득세 관련 정보: 등기권리자, 등기의무자, 토지/건물정보, 기준시가 등 |

## (2) 기관별 부동산정보

행정안전부 및 지방자치단체에서 보유한 토지 분야의 정보를 보면 다음의 <표 4-9>와 같이 행정안전부의 본부시스템과 비법인시스템, 지적행정시스템(시·도), 시·군·구 지적행정시스템이 있다.

행정안전부의 본부시스템에서는 시·도로부터 통계 자료를 수신, 구축하는 통계정보가 있으며, 비법인시스템에는 시·군·구에 비법인등록번호를 발급, 관리하는 비법인등록번호기본사항, 변동연혁, 처리내역 정보가 있다.

지방자치단체는 경기도의 경우를 보면 시·도의 경우 지적 행정시스템(시·도)에 토지 임야 기본, 소유권연혁, 공유지연명부, 토지표시연혁, 집합건물관리, 집합건물대지권, 집합건물 소유권, 상황파일, 지적공부 목록, 지적통계 정보가 있다. 이들 정보는 시·군·구로부터 일일변동자료가 갱신되나, 시·도 지적행정시스템 구축으로 지적정보센터로 변동자료 갱신작업이 실시간으로 처리되고 있다.

시·군·구의 경우 시·군·구 지적행정시스템(시·군·구)에 토지임야기본, 소유권연혁, 공유지연명부, 토지표시연혁, 집합건물관리, 집합건물대지권, 집합건물 소유권, 상황파일, 지적공부목록, 지적통계 정보가 있다. 이들 정보의 전반적인 지적 업무 수행과정에서 축적된 것으로 시·도 지적행정시스템 구축으로 시·도로 변동자료 갱신 작업이 실시간으로 처리되고 있다.

국토교통부에서 보유한 토지 분야 부동산정보를 보면 다음의 <표 4-10>과 같이 지적정보센터와 부동산행정지원시스템, 토지관리지원시스템, 토지정책지원시스템,

**▌〈표 4-9〉 기관별 토지정보 보유현황(행정안전부 및 지방자치단체)**

| 구분 | 시스템 | 보유 및 제공정보 |
|------|--------|------------------|
| 행정안전부 | 본부시스템 | 통계자료 |
| | 비법인시스템 | 비법인등록번호기본사항, 변동연혁, 처리내역 |
| 시·도 | 지적행정 시스템 (시·도) | 토지임야기본, 소유권연혁, 공유지연명부, 토지표시연혁, 집합건물관리, 집합건물대지권, 집합건물 소유권, 상황파일, 지적공부목록, 지적통계 |
| 시·군·구 | 시·군·구 지적행정 시스템 (시·군·구) | 토지임야기본, 소유권연혁, 공유지연명부, 토지표시연혁, 집합건물관리, 집합건물대지권, 집합건물 소유권, 상황파일, 지적공부목록, 지적통계 |

토지거래전산망의 공간정보가 있다.

지적정보센터에는 토지임야기본, 소유권연혁, 공유지연명부, 토지표시연혁, 집합건물관리, 집합건물대지권, 집합건물소유권, 주민자료, 공시지가 정보가 있다. 이들 정보는 시·도로부터 일일변동 자료를 통해 갱신되며, 현재는 지적자료의 요약 DB로 구축되어 있으나 시·도 지적행정시스템 구축 후 마스터(Master) 자료의 전체 DB를 구축할 예정이다.

시·군·구의 부동산행정지원시스템에는 토지거래관리, 개발부담금, 부동산 중개업, 공시지가, 용도지역지구, 외국인토지관리 정보가 있다. 이 시스템은 4차 확산구축사업에 의해 전국 163개 시·군·구에 설치되어 있으며, 행정안전부의 필지중심토지정보시스템(PBLIS)과 시스템통합으로 한국토지정보시스템(KLIS)이 구축되었다.

토지관리 지원시스템에는 공시지가, 공시지가통계, 토지거래, 부동산 중개업, 개발부담금, 용도지역지구, 외국인토지취득, 투기 분석, 레이어설정, 공간자료관리 정보가 있다. 이들 정보 중 토지이용계획확인원, 공시지가 자료는 웹서비스(Web Service)중이다.

토지정책지원시스템에는 공시지가, 공시지가통계, 부동산 중개업, 개발부담금, 용도지역지구, 외국인토지취득, 투기분석, 레이어설정 정보가 있다. 이 시스템은 현황분석, 추이분석, 예측, 공간분석 등 통계처리를 통한 토지행정의 통계 및 정책결정 지원을 하는 시스템으로, 토지동향분석을 위한 DW(Data Warehouse)구축 및 자료검색을 위한 OLAP Tool을 사용하고 있다.

토지거래전산망에는 매도자/매수자 정보, 토지건물정보, 통계정보가 있다. 이 시스템을 통해 정기적 또는 수시적으로 토지내역을 분석하여 투기혐의자 명단을 국세청에 통보한다.

**▌〈표 4-10〉 기관별 토지정보 보유현황(국토교통부)**

| 운영기관 | 시스템 | 보유 및 제공정보 |
|---|---|---|
| 국토교통부 | 지적정보센터 | 토지임야기본, 소유권연혁, 공유지연명부, 토지표시연혁, 집합건물관리, 집합건물대지권, 집합건물소유권, 주민자료, 공시지가 |
| 시·군·구 | 부동산행정 지원시스템 | 토지거래관리, 개발부담금, 부동산 중개업, 용도지역지구, 외국인토지취득, 투기분석, 레이어설정, 공간자료관리 |
| 토지관리 지원시스템 | 토지관리 지원시스템 | 공시지가, 공시지가통계, 부동산 중개업, 개발부담금, 용도지역지구, 외국인 토지취득, 투기분석, 레이어설정, 공간자료관리 |
| 토지정책 지원시스템 | 토지정책 지원시스템 | 공시지가, 공시지가통계, 부동산 중개업, 개발부담금, 용도지역지구, 외국인 토지취득, 투기분석, 레이어설정 |
| 국토교통부 | 토지거래 전산망 | 매도자/매수자 정보, 토지건물 정보, 통계 |

건물 분야 부동산정보는 국토교통부에 속한 시스템에 집중되어 있는 것으로, 다음의 <표 4-11>과 같이 건축행정정보시스템(AIS)과 건축정책정보시스템(ADSS), 주택전산망의 3개 시스템이 있다.

시·군·구의 건축행정정보시스템(AIS)에는 건축물대장정보, 건물변경이력정보, 소유자변동자료, 건축허가/신고대장, 건물현황도, 도면정보, 통계정보가 있다. 이 시스템에서는 건축인허가처리에 의하여 건축물대장이 자동생성 된다. 현재 이 시스템의 경우 건축물대장과 실제 건물의 불일치 문제가 심각하여, 대장과 실제 건물의 대조를 통해 부동산등기자료 활용을 위해서는 신뢰성 확보가 필요한 것으로 알려져 있다.

시·도와 국토교통부의 건축정책정보시스템(ADSS)에는 건축물대장요약정보, 건물소유자요약정보, 건축허가/신고대장요약정보, 통계정보가 있다. 이 시스템을 통해 시·군·구에서 관리되는 건축물대장 요약정보가 중앙전산본부에서 취합·관리되어 정보화정책 판단 활용자료로 활용되고 있으나 건물에 대한 변경자료는 없다.

국토교통부의 주택전산망에는 건물소유정보, 양도세정보(주택)가 있다. 이들 정보는 소유자 중심의 재산세 정보로서, 양도세는 국세청에서 디스켓 형태로 제공받고 있다.

**┃〈표 4-11〉 기관별 건물정보 보유현황(국토교통부)**

| 운영기관 | 시스템 | 보유 및 제공정보 |
|---|---|---|
| 시·군·구 | 건축행정정보시스템 (AIS) | 건축물대장정보, 건물변경이력정보, 소유자변동자료, 건축허가/신고대장, 건물현황도, 도면정보, 통계정보 |
| 시·도 국토해양부 | 건축정책정보시스템 (ADSS) | 건축물대장요약정보, 건물소유자요약정보, 건축허가/신고대장요약정보, 통계정보 |
| 국토교통부 | 주택전산망 | 건물소유정보, 양도세정보(주택) |

조세 관련 부동산정보는 다음의 <표 4-12>에서 보는 것과 같이 지방세시스템과 국세통합시스템(양도세), 주택전산망시스템에 수록되어 있다.

지방자치단체에서 운영하는 지방세시스템에는 재산세건축물대장정보, 재산세 건물변동대장정보, 재산세건물과세정보, 재산세건물소유자정보, 재산세건물수시분정보, 재산세부대대장정보, 재산세부대과세정보, 재산세부대수시분정보, 재산세선박대장정보가 있다. 현재 통합시스템을 사용하는 서울, 인천, 부산시의 경우는 자료 취합이 용이하나, 이외의 각 시·군·구별로 재산세 관련 개별시스템을 사용하고 있다.

국세청에서 운영하는 국세통합시스템(양도세)에는 부동산 양도소득세 관련정보로서 등기권리자, 등기의무자, 물건정보(토지, 건물), 기준시가 정보가 있다. 이 시스템에서는 대법원에서 생성된 부동산 등기자료와 국세통합시스템(TIS)에 있는 DB 자료와 세무서에서 보유한 공부자료(토지대장, 건축물대장)에 의한 사실 확인 후 전산 처리하여 양도소득세, 상속세, 증여세 등의 과세자료로 활용하며, 업무 처리에 약 20여일이 소요된다. 이 시스템을 운영하기 위해서는 국토교통부의 지적정보와 집합건축물대장(표제부, 전유부분), 일반 건축물대장 정보가 필요하다.

국토교통부의 주택전산망에는 재산세정보와 양도세정보가 있다. 재산세정보(전국취합정보)는 성명, 주소, 주민등록번호, 소재지, 구조, 형태, 면적, 취득일 정보가 포함되어 있다. 감면대상 확인을 위해 전국 시·도/시·군·구로부터 재산세 과세 대상 확인을 위한 정보항목만을 취합한다. 부동산 양도와 관련된 정보는 성명, 주소, 주민등록번호, 소재지, 구조, 형태, 면적, 취득일, 양도일 정보가 있다. 이 정보는 CD를 통해 연계하고 있는 것으로 주택조합 설립 시 조합원 자격심사, 무주택자 전세자금 및 주택 구입자금 지원 시 자격심사, 청약순위 자격심사에 활용된다.

**|〈표 4-12〉 기관별 조세정보 보유현황**

| 기관명 | 시스템 | 보유 및 제공정보 |
|---|---|---|
| 지방<br>자치단체 | 지방세시스템 | 재산세건축물대장정보, 재산세건물변동대장정보, 재산세건물과세정보, 재산<br>세건물소유자정보, 재산세건물수시분정보, 재산세부대대장정보, 재산세부대<br>과세정보, 재산세부대수시분정보, 재산세선박대장정보 |
| 국세청 | 국세통합<br>시스템<br>(양도세) | 부동산 양도소득세 관련 정보<br>– 관리항목(등기권리자, 등기의무자, 물건정보(토지, 건물), 기준시가) |
| 국토교통부 | 주택전산망 | 재산세정보(전국 취합정보)<br>– 관리항목(성명, 주소/주민등록번호/소개지, 구조/형태, 면적, 취득일)<br><br>부동산 관련 양도정보<br>– 성명, 주소, 주민등록번호, 소재지, 구조, 형태, 면적, 취득일, 양도일 |

## 3) 부동산정보시스템 운영의 문제점

각 기관이나 지방자치단체 등에서 제공되고 있는 다양한 형태의 부동산 관련 정보는 주로 공공기관의 행정 업무를 위해 사용하고 있으나 개인정보 보호 등의 이유로 현재 일반인들에게는 공개되지 않은 정보들이 많이 포함되어 있다. 또한 부동산정보를 운영하는 데 있어 시스템 운영 주체가 다르고 정보의 종류가 모두 다르게 구성되어 있어 다음과 같은 문제점이 있다.

그 중 첫 번째가 정보 신뢰성에 대한 문제점으로 부동산정보 DB 구축 과정이나 관리과정에서 신뢰성이 낮은 정보가 존재하는 경우이다. 국가공간정보센터에서의 부동산정보 제공을 위해서는 이와 같은 정보신뢰성 문제를 최소화하고 제공 부동산정보의 정보 신뢰성을 극대화하는 방안을 강구해야 할 것이다. 이를 위해서는 개별 부동산정보보다 최종수요자가 원하는 통계를 제공함으로써 오차 범위를 최소화할 수 있을 것으로 판단된다.

둘째, 표준화 문제로 각 기관에서 보유하고 있는 부동산정보 상호간 호환성에 관한 문제이다. 특히 정보 내용간 호환성, 상위기관과 하위기관 간의 호환성, 공공정보와 민간정보와의 호환성, 시간의 전·후에 따른 호환성 등 많은 부분에 있어, 향후 연계나 정보의 활용을 위한 표준화 문제가 발생하고 있다. 이는 각 부동산정보 관리 주체별로 데이터를 축적하는 과정에서 고유번호의 불일치나 코드값 불일치, 좌표, 데이터 포맷 불일치 등이 발생한 것도 원인이 된다. 공간활동과 관련된 의사결정을 위해서는 다양한 부동산정보를 종합적으로 분석해야 하는 것으로, 국가공간정보센터에서는 부동산정보 표준화를 통해 다양한 부동산정보 분석 및 제공의 편의성을 높여야 할 것이다.

셋째, 정보 현행화 문제로서 방대한 분량의 데이터로 인해 현행화 주기가 늦어지고 비용이 많이 소요되는 문제가 발생하고 있다. 특히 편집지적도, 연속지적도, 수치지도 등과 같은 경우는 2년 주기로 현행화 되고 있는 실정이다. 이와 같은 문제는 국토 전체에 대한 부동산정보가 방대하기 때문이며, 과거 구축된 부동산정보 DB의 경우 정부의 관리 예산이나 인력 부족 등으로 인해 현행화에 문제가 있는 것으로 알려져 있다.

기타 공공이 보유한 부동산정보의 경우 가격정보의 개별성(비 대표성)이나 통계 경직성 등의 문제가 지적되고 있다.

민간보유 부동산정보의 경우 시세정보나 매물정보, 일부 분양정보는 DB화 되어 있으나, 대부분의 정보는 정형화 되어 있지 못해 정보서비스가 용이하지 않은 문제가 있다. 또한 정보의 편재성과 정보의 부정확성이 문제가 되고 있으며 계량화 가능성이 낮은 정보가 많은 문제도 있다. 특히 호가 중심의 시세 정보와 매물정보에 대한 조작 등은 가치 있는 정보의 기본 요건인 비편향성에 위배되는 심각한 문제를 안고 있다.

## SECTION 03  부동산정보시스템 구축 및 운영

부동산정보는 정부의 정책과 시장에서 나타나는 현상이나 거래활동을 통해 얻어지기 때문에 기준을 어떻게 설정하느냐에 따라 다양하게 분류된다. 거래, 개발, 관리, 가격, 소유, 권리 등과 관련된 각종 요인 자료 등의 부동산정보는 다양한 분야에 산재되어 있다. 또한 부동산시장이 자본시장과 통합되고 주요 정책변수로서 작용하면서 부동산정보는 이자율, 환율, 통화량 등의 거시경제 환경도 밀접하게 연관되어 있다.

## 1. 부동산정보시스템 구축의 기본방향

부동산정보시스템 구축의 기본방향은 효율적인 체계 조직과 활용이라고 할 수 있다. 이러한 기본방향을 구체적으로 표현하면 첫째, 부동산정보의 조직화 및 표준화, 둘째, 부동산정보의 공유화 유도, 셋째, 부동산정보의 활용 및 관리 강화 등이다.

## 1) 부동산정보의 조직화와 표준화

부동산정보는 각 해당 부처별로 구축목적과 이용자 및 이용방법이 서로 다르기 때문에 각기 다른 형태로 존재한다. 부동산정보체계의 효율성을 높이기 위해서는 공공부문간, 공공·민간부문간 부동산정보의 연결고리를 분석하고 불일치를 시정하여야 한다. 이는 시의적절하고 신뢰성을 가진 DB를 축적하는 것이 필수적인 요건이다.

실제로 등기와 대장간에는 불일치하는 정보가 상당수 있으며, 심지어 기재된 정보가 서로 다른 내용을 포함하고 있는 경우도 있다. 따라서 시시각각 사용자가 시스템에 접근하는 과정에서 연계된 정보의 오류를 검증하고, 이를 신속하게 지정할 수 있는 체계를 마련하여 정확한 정보가 조직화되어 일정한 곳에 집중되도록 유도하여야 한다.

## 2) 부동산정보의 공유화 유도

부동산정보체계가 가진 문제점인 자료의 폐쇄성, 하부구조의 부재를 해소하려면 기초정보, 특히 공공과 관련되는 정보의 공개가 강화될 수 있도록 기반을 조성하는 것이 필요하다. 또한 정보공개에 따른 불이익이나 개인의 권리침해를 최소화하는 범위 내에서 다양한 정보가 축적되고 공유될 수 있도록 정보제공의 기준 및 지침 등이 마련되어야 할 것이다.

부동산정보 공유의 활성화를 위해서는 공인중개사, 부동산거래 당사자 등 사용자들에 대한 정기적인 교육이 필요하다. 이들의 PC 및 인터넷활용 능력을 향상시키고 부동산정보체계의 사용을 장려함으로써 공인중개사의 서비스 향상과 전문성을 강화하는 한편, 일반 국민의 정보 접근성을 제고할 수 있을 것이다.

## 3) 부동산정보의 활용 및 관리 강화

부동산정보체계의 구축은 정보의 조직과 공유화를 활용하고 관리하는 것이 중요하다. 부동산정보가 각 부처별로 산재되어 서로 잘 연계되지 못한 것은 정보의 수요자 파악이 미흡하고 활용·관리하는 소프트웨어 측면의 고려가 부족했기 때문이다. 부동산정보가 조직화되고 활용되기 위해서 부동산정보 수요실태조사 같은 조사를 통하여 수요자를 파악·분석하고 이들의 정보접근 용이성을 뒷받침할 수 있는 인프라를 구축하는 것이 필요하다.

부동산정보의 수요자로는 정책입안자, 거래당사자, 공인중개사, 금융기관, 통신업자, 운송업자, 일반인 등을 들 수 있다. 정책입안자는 부동산가격 및 거래동향을 파악하여 토지거래허가제, 주택거래신고제 등의 부동산관련 정책을 시행하고, 부동산의 이용 상황 및 용도지역과 지형도면 등 공간데이터를 활용하여 개발계획을 수행한다. 거래당사자는 자신이 거래하려는 물건의 상태, 가격 등을 알아보고 거래관리시스템을 통해 검인신청 및 등기업무를 한다.

또한 낮은 이용가격으로 누구나 정보에 접근할 수 있어야 한다. 정보의 용이한 접근은 정보 재가공의 기회를 줄 수 있다. 재 가공된 정보는 새로운 고급정보로 발전하여 부동산시장을 분석하는 데 필요한 연구 자료로서 활용될 수 있다. 공인되고 신뢰된 정보가 쉽게 이용 가능하므로 부동산시장을 바라보는 왜곡된 시각이 사라질 수 있을 것이다.


## 2. 부동산정보시스템 구축 및 운영현황

공공기관과 민간에서 구축하여 운영하는 부동산정보시스템은 목적과 용도가 다르고 사용대상에 따라 차별화 되어 있다. 공공기관은 내부 행정업무처리나 정책수립을 위한 목적으로 가격 및 거래정보를 제공하는 반면, 민간기관에서는 투자와 수익을 목적으로 한 가격, 투자 정보를 제공하고 있다.

부동산의 내부 업무 효율성과 대국민 서비스를 향상하기 위해 시스템 구축이 소요되는 69개 과제 중 54개 과제(78%)가 구축이 완료되었으며 정책변경 추진(3개)과 예산 미확보 등으로 15개 과제는 미추진된 상태이다. 정보기술 동향에 따라 제1차 정보화기본계획에 없던 7개 과제는 신규로 별도 추진하고 있다.

[그림 4-5] 부동산정보시스템 발전 로드맵

| 정보화 추진 | 통합/개선 시스템 | 현행시스템 |
|---|---|---|
| | | 기업도시 홈페이지 |
| 씨:리얼 | 온나라 부동산 종합 포털 | 수도권 계획적 관리시스템 |
| | | 도시포털 |
| | | 온나라 부동산 종합 포털 |
| 공간정보 포털 구축 | 공간정보 포털 | 국가 GIS포털 |
| | | 해양 GIS포털 |
| 한국토지정보 시스템과 지적 행정시스템 간 통합 | 한국 토지정보시스템 | 한국토지정보시스템 |
| | | 지적 행정시스템 |
| 온라인 건축행정시스템 고도화 | 온라인 건축행정시스템 | 온라인 건축 행정시스템 |
| | | 주택 통계시스템 |
| 도시계획 정보시스템 고도화 | 도시계획 정보시스템 | 도시계획 정보시스템 |
| | | 도시계획 현황 시스템 |
| 국토개발 지역관리 시스템 구축 | 국토개발 지역관리시스템 | 산업입지 정보시스템 |
| | | 산업단지 인허가 모니터링 시스템 |
| | | 택지정보시스템 |
| 개발제한 구역관리 정보시스템 고도화 | 개발제한 구역관리 정보시스템 | 개발제한 구역관리 정보시스템 |
| | | 본부시스템 |
| 부동산 정보관리 시스템과 지적정보시스템 간 통합 | 부동산 정보관리시스템 | 부동산 정보관리 시스템 |
| | | 지적정보시스템 |
| | | 토지대장관리시스템 |
| | 부동산 거래관리시스템 | 부동산 거래관리시스템 |
| 부동산 거래관리시스템 고도화 | 주택소유 확인시스템 | 주택소유 확인시스템 |
| | 토지이용 규제정보시스템 | 토지이용규제 정보시스템 |

자료: 국토교통부(2016), 필자정리.

[그림 4-6] 국토교통부 정보화시스템 추진 현황

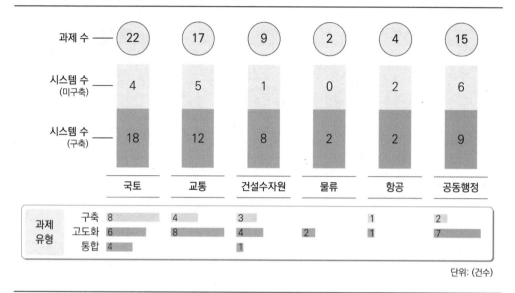

자료: 국토교통부 국토교통정보화기본계획(2016-2020).

## 1) 씨:리얼(온나라부동산종합포털) 구축

  씨:리얼(온나라부동산종합포털)은 기업도시 홈페이지, 수도권 계획적 관리시스템, 도시포털 등 정책 홍보용 시스템을 통합하고, 국토분야 시스템들과 연계하여 대민 서비스 부분에 대해 단일접점을 제공하며, 관련 서버들의 정부통합전산센터 이관을 통한 정보시스템을 통합 관리하기 위하여 구축하였다.

  씨:리얼(온나라부동산종합포털)은 2006년 12월부터 2007년 06월까지 수도권 정책 홍보 및 규제에 대한 의견수렴기능 구축, 수도권 계획적 관리 시스템 구축, 도시포털 시스템, 정책지원, 도시참여, 도시정보 기능 구축 · 기업도시 홈페이지의 기본적인 구축을 하고 2007년 6월부터 2008년 4월까지 부동산 알리미, 원클릭 토지 찾기 서비스 등을 통합하는 등 기능적 보완을 단계적으로 추진하였다.

  최근 2011년도에 이어 2013년도에는 온나라부동산종합포털은 기존 부동산 및 토지정보를 제공하는 시스템을 통합하고 서비스를 고도화하여 대국민 정보의 접근성 및 활용성을 강화하기 위한 고도화를 추진하고 있다.

## (1) 구축내용

온나라부동산종합포털의 시스템 구축 방향에 대해여 알아보면 첫째, 기업도시 홈페이지 외 홍보 및 정책 자료를 제공하는 시스템과 온나라부동산포털 외 부동산 및 토지정보를 제공하는 시스템을 통합하여 부동산 및 토지정보의 대민 서비스 접점을 단일화하였다.

둘째, 기존 콘텐츠의 재구성을 통한 사용자 중심의 메뉴체계를 구성하고, 경매정보, 3차원지도, 개발계획정보 등 서비스 추가 개발과, 유관기관 연계 및 자료공유를 통해 콘텐츠 강화와 GIS-MAP 기반의 콘텐츠 제공을 통해 정보 가시성을 향상하는 등 대민서비스의 품질 향상을 통한 대국민 서비스를 제고하였다.

셋째, 정부 통합전산센터로 이관을 하여 정보시스템의 단일 관리체계를 마련하고 개방형 표준기반 API(Application Programming Interface) 개발과 ESB(ESB: Enterprise Service Bus)를 통한 내부 시스템 간 연동체계를 구축하여 IT 인프라 고도화 및 통합관리 기반을 마련하였다.

## (2) 기대효과

씨:리얼(온나라부동산종합포털)은 대국민 부동산 종합정보서비스의 질과 만족도를 향상시켜 국토분야 단일화된 접점으로 대민서비스를 제공하게 되었으며, 시스템을 통합하고 ESB활용으로 시스템 연계의 복잡도를 감소시키고 관리비용을 절감하게 되었다. 또한 활용률이 저조한 시스템 통합 및 상호 Mash-up서비스를 도출하여 서비스 활용도의 증가와 유지보수 비용절감 효과를 기대할 수 있게 되었다.

## 2) 공간정보포털 구축

대국민 공간정보 제공 창구를 단일화하고 다양한 콘텐츠를 제공함으로서 쉽고 빠른 대국민 서비스를 제공하며 데이터 연계 및 통합으로 콘텐츠별 정보갱신을 신속하게 하기 위하여 구축하였다.

공간정보포털은 2006년 8월부터 2007년 5월까지 국가GIS 홍보 및 활용성 제고를 위하여 웹기반의 지도검색 및 조회서비스, 관련 GIS 현황내용 정리 및 링크, 공간정보 체험 및 온라인 교육정보 서비스 제공 시스템을 구축하였으며, 2006년 6월부터 2006년 12월까지 국토교통부 소속기관에서 제작 생산되고 있는 해양공간정보(기본도, 주제도 등)를 인터넷 및 정보기술(IT)을 활용하여 수요자에게 도입 및 객체단위 등 다양한 방법으로 신속, 정확하게 공유 및 유통하기 위한 해양공간정보 웹서비스를 구축하는 5차에 걸친 해양 GIS포털 고도화사업을 추진하였다. 2007년 6월부터 2008년 12월까지 국토포털사이트에 4차에 걸친 구축 및 고도화사업을 통하여 기존 공간정보의 홍보, 교육과 관련된 시스템을 통합하여 단일 접점을 통해 관련 정보를 제공함으로써 대국민 정보접근성 및 활용성을 강화하고 있다.

## (1) 구축내용

공간정보포털의 세부구축 내용을 알아보면 첫째, 국토공간정보종합시스템(구 국가측량역사정보공유시스템, 국토공간정보시스템, 위상영상 정보통합관리시스템 등)과 국가GIS포털, 해양GIS포털, 지반정보포털 및 국토포털에 개별적으로 제공하는 공간정보를 통합하여 대국민 공간정보 서비스의 단일 창구를 구축하고, 개별적으로 공간정보를 제공하던 시스템들의 통합에 따라 하드웨어를 광주통합전산센터에 위치시켜 유지보수의 편리성 및 효율성을 제고하기 위하여 공간정보 서비스를 단일 창구화 하였다.

둘째, 국가공간정보기반시스템에서 제공하는 정보서비스와 프레임워크를 기반으로 다양한 주제별 공간정보 제공기능을 구현하였으며, 셋째, 공간정보의 유통을 제공하는 국가공간정보통합유통시스템과 연계하여 지리정보의 유통을 지원하도록 구축되었다.

## (2) 기대효과

다양한 공간정보를 단일화된 창구를 통해 제공됨으로서 공간정보 검색, 여행/답사 정보, 관련 법령정보 등의 서비스 품질 향상 및 이에 따른 사용자 만족도 향상과 각 시스템에 개별적으로 제공되고 있는 정보들을 통합 관리하여 효율성 및 편의성을 향상시키고 개인별 관심 분야에 대한 신속한 정보수집을 위하여 공간정보 포털에 Web2.0기반의 RSS를 활용할 수 있게 되었다.

## 3) 한국토지정보시스템(지적행정시스템과 통합)

지적도와 지적속성정보의 통합 구축 및 지자체에 보급한 행정업무 시스템을 통합하여 효율적 국토 행정업무처리 기반을 마련하고자 2011년 한국토지정보시스템과 지적행정시스템의 통합을 통해 지형도면과 지적속성 정보의 통합관리와 시·군·구별로 존재하는 대민서비스를 통합함으로서 창구를 단일화하여 정보를 제공하고 토지뱅크제도 지원을 통한 공공택지 비축 업무를 관리하고자 하였다.

한국토지정보시스템은 2003년부터 2005년까지 LMIS와 PBLIS를 통합한 KLIS 개발 및 확산사업을, 그리고 2006년부터 2007년까지 6개 행정업무 개선, SDW 통합구축, C/S 프로그램을 웹기반으로 전환하고, 2008년부터 2009년까지 모바일 현장조사, 수치지형도 갱신하였다. 지적 행정시스템은 1998년 1월부터 2000년 10월까지 시·군·구 단위용도와 광역시·도 단위용도의 지적행정시스템을 구축하였다.

## (1) 구축내용

지적도, 지적속성정보의 통합 관리를 위해 한국토지정보시스템과 지적행정시스템을 통합하고, 시·군·구별로 구축·운영되는 한국토지정보시스템과 지적행정시스템의 행정처리 기능을 광역시·도 단위로 구축하였다. 또한 시·군·구 단위로 호스팅하여 활용 및 관리의 효율성을 제고하고 C/S기반(Client-Server)[9]의 시스템을 Web기반으로 전환하여 행정망 내에 접근이 용이하도록 구축하였으며, 정부통합전산센터 이관을 통해 정보시스템의 단일 관리체계를 마련하였다.

그리고 지자체업무포털 Plug-In을 통해 국토교통부에서 보급한 행정처리시스템의 단일 접점을 제공하여 국토행정업무의 수행을 지원하고 시·군·구별로 운영되는 지적 대민서비스를 통합하여 단일화된 서비스 창구를 구축하여 지자체 행정처리 시스템 간 업무처리 단일 접점(업무처리의 단일 접점)을 제공하였다.

또한 국토공간계획지원시스템의 분석기능을 통해 국토정책 수립을 위한 의사결정을 지원하고 강화하기 위하여 분석모듈을 도입하였다.

## 4) 온라인 건축행정시스템(세움터) 구축

온라인 건축행정시스템은 건축물 안전관리를 위해 BIM기반의 통합 건축물 관리체계 구축을 통해 건축물의 수명주기(Life-Cycle)를 관리하고, 건물 유형별 에너지 정보 모니터링시스템을 구축함으로써 도심지 온실가스 감축에 활용하는 시스템이다.

온라인 건축행정시스템은 계획단계, 건축단계, 사후관리단계로 구분되는 건축물 수명주기를 지원하고, BIM[10] 기반 3차원 건축물 통합관리체계 구축 및 사전 적법성 검토 체계를 구축하며, 국가 공간정보체계와 연동 및 공간정보(GIS) 기반의 민원, 행정

---

9) 입력하는 데이터가 PC에 저장되지 않고 인터넷을 타고 서버에 저장되어 전국, 전 세계 어디서나 데이터를 공유하여 사용이 가능하며, 인터넷버전이라고도 함.
10) BIM: Building Information Modeling(빌딩정보모델링)

서비스 구축과 위반건축물관리, 건축물대장 변경관리 등 모바일 현장행정 지원 시스템 구축, 건축물 안전관리 및 건축물 인증정보를 통합관리하는 체계를 구축하는 것이다.

온라인 건축행정시스템은 2003년 6월부터 2003년 12월까지 건축행정정보화 발전계획을(ISP/BPR)수립하여, 2004년 7월 16일부터 2005년 6월 15일까지 민원인용 건축행정 Web포털 구축, 공무원용 인트라넷 구축, DW 구축하고 2005년 12월 27일부터 2006년 11월 26일에는 건축물대장 민원처리, 건축물 유지관리시스템 구축, 전국 통합관리시스템 구축, 사이버협의시스템 구축, 건축통계관리 시스템, 유관시스템과의 정보연계 기능 구축, 설계도서 표준작성 지원도구를 개발하고, 2006년 9월 12일부터 2007년 8월 11일에는 주택행정관리시스템 구축, 주택통계관리시스템, 설계도서 통합지원도구를 개발하여 2007년에는 전국 248개(광역16, 기초232) 지자체에 확산/보급하였다.

2008년 8월 8일부터 2009년 6월 2일에는 도시 및 거주환경관리시스템 구축, 정책정보시스템(통계)고도화, 장비 이중화를 수행하고 2008년 10월부터 2009년 5월에는 세움터 고도화를 위한 정보화 기본계획을 수립하여 2010년부터 2014년까지 고도화작업을 하였다.

## (1) 구축내용

첫째, 계획, 건축과 사후관리로 구분되는 건축물의 전체 수명주기에 대한 관리체계를 마련하고, 위반건축물과 건축물대장 변경 관리의 현장지원을 위한 모바일 환경의 행정지원시스템을 구축하며, 건축물 안전관리를 위한 건축물 인증정보의 통합 구축과 새주소 체계 적용한 건축물 전체의 수명주기 지원 및 기능을 고도화하였다.

둘째, 건물 유형별 에너지 효율에 대한 모니터링시스템을 구축하여 건물의 구조, 형태, 노후화에 따른 에너지 소비 특성 정보를 구축하여, 도심지의 온실가스 감축에 활용하였다.

셋째, BIM 기반의 3차원 건축물의 사전 적법성을 분석/검토하는 기능을 구축하고 국가공인 정보체계와의 연동과 공간정보(GIS)기반의 민원, 행정 서비스를 구축하였다.

넷째, 온라인 건축행정시스템과 주택통계시스템 간 통합과 구조개선을 통하여 통계의 정확성 및 효율성 향상을 위해 온라인건축행정시스템과 주택통계시스템을 통합하였다.

## (2) 기대효과

온라인 건축행정시스템은 싱글윈도우 기반의 단일 접점 구현을 통한 대민 서비스의 질과 만족도를 향상시키며, 가상건축물 적용을 통한 사전 건축 심의 서비스가 제공되어 규제검토가 가능하게 되었다.

또한 국토해양연계시스템 및 ESB 활용을 통한 시스템 연계 복잡도가 감소되었으며 지자체업무포털의 통합·연계버스를 사용하여 시스템 연계를 단순화하고, 광역시·도 시스템에 시·군·구시스템 호스팅 및 주택통계시스템과의 통합으로 시스템 간의 효율성이 증가하게 되었다. 뿐만 아니라 시·군·구와 광역시·도간 시스템 통합에 따른 유지보수비용의 절감 효과를 기대할 수 있게 되어 그 기대효과는 다음과 같다.

- 주택통계시스템과 온라인건축행정시스템 간 통합에 따른 유지보수 비용 절감
- 사전 건축 심의 서비스를 통한 난개발 방지 및 비용 절감
- 건축물 정보 공유를 통해 각종 개발 용역 발주 시 기초조사비용 절감
- 안전관리 유관기관과의 건축물 정보 연계구축을 통해 안전 관리예방행정 구현
- 건축물생애주기 전반에 걸친 정보의 통합관리를 통한 고객맞춤형 서비스 제공 및 건축물 유지관리 효율화
- 지자체 국토행정 처리의 단일화된 접점 제공을 통한 행정업무 효율성 및 생산성 향상
- 인허가 처리를 위한 기계적인 판단이나 반복적인 작업을 자동화하여 공무원의 업무효율성 개선
- 모바일 현장지원 기능을 통해 위반건축물관리, 건축물대장변경관리 등 현장확인이 요구되는 업무에서 발생하는 업무단절과 사전사후 업무부하 개선

# 5) 도시계획통합정보시스템 고도화

도시계획통합정보시스템(UPIS: Urban Planning Information System)은 도시계획 관련 정보의 체계적이고 표준화된 관리로 효율적인 도시계획수립 및 정책의사결정을 지원하기 위한 시스템으로 도시계획현황통계시스템 간 통합을 통해 계획수립 및 의사결정 지원체계 마련과 표준시스템 개발 및 보급 사업과 도시계획정보 DB 구축 사업을 수행하게 된다. 이 시스템은 주민의 직접적 참여 기회 확대로 수요자 중심의 도시계획 프로세스 정립을 하기 위해 구축되었다.

도시계획통합정보시스템은 2001년부터 2005년까지 UPIS 설계 및 화성, 영주를 대상으로 시범사업을 실시하고 2008년까지 UPIS의 표준 시스템을 개발하고 2009년에는 10개 대상 지자체(부산 서구, 인천 강화군, 강원 정선군, 충북 청주시, 충남 당진군, 전북 전주시 무주군, 전남 영암군, 경북 안동시, 경남 창녕군)도시계획자료를 도시계획정보 DB 구축하였으며, 2012년 현재 전국에 UPIS 표준시스템을 보급하였다.

### (1) 구축내용

도시계획정보시스템과 도시계획현황통계시스템 간 통합을 통해 계획수립 및 의사결정 지원체계 마련하고 광역시·도 시스템으로부터 시·군·구에 서비스함으로써 시스템의 활용 및 관리 효율성을 제고하게 되었다. 또한 표준 시스템 기능 개선을 통한 도시계획수립 및 의사결정을 지원강화하며, 도시계획정보시스템의 표준 개발 및 보급, DB구축 사업 수행으로 도시계획 관련 정보의 체계적이고 효율적인 관리를 지원하도록 구축하였다.

### (2) 기대효과

국토교통부에서 개발하여 지자체로 보급한 시스템들의 대민 서비스 단일 접점을 통한 서비스의 질과 만족도를 향상하고, 도시계획 수요자인 주민의 직접적인 참여 기회를 확대하여 수요자 중심의 도시계획 프로세스로 발전하게 되었다. 그리고 온라인서

[그림 4-7] 도시계획정보시스템 고도화 현황

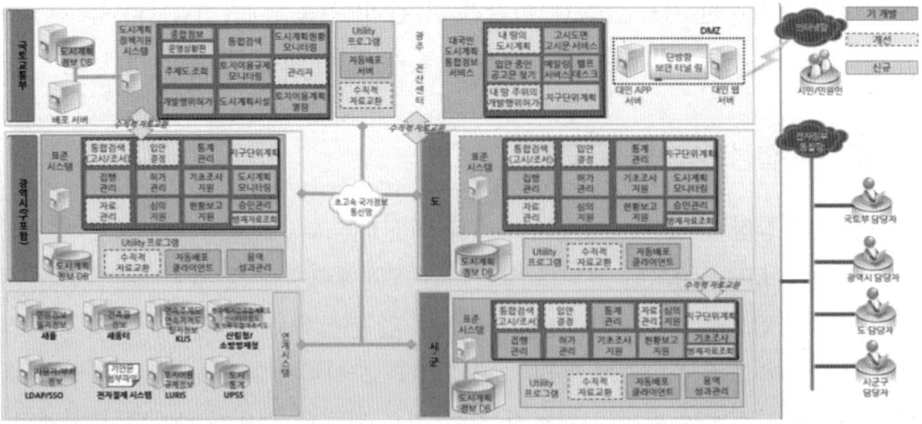

자료: 국토교통부 국토교통정보화기본계획(2016-2020).

비스로 인한 민원처리의 편리성을 제공하며, 지자체 국토행정 처리에 단일 접점 제공을 통한 업무 효율성 및 생산성을 향상시키게 되었다.

## 6) 국토개발 지역관리 시스템 구축

국토개발 지역관리 시스템은 비즈니스 프로세스 관리시스템(BPMS: Business Process Management System)을 통한 산업단지 지정 승인, 신도시 인허가 등 지정승인 업무의 효율적 지원체계 구축으로, 산업용지 수용에 신속한 대응기반을 마련하기 위한 시스템이다. BPMS는 산업입지정보시스템, 산업단지인허가 모니터링시스템, 택지정보시스템의 통합을 통해 산업단지 공공택지관리 등 업무를 통합관리하고, 관련법상의 공공택지를 통합관리하여 택지정보시스템 데이터의 구축범위를 확대하며, 인허가 업무 및 지정·승인 등 유사 프로세스 업무를 일괄처리하기 위해 구축하는 시스템이다.

국토개발 지역관리 시스템은 1998년부터 2001년까지 1차 사업의 산업단지 지정, 개발과 분양자료를 수집 및 제공하였으며, 2006년에는 2차 사업의 C/S(Client-Server) 버전[11]을 Web으로 전환하는 등 산업입지정보시스템을 구축하였다. 2008년에는 산업단지인허가 모니터링시스템을 구축하여 특례법에 의거하여 산업단지 개발계획과 실시계획을 동시에 등록하여 처리기간을 단축하게 되었으며, 산업지구 승인단계 관리, 공공택지 공급실적 관리 체계를 구축하기 위해 2007년 7월부터 2008년 9월까지 택지정보시스템을 구축하였다.

### (1) 구축내용

산업입지정보시스템과 산업단지인허가 모니터링시스템, 택지정보시스템을 통합하여 산업단지 지정 승인, 신도시 인허가, 기업도시 인허가, 택지개발 인허가 등 인허가 관련 유사 지정승인 업무를 효율적으로 지원하기 위한 BPMS를 도입하고 시스템의 기능 개선 및 택지관리 범위 확대 구축하여 산업단지 개발 진행상황을 모니터링하였다. 그리고 준공 후 분양현황을 관리하여 산업단지의 전체 수명주기(Life-Cycle)를 관리할 수 있도록 기능을 고도화하였다.

또한 택지개발촉진법, 혁신도시 국민임대법, 도시개발법, 행복도시법, 지역균형개발법 등 관련법을 포함한 공공택지 DB구축 범위를 확대하여 공공택지정보의 효율적

---

11) 입력하는 데이터가 PC에 저장되지 않고 인터넷을 타고 서버에 저장되어 전국, 전 세계 어디서나 데이터를 공유하여 사용이 가능하며, 인터넷 버전이라고도 함.

인 관리와 운영을 위해 국토개발 지역관리시스템을 정부통합전산센터로 이관하여 H/W, 백업/장애를 통합 관리 인프라 구조를 개선하였다.

## (2) 기대효과

대민 서비스의 단일 접점을 통한 서비스의 질과 만족도를 향상하며, 산업입지정보시스템, 산업단지인허가 모니터링시스템, 택지정보시스템 간 통합 및 ESB(Enterprise Service Bus)활용을 통해 시스템 간 연계의 복잡도가 감소되고 관리 비용의 절감과 산업단지 관리 효율성을 증진하게 되었다. 또한 신도시, 혁신도시, 기업도시, 국민임대단지의 인허가 업무의 정보화를 통한 업무의 효율성이 증가되었다.

## 7) 개발제한구역관리 정보시스템

개발제한구역정보의 구축 및 온라인건축행정시스템과 연계하여 개발제한구역 내 건축물정보를 활용한 행위허가 및 불법행위 관리업무의 효율성을 강화하기 위하여 전국7개 권역의 개발제한구역 데이터를 구축하였다. 또한 활용기반 마련과 건축행정시스템과의 연계를 통해 개발제한구역에 존재하는 건축물정보를 제공하고 한국토지정보시스템과 개발제한구역 정보를 양방향으로 연동하며, 7개 권역의 통합을 목표로 용량산정을 재수행하고 신규장비를 도입하여 전국 서비스 기반을 구축하였다.

2007년 12월부터 2008년 10월까지 시스템을 구축하여 개발제한 구역지정, 개발제한구역 내 불법 건축물관리, 행위허가, 불법 행위단속, 주민 지원 사업 훼손부담금, 토지매수 기능을 수행하고 있다.

## (1) 구축내용

개발제한구역관리 정보시스템은 전국 7개 권역(수도권, 대전, 울산, 대구, 공주, 부산, 마창진)으로 개발제한구역 정보구축 범위를 확대함으로써 첫째, 주민지원 사업 및 토지매수, 개발제한구역관리 업무의 활용기반을 마련하고, 주민지원 사업의 진행관리 및 개발행위 관리, 불법행위 단속관리 등 현장에서 수행되는 업무의 정보 제공 및 변경사항 수집이 가능한 현장조사 지원시스템을 구축하였다.

둘째, 개발제한구역에 존재하는 건축물정보 제공으로 행위허가 및 불법행위 관리업무 지원을 위한 온라인 건축행정시스템과 연계하여 효율적 지원을 위한 시스템을 고도화하였다.

셋째, 정부통합전산센터로 이관하여 하드웨어, 백업/장애에 대한 통합 관리체계를 마련하며 효율적 운영을 위한 인프라 구조를 개선하도록 하였다.

### (2) 기대효과

개발제한구역시스템은 개발제한구역에 관한 대민서비스 제공과 실시간 문의가 가능하도록 체계를 마련하였으며, 국토해양연계시스템 및 ESB[12]활용을 통한 시스템 연계의 복잡성도 감소하게 되었다. 그리고 개발제한구역의 효율적인 관리와 행정업무의 원활한 처리를 지원하고 PDA용 현장조사지원시스템을 구축하여 공간의 제약 없이 행정처리를 수행하고 개발제한구역 정보에 대해 정부 간, 부문 간 표준화 및 정보공유와 환경을 제공하게 되었다.

## 8) 부동산거래관리시스템

부동산거래관리시스템(RTMS: Real Estate Trade Management System)은 광역시·도 시스템을 시·군·구에 호스팅함으로써 시스템의 관리 효율성을 높이고, 지자체 행정업무의 단일 접점을 통해 업무 효율성을 강화하기 위한 시스템이다. 부동산 거래관리시스템은 광역시·도 시스템을 시·군·구로 호스팅하여 활용 및 관리 효율성을 제고하고, 대민서비스 창구를 통합하기 위한 시스템이다.

부동산 거래관리시스템은 2004년 10월부터 2005년 11월까지 1차 사업에 대한 민원인 인터넷용과 시·군·구 인트라넷용 시스템 개발, 가격적정성 진단기능을 개발하고, 2006년에서 2009년까지 외국인 부동산관리기능, 광역시·도 및 국토부 등 부동산거래 예측/분석 시스템 개발, 주택거래신고기능 통합, 부동산거래현황 대시보드개발, 군구 시스템 교체, 투기과열지구를 선별하는 시스템을 구축하였다.

### (1) 구축내용

부동산거래관리시스템은 광역시·도에 구축될 지자체 업무포털에 Plug—In[13]을 통해 국토교통부에서 보급한 행정처리 시스템의 단일접점을 제공하여 국토행정업무를

---

12) EBS(Enterprise Service Bus): 엔터프라이즈 미들웨어를 인프라로 하여 다양한 이질적 기업 환경(애플리케이션, 데이터, 플랫폼 및 네트워크 등)을 통합하여 하나의 시스템으로 관리 운영할 수 있는 유기적인 시스템(가트너 그룹의 보고서).

13) 웹 브라우저에서 제3자가 만든 소프트웨어를 이용하여 웹 브라우저가 표시할 수 없는 각종 형식의 파일을 웹 브라우저 내에 표시되도록 하는 구조로 이용자 측에서 보면 웹 브라우저 자체 기능이 확장된 것같이 보임.

수행 지원한다. 또한 대국민 정보 제공을 위해 아파트 거래가격정보를 온나라부동산포
털에 제공하고 부당거래 협의자 조사결과, 행정처분 및 과태료 부과 여부와 같은 정보
에 대해 다양한 통계기능을 강화함으로써 행정업무 지원을 위해 시스템 기능 개선 및
연계를 통해 고도화하였다.

그리고 광역시·도 시스템에 기존 시·군·구별로 운영되는 부동산거래관리시스템
을 호스팅하였으며, 광역시·도 단위로 기반시스템 구축을 위한 인프라 구조 개선으로
시·군·구용 데이터베이스를 광역시·도로 이관하여 광역시·도 통합 데이터베이스를
구축하는 등 시·군·구별 시스템 인프라를 개선하였다.

## (2) 기대효과

국토교통부에서 지자체에 보급한 시스템들의 대민 서비스 부분에 단일 접점 제공
을 통해 서비스 질과 만족도가 향상하게 되었다. 또한 시·군·구별로 존재하는 대민서
비스를 통합하여 서비스창구가 단일화하여 사용자 만족도를 향상하였으며, 지자체에
보급되는 시스템 간 인프라 통합과 ESB 활용으로 시스템 연계 간 복잡도가 감소하는
효과를 기대하고 있다.

[그림 4-8] 부동산거래관리시스템 체계도

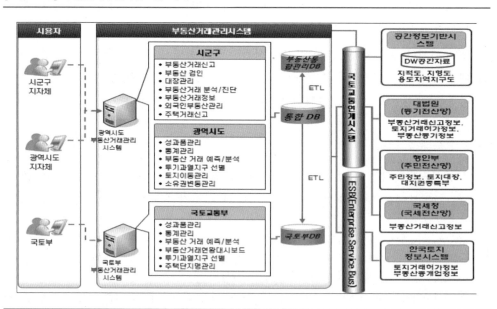

자료: 국토교통부 국토교통정보화기본계획(2016-2020)

## 9) 부동산 종합공부시스템(행정정보화 일원화)

### (1) 추진배경

부동산에 대한 정보는 토지대장, 지적도, 등기부등본 등 3,700만 필지의 토지와 700만동의 건축물에 대한 공부로서 3개 부처에서 5개 법령에 의해 4개 시스템으로 18종의 공부를 분산 관리되고 있다.

즉 18종의 공부는 국토교통부(건축물, 토지 등 8종)와 행정안전부(지적공부 7종), 사법부(등기사항증명서 3종)에 분산 관리됨으로서 국민들은 다수 기관의 다양한 서식에 의해 발급받아야 하며, 또한 부동산 민원처리에 장시간이 소요되는 등 비용 발생과 불편함이 있으며, 행정기관에서도 동일정보가 중복 구축 관리되어 불일치에 따른 행정력 손실과 신뢰성이 저하되고 있었다. 따라서 국가 경쟁력을 강화하는 차원에서 행정정보 관리 업무 체계를 개선하여 대국민서비스와 행정업무 개선으로 효율성을 제고하기 위해 추진하게 되었다.

### (2) 사업기간: 2009~2014

| 구분 | '09.11~'10.5 | 1단계 | | 2단계('13년) | 3단계('14년~) |
| --- | --- | --- | --- | --- | --- |
| | | '11년 | '12년 | | |
| 융합대상 | ISP[14])수립 | 11종 (지적7종+건축물4종) | | 15종 (토지, 가격4종) | 18종 (등기부3종) |
| 예산 | | 32억 | 103억 | 80억 | 85억 |

### (3) 대상공부

관련 정보시스템은 <표 4-13>에서 보는 바와 같이 지적행정시스템(행정안전부 새올시스템), 한국토지정보시스템(KLIS), 디지털지적(지적재조사)시스템, 인터넷 건축행정시스템(세움터), 부동산등기시스템 등이 있으며, 관련된 데이터의 규모는 총 7억 1,250만건이다.

---

14) ISP: Information Strategy Planning(정보화전략계획)

┃〈표 4-13〉 행정정보화 일원화 대상 공부 현황

| 분야 | 부동산 증명서 | | 관련법 | 관련부처 | 운영 |
|---|---|---|---|---|---|
| | 18종 | | 5개 법 | 2부 | |
| 지적<br>(7종) | 1) 토지대장<br>2) 임야대장<br>3) 공유지연명부<br>4) 대지권등록부<br>5) 지적도<br>6) 임야도<br>7) 경계점좌표등록부 | | 측량 · 수로조사 및 지적에<br>관한 법률 | 국토교통부 | 시 · 도<br>시 · 군 · 구 |
| 건축물<br>(4종) | 8) 일반건축물대장<br>9) 집합건축물대장(표제부)<br>10) 집합건축물대장(전유부)<br>11) 건축물대장 총괄표제부 | | 건축법 | | |
| 토지<br>(1종) | 12) 토지이용계획확인서 | | 토지이용규제 기본법 | | |
| 가격<br>(3종) | 13) 개별공시지가 확인서<br>14) 개별주택가격 확인서<br>15) 공동주택가격 확인서 | | 부동산가격공시 및 감정<br>평가에 관한 법률 | | |
| 등기<br>(3종) | 16) 토지등기기록<br>17) 건물등기기록<br>18) 구분건물등기기록 | | 부동산등기법 | 대법원<br>(법원행정처) | 등기소 |

자료: 국토교통부(2013.7.17) 보도자료.

### (4) 추진 조직

부동산 행정정보일원화 사업은 [그림 4-9]에서 보는 바와 같이 국토교통부 주관
으로 사업을 총괄하며, 한국토지주택공사의 부동산 행정정보일원화 추진단이 사업을
발주하여 관리하며, 한국국토정보공사(대한지적공사)가 자료정비지원을 하여 추진하고
있다.

국토교통부는 부동산 관련 공적장부 18종을 통합하여 맞춤형 부동산 서비스를 제
공하기 위한 "부동산 종합공부 서비스 체계"는 2011년 8월부터 본격적으로 추진되어
2012년까지 지적정보와 건축물정보 11종을 통합하여 2013년도부터 "일사편리"라는 한
장의 "부동산종합증명서"로 서비스를 제공하게 된다. 부동산 관련 정보는 2013년에 토
지 및 가격 정보 등 총 15종을 통합하며, 2015년 이후에는 등기사항증명서까지를 통합
하여 서비스를 제공하고 있다.

[그림 4-9] 행정정보화 일원화 대상 부동산 공부

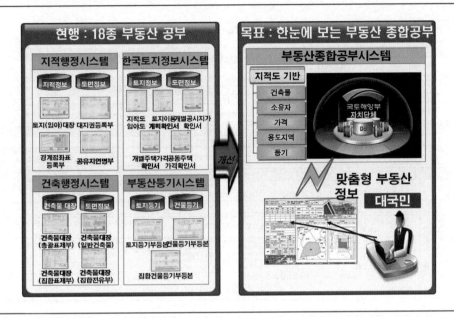

자료: 국토교통부 보도자료(2011.11.4), "지적 · 가격 · 건축 등 18종 부동산공부 하나로 통합".

### (5) 개선/기대효과

정책적인 효과로는 부동산 종합공부를 통한 행정고도화로 단순 · 반복적 업무에서 지능적 서비스로 전환하게 되며, 국민이 편해지는 부동산 서비스를 제공하게 될 것이다. 그리고 도시계획 및 도시재정비계획 등 정책업무 지원으로 고품격 국토조성에 기여하게 될 것이며, 지적도 기반의 부동산종합정보 유통으로 공간정보를 활성화할 수 있을 것이다.

대국민 및 행정 개선 효과로서 원스크린서비스(One Screen Service)[15]가 실현되어 민원신청이 단순화되고 편리하게 되며, 업무처리에 소요되는 시간이 획기적으로 감소하게 되었다.

---

15) 원스크린 서비스: 1개 업무처리를 위해 열람해야 하는 공부가 여러 개일 때 한 화면에 필요한 정보만 추출하여 제공하는 것으로 관련 공부의 정확한 정보가 반드시 전개되어야 하는 서비스.

[그림 4-10] 부동산종합증명서 예시(토지, 집합건물)

| 고유번호 | 1147010200-1-0901-0000 | | | | **부동산종합증명서(토지,집합건물)** | | | 건축물 명칭 | 목동신시가지아파트 | | 장번호 | 7 - 1 |
| 소재지 | 서울특별시 양천구 목동서로 86 (서울특별시 양천구 목동 601) | | | | | | | 건축물 동명칭 | 112동 | | 호명칭 | 504호 |

| 토지 표시 (대지권 비율) | | | | | | | 1동 건축물 표시 | | | |
|---|---|---|---|---|---|---|---|---|---|---|
| 구분 | 법정동 | 지번 | 지목 | 면적(㎡) | 대지권 비율 | 개별공시지가(원/㎡) | | 연면적(㎡) | 4,720.76 | 주용도 | 아파트 |
| 대표 | 목동 | 901 | 대 | 163,197.4 | 60.32/163187.4 | 기준일자 | 공시지가 | 부속건물(동/㎡) | | 주구조 | 철근콘크리트조 |
| | | | - 이 하 | 여 백 - | | 2015.01.01 | 4,961,000 | 층수(지상/지하) | 5/1 | 사용승인일자 | 1985.11.19 |

| 건축물 표시(전유/공용부분) | | | | |
|---|---|---|---|---|
| 주/부 | 전유/공용 | 층별 | 구조 | 용도 | 면적(㎡) |
| 주 | 전유 | 5층 | 철근콘크리트조 | 아파트 | 99.15 |
| 부 | 공용 | 지1 | 철근콘크리트조 | (02001)아파트 | 13.19 |

| 토지(대지권), 건축물 소유자 현황 | | | | | | |
|---|---|---|---|---|---|---|
| 구분 | 변동일자 | 변동원인 | 성명 또는 명칭 | 등록번호 | 지분 | 주소 |
| 대지권 | 2008.03.21 | (03)소유권이전 | | | | 경기도 광명시 철산동 387 철산랜싱아파트 103-2203 |
| 건축물 | 2008.03.21 | (0412)소유권이전 | | | 1/1 | 경기도 광명시 철산동 387 철산랜싱아파트 103-2203 |

| 등기 특정 권리 사항 (등기기록의 권리정보 중 일부 특정권리의 유무만 기재한 것임. 기준시점: 2015년/12월/13일 02시:16분) | | | | |
|---|---|---|---|---|
| 구분 | 소유권 | 용익권 (지상권, 지역권, 전세권, 임차권) | 담보권 (저당권, 근저당권, 질권, 근질권) | 기타(압류, 가압류, 가처분, 경매개시결정, 강제관리, 가등기, 환매특약) |
| 유/무 | 유 | 무 | 유 | 무 |

| | 「국토의 계획 및 이용에 관한 법률」에 따른 지역·지구 등 | 다른 법령 등에 따른 지역·지구 등 | 「토지이용규제 기본법 시행령」 제9조제4항 각호에 해당되는 사항 |
|---|---|---|---|
| 토지이용계획 | 도시지역, 제2종일반주거지역(향후 지구단위계획수립시 중세분 검토,조정), 지구단위계획구역, 대로3류(폭 25M~30M,X접합), 종로2류(폭 15M~20M,X접합) | 가축사육제한구역<가축분뇨의 관리 및 이용에 관한 법률>, 대공방어협조구역(위탁고도:77~257m)<군사기지 및 군사시설 보호법>, 과밀억제권역<수도권정비계획법>,지역권, 상대정화구역 공지조성<교육환경 보호에 관한 법률>, 포함되 만드시 확인 요망<학교조건>, (한강)폐기물매립시설 설치제한지역<한강수계 상수원수질개선 및 주민지원 등에 관한 법률> | [추가기재사항] 공동주택 |

이 부동산종합증명서는 부동산종합공부의 기록사항과 틀림없음을 증명합니다.

종합형 수수료: 1000원

2016년 01월 02일

**서울특별시 양천구청장**

자료: 일사편리(http://kras.go.kr)

---

**맥주와 데이터**

독일에는 "Reinheitsgebot," 보통 '맥주순수령'이라고 오래된 법이 있다. 1516년 공포된 맥주순수령이란 법에서 맥주는 물, 맥아, 그리고 홉(Hop) 단 세 개의 재료만을 사용해야 한다고 제정된 것이다. 이후에 맥주의 발효에 효모가 필요하지만 당시에는 효모의 존재를 몰랐다. '맥주순수령'은 공식적으로 1993년 유럽사법재판소의 권고에 따라 폐지되었다. 그러나 독일의 많은 양조회사들은 아직도 이를 지키고 있어 독일의 맥주가 가장 순수한 형태의 맥주라고 말하고 있다.

이 '맥주순수령'은 맥주에 불순물을 첨가하지 못하도록 하는 등 독일맥주의 발전에 기여한 반면, 여러 가지 첨가물을 통해 맥주 양조기술을 발전시킬 수 있는 기회가 사라진 것이다. 예를 들면, 독일 북부지방은 향신료를 넣어 만든 맥주와 체리를 넣은 맥주가 유명했었는데, 바이에른 공국이 독일제국에 포함되고 맥주순수령이 독일 전체에 시행되게 되면서 향신료 맥주와 체리맥주는 사라지게 되었다. 순수함을 지키기 위해 만들었던 '맥주순수령'이 아이러니하게도 독일을 고립된 맥주 낙후지역으로 만들었다는 평가인 것이다.

우리나라도 역시 맥주라는 이름을 붙이기 위해서는 '주세법'에 따라 맥류(麥類, 보리 종류)와 홉, 물이 들어가야 하지만, 맥류의 성분이 10% 이상만 된다면 녹말, 당 분, 캐러멜 그리고 산도조절제, 약간의 조미료, 향료 등을 일부 첨가할 수 있도록 하고 있다. 최근에 저렴한 가격으로 인기를 끌었던 녹색과 파란색의 맥주(?)는 사실 맥주가 아니다. 이는 주세법상의 맥주가 아니더라도 맥주와 비슷한 맛이 나게 한다면 더 낮은 세율을 적용 받아 저렴하게 팔 수 있다는 점에 착안한 술인 셈이다.

독일의 '맥주순수령'과 우리나라의 '주세법'은 어떤 차이가 있을까? 두 개의 법은 모두 '이렇게 만들지 않은 맥주는 전부 맥주가 아니다'라는 전제에서 시작한다. 하지만 독일의 맥주 양조업자들은 '그래? 그러면 그런 맥주만 만들어야겠네?'라고 생각한 반면, 우리나라의 맥주 양조업자들은 '그래? 그럼 맥주랑 비슷한 술을 만들면 되잖아? 맥주라고만 안하면 되는 것 아니야?'라고 생각한 것이다. 법은 비슷할지 모르겠지만, 법의 해석과 운용을 좀 더 창의적으로 할 수도 있다는 사실을 알게 해 주는 현상이다.

일반적으로 법률에서는 해당 법률에서 사용되는 중요한 용어에 대하여 법률 자체에서 그 의미를 명확하게 하여 해석상의 논란을 예방하고, 집행과정에서 발생할 수 있는 분쟁을 방지하기 위하여 '정의'규정을 두는 경우가 많다. 별도의 정의규정 없이도 앞의 '주세법'에서처럼 맥주라고 부를 수 있는 술의 제조방식에 제한을 두고 범위를 한정하는 방식을 사용하기도 한다. '민법'에서도 비슷한 방식으로 정의를 한 것들이 많이 있는데, '민법' 제98조에서는 "본법에서 물건이라 함은 유체물 및 전기 기타 관리할 수 있는 자연력을 말한다"고 정하고 제99조는 토지와 그 정착물을 부동산(不動産)으로, 나머지를 동산(動産)으로 분류한다. 이 분류방식대로라면, 전기, 태양열, 수력, 원자력 등은 동산이 되고, 땅과 건물, 교량, 단단히 심어진 나무 등은 부동산이 된다.

이 물건들에 대한 권리를 다루는 법률이 '민법' 제2편 물권(物權)이다. 물권에는 점유권, 소유권, 지상권, 지역권, 전세권, 유치권, 질권, 저당권이 있고, 물권은 법률이 아니면 새로 만들지 못하도록 되어있다. 이와 달리, '민법' 제3편에서 규정하는 채권은 법률이 아니더라도 당사자의 의사에 따라 마음대로 권리관계를 만들 수 있다. 물건은 토지와 같은 물건에 대해서 권리를 가지는 것이고, 채권은 돈을 달라고 하거나 노동력을 제공해 달라고 하는 등 사람에 대해 어떠한 행위를 할 것을 요구할 수 있는 권리이다.

그렇다면 데이터는 물건에 대한 권리인 물권이 적용될까? 최근 데이터도 물건이라는 주장이 나오고 데이터의 소유권이라는 표현도 등장한다. 데이터가 물건이라는 주장은 '민법'이 물건의 형태를 형태가 있는 유체물로 한정하지 않고 관리 가능한 무체물까지 포함하고 있기 때문에 무체물인 데이터도 물건이라고 보는 견해이다. 하지만, 다른 견해도 있다. '민법'은 물건의 범위에 유체물과 '자연력'을 포함시킨 것이지, 모든 무체물을 포함하는 것은 아니라는 것이다. 태양열, 풍력, 전기, 원자력, 수력 등은 자연적으로 존재하는 무체물이지만, 데이터는 자연적으로 존재하는 것이 아니기 때문에 민법이 규정하는 자연력에 해당하지 않아 물건이 아니라는 것이다.

데이터의 법적인 성격은 무엇일까? 데이터 중에서 일부는 저작권의 대상이 되는 저작물이 될 수 있다. 컴퓨터로 작성한 문서, 스마트폰으로 보낸 문자 메시지 등은 저작권법에 따른 저작물이 된다.

저작물은 비록 그것이 예술적 가치가 떨어지고 학술적으로도 별로 중요하지 않은 것이라고 해도 저작물로 인정받지 못하는 것은 아니며 누군가에 의해서 새롭게 창작된 것이면 무엇이나 저작물로 인정을 받을 수 있다. 하지만, 여기에서도 분명히 한계가 존재한다. 우리가 저작권이라는 권리를 인정하는 이유는 창작자의 예술적·학술적 활동을 보호하고 장려하기 위한 것이다. 그렇기 때문에 저작권은 '사람'에 의해 만들어진 사상 또는 감정을 표현한 창작물만을 보호할 뿐 다른 존재의 창작물을 보호하지는 않는다.

## 연/습/문/제

1. MIS의 하위 시스템에 대비하여 부동산정보시스템의 유형에 대해 설명하시오.

2. 공간정보에서 제공되는 정보를 통해 부동산 대상물별 제공하는 정보시스템을 설명하시오.

3. 토지 및 주택분야에 대한 부동산정보시스템 구축의 발전을 위한 추진 로드맵에 대해 설명하시오.

4. 행정정보일원화 대상 중에 부동산정보의 통합 추진에 대하여 설명하시오.

---

✔ 주요용어

정보시스템, 부동산정보시스템, 부동산정보의 통합, 부동산 종합증명서, 토지/주택부문 정보시스템

# CHAPTER 05 부동산 전자상거래와 e-비즈니스

정보통신과 컴퓨터의 발달로 인해 기존의 상거래에서 인터넷에 의한 비즈니스가 활발하게 이루어지면서 부동산의 인터넷 비즈니스는 부동산 전자상거래, 부동산 e－비즈니스 등 다양한 형태로 발전하고 있다.

e－비즈니스는 전자상거래의 진화된 개념으로 전자상거래를 포함한 광의의 의미라고 할 수 있으나, 현재에는 명확한 구별 없이 일반적으로 혼용되고 있다. 이에 e－비즈니스는 최근에 스마트기기의 급속한 확산에 힘입어 스마트사회로의 새로운 비즈니스 모델로 변화가 진행되어 스마트 커머스로(Live Commerce) 발전되고 있다. 또한 소셜네트워크 서비스(SNS)의 발달로 소셜 쇼핑(Social Shopping), 소셜커머스(Social Commerce), 등의 새로운 비즈니스 모델이 등장하여 활발히 전개되고 있다.

부동산 전자상거래(Real Estate Electronic Commercial)란 '부동산의 매매, 교환, 임대차 등의 부동산거래가 컴퓨터 통신에 의해 전면 또는 부분적으로 이루어지는 행위'라고 할 수 있다.

부동산분야에서의 전자상거래 또는 e－비즈니스는 부동산 고유의 특성으로 인해 부동산 거래의 일부분에만 적용되고 있다.

## SECTION 01 전자상거래와 e-비즈니스

### 1. 전자상거래의 발전과정

'전자상거래'라는 용어는 1987년 미국의 Lawrence Livermore National Laboratory

에서 미 국방부의 프로젝트를 수행하면서 처음으로 사용되었다. 전자상거래는 거래가 시작되면서부터 끝날 때까지 서류가 사용되지 않는 기업 환경을 정보기술에 의해 달성하려는 데 그 목적이 있었다.

이러한 전자상거래에 대한 국제적인 논의가 본격적으로 시작된 시기는 미국이 1997년 7월 '지구촌 전자상거래 기본계획(A Framework for Global Electronic Commerce)' 이 발표되면서 부터라고 할 수 있다. 또한 유럽연합이 1997년 4월 '전자상거래의 유럽 선도(A European Initiative on Electronic Commerce)'와 동년 7월 '지구촌 정보 네트워크(Global Information Network)'를 통해 Bonn선언을 채택하면서 부터이다.

이와 같이 전자상거래가 국제적인 이슈로 부상하게 된 것은 1996년에 정보기술상품에 관한 관세를 철폐하자는 정보기술협정(ITA: Information Technology Agreement)이 철폐되고, 세계통신시장의 90%를 차지하는 70여개 국가가 1997년에 통신시장의 자유화를 합의하였기 때문이라 할 수 있다.

최근 모바일 및 스마트기기의 폭발적인 확산으로 기업내 또는 기업간 업무의 정보화를 통하여 생산성 향상을 넘어 본격적인 사이버마켓의 가능성이 가시화되고 있는 상태로, 유·무선 인터넷을 통한 전자상거래는 국경을 초월한 무한 경쟁시대에 돌입하게 되어 각 국은 세계시장을 선점하기 위한 노력을 가속화하고 있다.

특히 미국, 일본 등 선진국들은 전자상거래를 국가경쟁력의 새로운 기반으로 인식하여 국가 발전을 위해 전략적으로 추진하고 있으며, 전자상거래를 통하여 현재의 경쟁우위를 강화하기 위해 자국은 물론 국제적인 전자상거래 촉진 분위기를 선도하고 있다[16].

전자상거래는 [그림 5-2]와 같이 전자문서교환(EDI), CALS, EC 등 다양한 형태로 발전하고 있다.

e-비즈니스는 고비용, 저효율의 경제구조를 개선하고 상업적 경쟁력을 강화하기 위해 정보기술을 적극적으로 활용하고 있는 개념이다. 즉 산업 활동 전반에 소요되는 상품 구매 및 판매에 필요한 정보수집 및 배송비용, 계약이행에 수반되는 업무처리 및 물류비용 등의 거래비용을 감소시키고 기업과 ERP 구축을 통한 자원의 효율적인 활용과 선진 경영방식에 따른 업무 프로세스 개선을 통해 기업 내 처리비용을 절감한다. 또한 표준화된 업무를 통하여 회계처리 방식 등 시장에서 유통되는 정보의 투명성을 증대시키고 공급자와의 경쟁을 촉진시킴으로서 기업의 전문화 및 상호협력을 유도하기도 한다.

---

16) 이상직 외(2002), 「e-Business」, 학문사, pp.48~50.

[그림 5-1] 전자상거래의 변화와 특징

2000년
1994년
1993년
1988년
1985년
컴퓨터에
의한 병참지원
컴퓨터에
의한 조달
및 병참지원
지속적인
조달과
제품 라이프
사이클 지원
광속상거래
EC
BPR
EDI
VC
CE
EI

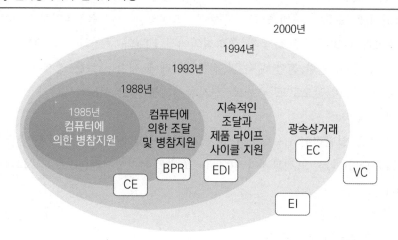

자료: 황하진 · 고일상 · 박경혜(2010).

주: BPR: Business Process Reengineering(리엔지니어링, 업무재설계)
CE: Concurrent Engineering(동시공학, 동시병행설계)
EDI: Electronic Data Interchange(전자문서교환)
EC: Electronic Commerce(전자상거래)
EI: Enterprise Integration(기업통합)
VC: Virtual Corporation(가상기업)

[그림 5-2] EC/ CALS/ EDI 관련 개념/확산과정

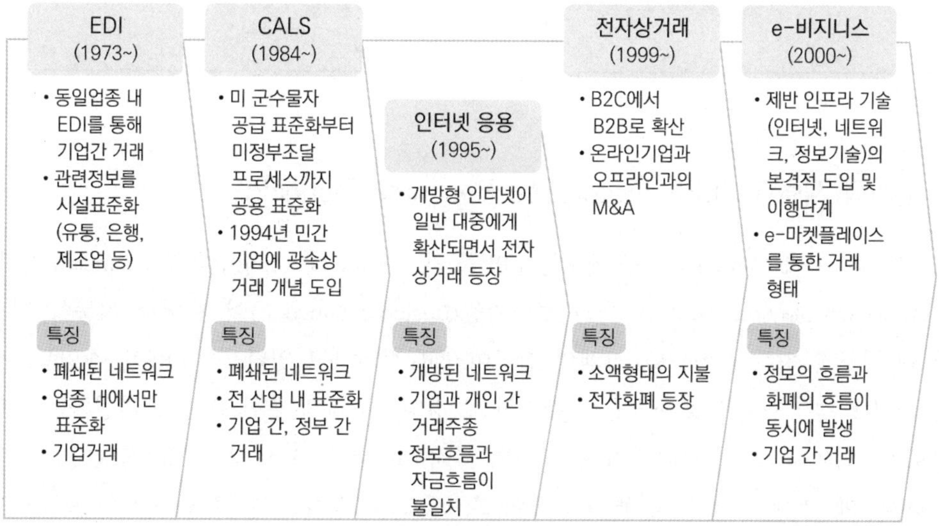

EDI
(1973~)
• 동일업종 내 EDI를 통해 기업간 거래
• 관련정보를 시설표준화 (유통, 은행, 제조업 등)
특징
• 폐쇄된 네트워크
• 업종 내에서만 표준화
• 기업거래
CALS
(1984~)
• 미 군수물자 공급 표준화부터 미정부조달 프로세스까지 공용 표준화
• 1994년 민간 기업에 광속상 거래 개념 도입
특징
• 폐쇄된 네트워크
• 전 산업 내 표준화
• 기업 간, 정부 간 거래
인터넷 응용
(1995~)
• 개방형 인터넷이 일반 대중에게 확산되면서 전자상거래 등장
특징
• 개방된 네트워크
• 기업과 개인 간 거래주종
• 정보흐름과 자금흐름이 불일치
전자상거래
(1999~)
• B2C에서 B2B로 확산
• 온라인기업과 오프라인과의 M&A
특징
• 소액형태의 지불
• 전자화폐 등장
e-비지니스
(2000~)
• 제반 인프라 기술 (인터넷, 네트워크, 정보기술)의 본격적 도입 및 이행단계
• e-마켓플레이스를 통한 거래 형태
특징
• 정보의 흐름과 화폐의 흐름이 동시에 발생
• 기업 간 거래

자료: 김성희 외(2010).

미국을 비롯한 선진국은 여타 국가에 대한 경쟁 우위를 확보하기 위한 국가차원에서 전자상거래 또는 e-비즈니스 구현을 촉진하는 정책을 추진하고 있다. 또한 OECD, APEC, G20 등 주요 국제 협력회의에서 FTA와 동일한 수준에서 전자상거래(e-비즈니스) 촉진, 관련 현안 해결 및 전자상거래에 대한 새로운 경제 질서 등의 의제가 등장하고 있으며 앞으로도 국가 간 전자상거래를 누가 선도하느냐가 초미의 관심사로 떠오르고 있다.

참고적으로 일반적인 e-비즈니스는 [그림 5-3]에서와 같이 공급망 관리(SCM), 전사적 자원관리(ERP), 고객관계관리(CRM) 그리고 전자상거래(EC)로 구성되어 있다(이동훈, 2011).

[그림 5-3] 전자상거래와 e-비즈니스

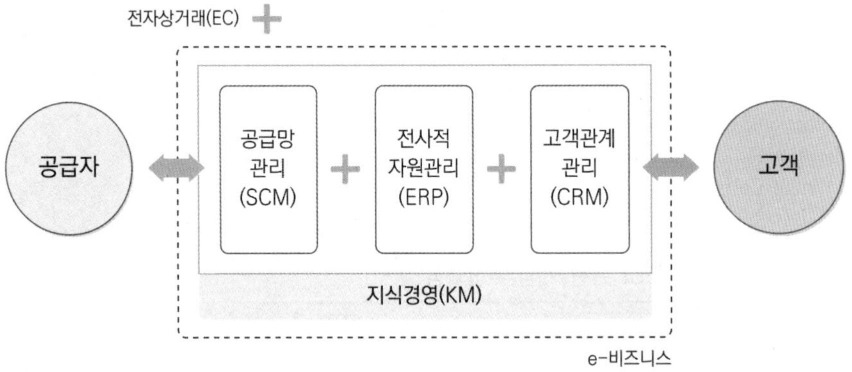

자료: 황하진 외(2011).

## 1) 전사적 지원관리(ERP: Enterprise Resource Planning)

가트너 그룹(Gartner Group)에서는 ERP를 제조(Manufacturing), 재무(Financial), 물류(Logistics/Distribution) 그리고 다른 경영기능(Business Function)이 제대로 기능을 발휘할 수 있도록 하는 응용 프로그램의 집합이라고 정의하고 있다. 즉 ERP는 경영목표달성을 위해 경영자원을 효율적으로 관리하고, 경영기능의 원활한 수행을 지원하는 통합 정보시스템이다. 다시 말해 ERP는 기업의 목적(이윤추구, 고객만족 등)을 성취하기 위한 경영활동에 제한된 기업자원을 활용하여 효율적으로 수행할 수 있도록 도와주는 애플리케이션의 집합이다.

ERP와 전통적 정보시스템 개발의 차이점으로, 전통적 정보시스템 개발은 필요로 하는 기능을 신규로 개발하는 것인 반면, ERP에서는 패키지에서 제공하는 기능의 메뉴 가운데 자사가 필요한 것을 선택하여 기능을 자사에 맞도록 조정하는 형태의 솔루션이다.

또한 ERP 구축의 목표는 산업별, 기능별 특성에 적합한 최적의 업무 프로세스 (Best Practice Process), 최적의 자료(Best Data), 최적의 조직(Best Organization)을 설계하고 이에 최적의 정보기술(Best Technology)을 적용해서 통합 정보시스템으로 구현을 완료하는 것이다.

## 2) 고객관계관리(CRM: Customer Relationship Management)

경쟁의 심화와 고객 요구사항의 다양화 등을 핵심으로 하는 경영환경의 변화는 더욱 효율적인 고객관리를 요구하고 있다. CRM은 '고객 데이터로부터 추출한 고객에 대한 정확한 이해를 바탕으로, 고객이 원하는 제품과 서비스를 지속적으로 제공함으로써, 한번 고객이면 영원한 고객'이 되도록 하여, 결과적으로 고객의 평생가치를 극대화하여, 기업의 수익성을 높이는 통합된 고객관리 프로세스이다. 부동산분야에서는 부동산 자체와 부동산 서비스에 대한 거래가 이루어지게 되어 개인 뿐만 아니라 기업 모두 관리를 하여야 할 고객의 대상이 될 수 있어 CRM의 개념에 의한 체계적인 관리를 통하여 성과를 극대화할 수 있을 것이다.

## 3) 공급망관리(SCM: Supply Chain Management)

인터넷 기술을 기반으로 한 e-Business의 확산은 기업 내부문제 뿐만 아니라 기업외부와의 관계를 중요하게 간주한다. SCM은 공급자부터 고객까지의 공급사슬에서 인터넷을 매개체로 하여 e-비즈니스 수행과 관련된 공급자, 고객, 그리고 기업의 다양한 요구를 만족시키고 업무를 효율화하려는 전략적 기법이다.

SCM은 원재료나 부품의 공급자와 최종 소비자의 상호관련된 가치활동 중에 정보공유화와 업무 프로세스의 근본적인 변혁을 꾀하여 공급망 전체의 효율성을 극대화하는 경영활동이다. 즉 SCM은 기업내 또는 기업간의 다양한 사업활동의 프로세스와 부문간·부서간에 존재하는 벽을 넘어서, 공급망에서의 제품, 서비스, 정보, 자금 등의 흐름을 효과적으로 통합하고 관리함으로써 경쟁우위를 확보하는 것을 의미한다. 이는 공급망 전체를 하나의 통합된 개체로 보고 이를 최적화하고자 하는 혁신적인 경영방식이다.

## 4) 지식경영시스템(KMS: Knowledge Management System)

지식경영시스템은 개인과 조직이 구축되어 있는 지식을 기반으로 지식의 생성·활용·축적에 이르는 일련의 활동을 원활하게 할 수 있도록 정보기술을 통해 지원하는 시스템이다(황하진 외, 2010). 즉, 조직 내에서 지적자산의 가치를 극대화하기 위하여 통합적인 지식경영 프로세스를 지원하는 정보기술시스템이다.

KMS는 산재해 있는 다양한 지식의 원천으로부터 지식관리의 대상이 되는 지식을 정의하고 획득하며 필요시에는 새로운 지식을 창출할 수 있도록 지원한다. 이에 지식의 원천으로는 개인이 보유하고 있는 경험, 노하우 등의 암묵지(Tacit Knowledge)와 디지털화한 자료와 개인의 정보기기에 보유되어 있는 자료, 조직의 정보시스템 등에서 산출되는 데이터 및 자료, 외부의 인터넷 및 웹 자료 등이 있다. 창출된 지식 중에서 조직이 지식으로 관리 및 활용할 자료를 추출하여 지식분류체계, 지식지도에 따라 분류하고 별도의 지식저장소(Knowledge Repository)에 저장한다. 저장된 지식은 포털시스템 또는 사용자 인터페이스를 통하여 사용자에게 제공된다.

다양한 지식의 원천으로부터 수집된 지식은 지식저장소에 저장되고, 지식을 용이하게 구분하고 인식할 수 있는 적절한 지식분류체계를 수립하여 지식지도(Knowledge Map)를 만든다. 지식지도는 지식을 필요한 사람에게 전달할 수 있도록 지원하는 도구로서, 지식을 발굴, 축적, 활용할 수 있도록 지원하기 위해서 사용되며 지식의 접근이 용이하도록 분류하는 체계이다. 또한 지식의 내용과 상호연관성을 표현함으로써 탐색적으로 지식접근을 가능하게 해준다.

축적된 지식은 사용자에 의해 활용되고 더 발전된 형태의 지식으로 진화하게 된다. 최근 지식관리시스템은 인터넷이 보편화됨에 따라 인트라넷과 메일서비스를 포함, 사내전자결재 등의 업무 프로세스를 포괄적으로 처리할 수 있도록 웹 기반의 포털사이트 시스템으로 발전해 나가고 있다.

부동산분야에서의 KMS는 부동산정책, 개발 등 다양한 분야에 다양한 목적으로 유용하게 활용될 수 있을 것이다.


## 2. e-비즈니스의 주요 기술

e-비즈니스는 디지털기술과 네트워크 기술을 기반으로 한 고도의 IT를 전략적으

로 활용함으로서 기존의 비즈니스 모델을 재정립하거나 새로운 비즈니스 모델을 창출하여 고객의 가치를 극대화하는 비즈니스를 의미하며 전자상거래와 인터넷 비즈니스를 포함하는 개념이다. 이는 [그림 5-4]와 같이 e-비즈니스를 통합하는 기술과 e-비즈니스에 도입하기 위한 응용기술 등 다양한 기술이 적용되고 있다(권오복 외, 2005).

**[그림 5-4]** e-비즈니스의 응용 기술

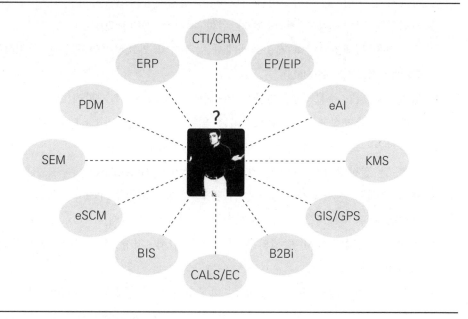

자료: 권오복 · 박찬주 · 안동규(2005).

## 1) e-비즈니스 통합기술 분야

e-비즈니스의 통합기술분야는 기업의 e-비즈니스가 실질적으로 활성화되기 위해서는 기업간 통합 환경이 중요하다는 점에서 주목받고 있는 기술 분야이다. 통합기술은 기업내 또는 기업간 시스템을 통합하는 기술이 있고, 기업 내·외부의 업무 프로세스와 정보를 통합하여 제공하는 일종의 기업 포털 개념의 기술이 있다.

① 기업의 모든 업무 프로세스와 정보를 통합하는 기업(정보)포털(EP/EIP)
② 기업내 Application/Interface를 통합하는 전사적 애플리케이션 통합(eAI)
③ 상거래 공동체내의 모든 기업들간 정보공유를 위한 기업간 업무통합(B2BI)

## 2) e-Business 응용기술 분야

각 기업들은 기업경영활동의 효율성 증진을 위해 e－비즈니스의 도입과 여러 가지 애플리케이션들을 채택하고 있다. 현재 독자적인 시장을 형성하고 있고, 향후 시장 전망도 밝은 애플리케이션들은 다음과 같다.

① 조직내 지식을 체계적으로 축적·공유·확산하기 위한 지식관리시스템(KMS)
② 경영기획 수립 및 의사결정을 지원하는 경영지능시스템(BIS)
③ 기업전체 경영자원을 최적화하기 위한 전사적 자원관리(ERP)
④ 주문적응형 제조기업의 제품설계에서 납품까지 필요정보와 활동을 지원하는 통합 제조정보시스템(MFIS)
⑤ 채널프로그램, 주문, 매출생산성 관리를 위한 파트너관계관리(PRM)
⑥ 고객의 행동양식에 맞춘 고객관리를 위한 고객관계관리(CRM/eCRM)
⑦ 공급관련 프로세스 통합을 위한 공급망관리(SCM/eSCM)
⑧ 기업 간 전자상거래 구현을 위한 가상시장(e－Marketplace)
⑨ 협업 방식의 전자상거래 솔루션인 협업적 제품상거래(CPC)
⑩ 무선을 통한 e－비즈니스를 구현하는 무선 전자상거래(M－Commerce)
⑪ 조직의 경영활동에서 발생되는 데이터를 입력·저장·관리하는 가장 기본적인 거래처리시스템(TPS)
⑫ 컴퓨터를 이용해서 반구조적 또는 비구조적 의사결정을 지원하는 시스템(DSS)
⑬ 고위 경영층이 사용하기 쉽도록 개발된 임원정보시스템(EIS)

## 3. e-비즈니스 유형

[그림 5-5] e-비즈니스유형

|  | 기업(B) | 소비자(C) | 정부(G) |
|---|---|---|---|
| 기업(B) | B2B | B2C | B2G |
| 소비자(C) | C2B | C2C | C2G |
| 정부(G) | G2B | G2C | G2G |

e-비즈니스는 [그림 5-5]에서와 같이 가치 활동이 이루어지는 주체에 따라 기업-소비자 간, 기업 간, 정부-소비자 간, 소비자 간 비즈니스 등으로 나눌 수 있다.

## 1) 기업 간 e-비즈니스(B2B)

기업 간(Business-to-Business) e-비즈니스는 가치창출이 이루어지는 활동을 기업 간 거래에 초점을 둔 것으로, 기업내부의 거래가 이루어질 수 있도록 원재료나 부품이 입력되는 조달활동이 중심을 이룬다. 이러한 거래활동(조달, 유통, 물류)에 EDI, E-mail, CALS, SCM 등이 활용될 수 있다.

① EDI를 통한 기업과 공급업자 간의 문서교환
② SCM을 통한 기업 간 정보, 판매, 유통 채널의 공유, 전자적인 자금이체 활용
③ CALS를 통한 제품 및 설계 데이터 교환

## 2) 기업-소비자 간 e-비즈니스(B2C)

기업-소비자 간(Business-to-Customer) e-비즈니스는 주로 인터넷 쇼핑몰의 형태로 이루어지는 비즈니스로 광고, 판매, 고객서비스 등이 주요 내용이다. 그러나 기업-소비자 간 거래는 최근 소비자 주도의 거래형태가 등장하면서부터 소비자들이 조직화, 집단화하여 오히려 기업에게 특정 거래를 요구하는 C2B와 소비자 간의 거래인 C2C의 영역으로까지 세분화되고 있다.

① 인터넷 쇼핑몰에서의 서적, 음반, 전자제품, 소프트웨어 등의 판매
② 홈뱅킹을 이용한 사이버대출, 대금납부, 이체, 계좌관리
③ 온라인 광고 및 온라인 정보
④ 음악, 영화, 게임 등 오락이나 기타 주문형 서비스

## 3) 기업-정부 간 e-비즈니스(B2G)

기업과 정부 간 전자상거래(B2G)는 향후 B2B 이상으로 급속히 성장할 수 있는 부분으로서 주로 공공물자 또는 행정물품의 조달 및 조세의 징수 및 환급금의 지급 등이 이에 해당한다. 최근 조달청에서는 조달청 전자입찰시스템(www.g2b.go.kr, 나라장터)을

도입하여 정부조달물자, 시설공사의 입찰이 웹을 통해서 이루어지고 있다. 한편, 정부는 전자정부(e-Government)를 구현하여 각종 행정정보의 디지털화를 실현하고 세금의 부과, 각종 행정서비스가 인터넷을 통해 제공하게 된다.

## 4) 정부-소비자 간 e-비즈니스(G2C)

G2C(Government to Government)는 정부와 국민 간에 이루어지는 거래로서 대표적인 예로 전자민원 서비스 사업을 들 수 있다. 전자민원 서비스사업은 전자정부 구현을 위한 핵심사업으로서 행정전산화, 행정전산망사업 등 정보화 기반을 바탕으로 국민들이 언제 어디서나 원하는 정보를 얻을 수 있고 세금, 생활보호지원금, 건강보험, 각종 증명서 발급 등 각종 민원을 인터넷으로 해결할 수 있는 것이다. 특히, 2003년 9월부터는 인터넷을 통해 주요 생활 민원서류를 직접 민원인 컴퓨터에서 신청하고 그 결과물을 출력하는 원스톱(One-Stop) 서비스를 제공함으로써 한층 더 편리한 전자민원 서비스 환경을 구현하게 되었다.

## 5) 소비자 간 e-비즈니스(C2C)

C2C(Customer to Customer)는 인터넷이라는 공개적인 매체를 통하여 소비자 간 거래가 형성되는 경우이다. 소비자가 공급의 주체이고 또한 수요의 주체가 된다. 소비자 간 거래는 전통적인 시장에서는 거의 불가능했던 방식인데, 인터넷의 등장으로 그 가능성이 커지게 되었다. 대표적인 예는 e-Bay(www.ebay.com)나 옥션(www.auction.co.kr) 같은 경매사이트부터 부동산직거래 사이트 등 상호 교환하는 사례를 들 수 있다.

## 6) 기업 내 e-비즈니스(B2E 또는 Business to Employee)

B2E는 기업의 정보와 애플리케이션의 이용, 직원관계 개선, 업무의 의사결정과 생산성 향상에 기여하도록 고안된 e-비즈니스 유형이다. B2E는 기업의 가장 중요한 자산은 사람이라는 인식에서 출발한다. 즉, 경쟁적 시장에서 유능한 직원들의 마음을 사로잡고, 그들을 계속 유지하는 데 필요한 모든 비즈니스로서, 예를 들면, 적극적인 충원전략, 사내복지, 교육기회, 근무시간 탄력 운영제, 보너스, 그리고 직원들에게 권한을 위임하는 전략 등과 같은 것을 포함한다.

2000년에 출범한 Abilizer.com은 70여 개의 기업에 200만 명이 넘는 고용인을 대상으로 고객서비스를 하고 있다. Abilizer.com은 AT&T 등과 같은 대기업과 계약을 통해 해당기업의 인트라넷에서 아이콘 형태로 위치하면서 금융정보, 육아정보, 쇼핑, 게시판, 토론방, 제안함 등의 직원들에게 유용한 콘텐츠와 서비스를 제공하는 모델이다.

## 7) 정보중개형 e-비즈니스(Informediary)

e-비즈니스의 확산에 따라 새롭게 등장한 e-비즈니스 유형으로서 닷컴 기업들에게서 많이 볼 수 있는 사업형태이다. 정보중개형(Informediary) 사업자는 자사의 제품을 가지고 있지 않기 때문에 생산, 기술분야의 오프라인 핵심역량은 중요하지 않다. 온라인에서 존재하는 중간상은 실물세계의 유통단계에서 존재하는 중간상들과는 달리 제품과 서비스의 정보장악이라는 관점에서 비즈니스가 수행된다. 정보중개형 비즈니스는 마케팅, 유통판매, 서비스 등 온라인 핵심역량에 초점을 맞추어 프론트 오피스(Front office)의 운영에 중점을 둔다. <표 5-1>에서는 정보중개형 e-비즈니스의 유형을 보여주고 있다.

▎〈표 5-1〉 정보중개형 e-비즈니스 유형

| 구분 | 물리적 상품 | 디지털 상품 |
|---|---|---|
| B-to-B<br>(B2B)<br>(B212B) | www.NTE.net<br>• 트럭업체와 화물을 배달시키고자하는 업체<br>• 실시간으로 배달시간, 거리, 가격에 따라 배달업체 선정 | www.LexisNexis.com<br>• 법률, 비즈니스, 정부관련 정보제공<br>• 데이터베이스에 저장된 정보를 인터넷으로 필요한 기업, 기관에 제공 |
| B-to-C<br>(B2C)<br>(B212C) | www.dell.com<br>• 설립초기 우편, 전화, 팩스를 통한 직접주문<br>• Online 주문, 조립진행상황, 배달 상황 등을 온라인으로 조회 가능 | www.greenboat.co.kr<br>• 이미 출간된 책을 전자서적으로 변환, 판매<br>• 물리적 재료, 운송비 등 불필요<br>• 이미지도 변환가능: 전자만화책 |
| C-to-B<br>(C2B)<br>(C212B) | www.acompany.com<br>• 공동구매<br>• 주문기간이 만료되거나 한정된 수량의 주문이 이뤄지면 주문마감<br>• 주문자가 수수료 지급 | www.priceline.com<br>• 역경매 방식의 온라인 여행 정보 서비스<br>• 가격을 기준으로 지정한 일정에 여행이 가능한지 검색 ⇒ 원하는 가격 입력 ⇒ 원하는 가격에 가능한지 여부 확인 |
| C-to-C<br>(C2C)<br>(C212C) | www.ebay.com<br>• 경매시장＋벼룩시장<br>• 중간 유통상을 거치지 않고 판매자와 구매자를 1대1로 연결<br>• 거래시스템에서 발견 ⇒ 공통관심분야 사람의 모임 장터 제공 | www.goreport.co.kr<br>• 대학생이 필요로 하는 리포트 및 기출문제 제공<br>• 제공되는 정보의 질이 성공의 핵심 ⇒ 운영자에 의한 평가＋사용자의 조회 및 다운로드 횟수 |

자료: 황하진 · 고일상 · 박경혜(2010).

# 4. 발전된 e-비즈니스 유형

전자상거래 그리고 e-비즈니스가 발달하면서 e-커머스(e-Commerce)라는 용어가 등장하게 되었다. e-커머스는 구체적인 상품과 서비스, 커뮤니케이션, 그리고 이를 매개로 공동사회의 형성과 이를 통한 욕구충족이라는 복합적 현상이 확장되고 있는 사실상의 가상공간 커뮤니케이션의 종합적 개념의 성격을 가지고 있다. 따라서 e-커머스는 기존의 비즈니스와 전혀 다른 새로운 양식으로 다음과 같은 비즈니스 대상과의 관계에 따라 다음과 같이 구분된다.

① 서로에게 서비스를 판매하는 2개 이상의 비즈니스간의 관계를 의미하는 B2B관계
② 일반소비자들이 친숙한 관계로서, 온라인상의 상품을 판매하는 소매업간의 B2C 관계
③ 인터넷상으로 성장하고 있는 새로운 것으로서 정부 부문과 비즈니스를 하는 B2G관계
④ 다중 B2B 관계로의 X2X(Exchange to Exchange), B2BC, B2M(Business to Market place), M2M(e-Marketplace to e-Marketplace) 등이 있다.

e-커머스에서 확장된 개념으로 c-Commercial, t-Commercial, m-Commercial 과 v-Commercial 이 나타나고 있어 이에 대해 알아보자.

## 1) C-Commercial(Collaborative Commercial)

기존의 상거래와는 달리 공급자와 소비자를 직접 연결하는 이른바 다이렉트 마케팅(Direct Marketing)을 위한 방법으로 SNS 등 정보기술의 발전으로 소비자 개개인에게 접근성이 용이하게 됨에 따라 중개상의 역할 비중이 감소하는 현상이 나타나고 있다. 그러나 최근에는 경매 및 입찰 등의 상거래 형태가 부각되면서 다시 중개상이 중요하게 인식됨에 따라 c-커머스가 전자상거래의 중요한 개념으로 부각되고 있다.

c-커머스는 IT기술을 통한 이종(異種)의 시스템과 부서 간 협력, 파트너 업체의 시스템과의 실시간 통합 그리고 Private Market에서의 자동화된 직거래 등을 의미한다.

이러한 c-커머스는 주로 제조업체나 물류업체에서 우선적으로 적용되며, 기존기업간의 업무 프로세스의 효율성을 개선, 비용절감, 경쟁력 강화를 그 목적으로 한다.

▌〈표 5-2〉 C-커머스의 정의

| 회사 | 정의 |
|---|---|
| Samsung SDS | Collaborative Commerce은 관리 계획, 디자인, 제조, 물류, 구매 그리고 판매를 통하여 기업 전반에 있는 부가가치 E - Commerce System을 위한 협업(Collaboration)과 지식 공유를 지원함으로써, 새로운 패러다임을 창출 |
| Gartner Group | 기업, 고객, 비즈니스 파트너, 공급자 및 종업원 간에 협력적 전자적 상호작용 |
| SAP AG | 기업간의 상이한 활동들을 연결하여 동일한 목표를 성취하기 위한 상호작용 |

자료: 권오복 · 박찬주 · 안동규(2005).

## 2) 모바일 커머스(Mobile Commerce)

전자상거래가 인터넷을 통한 전자적인 형태의 거래를 말한다면 모바일 커머스 (Mobile Commerce m-Commerce, 이하 M 커머스)는 무선통신 네트워크와 단말기를 통해 이루어지는 거래를 말한다. 즉 휴대전화, PDA, 태블릿 PC 등 기타 무선단말기와 무선통신 네트워크를 이용하여 정보를 접속하고 거래처리를 지원함으로서 정보, 서비스, 상품의 대가로 가치를 이전하게 하는 것으로 정의된다(권오복 · 박찬주 · 안동규, 2005).

M 커머스는 기존의 전자상거래 서비스와 무선통신의 장점을 결합한 것이지만 아래와 같은 무선통신의 특징을 충분히 활용하여 전혀 다른 새로운 서비스를 개발하고 있다.

### (1) 편재성(Ubiquity)

편재성은 단말기의 가장 두드러진 장점이다. 스마트폰이나 커뮤니케이션 형태의 무선 단말기는 이용자가 어디에 있든지 실시간으로 정보를 검색하고 통신할 수 있도록 해준다.

### (2) 접근성(Reachability)

접근성은 사람과 사람간의 통신을 위해 중요한 기능이다. 무선 단말기를 가진 사람은 언제 어디서나 연결이 가능하고 원할 경우에는 특정 인물이나 시간대에만 접근이 가능하도록 제한할 수 있다.

### (3) 보안성(Security)

무선통신 보안기술은 이미 폐쇄적인 엔드 투 엔드 시스템(End to End System) 내에서 SSL(Secure Socket Layer)형태로 구체화되고 있다. 유럽지역의 경우 단말기에 부착되는 스마트카드, SIM(Subscriber Identification Module) 카드는 소유자를 인증하고 유선 인터넷 망에서의 보안보다 수준 높은 보안을 가능하게 해준다.

### (4) 위치성(Localization)

서비스와 애플리케이션에 위치정보를 결합하여 무선 단말기에 가치를 부여할 수 있다. 특정 시점에 이용자가 어디에 위치하고 있는지 알게 되면 이용자가 거래하고 싶은 욕구가 생기도록 유인하는 적절한 서비스를 제공할 수 있게 된다. 예를 들어 도착한 해당 위치에서 부동산 중개업소에 대한 정보를 안내해 줄 수 있다.

### (5) 빠른 연결성(Instant Connectivity)

클라우드 컴퓨팅에 의한 모바일 단말기를 통해 즉시 인터넷에 접속하여 지역과 시간에 관계없이 정보를 검색할 수 있다.

### (6) 개인화(Personalization)

개인화(Personalization)는 상인이 소비자의 이름, 관심사, 과거 구매이력을 기반으로 시장에 전달할 메시지를 조정하여 특정 고객에 맞는 마케팅 메시지를 만들어내는 것을 말한다. 예를 들어 웹 사이트에서 사용자 개인의 특성과 기호에 맞는 페이지 화면을 편집하여 볼 수 있는 기능이 있다. 이는 사용자가 자신의 기호, 관심, 구매 경험과 같은 정보를 웹 사이트에 제공하면 웹 사이트는 사용자가 제공한 자료를 기초로 사용자에게 가장 알맞은 정보를 선별하여 볼 수 있게 해 준다. 개인화를 통해서 웹 사이트 운영자는 사용자에 대한 정보를 얻고 사용자의 지속적인 이용이나 구매를 얻어낼 수 있게 되며 사용자는 자신에게 가장 알맞은 정보를 편리한 방법으로 얻을 수 있다.

## 3) t-커머스(Television Commerce)

t-커머스는 텔레비전 커머스(Television Commerce)의 줄임말로 e-커머스 기술과 interactive TV의 결합이라고 할 수 있다.

즉 TV 시청자를 장래수익을 위한 타깃으로 삼는 커머스라고 할 수 있어, t-커머스는 TV를 통한 전자상거래라고 할 수 있다. 그러나 e-커머스, m-커머스와는 기술, 이용형태 등에서 많은 차이가 있어 비즈니스 모델에서도 차별화된 독특한 형태라고 할 수 있다.

t-커머스는 앞으로 TV를 시청하는 대다수의 시청자(소비자)뿐만 아니라 사회 전반에 걸쳐 지대한 영향을 미칠 것으로 전망된다. 많은 시간을 TV와 접하게 되는 소비자의 TV에 대한 친숙함과 편리성으로 인해 Interactive TV(셋톱박스, 스마트TV)를 통한 전자 상거래는 매우 활발해질 것으로 전망된다.

## 4) 소셜커머스(Social Commerce)

### (1) 소셜네트워크 서비스(SNS)

소셜미디어, 소셜네트워크, 소셜커머스 등에서 사용되는 소셜(Social)이란 미국의 트위터, 마이스페이스, 페이스북과 한국의 싸이월드, 미투데이 같은 온라인 인맥 구축을 목적으로 개설된 커뮤니티형 웹사이트에 기초하여 특정의 폐쇄된 그룹을 중심으로 정보를 제공하거나 행동을 공유하는 가상사회에서의 활동을 지칭하는 포괄적인 개념이다.

소셜미디어란 양방향 커뮤니케이션을 통하여 텍스트, 이미지, 오디오, 비디오 등 다양한 멀티미디어의 구성요소와 사회적 상호작용을 통합하는 온라인 툴과 미디어 플랫폼을 말한다.

현재 많은 사람들이 웹상의 가상사회를 중심으로 다른 사람과 의사소통을 하며 정보를 공유 검색하는 대표적인 것이 소셜네트워크로서 위키 백과사전에서는 소셜네트워크 서비스(SNS)란 커뮤니티형 웹사이트로 온라인 인맥 구축서비스, 즉 온라인을 통한 정보교환 등을 목적으로 사람과 사람을 연결시켜주는 서비스라고 정의하고 있다.

SNS는 초기에 주로 친목도모, 엔터테인먼트 용도로 활용되었으나 최근 비즈니스에 활용을 통한 생산적 용도로 활용되고 있다.

또 기존의 컴퓨터 단말기를 통한 인터넷 검색보다 스마트기기와 무선인터넷을 통한 소셜네트워크서비스를 통하여 최신 정보를 찾고 이를 활용하는 이들이 급속도로 확대되고 있다.

최초의 SNS는 1995년 클래스메이트(Classmate)와 1997년 식스 디그리(Six Dgrees)라고 할 수 있다. 클래스메이트와 식스 디그리는 친구 리스트 구성을 통해 온라인상의 네트워크를 구축하는 서비스로서 초기 SNS 전형을 이루고 있다. 특히 식스 디그리 닷컴은 전 세계가 6명을 건너뛰면 모두 아는 사이라는 '마르코니 이론'을 입증하겠다는 재미있는 출발로부터 시작하였다.

한국에서의 SNS는 초기 인터넷 문화의 핵심으로 인터넷 확산에 주된 역할을 수행하였다. 다음(DAUM)은 1999년 카페 한메일(Cafe Hanmail) 서비스를 중심으로 수백만 개의 카페가 개설되어 운영되고 있으며, 같은 해 9월 서비스를 개시한 싸이월드(Cyworld)와 아이러브 스쿨(Iloveschool)은 단기간에 급성장하였으나 사용자의 취향에 부응하는 적합한 개발이 되지 못하여 다른 SNS에 비해 상대적인 열세를 보이고 있다.

최근의 SNS는 음악, UCC(User Created Contents) 등의 다양한 형태의 콘텐츠와 결합하여 웹 2.0 서비스들의 급격한 성장에서 중요한 역할을 담당하고 있으며 네트워크를 통하여 형성된 지인(知人) 관계를 기반으로 공유와 배포를 원활하게 하는 플랫폼으로 활용되고 있다. 최근에는 트위터, 페이스북뿐만 아니라 야후(Yahoo)와 구글(Google) 등의 대형 포털 사이트와 마이크로소프트(Microsoft)도 이러한 SNS 확장의 흐름에 동참하여 개인 미디어인 블로그와 결합된 야후360(Yahoo 360), 라이브 스페이스(Live Space) 등의 서비스를 제공하고 있다.

또한 유튜브(YouTube)처럼 동영상 콘텐츠를 기반으로 하는 서비스와 플리커(Flicker)와 미투데이(me2DAY) 같이 사진 공유를 기반으로 하는 서비스, 전문 비즈니스와 관련된 관계형성을 목적으로 하고 있는 링크드인(LinkedIn) 등의 다양한 형태의 SNS가 사용자들에게 제공되고 있다(이진형, 2011).

### (가) SNS의 특성

#### ㉮ 신속성

기존의 전통미디어와 달리 소셜미디어는 정보의 수평적 전달과 네트워크를 통한 확산이 가능하다. 개개인의 관심사에서부터 정치, 환경 및 재해 등 폭넓은 방면에서 신속성과 파급력을 지니고 있는 것이 바로 소셜미디어로 개인적 관심을 통한 기사작성과 기존 저널리즘 뉴스의 뉴스를 필터링하는 방식으로 저널리즘적인 행동을 하고 있다(권상희 외, 2008).

#### ㉯ 개인성

소셜미디어의 목적이 사회적, 저널리즘적인 부분이 강하지만 기존 전통 미디어와의 가장 큰 차이점은 개인적인 경험을 타인과 공유하는 것에 초점을 두고 확산되는 것이다(김선영, 2009). 소셜미디어는 이용자의 홈페이지 역할을 하면서 개인의 특성에 따라 콘텐츠를 자유롭게 게시하고 다른 이용자들과 의견을 교류할 수 있기 때문에 자기를 표현하려는 욕구가 소셜미디어를 통하여 표출되기도 한다. 자발적, 자의적인 행위라는 점에서 자기노출의 한 수단이기 때문에 다양한 계층에서 트위터와 같은 소셜미디어를 적극 활용하는 것이다.

또한 개인 미디어로서 기존 전통 미디어와 달리 편집이나 검열을 거치지 않고 개개인이나 유명인들이 접한 생생한 정보와 감정, 일상을 일기, 칼럼, 커뮤니티 등의 다양한 형태로 전달하기에 효과적인 미디어가 소셜미디어이다.

ⓓ 정보의 개방성 및 구축의 용이성

소셜미디어는 기존 전통 미디어와 반대되는 개방형 커뮤니케이션 공간으로 기존 미디어에 도전하고 저항하는 대안적인 미디어이다(박창신, 2004). 콘텐츠 게시에 대한 제한이 없어 자유롭게 스크랩이나 링크가 가능하며 각각의 개인이 맺고 있는 사회적 네트워크가 공개되어 투명성을 나타내고 있다. 이용자들은 개방형 소셜미디어를 통하여 인터넷에 제공되고 있는 다양한 정보들 중에서 자신에게 맞는 정보를 손쉽게 검색할 수 있고, 네트워크 구축의 용이성을 기반으로 정보의 공유와 유통을 빠르게 할 수 있다. 소셜미디어가 갖고 있는 공개적 정보의 교환은 정보의 전달을 더욱 빠르게 하며 정보의 진실성을 높이는 효과가 있다. 네트워크 구축의 용이성은 여론 및 커뮤니티 형성의 속도 및 파급효과를 극대화시키고 있다.

(나) SNS의 종류

사용자들의 상호작용과 관계에 의해 콘텐츠가 생성되고 확산되는 메커니즘을 갖고 있는 SNS는 다양한 서비스들이 존재하고 있다. SNS는 제공하는 기능에 따라 크게 8가지 유형으로 분류해 볼 수 있다.

(2) 소셜커머스와 소셜마케팅

(가) 소셜커머스의 개념

소셜네트워크서비스(SNS: Social Network Service)의 폭발적인 확산과 발달로 '소셜쇼핑(Social Shopping)'이라는 새로운 비즈니스가 생겨났다. 소셜커머스는 진입장벽이 낮아 최근 지나치게 많은 영세기업들이 이 시장에 진입하면서 2010년 사업이 처음 개시된 이래 반년 만에 200개 이상의 소셜쇼핑 사이트가 온라인상에서 운영되고 있다(이진형, 2012).

소셜커머스(Social Commerce)란 소셜네트워크서비스(SNS)를 활용하여 이루어지는 전자상거래의 일종으로, 일정 수 이상의 구매자가 모일 경우 파격적인 할인가로 상품을 제공하는 판매 방식이다. 이를 소셜 쇼핑(Social Shopping)이라고도 하며, 상품의 구매를 원하는 사람들이 할인을 성사시키기 위하여 공동구매자를 모으는 과정에서 주로 소셜네트워크서비스를 이용하는 데서 그 명칭이 유래되었다.

▎〈표 5-3〉 SNS의 기능별 유형화

| SNS 분류 | 기능 | 서비스 |
|---|---|---|
| 프로필 기반 | 특정 사용자나 분야의 제한없이 누구나 참여 가능한 서비스 | 싸이월드, 페이스북, 마이스페이스 |
| 비즈니스 기반 | 업무나 사업관계를 목적으로 하는 전문적인 비즈니스 중심의 서비스 | 링크나우, 링크드인, 비즈스페이스 |
| 블로그 기반 | 개인 미디어인 블로그를 중심으로 소셜네트워크 기능이 결합된 서비스 | 네이트 등, 윈도우라이브스페이스 |
| 버티컬 | 사진, 동영상, 리뷰 등 특정 분야의 버티컬UCC 중심의 서비스 | 유튜브, 딜리셔스, 아프리카, 다음팟 |
| 협업 기반 | 공동 창작, 협업 기반의 서비스 | 위키피디아 |
| 커뮤니케이션 중심 | 채팅, 메일, 동영상, 컨퍼러싱 등 사용자간 연결 커뮤니케이션 중심의 서비스 | 세이클럽, 네이트온, 이버디, 미보 |
| 관심주제 기반 | 분야별로 관심 주제에 따라 특화된 네트워크 서비스 | 도그스터, 와인로그, 트렌드밀 |
| 마이크로 블로깅 | 짧은 단문형 서비스로 대형 소셜 네트워킹 서비스 시장의 틈새를 공략하는 서비스 | 트위터, 텀블러, 미투데이 |

자료: 이진형(2012).

소셜커머스(Social Commerce)라는 용어는 2005년 야후의 장바구니(Pick List) 공유서비스인 쇼퍼스피어(Shoposphere) 같은 사이트를 통하여 처음 소개되었으며, 2008년 미국 시카고에서 설립된 온라인 할인쿠폰 업체 그루폰(Groupon)이 공동구매형 소셜커머스의 비즈니스 모델을 처음 만들어 성공을 거둔 이후 본격적으로 알려지기 시작하였다. 특히 스마트폰 이용과 소셜네트워크서비스 이용이 대중화되면서 새로운 소비 시장으로 주목받고 있다.

특히 소셜커머스는 일종의 상거래 중개행위에 해당하는 새로운 사업영역으로[17] 법

---

17) 예를 들어 1만 원짜리를 50% 할인하여 5천원에 판매를 하면 광고업체에 5천원의 10%인 500원을 커미션으로 지불한다. 통상 제품을 만들어 팔 때 5% 마진을 보고 장사를 한다고 하는데, 중개 역할만 하고 10% 커미션을 받는다는 점에서 공급업체측면에서는 지나친 폭리를, 소비자의 입장

적 지위가 불분명함에 따라 고객의 신뢰를 기만하는 상거래 행위가 심각한 상황으로 평가되고 있다. 단순 중개에 지나지 않는 소셜커머스에 대해 과대한 수수료는 시장 조성기능의 역할에 심각한 장애요인으로 작용하며, 공급업자와 소비자 모두에게 가지 창출이 없는 단순한 수수료의 폭리로 인한 악순환 고리가 생겨나게 되면 그와 같은 사업모형은 오래가지 못하게 된다. 소셜커머스에서 바로 이러한 '악순환 고리'가 발생하고 있으며, 이는 2000년대 초에 전자상거래에서 나타난 거품의 붕괴 내지 폭발현상과 동일한 과정을 겪고 있는 것으로 분석된다.

따라서 1995년 인터넷의 등장과 더불어 시작된 전자상거래가 2000년대에 거품의 붕괴를 겪으면서 웹마케팅이라는 새로운 e-비즈니스의 영역을 열었던 것과 같이 지금의 단순 중개형의 소셜커머스를 대신한 보다 포괄적이고 지속가능한 새로운 패러다임의 전환이 필요하며 이를 수용하기 위한 새로운 사업방식인 소셜마케팅으로 진화될 것이다.

### (나) 소셜마케팅의 개념

'소셜(Social)'이란 단어는 '사회'를 의미 하며, 사회는 사람과 사람의 관계에 정서적인 동질감을 바탕으로 한다. 기존의 전자상거래 내지는 웹마케팅의 기본이 되는 'Network'라는 단어는 '관계'를 의미하는 것으로 이러한 관계는 사람과 사람간의 신뢰를 기반으로 형성된다.

따라서 소셜네트워크마케팅, 소셜미디어마케팅 또는 간단히 소셜마케팅은 사람과 사람 사이에 형성된 '신뢰와 정서적 유대감'에 기초한 새로운 마케팅 혁명으로 '사회적 관계를 중심으로 상호 신뢰와 정서적 유대감에 기초하여 유비쿼터스의 가상현실 내지는 가상사회에서 다양한 이해 당사자들과의 관계를 통한 가치의 창출을 목적으로 하는 기업 활동'으로 정의된다고 할 것이다.

Online Marketing 경영전략으로 새롭게 부상하는 소셜 비즈니스는 감성과 정보가 결합된 콘텐츠를 제공해야 한다. 즉 고객의 마음을 움직일 수 있어야 마케팅에 성공할 수 있다는데 핵심이 있다.

이와 같이 가상사회에서의 개인적 신뢰와 정서적 유대감에 바탕을 둔 새로운 사업유형을 소셜 비즈니스라 정의하고 이에 기초가 되는 마케팅 전략을 소셜마케팅으로 정의하고자 한다. 전자상거래가 e-비즈니스로 진화되면서 이에 대응해 나타난 것이 웹마케팅인 것과 같이 소셜마케팅 역시 소셜커머스가 소셜 비즈니스로 진화되며 이에 대

---

에서는 가격하락에 따른 품질저하의 문제가 제기되고 있다.

응해 나타난 것으로 이해되어야 하기 때문이다.

이와 같은 소셜 비즈니스는 종래와 같이 단순한 상품 중개수수료의 수입에만 머물지 않는 다는 점에서 소셜커머스와 구분이 되고, 나아가 단순히 쇼핑몰 등의 운영 수입을 기초로 한 기존의 전자상거래 사업과도 차별적인 특성을 갖는 것이다.

소셜커머스는 기존의 전자상거래가 유선 인터넷과 같은 디지털 매체를 통하여 전통적인 상거래의 부분 또는 전체를 웹사이트를 통해 추진하는 전자상거래나 특정 웹사이트를 중심으로 고객에 대해 시공간의 제약을 받지 않으며 개별적이고 고객의 정보에 기반을 둔 웹마케팅 믹스를 추진하는 e-비즈니스와도 분명한 차이가 있다(최용록, 2011).

[그림 5-6] 소셜 비즈니스 모형

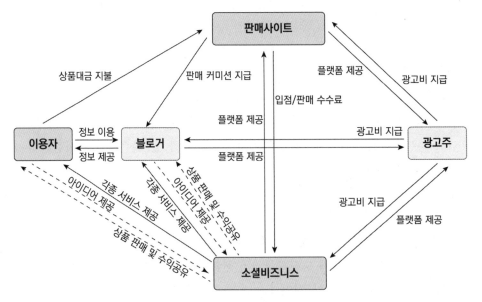

자료: 박철(2011), 온라인 Social Shopping 사이트 이용의도에 영향을 미치는 요인에 관한 연구.

## 5. 라이브 커머스(Live Commerce)

라이브 커머스는 제4차산업혁명시대 정보기술발전과 코로나19로 인한 비대면의 확산 등 시대적 맥락에서 새롭게 주목받고 있는, 실시간 개인 방송과 전자상거래라는 플랫폼이 결합된 새로운 커머스방식이다(장수평 외, 2018). 즉 오프라인 매장 상품을 모바일에서 실시간으로 소개하고 판매하는 방식이다. 이러한 라이브 커머스는 판매자와 소비자가 인터넷과 전자적 매체를 활용하여 실시간 스트리밍을 통해 만나면서 제품 및 서비스에 대해 상호작용을 하면서 실시간 거래까지 하나의 플랫폼에서 이루어진다는 점이 기존의 전자상거래와의 가장 큰 차이점이다(Cai et al., 2018; Cai & Wohn, 2019; Sun et al., 2020).

이러한 라이브 커머스는 2016년 중국에서 처음으로 모바일 라이브 방송을 시작으로 후야, 더우위 등이 등장하면서 발전을 거듭하고 있다. 현재 중국의 대표적인 라이브 커머스 플랫폼인 타오바오(Taobao)의 경우를 보면 1일 기준 2,000회 이상 방송이 진행되며 누적 시청자 수가 이미 1천만 명을 넘어섰을 만큼 대중화된 커머스 플랫폼으로 자리잡고 있다.

미국에서의 라이브 커머스 적용은 비교적 늦은 편으로, 아마존은 2017년 인플루언서 마켓팅(Influencer Marketing)[18]을 시작하여 2019년에는 아마존 라이브(Amazon Live)로 발전되고 있다. 더욱이 코로나19로 인해 설립한지 113년된 유명한 니만마커스 백화점, 버그도프 굿맨 백화점이 문을 닫았고, JC페니 백화점 역시 파산중인 상황과는 달리 더욱 라이브 커머스가 가파르게 성장하고 있다.

우리나라에서도 ㈜그립컴퍼니, 네이버나 카카오와 같은 인터넷 업체뿐만 아니라 롯데, 신세계 등 전통적 유통업체들까지 대거 참여할 만큼 차세대 커머스 분야로서 주목을 받고 있다(박용선, 2020). 우리나라는 기업이 주도하는 반면, 중국은 다양한 플랫폼들을 기반으로 방송 진행자(BJ: Broadcasting Jockey)이자 개인 판매자에 의해 시장이 주도되고 있다(장의녕·박현정, 2018).

라이브 커머스는 아직 초기로 선행 연구가 많지 않으나 그 연구결과를 살펴보면 다음과 같다.

라이브 커머스가 소비자들을 사로잡을 수 있었던 가장 중요한 원인은 라이브 커머스 플랫폼 특성보다는 방송 진행자의 역량과 진실성에 있다는 것이다. 더불어, 방송 진행자와의 상호 작용성은 구매의도에 유의미한 영향력을 미치지 않는 것으로 나타나 라이브 커머스의 구매의도를 촉진하기 위해서는 무엇보다 방송 진행자(BJ)의 역할이 중요하며, 그 역할은 소비자들과의 커뮤니케이터로서라기보다는 진실되고 매력적인 엔터테이너적 측면이 강조되어야 함을 시사한다고 할 수 있다(온가신 외, 2020).

---

18) 영향력을 행사하는 개인을 활용한 마케팅 방법

[그림 5-7] 백화점 라이브 커머스 방송 장면

## SECTION 02  부동산 전자상거래

### 1. 부동산 전자상거래와 e-비즈니스의 개념

'거래(Transaction)'의 사전적 의미란 상품이나 서비스를 대상으로 하여 상인과 상인, 상인과 고객 사이에서 이루어지는 매매행위 또는 상품이나 용역을 사고 팔거나, 서로 돈을 융통함, 또는 그러한 경제상의 관계를 말한다. 부동산학에서의 '부동산 거래'는 부동산에 대한 각종권리의 이동을 수반하게 되는 이해관계적인 행위를 의미하는 것으로 부동산의 매매, 교환, 임대차 등이 이루어지는 것이다(이창석, 2012).

따라서 부동산 전자상거래(Real Estate Electronic Commercial)[19)는 부동산이란 유형물을 인터넷과 같은 온라인을 통하여 전자적으로 거래하는 행위인 것이다(강병기,

---

19) 부동산 전자상거래에서 '상거래'란 상법상 상행위를 의미한다고 할 수 있다. 이는 Electronic Commerce를 전자상거래로 번역함에 따라 부동산 전자상거래라는 용어를 사용하고 있는 것이다. 실제 시장에서 인터넷과 같은 컴퓨터 네트워크를 이용한 일반 시민의 거래행위는 상행위에 한정되지 않고, 비 상업적 행위까지도 전자상거래라고 하는 점을 감안할 때 부동산 전자상거래는 부동산의 전자상거래를 의미한다고 보아야 할 것이다. 이런 의미에서 전자상거래를 규율하는 전자거래 기본법으로 명명된 것은 의미 있는 입법 활동이다.

2020). 또한 부동산이란 유형물을 인터넷 등의 통신 네트워크에 의해서 사실상의 법률적인 소유권과 소유권이외의 권리까지 전부 또는 일부를 전자적으로 거래하는 행위라고 할 수 있다.

법률적인 측면에서 보면 부동산 전자상거래는 부동산 거래의 모든 과정을 전자적으로 행하는 것으로 유형물인 부동산의 소유권, 지상권, 지역권, 전세권, 임차권 등의 이전(移轉)을 거래하는 행위인 것이다. 또한 부동산의 거래가 '전자적 방법'에 의해 이루어진다는 것은 전자적 방법이 계약체결 뿐만 아니라 계약체결이 이루어지기 이전의 유인에서부터 계약체결 이후 이행 단계까지 부동산 거래의 전반과정에서 전부 또는 부분적으로 적용되는 것이라 할 수 있다.

이를 종합해 볼 때 부동산 전자상거래란 '부동산의 매매, 교환, 임대차 등의 부동산 거래가 컴퓨터 통신에 의해 전체적으로 전부 또는 부분적으로 이루어지는 거래 행위'라고 할 수 있다.

부동산 전자상거래는 부동산 거래가 이루어지는 전반에 걸쳐 전자화가 이루어지느냐 아니면 어느 부분까지 전자화가 이루어지느냐에 따라 협의의 전자상거래와 광의의 전자상거래로 구분할 수 있다.

[그림 5-8] 전자상거래와 e-비즈니스의 비교

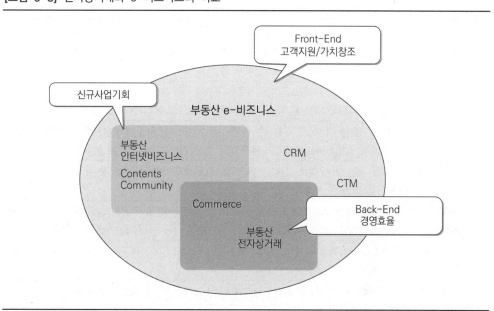

자료: 권오복 · 박찬주 · 안동규(2005), 「e-비즈니스」 일부 수정.

최근에 와서는 부동산 전자상거래라는 용어보다 좀 더 진화된 의미로 '부동산 e-비즈니스'라는 용어가 사용되고 있다. e-비즈니스라는 용어는 1997년 IBM에서 처음으로 사용되었으며 전자상거래보다 확장된 개념으로 보는 견해가 자리를 잡아가고 있다.

Price Waterhouse Coopers(PWC)사는 e-비즈니스를 '전통적인 수행방식을 개선, 진화 또는 대체하기 위해 새로운 정보기술과 프로세스를 적용하여 비즈니스를 하는 것'으로 정의하고 있다. e-비즈니스에 대해서는 <표 5-4>와 같이 다양하게 정의하고 있다.

이와 같은 e-비즈니스 개념을 토대로 하여 부동산 e-비즈니스를 정의하여 보면, 부동산 e-비즈니스는 디지털 기술과 네트워크 기술을 기반으로 고도의 IT를 부동산 비즈니스에 전략적으로 활용함으로서 부동산 비즈니스 모델을 개선하거나 창출하여 효율성을 극대화하는 의미로서 부동산 전자상거래와 부동산 인터넷 비즈니스를 포괄하는 개념이라고 할 수 있다.

부동산 e-비즈니스는 전통적인 거래 방식을 개선, 진화 또는 대체하기 위해 새로운 기술과 프로세스를 활용하는 전체적인 전략으로 전자상거래는 그 중 중요한 한부분이라고 할 수 있다. 즉 e-비즈니스는 컴퓨터와 정보통신기술의 급속한 발전으로 전자상거래 개념이 확장되면서 나온 용어로서 전자상거래를 포함하는 것이다.

▌〈표 5-4〉 e-비즈니스의 정의

| 연구 | 정의 |
|---|---|
| Bound & King (1999) | 전자적 비즈니스란 기술, 프로세스, 그리고 경영 관행들을 포괄하는 것으로 전자적 정보의 전략적 사용을 통해 조직의 경쟁력을 향상시키고자 하는 것 |
| Gartner Group (2000) | 가치를 창조하고 네트워크 경제의 새로운 규칙에 따라 발생하는 새로운 시장기회를 활용하기 위해 기업 내적, 외적 관계들을 변형시키는 네트워크에 의한 기업 활동 |
| IBM (2000) | 인터넷 기술을 기반으로 핵심적인 경영업무 수행과 시스템을 결합함으로써 다양한 비즈니스 가치를 광범위하고 편리하게 추구할 수 있는 안전하고 유연하게 통합된 비즈니스 방식 |
| PWC (2000) | 성과의 개선, 가치 창조, 그리고 비즈니스 파트너와 고객과의 새로운 관계를 형성하기 위하여 정보기술을 사용하는 것 |
| 임춘성 (2000) | 정보통신기술을 이용하여 표준화된 데이터와 거래방식으로 기업의 업무효율과 재화 및 서비스의 품질을 높임으로써, 소비자에 대한 보다 나은 서비스를 제공하는 접근 방식 |
| Lientz & Rea (2001) | 고객과 공급자와의 전자적 상거래 행위분만 아니라, 기업 내부의 업무를 지원하는 모든 것을 포함하는 경영활동 |
| Schubert & Hauster | 전자매체를 이용하여 업무 프로세스와 비즈니스 파트너, 종업원, 고객과의 관계강화를 지원하는 비즈니스 |

자료: 이동훈(2011).

언론기사 및 수많은 출판물에서도 전자상거래라고 하는 용어가 e-비즈니스를 의미하는 경우가 많은데, 이는 전자상거래의 개념이 인터넷과 함께 급속히 그 내용을 확장시키고 있기 때문이다. 실제로 전자상거래와 e-비즈니스라는 용어의 정의를 엄밀히 따져보면 e-비즈니스는 전자상거래를 포함하는 개념이라는 것이 정설이라고 할 수 있다. 부동산 e-비즈니스는 부동산의 부동성과 개별성, 다양성이란 특성으로 인하여 임장활동이 필수적으로 부동산 거래 전반에 대한 e-비즈니스에 의한 거래는 제한적일 수 있다. 실제 부동산거래 과정의 일부에서는 e-비즈니스가 제한적으로 적용이 되고 있으나 앞으로 정보기술이 더욱 발전하게 되면 그 적용범위는 더욱 확대될 것이다.

이를 종합하여 보면, 부동산 e-비즈니스는 부동산 활동 전반에 걸친 프로세스에 정보기술과 인터넷 기술을 사용하는 것이라고 할 수 있다. 개인과 기업은 e-비즈니스 환경에서 부동산정보의 교환과 활용, 업무 프로세스의 개선 등을 통해 내적 효율성을 달성하고, 외적으로는 고객과의 관계를 강화함으로써 궁극적으로 경쟁우위를 확보하고자 하는 것이다.

따라서 부동산 e-비즈니스에 대한 정의를 바탕으로 부동산 e-비즈니스의 개념을 설명하면 다음과 같이 3가지 측면으로 정리될 수 있다.

부동산 e-비즈니스는 첫째 전통적인 부동산거래 방식을 향상, 발전시키고 또는 대체하기 위해서 인터넷 또는 정보통신기술을 적용하는 것이며, 둘째 정보기술, 업무 프로세스, 경영 관행들을 포괄하는 것으로 정보의 전략적 사용을 통해 조직의 경쟁력을 향상시키고자 하는 것이다. 셋째 기업 활동 자체에도 영향을 미쳐 기업 간, 기업과 소비자 간, 기업 내부의 모든 활동이 컴퓨터를 활용한 네트워크에서 실행되는 것이다.


## 2. 부동산 e-비스니스의 형태

### 1) 부동산의 순수 온라인 상거래(Click and Order) 및 온·오프라인 전자상거래 (Click and Brick)

디지털화된 상품, 예를 들어 음악(MP3), 동영상(영화 등), 전자책, 디지털화된 논문 및 자료, 보고서 등 구입을 원하는 것에 대하여 주문 및 결제를 통하여 관련 상품이 유통되며, 중개인이 필요 없는 모든 상황에서 온라인 상거래 형태를 취한다. 이러한 전자상거래를 순수 온라인 상거래(Click and Order)라 하는데, 부동산 거래에서는 찾아보기 어렵다.

반면 현재와 같은 정보화시대에 대부분의 거래는 온·오프라인 전자상거래(Click and Brick)라고 할 수 있다. 예를 들어 인터넷 쇼핑몰을 통해 상품을 구입한다고 가정한다면 이는 온·오프라인 전자상거래인 것이다. 인터넷쇼핑몰에서 상품을 구입시 상품정보와 지불시스템을 통하여 상품의 구입을 완료한 다음에 물리적인 상품은 택배회사를 통하여 고객에 배송을 완료하게 된다. 부동산에 대한 거래 역시도 인터넷을 통하여 관심 있는 부동산의 매물정보, 분양정보 등 정보를 검색하고 2차적으로 해당 부동산에 대한 임장활동을 통한 심층 있는 검토를 하여 부동산 거래가 이루어지게 되는 것으로 이러한 형태를 온라인과 오프라인이 동시에 진행되는 부동산 온·오프라인 전자상거래라고 한다.

이와 같이 최근에 전자책(e-book)의 유통이 확산됨으로서 순수 온라인 형태로 진화될 것으로 예상되나 현행 인터넷상에서 부동산을 거래하는 형태는 대부분이 온·오프라인 전자상거래 형태라고 할 수 있다.

## 2) 부동산 오프라인 상거래(Brick-and-Mortar) 및 온라인 사업에서 전통상거래를 겸하는 상거래(Click-and-Mortar)

대부분의 전통적인 부동산거래는 부동산 중개업소를 통해 거래가 이루어진다. 이러한 모든 행위는 인터넷과 컴퓨터를 이용하지 않고 행하며, 물리적인 중개인에 의하여 물리적으로 부동산이 유통되는 거래를 오프라인 상거래(Brick-and-Mortar)라고 한다.

부동산의 온라인 사업에서 전통상거래를 겸하는 상거래(Click-and-Mortar)의 형태는 그리 많지는 않으나 온라인에서 성공한 일부 사이트들이 오프라인, 고객에게 상품 및 서비스를 이행하는 경우도 있다. 예를 들어 아마존(Amazon.com)은 대표적인 온라인 기업형태인데 신규자동차를 온라인보다는 오프라인 매장을 개설하여 판매한다고 가정하였을 때 고객에게 물리적인 차량을 직접 작동시키고 차량을 시승식하면서 장·단점을 직접 체험하도록 하여 상품을 판매하는 행위를 취함으로써 온·오프라인 형태를 취하기도 한다. 즉 제조업과 인터넷사업을 겸하는 상거래로 해석할 수 있다.

따라서 부동산 전자상거래는 거래 상대방 간의 비즈니스 관계를 증진시키기 위해 비즈니스 절차를 전략적으로 연계하고 통합할 목적으로 컴퓨터 통신기술, 즉 정보기술을 이용하여 비즈니스와 관련된 각종 정보를 자동적으로 교환함으로써 비즈니스 방식을 재창조하고 비용절감, 고객만족제고 등을 통해 궁극적으로 개인과 기업이윤을 증대시키는 것을 목적으로 한다.

▌〈표 5-5〉전자상거래와 전통적인 상거래 비교

| 구분 | 전자상거래 | 전통적인 상거래 |
|------|-----------|----------------|
| 유통 채널 | 기업 ↔ 소비자 | 기업 ↔ 도매상 ↔ 소매상 ↔ 소비자 |
| 거래 지역 | 전 세계(글로벌 마케팅) | 일부 지역 |
| 거래 시간 | 24시간 | 제한된 영업시간 |
| 수요 파악 | 온라인으로 수시획득, 재입력이 필요 없는 Digital data | 영업사원이 획득, 정보 재입력 필요 |
| 마케팅 활동 | 쌍방향 통신의 원투원 마케팅 interactive marketing | 구매자의 의사에 상관없는 일방적인 마케팅 |
| 고객 대응 | 고객 수요를 신속히 포착하여, 즉시 대응 | 고객 수요 포착이 어렵고, 지연 대응 |
| 판매 거점 | 사이버 공간 | 판매 공간 필요 |
| 소요 자본 | 웹 서버 이용, 홈페이지 구축 비용 | 도소매 영업점 운영에 많은 자금 필요 |

자료: 이동훈(2011).

## 3. 부동산 전자상거래의 유형

현실적인 부동산시장에서 부동산거래는 크게 신규부동산 거래와 중고부동산 거래 두가지로 구분된다. 신규부동산 거래는 다시 주택법과 택지개발촉진법 등에서 정하고 있는 주택과 택지의 분양과 같은 법률로서 정하여진 법정분양과 건축주나 분양대행사 등을 통한 임의분양 형태의 부동산거래이다. 중고부동산 거래는 법원을 통한 경매와 자산관리공사의 공매, 공공기관의 입찰 형태의 공적 거래와 개인간에 이루어지는 임의 거래로 구분되며, 이러한 임의거래는 개인간의 직접거래 또는 부동산 공인중개사를 통한 중개거래로 구분될 수 있다.

부동산 전자상거래란 상기 모든 형태의 거래를 전자적으로 행하는 것으로 부동산 거래는 사실상 유형물인 부동산을 거래함에도 불구하고 실질적으로는 부동산에 대한 소유권이나 지상권, 전세권, 임차권 등의 이전 형태로 나타난다.

또한 법률적으로 볼 때 부동산 전자상거래란 부동산의 거래가 '전자적(電子的) 방법'을 통해 이루어지는 것으로, 전자적 방법이 계약체결에만 적용되는 것이 아니라 계약체결 이전의 유인(誘因) 내지는 계약체결 이후의 이행(履行)단계에서 전면 또는 부분적으로 적용되는 것을 의미한다. 컴퓨터 시스템을 통하여 거래계(去來界)에 완전히 새로운 비전형 계약(非典型契約)이 이루어지는 것이 아니라 매매나 교환, 임대차 등 기존의 전형 또는 비전형계약이 전자적인 방법을 통해 이루어지는 것으로 보아야 하는 것이다(정종휴, 1998).

이와 같이 전자적으로 이루어지는 부동산 전자상거래는 부동산거래 절차의 전자화 여부에 따른 구분으로 협의와 광의로 구분할 수도 있다.

부동산 전자상거래는 서비스의 범위, 거래내용, 운용주체, 평가·인증여부에 따라 <표 5-6>과 같이 그 유형을 분류할 수 있다.

▌〈표 5-6〉 부동산 전자상거래의 유형

| 구분기준 | 명칭 | 내용 |
|---|---|---|
| 서비스 범위 | 협의의 부동산 전자상거래 | 거래계약 체결부터 대금 지급, 소유권 이전, 세금 납부까지의 단계에 포함되는 모든 거래 행위를 지원하는 시스템 |
| | 광의의 부동산 전자상거래 | 협의의 부동산 전자상거래를 포함하여, 부동산권리의 거래활동 전반에 대한 거래 행위를 지원하는 시스템 |
| 거래 내용 | 일반적 부동산 전자상거래 | 개인 간의 자유로운 의사에 의한 부동산의 매매나 교환, 임대차 등의 거래계약을 지원하는 시스템 |
| | 부동산전자입찰 | 전자적 방법에 의해 수행되는 부동산의 경매나 공매를 지원하는 시스템 |
| | 부동산전자분양 | 주택이나 택지 등의 분양과 관련된 업무를 지원하는 시스템 |
| 운용 주체 | 공적 부동산 전자상거래 | 정부 등 공적 주체가 서비스하는 부동산 전자상거래시스템 |
| | 사적 부동산 전자상거래 | 개인이나 기업에 의해서 서비스되는 부동산 전자상거래시스템 |
| 평가· 인증여부 | 공인부동산 전자상거래 | 현행 전자상거래 등에서의 소비자보호에 관한법률 제29조에 근거한 평가·인증 사업자로부터 평가·인증을 받은 시스템 |
| | 비공인부동산 전자상거래 | 상기 평가·인증 사업자로부터 평가·인증을 받지 않은 시스템 |

자료: 이국철·강병기(2004), 부동산 전자상거래의 단계적 적용 방안 연구.

## 1) 거래 내용에 따른 분류

현행 부동산거래 관련 법률 체계 및 거래관행에 따른 분류로서 일반적 전자상거래와 전자입찰, 전자분양으로 구분한다.

## (1) 일반적 전자상거래

개인간의 자유로운 의사에 의해 전자적인 방식으로 매매나 교환, 임대차 등의 거래계약이 이루어지는 부동산전자상거래를 말한다.

권리를 이전하는 자와 권리를 취득하는 자가 전자적 방법을 통해 거래 가격 교섭이나 거래계약 체결, 거래의 이행행위가 이루어지는 것으로, 거래 절차에 관련된 법령이나 규정이 적용되지 않는 거래 절차에 전자적 방법이 동원되는 것이다.

## (2) 전자입찰

전자입찰이란 전자적 방법에 의해 수행되는 부동산의 경매나 공매를 의미한다. 현재 법원에서 행해지는 부동산경매나 한국자산관리공사에서 행해지는 부동산공매는 모두 입찰방식에 의해 이루어지고 있으므로, 공매나 경매가 전자적으로 이루어질 경우 전자입찰로 할 수 있다.

현행 법원에서 행해지는 부동산경매는 민사집행법 및 하위 법령의 규정에서 정한 절차에 의해 이루어지는 것으로, 이들 절차 중 경매 공고나 최고가 매수자 선정, 소유권 이전의 절차가 전자적으로 이루어질 경우 전자경매라고 할 수 있다.

또한 부동산 공매를 하는 한국자산관리공사에서는 모든 부동산의 공매를 자체 개발한 전자자산처분시스템인 'OnBid(온비드)'를 통해 현장공매 없는 인터넷공매만을 실시하고 있어 부동산의 일반적인 전자상거래라고 할 수 있다.

## (3) 전자분양

전자분양이란 공동주택이나 택지, 공장용지 등의 분양과 관련된 업무를 전자적으로 행하는 것을 의미한다.

현재 한국토지주택공사와 국민은행(http://est.kbstar.com/), 금융결제원의 주택청약서비스(http://www.apt2you.com/)에서 인터넷을 통한 청약(인터넷 청약)을 실시하고 있다. 보조적 분양 방법으로 닥터아파트 사이트(http://www.drapt.com/)에서는 인터넷 청약 서비스와 인터넷 사전예약 서비스를 시행하고 있으며, 다음 사이트(http://estate.daum.net)에서는 무순위 인터넷분양 서비스를 시행하고 있다. 기타 인정건설(http://www.injung.com)이나 민간 아파트 분양회사에서도 개별적으로 인터넷 청약 사이트를 구축하여 서비스를 제공하고 있다.

## 2) 운영 주체에 따른 분류

서비스 운영 주체에 따른 분류로서, 정부, 공사 등 공적주체와 기업 또는 개인 등의 운영 주체에 따라 서비스의 신뢰성이 달라질 수 있다.

### (1) 공적 부동산 전자상거래

정부나 공사와 같은 공적 주체에 의해 부동산 전자상거래 서비스를 제공하는 부동산 전자상거래를 의미하는 것으로, 한국자산관리공사의 On-Bid나 한국토지주택공사(http://www.lh.or.kr)와 금융결제원(http://www.apt2you.com)의 인터넷청약 서비스가 포함된다.

이들 공적 부동산 전자상거래 서비스는 공신력을 갖춘 주체에 의해 실시되는 것으로, 부동산 전자상거래 서비스 이용자들의 접근성이 확보되는 장점이 있으나, 관계 법령에 규정되어 있지 않은 부분(대금의 납부 등)의 서비스 확대가 쉽지 않을 것으로 판단된다.

### (2) 사적 부동산 전자상거래

사적 부동산 전자상거래는 개인이나 기업에 의해서 시행되는 부동산 전자상거래 서비스를 의미하는 것으로, 네이버 부동산과 무순위 인터넷 분양 서비스를 제공하는 닥터아파트 사이트(http://www.drapt.com)는 사적 부동산 전자상거래의 한 예라고 할 수 있다. 기타 대부분의 부동산 직거래 서비스는 사적 부동산 전자상거래의 범위에 포함해야 할 것이다. 사적 부동산 전자상거래는 공신력을 갖추지 못하고 있으므로, 거래 대상물에 대한 정보만 제공하거나 소비자의 피해가 예상되지 않는 부동산 청약 등에 국한된 서비스만 실시되고 있으나, 보험 가입이나 기타 공신력을 갖출 경우 다양한 서비스로 확대가 가능한 장점이 있다.

## 3) 서비스 범위에 따른 분류

### (1) 협의의 부동산 전자상거래

협의의 부동산 전자상거래란 부동산거래를 위한 계약 체결부터 대금지급, 소유권 이전, 거래세금 납부까지의 단계를 포함한 거래 행위를 인터넷 등을 통해 전자적으로 수행하는 것으로 정의할 수 있다.

부동산거래의 계약이 체결되기 위해서는 청약과 승낙이 있어야 하는 것으로, 협의의 부동산 전자상거래 서비스에는 거래 대상물에 대한 정보는 기본적으로 제공되어야 할 것이다.

현재 시점에서 협의의 부동산 전자상거래와 유사한 서비스로는 한국자산관리공사의 OnBid나 한국토지주택공사와 국민은행, 금융결제원의 인터넷청약 서비스를 들 수 있으나, 이들 서비스는 거래계약 중 청약 절차만 서비스하고 있다.

다만 이들 사이트들이 대법원이나 정부기관, 금융기관 등과의 협조로 소유권이전과 관련된 각종 절차를 수행할 수 있을 경우 진정한 의미에서 부동산 전자상거래 서비스가 구현될 수 있을 것이다.

### (2) 광의의 부동산 전자상거래

광의의 부동산 전자상거래는 부동산 권리의 매수활동과 권리 매도활동 전반에 걸친 부동산거래활동을 전자적으로 수행하는 것으로 정의할 수 있다.

광의의 부동산 전자상거래에는 협의의 부동산 전자상거래를 포함하며, 거래대상 부동산 목록을 제공함은 물론, 거래당사자 간의 가격 등 거래조건 협의, 부동산 거래당사자의 입지선정 활동이나 권리분석, 최유효 이용 판정, 가격평가, 투자 분석 등 부동산거래와 관련된 다양한 활동을 지원하는 서비스가 함께 제공되어야 할 것이다.

## 4) 평가 및 인증여부에 따른 분류

전자상거래사업자 평가·인증 제도에 의해 평가·인증사업자로부터 평가·인증을 받았는지 여부에 의한 부동산 전자상거래의 분류이다.

### (1) 공인 부동산 전자상거래

현행 전자상거래 등에서의 소비자보호에 관한 법률 제29조에서는 전자상거래 및 통신판매의 공정화와 소비자 보호를 위하여 관련 사업자의 평가·인증 제도를 두고 있다[20].

전자상거래 사업자 평가·인증 제도는 강행 법규가 아닌 것으로, 아직 시행되는 사례를 찾기 어려우나, 이 제도가 실시될 경우 사적 부동산 전자상거래 사업자의 서비스도 공신력을 인정받을 수 있을 것이다.

---

20) 전자상거래사업자 평가·인증 제도는 일반적으로 '전자상거래 인증'으로 불리는 것과 다른 것으로, 전자상거래 인증이란 전자거래 상대방의 신원 확인 기능과 네트워크상에 전송되는 정보의 변조여부 확인 기능, 전자거래 상호간 정보 송수신 여부에 대한 부인방지 기능, 네트워크상으로 전달되는 정보에 대한 암호화 기능 등을 제공하는 인증서비스를 말한다.

## (2) 비공인 부동산 전자상거래

현행 전자상거래 등에서의 소비자보호에 관한 법률 제29조에 의한 평가·인증사업자로부터 평가·인증을 받지 못한 부동산 전자상거래 서비스를 의미한다.

현재는 평가·인증 제도가 정착되지 않았으나, 부동산거래의 중요성으로 인하여 제도가 시행될 경우 비공인 부동산 전자상거래 서비스는 업무 범위가 극히 제한적일 수밖에 없을 것이다.

## 4. 부동산 전자상거래 절차

협의의 부동산 전자상거래를 지원하는 정보시스템은 다음과 같은 기능을 포함하고 있다.

- 인터넷을 통해 부동산계약을 체결하고, 체결여부를 입증해주는 시스템
- 계약금과 중도금, 잔금지불시스템
- 취득세와 등록세를 인터넷을 통하여 계산 및 납부하는 기능
- 등기부, 토지대장 등 부동산관련 공부를 인터넷을 통해 쉽게 열람하는 기능
- 잔금과 동시에 인터넷을 통한 소유권이전 등기를 신청하는 기능

부동산정보시스템의 운영자는 [그림 5-9]에서 제시된 부동산 거래 절차를 기준으로 부동산 전자상거래상에서 수행하는 세부 업무내용은 다음 <표 5-7>과 같다.

**[그림 5-9] 부동산 거래 절차**

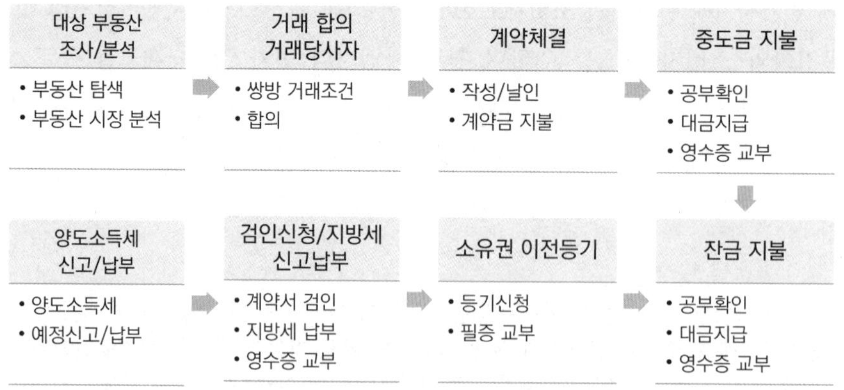

| 대상 부동산 조사/분석 | | 거래 합의 거래당사자 | | 계약체결 | | 중도금 지불 |
|---|---|---|---|---|---|---|
| • 부동산 탐색<br>• 부동산 시장 분석 | ⇒ | • 쌍방 거래조건<br>• 합의 | ⇒ | • 작성/날인<br>• 계약금 지불 | ⇒ | • 공부확인<br>• 대금지급<br>• 영수증 교부 |

| 양도소득세 신고/납부 | | 검인신청/지방세 신고납부 | | 소유권 이전등기 | | 잔금 지불 |
|---|---|---|---|---|---|---|
| • 양도소득세<br>• 예정신고/납부 | ⇒ | • 계약서 검인<br>• 지방세 납부<br>• 영수증 교부 | ⇒ | • 등기신청<br>• 필증 교부 | ⇒ | • 공부확인<br>• 대금지급<br>• 영수증 교부 |

▎〈표 5-7〉 부동산정보시스템에 의한 거래 업무 절차(방안)

| 단계 | 구분 | 업무 | 정보흐름 | |
|---|---|---|---|---|
| | | | 정보발생 · 보유자 | 정보수신 · 이용자 |
| 1 | 거래합의 | 부동산 거래 합의 | 거래당사자 부동산 서비스업자 | 좌동 |
| 2 | 부동산 거래계약 체결 | 부동산전자상거래센터 접속 | - | - |
| | | 거래하자 최종 확인 | 지방자치단체/법원 | 거래당사자 |
| | | 계약조건 입력 및 전자서명 | 거래당사자 | 부동산전자상거래 운영자 |
| | | 전자서명 확인 | 전자서명 인증기관 | 부동산전자상거래 운영자 |
| | | 예금계좌확인 | 금융기관 | 부동산전자상거래 운영자 |
| | | 부동산전자상거래 승인 | 부동산전자상거래센터 | 거래당사자 |
| | | 계약금 지급 산정 | 부동산전자상거래센터 | 금융기관 |
| | | 계약금 지급 | 매도자 예금계좌 | 매수자 예금계좌 |
| 3 | 중도금 지급 | 중도금 지급기일 통지 | 부동산전자상거래센터 | 매수자 |
| | | 변동사항(공부)확인 | 지방자치단체/법원 | 매수자 |
| | | 중도금 지급 확인 | 매수자 | 부동산전자상거래 운영자 |
| | | 중도금 지급 신청 | 부동산전자상거래센터 | 금융기관 |
| | | 중도금 지급 | 매도자 예금계좌 | 매수자 예금계좌 |
| | | 중도금 지급 완료 통지 | 부동산전자상거래센터 | 거래 당사자 |
| 4 | 현금지급 | 중도금 지급 절차와 동일 | 좌동 | 좌동 |
| 5 | 계약서 공인 및 지방세 신고 · 납부 | 부동산전자상거래 통지 | 부동산전자상거래센터 | 지방자치단체 |
| | | 계약서 검인 및 취득 관련 지방세 계산 | 지방자치단체 | - |
| | | 조세 부과 | 지방자치단체 | 매수자 |
| | | 조세 지급 | 매수자 예금계좌 | 지방자치단체 |
| | | 검인 및 등록세 납부 통지 | 지방자치단체 | 거래당사자, 대법원 |
| 6 | 소유권 이전 등기 | 소유권이전등기 수락 | 부동산전자상거래센터 | 대법원 |
| | | 소유권이전등기 | 법원 | - |
| | | 소유권이전등기 완료 통지 | 법원 | 부동산전자상거래 운영자 |
| | | 소유권이전등기 통지 | 부동산전자상거래센터 | 거래 당사자 |
| 7 | 양도세 납부 | 부동산전자상거래 통지 | 부동산전자상거래센터 | 관할 세무서 |
| | | 양도소득세 예정신고액 계산 | 관할 세무서 | - |
| | | 양도세 예정신고 · 납부 통지 | 관할 세무서 | 매도자 |

자료: 이국철 · 강병기(2004).

## 5. 부동산 전자상거래의 효과와 한정성

부동산은 일반재화와는 달리 보증성, 불변성, 고정성, 개별성, 다용도성, 외부효과성 등 고유의 특성을 가지고 있다. 이러한 부동산 특성으로 부동산 시장은 필연적으로 불완전성을 띄게 된다. 특히 부동산의 고정성과 개별성은 부동산 소유자가 개별 부동산 시장에서 사실상 독점력을 행사할 수 있도록 하며 시장을 국지화시키고 공인중개사를 필요로 하게 한다. 또한 개인은 사유재산권에 대한 정보의 공개를 기피하고 거래가격의 노출을 부담스러워 함으로써 거래가 비공개로 이루어지며 시장정보가 제대로 전달되기 어렵다.

이러한 부동산시장의 불안정성은 전자상거래의 도입으로 많은 변화가 있었다. 첫째, 부동산 전자상거래를 통하여 사전에 부동산과 관련된 제반정보가 체계적으로 정리되어 공급자와 수요자에게 제공됨으로서 지리적, 시간적인 한계를 극복하게 되었다.

또한 부동산은 위치의 고정성으로 수요자는 거래시 현장을 직접 방문해서 그 내용을 확인해야 하고 실제로 이러한 노력에도 불구하고 시장의 비공개성으로 부동산의 물리적, 법률적 하자 등을 발견하지 못하는 위험이 상존한다. 그러나 인터넷을 통한 전자상거래는 거래 대상 부동산에 관련된 정보를 문자, 그림, 동영상 등의 자료를 통해 임장활동을 보완할 수 있어 정보수집 시간과 비용을 절약시켜 준다.

둘째, 전자상거래는 부동산정보의 조직화, 네트워크화를 통하여 다양한 비즈니스 모델이 형성되었다. 부동산 시장은 다수의 수요자가 네트워크화된 공인중개사를 통해 원하는 부동산을 찾게 된다. 부동산 중개업은 지역적으로 인접한 공인중개사의 도움을 받아야 하기 때문에 지역적 한계가 설정되지만 전자상거래 방식을 통해 중개범위의 지리적 한계를 초월하며 전국을 대상으로 활동범위의 확장이 이루어지게 된다.

셋째, 부동산 전자상거래는 수요자가 원하는 상품을 찾는 방식의 거래이므로 수요자는 원하는 부동산을 가장 저렴하게 공급하는 공급자를 찾게 되며, 공급자는 부동산 매도를 위해서 가장 좋은 조건을 수요자에게 제시하여야 한다.

과거 부동산정보가 공인중개사에게 독점되는 경우에는 수요자는 정보의 불확실성 등으로 공인중개사가 제시한 가격에 의존하게 되고, 여러 공인중개사를 통해 정보를 수집하더라도 정보수집비용이 많이 들고 또한 이들이 담합하는 경우에는 정확한 정보 수집이 어렵게 되었다.

그러나 전자상거래는 정보수집에 비용이 들지 아니하여 정보의 불확실성에 기인하는 문제를 어느 정도 극복할 수 있다.

또한 부동산거래에서 일부는 직거래가 이루어지고 있다. 부동산정보가 공인중개사에게 독점되는 상황에서는 실제 거래현장에서 가격 등 거래 조건과 관련하여 공인중개사에게 의존하게 되지만 정보가 공개됨으로서 중개사의 도움이 필요하지 않은 직거래가 이루어지는 것이다.

따라서 부동산 시장에서 공인중개사의 역할도 많은 변화가 예상된다. 과거에는 공급자와 수요자가 대면 접촉을 통해 가격과 거래조건을 상호 조정하여 거래를 성사시키는 것이 공인중개사의 주요 역할이었다. 그러나 전자상거래가 활성화됨으로써 매물 등록과 원하는 부동산을 찾아주는 역할을 수행하게 되며 아울러 부동산과 관련된 여러 정보를 종합 정리하여 소비자에게 제공해주는 역할을 수행하게 되는 것이다.

현재 부동산 전자상거래는 부동산 고유 특성으로 인하여 전자상거래가 전반에 걸친 다양한 서비스를 지원해주지 못하는 한계가 있다.

그리고 인터넷 프로그램 기술이나 전자인증 기술을 이용할 경우 협의의 부동산거래, 즉 계약서 작성과 대금지급의 절차를 지원해 줄 수 있는 사이트들이 얼마든지 운영될 수 있다. 그러나 부동산의 가격과 용도 등은 부동산을 둘러싼 지역요인들과 부동산의 각종 개별요인에 따라 여러 가지 형태로 나타날 수 있는 것이며, 부동산 활동의 의사결정을 하기 위해 이들 요인들을 분석하는 데는 전문적인 지식이 필요할 뿐만 아니라 다양한 서면과 현장답사를 통해서만 분석이 가능하기 때문이다. 또한 부동산거래는 매도자와 매수자의 상치된 의견이 합치되는 절차를 거쳐야 하는 것으로 현실적으로 인터넷을 이용해 거래를 하기는 많은 제한이 있기도 하다.

또한 부동산의 고가성으로 인해 웹사이트를 통해 제시되는 정보만으로 현지 확인 없이 구매를 결정하기 어렵다. 또한 대금 결제가 이루어지더라도 등기이전 전에는 실제 소유권이 이전되는 것이 아니므로 계약과 동시에 대금 결제가 어려운 한계가 있는 것이다.

## SECTION 03  부동산 스마트 커머스(Smart Commerce)

스마트 모바일시대는 개인의 라이프 스타일에 변화를 유발하며, 이는 회사의 고객이나 내부직원, 외부 협력사에 이르기까지 기업의 전 부문에 영향을 준다.

모바일 환경의 진화는 다양한 산업에서 기존의 가치사슬(value chain)을 변화시키고 기존의 산업에서의 중요한 가치체계를 변화시켜 시장규모를 확대하고 새로운 사업기회를 갖는다.

즉 스마트폰과 무선인터넷, 앱 스토어의 확산으로 커머스의 패러다임이 변화하고 있다(Morgan Stanley, "Internet Trends", 2010. 4).

소셜미디어의 확산으로 소셜 플랫폼에 기반한 새로운 소비, 소셜커머스 부상으로 모바일 및 플랫폼 생태계는 혁신적인 M-커머스 출현기반을 제공하고 있다.

모든 스마트폰은 기본적으로 LBS(Location Based Service)기능이 내장되어 있다. 이를 통해 PC에서 경험하지 못한 새로운 서비스가 제공되고 있다. 스마트폰의 보급과 함께 가장 먼저 인기를 끈 LBS관련 애플리케이션은 구글, 네이버, 다음 등의 인터넷 기업들이 만든 '지도 앱'이다.

국내 이용자들에게 친숙한 네이버, 다음이 스마트폰용 지도 앱을 만들어 장소검색, 길찾기, 대중교통, 교통량 등의 정보를 충실히 제공함에 따라 많은 스마트폰 이용자들이 지도 앱을 이용하게 되었다. 부동산의 제반 정보검색에서도 포털사이트의 지도 서비스와 모바일 지도앱은 매우 유용하게 활용되고 있다.

또한 스마트폰의 하드웨어적 기능을 더 적극적으로 활용하는 분야는 LBS와 증강현실(AR: Augmented Reality)앱이다. 스마트폰에 탑재된 GPS와 카메라를 동시에 활용한 증강현실 앱은 이용자가 위치한 실제 거리의 화면에다 모바일 인터넷으로 받아온 정보를 합성하여 보여준다. 부동산정보를 LBS와 증강현실 기술을 활용하여 정보를 손쉽게 검색할 수 있는 앱(app)의 개발이 확대되고 있다.

부동산의 유형과 성격 등을 검색해 보여주거나 특정장소에 이용자가 태깅(tagging: 부연 정보를 입력하는 것)을 함으로서 장소에 대한 정보를 추가하거나 또는 타인이 입력한 정보를 조회할 수도 있다. 이와 같은 모든 것이 부동산 상거래를 활발하게 형성하는데 유용하게 이용된다.

부동산 모바일 커머스와 밀접한 관계를 갖고 있는 것은 모바일 광고이다. 위치 정보와 광고가 결합함으로서 더욱 강력하게 부동산 상거래를 유도할 수 있게 될 것이다.

예를 들어 LBS를 활용하는 부동산 모바일 광고의 기본 작동방식으로 스마트폰에서 부동산 물건을 조회하던 중 근처 부동산 중개사무실이 나오게 되고 이를 클릭하게 되면 사무실 위치가 나타내는 지도와 함께 연결되는 버튼을 클릭하면 바로 중개사와 통화할 수 있게 된다.

스마트폰의 위치정보 기능은 커머스와 잘 융합함으로서 부동산 해당업소에 새로운 부동산 상거래의 기회를 제공해 줄 수 있을 것이다. 부동산 모바일 커머스가 가지고 있는 엄청난 기회는 바로 스마트폰을 위시한 모바일 기기를 통해 오프라인과 온라인을 효과적으로 연계함으로서 오프라인의 부동산 상거래를 유도하고 그런 과정에서 수익을 창출하게 될 수 있는 것이다.

이러한 부동산 모바일 커머스는 부동산 스마트 커머스로 진화하면서 새로운 변화를 맞게 될 것이다. 스마트폰과 소셜미디어 기반의 스마트 커머스가 부상하여 부동산 커머스를 견인하게 될 것이다. 부동산 스마트 커머스는 스마트폰의 애플리케이션(AR, QR 코드)을 통해 오픈된 앱스토어와 소셜미디어를 매개로 소셜마켓에 접속하여 개인화된 부동산 물건정보와 가격으로 거래에 참여할 수 있게 된다.

또한 스마트 커머스는 소비자들의 위치정보와 축적된 데이터를 통하여 web 3.0에 가까운 서비스로 진화할 수 있다. 스마트 커머스를 통해 축적된 서비스 이용성향, 실생활에서의 사용자의 행동패턴, 소셜미디어에서 드러난 활동 등을 기초로 보다 정교한 소비자 지향의 경험제공 서비스가 가능하게 될 것이다.

이러한 변화들은 기존의 핵심적 부동산 마케팅 영역이 3R(Reality, Realtime, Relation)의 개념으로 커머스 플랫폼, 커머스의 영역, 소비행태에 변화가 일어나게 된다.

[그림 5-10] 스마트 커머스의 변화

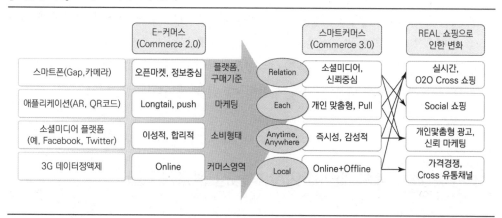

자료: KT경제경영연구소, "스마트 커머스, REAL 쇼핑이 가져온 변화와 기회", 재구성.

소셜미디어의 관계에 기반하여 소비자의 부동산 거래 경험이 실시간으로 공유되고 소셜미디어정보의 양과 정보의 지향성이 상품의 가치를 규정하는 소셜미디어 기반의 부동산 소셜거래가 확대될 것이다. 스마트폰의 개인화와 즉응성 요소가 만들어 내는 실시간 맞춤형 정보의 제공이 소비자가 원하는 요구에 근접한 개념으로서 Reality와 Realtime이 제공된다.

이외에 카메라와 바코드를 활용, 모바일을 통한 물건 검색 및 가격정보를 비교하게 되어 부동산시장의 효율성이 증가하게 될 것으로 예상된다.

또한 즉시성과 개인화에 인한 실시간 맞춤형으로 정보가 제공되어 부동산 물건정보, 매매, 거래후기까지 거래활동 전체가 One-Stop으로 가능함으로서 실시간 부동산거래가 확대되어 부동산 유통구조도 변화하게 될 것이다. 또한 개인 맞춤형 타깃(Target) 부동산 마케팅방식이 변화하여 AR기술과 QR코드 기술의 적용은 현실세계와 가상세계의 상호작용을 극대화하여 감상적이고 다양한 부동산 광고가 가능하게 될 것이다.

이러한 변화에 맞추어 소비자의 접근방식이 재정립해야 할 것이며, 소비자의 매체접근과 부동산 거래에 관련한 서비스를 선점할 수 있도록 하는 선점 전략 수행이 매우 중요하다.

그리고 앞에서 살펴 본 라이브 커머스는 부동산 거래절차에서 중요한 역할을 하게 될 것으로 보인다. 부동산은 그 특성상 임장활동이 필수적이라 할 수 있어 부동산거래의 전자상거래가 실현되는 데 결정적으로 제한이 되고 있다. 그로나 최근에 와서 실감할 수 있는 확장현실(XR: VR, AR, MR)에 의해 현장확인을 하지 않더라도 가상에서 임장활동을 할 수 있도록 되고 있으나 실제 임장활동을 하는 것에 비하면 미흡한 상태라 할 수 있다. 그러나 라이브 커머스를 통해 부동산 매물에 대해 양방향 소통을 통해 의문이나 궁금한 부분을 충분히 해소할 수 있을 것이다. 따라서 라이브 커머스를 통해 부동산의 전자상거래가 더욱 가까이 실현될 수 있을 것이다.

## SECTION 04 블록체인에 의한 부동산 전자상거래

부동산거래는 일반적으로 다음과 같이 진행된다. 먼저 매수자는 조건에 맞는 대상 부동산을 조사하여 권리, 가격, 지역 및 개별 투자분석을 하고, 매수자와 매도자의 거래당사자 간 가격, 대금지급 방법, 거래조건 등의 합의가 이루어지면 계약을 체결한다.

이후 계약조건에 따라 중도금과 잔금을 지불하고 권리이전 청구를 위한 계약서 검인을 거쳐 소유권이전 등기와 점유인수를 하며 취등록세 및 양도세 지불과 공과금을 지불하는 절차를 거치게 된다.

이와 같은 거래절차에서 블록체인과 스마트계약, 암호화폐가 적용되는 블록체인 기반의 부동산거래정보시스템에 의해 이루어짐으로서 부동산 전자상거래(Real Estate e-Commerce)가 가능하게 될 것으로 보인다.

먼저 대상부동산을 탐색하기 위한 조사 분석과 계약체결 과정에서 대상부동산을 탐색하고 임장활동을 통해 확인하는 과정은 인공지능, 빅데이터, XR을 통해 가상공간에서 가능하게 되고 있다. 즉 적정 부동산을 탐색하는 과정에서는 사물인터넷(IoT)에 의해 수집되는 실시간의 해당 데이터를 수집하여 인공지능과 빅데이터로 과학적, 증거기반의 분석을 실시하고, 가상현실과 증강현실, 혼합현실을 적용함으로서 임장활동의 지역적 한계를 넘어 공간적으로 확장되는 부동산시장이 형성될 것이며 누구든지 쉽게 고도의 분석을 통해 적정 부동산을 탐색하게 될 것이다.

다음 계약을 체결하는 과정은 스마트계약(Smart Contract)을 통해 체결되면 계약금, 중도금, 잔금이 자동적으로 지불하게 된다. 특히 스마트계약은 계약 당사자의 신용과는 무관하게 계약이 체결되고 실행하게 되는 특징이 있어 종전의 계약에서 계약불이행에 따른 향후 보험료, 소송비용 등의 비용이 발생하던 것이 스마트계약을 함으로서 이러한 비용소요가 없어져 절감될 수 있다.

거래에 따른 계약금, 중도금, 잔금과 취등록세, 양도소득세 등의 세금 지불 등 금액거래는 블록체인에 의해 실시됨으로서 P2P거래가 이루어져 매도자와 매수자 간 중간 금융기관 없이 암호화폐에 의해 거래가 되며 안전하고 신속하고 거래 수수료 없이 이루어지게 될 것이다.

또한 거래 간 중개사, 세무사, 법무사 등 전문가의 지원 없이 이루지게 될 것이다. 따라서 <표 2-10>에서 살펴본 세계은행에서 발표한 부동산거래 단계 중 8단계가 이루어지면 이와 같은 실행이 모두 이루어지는 부동산 전자상거래가 가능할 것으로 기대된다.

미국에 본사가 있는 유아용품과 장난감을 판매하는 오프라인 매장 1,600여개를 운영하는 기업인 토이저러스(Toys R Us)[21]는 2017년 7월 미국과 캐나다 매장에 한해 파

---

21) 토이저러스는 1957년 창업해 전 세계 1,600개 이상 점포와 6만4,000명 이상의 종업원을 거느린 초대형 장난감 소매점이다. 2017년 창립 60주년을 맞이한 2017년 미국과 캐나다 소재 매장에 대해 파산신청하였다.

산을 신청하여 세상을 놀라게 하였다. 누구도 거대한 토이저러스가 파산을 할 것이라 생각하지 못하였으나 오프라인 매장의 운영이 아마존의 전자상거래로 인해 더 이상의 유지가 어렵다는 것을 단적으로 보이고 있다. 시간이 지날수록 오프라인시장은 온라인 시장 즉 전자상거래로 변화하고 있는 것이다.

부동산시장은 다른 분야와 달리 임장활동이 요구되고, 특히 거액의 거래가 이루어짐으로서 고도의 안정성과 보안성이 요구되는 등 일반적인 거래와는 많은 차이가 있어 전자상거래가 곤란하였다. 그러나 블록체인을 비롯한 인공지능과 빅데이터, VR/AR/MR 등의 기술에 의해 전자상거래가 가능하게 될 것으로 기대되고 있다. 블록체인에 의해 전자상거래가 이루어지면 상상하지 못할 대규모의 거래가 이루어질 것이다.

[그림 5-11] 블록체인 부동산 전자상거래 구현

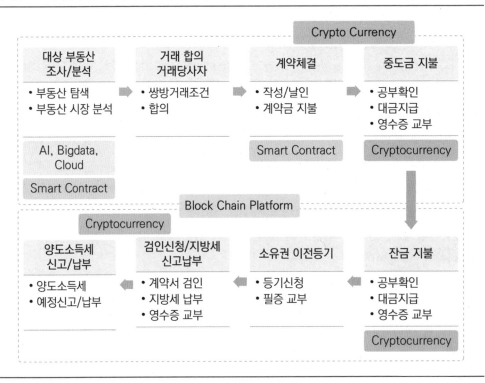

자료: 경정익(2018a), 「부동산정보기술론」.

포스트 PC시대의 웨어러블 컴퓨팅(wearable computing) 기술은 우리 생활을 크게 변화시킬 것이다. 현재 웨어러블 컴퓨팅의 구글 글래스, 페블(Pebble)의 스마트 워치 등 대표적인 사례를 알아보자.

구글에서 개발 중인 구글 글래스는 음성명령으로 길 찾기, 질문하기, 번역 서비스, 촬영, 호환 스마트폰 사용 등을 할 수 있다.

스포츠 브라는 내장된 센서가 심장을 모니터링하여 운동 중 얼마나 많은 칼로리를 소모했는지를 파악한다. 이 데이터는 전송되어 목표성과와 비교분석하여 음성으로 제공되는 훈련 프로그램 기능과 속도 안내 서비스 등 운동개선에 도움을 주게 된다.

페블의 스마트워치는 블루투스를 통해 아이폰과 통신하여 트랙정보를 포함한 다양한 음악재생 기능을 제공하고 디스플레이에 메시지나 발신자 ID 정보를 표시하는 등 수신전화, 이메일, 메시지 등을 알리는 기능을 제공한다.

웨어러블 컴퓨팅은 미래 소비자시장에 주도권을 선점하기 위해 치열하게 경쟁하고 있다. IMS 연구보고서에 따르면 웨어러블 컴퓨팅이 사용되는 제품이 2011년에 1,400만대가 판매되었으며, 2016년에는 1억 7,100만대가 출시되어 60억 달러로 성장할 것으로 예상하고 있다. 이러한 추세를 보면 웨어러블 기기는 곧 대중화될 것으로 추측할 수 있다.

지금까지 웨어러블 컴퓨터 디바이스는 대부분이 혈당이나 심박 측정 등의 건강관련 제품이나 향후에는 개인 오락용 디바이스로부터 군사용 디바이스까지 다양한 분야에서 수요가 급증할 것으로 예상된다.

부동산분야에도 웨어러블 컴퓨팅은 부동산정보를 검색하고 수집하는 데 편의성과 정확성 그리고 신속성을 제공하게 될 것으로 기대된다.

자료: DSIGIECO(2013), 구글 글래스에서 웨어러블 컴퓨팅 기술 집중해부.

1. 전자상거래 발전과정에 대해 변화와 특징위주로 설명하시오.

2. 부동산 전자상거래의 발전 가능성에 대해 설명하시오.

3. 전통적인 상거래와 인터넷 전자상거래를 비교하여 설명하시오.

4. e-비즈니스의 유형(기업, 소비자, 정부를 구분)에 대해 설명하시오.

5. e-비즈니스는 어떻게 진화하여 가는지에 대하여 설명하시오.

6. 전자상거래, e-비즈니스, e-커머스에 대해 비교 설명하시오.

7. 부동산분야에서 전자상거래가 적용되고 있는 사례를 구체적으로 설명하시오.

8. 블록체인에 의한 부동산 전자상거래에 대해 설명하시오.

9. 향후 부동산 전자상거래는 어떻게 발전할 수 있는지에 대해 논의하시오.

✔ 주요용어

전자상거래, e-비즈니스, 부동산 전자상거래, B2B, B2C, B2G, e-커머스,
소셜커머스와 소셜마케팅

# 부동산정보와
# 공간정보

부동산정보기술론

# CHAPTER 06 부동산정보와 공간정보

## SECTION 01 공간정보 개념 및 특성

부동산정보는 부동산 현상과 부동산 활동을 통하여 얻어지는 것으로 기준을 어떻게 설정하느냐에 따라 다양하게 분류된다. 그 대상은 토지와 그 정착물(민법 제99조 제1항)이며, 그 소유권은 정당한 이익이 있는 범위 안에서 지상과 지표, 지하에 미치는 것으로(민법 제212조) 3차원 공간을 의미하며 일반정보, 지역정보, 개별정보로 분류된다.

- 일반정보: 부동산에 영향을 미치는 전반적인 경제·사회·법률적 환경에 대한 정보를 말한다.
- 지역정보: 대상 부동산에 영향을 미칠 수 있는 지역적 범위에 속한 물리적 환경에 대한 자연적 조건(자연환경 및 자연자원)과 인문적 환경인 경제·사회·법률적 환경에 대한 정보를 말한다.
- 개별정보: 대상 부동산의 속성(면적, 경계, 높이, 경사도 등)을 말한다.

부동산정보와 유사한 의미로 사용되는 용어로는 공간정보(Spatial Information)와 지리정보(Geographic Information), 지형공간정보(Geospatial Information) 등이 있다.

# 1. 공간정보의 개념

## 1) 공간정보와 유사개념 비교

공간정보(Spatial Information)의 개념에 대해 살펴보기 위해서는 먼저 공간에 대한 탐구가 선행되어야 할 것이다. '공간(Space)'은 여러 측면에서 다양하게 정의되어지고 있다. 사전적 측면에서는 상하좌우의 방향으로 퍼져있는 빈곳을 의미한다(두산백과). 기하학에서의 공간개념은 2차원, 3차원의 유클리드 공간에 대한 정립에서부터 출발하여 데카르트(Descartes)는 직교좌표계(일명 데카르트 좌표계)[1]를 만들어 x축과 y축을 설정하여 공간의 위치와 면적 등을 수학적으로 계산하여 공간을 표현할 수 있게 하는 해석기하학이 오늘날까지 이어져 오고 있다.

또한 지리적 또는 공간적이란 용어가 흔히 사용되어지는데 지리적(Geographic)이란 구형의 지구를 2차원화한 평면적인 위치관계를 말하는 반면, 공간적(Spatial)은 지리에서 표현되는 평면에 깊이와 높이를 추가한 입체적인 3차원 형상을 의미하는 것으로 공간이 지리보다 더 포괄적인 의미가 있다. 최근에는 지리와 공간을 혼합한 지리공간적(Geospatial)이라는 용어가 흔히 사용되는데 이는 지구의 표면이나 근표면에 특별히 공간적인 의미가 함축되어진 것이다.

또한 공간정보와 관련된 유사하게 사용되는 용어에는 지리정보와 국토정보라는 용어가 흔히 사용되고 있다.

2000년도에 제정된 '국가지리정보체계의 구축 및 활용에 관한 법률'에서 지리정보는 "지형·지물·지명 및 경계 등의 위치 및 속성에 관한 정보"로 정의되었으나 이 법률은 '국가공간정보 기본법'으로 대체 제정되어 공간정보를 "지상, 지하, 수상, 수중 등 공간상에 존재하는 자연 또는 인공적인 객체에 대한 위치정보 및 이와 관련된 공간적

---

1) 직교 좌표계(直交座標系, Rectangular Coordinate System), 혹은 좌표평면은 임의의 차원의 유클리드 공간 (혹은 좀 더 일반적으로 내적 공간)을 나타내는 좌표계의 하나이다. 이를 발명한 프랑스의 수학자 데카르트의 이름을 따 데카르트 좌표계(Cartesian Coordinate System)라고도 부른다. 직교 좌표계는 극좌표계 등 다른 좌표계와 달리, 임의의 차원으로 쉽게 일반화할 수 있다. 직교 좌표계는 나타내는 대상이 평행이동(Translation)에 대한 대칭을 가질 때 유용하나, 회전 대칭 등 다른 꼴의 대칭은 쉽게 나타내지 못한다. 일반적으로, 주어진 유클리드 공간에 기저와 원점이 주어지면, 이를 이용하여 직교 좌표계를 정의할 수 있다.
가장 흔한 2차원 혹은 3차원의 경우, 직교 좌표를 통상적으로 라틴 문자 x, y, z로 적는다. 4차원인 경우, w나 (물리학에서 시공을 다루는 경우) t를 쓴다. 임의의 차원의 경우에는 첨자로 xn의 꼴로 쓴다.

인 인지와 의사결정에 필요한 정보"로 정의하고 있다. 이러한 공간정보의 의미는 지리정보보다 공간적인 확장과 정보의 가치에 더 큰 비중을 둔 개념으로 제시된 것이라고 할 수 있다. '국가공간정보 기본법' 제정 이유를 보면 중앙부처 및 지방자치단체에서 구축해 온 국가지리정보체계와 국토공간에서 생산된 정보체계를 공공기관과 민간기업이 서로 활용할 수 있도록 표준화하고.....라고 명시하고 있어 이는 국가지리정보체계는 국가공간정보보다 하위개념임을 알 수 있다. 또한 시대의 변천에 따라 공간정보에 대한 패러다임이 변화하고 있다. 종전의 단순히 위치정보와 속성정보로 이루어진다고 하는 공간정보의 개념보다는 공간정보에 새로운 아이디어 그리고 과학기술, 다양한 정보와의 결합을 통해 새로운 고부가가치 창출의 기반으로 융·복합적 개념이 대두되고 있다.

또한 공간정보와 유사한 용어로 국토정보도 역시 많이 사용되고는 있으나 명확한 개념이 정립되어지지 않고 있다. 국토정보를 초기에는 전산화된 지리정보라 하였으나 김영표(1991)는 GIS기술을 이용한 지형도, 지적도, 도시계획도 등을 전산화한 수치지도라 하였으며, 국토와 영해의 효율적 이용과 관리 그리고 공간적 수요에 부응하기 위하여 남북한을 포함한 한반도의 영토 및 영해를 대상으로 한 물리적 특성, 제반시설물, 관련 정책 및 제도 등에 관한 정보로 정의하였다.

또한 최병남(2009)은 자연적 요소인 지형, 기후, 생물 등과 인문적 요소인 역사, 문화, 산업 등에 대한 자료라 하였으며 또한 국가, 기업, 국민 등의 활동을 대상으로 한 공간정보 기반의 행정정보화, 경영정보화, 생활정보화를 의미하고 국토정보산업화는 국토정보화에 필요한 공간정보기술과 서비스의 개발 공급을 말하며, 대상에 따라 공간정보기술과 콘텐츠로 구분하고 있다. 이와 같이 국토정보는 시대에 따라 그 개념이 변화하고 있어 1990년대에는 전산화된 지리정보 및 국토의 속성정보라고 하다가 2000년대 들어서는 지리적 정보 및 물리적 특성뿐만 아니라 관련 정책 등 행정적인 정보를 포함하고 최근 연구에서는 더욱 범위를 넓혀 인문·사회적 정보 및 산업·경제정보, 생활정보를 포괄하고 있다. 특히 공간정보에 기반은 하고 있으나, 다양한 정보를 포괄하는 개념으로 발전하여 공간정보를 포괄하는 총체적 개념으로 발전하고 있다.

[그림 6-1] 공간정보와 지적정보, 국토정보의 관계

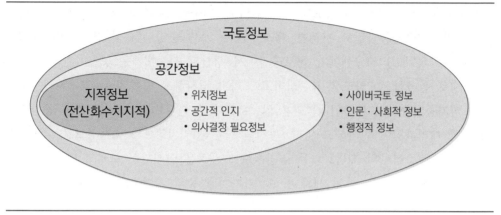

공간정보(Spatial Information)란 앞에서 살펴 본 바와 같이 기존의 지리정보에서 확대 발전된 개념으로 공간상에 존재하는 모든 물체나 지리적 현상에 대한 다양한 정보를 의미한다. 공간정보는 지형지물 자체에 대한 내용과 지리적 현상을 비롯한 지표와 공간상의 모든 정보로서 인간의 생활과 활동 등 모든 일들과 밀접한 관계를 지닌다. 공간정보는 지표, 지상, 지하의 공간 등 실세계에서 발생하는 현상으로 공간의 다양한 요인이 복잡하게 얽혀 있다. 이와 같이 지표, 지상, 지하 공간에서 공간의 여러 요인이 복잡하게 얽히는 현상을 일반적으로 공간현상(공간이용)이라 하고 이를 데이터베이스화 한 것을 공간정보라 할 수 있다.

공간정보는 도면에 위치와 크기로 표현되는 물리적 공간계획분야에서 필요로 하는 지리적인 위치와 공간적 성질이나 상관관계인 위상관계를 나타내는 '도형정보'와 공간상의 사물에 대한 특징을 나타내는 '속성정보'의 집합체라 할 수 있다.

도형정보는 사물을 구성하는 점, 선, 면이란 요소로 지리적인 좌표체계를 이용하여 그 위치를 나타낸다. 즉 도형정보는 특정사물이 어디에서 어떠한 관계로 존재하는가를 알려주는 지리적인 특징을 나타내는 정보이다.

속성정보는 사물의 여러 가지 특징을 알려주는 요소로서 공간적(Spatial), 시간적(Temporal), 주제적(Thematic) 속성의 세 가지로 분류될 수 있다. 공간적 속성은 사물의 장소(Location), 위상(Topology), 그리고 기하학적인 것을 들 수 있다. 이러한 공간적 속성은 도형정보와 속성정보를 연계시키는 매개체 역할을 하기 때문에 두 가지 정보를 동시에 활용하는 공간분석이 가능하다. 시간적 속성은 수집된 정보의 최신성을 의미한다. 실제 공간정보의 시간적 속성은 시간의 변화에 따른 공간을 분석하는 데 매우 중요한 요소이다. 주제적 속성은 공간적·시간적이지 않은 대상사물의 성질을 나타내는 요소로서 비공간적 속성이라 할 수 있다.

## 2. 공간정보의 특성

공간정보는 국가인프라 또는 사회간접자본으로 경제활동의 기반이며 국가정책결정과 국민생활증진의 필수적인 요소이다. 따라서 공간정보는 공공성, 정확성, 관련성, 적시성, 검증가능성, 접근 용이성이란 특성을 지녀야 할 것이다.

첫째, 공공성으로 공간정보는 정부에서 막대한 예산을 투입하여 구축한 국가인프라 또는 사회간접자본으로 국민안전, 국방안보, 국민의 재산권 보호 등의 기능을 수행할 수 있어야 하며 특히 공간정보 구축은 공간정보산업 발전의 토대가 될 수 있는 공공성을 지닌다.

둘째, 정확성으로 일반적인 정보의 특성과 마찬가지로 공간정보는 최신성과 실시간 갱신이 중요하다. 공간정보는 상시적이며 지속적으로 정보의 갱신과 등록 관리를 통해 수요자의 요구에 부응할 수 있도록 하여 정보의 활용을 확대할 수 있어야 한다.

셋째, 관련성은 공공정보를 필요로 하는 목적에 밀접하게 연관되어 활용될 수 있도록 하여 정부, 공공기관, 민간에서 기 구축한 공간정보 및 시스템 등 다양한 공간정보를 쉽게 이용 통합할 수 있도록 한다. 또한 교통, 안전, 방재, 부동산 등 다른 분야와 밀접한 관련성을 지니고 있다.

넷째, 적시성으로 공간정보는 시기와 밀접한 연관성을 지니고 있다. 공간정보를 사용하고자 하는 시점에 부합하는 적시성 여부에 따라 공간정보의 가치는 좌우된다. 여기서 적시성이란 공간정보를 시용하기 직전까지 갱신된 최신성 있는 정보뿐만 아니라 사용목적과 용도에 따라서 과거의 공간정보도 적시성 있는 정보라 할 수 있다. 예를 들어 시장전망, 정책예측을 위한 정보는 과거 장기간에 해당하는 정보를 바탕으로 예측을 하게 됨으로서 과거의 공간정보도 가치 있는 정보가 되기도 한다.

다섯째, 검증 가능성으로 공간정보는 정확성과 신뢰성 있는 정보이어야 하므로 이를 확인할 수 있는 정보이다. 따라서 공간정보는 정확하다고 알려져 있는 정보를 기준으로 정보의 원천을 확인하거나 정보의 원천으로부터 데이터를 역추적하거나 정보를 추적하여 일치성을 확인한다.

여섯째, 접근성으로 공간정보는 누구든지 활용할 수 있도록 접근이 용이한 정보이다. 공간정보는 행정업무의 효율화와 국민들의 생활의 편리함을 위해 그리고 여러 다양한 분야와 융복합을 통해 활용성을 극대화할 수 있도록 정부, 공공기관, 민간기업 및 개인에 이르기까지 누구든지 사용할 수 있도록 공간정보 플랫폼 구축과 오픈 API 제공 등을 통하여 접근성을 향상시키고 있다.

## SECTION 02  공간정보의 범위와 위상

### 1. 공간정보의 범위

공간정보의 범위는 국가공간정보기본법 제2조 공간정보의 정의를 통해 설정할 수 있다. 국가공간정보기본법에서는 공간정보를 지상·지하·수상·수중 등 공간상에 존재하는 자연 또는 인공지물 객체에 대한 위치정보 및 이와 관련된 공간적인 인지와 의사결정에 필요한 정보라고 하고 있다. 이는 국가공간정보기본법 이전의 국가지리정보체계 구축 및 활용에 관한 법률에서 지리정보란 지형·지물·지명 및 경계 등의 위치 및 속성에 관한 정보라고 하여 지리정보를 단순히 위치와 속성만을 정보의 범위로 한정하였던 공간정보를 세분화하여 물리적 범위와 개념적 범위, 현상적 범위로 정보의 범위를 더욱 구체화하고 있다.

[그림 6-2]에서 보는 바와 같이 물리적 범위로는 공간정보를 지상·지하·수상·수중 등 공간적으로 범위를 설정하고 있다. 즉 공간정보는 인간이 활동하고 생활하는 모든 공간을 그 범위로 하고 있다. 다음은 내용적 범위로 공간상 존재하는 자연 및 인공적인 객체에 대한 위치정보로 설정하고 있다. 이는 앞에서 설정한 물리적 범위인 인간이 활동하는 모든 공간내에 자연적으로 존재하는 객체뿐만 아니라 인공적으로 만들어 설치된 모든 객체에 대한 도형정보와 속성정보를 공간정보라고 하고 있는 것이다. 다음은 현상적 범위로서 공간정보 정의에서 공간적 인지와 의사결정에 필요한 정보라 하여 공간정보의 객체에 대한 3차원의 공간적 위치와 현상에 대한 정보를 그 범위로 하고 있다.

[그림 6-2] 공간정보의 범위

| 용어 | 범위 | 개념 |
|---|---|---|
| 공간정보 | 물리적 범위 | 지상·지하·수상·수중 |
| | 내용적 범위 | 공간상에 존재하는 자연/인공적인 객체에 대한 위치정보 |
| | 특성적 범위 | 공간적 인지와 의사결정에 필요한 정보 |

## 2. 공간정보의 위상

공간정보는 지리정보체계(GIS)라는 용어를 대체하여 2009년부터 본격적으로 사용하게 되었다. 그 이전에는 공간정보라는 용어와 유사하거나 관련된 용어로 행정정보, 지리정보, 부동산정보, 지적정보 등으로 사용되었다.

먼저 행정정보는 행정활동을 목적으로 하는 정보가 사용자나 공공조직을 위하여 가치 있는 형태로 처리된 자료나 정보원이라고 할 수 있다.

행정체계가 종전에는 폐쇄적인 체계에서 개방적인 행정체계로 점차 변화되고 다양화됨에 따라 행정정보의 개념도 행정환경 변화를 수용하여 행정업무의 수행과정에서 생산과 활용에 사용된 자료 또는 지식이라는 협의의 의미에서 행정과 주민·조직 사회라는 관점으로 점차 확대되고 있다. 행정정보는 내부적, 외부적 환경의 이용자와 조직에 가치 있는 형태로 처리된 자료 혹은 정보원으로, 많은 사람이 공유하면 그 가치가 더욱 증대되어 정책결정이나 의사결정의 효과적인 도구로 사용되고 있다. 따라서 행정정보는 행정활동을 목적으로 하는 모든 정보를 의미하는데 그중 공간정보는 인간의 활동 공간내 존재하는 객체의 정보를 의미하고 있어 공간정보는 행정정보의 일부분이라 할 수 있다.

다음으로 지적정보에서 지적은 공적기관이 필지의 수평 및 수직방향으로 형성된 공간의 물리적 객체 및 권리관계를 정보환경에 부합하는 공적 장부에 등록한 정보원을 말하며(김영학 외, 2013), 지적정보에서 정보는 일반적으로 사회전반에 걸쳐 산재해 있는 수많은 다양한 재료를 체계적으로 수집·정리하여 좀 더 가치 있는 형태로 가공한 것을 의미한다(Bedard, 1986)[2]라고 할 수 있다. 이를 정리해 보면 지적정보는 공적기관이 필지의 수평 및 수직방향으로 형성된 공간의 물리적 객체 및 권리관계를 정보환경에 부합하는 공적 장부에 등록한 정보원을 수집·정리하여 가치 있는 형태로 가공한 정보를 말한다. 또한 지리정보는 앞에서 언급하였듯이 '국가지리정보체계의 구축 및 활용에 관한 법률'에서 "현존하는 객체의 지형·지물·지명 및 경계 등의 위치 및 속성에 관한 정보"로 정의하고 있다.

이와 같이 지리정보와 지적정보를 살펴보면 지리정보는 정보의 대상을 현존하는 모든 객체로 하고 있는 반면 지적정보는 공적장부에 등록된 정보로 한정하고 있어 지적정보는 지리정보 중 일부라고 할 수 있다.

또한 부동산정보와 공간정보는 어떠한 관계가 있는지에 논란이 있다. 부동산정보는 부동산을 대상으로 부동산 활동의 불확실성을 감소시키기 위해 사전에 알고 있어야 하는 지식(경정익, 2015)이라 하고 있다. 부동산정보는 '부동산을 대상으로'라고 하여 정보의 대상을 부동산으로 한정하고 있다. 따라서 부동산정보는 공간정보의 일부분인 것이다. 또한 앞에서 살펴본 행정정보하고 부동산정보의 관계를 살펴보면 행정정보는 행정활동을 목적으로 하는 모든 정보를 의미하고 있어 부동산정보는 행정정보의 일부분이라 할 수 있다.

따라서 지금까지 살펴본 공간정보, 행정정보, 지리정보, 지적정보, 부동산정보의 관계를 그림으로 나타내 보면 [그림 6-3]과 같다. 즉 행정정보 범주안에 공간정보가 있

[그림 6-3] 공간정보와 유사용어 간 관계

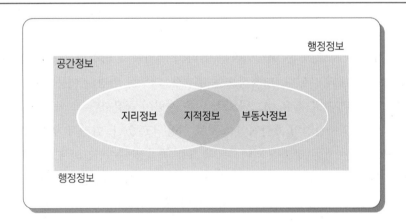

2) Bedard, Yvan. 1986. A Study of the Nature of Data Using A Communication Based Conceptual Framework of Land Information Systems. Ph. D. Dissertation. University of Maine at Orono.

으며, 공간정보내에는 지리정보와 부동산정보가 그 범주안에 포함된다고 할 수 있다. 또한 지리정보와 부동산정보는 일부 중복되는 부분이 존재한다. 그리고 지적정보는 지리정보의 일부분이며 부동산정보의 일부분이다.

---

### TIP 미래기술 예측의 오류 Top10

- "집에 컴퓨터를 갖고 있으려는 사람은 아무도 없다" — DEC 사의 사장인 Ken Olson이 1977년 PC에 대해 말한 내용.

- "우리는 32비트 운영시스템을 절대로 만들지 않을 것이다" — Bill Gates(1983)

- "몇년 전에 Lee DeForest가 여러 신문을 통해 대서양 건너편으로 음성을 보낼 수 있을 것이라고 말했다. 이와 같은 엉터리 말에 현혹된 일반 대중들이 그의 회사 주식을 사고 말았다" — 1913년 美 지방 검사가 발명가 Lee DeFores를 Raido Telephone Company 주식을 사기적으로 판매했다는 혐의로 기소하면서.

- "인간을 다단계 로켓에 싣고 달로 보내서 과학적 관찰을 한 뒤에 다시 지구로 오는 것은 허황된 꿈에 불과할 뿐이며, 앞으로 과학이 어떻게 발전하더라도 절대로 있을 수 없는 일이라고 나는 단언할 수 있다" — 미국의 진공관 발명가인 Lee DeFores가 1926년에 한 말.

- "로켓은 지구 대기권을 벗어날 수 없을 것이다" — New York Times(1936).

- "공기보다 무거운 물체로 비행하는 것은 불가능하지는 않다고 하더라도 현실적이지 못하다" — Simon Newcomb이 한 말. 하지만 라이트(Wright) 형제가 18개월 뒤에 Kittyhawk에서 첫 비행에 성공했다.

- "공기보다 무거운 물체의 비행은 불가능하다" — 1895년에 영국의 수학자이면서 물리학자인 Lord Kelvin이 한 말.

- "이보다 더 큰 비행기는 있을 수 없다" –10명의 승객을 태울 수 있는 247기의 첫 비행에 성공한 뒤에 Boeing사의 엔지니어가 한 말.

- "원자력에 의해 가동되는 진공청소기가 앞으로 10년 후에는 사용될 것이다" — 1955년 Alex Lewyt 진공청소기 회사 사장이 New York Times에서 한 말.

자료: The List Univ., "Top 10 Failed Technology Predictions"

# 연/ 습/ 문/ 제

1. 부동산정보의 분류에 대해 설명하시오.

2. 부동산정보의 공급자와 수급자에 대해 기술하시오.

3. 부동산정보관리 및 업무체계에 대해 설명하시오.

4. 부동산정보의 정의와 그 특성에 대해 설명하시오.

5. 부동산정보와 공간정보를 비교 설명하시오.

6. 부동산정보의 관리체계를 정리하고 발전방안을 기술하시오.

✔ 주요용어

부동산정보의 분류, 부동산정보의 관리 및 업무체계, 부동산정보의 접목 흐름도, 부동산의 속성정보

# 지리정보시스템과 부동산

## GIS 개관

지리정보시스템(GIS: Geographic Information System)은 지리와 관련된 정보의 효율적인 생성과 저장 그리고 분석을 하여 지리정보를 필요로 하는 다양한 분야에 의사결정을 지원하는 정보시스템의 한 종류이다(이희연, 2007). 또한 GIS는 인간 생활에서 필요한 지리정보를 효율적으로 활용하기 위한 정보시스템의 하나로서, 현실세계와 관련된 구성요소 간 상호작용으로 이루어진 활동을 결정하는 정보시스템의 한 종류이다.

앞에서 기술한 정보기술발전 동향과 부동산정보시스템에서 살펴본 바와 같이 정보시스템은 관련된 제반 정보를 관측, 수집, DB화하여, 저장된 정보를 기반으로 분석한 결과를 의사결정에 반영할 수 있는 기능을 수행하게 되는 것이다.

결국 GIS는 인간생활에서 의사결정에 필요로 하는 지리정보의 수집, 정보의 DB화, 정보의 분석과 생성에 이르기까지 체계적인 관리와 목적달성의 효율성을 위한 정보시스템이라고 할 수 있다.

GIS는 인간의 현실생활과 밀접한 관계가 있는 각종 지리정보를 다루는 만큼 그 활용분야는 매우 광범위하여 도시와 토지, 환경, 교통, 재해, 자원, 해양, 농업과 국방 등 활용 분야가 날로 확산되어 가고 있다.

따라서 GIS라는 용어도 그 적용범위가 보다 확대되어 지리정보과학(GIS: Geographic Information Science)으로 폭넓게 사용되고 있으며, 이미 GIS는 정보학의 한 분야로 자리매김을 한 지 오래이다(Goodchild, 1992; Longley et al., 2005).

# 1. GIS 기능과 특성

GIS는 일반적인 정보시스템과는 다음과 같이 몇 가지 차별적인 기능이 있다.

첫째, 지리정보시스템은 지리정보를 효율적으로 관리, 처리할 수 있는 도구로서 모든 정보를 수치 형태로 관리함으로 정보의 저장이 기존의 종이지도나 테이블 등과는 달리 압축적이며 간결한 저장이 가능하다.

둘째, GIS에서 제공되는 복잡한 공간 분석의 수행 능력은 다양한 계획이나 전략 수립을 위한 시나리오의 분석, 의사결정모형의 운영, 변화의 탐지 및 분석 기능 등을 제공하여 질적·양적으로 매우 광범위한 분야에서 활용할 수 있다.

셋째, 지리정보시스템은 컴퓨터를 기반으로 하여 다량의 자료를 저렴하게 운영하고 신속하게 검색할 수 있다. 또한 비교적 단순한 과정을 통하여 손쉽게 도형정보와 속성정보를 결합시키고 분석할 수 있다.

[그림 7-1] GIS구축과 활용을 위한 학제간 연계

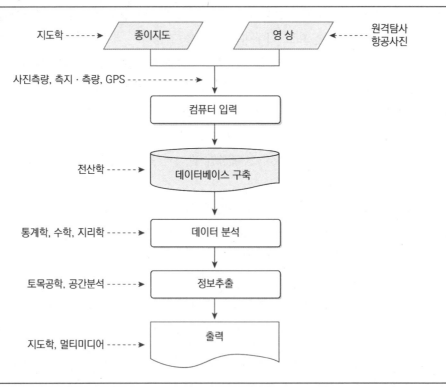

자료: 김계현(2011), 「GIS 개론」.

넷째, GIS는 위상 구조를 갖춘 도형정보를 바탕으로 한 공간 분석이 가능하며 다양한 도형정보와 속성정보를 가진 수많은 데이터파일에서 필요한 정보를 추출하고 결합하여 여러 가지 복잡하고 종합적인 정보를 분석, 처리할 수 있는 핵심 기능이 있다.

또한 GIS는 일반적으로 자료를 효율적으로 연계 운영할 수 있으며, 다학제(Multi Disciplinary)간의 연계를 하여야 하는 특성이 있다.

일반적으로 GIS는 광범위한 자료 구축이 요구되는 반면 현실적으로 이러한 자료를 모두 내부적으로 구축한다는 것은 불가능하다. 따라서 시스템의 내부와 외부에서 구축된 자료를 효율적으로 연계하여 운영하는 것이 GIS구축에 필수적이다.

그리고 다양한 정보와 복잡한 분석과정을 수반하는 GIS구축은 그림에서 보는 바와 같이 지도학, 전산학, 통계학, 수학, 지리학, 토목공학, 멀티미디어 등 다양한 학문분야의 연계를 필요로 한다.

## 2. GIS의 구성요소

일반적으로 GIS를 구축하고 활용하기 위한 기본 구성요소는 다음과 같이 네 가지를 들 수 있다. 즉 컴퓨터의 기계적 장치를 포함하는 하드웨어(H/W)와 하드웨어를 기반으로 GIS에서 필요한 기능을 제공하는 소프트웨어(S/W), 각종 자료의 효율적 관리를 위한 공간 데이터베이스 그리고 GIS의 효율적 구축과 운영을 위한 인적자원이다. 여기에 추가하여 일부 학자들은 GIS자료 처리를 위한 제반 정보의 순환과정을 포함하는 네트워크(N/W)를 포함하기도 한다.

### 1) 하드웨어(Hardware)

GIS의 하드웨어는 컴퓨터를 구성하는 중앙처리장치(CPU: Central Processing Unit), 기억장치(Memory), 입출력장치(I/O Devices) 등을 포함한다.

GIS 초기인 60년대 초반에는 대형컴퓨터에 의존하였으나 70년대 중반부터 80년대 초반까지는 중형 컴퓨터에 의해 운영되었으며, 컴퓨터의 획기적인 발전으로 인하여 80년대에는 GIS하드웨어 시장에도 PC(퍼스널 컴퓨터)가 등장하게 되었다.

최근에는 중앙집중형 컴퓨터 시스템 구축보다 컴퓨터 네트워크를 이용한 분산형 시스템에 의해 운영되고 있다. 따라서 [그림 7-2]와 같이 GIS역시 중앙에 중형이나 워크스테이션급 하드웨어에 데이터베이스를 갖추고 컴퓨터 네트워크를 이용하여 원격지원의 퍼스널 컴퓨터를 이용하는 CLIENT-SERVER 방식의 운영이 주류이다. 이러한 방식은 모든 데이터베이스를 중앙에서 관리하는 것보다 데이터베이스를 지역 특성에 맞게 분산 운영함으로서 보다 효율적 시스템의 운영과 안정성을 기할 수 있는 것이다.

그 외 주변기기로 스캐너와 디지타이저와 같은 수치지도 제작을 위한 입력장치와 프린터와 플로터 등 출력장치가 있으며 예기치 않은 정보의 손실을 대비하여 데이터베이스의 정보를 주기적으로 복사하여 외부매체에 저장하는 백업(Back-Up)장치 등이 있다.

[그림 7-2] GIS 하드웨어 구성요소

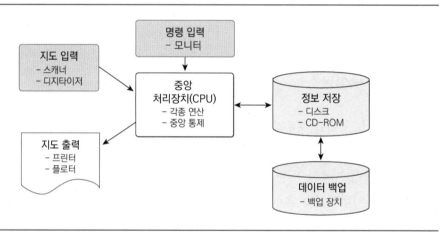

자료: 김계현(2011), 「GIS 개론」.

## 2) 소프트웨어(Software)

GIS의 소프트웨어는 지리정보의 입력 편집 검색, 추출, 분석 등을 위한 컴퓨터 프로그램의 집합체이다. 일반적으로 GIS소프트웨어는 격자나 백터구조의 도형정보를 조작하는 부분과 속성정보의 관리를 위한 부분으로 구분된다.

GIS소프트웨어에는 다양한 아키텍쳐(Architecture)와 모델, 레벨, 기능 등에 따라 분류되는 만큼 다양한 GIS소프트웨어가 있다. 솔루션의 유형에 따라서는 대규모 시스템을 구축하기 위한 Enterprise GIS 소프트웨어, 전문가적 기능을 요구하는 Professional GIS 소프트웨어, 손쉬운 GUI(Geographic User Interface)를 제공하는 Desktop GIS 소프트웨어, 개발자에게 최적의 환경을 제공하는 Component GIS S/W, 인터넷 및 네트워크상의 GIS 구현을 지원하는 Internet/Intranet GIS 소프트웨어 등이 있다.

## 3) 공간데이터베이스

수치지도의 형태로 공간데이터베이스에 저장되는 각종 공간정보는 정보의 검색과 수정, 분석이 용이하도록 도형정보와 속성정보가 상호 효율적으로 연결되어 있다. 또한 광범위한 공간정보를 저장하는 공간데이터베이스는 편리하고 빠른 정보검색이 가능하도록 사용자의 편리성이 보장되도록 하여야 한다. 공간데이터베이스 내의 도형정보는 [그림 7-3]과 같이 세부적으로 위치의 위상, 속성과 관련된 정보를 갖는다.

[그림 7-3] 공간데이터베이스의 주요 구성요소

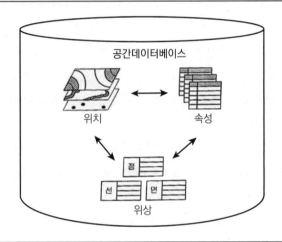

자료: 김계현(2011), 「GIS 개론」.

## 4) 인적자원

인적자원은 GIS 구성요소 중 가장 중요한 요소인 데이터를 구축하고 실제 업무에 활용하는 대상으로서, 시스템을 설계하고 관리하는 전문인력과 일상업무에 GIS를 활용하는 사용자를 모두 포함한다.

GIS에 대한 전문성을 가진 인력을 확보하지 못하면 GIS를 제대로 구축할 수 없을 뿐만 아니라 효율적인 활용도 기대할 수 없다. 따라서 전문성 있는 인력을 양성하고 운영함으로서 사용목적에 적합한 하드웨어와 소프트웨어를 포함하는 인프라의 구축과 함께 적정 데이터의 포맷과 분석방법의 선정, 결과물의 효율적 제공과 비용 대비 경제

적 공간정보의 관리와 갱신 등이 가능하다. GIS 구축과 운영에 투입되는 인적자원은
자료입력자, 자료의 분석 및 가공자, 지도 제작자, 프로그래머, 시스템 엔지니어, 분야
별 사용자 등 다양하다.


## 3. 국내 GIS 추진

### 1) 추진배경

우리나라는 1970년대부터 1980년대에 이르기까지 산업화를 거치면서 국토공간의
비효율적 사용으로 국민의 생활환경이 약화되고, 기반시설 낙후와 과부하로 산업의 효
율성과 국민의 삶의 질(QoL)이 저하되었으며, 재난 및 재해가 대규모로 발생됨에 따라
국가 경쟁력이 약화되어 이에 대한 대책을 강구하고자 하였다.

미국, 캐나다, 유럽 등 선진국에서는 1970년대부터 국토의 효율적 관리와 공간문
제 해결을 위해 지리정보시스템(GIS)을 구축하여 국토공간의 효율성을 강구하고자 하
였다. 특히 미국은 국가 GIS 또는 공간정보 인프라[3](SDI: Spatial Data Infrastructure) 개
념을 국가주도로 도입하였다.

우리나라에서도 1993년에 통계청 조사통계국에서 인구정보를 위한 방법으로 GIS
도입을 검토하면서 시작되었으며, 1994년 당시 재정경제원과 건설교통부 산하 국토개
발 연구원이 주관이 되어 추진하게 되었다.

국가 GIS를 국가 경쟁력 강화와 행정 생산성 제고에 기반이 되는 사회간접자본
(SOC)이라는 전제하에 국가차원에서 기본지리정보 DB를 구축하고, 관련 기술 개발을
지원하는 등 GIS 활용기반과 여건을 성숙시키고자 하였다.

또한 GIS는 도로, 철도, 상하수도, 가스, 전력, 통신, 재해관리, 국토공간관리, 대민
서비스 등 국가정책 및 행정과 공공분야에서 활용된다는 점을 감안하여 범부처적 의견
수렴을 거쳐 GIS 구축의 효율성을 증진시키고자 하였다.

지리정보시스템(GIS)은 지리공간과 관련하여 수집된 모든 유형의 정보를 디지털형
태로 수집하여 저장, 갱신, 관리, 분석, 출력하도록 조직화된 컴퓨터 하드웨어, 소프트
웨어, 지리좌표 및 인력의 집합체(유근배, 1990)이다. GIS는 위치나 공간에 관한 정보를

---

3) 공간정보 인프라(SDI)은 국가 또는 학자에 따라 다르게 정의하고 있으나 공간정보를 비롯한
   기술, 정책, 제도 등을 구성요소로 하여 정부, 기업, 비영리기구, 학계와 일반시민 등 공간정보
   공급자와 사용자에게 공간정보와 관련한 활용기반을 제공한다.

가진 데이터(공간데이터)를 종합적으로 관리, 가공하여 시각적으로 표시할 수 있는 고도의 분석과 신속한 판단을 가능하게 하는 정보시스템이다.

## 2) 추진과정

우리나라에서 GIS는 1995년에 제1차를 시작으로 최근 5차에 이르는 국가 GIS 기본계획을 수립하면서 국가가 주도적으로 추진하였다.

### (1) 제1차 국가 GIS 추진

제1차 국가지리정보체계 기본계획은 1993년 통계청 조사 통계국의 인구조사를 위한 방법으로 GIS 도입을 검토하면서 추진하였다. 그러나 내용과 예산범위가 일개 부처에서 추진하기에는 추진력과 포용력이 낮아 재정경제원과 국토개발연구원(현 국토연구원) 주도로 1994년 9월부터 기본계획을 수립하여 1995년 5월에 최종안을 확정하여 추진하게 되었다.

미국을 비롯한 GIS 선진국의 경우에서는 오랜 기간 동안 공간정보를 구축해 오면서 발생하는 비효율성과 예산낭비를 방지하기 위해 SDI 구축의 근본가치인 '공간정보 공유'를 핵심목표로 하였다. 반면 우리나라의 경우에는 상대적으로 짧은 기간에 공간정보 DB 구축과 이를 통한 기반마련을 핵심목표로 설정하여 추진함으로서 공간정보 인프라의 핵심적인 가치가 부각되지 못하였다.

결과적으로 제1차 국가지리정보체계 기본계획 수립과 추진은 공간정보가 사회간접자본이라는 인식의 공감과 공간정보 인프라의 일부요소가 기본계획에 포함되었다는 점은 높이 평가될 수 있으나, 공간정보 요소들 간에 관계와 세부지침에 대한 핵심 이념이 제시되지 못했다는 한계가 있는 것으로 평가되고 있다.

### (2) 제2, 3차 국가 GIS 추진

제1차 국가지리정보체계 중점 목표가 공간정보 DB 구축 및 활용기반 마련에 있었다면 제2차 국가 GIS 기본계획의 중점 목표는 국가 공간정보 인프라를 확고히 마련하고 범국민적 유통 및 활용을 정착시키는 것이었다.

제2차 국가 GIS 기본계획에는 '국가공간정보인프라(NSDI)'라는 용어가 처음 등장하고 인프라 구성요소로서 중점 추진과제를 분명히 제시하고 있다.

또한 제3차 국가 GIS 기본계획은 '스마트 국토 실현을 위한 기반조성'이라는 비전

아래 공공·민간·산업전반에 대한 기반을 제공하는 데 목표를 두고 있다. 그러나 당시에도 공간정보인프라에 대한 깊은 이해를 바탕으로 계획을 수립하고 추진된 것이 아니어서 인프라 구축의 구체성에는 한계가 있었다. 뿐만 아니라 기본계획의 내용에 포함된 인프라 구축과 관계없이 활용체계 구축 중심의 예산집행이 공간정보 인프라의 기반을 공고히 하는데 걸림돌로 작용하였다.

제3차 국가 GIS 기본계획에서도 기본지리정보·표준·유통 등 공간정보 인프라의 주요 구성요소들이 중점 추진 과제로 포함되었으나 사업단위로 추진되었으며, 인프라 구성요소 간 유기적인 관계가 잘 구축되지 못한 한계가 있어, 추진 체계의 실효성을 고려하여 위원회 구성원을 실무자 위주로 하향 조정했음에도 불구하고 위원회가 형식적으로 운영되는 문제가 있었다.

제도적인 측면에서 보면 제2, 3차 국가 GIS 기본계획은 '국가지리정보체계의 구축 및 활용 등에 관한 법률' 제정과 함께 추진 근거를 마련하였으며, 기본계획의 내용적 특성을 보면 공간정보 인프라와 산업육성, 활용체계 구축 등이 계획 내용에 혼재되어 가장 우선순위가 높아야 할 인프라 측면보다 활용체계 구축에 국가의 역량이 집중되는 결과를 낳았다.

### (3) 제4차 국가공간정보추진

앞에서 살펴본 바와 같이 국가GIS 구축은 1995년부터 5년 단위로 3차에 걸쳐 추진되었다. 제1차 NGS 추진은 1995년부터 2000년까지 국가GIS사업으로 국토정보화의 기반을, 제2차 NGS('01~'05) 추진은 국가공간정보기반을 확충하여 디지털 국토 실현에, 그리고 제3차 NGS('06~'10) 추진은 스마트 국토실현을 위한 기반조성에 중점을 두고 추진되었다.

이와 같이 3차에 걸친 국가 GIS 구축 추진으로 스마트 국토 실현을 위한 기반 조성이 이루어짐에 따라, 이를 바탕으로 국가공간정보체계 구축 및 공간정보의 활용을 효율적으로 촉진하기 위한 정책 방향을 설정할 필요성이 제기되었다. 따라서 '국가지리정보체계 구축 및 활용 등에 관한 법률'을 폐지하고, 2009.8.7일 '국가공간정보에 관한 법률'을 제정하고 시행하게 된 것이다.

이에 따라 '제3차 국가지리정보체계 기본계획'('06~'10)에 이어 '제4차 국가공간정보정책 기본계획'('10~'15) 수립 필요성이 대두되었고, 또한, 대내외적으로 공간정보를 기반으로 하는 스마트 환경으로 패러다임이 급변함에 따라 국가공간정보체계의 효율적 구축·활용 및 관리를 위한 새로운 정책과 전략의 요구 등 환경변화에 따라 기본계획을 수립하게 되었다.

제4차 국가공간정보 추진은 모바일, 3차원 등 새로운 공간정보 활용 수요와 녹색성장정책을 뒷받침하는 "그린 공간정보사회 실현"이란 비전을 구현하기 위해 민·관 협력적 관리체계 구축, 공간정보 표준화를 통한 상호운용성 증대, 공간정보 기반 통합 등에 중점을 두고 있다.

[그림 7-4] 제4차 국가공간정보 정책 목표 및 추진 전략

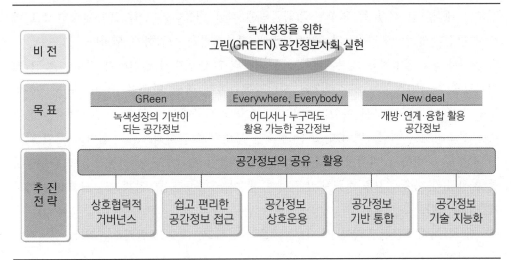

자료: 국토교통부(2010), 제4차 국가공간정보정책 기본계획.

이를 위한 국가공간정보 정책 기본계획은 '녹색성장을 위한 그린 공간정보사회 실현'이라는 비전하에 녹색성장의 기반이 되는 공간정보, 어디서나 누구라도 활용 가능한 공간정보, 개방·연계·융합 활용 공간정보 등을 3대 목표로 하여 국가공간정보정책의 발전방향을 종합적으로 제시하고 있다. 또한 민·관 협력적 관리체계구축, 공간정보 표준화를 통한 상호운용성 증대, 공간정보 기반통합 등의 중점과제를 기반으로 국가공간정보정책의 발전방향을 종합적으로 제시하였다. 또한 그 추진전략으로 ① 상호협력적 거버넌스, ② 쉽고 편리한 공간정보 접근, ③ 공간정보 상호운용, ④ 공간정보 기반통합, ⑤ 공간정보 기술 지능화 등 5대 추진전략과 함께 49개의 세부 실천과제를 도출하여 추진하였다.

특히 제4차 국가공간정보정책 기본계획은 새로운 정책적·기술적 환경변화에 대응

한 국가공간정보정책 구축 사업의 추진 기반을 마련함으로써, 그동안 관계중앙부처, 지방자치단체 등 각 기관에서 산발적으로 진행해 온 국가공간정보구축사업이 국토해양부가 중심이 되어 체계적이고 효율적으로 조정·관리하는 기틀 마련과 함께 블루오션의 새로운 국가성장동력산업으로서 국내 공간정보산업이 더욱 활기를 띠게 될 것으로 기대되었다.

### (4) 제5차 국가공간정보추진

스마트폰 등 ICT 융합기술의 급속한 발전과 더불어 창조경제와 정부 3.0으로의 국정운영 패러다임 전환 등 변화된 정책환경에 적극 대응하기 위해 2013년부터 2017년까지 추진하게 될 제5차 국가공간정보정책 기본계획을 수립하게 되었다.

제4차 공간정보정책 기본계획이 2011년부터 2015년까지 추진하기 위해 수립된 계획이었으나 공간정보는 창조경제의 신성장동력이자 국민 맞춤형 서비스를 제공하는 정부 3.0의 핵심요소로서 아이디어와 과학기술을 접목하여 새로운 고부가가치를 창출하는 창조경제의 핵심자원이며, 또한 정책을 투명하고 과학적으로 수립하고 국민 맞춤형 정책을 추진하기 위해서도 공간정보는 필수적인 정책수단으로 공간정보 융복합산업 활성화 및 정부 3.0을 지원하기 위하여 제5차 국가공간정보정책 기본계획을 수립하게 된 것이다.

제5차 국가공간정보 추진은 정부 3.0을 실현하고, 이를 뒷받침하기 위한 정책기반을 조성하기 위해 3대 정책목표를 설정하였다.

이를 위해 첫째, 공간정보 융복합을 통한 정부 3.0을 활성화하기 위해 도시·게임·여행·유통·자동차 등의 분야에 공간정보를 융·복합한 고부가가치 신산업으로 공간정보시장 확대 및 일자리를 창출하고자 한다. 둘째, 공간정보의 공유와 개방을 통해 정부 3.0을 실현하기 위해 정부가 생산한 공간정보를 공유·개방하여 정책의 투명성을 제고하며, 공간정보와 행정정보 및 민간정보를 연계하여 맞춤형 정책을 지원하고자 하고 있다. 셋째, 국가공간정보기반 고도화하기 위해 정부 3.0을 지원하기 위해 고품질 공간정보를 구축하고 유통 및 표준체계를 개선하며, 공간정보 창의 인재를 양성하고자 한다.

| 구분 | 제1차('95~'00) | 제2차('01~'05) | 제3차('06~'09) | 제4차('10~'12) |
|---|---|---|---|---|
| 공간정보 구축 | • 지형도, 지적도 전산화<br>• 토지이용현황도, 지하시설물 등 주제도 전산화 | • 도로, 하천, 건물, 행정경계 등 부문별 기본지리정보 구축 | • 국가/해양도기본도, 공간영상 등 구축<br>• 3차원 국토공간정보 구축<br>• 건물통합정보 구축<br>• 수치지형도 갱신 | • 수치지형도 갱신<br>• 실내 공간정보 구축 |
| 공간정보 표준 | • 국가기본도, 주제도, 지하시설물도 등 구축에 필요한 표준 제정<br>• 지리정보 교환, 유통 관련 표준 제정 | • 국제표준을 국내표준화<br>• 기본지리정보 구축 및 교환 표준 제(개)정 | • 공간정보 국가표준체계 (절차, 조직, 방법, 제도 등) 확립<br>• 국제표준활동 확대 (ISO/TC211 WG10) | • 공간정보 국가표준 전담 기관지정<br>• 실내공간정보 국제 표준 주도 |
| 공간정보 인력 | • GIS 전문인력 양성 교육 | • 온라인 교육시스템 구축<br>• 표준교육재개발<br>• 공무원, 산업체, 교원 교육(거점대학) | • 온라인 교육 콘텐츠 확대<br>• 공간정보특성화대학원 운영 | • 모바일 교육콘텐츠 개발<br>• 석박사 전문인력 양성 |
| 공간정보 유통 | • 국가지리정보유통망 시범 사업 추진 | • 국가지리정보유통망 구축 | • 국가지리정보유통망 고도화 | • 국가공간정보 유통망 운영<br>• 공간정보 오픈플랫폼 구축 |
| 공간정보 기술 | • 맵핑기술, DB Tool, GIS S/W 기술개발 | • 3차원 GIS 고정밀 위성영상처리 등 기술 개발 | • 지능형국토정보기술 혁신사업 기획 | • 지능형국토정보기술 혁신사업(지상 3차원 레이저 스캐너 장비, 실내공간정보 활용서비스 플랫폼, Multi-Looking 항공사진촬영 시스템 등 개발 |
| 정책지원 연구 | • 공간정보기반 조성 연구 추진 (대표과제 1개) | • 국가 GIS 현안과제 및 중장기 정책지원과제 수행 | • 2007년까지 국가GIS 현안과제 수행, 2008년 변화된 정책 환경 지원을 위한 지정과제 수행 | • 공간정보산업 진흥 및 해외 진출 연구<br>• 공간정보오픈플랫폼 글로벌화전략 연구 |
| 활용체계 구축 | • 지하시설물관리체계 시범 시스템 구축<br>• 토지관리정보체계 시범 시스템 구축 | • 토지이용, 지하, 환경, 농림, 해양 등 GIS활용체계 구축 | • UPIS KOPSS 등 활용체계 구축 추진 | • 국가공간정보통합체계 및 KOPSS 확산<br>• 부동산 행정정보 일원화사업 추진 |

자료: 국토교통부(2013), 제5차 국가공간정보정책 기본계획.

[그림 7-5] 제5차 국가공간정보 정책 추진 방향

---

### 사이버 인프라로 기능하는 공간정보 생산 및 활동기반 구축

• 빅데이터, 자율자동차, 인공지능 등 다양한 분야에서 기반으로 활용가능한 생명력 있는 공간정보 생산 및 실시간 갱신체계 구축

### 수요자 맞춤형 공간정보 큐레이션 체계로 진화
(다른 사람이 만들어놓은 콘텐츠를 목적에 따라 분류하고 배포하는 일로, 파워블로거, 위키디피아, 스마트폰 애플리케이션 등이 큐레이션의 한 형태)

• 쉽고 편리한 데이터 제공, 교환, 가공 및 분석, 콘텐츠 개발까지 가능한 '개발·교류의 마당' 역할을 수행하는 플랫폼 조성
• 국가경영의 생산성 향상, 국토관리의 합리성 등을 추구하기 위한 미래형 공간정보 활용 체계 마련

### 새로운 연계·융합을 통한 공간정보 시장의 확장

• 다양한 분야와의 융·복합을 통한 새로운 시장 창출 환경 조성
• 규제완화와 적극적 지원책을 통한 공간정보 산업의 활성화 도모

### 조화로운 상생적 거버넌스 구축 및 제도기반 공고화

• 융복합 시대에 걸맞는 범부처·공공기관 및 지자체, 민간의 협력 체계 강화
• 공간정보 3법 체계화, 유관기관간 역할·기능 재정립

---

자료: 국토교통부(2018), 제6차 국가공간정보정책 기본계획.

## SECTION 02 부동산분야의 GIS 기능과 활용

앞에서 살펴본 바와 같이 1980년 초반부터 상용화되기 시작한 지리정보시스템(GIS)은 다양한 분야에서 공간자료를 처리하는데 매우 유용한 수단으로 활용되고 있다.

부동산분야에서는 1990년대 들어 지리정보시스템이 본격적으로 도입되어 국토를 효율적으로 활용할 수 있도록 하는 국토계획과 도시 시설물 관리, 환경모니터링, 자원 관리 등 다양한 분야와 연계되어 적극적으로 활용되고 있다. 정부에서는 국가적 차원

에서 1995년부터 국토정보의 전산화를 목표로 막대한 예산을 투입하여 추진한 국가지리정보체계(NGIS: National Geographic Information Systems)를 구축하기 위한 '디지털국토'사업을 추진하여 초고속 정보통신망과 함께 대표적인 정보화 사회의 국가적 기반구조(National Infrastructure)로서 이와 관련된 많은 산업과의 연계효과를 고려하면서 21세기 지식산업의 기반으로 추진하였다.

부동산정보에서 위치(Location)는 매우 중요한 요인이다. 다시 말해서 위치에 기초한 정보, 즉 공간정보를 다루고 있는 정보화란 GIS를 적극적으로 활용하는 부동산의 정보화의 일부라 할 수 있다. 따라서 위치정보와 관련된 공간자료(spatial data)를 효과적으로 그리고 시의적절하게 처리·분석·활용할 수 있는 능력은 부동산 활동의 의사결정을 하는 과정에서 매우 중요하다.

또한 부동산분야에서 적용 및 활용할 수 있는 공간자료는 다양하면서 물리적 크기가 방대하여 대규모의 복잡한 공간자료를 통합해 관리 분석하고 가시화(Visualization)하기 위해서는 전문적인 정보시스템을 활용하여야 한다.

다시 말해 '부동산에서의 GIS'는 컴퓨터를 이용하여 어느 지역에 대한 토지, 지리, 환경, 자원, 시설관리, 토지계획 등 제반 공간 요소에 연계된 속성정보와 공간정보를 지리적 공간위치에 맞추어 일정한 형태로 수치화하여 입력하고 그 정보를 사용 목적에 따라 관리 및 분석하여 필요한 결과물을 출력하는 기능을 갖춘 공간 분석에 대한 전문적인 정보시스템이라 할 수 있다(황철우·이지영, 2001).

부동산에서 종전의 정보시스템은 극히 제한된 자료에 대해 데이터베이스 관리기능만을 제공하였기 때문에 정보기술을 충분히 활용할 수 없었으나, GIS가 활용되면서 복합적인 공간정보를 통합적으로 관리하거나 고도의 공간 분석 기능을 통해 공간 모델링을 수행함으로서 정보기술의 적용이 활발하게 되고 있는 것이다. 즉 GIS는 진정한 공간의사결정 지원시스템(SDSS: Spatial Decision Support System)으로 평가(Malczewski, 1999: Leung, 1997)되고 있어 부동산분야에서 광범위하게 활용할 수 있는 것이다.

## 1. 부동산 산업과 연관된 GIS 기능

부동산과 연관하여 GIS 기능을 분류하면 다음의 3가지로 요약할 수 있다.

첫째, GIS의 가장 기본적이면서 중요한 공간정보는 지도화 기능(Mapping Function)이다. 즉 공간정보의 정보화기능은 공간과 연관된 다양한 부동산 자료에 맞춰 적용할 수 있는 공간 자료형(Spatial Data Types)과 공간 색인기법(Spatial Index Methodologies) 그리고 공간자료 전문 DBMS가 GIS에 포함되어 있다.

실제 부동산에서의 GIS는 위치정보에 부동산에 관한 속성정보를 결합하여 나타낼 수 있기에 강력한 효과를 가질 수 있다. GIS 사용자는 특정한 지점에 대한 부동산 활동에 필요로 하는 다양한 정보를 편리하고 신속 정확하게 획득하여 활용할 수 있다.

둘째, GIS는 대량의 부동산 데이터베이스를 신속하고 정확하게 관리·검색·갱신하는 도구이다. GIS는 매우 복합적인 부동산 자료에서 적합한 자료를 구축 및 관리하여 의사결정을 위한 고급 정보를 추출해 낼 수 있다.

부동산분야에서 발생하는 문제를 해결하기 위해서는 부동산 문제가 가지는 다양성, 복합성, 공간적 광범위성 등 다양한 특성을 고려해야 한다. 즉 부동산 문제는 정책, 세제, 재정, 금융, 사회 등 다양한 면을 고려하여야 하는 다양성과 부동산 문제 자체가 내포하고 있는 다양한 요소로 구성되어 있는 복합성이 있다. 또한 부동산 문제는 특정 지역에 한정하여 발생하는 것이 아니라 넓은 지역으로 확산되는 공간적 확장성이 있다. GIS는 부동산 문제를 해결하기 위해 필요로 하는 복합적인 자료를 획득할 수 있는 최적의 시스템이다.

셋째, 고도의 공간 분석 기능이 가능하기 때문에 부동산 활동의 의사결정 과정에서 수학적 모형 또는 논리적 모형을 개발할 수 있다. GIS 모델링은 공간상에서 일어나는 문제들을 해결하기 위해 논리적이고 순차적으로 공간분석 기능을 연계시키는 과정이라고 볼 수 있다(이희연, 2007).

부동산에서 GIS 모델링은 다음과 같은 두 가지 목적으로 활용될 수 있다. 하나는 부동산의 공간 현상들을 일반화하여 이해하기 쉽게 하며, 또 하나는 "만약 어떠한 일이 일어난다면?"이란 시나리오를 통해 앞으로 일어날 가능성이 있는 부동산 문제를 예측할 수 있다. GIS 모델링을 통한 예측기능은 끊임없이 변화하는 실세계의 다양한 현상들을 이해하고 파악하는 데 매우 유용하다. 이와 같이 부동산에서 GIS 모델링을 활용함으로서 앞으로 어떠한 일이 일어날 것이며 어떻게 실제적으로 진행될 것인가를 미리 예측하고 대처방안을 모색할 수 있다.

이와 같은 전문적 부동산 지식체계가 결합된 공간모형과 기능을 통해 GIS는 궁극적으로 부동산과 관련된 의사결정지원시스템(DSS: Decision Support System)으로 발전될 수 있을 것이다.

## 2. 부동산의 GIS 활용

한편 1980년대와 1990년대에 부동산 의사결정에서 자동화 시스템의 필요성이 제기되었고, 새로운 컴퓨터 기술과 데스크탑(Desk Top) GIS의 출현은 평가 절차를 변화시킬 수 있는 동인(動因)으로 작용하였다. 더욱이 주요 시장 참여자들이 정교한 분석을 요구함에 따라 경쟁력 있는 부동산정보서비스업들은 기존의 표준적 평가 절차를 지양하고 새로운 방식을 도입하여 매매와 임대정보를 정확하고 신속하게 제공할 필요성이 부각되었다. 이와 같이 저렴하고 신속한 시장정보의 필요성 증가는 평가관련 업무 가운데 주요 부가가치적 요소, 예컨대 시장가격 정보 수집 등과 같은 기존 업무 방식을 축소시키거나 변화시키고 있다. GIS는 부동산정보의 효율적 관리와 검색, 그리고 효과적 공간분석기능을 통해 부동산 평가에서 최근 시장의 신속한 요구를 적절하게 반영할 수 있는 수단으로 등장하고 있다. 일반적으로 부동산 산업에서 GIS의 역할 분야를 개괄적으로 살펴보면 <표 7-2>와 같다.

또한 부동산 개발과정에서는 GIS 시스템을 이용하여 건축 모델링이나 용도지역 표시, 3차원 모의실험, 동영상, 가상현실 등을 위한 소프트웨어와 연계시킬 수 있다. 즉 부동산 개발이 장시간의 시간과 복잡한 진행과정을 거친다는 특성을 감안할 때, 지리정보시스템을 통해 부동산 컨설턴트, 건축가, 그리고 개발업자가 사업기간 동안 일관되고 통합적인 업무 교환을 한다는 장점이 있다. 일반적으로 부동산과 관련한 다음의 과정들에서 GIS가 이용될 수 있다.

▌〈표 7-2〉 부동산분야에서 GIS 역할

- 어느 부동산을 구입할 것인가?
- 언제 구입/판매/건축해야할 것인가?
- 신규개발을 시작할 적기인가?
- 신규 부지의 최유효(최고최선)이용은 무엇인가?
- 구입가격은 얼마이어야 하는가? 최대 저당 대출액은 얼마인가?
- 부동산이 물, 토양, 공기의 위험이나 오염으로부터 안전한가?
- 부동산을 언제, 얼마의 가격으로 팔 수 있을 것인가?
- 임대료 상승과 공실률 감소에 대한 전망은?
- 신규 주택분양 프로그램은 효과적인가?
- 사업을 위해 가장 적합한 건축설계는?
- 건축설계는 경제적으로 타당한가?

부동산 평가에 있어서도 감정평가사는 과세 관련 자료나 거리, 지형, 토지이용과 지역·지구, 그밖에 편의시설 등에 대한 다양한 자료 레이어(Layer)를 GIS를 이용하여 구축함으로써 평가과정에 응용하고, 지도와 데이터베이스의 연계를 통해 다양한 자산들에 대한 시장가격 평가를 신속하게 수행할 수 있다. 예를 들면 공원이나 교통 시설 등과 같은 편익시설물의 근접성에 따른 자산 가치평가, 인구 과잉과 같은 부정적 가치들의 추출, 그리고 쇼핑 기회, 주택가격 평가(물리적 크기, 수명, 근린지역의 질, 교통시설과의 근접성 여부)등에 이용할 수 있다(이희연, 2007).

또한 중개 매매에 있어서도 의뢰인이나 부동산 소유자, 건물의 크기, 외관, 가격 등의 검색을 용이하게 해주고 세부적인 조건들에 따라 지역 선정을 가능하게 한다. <표 7-3>은 부동산의 각 분야별로 GIS를 활용할 수 있는 기능들을 보여주고 있다.

▮〈표 7-3〉 부동산분야별 GIS 활용

| 부동산분야 | GIS 활용 |
|---|---|
| 감정평가 | • 부동산 비교분석을 위한 데이터베이스 관리/활용<br>• 대상부동산의 지역 분석<br>• 토지보상을 위한 개별 감정평가 |
| 중개업 | • 대상부동산의 속성정보 수집/분석<br>• 지도 서비스(지형/지역분석)<br>• 부동산 거래정보 유통/분석 |
| 개발업 | • 개발부지의 선정<br>• 부동산 이용 규제 정보 분석<br>• 수익성/자산가치 판단(시간적, 지역적) |
| 정책수행 | • 시장분석과 타당성 분석<br>• 최유효 개발지역 선정<br>• 주택정비사업 분석<br>• 장·단기 정책 수립을 위한 데이터베이스 관리 |
| 전망/연구 | • 부동산 제반 정보의 데이터베이스 관리/활용<br>• 해당 부동산 시장 분석(시간적, 공간적)<br>• 부동산 수요공급 분석 |
| 기타 | • 투자 전망 분석(가격, 입지, 개발, 규제 등)<br>• 부동산 최적위치 선정<br>• 경쟁 부동산 평가/분석 |

## 1) 국가공간정보센터(국토정보시스템)

국토교통부는 공간정보의 공동활용 및 주택통계 선진화를 위해 2009년부터 국가공간정보센터 구축사업을 추진하고 있다. 국가공간정보센터 구축사업은 기존의 부동산정보관리시스템 통합사업과 통합한 국토정보시스템을 구축하여 부동산의 소유권 변동, 토지이동, 민원발급 현황 등을 종합적으로 분석하고, 부동산시장 변화에 적절히 대응하도록 부동산 시장 정보에 대한 대국민 서비스를 추진하는 사업이다.

부동산정보관리 통합시스템은 2009년 부동산정보관리시스템, 지적정보시스템, 지적도면통합시스템, (구)토지대장 조회시스템, 본부시스템 등 5개 부동산관련 정보시스템을 통합하여 '부동산정보관리시스템 통합사업'으로 출범한 이후 2010년 온나라부동산포털, KLIS 정책지원시스템을 추가로 연계·통합하여 "국토정보센터 통합 및 운영"사업으로 통합되고 이후 국가공간정보센터 구축사업과 재통합되어 추진 중에 있다.

┃〈표 7-4〉 국가공간정보센터 국토정보시스템의 주요 기능

| 기능 | 내용 |
|---|---|
| 소유권변동 | • 행정구역별 소유권 변동동향, 지목별 소유권 변동동향(전, 답, 대지, 임야, 공장용지), 소유구분별 소유권 변동동향(국유지, 공유지, 개인, 법인, 비법인, 외국인) |
| 토지이동동향 | • 시군구별 토지의 분할, 합병, 지목변경 등 토지이동이 발생한 지번(필지)수 |
| 토지민원처리상황 | • 토지(임야)대장, 지적도 등본, 수치지적부 등 토지민원 열람/발급 건수 |
| 시군구별 전출입 동향(향후) | – |
| 주민등록상 전입/전출자 수 | – |

2012년에는 국가공간정보센터 구축으로 전국 확산 및 KLIS 정책지원(부분)통합과 국가공간정보 통합체계 연계시스템 구축과 국가공간정보센터 운영 및 유지보수를 실시하였다.

따라서 실질적인 범국가적 공간정보 공유체계 수립을 통해 복잡한 공간정보 유통망 정립 및 공간정보 중심의 융복합 정보 인프라 구축이 될 것이며, 다양한 정보의 통합을 통해 공동활용의 시너지 효과 극대화 및 고급정보 재창출에 기여할 것이다.

## 2) 국가공간정보 유통체계(NSIC)

제4차 국가공간정보정책 기본계획의 5대 추진전략의 하나로 제시된 '쉽고 편리한 공간정보 접근'정책은 공간정보 공유를 위한 유통체계 구축을 주요 내용으로 하고 있다. 정부는 공간정보 접근을 위하여 공간정보 유통망을 구축하고, 공간정보유통센터를 중심으로 온·오프라인으로 공간정보를 공급하여 왔다.

2009년까지 공간정보의 유통은 국가지리정보 중앙유통센터(http://www.ngic.go.kr)를 중심으로 하여 전국 8대 권역에 지역별 통합관리소를 설치하고 필요한 공간정보를 제공하였다.

그러나 분산된 유통망 관리와 도엽단위의 유통체계로 인해 사용자 편의성이 저하되고, 민간이 원하는 최신 데이터가 부족하게 되는 등 여러 문제가 지적되었다.

이에 따라 국민 누구나 쉽고 편리하게 공간정보에 접근할 수 있도록 기존 공간정보유통망을 개편하여 2010년부터 국가공간정보 유통 및 서비스체계 구축사업을 추진하고 있다.

[그림 7-6] 국가공간정보유통시스템 개념도

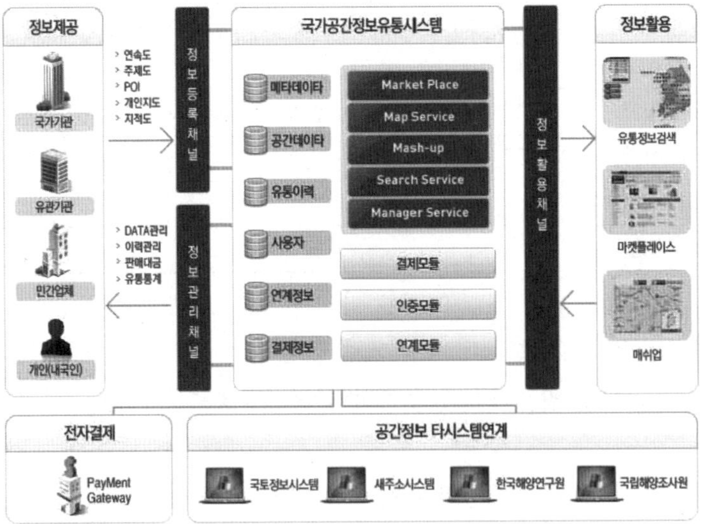

## 3) 산림공간정보시스템 구축

산림공간정보시스템 구축은 복잡하고 다양해지는 산림정책 및 행정적 요구에 부응하기 위해 산림분야공간정보의 구축·활용을 통해 산림자원의 과학적이고 효율적인 경영·관리 및 민원업무를 지원하고, 기후변화로 인한 대규모 자연재해에 신속하게 대처하기 위해 추진하고 있다.

산림공간정보시스템은 산림에 대한 각종 위치와 속성정보를 컴퓨터에 입력하고, 이를 계획수립 및 의사결정 지원에 활용하는 소프트웨어·하드웨어 및 인적자원의 결합체(산림청, 2012)를 말한다.

[그림 7-7] 산림공간정보(FGIS) 시스템 체계

자료: http://fgis.forest.go.kr/fgis/Overview/overview_01.aspx

본 시스템에서는 토양, 임상, 표고 등 산림의 속성정보와 위치정보를 항공사진, 위성영상과 산림행정을 통합하여 제공한다. 산림공간정보시스템 구축의 추진전략으로는 산림청 부서, 각 기관, 산주 및 국민들에게 통합 산림공간정보를 제공하고, 공간정보와 행정정보를 연계한 자료를 바탕으로 의사결정을 지원하며, 관련 업무의 효율성 증대를 꾀하고 있다. 또한, 국가공간정보통합체계의 산림부문 연계대상 시스템으로 선정되어 다양한 행정업무에 널리 활용되고 있다.

주요 기능으로는 지도서비스(내 산 위치찾기, 산림정보검색, 산림명소, 백두대간 및 산림행정기관 위치정보 등을 안내), 자료유통서비스(임상도, 산림입지도, 맞춤형조림지도, 산사태위험지도, 백두대간보호지역도, 임도망도 등을 온라인 제공) 등이 있으며, 주요 주제도로는 산림입지토양도, 산지구분도, 임도망도, 백두대간보호지역도, 산사태위험지관리도, 맞춤형 조림지도 등을 구축·제공하고 있다.

　　2012년에는 산림자원업무 프로세스 표준화 및 정보화, 수치지형도, 임상도 등 산림공간정보 기반의 Web−GIS를 구축하고 모바일 장비에 항공사진, 지적도 등 산림주제도를 탑재, GPS기능을 활용한 시스템 구축을 통해 현장업무 지원시스템을 개선하였다.

[그림 7-8] 산림정보다드림 홈페이지

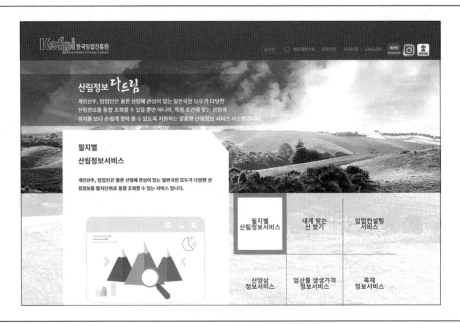

자료: 산림정보다드림

## 4) 도시계획정보체계(UPIS)

　　도시계획업무가 지자체에 권한이양 됨에 따라, 중앙부처는 지자체에서 발생되는 도시계획 결정사항 및 개발행위허가 등 국토의 변화에 대해 즉각적인 확인이 제한되고, 지자체는 입안, 결정 및 집행 시 종이문서를 이용함에 따라 업무 효율성이 저하되고 있다. 또한 주민은 내 땅의 도시계획 진행 및 결정 상황을 지자체를 방문하여 확인해야 되는 불편함이 있었다.

　　도시계획정보체계(UPIS: Urban Planning Information System) 구축은 중앙부처, 지자체 및 주민의 도시계획적인 요구사항을 수렴하고, 도시계획관련 자료를 전산화하며, 표준시스템 운용을 통하여 중앙정부 및 광역·기초지자체의 도시계획 행정업무를 선진화 함으로써 각종 정책수립을 위한 의사결정지원체계를 수립하는 것을 목표로 추진되고 있다. 그동안 추진 내용은 2001년부터 2004년까지 UPIS의 설계 및 표준 검증과 보완이 이루어졌고, 2004년~2005년 시범사업 및 표준시스템 개발을 거쳤으나 2006년~2007년엔 사업이 중단되었으며, 2008년부터 2012년까지 8개 시도 및 87개 지자체에 확산사업이 이루어졌으며, 도시계획정보체계 시스템에 대한 대민서비스 시험운영을 진행하였다.

[그림 7-9] 도시계획정보체계 확산 및 운영방향

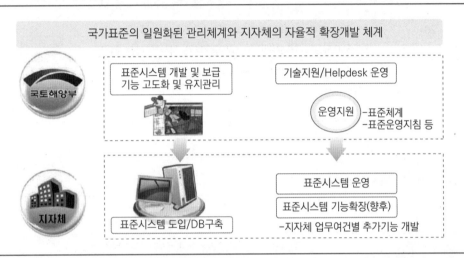

자료: 국토해양부, 2012, 2012년 도시계획정보체계(UPIS) 확산사업 완료보고서.

2012년에는 시군구, 광역시/도 UPIS 표준시스템 기능개선, UPIS 운영기술 지원, 도시정책지원시스템 기능개선, 대국민 도시계획통합 정보서비스 기능개선 등의 내용으로 운영사업, 교육·홍보 및 전산환경 유지관리, 향후 발전방향 수립 등의 내용으로 추진하였다.

▮〈표 7-5〉 UPIS 연차별 확산사업 내용

| 연도 | 사업내용 |
|------|----------|
| 2002 | • 시범사업 Ⅰ : ISP수립, DB 및 시스템 표준설계지침 마련 |
| 2003 | • 시범사업 Ⅱ : 프로토타입 시스템 구축 및 시범지역(전주시) 도입 |
| 2005 | • 시범사업 Ⅲ : 시스템 구축 및 시범지역(화성시, 영주시) 도입 |

| 연도 | 사업내용 |
|---|---|
| 2008 | • 1차 확산(10개 지자체)<br>• 국토부 및 광역시도 표준시스템 개발 |
| 2009 | • 2차 확산(19개 지자체, 1개 시도)<br>• 표준시스템 행정지원 부문 추가 구축 및 개선<br>• 도시정책지원시스템 및 대민서비스시스템(파일럿) 개발 |
| 2010 | • 3차 확산(19개 지자체, 1개 시도)<br>• 시스템 보완 및 고도화<br>• 지자체 운영관리 지원 |
| 2011 | • 4차 확산(19개 지자체, 1개 시도)<br>• 시스템 업무 기능 확대 및 보완<br>• 도시계획정보시스템(UPIS) 운영관리 및 지자체 확산 지원 |
| 2012 | • 6차 확산(35개 지자체 DB 구축 확산)<br>• 대국민서비스 확산운영<br>• Help Desk 운영 및 지자체 운영관리 지원 |

자료: 국토교통부(2016), 국토교통정보화기본계획.

[그림 7-10] 도시계획정보체계 구성

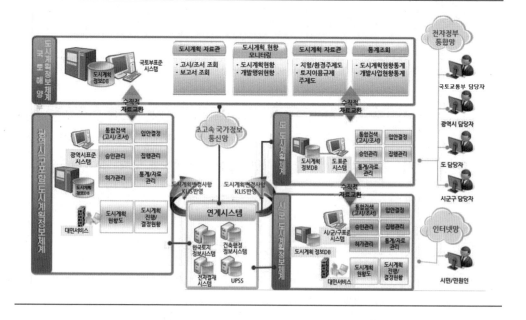

## 6) GIS기반 건물통합정보 구축

GIS기반 건물통합정보 구축은 지적도에 건물 위치정보와 건축물대장의 건물속성 정보를 연계·통합하여 실시간 갱신이 가능한 건물통합정보를 구축하고 활용하기 위해 추진되고 있다.

GIS기반 건물통합정보 구축은 전국 230개 지자체, 737만 동의 건물통합 DB를 구축하고, 건물통합정보의 등록·갱신기능을 개발하여, 구축된 정보와 함께 세움터와 부동산종합공부시스템에 탑재함으로써 유관 시스템과의 실시간 연계체계를 마련하였다.

2013년까지 약 673만 동의 건물통합정보가 구축되었고, 그 결과 국가건물 에너지 통합, 공간정보 참조체계, 3차원 국토공간정보구축, 건물통합정보 주제도 구축(경기도 광주시), 3차원 제주지리정보포털(제주특별자치도) 등의 건물공간정보 관련 사업에서 기본 건물정보로 활용되고 있다. 또한, 부동산종합공부와 관련하여 지자체의 건축, 지적 등 자료정비 업무에 건물통합정보가 활용되고 있다.

[그림 7-11] 건물통합정보의 정의

## 7) 지하시설물 정보통합 및 활용시스템

지하시설물 정보통합 및 활용시스템 확산 추진은 선행사업을 통해 구축된 업무별 표준시스템을 군(郡)지역을 대상으로 확산하고 지자체 특성에 맞도록 재개발하였다.

이를 통해 7대 지하시설물(상수도, 하수도, 전기, 가스, 통신, 난방, 송유) 통합 데이터의 활용도를 제고하고, 도시 기반 시설물을 체계적으로 관리함으로써 가스폭발 등 각종 안전사고 예방 및 효율적인 국토관리를 도모하고자 하였다.

**[그림 7-12] 건물통합정보의 역할**

자료: 국토교통부(2016), 국토교통부 6차 정보화기본계획(2016-2020).

지자체(125개) 및 유관기관의 지하시설물을 통합 서비스하기 위해 공간정보 자동갱신시스템, 웹시설물관리시스템, 도로점용굴착시스템, 지하시설물 통합관리시스템 등 4개의 시스템으로 구성된 표준시스템을 활용하여 정부 및 대시민 서비스를 제공하고 있다.

지하시설물 통합관리체계 구축 시범사업(2009)을 추진한 이래 2010년~2011년에는 시(市)급 지자체를 대상으로 지하시설물 통합DB를 100% 구축 완료하였다.

현재 4개의 활용시스템을 구축하고 시급 지자체를 대상으로 확산되어 현재 27개 시(市), 17개 군(郡)에 확산 설치 완료되었고, 2015년까지 전국 지하시설물 통합관리체계를 완료할 예정이다.

[그림 7-13] 지하시설물 통합관리체계 체계도

자료: 국토교통부(2016), 국토교통부 6차정보화기본계획(2016-2020).

## 8) 공간정보 오픈플랫폼(V world)

공간정보 오픈플랫폼(http://www.vworld.kr)은 국가가 그동안 구축한 2차원 및 3차원 공간정보를 민간에 개방하여 다양한 공간정보서비스 수요를 만족시키고, 저비용으로 공간정보기반의 융복합 비즈니스를 창출할 수 있도록 지원하기 위해 추진되고 있다.

공간정보 오픈플랫폼은 [그림 7-14]와 같이 중앙정부와 지자체 및 공공기관에서 구축된 다양한 공간정보를 통합·가공하여 공간정보 수요자가 원하는 형태의 정보를 쉽게 검색·제공할 수 있는 개방된 통합플랫폼이다. 예전에는 수요자가 원하는 공간정보가 어디에 있는지 알 수 없었으며, 있다 하더라도 검색하여 수요자의 요구사항에 맞게 여러 번의 가공 및 조작이 필요하여 공간정보를 활용한 가치창출이 어려웠다. 그러나 오픈플랫폼은 기존의 유통체계에서 제공하는 파일 제공이나 단순기능제공에서 그치지 않고, 데이터 제공, 오픈 API제공, 기능 제공 및 실시간 서비스 등 공간정보의 유통채널을 수요자의 요구사항에 맞게 다양화 하였다.

따라서 수요자가 쉽게 공간정보에 접근하고 원하는 형태의 데이터 활용이 가능하며, 이를 통해 효율적으로 부가가치를 창출하기 위해 구축하였다.

또한, 공간정보 오픈플랫폼에서는 점점 다양화되는 사용자의 요구사항을 반영하고, 공간정보기반의 융복합 서비스를 가능하게 하기 위해 서비스 채널을 지도서비스, 개발서비스 및 원시데이터서비스로 세분화 하고, 사용자가 커스터마이징 할 수 있는 다양한 영역을 제공하고 있는 점이 특징이다.

공간정보 오픈플랫폼에서 제공하는 데이터는 영상(전 세계, 전국, 주요도시 12㎝ 해상도 실감 정사영상), DEM(수치표고자료), 3D 모델, 2D 각종 주제도(국가경계, 도로망, 지하철노선도, 철도망, 시·군 등 경계, 속성정보, 관심지역정보(POI: Point of Interest) 등이다.

2012년에는 서비스 고도화를 위해 고정밀 3D 공간데이터를 사용자의 목적에 따라 다양하게 활용할 수 있도록 웹 기반의 3D 사이버국토를 구축하였다. 공간정보 신산업 창출 등 3D 산업발전의 핵심 콘텐츠로 공간정보의 필요성이 부각됨에 따라 고품질 공간정보를 사회경제뿐만 아니라 광범위한 분야로 활용을 확대하기 위하여 공간정보 오픈플랫폼(www.vworld.kr)을 구축함으로써 3차원 공간정보서비스 기반을 확보하였다.

[그림 7-14] 공간정보 흐름상에서의 오픈플랫폼의 위치

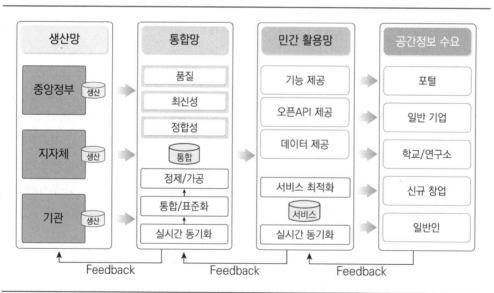

| 구분 | 합계 | 2012년까지 | 2013년 | 2014년 | 2015년이후 |
|------|------|-----------|--------|--------|-----------|
| 구축지역 | 84개市<br>81개 郡 | 서울, 6개 광역,<br>여수, 춘천 | 수원 등<br>30개 市 | 경주 등<br>6개 市 | 市: 39개<br>郡: 81개 |
| 구축량(㎢) | 84,580 | 6,490 | 12,598 | 4,748 | 60,744 |

자료: 국토교통부(2013), 2013년도 국가공간정보정책에 관한 연차보고서.

## 9) 국토공간계획 지원체계(KOPSS)

국토공간계획 지원체계(KOPSS: KOrea Planning Support Systems) 구축은 국토정책 및 계획을 합리적으로 수립할 수 있도록 공간계획지원도구를 개발하여 국토계획업무의 과학화와 투명화에 기여하고자 추진되었다.

KOPSS를 활용하면 기존의 종이지도 기반의 공간계획을 GIS 및 공간분석기법 기반으로 대체할 수 있어 공간계획 시간이 단축되고 소요예산을 획기적으로 줄일 수 있다. 또한 공간정보기반의 참여형 계획수립(PPGIS30)이 가능하여 공간계획과정에서 발생하는 주민과의 마찰을 줄일 수도 있다.

[그림 7-15] 국토공간계획지원체계 추진경위

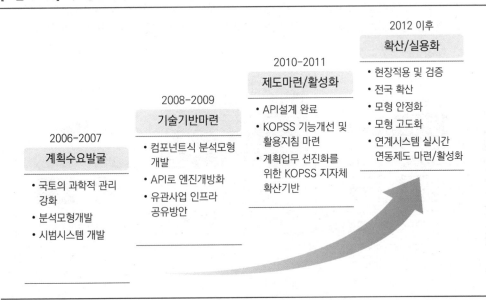

자료: 국토해양부 보도자료(2011.6.23), 국토공간계획의 투명화 · 과학화 시대, KOPSS로 열어간다!

## TIP GIS 기반 건물통합정보 구축사업 추진

국토교통부는 한국토지주택공사와 함께 2013년 GIS(Geographic Information System: 지리정보시스템) 기반 건물통합정보를 구축하였다. GIS(지리정보시스템) 기반 건물통합정보란 지적과 건물정보의 개별 관리에 따른 불편함을 해소하고자 지적도위에 건물정보를 융합·구축해 건물의 위치와 층수, 용도, 구조, 면적 등 행정정보를 공간정보와 함께 한눈에 확인할 수 있는 정보로써 대국민 서비스와 중앙 및 지자체 정보화의 핵심 기반정보라고 할 수 있다.

건물통합정보가 구축되면 건물의 형태·위치 등 지도정보와 함께 건축물대장의 최신 주요정보를 일선 행정관청 방문 없이 인터넷 또는 스마트기기 등을 통해 한눈에 확인할 수 있게 되며, 공간정보와 행정정보가 융합되는 빅데이터 구현, 스마트 워크, 국토·도시계획, 부동산정책수립, 민간 기업 등에서 핵심 기반 정보로 활용될 계획이다. 또한 건물통합정보를 부동산행정정보 일원화 사업과 연계해 시·군·구 부동산종합공부시스템의 기본도면으로 사용하고 최신 건물정보를 실시간으로 제공·관리할 수 있게 된다. 건물통합정보를 이용하여 위치정보와 행정정보가 통합된 최신 정보를 제공해 국가 부동산정책 수립을 지원하는 한편 민간기업에서도 부동산 관련 다양한 꾸림정보(콘텐츠)가 개발되었다.

특히 건물통합정보를 과세정보와 융합하면 현실감 있게 이해할 수 있고, 더욱 쉽게 과세 현황을 확인할 수 있어 과세누락 방지 및 공평과세 등 과세행정의 정확성을 높이고 지방재정 확충에 도움이 되며, 건물통합정보를 활용한 공간기반 부동산 종합정보를 주민등록체제와 연계해 전입신고지의 건물정보를 제공함으로써 담당공무원이 거주 가능 여부를 사전에 확인할 수 있도록 해 위장전입을 예방할 수 있다.

이와 함께 도시개발사업 등을 계획하고 있다면 사업후보지 계획단계와 실제 보상단계에서 발생하는 건물 보상비 차이를 최소화하고, 대단위 사업계획이나 특수건물의 현황파악이 가능하다.

# 연/습/문/제

1. 지리정보시스템의 정의, 기능, 특성에 대해 설명하시오.

2. GIS 기술의 발전을 3단계로 나누어 기술하시오.

3. 국내 지리정보시스템의 추진과정에 대해 설명하시오.

4. 부동산 산업의 GIS 활용에 대해 구체적으로 기술하시오.

5. 한국의 정보화정책 추진경과를 간략히 설명하시오.

6. 부동산분야에서 미래의 GIS 활용에 대해 기술하시오.

✔ 주요용어

지리정보시스템, 지리정보시스템의 추진과정, 부동산 산업의 GIS 활용, 미래의 GIS 전망과 이슈, GIS 활용의 문제점

CHAPTER

08 스마트도시와 부동산

초연결 지능화 인프라(Data, Network, AI)를 통해 제4차산업혁명을 주도할 융합신산업발굴이 치열한 가운데 스마트시티가 대두되고 있다. 전 세계적으로 도시화 추세로 도시 노후화, 환경오염, 범죄율 증가, 도시혼잡성, 에너지 부족 등 다양한 도시문제를 해결할 새로운 대안으로 스마트도시가 제시된 것이다. 즉 기존의 유비쿼터스 도시가 신규 도시건설 인프라 및 인력 등 자원을 투입하는 것이라면 스마트도시는 스마트 정보기술을 활용하여 도시정보의 수집 분석을 통해 도시 자원을 효율적으로 활용하는 것이다. 따라서 AI, Bigdata, IoT 등 정보기술을 활용하여 에너지, 교통, 안전분야 중심으로 스마트도시 시장이 혁신적인 동력으로 급부상중인 것이다.

[그림 8-1] 기관별 스마트도시 시장 예측

| 발표기관 | Frost&Sulliran | Mckinsey | Gram View |
|---|---|---|---|
| 예측연도 | 2020년 | 2025년 | 2013~2020년 |
| 시장규모 | 1.5조 달러 | 9,300억~1.7조 달러 | 5,680억~1.4조 달러 |

자료: 한국정보화진흥원(2016.11.7), 스마트시티 발전전망과 한국의 경제력.

전 세계적으로 각광받고 있는 스마트도시 성장전망은 조사기관마다 다르지만 향후 10~20년 동안 가장 빠르게 발전하는 분야가 될 것이라는 데는 이견이 없다.

SECTION 01 스마트도시 개관

## 1. 스마트도시 등장 배경

세계의 인구 급증에 비하여 도시 인구 증가가 더욱 빠르게 증가하고 있다. 네비건트 연구기관(종전의 파이크 연구기관)에 따르면, 전 세계 인구는 1960년 대비 2010년에는 인구가 233% 늘어난 반면 도시내 인구 유입은 350% 증가하였다고 한다(Eric Woods et al., 2013). 이러한 추세로 UN에서는 2018년 전 세계 인구의 60%가 도시에 거주하고 있으며 2050년에는 68%가 도시에 거주할 것이라 한다. 따라서 에릭 우드는 전 세계 자원의 70~80%가 도시에서 소모될 것이라 한다(Eric Woods et. al., 2012).

일반적으로 18세기 산업혁명 이후 교통이 발달되고 도시에 인구가 집중되면서 환경오염과 주택문제, 각종 시설물의 안전과 관리, 범죄예방, 지·정체해소 등 크고 작은 문제가 발생하고 있다. 1960년대 이후 현재 도시의 모델을 완성한 미국의 경우 대도시 주변으로 전원도시가 발달되고 도시가 팽창(Sprawl)하면서 출퇴근으로 인한 교통 혼잡 발생과 도시의 슬럼화로 인한 도시재생의 필요성이 제기되고 있다. 그리고 도시의 노후화로 인해 새로운 형태의 컴팩트 도시(Compact City)가 대안으로 제시되기도 한다. 그러나 이러한 물리적인 도시 형태의 변화만으로는 기후변화, 자원 부족, 식량 등 거시적인 문제해결에는 한계가 있어 도시의 생태환경을 바꾸기 위한 노력이 중요하게 부각되고, 이를 위해 에너지 소비저감, 교통정체 해소 등을 위한 현실적인 방안을 모색하고 있다.

이러한 현상은 주로 신흥국가들의 경제성장으로 인한 세계적인 추세로서 세계경제 발전의 청신호라 할 수도 있다. 그러나 도시 인구 유입의 증가 및 전 세계의 도시가속화를 스마트 정보기술로 해결하고자 스마트도시가 확대되고 있는 것이다. 그간의 연구를 살펴보면 메가시티(천만 명 이상 도시) 수는 1970년대 3개에 불과하였지만 2010년에는 23개로 늘어났으며, 2025년에는 대폭으로 증가하여 37개가 될 것으로 전망하고 있다(Eric Woods et al., 2013). 이렇게 메가시티가 증가 현상은 도시에 인구가 대량으로 유입됨으로서 도시인구 수용범위를 초과하여 도시 내의 여러 가지 문제점들을 야기할 수 있을 뿐만 아니라 물리적으로도 세계 환경에도 큰 악영향을 미칠 수 있다. 즉 도시 인구 유입의 증가 및 도시화는 다음과 같은 주요 문제점들을 야기할 수 있다.

- 급속한 도시화로 인한 환경파괴
- 도시인구 유입증가로 인한 주택, 교통, 공해, 에너지사용, 범죄발생 등 문제로 인한 삶의 질 저하
- 도시인구 유입 증가 및 도시화로 인한 자원의 수요증가로 자원 부족 문제 야기

따라서 이러한 도시화로 발생되는 문제점들을 해결하기 위해서 자원 재사용 및 효율화를 통한 지속가능성, 도시거주자들의 쾌적한 환경을 제공할 수 있는 편리성, 그리고 환경에 유해하지 않은 친환경성 등 위의 3가지 기능을 갖춘 도시모델로서 최근에 '스마트도시'가 새로운 트렌드가 되고 있다.

스마트도시는 첨단 ICT 인프라를 도시 및 생활에 접목한 최첨단 지능형 도시로서, 현재 세계가 직면하고 있는 도시유입인구 증가 및 도시가속화에 따른 문제를 해결하여 줄 것으로 기대된다.

특히 개발도상국의 경우에는 급속한 경제성장을 이루기 위해 신도시를 개발하여야 할 뿐만 아니라, 기존도시를 현대화시켜 많은 일자리를 창출하고, 주택을 조기에 보급해야 하는 시급성이 존재한다. 이러한 개발도상국들의 경우에도 정보통신기술의 발달에 따라 인터넷이 보급되고 스마트폰 사용자가 많이 늘어나게 됨에 따라 정보통신기술을 이용한 민간서비스와 스마트한 인프라 구축을 모색하게 되는 것이다.

이러한 와중에 미국, 유럽 등 선진국에서는 2010년대 이후 기존 도시를 보다 효율적으로 관리하고 유기체로서의 도시 신진대사(Metabolism)가 원활히 이루어질 수 있는 지속가능 스마트도시재생을 모색하게 되었다. 에너지 관점에서는 신재생에너지를 적극적으로 도입하여 에너지그리드를 구성하고, 패시브하우스(Passive House), 제로에너지빌딩 등을 도입하며 지능형교통시스템을 구축하여 도시교통소통을 원활하게 하기 위한 노력을 기울이고 있다.

[그림 8-2] 스마트도시 기능

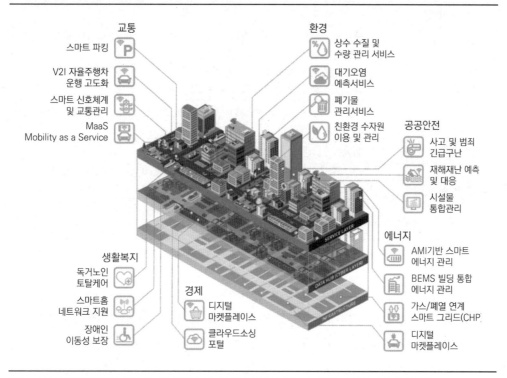

교통
스마트 파킹
V2I 자율주행차 운행 고도화
스마트 신호체계 및 교통관리
MaaS Mobility as a Service

환경
상수 수질 및 수량 관리 서비스
대기오염 예측서비스
폐기물 관리서비스
친환경 수자원 이용 및 관리

공공안전
사고 및 범죄 긴급구난
재해재난 예측 및 대응
시설물 통합관리

생활복지
독거노인 토탈케어
스마트홈 네트워크 지원
장애인 이동성 보장

경제
디지털 마켓플레이스
클라우드소싱 포털

에너지
AMI기반 스마트 에너지 관리
BEMS 빌딩 통합 에너지 관리
가스/폐열 연계 스마트 그리드(CHP)
디지털 마켓플레이스

자료: 4차산업혁명위원(2018.1), 도시혁신 및 미래성장동력 창출을 위한 스마트시티 추진전략.

## 2. 스마트도시 정의

스마트도시에 대한 개념은 일반적으로 물리적인 도시시설에 빅데이터, 인공지능, 사물인터넷(IoT) 등 정보기술을 접목하여 도시를 기능적, 경제적으로 효율적으로 운영하며 효율적 도시서비스를 제공하는 도시이다. 스마트도시를 보는 관점에 따라 해외와 국내에서는 다음과 같이 정의를 하고 있다.

해외에서 스마트도시에 대한 논의는 선진국, 개발도상국을 불문하고 초기에는 스마트도시에 도달하기 위한 "목적"으로 이해되었으나 최근에는 "수단 특히 플랫폼" 관점으로 보는 정의가 다수이며, 정보기술을 활용하여 도시기능을 효율화하여 삶의 질과 도시 경쟁력 향상에 중점을 두고 있다. 따라서 스마트도시를 간단히 정의하는 것은 어려우며 국가·도시별로 처한 상황이나 정책적인 목표, 기술적인 수준에 따라서 다르게 정의될 수 있다.

▌〈표 8-1〉 스마트도시 개념과 분류

| 분류 | | 설명 |
|---|---|---|
| 목적으로 이해 | 도시 관점 | 도시를 독립단위로 보고 특정 상태(지속가능한 도시\*, 현대화된 도시\*\* 등)에 도달하는 도시를 스마트시티로 정의<br>\* 암스테르담, 교토 등 선진국 도시<br>\*\* 인도·중국 등 인구가 급속히 증가하는 개발도상국 도시 |
| | 시민 관점 | 시민과 기업 등 도시 주체들이 체감하게 될 효과(삶의 질, 거버넌스, 이동성 등)를 가지고 정의 |
| 수단으로 이해 | 서비스 중심 | 과거와 차별화된 서비스를 제공하는 도시<br>\* Frost&Sulivan: 스마트거버넌스, 에너지, 빌딩, 이동성, 인프라, 기술, 헬스케어, 시민 등 8개 부분이 스마트하게 되는 도시 |
| | 구조 중심 | 기존 도시와 구분되는 구조적 특징을 가지고 있는 도시<br>\* 플랫폼으로서의 도시, 디지털기술이 도시 모든 기능과 접목된 도시 |

자료: 한국정보화진흥원(2016.11.07), 스마트시티 발전전망과 한국의 경쟁력, IT&Future Strategy. 재가공.

제4차산업혁명위원의 스마트시티 추진전략(2018. 1. 29)에서는 도시에 빅데이터 인공지능 등 신정보기술을 접목하여 각종 도시문제를 해결하고 삶의 질을 개선할 수 있는 도시모델(도시플랫폼)로 정의하고 있다. 또한 정보화진흥원에서는 도시가 하나의 플랫폼이 된다는 것은 새로운 기능과 서비스를 자유롭게 추진할 수 있다는 것을 의미하며, 무한한 혁신 잠재력을 보유하고 있음을 의미한다.

▌〈표 8-2〉 법률상 스마트도시의 정의

| 유비쿼터스 도시 | 스마트도시 |
|---|---|
| 도시의 경쟁력과 삶의 질의 향상을 위하여 유비쿼터스 도시기술을 활용하여 건설된 유비쿼터스 도시기반시설을 통하여 언제 어디서나 유비쿼터스서비스를 제공하는 도시 | 도시의 경쟁력과 삶의 질 향상을 위하여 건설, 정보통신기술 등을 융복합하여 건설된 도시기반시설을 바탕으로 다양한 도시서비스를 제공하는 지속가능한 도시 |
| 유비쿼터스도시의 건설 등에 관한 법률(2008.3.28) | 스마트도시 조성 및 산업진흥 등에 관한 법률(2017.12.26) |

| 구분 | 스마트시티 개념 |
|---|---|
| EU(2014) | • 디지털기술을 활용하여 시민을 위해 더 나은 공공서비스를 제공, 자원을 효율적으로 사용, 환경에 미치는 영향을 최소화하여 시민의 삶의 질 개선 및 도시 지속가능성을 높이는 도시 |
| 영국(2013) | • [비즈니스 창의 기술부] 정형화된 개념보다는 도시가 보다 살기 좋은 새로운 환경에 신속히 대응가능한 일련의 과정과 단계로 정의<br>• [버밍햄시] 인적자원과 사회 인프라, 교통수단, 그리고 첨단 정보통신기술(ICT) 등에 투자하여 지속적인 경제발전과 삶의 질 향상을 이룰 수 있는 도시 |
| 인도(2014) | • [인도 도시개발부] 상하수도, 위생, 보건 등 도시의 공공서비스를 제공할 수 있어야 하며, 투자를 유인할 수 있어야 하고, 행정의 투명성이 높고 비즈니스하기 쉬우며, 시민이 안전하고 행복하게 느끼는 도시 |
| 미국(2009) | • [미국 연방에너지부] 도로, 교량, 터널, 철도, 지하철, 공항, 항만, 통신, 수도, 전력, 주요 건물을 포함한 모든 중요 인프라 상황을 통합적으로 모니터링함으로써, 대시민 서비스를 최대화 하면서 도시의 자원을 최적화하고 예방 유지에 효과적이며 안전도가 높은 도시 |
| ITU(2014) | • 시민의 삶의 질, 도시운영 및 서비스 효율성, 경쟁력을 향상시키기 위해 ICT 기술 등의 수단을 사용하는 혁신적인 도시로, 경제적·사회적·환경적·문화적 측면에서 현재와 미래 세대 요구와 충족을 보장하는 도시 |
| ISO&IEC (2015) | • 도시와 관련된 사람에게 삶의 질을 변화시키기 위해, 도시의 지속가능성과 탄력성을 향상시키고, 도시와 시민사회를 위해 도시운영 구성요소, 시스템, 데이터와 통합기술을 통해 개선시키는 도시 |
| IEEE(2017) | • 기술·정부·사회가 갖는 특징 제시: 스마트도시, 스마트 경제, 스마트 이동, 스마트 환경, 스마트 국민, 스마트 생활, 스마트 거버넌스 |
| Gatner(2015) | • 다양한 서브시스템 간 지능형 정보교류를 기반으로 하며, 스마트 거버넌스 운영 프레임워크를 기반으로 지속적인 정보 교환을 수행 |
| Forrester Research (2011) | • 스마트도시는 주요 인프라 구성요소 및 도시서비스를 만들기 위해 스마트 컴퓨팅 기술을 사용하여 좀 더 지능적이고 상호 연결되어 있으며 효율적인 도시 관리, 교육, 의료, 공공안전, 부동산 교통 및 유틸리티를 포함 |
| Frost&Sulivan (2014) | • 스마트시티 개념 8요소 제시: 스마트 거버넌스, 스마트 에너지, 스마트 빌딩, 스마트 이동, 스마트 인프라, 스마트 기술, 스마트 헬스케어, 스마트 시민 |
| 우리나라 | • 스마트도시 조성 및 산업진흥 등에 관한 법률 제2조<br>• 도시의 경쟁력과 삶의 질의 향상을 위하여 건설·정보통신기술 등을 융·복합하여 건설된 도시기반시설을 바탕으로 다양한 도시서비스를 제공하는 지속가능한 도시 |

자료: 한국정보통신기술협회(2018.9), 4차산업혁명 핵심 융합사례 스마트시티 개념과 표준화현황.

또한 스마트도시는 새로운 도시 트렌드로서 도시행정, 교육, 복지 등 다양한 도시부분에 ICT 첨단 인프라가 적용된 지능형 도시로 다양하게 정의된다. 이는 스마트도시를 기술적 관점에서 바라본 정의로, 여기서 ICT 첨단 인프라 기술 적용이 가장 중요한 부분이다.

이러한 정의에서는 도시의 첨단화, 네트워크화 및 지능화 용어가 자주 언급되고 있다.

그러나 기술적인 면 외에도 사회과학적인 측면에서 '스마트도시'를 정의하면 Giffinger은 스마트도시를 사람, 정부, 환경, 경제 등 다양한 삶이 스마트인프라 안에서 구축된 하나의 스마트사회로 정의하고 있다. 뿐만 아니라 네덜란드에서는 스마트도시를 단순히 ICT 기술이 적용된 도시가 아니라 인적자원과 사람들이 함께 하나가 되어 ICT 기반으로 한 도시를 말한다.

이를 정리하여 보면 스마트도시는 단순히 ICT 기술이 적용된 지능형 도시라고는 할 수 없다. 스마트도시는 도시 안에서 거주자들이 서로 네트워크라는 하나의 큰 사회적인 관계를 형성하여 이루고 있어 기술적인 측면뿐만 아니라 사회적인 측면에서 고려되어야 한다.

▍〈표 8-4〉 스마트도시와 일반도시 비교

| 구분 | 일반도시 | 스마트도시 |
|---|---|---|
| 도시<br>구조 | 〈2차원 도시〉<br>• 도시구조가 경직되어 변경, 추가 어려움<br>• 자원 활용이 평면적<br>　(배타적, 독점적이어서 낭비 발생) | 〈3차원 도시〉<br>• 도시구조가 플랫폼화, 레고화되어 신규 기능과 서비스 유연하게 추가 가능<br>• 자원 활용이 입체적<br>　(공유와 지능기술로 활용 극대화) |
| | 〈본질적 도시〉<br>• 도시가 도메인으로 잘게 구분<br>• 도메인 사이에 데이터, 기능 공유 어려움 | 〈유기적 도시〉<br>• 도시 전체가 하나의 플랫폼으로 연결<br>• 수직적, 수평적으로 단절없는 그리드 |
| 도시<br>운용 | 〈기계적 도시〉<br>• 투입과 산출이 기계적으로 연결<br>• 문제해결 위해 투입 증가<br>（예 주차장 증가 → 주차난 해결） | 〈창의적 도시〉<br>• 지식과 아이디어 활용하여 문제 해결<br>• 창의성과 신기술로 문제 해결<br>（예 정보 · 자원 공유 → 주차난 해결） |
| | 〈통제 도시〉<br>• 소수가 도시운용<br>• 컨트롤 타워를 통해 질서 유지<br>• 시민들은 도시에 대한 정보 배제 | 〈자기조직화 도시〉<br>• 시민이 도시운용에 적극 참여<br>• 시민과 지능사물이 스스로 질서 창출<br>• 도시운영에 대한 상세 정보 공유 |
| 서비스 | 〈도시중심 서비스〉<br>• 시민이 도시 운영체계에 적응<br>• 서비스보다 도시 기능유지 중요 | 〈시민중심 서비스〉<br>• 시민의 필요에 맞춤형 서비스<br>• 도시 서비스 수준이 도시 경쟁력 결정 |
| | 〈프로세스 기반 서비스〉<br>• 시민이 요구해야 서비스 개시<br>• 사전에 정의된 대로 서비스 제공 | 〈데이터 기반 서비스〉<br>• 도시가 실시간 상황과 시민요구 인지<br>• 도시가 하나의 assistant로 기능<br>　(시민에게 필요한 지식과 데이터 제공) |

## 3. 스마트도시 구성요소 및 적용기술

스마트도시는 다양한 혁신 기술을 도시 인프라와 결합하여 융복합할 수 있는 공간으로 다음과 같은 7가지 요소가 구성되어 운영된다.

[그림 8-3] 스마트도시 구성요소

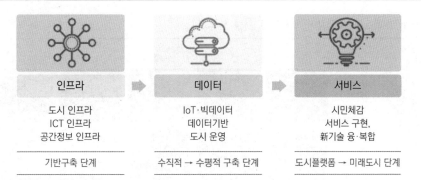

| 인프라 | 데이터 | 서비스 |
|---|---|---|
| 도시 인프라<br>ICT 인프라<br>공간정보 인프라 | IoT·빅데이터<br>데이터기반<br>도시 운영 | 시민체감<br>서비스 구현,<br>新기술 융·복합 |
| 기반구축 단계 | 수직적 → 수평적 구축 단계 | 도시플랫폼 → 미래도시 단계 |

| 구분 | | 설명 |
|---|---|---|
| 인프라 | 도시 인프라 | • 스마트시티 관련 기술 및 서비스 등을 적용할 수 있는 도시 하드웨어<br>• 스마트시티는 소프트웨어 중심의 사업이지만 도시 하드웨어 발전도 필요 |
| | ICT 인프라 | • 도시 전체를 연결할 수 있는 유·무선 통신인프라<br>• 과거에는 사람과 컴퓨터의 연결이 주된 목적이었지만 스마트시티에서는 사물간 연결이 핵심 |
| | 공간정보<br>인프라 | • 지리정보, 3D 지도, GPS 등 위치측정 인프라, 인공위성, Geotagging(디지털 콘텐츠의 공간정보화) 등<br>• 현실공간과 사이버공간 융합을 위해 공간정보가 핵심플랫폼으로 등장<br>• 공간정보 이용자가 사람에서 사물로 변화 |
| 데이터 | IoT | • CCTV를 비롯한 각종 센서를 통해 정보를 수집하고 도시 내 각종 인프라와 사물을 네트워크로 연결<br>• 스마트시티 구축 사업에서 가장 시장 규모가 크고 많은 투자가 필요한 영역<br>• 특정 부문에 대해 개별적으로 사어을 추진할 수 있어 점진적 투자확대 가능 |
| | 데이터 공유 | • 생산된 데이터의 자유로운 공유와 활용 지원<br>• 좁은 의미의 스마트시티 플랫폼으로 볼 수 있으며 도시 내 스마트시티 리더들의 주도적 역할이 필요 |
| 서비스 | 알고리즘 &<br>서비스 | • 데이터를 처리·분석하는 알고리즘을 바탕으로 한 도시서비스<br>• 실제 활용이 가능한 정도의 높은 품질과 신뢰성 확보가 관건 |
| | 도시혁신 | • 도시문제 해결을 위한 아이디어와 새로운 서비스가 가능하도록 하는 제도 및 사회적 환경<br>• 본격적인 지능사회 실현 |

자료: 한국정보화진흥원(2016.11.7), 스마트시티 발전전망과 한국의 경쟁력, IT&Future Strategy.

스마트도시법에서는 스마트기술을 스마트도시 서비스를 제공하기 위한 기술로 정보수집기술, 정보가공기술, 정보활용기술로 구분하고 있으며, 스마트시티 전략(2018. 1)은 시민체감효과와 혁신성장효과를 고려하여 상용기술, 첨단선도기술, 미래혁신기술로 구분하는 등 스마트도시가 수평적 구축단계를 완성하고 도시 플랫폼을 지향하고 있다고 볼 때 현재 핵심 기술의 일률적인 구분은 곤란하다고 할 수 있다.

[그림 8-4] 스마트도시 전략이 제시하는 기술 분류 예

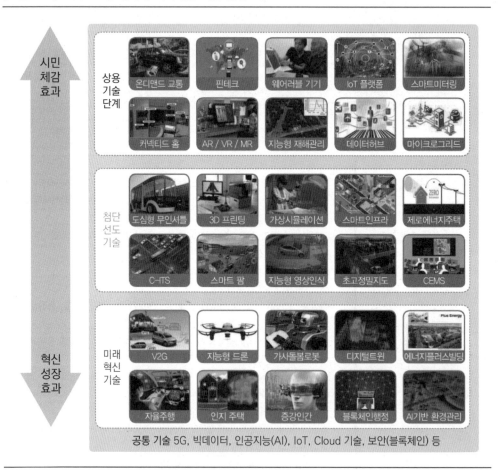

자료: 제4차산업혁명위원회(2018.1.29), 스마트시티 추진전략.

**TIP** 스마트도시 기술 구분

**(국내법상 구분)** 스마트시티 기술은 스마트시티 서비스*를 제공하기 위한 기술을 말하며 정보수집기술, 정보가공기술, 정보활용기술로 구분

＊스마트시티 서비스란 스마트도시기반시설 등을 통하여 행정·교통·복지·환경·방재 등 도시의 주요 기능별 정보를 수집한 후 그 정보를 서로 연계하여 제공하는 서비스

국내법상 스마트시티 기술 구분

| 구분 | 설명 |
|------|------|
| 정보수집기술 | 스마트시티 서비스 제공에 필요한 다양한 도시정보를 측정하고 전송하는 기술(유선망, 무선망, 센서망 등 정보통신망을 포함) |
| 정보가공기술 | 수집된 정보를 서비스 목적에 맞게 활용하기 위해서 최적의 형태로 변경 또는 처리하는 기술(정보처리 및 변환기술을 포함) |
| 정보활용기술 | 가공된 정보를 시민, 공공기관, 서비스 이용자 등이 활용할 수 있도록 제공하는 기술(행정, 교통 등 단위서비스 제공기술을 포함) |

＊스마트도시 조성 및 산업진흥 등에 관한 법률('17.12.26) 제2조(정의)

**(정부정책상 구분)** 스마트시티 기술은 다양한 혁신기술을 도시 인프라와 결합해 구현하고 융·복합할 수 있는 공간이라는 의미의 "도시 플랫폼"으로, 인프라, 데이터, 서비스로 구분*

정부정책상 스마트시티 기술

| 구분 | 설명 |
|------|------|
| 인프라 | 유·무선망, 센서망 등 통신 인프라를 구성하는 도시 인프라와 GIS/LBS등 위치 정보를 활용하는 공간정보 인프라 기술 |
| 데이터 | IoT, 빅데이터 등 데이터 기반 도시운영 기술 |
| 서비스 | 교통·에너지·환경·생활/복지·안전/행정·경제·주거 등 다양한 분야의 시민 체감 서비스 구현을 위한 신기술 융·복합서비스 |

＊스마트시티 추진전략('18.1.29. 4차산업혁명위원회, 관계부처합동)

자료: 한국정보통신기술협회(2018.9), 4차산업혁명 핵심
융합사례 스마트시티 개념과 표준화현황.

## 4. 스마트도시 발전단계

스마트도시는 대단히 포괄적이고, 동태적이며, 로컬리티(Locality)의 특성이 매우 강하다. 전 세계를 대상으로 IBM, Cisco, Siemens 등 글로벌 기업들은 스마트도시 모델을 구축하고 있으며 그 중 2008년 브라질의 리우데자네이루 시청에 설치된 통합운영센터(Integrated Operating Center)가 상당한 주목을 받고 있다.

[그림 8-5] 스마트도시 운영센터

리우데자네이루의 스마트-시티 운영센터　　　송도 시스코 만물인터넷 솔루션 센터

리오시에서 발생하는 홍수재해와 산사태로 인한 사상자를 줄이기 위해서 급경사면에 센서를 설치하고 실시간으로 모니터링하면서 상당한 피해를 저감시키고 그 실효성이 인정되기 시작하였는데, 이후 교통사고 방지 및 처리 등 다양한 형태로까지 활용범위가 확대되고 있다. 이와 같이 스마트도시에는 도시 각 시설물에 설치된 센서로부터 수집된 정보를 바탕으로 다양한 서비스를 제공하기 위해서는 소위 플랫폼(Platform)이라고 부르는 정보처리센터를 설치하고 있는데, 사물인터넷 및 정보통신기술의 발달에 따라 플랫폼은 다양한 형태로 진화하고 있다. 특히 방대한 도시의 데이터를 처리하기 위해서 최근에는 클라우드 컴퓨팅, 빅데이터 처리기술 등이 중요하게 부각되고 있다.

[그림 8-6] 바르셀로나 도시의 스마트화

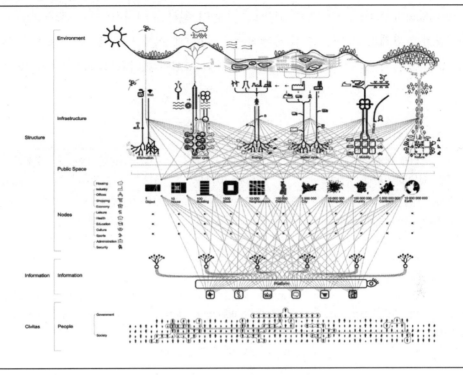

자료: ISO/IEC JTC 1, Information Technology Smart Cities Preliminary Report, 2014.

현재 스페인의 바르셀로나, 싱가포르 등이 가장 발전된 형태의 스마트도시 체제를 구축하고 있는 것으로 평가되고 있으나, 우리나라의 도시통합플랫폼도 세계적인 수준에 근접해 있다고 볼 수 있다. CCTV 영상처리를 통한 도시통합관제능력과 전자정부시스템의 경쟁력은 세계적이라고 할 수 있는데, 그동안 축적된 ICT 인프라의 역량과 활용성이 경쟁력의 큰 요인으로 작용하고 있다.

## 1) 스마트도시 발전과정

스마트도시는 바라보는 관점에 따라 여러 측면으로 발전과정을 설명하고 있다. IEC(International Electronical Committee)에서는 스마트도시의 기술발전 단계를 다음과 같이 5단계로 구분하고 있다. 제1단계는 도시 내 시설물에 센서를 설치하여 측정이 가능한 단계이며, 제2단계는 센서들 간에 네트워크가 되어 커뮤니케이션이 가능한 상태이다. 제3단계는 실시간으로 센서의 정보를 수집하여 분석하고 체계적인 관리가 가능

한 단계이고, 제4단계는 각 시스템들이 상호 통합 연계될 수 있는 단계이며, 제5단계
는 SaaS(Software as a Service) 단계로서 시민들이 원하는 서비스(On‑Demand Service)
를 제공하는 단계를 의미한다. 전 세계적으로 제4단계 이상으로 진전한 도시는 아직까
지는 없기 때문에 본격적으로 스마트도시에 대한 경쟁이 본격화되는 초기라고 볼 수도
있다.

▍〈표 8-5〉 스마트시티 발전 과정

| 1단계 태동기<br>(1996~2002) | 2단계 성장기<br>(2003~2011) | 3단계 확산 및 고도화기<br>(2012~현재) |
|---|---|---|
| • 1990년대 중반 디지털시티 등장 (1993년 암스테르담 디지털시티, 1996년 헬싱키 Arena 2000, 1998년 교토 등)<br>• 통신사 주도 도시 전반을 연결하는 네트워크 구축<br>• 도시 혁신을 주도한 Eco-City, Sustainable City 등 지속성장 프로젝트 주도 | • 2003년 한국 U-City를 기점으로 기술주도형 스마트시티 등장<br>• (1단계) 부분적 도시 정보화 → (2단계) 전면적 도시 정보화<br>• 2008년 IBM의 Smarter Planet을 계기로 Cisco 등 글로벌 기업이 스마트시티에 참여<br>• 유럽과 미국에서는 Open Innovation과 연계되면서 Living Lab으로 발전 | • 2012년 이후 스마트시티가 전 세계적으로 확산<br> - 중국이 스마트시티 구축을 공식화<br>• 2015년 인도 모디총리가 스마트시티 구축전략을 발표하면서 스마트시티가 개도국까지 확대 |

자료: 한국정보화진흥원(2016.11.07), 스마트도시 발전전망과 한국의 경쟁력.

또한 미래의 스마트도시의 발전단계를 구조론적 관점에서 보면 다음 그림과 같이
다섯단계로 구분하기도 한다.

먼저 1단계인 '기반구축 단계 (Infrastructure)'는 스마트도시의 본격적 구축을 위한
기반이 조성되는 단계로 도시혁신과 스마트도시 인프라 등 두 가지 요소를 성숙시키는
시기로서 첫째, 도시혁신은 스마트도시의 근원이 되는 것으로서 ICT나 지능기술에 의
존하지 않더라도 얼마든지 스마트도시 구현이 가능하다. 그리고, 1990년대 이후 미국,
유럽 등 선진국을 중심으로 급속히 확산되어 스마트도시의 토양을 만들어주며, Open
Innovation, Living Lab 등 스마트도시에서 활용하는 각종 혁신 메커니즘들이 도시혁
신 운동에서 기인하며, 도시혁신 역량이 높아야 스마트도시 추진력도 강해지게 된다.
둘째, 인프라는 ① 도시 인프라, ② ICT인프라, ③ 공간정보인프라 등 세 가지로 구성
되어 진다.

[그림 8-7] 스마트도시 발전단계(구조론적 관점)

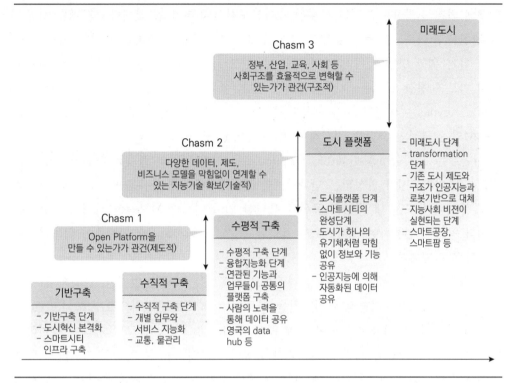

자료: 한국정보화진흥원(2016.11.07), 스마트도시 발전전망과 한국의 경쟁력.

다음 2단계는 '수직적 구축 단계(Vertical Grid)'로 개별 분야와 서비스별로 수직적 연계·통합을 이루어 도시운영의 효율성을 높이는 단계이다. 도시를 하나로 묶는 통합적 접근 대신 개별 서비스별 사업방식을 채택하고 한국과 중국의 경우처럼 도시통합운영센터를 구축하여 개별서비스를 연계하고자 하는 사례가 증가하게 된다. 스마트도시 플랫폼 구조 중에서 IoT 계층을 구축하는 것이 2단계의 핵심이다. 또한 스마트 가로등, CCTV처럼 소규모로 진행되는 사업도 있으나 서울시의 지능형 버스 서비스 같이 한 분야의 플랫폼 자체를 혁신하는 사례가 점차 증가한다. 산업 측면에서 보면, 교통, 상하수도 등 도시의 모든 분야가 주체로 등장한다. 세계 스마트도시 시장은 현재 IoT 시장과 상당부문 중복되어 있으며, 대부분 2단계에 머무르고 있다.

3단계는 '수평적 구축 단계(Horizontal Grid)'로서 연관되는 기능과 업무들이 데이터와 플랫폼을 공유하여 더욱 고도화된 분석과 서비스를 제공하는 단계이다. 분야 간 경계를 넘어 융합 혹은 연계 서비스를 만들어야 하므로 2단계보다 훨씬 어렵다고 할 수 있다. 따라서 2단계와 3단계 사이에 스마트도시의 첫 번째 간극(chasm)이 존재하며, 3단계에 먼저 진입하는 도시가 당분간 스마트도시의 리더가 될 것이다. 3단계를 성공하는 관건은 스마트도시 플랫폼 구조 중에서 데이터 공유를 실현하는 것이다. 데이터 공유를 하기 위한 방법이 여러 가지 있을 수 있으나, 3단계에서는 자발적 합의 혹은 데이터 마트를 통한 방식을 주로 활용하게 된다. 예를 들어 영국 런던 근방의 소도시인 Milton Keynes는 데이터 소유자들의 자발적 합의와 데이터 브로커(데이터 공유서비스 제공자)의 적극적인 역할을 결합하여 좋은 성과를 창출하고 있다.

4단계는 '도시플랫폼 단계(City Platform)'로 도시가 하나의 플랫폼처럼 기능하는 단계로서 스마트도시가 완성되는 단계라 할 수 있다. 데이터 공유문제를 기술적 아키텍처로 풀어내어 도시 내 데이터 공유가 특별한 일이 아니라 기본적인 상태로 전환되어 데이터 공급이 원활하여 스마트도시 플랫폼 중 '알고리즘과 서비스'계층이 획기적으로 발전하는 단계이다.

아직까지 도시플랫폼 구축을 본격적으로 시도하는 도시는 없지만, 표준화를 통해 데이터 공유를 위한 기술적 아키텍쳐를 만들려는 노력이 간헐적으로 시도되고 있다. 2012년 바르셀로나시가 주도하여 세계 주요 도시, CISCO 등 글로벌 기업이 참여하는 City Protocol이 출범하여 과거 인터넷의 등장이 정보시스템 간 연결의 가로막을 일순간에 날려버렸듯이 새로운 기술패러다임이 등장하여 도시 플랫폼을 완성할 것으로 전망하고 있다.

City Protocol에서는 '도시인터넷(Internet of Cities)'이라는 개념을 활용하여 미래 기술패러다임을 표현하고 있다. 도시플랫폼 기술에서 가장 중요한 것은 수없이 다양한 데이터들을 실시간 가공하여 활용가치와 부가가치를 높이는 '인공지능 큐레이션' 기능이 될 것이다.

5단계는 '미래도시 단계(Future City)'로 스마트도시를 넘어 본격적인 지능사회로 진화하는 단계로 과거 전자정부의 최고단계가 '정부변혁(Transformation)'이었듯이, 스마트시티의 최고단계는 새로운 도시로 넘어가는 것이다. 스마트도시가 현재의 도시구조에 지능기술을 입히는 것이라면, 미래 도시는 현재 존재하지 않는 새로운 도시구조를 만들어 지능기술을 활용하는 것이다. 예컨대 스마트 농장이 등장하여 도시와 농업이 결합되는 상태 등 선진국의 신 도시형(Greenfield) 스마트도시는 미래도시의 청사진을 가지고 추진되는 것이 바람직할 것이다.

## 5. 스마트도시를 통한 효과

스마트도시로 인한 도시변화를 이해하기 위해서는 기존 도시의 발전 패턴을 이해하는 것이 필요하다. 영국 물리학자 Geoffrey B. West는 빅데이터 분석을 통해 아래와 같이 모든 도시에 적용되는 아주 단순하지만 중요한 도시발전 법칙을 발견하였다.

- 가정당 에너지 소비, 주택, 일자리는 도시규모에 비례하여 증가(Linear)
- 도시GDP, 임금, 특허등록, 범죄 등은 도시규모보다 더 크게 증가(Superlinear)
- 주유소, 도로 등은 도시규모 증가분보다 더 적게 증가(Sublinear)

[그림 8-8] 도시지표와 도시규모의 상관관계

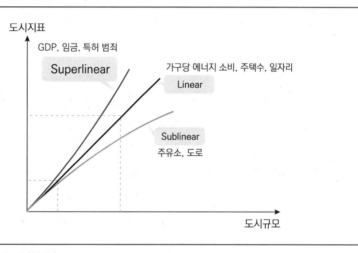

자료: Bettencourt.et. al.(2007)

이 연구결과를 통해 왜 도시들이 계속적으로 팽창하는지와 어느 시점에 이르면 붕괴하고 슬럼화되는지를 설명할 수 있다. 즉 도시팽창 이유는 도시가 커질수록 도시 GDP, 임금, 일자리, 생산성 등 긍정적 지표가 개선되기 때문이며, 도시가 붕괴하는 이유는 도시성장 과정에서 범죄, 에너지사용 증가 등 각종 비효율과 부작용이 누적되어 어느 순간 성장한계에 도달하기 때문이다.

스마트도시는 기존의 도시 발전법칙을 전면 수정하여 지속적인 도시성장을 가능하게 한다. 비용곡선과 편익곡선을 [그림 8-8]처럼 수정하여 대도시와 중소도시 모두 경쟁력을 확보할 수 있도록 유도할 수 있다. 비용 측면에서 대도시와 전통도시들이 그

동안 증가된 비효율과 고비용 구조를 개선하여 지속성장을 할 수 있도록 하기 위해 추진하여 비용절감형 스마트도시를 구현할 수 있다.

- 선진국 대도시: 오랜 기간 축적된 자원 낭비형 도시구조의 개선이 목표
- 개도국 대도시: 중국 등 급증하는 인구유입을 수용하기 위해 저비용도시 지향

편익 측면에서 중소도시와 신도시들이 작은 도시규모에도 불구하고 대도시 못지않은 효율성과 매력도를 갖기 위한 추진으로 기회 창출형 스마트도시를 구현하게 된다.

- 선진국 중소도시: 경제활동, 의료서비스, 사회관계 등 제반 측면에서 대도시와 격차 극복
- 선진국 신도시: 두바이, 송도신도시처럼 새로운 도시브랜드와 투자가치를 위해 스마트도시 추진
- 개도국 신도시: 도시현대화를 추진하여 해외투자 확대 도모

## 1) 저비용 도시 구현

스마트도시가 가져오는 가장 대표적인 변화는 저비용도시 구현이다. Masdar City는 UAE 아부다비에 2006년부터 건설되고 있는 신도시로서 ICT에 의존하기보다는 다양한 도시혁신 아이디어를 구현한 도시로서 일부 실패라는 평가에도 불구하고 꾸준히 성과를 내고 있다. 이러한 Masdar City는 에너지 등 자원 활용에 있어 아부다비 평균의 절반 이하, 물의 사용은 40% 이하로 절감하여 스마트도시가 50% 이상의 절감 효과를 실현할 수 있음을 보여주고 있다. 또한 스마트도시는 물리적 비용 뿐 아니라 범죄, 의료 등 사회적 비용도 획기적으로 절감 가능하다.

스마트도시가 저비용도시를 구현하는 방법은 크게 네 가지라 할 수 있다. 첫째, 지속성장을 지원하는 '사회적 디자인(Social Design)' 등을 통해 에너지 등 물리적 비용 뿐만 아니라 복지비 지출 같은 사회적 비용도 절감할 수 있다. 둘째, 지능형 주차장, 지하철 무인운전 등 개별 서비스 및 도메인에 각종 정보 기술과 지능기술을 활용할 수 있다. 셋째, 개별 서비스 단위를 넘어 서비스 간 혹은 도메인 간 연계 및 융합을 통해 비용을 절감하는 경우이다. 예를 들어 지능형 교통신호는 도시 여러 부문으로부터 각종 데이터를 받고 교통관련 시설들을 상호 연계하여 교통 흐름을 혁신적으로 개선할 수 있다. 넷째, 각종 플랫폼의 발전에 힘입어 시민들의 적극적인 참여를 통해 비용절감을 촉진할 수 있다.

## 2) 사람의 지능과 IQ 제고

뉴질랜드의 심리학자 James R. Flynn은 지난 100년간 자료를 토대로 사람의 지능이 10년에 3포인트, 한 세대(30년)마다 9포인트 정도 올라간다고 분석하고 있다. 다시 말해 100년 전 IQ검사에서 상위 10%에 드는 사람은 현재로 치면 최하위 5%에 해당하는 것이다.

[그림 8-9]에서 보는 바와 같이 184개국 국민의 평균적인 지능(2002~2006년)과 그 나라의 인터넷 사용인구(2008년)는 상호 밀접한 상관관계가 있는 것으로 나타나고 있다. 정보기술의 발전으로 사람의 절대적 인지능력, 사고능력은 정보를 수집하고 처리하고 판단하는 지식관리능력이 향상된 결과라고 해석할 수 있어 인터넷 같은 정보기술과 지능사이에 상관관계가 있다.

[그림 8-9] 지능과 인터넷 사용과의 상관관계

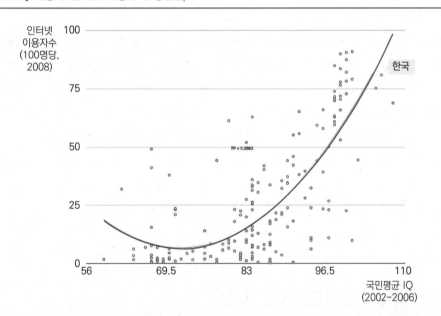

자료: https://iq-research.info/en/page/average-iq-by-country

대략 인터넷을 사용하는 인원이 2배 늘면 국민들의 평균 지능은 한 세대 정도(9포인트) 증가한다고 한다. 이와 같은 인터넷과 지능의 관계를 토대로 추정하면 최소한 가설적으로 스마트도시가 10점 정도 지능을 추가적으로 올릴 것이라는 추정이 가능하다.

즉 사람들이 스마트도시에 옮겨 사는 것만으로도 다른 도시 사람들보다 IQ가 9~10점 또는 10% 정도 올라갈 수 있을 것이다.

하지만 아직 가설로서 향후 도시별 지능검사 데이터를 분석하는 등 추가적인 실증적 검증이 필요하다.

이와 같이 스마트도시가 사람의 IQ를 올리는 메커니즘은 두 종류로 나누어 볼 수 있다. 첫째는 직접적 메커니즘으로 스마트도시에 사는 사람들이 더 많은 데이터 활용과 과학적 의사결정을 경험함으로써 지식관리능력이 향상되는 것이다. 둘째는 간접적 메커니즘으로 도시의 플랫폼과 각종 지능기술이 시민들로 하여금 올바른 판단을 하도록 유도하게 된다. 내비게이션이 실시간 가장 빠른 길을 가르쳐 주는 사례처럼 도시가 하나의 '지능형 비서(intelligent assistant)'로 기능을 하게 된다는 것이다.

### 3) 생산성 향상과 경제지표 개선

로봇의 생산성과 GDP기여도를 17개국을 대상으로 분석한 Georg Graetz와 Guy Michaels의 연구는 로봇이 1993부터 2007년까지 생산성과 GDP를 각각 0.36%p과 0.37%p 증가시킨 것으로 추정하고 있다. 이 기간 동안 연구대상이 된 17개국의 연평균 생산성 증가율이 2.17%였으므로 로봇은 생산성을 20% 증가시키는 효과를 수반한다. 로봇이 스마트도시의 지능기술 기반을 대표한다고 하면 스마트도시가 기존 도시에 비해 생산성을 최소 20% 이상 증가시킬 것이라는 추정이 가능하다.

Georg Graetz와 Guy Michaels는 자신들의 분석이 매우 보수적이라는 점을 강조하였고, 실제 로봇 등 지능기술의 성능도 최근 급속히 발전하여 실제 스마트도시의 생산성 증가 효과는 20%보다 훨씬 높을 것으로 예상된다.

## SECTION 02  스마트도시의 추진

## 1. 해외 스마트도시 구축/운영

스마트도시는 새로운 도시모델로서 세계적으로 각광받고 있다. 2008년 스마트도시 관련 과제 수는 겨우 20개에 불과하였지만 스마트도시는 도시가 하나의 플랫폼으로 새로운 기능과 서비스를 자유롭게 추가, 조정할 수 있다는 의미로 '플랫폼으로서의 도시(City as a Platform)'로 이해할 수 있다. 스마트도시의 발전전망은 조사기관마다 상이하나 향후 10~20년 동안 가장 빠르게 발전하는 분야가 될 것이라는 데는 의견이 일치한다. 2010년 이후 선진국 뿐만 아니라 중동 산유국과 중국, 인도 등 개발도상국가도 강력히 추진을 시작하고 있다.

▎〈표 8-6〉 해외 스마트도시 관련 전략 및 현황

| 단계 | 내용 |
|---|---|
| 미국 | • 2015년, Smart Cities Initiative 발표: 교통혼잡 해소, 범죄예방, 경제성장 촉진, 공공서비스 등과 관련한 지역문제 해결을 위해 1.6억달러 투자<br>• 2016.12월, 미국교통부(DOT) Smart City Challenge 실시: 콜롬버스시 선정 |
| EU | • Horizon2020 계획에 디지털아젠다로 Smart Cities 명시<br>• 2013년, 스마트시티 및 커뮤니티 혁신 파트너십 전략 실행계획 발표: 유럽집행위원회(EC)가 에너지와 교통문제 해결에 중점을 두고 정책 총괄 |
| 영국 | • 2012년부터 'Open Data, Future Cities Demonstrator' 정책 추진: 스마트시티 세계 시장점유율 10% 목표, 스마트시티 관련 ICT 기술표준화에 집중 투자 |
| 중국 | • 2012.12월, 12차 5개년 계획에 따라 국가 스마트시티 시행지역 공고: 2015년까지 320개 智惠城市 구축 목표, 약 53조원 투자<br>• 2015년, 신형도시화계획 발표: 500개 스마트시티 개발, 2020년까지 R&D 500억위안(10조원)과 인프라구축 등에 1조위안(182조원)투자 |
| 인도 | • 2014년, 신임 총리가 2020년까지 100개 스마트시티 건설과 총 19조원 투자 공약 |
| 싱가폴 | • 2014년, 스마트네이션(Smart Nation) 프로젝트 출범, SNPO(Smart Nation Programme Office) 설치<br>• 국내외 대학 및 민간단체, IBM 등 다국적기업, 시민 등과의 협업체계를 구축하여 시범사업 추진<br>• 2015.10월. ITU의 스마트시티 핵심성과지표 개발을 위한 시범평가모델로 선정 |
| 일본 | • 2014.4월, 제4차 에너지기본계획: 에너지 이용 효율화와 고령자 돌봄 등 생활지원 시스템을 포함한 스마트시티 구축 계획 발표<br>• 후쿠시마 원전사고 이후 에너지와 환경 분야에 중점을 두고 4개지역(요코하마, 교토, 도요타, 기타큐슈)에 집중투자<br>• 2018.6월, 미래투자전략2018(Socity 5.0) 발표: 교통·안전을 위한 스마트시티 실현계획 발표: 2020년까지 IoT 기술을 활용한 안전·방재시스템 구축시스템을 100개 지방자치단체에 도입 |

자료: 한국정보통신기술협회(2018.9), 4차산업혁명 핵심 융합사례 스마트시티 개념과 표준화현황.

구글, 시스코(CISCO), 인텔 등 글로벌 기업은 인공지능, 빅데이터, IoT 등 첨단기술 분야에 집중하고 교통 환경, 방범방재 등 도시문제를 정보기술을 통해 효율적으로 개선하고자 하는 방향으로 추진중이다. 구글은 살기 좋은 미래도시 건설을 목표로 사이드워크 랩(Side Work Labs)을 설립하여 주택비용 절감, 효율적인 교통망 구축, 에너지 소비 경감 등을 목표로 추진하고 있다. 시스코는 에너지, 교통, 상수도 등 공공시설 서비스를 네트워크로 연결하는 스마트도시를 구현하며, 인텔(Intel)은 자동차, 교통분야를 주력으로 IoT기술과 플랫폼으로 각종 기기를 연결하는 스마트도시를 구현하고 있다.

## 1) 중국

IT산업의 급성장으로 중국은 'IT 분야 12차 5개년' 일환으로 스마트도시 과제를 추진 중으로 500여개 도시를 스마트도시로 바꾸는 것이다.

현재 320개 스마트도시 구축을 추진하기 위해 약 51조 원을 투자하고 있다. 상하이 스마트도시추진은 중국의 12차 5개년 일환으로 진행되는 과제이다. 상하이 도시의 경우 10개 분야 40개 프로젝트를 중점적으로 추진할 예정이며, 특히 클라우드 컴퓨팅 및 슈퍼컴퓨터 적용 및 개발에 중점을 두어 스마트도시를 추진할 계획이다, 뿐만 아니라 상하이의 푸동 신사업 지구내에 IoT기술을 적용한 산업단지는 이미 구축을 완료한 상태이다.

상하이시가 이와 같이 클라우드 컴퓨팅, 슈퍼컴퓨터 및 IoT 기술에 중점을 두는 것은 아래와 같은 의지를 내포하고 있다. 첫째, 스마트도시는 도시 안에 ICT 기반의 첨단 기술을 적용한 도시이다. 그렇기 때문에 도시 내에 거주자들, 사물 혹은 사람과 사물들 간의 통신과 데이터 공유가 기존에 비하여 더욱 많아질 것이다. 따라서 기기 내에 데이터 간의 공유는 한계가 있을 수 있으며 이러한 것을 극복하여 제3자의 서버를 통한 전체적인 데이터 공유가 필요하다.

이러한 측면에서 클라우드 컴퓨팅이 필요하며 상하이시 정부는 이를 적극 추진하는 것으로 보인다. 뿐만 아니라 SNS 및 다양한 네트워크가 이루어질 것이며 이러한 데이터를 수집 혹은 분석하기 위해서는 클라우드 기술의 적용이 필요하다. 또한 데이터 분석뿐만 아니라 사물간의 통신의 자동화와 같은 AI 기술 실현을 위해서는 지능적인 시스템 구축과 슈퍼컴퓨터 기술에 중점적으로 투자하고 있다. 즉 지능형 도시 구축을 위해서는 클라우드 컴퓨팅을 위한 인프라가 필요하여 이러한 지능을 실현시킬 기술이 '슈퍼컴퓨터 기술'이기 때문으로 해석할 수 있다.

## 2) 네덜란드 암스테르담

네덜란드 정부는 암스테르담 도시의 기기 및 통신인프라에 투자를 하여 지속적인 경제성장 및 도시 거주자들의 쾌적한 삶을 제공하는 것을 목표로 하고 있다. 인텔리젠트한 도시를 구축하는 것을 목표를 두고 있긴 하지만, 최종목표는 EU 협약에 따라 스마트도시 기술을 적용 병행하여 이산화탄소 감축을 목표로 삼고 있다.

2010년부터 암스테르담은 Amsterdam Smart City(ASC)을 설립하여 141개의 기관과 파트너십을 맺어 40여 개가 넘는 과제를 진행 중에 있다. 이러한 과제 수행들을 통하여 90년대 대비 2025년까지 연간 에너지량 소비 20% 감축과 연간 40%의 이산화탄소 감축을 목표로 삼고 있다. 현재 암스테르담에서 스마트도시 관련 프로젝트는, 스마트기술 적용, 스마트 교통, 스마트 빌딩, 에너지저장장치, 스마트 운송 등의 43개가 진행 중에 있다. 암스테르담 스마트도시의 구성 플랫폼은 도시 자체를 하나의 파일럿 테스트 장소로 인지하여, 도시 내에 여러 장소에 각각의 과제를 진행하는 형태로 운영 중에 있다. 다시 말하여 각각의 프로젝트 실험이 성공적으로 끝날 시 이를 도시 내 전체로 적용하는 방식으로 진행하여 구체적인 절차는 '플랫폼 → 테스팅 → 오픈' 단계를 거치는 방식으로 진행되고 있다.

지역별로 스마트도시 2030년 누적 시장규모를 살펴보면 중국시장이 가장 크게 형성할 것으로 전망되며 그 다음으로 북미 그리고 유럽이 그 뒤를 이을 것으로 전망된다.

[그림 8-10] 2010-2030 지역별 스마트시티 누적 투자 전망

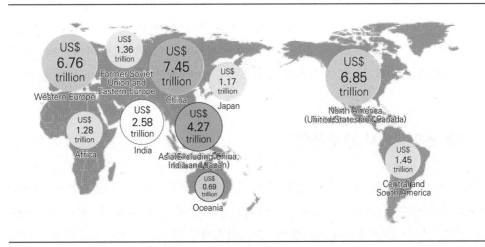

자료: Nikei BP Cleantech, "Guilde to Smart Cities of the World", Nikei BP Cleantech, Sep. 2010.

중국이 스마트도시 시장에 누적시장 규모가 가장 크게 나타날 것으로 전망되는 이유는 세 가지로 볼 수 있다. 첫째, 중국경제는 급속도로 성장하였기 때문에 거기에 따른 도시화 및 도시인구유입 증가는 다른 국가들에 비하여 매우 높다고 할 수 있다. 따라서 중국의 경우, 다른 국가들에 비하여 빠르게 진행되는 도시화 및 도시 인구유입 증가 현상으로 인한 폐해를 막기 위하여 스마트도시를 중점적으로 추진하는 것으로 해석될 수 있다. 또한 중국의 경우 지금까지 경제성장은 기술 인프라 중심이 아닌 단순히 노동과 같은 양적인 측면에서 발전하여 왔다.

앞으로 지속적으로 경제성장을 하기 위해서는 첨단 ICT와 같은 기술적인 발전이 필요하다. 따라서 중국은 최첨단 인프라 기술을 활용한 스마트도시 시장에 적극 추진하여 ICT 기술에 투자하여 ICT와 같은 최첨단 기술 시장을 리드하기 위해서라고 해석될 수 있다.

마지막으로, 중국이 스마트시장을 적극 추진하는 이유는 관광객 유치목적으로 헬스케어, 그린 등 스마트도시 이외에 다양한 서비스를 제공하는 도시를 개발함으로서 국가 경쟁력 향상을 목표로 할 수 있다고 볼 수 있다.

북미와 유럽의 경우에는 스마트도시를 통하여 침체된 경기회복을 주요 목표로 둘 수 있다. 또한 이산화탄소 배출로 인한 기후변화의 심각성을 느껴서 지속가능하며 친환경적인 스마트도시 건설을 통하여 이에 대하여 대응하고자 하는 의지도 담겨있다.

이러한 해외 추진 동향을 통해 주목할 부분으로 스마트도시는 단순히 도시의 질을 높이는 기술이 아닌 미래의 신성장동력으로서 인식되고 있다는 점이다. 따라서 국내에서도 이러한 세계적 추세에 발맞추어 스마트도시 구축을 활발히 진행하여야 한다. 그러나 스마트도시의 경우 단순히 기술적인 차원요소 뿐만 아니라 도시를 구성하고 있는 거주자들의 사회 혹은 도시의 특성을 파악하여 도시개발이 이루어져야 하며, 여러 선진 국가들의 사례들을 살펴보고 분석하여 도시특성에 맞게 개발이 이루어져야 할 것이다.


## 2. 국내 스마트도시 구축/운영

국내에서는 도시의 경쟁력과 삶의 질의 향상을 목표로 신도시를 중심으로 스마트도시를 추진하였다. 2008년 '유비쿼터스도시의 건설 등에 관한 법률'에 기반하여, 지방자치단체는 스마트도시계획과 유비쿼터스도시협의회를 중심으로 스마트도시를 추진하였다. 229개 중에서 21개의 지자체는 스마트도시계획을 수립하고, 중앙정부 차원의 스마트도시 자문위원회의 자문을 통하여 승인되었다(이상호·임윤택, 2016). 스마트도시 추진조직은 서울시 등 주로 대도시에서 스마트도시 담당 등 조직의 변화를 보였으나, 지역정보화를 위한 정보화 담당 부서의 역할을 동시에 수행하였다. 스마트도시는 행정, 복지, 교육, 문화, 환경, 산업, 교통 등 도시의 문제를 정보통신기술을 통해 효과적으로 해결하고자 하는 스마트 서비스 시범 사업을 추진하였다.

또한 국토교통부는 2008년 '유비쿼터스도시의 건설 등에 관한 법률(2008.3.28)'을 2017년 '스마트도시 조성 및 산업진흥 등에 관한 법률(2017.12.26)'로 개정하였으며, 행정안전부는 전자정부법의 개정을 통하여 지역정보화를 주축으로 스마트도시를 추진할 계획이다. 또한 미래창조과학부는 스마트도시 신기술과 R&D를 통하여 스마트도시 기술 개발을 추진하고 있다. 중앙부처가 주도하여 스마트도시를 개발하고 지방자치단체

**[그림 8-11] 지방자치단체의 스마트도시 추진 현황**

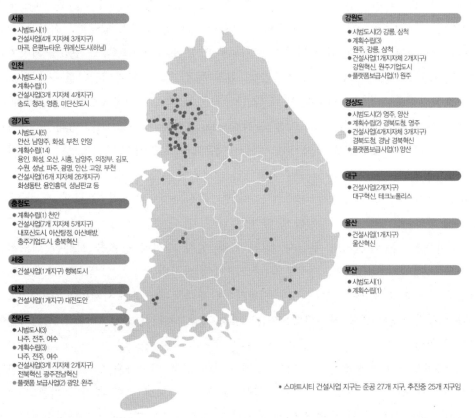

자료: 한국정보통신기술협회(2018.9), 4차산업혁명 핵심 융합사례 스마트시티 개념과 표준화 현황.

로 스마트도시 시범사업을 보급하는 추진체계의 단계에 있다.

대표적인 시범사업은 미래창조과학부가 추진하는 IoT 실증단지사업과 국토교통부가 스마트도시 R&D 고도화 사업으로 추진하는 스마트도시 체험지구 사업이다. 2016년부터 국가는 부처별로 각각 추진하였던 스마트도시를 국가적 어젠다로 발전시키는 내용을 골자로, 국가 9대 전략프로젝트(R&D)의 하나로 스마트도시가 선정(2016.8)되었으며, 5년간 총 3,368억 규모로 예비타당성 조사를 진행 중이다. 이 과정에서 지방자치단체의 스마트도시가 주요 과제 중 하나로 논의되고 있다.

스마트도시의 추진 과정을 살펴보면, 중앙부처가 주도하여 개발하고 지방자치단체에 시범사업이나 지원사업의 형태로 보급·확산하여 추진되고 있다. 국토교통부가 도시통합 운영 플랫폼을 개발하여 지자체에 보급하는 사업과 행정안전부와 국토교통부가 지방자치단체와 함께 추진하고 있다.

국토교통부는 시범사업 공모를 통하여 2003년부터 2013년까지 15개의 지방자치단체에 국비 231억 원을 지원하고 지방자치단체는 229억 원의 대응 투자를 하였다. 또한 행정안전부는 2008년부터 스마트 기술을 활용한 새로운 서비스 발굴 및 확산을 위해 지방자치단체에 348억 원의 시범사업을 지원하였다. 또한 2010년부터 190개 지방자치단체에 1,045억 원을 지원하여 교통, 방법, 환경 등 CCTV 통합관제센터를 구축하였다. CCTV 통합관제센터 구축사업은 방범 CCTV, 교통 CCTV, 시설물 CCTV 등 다양한 목적으로 분산 배치되어 있는 CCTV를 물리적으로 통합하는 사업이다. 미래창조과학부는 2015년부터 170억 원을 투자하여 부산시 해운대구 일원에 스마트가로등 등 스마트도시 비즈니스모델 실증 및 글로벌 진출사업을 지원하고 있다. 산업통상자원부는 2016년부터 2018년까지 지능형전력망(스마트그리드) 확산사업으로, 남양주시에 22억 원을, 인천 송도에는 15억 원을 지원하고 있다.

스마트도시는 서울시와 부산시, 인천시 등 인적 재정적 능력을 보유한 대도시를 중심으로 진행되고 있으며, 대부분의 중소도시 지방자치단체는 단독으로 스마트도시 사업을 추진하지 못하고 있다. 21개 지방자치단체에서 스마트도시계획이 수립되었고, 14개 도시가 시범사업에 참여하였으며, 38개의 지방자치단체가 U−서비스 지원사업에 함께 하였다.

스마트도시의 추진조직을 살펴보면, 대도시의 경우 지방자치 단체의 정보화 담당 부서를 중심으로 스마트도시 사업이 진행되고 있다. 정보화 담당 부서가 기존의 정보시스템과 기반시설 설치 등의 사업을 진행하고 있으나, 각 부서에서 진행하고 있는 정보화 사업과 이의 결과물인 정보의 관할권이 없으며, 부분적인 투자 검토 권한만 있는 정도이다. 반면에 중소규모의 지방자치단체의 스마트도시 추진조직은 아직도 틀을 갖추지 못하였고, 스마트도시라고 하기엔 미흡한 업무를 수행하는 등 지역정보화 단계 이상의 기능을 확보하고 있지 못한 실정이다. 지방자치단체의 스마트도시 추진 조직인 스마트도시협의회도 작동되지 않고 있어, 스마트도시의 행정 거버넌스가 부재한 상태로 평가할 수 있다(이상호·임윤택, 2016). 특히 스마트도시는 165만㎡ 이상의 스마트 건설사업에 적용되고 있어, 기존 도시에 대한 스마트도시 계획 수립, 예산지원 등 지원체계가 부족하며, 대도시의 스마트도시도 도시재생지역 등 기존도시보다는 신도시 및 신시가지 사업지역을 중심으로 스마트도시가 추진되고 있는 실정이다.

우리나라에서 신도시와 관련하여 구축한 스마트도시 사업의 대부분은 LH가 추진한 사업들이다.

▌〈표 8-7〉 국내 스마트도시 추진 현황

| 연도 | 내용 |
|---|---|
| 2015년 | • 2월, 미래부 '사물인터넷(IoT) 실증단지 사업' 공고 |
| 2016년 | • 2월, 서울시 '디지털 서울2020' 계획 발표<br>• 7월, 국토부 '한국형 스마트시티 해외진출 방안' 발표 |
| 2017년 | • 3월, 유비쿼터스 도시 건설 등에 관한 법률의 "법제명" 개정(유비쿼터스 → 스마트시티)<br>• 8월, 부산시 2030년까지 '산업공간 중심 스마트시티' 추진 계획 발표 |
| 2018년 | • 1월, 4차산업혁명위원회 '도시혁신 및 미래성장동력 창출을 위한 스마트시티 추진전략' 발표<br>• 7월, 4차산업혁명위원회 '스마트시티 국가 시범도시 기본구상' 발표: 세종 5-1생활권, 부산 에코델타시티에 대한 맞춤형 계획 발표 |

자료: 한국정보통신기술협회(2018.9), 4차산업혁명 핵심 융합사례 스마트시티 개념과 표준화현황.

2014년 화성동탄지구(동탄신도시)를 시작으로 2기 수도권 신도시(11개 지구), 혁신도시(8개 지구), 택지개발지구(7개 지구) 등 37개 지구의 스마트도시 사업이 완료되거나 건설 중이다(2016년 4월 기준, 완료 20, 구축 중 17). 이에 더해 12개 지구가 설계진행 중이다. 구축이 완료되었거나 진행 중인 37개 사업지구의 스마트도시 평균 사업예산은 약 170억 원이다. 구축 중인 사업지구의 평균 사업비가 141억 원인 반면, 완료된 사업지구는 평균 194억 원이다.

이는 최근 사업에서의 스마트도시 추진의지가 확대되었거나, 사업 후반부 인수인계 과정에서의 기초자치단체의 추가적인 요구가 있다는 것을 의미한다.

LH는 행정·교통·보건·의료·복지·환경·방범방재·시설, 물 관리 등 7개 분야 총 23개 서비스를 지구별로 선택적으로 적용하고 있으며, 교통과 방범 2개 분야 6개 서비스를 기본으로 하고 있다.

2018년에는 스마트시티 추진전략을 수립하여 글로벌 동향과 시사점, 국내 스마트시티 사업의 평가와 반성을 바탕으로 도시혁신 및 미래성장동력 창출을 위한 스마트시티 조성 확산으로 세계 최고 스마트시티 선진국으로 도약하고자 향후 정책추진을 위한 7대 혁신변화 도출하여 추진하고 있다.

특히 국가시범도시 추진을 살펴보면 스마트시티 구축의 효율성을 기하기 위해 국가 시범도시를 '세종 5-1 생활권', '부산 에코델타시티' 2곳을 선정하여 국가혁신성장 사업의 하나로 추진을 진행하고 있다.

세종 5-1 생활권은 '시민행복을 높이고 창조적 기회를 제공하는 지속가능한 플랫폼으로서의 도시'를 비전으로 먼저 제4차산업혁명시대에 대응하는 새로운 도시 공간체계로서 기존과 같은 용도지역에 기반한 도시계획에서 탈피하여, 도시 전체를 리빙/소셜/퍼블릭으로만 구분하는 '용도지역 없는 도시(용도혼합 및 가변)'를 주요 도시구성 체계로 한다. 또한 '공유 자동차 기반 도시'의 개념을 제시하여, 개인 소유 자동차는 생활권으로 진입하는 입구에 주차하고, 내부에서는 자율주행차량과 공유차량 및 자전거 등을 이용하여 이동하는 교통운영 체계를 구축한다. 또한 부산 에코델타시티는 '자연·사람·기술이 만나 미래의 생활을 앞당기는 글로벌 혁신 성장 도시'를 비전으로 테크 샌드박스[4] 운영 등을 통해 국내 스타트업의 시범도시 참여기회를 확대하는 방향으로 추진된다.

정부는 효율적으로 스마트도시가 추진될 수 있도록 민간기업의 적극적 참여와 혁

**[그림 8-12] 스마트도시 추진 전략 비전 및 7대변화 혁신**

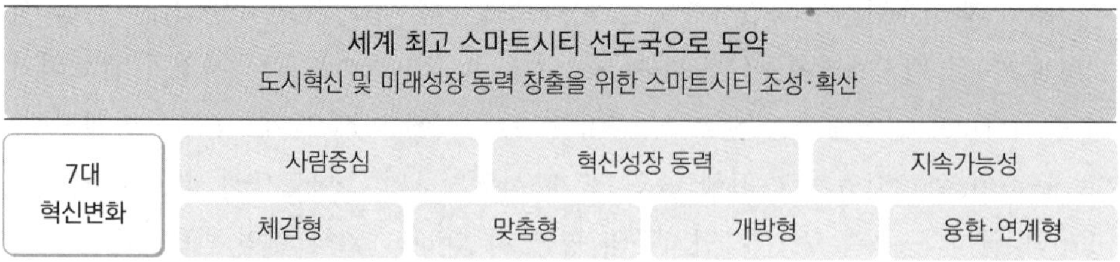

| 세계 최고 스마트시티 선도국으로 도약 | | |
|---|---|---|
| 도시혁신 및 미래성장 동력 창출을 위한 스마트시티 조성·확산 | | |

| 7대<br>혁신변화 | 사람중심 | 혁신성장 동력 | 지속가능성 |
|---|---|---|---|
| | 체감형 | 맞춤형 | 개방형 | 융합·연계형 |

자료: 제4차산업혁명위원회(2018.1.29), 스마트시티 추진전략.

---

4) 스마트시티 기술 보유 스타트업·중소기업의 연구·개발 및 실증 지원(창업지원공간 및 육성프로그램 등)

신성장을 위한 자유로운 실험공간을 제공하고자 규제개선도 적극적으로 추진하여 시범도시에 대한 보다 자유로운 실증과 다양한 비즈니스 모델이 가능하도록, 규제 샌드박스 도입* 방안도 검토하며, 시범도시에 혁신적인 기술이 손쉽게 접목·실증되고 새로운 시도가 항상 이루어질 수 있도록 도시계획과 토지공급도 유연하게 하여 토지이용계획의 경우 입지규제최소구역5)·특별건축구역 등 현행 제도를 우선 활용하여 '용도지역 없는 도시계획'이 구현될 수 있도록 추진된다.

국내 기업들은 주요 도시들과 협력하여 도시문제 해결과 정보기술 적용으로 스마트도시 구현을 시도하고 있다. 통신 3사(SKT, KT, LGU+)는 스마트도시 전략수립으로부터 인프라 구축, 서비스 개발 등을 통합적으로 제공하고 있으며, 삼성전자, LG전자는 IoT기술과 전자제품을 연결하는 스마트홈 서비스를 개발하고 있다. 한전은 정보기술 기반으로 스마트 그리드 등의 서비스로 효율적인 전력공급과 그린 스마트도시를 추진하며, LG CNS는 빌딩 자동화, 에너지 관리 등 스마트도시를 위한 다양한 기술을 제공하고 있다.

▌〈표 8-8〉 U-City 시범도시 사업현황(2009~2013년)

| 구분 | 지자체 | 보조사업 지원내역 | 보조금액 |
|---|---|---|---|
| 2009년<br>3개 지역<br>(60억 원) | 인천송도 | • 지능형 상황인지 방범서비스, 공공주차장 서비스 등 | 20억 원 |
| | 부산시 | • U-방재 통합플랫폼, 배수펌프장 원격관리 시스템 등 | 20억 원 |
| | 서울마포구 | • 아현뉴타운 U-커뮤니티센터, U-Park애비뉴, U-Street 등 | 20억 원 |
| 2010년<br>55개 지역<br>(40억 원) | 인천송도 | • 지능형 상황인지 방범서비스, U-모바일서비스 등 | 15억 원 |
| | 부산시 | • 스마트폰 기반의 U-시민서비스, 인프라기반 확장 등 | 12억 원 |
| | 서울마포구 | • U-마포안전존, U-정보보안 체계, 통합운영체계 등 | 6억 원 |
| | 여수시 | • U-Bike 공영자전거 시스템 등 | 5억 원 |
| | 강릉시 | • 유비쿼터스도시계획수립 | 2억 원 |
| 2011년<br>7개 지역<br>(49억 원) | 인천송도 | • 어린이 케어 서비스, IFEZ, 스마트앱 확장 등 | 10.2억 원 |
| | 서울은평구 | • Smart 재난취약지역관리 및 재난비상경보서비스 등 | 7.8억 원 |
| | 안산시 | • 시민체감형 U-City 서비스, 자녀행사 스마트방송 등 | 15억 원 |
| | 나주시 | • Green Smart City 시범운영센터 구축 등 | 10억 원 |
| | 남양주시 | • U-안전서비스, U-통합민원처리·시민소통서비스 등 | 2억 원 |
| | 여수시 | • 여수-Market 포털시스템, U-주차정보시스템 등 | 2억 원 |
| | 부산시 | • U-방재 상습침수지구 모니터링 체계 구축 | 2억 원 |
| 2012년<br>6개 지역 | 인천송도 | • 운영비 학보를 위한 수익형 민·관서비스 모델구축 | 2억 원 |
| | 부산시 | • 도심재생을 위한 U-산복도로 르네상스 사업 | 7억 원 |

---

5) 토지의 이용 및 건축물의 용도, 건폐율, 용적률, 높이 등에 대한 제한 완화

| 구분 | 지자체 | 보조사업 지원내역 | 보조금액 |
|---|---|---|---|
| (43억 원) | 전주시 | • U-천사마을 시범도시 구축 | 7억 원 |
| | 남양주시 | • 시민들이 만들어가는 구도심 재생형 U-City 구축 | 10억 원 |
| | 영주시 | • U-기술 적용을 통한 도심재생 U-후생 커뮤니티 창조사업 | 10억 원 |
| | 양산시 | • 사람중심의 U-Eco 그린시티 구축 | 6억 원 |
| | (전담기관) | • 지자체 사업관리 | 1억 원 |
| 2013년 7개 지역 (39억 원) | 남양주시 | • 표준 플랫폼 도입을 통한 시민체감 UP U-City 구축 | 8억 원 |
| | 서울은평구 | • 은평 Smart City 3D · 지능형 CCTV 통합관제 구축 | 3.5억 원 |
| | 화성시 | • 화성 동탄 U-City Smart 통합운영모델 구축 | 4.5억 원 |
| | 부천시 | • U-치매천국 원격진료 및 안심보호 서비스 | 7.5억 원 |
| | 삼척시 | • 삼척시 U-교량안전관리시스템구축 | 6억 원 |
| | 양산시 | • U-스마트 안심 TAXI 시범 구축 | 3.5억 원 |
| | 인천송도 | • 유비쿼터스 시범도시 5단계 조성사업 | 5억 원 |
| | (전담기관) | • 지자체 사업관리 | 1억 원 |
| 소계 | | | 231억 원 |

자료: 조영태(2016), 스마트도시 국내외 현황.

▌〈표 8-9〉 LH 스마트도시 추진실적 및 현황(사업유형별) - 2016년 4월 기준

| 사업유형 (지구수) | 지구수 | 투입금액 (억원) | 구축중 | | 완료 | |
|---|---|---|---|---|---|---|
| | | | 지구수 | 금액 | 지구수 | 금액 |
| 신도시(11) | 화성동탄1, 성남판교, 오산세교1, 아산배방, 파주운정 1 · 2, 위례, 양주옥정, 김포한강, 화성동탄2, 내포, 아산탕정 | 2,925 | 6 | 720 | 5 | 2,205 |
| 택지개발(7) | 용인흥덕, 화성향남1, 평택소사벌, 대전도안, 화성향남2, 남양주별내, 고양삼송 | 960 | 3 | 569 | 4 | 391 |
| 혁신도시(8) | 충북혁신, 전남혁신, 전북혁신, 강원혁신, 경남혁신, 경북혁신, 대구혁신, 울산혁신 | 613 | 1 | 49 | 7 | 564 |
| 공공주택(5) | 수원호매실, 하남미사, 시흥목감, 의정부민락2, 구리갈매 | 486 | 4 | 322 | 1 | 164 |
| 경제자유(2) | 인천청라, 인천영종 | 705 | 1 | 192 | 1 | 513 |
| 행정중심 복합도시(1) | 세종시 | 478 | 1 | 478 | - | - |
| 산업단지(2) | 동탄산단, 대구테크노폴리스 | 39 | - | - | 2 | 39 |
| 도시개발(1) | 남양뉴타운 | 70 | 1 | 70 | - | - |
| 계 | 37 | 6,276 | 17 | 2,400 | 20 | 3,876 |

자료: 조영태(2016), 스마트도시 국내 · 외 추진현황.

## 1. 스마트도시 추진 문제점

우리나라의 스마트도시는 2006년 후반기에 대한토지주택공사가 발주하는 판교신도시 신축 아파트공사를 계기로 본격화되기 시작하였다. 2000년대 들어와서 추진되고 있는 세종시, 수도권 제2기 신도시, 기업도시, 혁신도시 등 상당수의 신도시를 건설함에 있어서 스마트도시건설을 계획비전으로 제시하였다.

그러나 스마트도시에 대한 개념이 합의되지 않은 상태에서 스마트도시기술과 서비스가 우후죽순처럼 쏟아져 나오고, 개발내용과 범위, 구현서비스의 수준 등이 제각기 달라 실현 가능성, 호환성, 중복투자 등에 대한 우려가 많은 실정이었다.

그동안 다수의 지자체에서 스마트도시 추진을 계획하고 추진하면서 제기되었던 문제점을 살펴보면 다음과 같다.

첫째, 스마트도시를 표방하는 신도시 건설의 건설기술, 운영관리, 구현 서비스 표준화 등이 미흡하여 부실 추진의 우려가 있었다. 신도시를 건설함에 있어 건설기술 뿐만 아니라 스마트 기반의 도시정보화 추진을 위한 기술에 의한 구축, 운영, 유지관리를 병행하여야 하는데 이를 통합적으로 관리 추진하는 역량이 부족하다.

둘째, 스마트도시에 대한 법적 근거 없이 사업을 추진함에 따라 사업지연과 기반시설 준공 후 관리주체에 대한 분쟁의 여지가 많다. 스마트도시의 도시기반시설 중에 정보통신망, 도시통합운영센터, 통합 폴(Pole) 등 여러 부서와 연계된 시설을 구축하는 주체가 불분명하여 준공 후에 사업시행자가 관리청에 기반시설을 인계하는 단계에서 논란의 소지가 있었다.

셋째, 스마트도시가 건설되면서 이에 관한 운영방안 및 인력양성 대책이 미비하였다. 최초의 스마트도시라 할 수 있는 화성시 동탄신도시의 경우에도 운영 인력 및 조직의 확보에 어려움이 있었다. 또한 스마트도시 운영비용은 매년 건설비용의 4~10%가 소요될 것으로 예상되었지만 예산확보가 불확실하며, 전산장비의 유지보수와 도시통합운영센터 등의 운영을 위한 스마트도시 운영·관리지침을 마련할 법적 근거도 미비한 상황이다.

넷째, 스마트도시 구현을 위한 기술은 정보통신기술과 도시건설 등이 융합되는 최첨단 분야이나 아직 관련기술의 안정성 확보와 실현가능한 기술개발이 부족한 실정이다.

스마트도시의 각종 인프라 하드웨어를 지능화하는 대부분의 센서는 스마트 더스트(Smart Dust)[6]개념으로 주변 자료를 수집하여 무수히 많은 센서노드 간 송수신하고, sink node, gateway를 통해 주 서버로 전송하는 기존의 원격모니터링 개념을 구현하다 보니 사물간 소통을 위한 스마트 또는 스마트한 인프라 구축(Smart or Ubiquitous Infrastructure)의 비전은 애초부터 구현이 불가능한 것이었다. 뿐만 아니라 스마트 센서 네트워크(USN: Ubiquitous Sensor Network)를 통해 U-City를 플랫폼으로 구현하는 대부분의 정보시스템 통합(SI)회사들이 스마트의 핵심기술인 센서노드와 운영체계(OS)에 대한 심도 깊은 연구나 핵심기술이 부족하며 도시건설에 대한 창조적인 전문지식이 없이 형식적으로 스마트도시 구축을 추진하고 있는 실정이다.

다섯째, 스마트도시 건설을 위한 사업을 총체적으로 추진하는 체계가 미흡하다. 따라서 정부 부처간, 중앙정부와 지자체간, 학계와 산업계 등을 총 망라한 스마트도시의 건설 및 운영주체 간의 역할 정립이 필요하다.


## 2. 스마트도시 추진 개선방향

### 1) 부문별 계획의 재분류

스마트도시계획의 부문별 계획은 서비스, 인프라, 정보관리, 경쟁력 강화(산업육성과 국제협력) 4개 분야로 분류하여 계획수립 단계에서 고려해야할 사항은 다음과 같다.

첫째, 도시의 물리적 건설과 함께 스마트 정보화 추진이 병행할 수 있는 체계를 구비하여야 한다. 특히 이를 모두 통합하여 추진할 수 있는 전문인력이 확보되어야 할 것이다. 또한 스마트도시를 추진하는 데 있어 관련된 법과 제도의 보완이 선행되어야 할 것이다.

둘째, 중앙정부, 광역자치단체, 기초자치단체, 그리고 유관기관, 학계 등의 협력 및 추진체계를 확립하여 도시건설과 스마트 정보화가 병행하여 추진될 수 있도록 하여야 하며, 자치단체별로 원활한 운영 유지가 보장될 수 있도록 예산확보가 되어야 할 것이다.

셋째, 스마트도시의 서비스 부문은 신규 서비스 발굴보다는 기존 서비스의 연계 및 고도화가 선행되어 내실 있는 추진을 통해 활용성을 높일 수 있도록 하여야 한다. 특히

---

6) 스마트 더스트(Smart Dust): '똑똑한 먼지'라는 뜻으로 먼지(dust) 크기의 매우 작은 센서들을 건물, 도로, 의복, 인체 등에 뿌려 온도, 습도, 압력 같은 주위 환경 등의 정보를 무선 네트워크로 감지하고 관리할 수 있는 기술.

첨단기술보다는 안전성과 표준화가 확보된 기술 위주로 추진하여야 한다. 또한, 민간부문의 성격이 강한 시민 체감형 서비스를 지향하기보다는 공공부문의 역할에 맞게 시민의 자발적인 참여형태의 서비스 구축으로 완결성을 향상할 수 있도록 추진하는 것이 바람직할 것이다. 또한 스마트도시의 특성을 살리기 위해서 반드시 물리적인 도시계획 위에 스마트도시 서비스를 제공할 수 있도록 공간계획이 수반되어야 할 것이다.

넷째, 인프라 부문에서는 서비스 구현시기에 맞추어 합리적인 도시통합운영센터의 위치, 규모, 기능 등을 정의하고, 트래픽 수요예측을 통해 정보통신망 구축 계획을 수립하여 원활한 운영이 보장될 수 있도록 하여야 하며, 이에 따른 지능화된 공공시설의 설치 및 유지·관리 계획을 수립하여야 한다. 특히 인프라 중 지능화된 공공시설은 관리주체가 모호하여 관련 부서간의 갈등이 야기될 가능성이 많아 관리주체를 명확히 해야 한다.

다섯째, 정보관리부문은 기존 정보시스템의 연계활용에 초점을 맞추어 추가 DB 구축 및 시스템 개발을 최소화하여야 하며, 유통기능을 활성화하여 공공에서 구축한 정보를 민간이 활용할 수 있도록 정보를 개방하며, 지자체 관리운영 비용을 조달할 수 있는 환경이 조성되어야 한다.

여섯째, 지역산업육성 및 국제협력은 향후 스마트도시의 성숙과 더불어 관련 산업의 성장이 기대되므로 이를 미리 준비함으로써 지역의 경쟁력이 강화될 수 있도록 계획을 수립하여야 한다.

## 2) 스마트도시기반시설과 도시계획시설과의 관계

통상적으로 도시기반시설은 도시생활에 있어서 필수적으로 구비되어야 하는 시설로서 도로, 전기, 가스 상·하수도, 통신 등의 시설을 비롯하여 병원, 학교, 위락시설 등을 의미한다. '국토계획법'에서는 도시계획으로 결정하여 설치할 수 있는 교통시설, 도시공간시설, 유통공급시설, 공공문화시설, 방재시설 그리고 보건위생시설 등 7개 종류 53종의 시설을 도시기반 시설로 규정하고 있다. 그러나 '스마트도시법'에서는 스마트도시서비스의 구현을 위해 필요한 시설물은 지능화된 시설, 통신망, 그리고 통합운영센터 등을 말한다.

'스마트 도시법'에서는 스마트도시기반시설 중 '지능화된 시설'을 '국토계획법'에 의한 기반시설 또는 공공시설에 건설·정보통신 융합기술을 적용하여 지능화된 시설로 정의하고 있다. 예를 들어 차량이 운행하는 '도로에 센서를 매설하는 것과 같이 도시계획시설'에 정보통신기술이 적용된 장치를 설치하여 '스마트도시기반시설'이 되는 것이다.

그러나 현행 '스마트도시법' 및 하위 법령에서는 개념적 정의만 하고 있을 뿐 어느 정도의 건설·정보통신 융합기술이 적용되었을 때 '스마트도시기반시설'이 되는지, 그리고 '스마트도시기반시설'에 대한 계획, 설치 및 관리운영은 누가 하는지 등에 대한 구체적 내용이 포함되어 있지 않다. 이와 같은 문제를 해결하기 위해서 먼저 각 스마트도시기반시설에 대한 법률적, 개념적 정의보다는 기능과 용도를 고려한 구체적인 시설별 정의가 필요하다. 또한, 스마트도시기반시설의 계획, 설치 및 관리운영 책임과 권한에 대한 정의가 조속히 이루어져야 하는 것이다.

스마트도시기반시설에 대한 계획, 설치 및 관리운영의 주체를 설정하기 위해서는 이들 시설들이 네트워크 등의 기본시설인지, 도로와 같이 타 도시서비스를 제공하기 위한 시설인지가 구분되어야 한다. 1970년대부터 본격적으로 보급된 전산시스템과 같이 스마트도시기반시설도 U-교통, U-방범, U-행정 등 각 도시서비스를 관장하는 부서에서 관리하되 이에 대한 도시 전체에 공급되는 기본적 스마트도시기반시설과 부문별 시설에 대한 전반적 지원을 스마트도시 담당부서에서 관장하는 형태로 관리체계가 수립되어야 할 것이다.

## 3) 스마트도시계획 집행상의 과제

### (1) 도시계획위원회와의 상충 문제

기존의 도시계획은 도시계획위원회를 비롯하여 도시정비, 도시경관(디자인), 교통 등 관련분야의 심의위원회가 구성되어 계획수립과 집행에 대한 심의를 받는다. 특히, 타 분야와의 연계가 필수적인 부문에 있어서는 공동위원회를 개최하기도 하는데, 대형 개발사업에 대한 지구단위계획 등에 대한 도시·건축 공동위원회 등이 그 예라 할 수 있다.

스마트도시계획의 특성상 많은 스마트도시건설사업, 스마트도시서비스, 스마트도시기반시설 구축사업들이 도시계획, 교통, 방범·방재, 경제, 복지 등 타 분야와 연계되어 있으며, 이들 분야와의 협력이 필수적이다. 그리고 현행 법규와 가이드라인에 의하면 스마트도시사업과 관련된 중요한 사항을 협의하도록 규정되어 있다.

그러나 이와 같은 법령의 제정에도 불구하고 스마트도시사업협의회의 역할이 '협의'인지 '승인'인지 명확하지 않으며, 특히 단일 스마트도시사업에 관련된 타 분야와의 협의 및 조정에 관한 규정이 없어 집행상에 많은 문제가 되고 있다. 향후 스마트도시사업이 본 궤도에 올라서게 되면서 관련 규정이나 법령이 정비될 것으로 예상되지만 스마트도시사업협의회(실무협의회 포함)의 역할 정립과 함께 도시계획위원회, 정보화위원회 등 타 분야의 위원회와의 업무 협조체계가 정립되어야 할 것이다.

## (2) 담당부서의 스마트도시사업 추진상의 보완사항

스마트도시사업은 기본 사업과 도시정비/개발사업 그리고 특화사업으로 구분할 수 있다. 스마트도시의 추진방향 설정이나 도시 전체에 적용되는 인프라 구축사업과 같은 기본사업은 스마트도시 총괄부서에서 시행하는 것이 바람직하나, 특정한 지역에 구축되거나 개별적 서비스를 제공하는 사업들은 스마트도시 총괄부서와 사업 담당부서가 일치하지 않는 경우가 대부분이다.

지금까지 국내 각 도시에서 추진하는 스마트도시사업의 형태를 살펴보면 ① 개별 부서의 고유 사업을 총괄부서에서 추진하는 경우(스마트도시추진팀에서 스마트도시 기반 평생교육사업 추진)와 ② 개별 부서에서 고유 업무의 스마트도시 서비스를 개발하여 추진하는 경우가 있었다. 전자의 경우는 스마트도시 총괄부서의 업무에 관한 전문성이 부족하여 기존 업무의 스마트도시화를 효율적으로 추진하지 못하는 사례들이 발견되고 있다.

이와 같은 문제를 해결하기 위해서는 스마트도시를 미래 도시의 근간을 형성하는 기본 인프라로 인식하는 것이 중요하다. 개별 사업부서에서는 스마트도시 총괄부서의 가이드를 받아 고유의 업무에 스마트 기술을 적용함으로써 대민서비스의 업그레이드를 추구하여야 한다. 반면 스마트도시 총괄부서에서도 스마트도시기술과 융합된 새로운 서비스를 창출하는 경우에도 당해 업무와 가장 근접한 사업부서로 이관하여 고유 업무의 전문성을 확보하는 한편, 기존의 업무와 연속성이 확보될 수 있도록 배려하는 것이 필요하다.

이는 현재 지자체의 스마트도시사업 현장에서 발생하는 대부분의 문제들이 기존의 업무에 추가된 새로운 전문성 때문에 담당 공무원들로부터 외면당하는 데에서 발생하기 때문이다. 무엇보다도 미래 도시 서비스의 방향이 ICT와 융합된 새로운 서비스라는 것을 인식하고 받아들이는 한편, 스마트도시 총괄부서에서도 현재의 정보화 지원부서와 같이 도시서비스의 기본 인프라를 공급하고 전문성에 기초한 컨설팅 역할을 수행하게 된다면 현장의 문제들이 상당부분 개선될 것이다.

## (3) 스마트도시사업 추진을 위한 재원조달

스마트도시사업은 도시개발 또는 도시계획시설 사업과 함께 ICT 기술을 적용시켜야 하기 때문에 막대한 재원조달이 소요되어 사업 재원조달은 향후 스마트도시사업의 집행에 있어 중요한 과제로 등장하고 있다.

인프라 설치 예산외에 도로, 공공시설 등의 스마트도시기반시설에 소요되는 예산은 각각 해당부서에서 확보하기를 희망할 수 있다. 이런 경우 개별 단위별 사업이 추진됨으로서 통합된 사업이 제한되어 스마트도시 고유의 효율성이 저하될 수 있다. 또한 스마트도시사업의 사업비는 지자체 단독으로 부담하기 어려우므로 중앙정부, 지자체, 민간 등 다양한 방법에 의한 투자 유치가 필요하다.

그리고 민간의 수익성 원칙과 효율성 원칙을 평가하여 민간투자가 가능한지, 운영에 민간 참여가 필요한지를 평가하여야 한다. 스마트도시서비스의 경우 분야별로 구분하여 사업 주체를 결정할 수 있으며, 행정, 교통시설물관리, 교육, 문화관광, 스포츠 등은 공공 위주로 사업을 추진하고, 나머지는 민관협력에 의해 추진함을 원칙으로 하는 방안이 바람직할 것이다.

그 외 스마트도시사업의 투자 주체를 선정하는 기준은 공공성과 전문성 및 수익성을 바탕으로 결정할 수 있다. 물리적 도시계획시설 사업으로 추진함으로써 투자의 효율화로 재원확보가 용이하도록 하여야 한다. 특히, 공공과 민간으로 이원화된 사업방식에서 민·관협력 투자방안이나 수익모델의 개발을 통한 자력개발 방안과 이를 실현하기 위한 제3섹터 방식의 특수법인 설립방안 등 다양한 사업모델의 개발과 현장 테스트가 실현되어야 한다.

스마트도시가 성공적으로 수행되고 시민들이 그 혜택을 누리기 위해서는 무엇보다도 기존의 도시서비스를 담당하는 각 부서에서는 스마트도시계획 등에서 필요하다고 판단된 스마트도시사업에 대해 보다 장기적 관점의 도시서비스 향상을 위한 사양(스펙)의 향상이라는 인식하에 다양하고 합리적인 재원조달을 위한 노력이 필요하다.

## 4) 스마트 센서 네트워크(USN)의 개선

지금까지 스마트 컴퓨팅을 구현하기 위한 스마트 센서 네트워크(USN: Ubiquitous Sensor Network)의 센서노드는 주어진 환경 또는 내재된 사물의 온도나 습도 같은 물리, 화학 변화량을 탐지하여 안테나를 통해 인접 센서노드로 네트워킹하는 역할에 불과하였다고 할 수 있다.

그러나 스마트의 핵심개념은 'Communication among Things' 즉 무생물인 사물간 소통을 위해서 사물이 사람처럼 자신이 누구며, 어디에 있고, 주변 환경에 맞는 상황판단과 의사전달을 할 수 있는 생체모방형 센서노드로서 이는 만물지능형 센서노드(Smart Sensor for Things, Organic Sensor)이어야 한다.

만물지능생명체(Organic Things Embedded System)의 어원은 사물이 생명처럼 구성요소가 유기적으로 조직기능을 가지게 된 복합체로서의 유기체(Organic Things)와 특정기능을 수행하는 전자(제품)시스템을 뜻하는 임베디드 시스템의 합성어이다.

만물지능생명체 이론은 눈에 보이고 느끼는 모든 물체들을 첨단 무선정보통신 기술과 융합하여 오감과 신경, 두뇌, 심장 등 유기적인 생명복합체로 보아 언제 어디서나 시공간을 초월한 자신의 개체인지, 위치인지, 상황인지 및 소통을 위한 상황인지(Context Cognition)등을 최적화하는 것이다.

따라서 특정국가, 특정도시의 도로, 철도, 공항, 상하수도 등 특정 인프라 그리고 인프라 속의 교량, 터널, 건물, 그리고 건물속의 모든 부속부품 등이 만물지능형 센서노드와 스마트 인터페이스 소프트웨어, 생체신경 같은 유무선 정보통신 등이 융합되는 것이다.

만물지능생명체는 인간과 자연·환경·시설 등이 공존하는 최적의 상황속에 쾌적한 삶의 질을 극대화하기 위한 하드웨어로서 모든 대상물 뿐만 아니라 시공간 제약속에 제한되었던 모든 형이상학적 논리추론과 제도, 소프트웨어 등이 복합된 스마트 인터페이스이다.

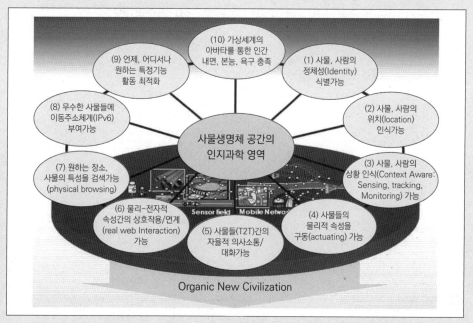

자료: 조병완(2013), 첨단 미래도시 만물지능 녹색 도시.

1. 스마트도시의 등장배경과 개념에 대해 설명하시오.

2. 스마트도시의 특징에 대해 기술하시오.

3. 스마트도시의 추진과정에 대해 기술하시오.

4. 지방자체단체별 스마트도시추진에 대해 구체적으로 기술하시오.

5. 스마트도시 추진의 문제점 및 발전방향에 대해 기술하시오.

6. 스마트도시 구현이 부동산 시장에 미치는 영향에 대해 기술하시오.

---

✔ 주요용어

스마트, 스마트도시, 스마트도시 추진과정, 미래도시, 시공재형 도시

**TIP** 짐 그레이(Jim Gray)의 제4패러다임

데이터의 증가(빅데이터)는 일반 기업의 문제가 아니라 과학계에도 영향을 미치고 있다. 마이크로소프트의 짐그레이는 과학의 방법론 자체를 바꾸어야 한다는 제4패러다임(The Third Paradigm)을 주장하였다(Hey et al., 2009). 그의 주장에 따르면 과학의 방법론은 다음과 같이 구분할 수 있다고 한다.

- 제1 패러다임: 자연현상을 관찰하는 방식이었으며,
- 제2 패러다임: 자연을 이해하기 위한 이론적 모델을 만드는 방식으로 과학문제를 해결(메 뉴턴의 법칙)
- 제3 패러다임: 컴퓨터가 등장한 지난 수십 년간 복잡한 현상을 시뮬레이션하는 방식을 사용
- 제4 패러다임: 측정장치에 의해 얻어진 데이터를 소프트웨어로 분석하여 새롭게 얻어진 지식을 발표하는 방식으로 전환

실제 우주과학 분야에서 천체 망원경을 조작하여 데이터를 얻는게 아니라 이미 얻어진 수천개이상의 천체 관측 데이터를 소프트웨어를 이용하여 분석하고 이로부터 새로운 이론을 추출하는 방식을 사용하고 있다.

# 연/습/문/제

1. 빅데이터란 무엇인지 그 개념과 의의에 대해 설명하시오.

2. 빅데이터의 주요 특성과 구성되는 요소에 대해 설명하시오.

3. 부동산분야에 빅데이터를 효율적으로 활용하기 위해서 중점을 두어야 할 부분은 무엇인지 설명하시오.

4. 부동산분야에서 빅데이터 활용 사례를 설명하시오.

5. 부동산분야에서 빅데이터의 활용 방안에 대해 토의하고 그 방안을 기술하시오.

✔ 주요용어

빅데이터 개념과 의의, 빅데이터의 특성과 구성요소, 부동산 통합정보 제공, 부동산분야의 빅데이터 활용, 부동산종합증명서

PART

# 04

# 부동산정보화정책

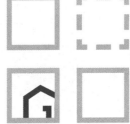

부동산정보기술론

# CHAPTER 09 부동산정보화정책

## SECTION 01 부동산정보화정책의 개념과 특성

정부 및 공공기관에서 추진하는 부동산의 정보화는 내부행정업무의 능률 향상과 함께 국민들의 원활한 부동산 활동을 위한 정보화가 진행되어 부동산을 구성하는 토지 (지적행정, 토지행정)와 건물(건축행정)에 대한 대장(臺帳)중심의 정보화와 부동산의 권리관계를 관리하는 등기(登記)업무 중심의 정보화가 추진되었다.

부동산의 정보화는 1980년대 말부터 시작되어 초기에는 부동산과 관련된 업무를 원활히 수행하고자 하는 필요성에 의해 담당 부처별로 또는 업무단위별로 각각 추진되었다. 즉 부동산과 관련된 정보는 국토교통부, 행정안전부, 대법원 등에서 지적행정시스템, 한국토지정보시스템(KLIS), 건축행정시스템, 부동산등기시스템으로 각각 구축되어 운영되고 있다.

그러나 최근에 와서는 사용자 중심의 고도화된 서비스 중심으로 발전해 가는 추세에 맞추어 관련 정보시스템들 간에 연계·통합이 추진되고 있으며, 정보공유를 통해 최 유효 활용을 위한 방안 강구의 필요성이 증대되고 있다.

일반적으로 모든 정보화는 일정한 발전단계를 거쳐서 성숙해 진다(Snellen, 1990; Venkatraman, 1991; Gartner Group, 2001; 이석재·임수경, 1999; 서삼영, 2001)고 한다.

부동산정보화정책도 역시 1987년부터 행정정보화의 일환으로 단편적으로 추진되어 분산적인 부동산 관련 정보시스템을 구축하였다. 이렇게 단위별로 구축된 정보시스템은 현재 상호 연계하는 과정을 거쳐 통합하고 고도화되는 단계로 발전되어 최근에 와서는 부동산종합공부시스템을 구축하는 등 부동산정보화정책이 진화해 가고 있다.

# 1. 정보화정책의 개념

정보화정책이란 정보통신기술이 적용된 사회 각 분야 뿐만 아니라 개인생활에 이르기까지 확산되어 정보사회를 제도화시켜 나가는 정책이라고 할 수 있다.

정보사회에서의 정보화정책은 사회·경제·행정 등 전반적인 분야에 영향을 미치는 국가의 전반적인 기반 정책이며, 정보기술의 빠른 발전으로 그 정책기조와 적용대상, 적용범위 등에서 유동적인 특성을 갖고 있다.

또한 정보화정책은 행정학, 정치학, 경제학, 법학, 정책학 등 다양한 학문에 의해 복합적으로 영향을 받는 분야(Burger, 1993)로서 40여 개 이상의 학문분야와 연관이 있다(Braman, 1989). 이렇게 정보화정책은 다학문적이며 복합적인 특성으로 인해 그간의 활발한 연구에도 불구하고 아직 합의된 개념 정립이 되어 있지 않은 상태[1]로, 이에 대한 몇몇 학자들의 견해를 살펴보면 다음과 같다.

외국학자들(Porat, Bawden, 坂井秀司, 益本圭太郎, Weingarten, Peter Hermon)[2]은 정보처리과정의 측면만을 지나치게 강조하여 정책이 적용된 범위를 좁게 보고 있으며 다른 분야와의 연관성을 간과하는 한계를 지니고 있다. 앞에서 기술한 Porat(1977)의 견해와 정보화에 의해 발생되는 긍정적인 영향을 총칭하여 정보화정책으로 보는 사카이슈지(坂井秀司)·마스모로 게이타로(益本圭太郎)의 견해 역시 지나친 포괄성으로 인해 정보화정책의 영역 및 범주설정이 어려운 한계가 있다(한세억, 1997).

이러한 문제들에 비해 국내 학자[3]들은 좀 더 현실적이고 종합적으로 정보화정책

---

1) 이정희(1997)는 정보화정책에 대해 정의하기 어려운 이유를 Robert H. Burger의 견해를 들어 설명한다. 그 이유는 정보화정책이 정보와 정책을 다룬다는 점, 우리의 인식은 스스로 만드는 정치적, 경제적, 사회적 선택에 의해서 지배받고 있다는 점, 수용할 수 있는 이해방법을 개발하지 못했다는 점을 들고 있다(김성태, 2010).

2) Porat(1977)은 '컴퓨터 및 정보통신 등의 기술이 시장 및 비 시장부문에 미치는 복합적 영향에 의하여 제기된 문제들에 대한 관심'으로, Bawden(1990)은 정보화정책을 본질적으로 무질서(chaotic)하기 때문에 복잡성을 다루고, 특정 상황에서의 지식의 의미와 중요성을 인식하여야 한다고 하였으며, 일본의 사카이슈지(坂井秀司)·마스모로 게이타로(益本圭太郎, 1986)는 고도 정보화에 대응하는 다양한 정책이라 하였다. 또한 Weingarten(1989)은 정보의 생성, 사용, 저장, 의사전달을 활성화시키거나 억제하고자 하는 법, 규정과 정책이라고 하였으며, Peter Hermon(1989)는 '정보의 계획, 창출, 생산, 수집, 배분, 확산과 처리를 포함하는 정보의 활동주기를 움직이고, 관리하는 일련의 법률, 규제, 명령, 지침, 사법적 해석'으로 정보화정책을 정의하고 있다.

3) 한세억(1996, 2000)은 정보화정책을 정부가 정보사회를 실현하기 위해 설정된 정보전송, 정보유통, 정보응용, 정보제도 등의 목표달성을 위하여 행하는 모든 촉진적 및 규제적 계획 및 활동이라고 하였으며, 강근복(1996)은 정보사회의 근간이 되는 정보의 생산과 저장, 유통, 이용 등이

의 개념을 정의하고 있다.

황두현(1997)은 정보화정책을 경제적인 측면에서 "정보의 생산, 전송, 이용에 관한 정책"이라 하여, 정보화정책의 궁극적인 목표를 정보라는 경제적 자원의 흐름을 원활하게 하여 경제활동 각 부문에서 필요로 하는 정보를 언제, 어디서나 누구든지 손쉽게 이용할 수 있도록 하는데 두어야 한다고 주장하고 있다.

이용규(1997)는 정보화정책을 과학기술이나 통신과 같은 특수한 분야에 국한된 것만이 아닌 광범위하게 국민과 국가 경제생활 전체를 망라하는 정책으로 거의 모든 행정부서가 관련되는 범국가적 전략분야라고 보고 있다. 즉 행정의 컴퓨터화, 행정의 정보화, 사회의 정보화, 정보기반의 구축 및 정보화의 진전에 따라 나타나는 사회문제 제거에 대한 정부의 활동 등이 이에 포함된다. 또한 정부의 경제적인 측면을 강조하여 정보의 생산, 유통, 소비의 구조에 관한 정책군의 총체라고도 한다.

전석호(1997)는 정보의 모든 하드웨어 및 소프트웨어를 대상으로 경제적이고 문화적인 긍정적 파급효과를 극대화시키기 위해 정부가 일관적이고 합리적인 추진계획을 이루어 나가는 과정이라고 하였다. 또한 산업 – 경제적 측면의 종전개념을 좀 더 발전시켜 사회 · 문화적 측면까지 확대 적용하여 "정책적으로 포함시킬 수 있는 정보와 관련된 모든 생산, 유통 및 소비의 과정으로 일련의 산업적 구조와 총체적으로는 문화적 과정을 포함하는 것"으로 규정하고 있다.

그리고 김성태(2010)는 정보화정책은 지속적으로 재정비되고 변화하는 개념이며, 그 응용범위나 대상도 계속해서 진화 · 확대되고 있다고 하였다. 또한 정보화정책을 '정보를 생산 · 유통 · 활용하여 사회 각 분야의 활동을 가능하게 하거나 효율화를 도모하는 국가시책으로서 행정의 능률성과 높은 수준의 삶의 질을 영위할 수 있을 것'이라고 하였다.

이와 같이 학자들의 다양한 견해를 종합하여 보았을 때 정보화정책은 '정보통신분야에 기반을 둔 제반 활동의 효율화를 도모하여 행정의 능률성과 높은 수준의 삶의 질을 영위할 수 있도록 하는 정부의 모든 활동'이라고 정의할 수 있다.

정보화정책은 정보의 특성과 다양성으로 인해 이에 대한 공감대 확대가 어려울 뿐만 아니라, 정책의 현상을 파악하기 위한 정책학 측면에서 접근 방법론도 불충분한 실정이다. 따라서 우리나라의 정보화정책은 관점에 따라 상이하고 복잡한 양상을 보여준다. 최근에는 지식화에 따른 환경변화와 정책영역의 확장으로 인해 정보화정책에 대해 좀 더 체계적인 이해와 설명이 요구된다. 즉 지식정보사회를 기반으로 한 정책 패러다

---

정당하고 효율적으로 이루어질 수 있도록 인적, 물적, 제도적 제반 여건을 조성하는 것과 관련된 정책이라고 정의하였다.

임이 현실로 투영되면서 정보화정책 지세와 영역이 달라지고 있다.

우리나라 정보화정책은 정치적·행정적·경제적·사회적·기술적으로 국가행정에 직·간접적으로 영향을 미치면서 비로소 생성여건이 마련될 수 있었으며 정보화정책의 창(Window)이 열려지게 된 것이다. 다른 분야의 정책, 즉 보건정책, 교육정책, 문화정책 등에 비해 정보화정책은 기술적 성격이 강하며, 정치·행정적 면에서 의지적, 작용적 성격이 강하여 독자적으로 형성할 수 있는 계기(Moment)를 마련해 주었던 것으로 이해된다(한세억, 2000).

## 2. 정보화정책의 범주

앞에서 살펴본 바와 같이 정보화정책은 관점에 따라 다양하게 정의되고 있어, 아직 명확하게 합의된 개념 정립이 이루어지지 않고 있다. 그 이유로 정보화정책은 사회의 상호작용에서 발생하는 복잡성으로 변화하는 환경에 탄력적·역동적으로 반응하는 특징이 있기 때문이다.

즉 정보화정책은 컴퓨터 및 통신기술 발달의 결합으로 확산되어 가고 있으며, 정책수요 변화로 인해 양적인 확대와 질적인 심화를 보이게 되며 그에 따라 정보화정책의 개념은 지속적으로 재 정의되고 확장되고 있다.

'정보화'라는 용어에서 '화(化)'라는 의미는 '되어간다'는 동태적인 의미가 있어, 정보화정책은 정책과정의 전반에서 정보화를 추진한다는 의미가 내포되어 있다.

정보화정책은 그동안 정보화정책이 추진되는 현상을 토대로 네 가지 범주로 구분하여 살펴볼 수 있다. <표 9-1>에서 보는 바와 같이 정보화정책은 통신망을 중심으로 한 전기통신정책으로부터 태동하여 컴퓨터 및 통신기술의 혁신과 응용확산 그리고 정책수요의 변화에 의해 양적 확대와 질적 심화를 보이며 재 정의되고 범위도 확장되면서 진화되고 있다. 즉 정보화정책은 고정된 설계가 아니라 정책과정을 통해서 지속적으로 수정되고 재결정되면서 변화되어 왔음을 알 수 있다.

또한 정책은 정책과정에서 발생하는 여러 요인들의 영향을 받아 재해석되고 변질되어진다. 이로 인해 정책목표의 수정이 불가피해지면서 변화된 정책목표는 다시 집행과정에 영향을 주며 진화되어 왔다(한세억, 2000). 이에 대해 좀 더 구체적으로 살펴보면 다음과 같은 네 가지 의미가 있다[4].

---

4) 제시된 분류는 기술적 측면, 법·제도적 측면, 정책 프로그램 등을 기준으로 하였으며, 여기에

첫째, 최협의의 의미에서 정보화정책은 전기통신정책에 국한된 정책으로 통신망 중심의 정책을 의미한다. 여기서는 통신미디어에 관한 통신고유의 정책분야와 서비스 및 요금구조와 이용제도 등을 포함하며 주로 통신기반구조에 초점을 둔 정책이다.

둘째, 협의의 의미에서 정보화정책은 통신망과 소프트웨어를 포함하는 것으로 정보산업과 관련한 정보통신정책으로 볼 수 있다. 또한 전기통신분야를 구성하는 요소간 상호 유기적인 조화가 이루어져 국가발전에 필수적인 수단으로 인식된다.

셋째, 광의의 의미에서 정보화정책은 정보산업뿐만 아니라 기존의 정보통신정책에 사회, 조직 및 개인적 측면이 포함되어 있다. 여기서는 음성, 문자, 영상 등 여러 유형의 정보를 동시에 빠른 속도로 언제, 어디서나 송·수신할 수 있는 물리적 통신망을 비롯하여, 정보기기 및 소프트웨어 그리고 사회제도, 문화 등도 포함한다.

마지막으로 최광의의 의미에서 정보화정책은 사회 전반적인 변화를 초래하는 것이며, 이와 관련된 전략과 방안 등이 매우 다양한 분야에 걸쳐 이루어지고 있다. 정보화정책은 국가사회의 정보화를 위해 추진되는 정책을 총칭하며 가장 포괄적인 의미로 사용된다.

▌〈표 9-1〉 정보화정책의 범주와 내용

| 구분 | 전기통신정책 〉 | 정보통신정책 〉 | 정보정책 〉 | 정보화정책 |
|---|---|---|---|---|
| 시기 | 1983~ | 1987~ | 1991~ | 1995~ |
| 범위 | 최협의 | 협의 | 광의 | 최광의 |
| 구성요소 | 통신위주 | 컴퓨터+<br>통신+소프트웨어 | 컴퓨터+통신<br>+소프트웨어+콘텐츠 | 전반적 내용 |
| 정책영역 | 전송망 | 정보통신산업 | 정보기반구조 | 국가사회전반의<br>정보화 |
| 구체적<br>프로젝트 | 국가전산화<br>사업 | 국가기간<br>전산망사업 | 초고속정보통신망<br>구축사업 | 정보화촉진기본계획 |
| 관련법률 | 전기통신<br>기본법 | 전산망보급확장<br>및 이용촉진에<br>관한 법률 | 정보통신연구·<br>개발에 관한 법률 | 정보화촉진기본법 |

자료: 한세억(2000), 정보화정책의 정체성과 진화 가능성 고찰.

---

정책담당자들과의 토론 및 연구자의 경험을 반영하여 정책을 구분한 것이다. 첫째, 기술적으로는 컴퓨터와 통신기술의 발달과 융합으로 그 응용분야가 지속적으로 확대되고 있으며, 둘째, 법·제도적 측면에서는 기술변화의 사회적 수용과 제도화의 노력이 확산, 구체화되고 있는데 이는 관련법령과 정부조직의 추이 등에 의해 실증되는 것이다. 셋째, 정책프로그램도 종래의 이질 혼합적으로 분산된 형태에서 통합적이며 일관된 형태로 되어 가고 있다.

정보화정책의 개념은 정보사회의 핵심이 되는 정보통신기반구축의 맥락에서 '정부가 정보사회를 실현하기 위해 설정된 정보전송, 정보유통, 정보응용, 정보제도 등의 목표달성을 위하여 행하는 모든 촉진적 및 규제적 계획 및 활동'으로 정의된다. 이를 세부적으로 살펴보면 정보화정책은 행정기관에 의해 이루어지며, 그 주체는 정부이다. 특히 통신망을 비롯한 정보기반구조는 정치 · 경제적 의미와 국가발전전략의 맥락에서 정부가 주도적 역할을 담당해 왔다(Schenck et al., 1988). 또한 정보화정책은 정보사회를 실현하기 위한 정부활동으로 사회설계 활동이라는 측면에서 볼 때 바람직한 정보사회의 모습을 실현하기 위한 노력이 정책으로 구체화된 것이다.

그리고 정보화정책은 정보사회 실현을 위한 정보통신 기반구조의 확보와, 정부가 목표달성을 이루기 위해 행해지는 모든 촉진 활동인 것이다. 즉 정책은 주어진 목표를 성취하기 위한 행위와 과정을 지도하는 일련의 원칙과 전략을 의미하는데 촉진활동에는 확산 · 지원 · 진흥 · 육성 등이 해당된다.

정보화정책은 정보사회의 실현을 위해 설정된 목표달성을 위해 다양한 법률과 사업의 형태로 표현되고 있다. 즉 1980년대 초반에 전기통신정책이 형성된 이래 그 의미와 내용이 크게 변화하면서 정보화정책으로 진화되어 왔으며, 근래에는 지식사회의 실현을 위한 노력의 일환으로 지식화 정책으로 그리고 최근에는 스마트시대에 맞는 정보화정책이 성숙 · 고도화되어 가고 있다.


## 3. 부동산정보화정책의 개념과 차별성

부동산정보화정책에 관한 선행연구는 아직 활발한 논의가 이루어지지 않은 미진한 상태로 부동산정보화정책의 개념이 정립되어 있지 않다. 따라서 본서에서는 부동산의 특성과 부동산정보의 특성을 바탕으로 부동산정보화정책의 개념을 설정하고자 한다.

먼저 부동산정보와 관련된 부동산 특성은 무엇인지를 알아보고자 한다. 부동산의 특성은 부동성(不動性), 영속성(永續性), 부증성(不增性), 인접성(隣接性), 개별성(個別性), 용도의 다양성(用途의 多樣性), 사회 · 경제 · 행정적 위치의 가변성(可變性) 등의 특성이 있는데 여기에서 부동산정보와 연관된 특성으로는 부동성, 개별성, 인접성, 용도의 다양성, 변경 가능성을 들 수 있다.

첫째, 부동산의 부동성이란 특성은 인간의 힘으로 이동시킬 수 없어 임장활동(臨場活動)이 필수적이며, 지역적으로 특화됨으로서 성공적인 부동산 활동을 위해서는 정보

활동이 필수적이다.

둘째, 모든 부동산은 물리적으로 보면 동일한 부동산은 존재하지 않아 각각 다른 개별성이란 특성이 있다. 모든 부동산은 크기, 모양, 지형 등이 상이하며 외부성으로 인한 영향이 다름으로서 엄밀한 의미에서 대체할 수 있는 부동산이 없다고 할 수 있다. 따라서 부동산에 대한 정보수집활동은 개개의 부동산마다 구체적이며 개별적으로 전개되어야 하는 것이다.

셋째, 토지는 인접토지와 연속되어 있어 긴밀한 연관관계로 인해 상호 영향을 주고 받는 인접성이 있다. 이러한 인접성은 부동산 활동과 부동산현상에 있어 각각 부동산의 협동적인 이용과 상호의존성을 필연적으로 형성한다. 따라서 가격구성에 있어서 인접지와의 상호 영향으로 외부효과(External Effect)에 대한 영향평가와 지역분석을 필연적으로 실시하게 된다.

넷째, 토지는 주거지, 상업지, 공업지 등 다양한 용도로 사용되는 용도의 다양성이 있다. 따라서 부동산의 정보도 부동산 용도의 다양성과 부동산정보의 특성에 따라 다양한 유형으로 구분된다.

다섯째, 토지는 존재하는 위치가 지니는 환경적 가치를 내포하고 있어 토지의 가치 또한 상시 변한다고 할 수 있다. 부동산은 사회·경제·행정적 영향을 미치는 환경을 흡수하여 가치로 변하는 변경 가능성이 있다. 따라서 부동산정보도 이와 같이 사회·경제·행정적 환경을 고려하여 수집 분석하여야 한다.

이러한 앞에서 기술한 바와 같이 부동산정보만이 지니고 있는 고유 특성으로 인하여 부동산정책은 일반적인 정보화정책과는 몇 가지 차별성이 있다.

첫째, 부동산에 관련된 정보구축은 행정안전부, 국토교통부, 법원행정처 등 다양한 부처에 산재되어 있어 이를 유기적으로 잘 조합하여야만 효용성이 높은 정보산출이 가능하다. 따라서 부동산정보화정책은 이를 통합할 수 있는 조정기능과 신속한 의사결정 능력을 가진 전담조직을 통해 부처 간 유기적인 협력을 이끌어 낼 수 있는 핵심 정책이다[5].

둘째, 부동산정보화정책은 부동산과 관련된 사회, 경제, 법률, 행정 등 다양한 정보를 수집해야 하는 복합성과 실시간(Real Time)에 의한 부동산정보의 유용성이란 특성으로 현행화가 필수적이다. 따라서 이를 위해 정보의 개방성과 이를 연계·통합할 수 있는 조정능력과 고도의 기술적 역량이 요구된다.

---

5) 전자정부 성과보고회(2007.9.19)에서 대통령은 "부동산정보는 국가의 기본 정보로서 해당 시스템들 간에 연계·통합을 통해 서로 공유해 나가야한다"고 역설하였듯이, 정보의 연계와 통합은 부동산정보화정책의 특징이며 추진의 핵심이라 할 수 있다(박세규·이동철, 2007).

셋째, 부동산정보화정책은 국가와 국민경제에 미치는 영향이 지대하고 민감하여 역동적·반응적인 변화를 수용할 수 있는 탄력적인 정책이어야 한다.

## 4. 부동산정보화정책의 효율성

부동산정보화정책은 부동산문제를 해결하려는 정부의 목적지향적 활동이라는 점에서 정보화정책과 동일한 맥락으로 볼 수 있어 다음과 같이 정의할 수 있다.

부동산정보화정책이란 '부동산현상이나 활동에 필요한 정보를 정보기술(IT)에 의한 생산, 유통, 활용하여 행정목적에 부합하도록 효율성 있는 부동산정보화에 대한 정부의 제반 활동'인 것이다. 정책의 효율성은 '정책이 계획대로 집행되어 정책목표의 달성 정도를 의미하는 정책의 성공을 지향'하는 의미라고 할 수 있다.

여기에서 효율성은 능률성과 효과성을 합한 개념(김광주, 1996; 오철호, 2000; 이윤식 외, 1999)으로, 능률성(Efficiency)은 단기적이고 직접적인 차원에서 정책이 계획대로 집행되어 의도한 산출(Output)의 달성으로 투입 대비 산출의 의미이다. 효과성(Effectiveness)은 장기적이고 간접적인 차원에서 정책이 종료되어 의도한 대로의 결과(Outcome)와 효과(Impact)를 나타내는 정책에 대한 목표달성의 정도(Degree of Goal Achievement)를 의미하는 것이다(윤상오, 2004; 정정길, 2010).

따라서 부동산정보화정책의 효율성을 능률성과 효과성으로 구분하여 보면, 먼저 능률성은 부동산정보화정책의 형성, 집행, 평가 및 분석까지의 정책과정 전반에 걸쳐 의도한 시간과 예산범위 내 완료하고 의도한 시스템이 구축 운영될 수 있었는가 하는 측면이며, 효과성은 비용절감, 인력감축, 생산성 향상, 만족도 개선 등을 어느 정도 달성하였는가 하는 측면을 포함하는 의미라고 할 수 있다.

[그림 9-1] 부동산정보화정책의 성공 개념[6]

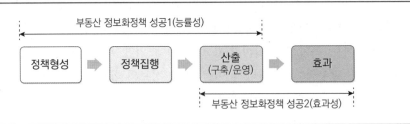

자료: 경정익(2010).

---

6) 경정익(2010), "부동산정보화정책의 성공요인에 관한 연구", 한국공공관리학회보 제24권 제3호.

## 5. 부동산정보화정책 영향요인

본서의 부동산정보화정책에 영향을 미치는 요인은 경정익(2011a)의 "부동산정보화정책의 영향요인에 관한 연구"와 경정익(2011b)의 "부동산정보화정책의 효율성에 관한 연구"를 바탕으로 정리하면 다음과 같다.

이는 부동산정보화정책을 형성하여 추진하는 공무원과 공기업 직원[7]을 대상으로 한 인식조사를 바탕으로 SPSS(v.18.0)를 이용하여 계량분석을 실시한 결과이다.

부동산정보화정책의 영향요인이 능률성에 미치는 영향에 대해 회귀분석을 통한 인과관계를 분석하여 보면 부동산정보화정책의 영향요인 중 추진 리더십, 사용자 중심적 접근, 기술적 역량 및 적용, 정책평가 요인은 성공적인 부동산정보화정책의 능률성에 유의미한 영향을 미치는 것으로 나타났으며, 추진 리더십, 사용자 중심적 접근, 기술적 역량 및 적용, 정책평가, 예산 편성 및 운영 요인은 성공적인 부동산정보화정책의 효과성에 유의한 영향을 미치는 것으로 나타났다.

즉 추진 리더십, 사용자 중심적 접근, 정책평가, 기술적 역량 및 적응 등 4가지 요인은 성공적인 부동산정보화정책의 효율성에 영향을 미치는 것으로 나타난 것이다.

반면, 사업관리, 조직운영 및 역량, 환경변화 적응 요인은 능률성과 효과성 모두 영향을 미치지 않는 것으로 나타났다. 특히 부동산정보의 특성과 부동산정보화정책의 차별성을 고려해 보았을 때 조직운영 및 역량은 매우 중요한 요인이다.

영향요인에 대한 인식을 분석한 결과, 부동산정보화 업무를 수행하는 담당자의 대우와 조직의 위상, 조직의 규모의 적절성에 대한 인식은 매우 낮은 상태로서 사업관리 및 조정요인과 조직운영 및 역량 요인이 부동산정보화정책에 영향을 미치지 않는 것은 당연한 결과로 보인다.

또한 환경변화 적응요인은 이해관계 집단의 영향 정도에 대한 매우 낮은 인식의 결과로서 기술 패러다임 변화와 최신 기술발전에 따른 적시적인 적용을 통해 정책 추진을 하여야 할 것이며, 부동산정보화정책 부서의 위상과 담당자의 대우를 보완하여 업무수행의 질을 향상시켜야 할 것이다.

이론적 검토과정 측면에서 부동산정보의 특성과 부동산정보화정책의 차별성을 고려할 때 조직운영 및 역량은 매우 중요한 요인이었다.

---

7) 설문조사는 실제 부동산정보화정책을 수행하는 국토교통부(48매)와 지방자치단체(서울시와 도·시청)의 부동산정보화정책 담당 공무원(243명)과 한국주택토지공사와 국토정보공사의 본사 직원(19명)의 유효자료를 수집하였다.

실제 부동산정보화는 정부 부처별로 추진되는 정보화의 일부분일 뿐이다. 부동산정보화를 추진하기 위한 주무부서나 주무담당관이 없는 상태이며 특별히 부동산정보화에 대한 조직의 중요성을 인식하지 못하고 있다. 부동산정보화정책을 주무적으로 추진하는 국토교통부의 경우를 보면 부동산정보화분야는 국토, 건설, 해양 등 7대 정보화[8]의 일부분으로 다른 분야와 함께 추진하고 있다.

---

**미래 IT 핵심 키워드 해설** HTML5(Hyper Text Markup Language 5)

- W3C에서 만들고 있는 차세대 웹 표준으로 텍스트와 하이터링크만 표시하던 HTML이 멀티미디어 등 애플리케이션을 제공하도록 진화된 웹프로그래밍 언어
- 검색엔진 최적화, 세련된 애니메이션 효과, 쉬운 앱 개발 환경, 네이티브 앱에 비해 개발 비용 저렴
- 최신 웹 브라우저(크롬, Saferi, IE 등)에 적용, 모바일 앱 외 스마트 워크 확산, 가전, 자동차 등 다양한 산업군에서 적용

[HTML 5 기반의 개방형 웹 생태계 확산]
자료: 한국정보화진흥원(2013), 빅데이터로 풀어 본 대한민국 IT미래 먹거리.

---

## SECTION 02  부동산정보화정책의 평가

## 1. 부동산정보화정책 평가의 의의

정보화정책의 평가의 목적은 집행된 정보화정책의 효과에 대해 신뢰할 수 있고 타당한 정보를 얻고자 하는 것이라고 할 수 있다.

정책평가에 대해서는 여러 학자들의 다양한 견해가 있다. Hatry(1999)는 정책평가를 '특정한 정부사업이 국민에게 미친 모든 장·단기적 효과에 관한 정보를 제공하기

---

8) 국토교통부 정보화는 국토정보화, 교통정보화, 건설수자원정보화, 해양정보화, 물류항만정보화, 항공정보화, 공통행정정보화 등 7대 분야 추진과제를 선정하여 추진하고 있으며, 부동산정보화는 국토정보화와 공통행정정보화의 일환으로 추진되고 있다(국토교통부, 2013).

위해 특정한 정부사업을 체계적으로 검토하는 것'이라고 한다. Wholey(1977)는 '진행 중인 어떤 사업이 그의 목표를 달성하는 데 어느 정도 효과적인가를 측정하는 것'이라고 한다. Chlimsky & Shadish(1977)는 정책평가를 정책내용의 현실성, 정책과정의 체계성 그리고 정책체계의 합목적성을 고려하여야 한다고 하였다.

정책평가(Policy Evaluation)는 정책의 성패여부를 측정하여 가치를 판단하고자 하는 협의의 정책평가와 정책성패 뿐만 아니라 정책결과의 원인규명까지도 관심을 갖고 객관적, 체계적, 실증적으로 검토하는 과정이 있다.

결국 정책평가란 '정책의 내용, 집행 및 그 영향 등을 추정하거나 사정하기 위하여 체계적 연구방법들을 응용하는 것으로서, 어떠한 정책의 과정이나 결과를 이해하고 그 가치를 판단하는 사회적 과정'이며 정책의 당위성, 정책집행의 영향과 효과, 설정하였던 목표의 성취 정도, 정책대안의 효율성 등을 검토하는 일련의 활동이다. 정책평가는 이를 통해 정부의 정책결정 및 집행의 효과성과 능률성을 제고하고 정부의 문제해결을 위한 지식과 능력을 제고시키는 데 그 목적이 있다(김성태, 2010).

이러한 정책평가의 개념을 토대로 부동산정보화정책 평가가 갖는 의의를 살펴보면 부동산정보화 프로젝트 단위로 '투입 대비 효과' 성격의 정보화 사업에, 기관을 단위로 정보화 구현 정도에 대한 정보화 수준을 평가함으로서 정보화정책 평가의 기본틀을 구축하는 것이다.

따라서 부동산정보화정책 평가란 조직에 있어 부동산정보시스템의 개발 및 도입, 운영 그리고 관리에 관한 업무들이 사전에 설정된 목표 혹은 계획대로 수행되고 있는가를 확인하고 분석하는 것을 말한다.


## 2. 부동산정보화정책 평가지표

지표란 특정체계의 조건과 변화에 대한 간결하고 포괄적이며 그리고 균형 있는 판단을 제공하는 규범적인 공공통계(Public Statistics)로 정의된다(김성태, 2011).

경제지표와 안전지표 등과 같은 지표들은 정책분야에 폭넓게 활용되고 있으며, 이러한 지표들을 통칭하여 정책지표(Public Indicators)라 한다. 정책지표란 정책문제를 정의하고 윤리적인 관점에서 대안들을 선택하는 기준으로 설정할 수 있는 적합한 지표인 동시에 정책목표를 실현하기 위한 정책의 평가척도이다(노화준, 1989).

부동산정보화정책에 대한 평가지표의 개발은 부동산정보화정책에 연관된 변수의 선택과 부동산정보화정책의 조작화 그리고 부동산정보화정책 타당성 등 세 가지 단계를 거치게 된다.

## 1) 부동산정보화정책의 변수선택

부동산정보화정책 또는 정보화사업의 분석과 활용할 지표를 개발하는 데 있어 우선적으로 직면하는 문제는 무엇을 분석하고 평가할 것인가이다. 이는 평가할 수 있는 변수를 어떻게 선택하느냐로서 부동산정보화정책 평가지표의 타당성과 정확성을 확보하기 위해서이다.

즉 의제선정, 문제의 정의, 대안의 설계와 선정과정에서 분석하고자 하는 것을 제대로 분석하는데 평가할 변수를 활용하는 것이 중요하기 때문이다. 따라서 지표개발을 위한 변수선택의 기준은 어떠한 지표가 의제를 선정하여 대안선정에 이르기까지 정책과정에서 유용성이 얼마나 높은가이다.

## 2) 부동산정보화정책 변수의 조작화

정보화정책은 사회가 추구하는 궁극적인 가치와 밀접한 관계가 있다. 여기서 궁극적인 가치란 매우 추상적인 의미로서 이를 조작적 정의를 통해 계량화하기 위해서는 매우 구체적으로 확정하여야 한다. 다시 말해 변수를 구체화하기 위해서는 정보화사업의 목표와 내용을 구체적으로 분석을 하여야 한다.

이러한 분석을 통해 궁극적인 가치를 달성하기 위해 직·간접적으로 관련되는 기여변수(Contributory Variable)를 선택한다. 기여변수는 부동산정보화정책에 근거하는 문제의 정의, 대안의 설계와 대안선정과정에서 활용하였던 인과관계 모형에 의하여 도출된다. 그리고 인과모형에 의하여 도출된 기여변수들 가운데 계량화 혹은 조작(Manipulation) 가능성이 높은 변수들을 최종적으로 정보화정책 분석 또는 평가지표에 포함하는 것이다.

또한 기여변수를 선정하여 조작적 정의를 하고 나면, 정의된 개념들을 측정할 구체적인 지표개념(Indicator Concepts)을 선택하게 된다. 여기에서 지표의 개념과 지표는 상호 일대일로 대응되기 보다는 하나의 지표개념을 둘 이상의 복수지표에 의하여 측정되는 경우가 일반적으로, 지표개념에 따라 이를 측정할 적정 수의 지표를 선택하여야 한다.

## 3) 부동산정보화정책 지표의 타당성

일반적으로 타당성이란 측정하고자 하는 것을 제대로 측정하였느냐는 의미이다. 부동산정보화정책 지표의 타당성은 지표에 포함되어야 하는 변수가 제대로 포함되었고 조작적 정의를 통하여 왜곡되지 않았다는 것을 의미하는 것이다.

따라서 부동산정보화정책 지표의 선정과 측정에서 가장 중심적인 기준은 신뢰성(Reliability)과 타당성(Validity)이다. 신뢰성과 타당성 모두 높은 것이 가장 이상적이라 할 수 있으나, 둘 중에 하나를 선택하여야 한다면 신뢰성보다는 타당성을 우선적으로 고려하여야 하는 것이 적절하고 일반적이다.

부동산정보화정책의 평가 또는 분석지표는 인과적 모형에 따른 이론적 원리 또는 정책을 정당화하기 위하여 요구되는 구성 타당성(Construct Validity)의 기준을 충족해야 한다. 구성 타당성이란 수렴의 원칙과 판별의 원칙에 의하여 해석이 가능하다. 이는 지표가 측정하는 것과 측정하지 않아야 하는 것을 구별할 수 있어야 함을 의미한다.


## 3. 부동산정보화정책 평가의 유형과 평가방법

부동산정보화정책의 평가는 부동산정보화 수준평가와 부동산정보화 사업평가로 구분할 수 있다. 부동산정보화 평가는 정보화와 관련하여 장차 필요한 정책적·행정적 조치를 취하는 데 도움을 줄 목적으로 분석적인 방법을 체계적으로 적용함으로서 정보화의 과정이나 결과를 이해하고 그 가치를 판단하는 객관적, 체계적, 실증적, 회고적인 점검과 사정활동을 의미하며 정보화의 과정 및 결과에 관한 평가로 구성된다.


## 1) 부동산정보화사업 평가

부동산정보화사업 평가는 정보화정책 평가의 일부로서 특정 정보화사업의 집행행동 및 결과에 대하여 객관적이고 체계적이며 실증적으로 분석·고찰하여 판단을 내리는 활동이라 할 수 있다.

부동산정보화사업 평가는 회고적이며 사후의 점검활동을 하며, 평가대상으로서 평가결과물에 대한 평가와 함께 집행에 관한 평가를 특징으로 한다. 또한 평가의 준거가 되는 평가이론이 먼저 수립되고 그에 따른 적절한 평가 접근법 활용이 전제되고 있다는 점이다.

부동산정보화정책 평가는 평가대상, 평가시점, 평가기준, 평가주체에 따라 다양한 유형으로 구분된다.

▌〈표 9-2〉 정보화정책 평가 유형

| 분류기준 | 평가유형 | | 특성 |
|---|---|---|---|
| 평가목적 | 정책형성 | | 새로운 프로그램의 필요성을 측정하고 정당화 |
| | 정책집행 | | 프로그램이 가장 효율적으로 집행되도록 보장 |
| | 책무성 | | 프로그램 효과성 및 지속/수정/종결 필요성의 결정 |
| 평가내용 | 집행평가 | | 사업의 집행 과정 평가 |
| | 효율성 평가 | | 비용 대비 산출(효과) 평가 |
| | 효과성 평가 | | 의도했던 직접적 목표의 달성 정도 측정 |
| 평가시점 | 사전평가 | | 사업이 집행되기 이전 수행 |
| | 과정평가 | | 사업이 집행 중에 수행 |
| | 사후평가 | | 사업이 집행 이후에 수행 |
| 평가주기 | 일회평가 | | 1회의 종합평가 |
| | 수시평가 | | 사업 집행 과정 중 수시로 평가 |
| | 주기평가 | | 분기/반기/년/격년 등 주기적으로 평가 |
| 평가주체 | 자체평가 | 자체평가 | 사업의 집행 담당자 자신이 직접 평가 |
| | | 내부평가 | 사업 시행에 책임을 지고 있는 기관의 담당자가 평가 |
| 평가활용자 | 외부통제기관, 기관책임자, 사업책임자, 사업담당자, 일반인·고객 | | |

자료: 김성태(2011), 「신 정보정책론 이론과 전략」.

## 2) 부동산정보화정책 수준평가

부동산정보화정책의 수준평가는 국가정보화와 국토교통부 정보화의 효과적인 추진을 위해 필요하다고 판단되는 기관, 지역 등을 매년 선정하여 평가를 실시하는 것이며, 이는 민간전문가로 구성된 정보화평가위원회를 통해 평가한다.

즉 부동산정보화정책 수준평가는 정보기술이 조직의 임무 및 목표달성에 기여하는 정도에 대한 종합적 평가로서, 조직의 목표, 사업진행상태, 정보기술 활용의 적절성 등을 평가하는 것으로, 평가중점사항으로는 업무능률성과 국민의 서비스 제공 정도, 업무개선, 조직개혁 등 정성적 평가가 주를 이루고 있다.

# CHAPTER 10 부동산정보화정책 추진

## SECTION 01 부동산정보화정책 추진 경과

### 1. 국가정보화정책 추진

정부는 2008년 11월 국가정보화 기본계획을 수립한 이후 2010년 7월 스마트워크 활성화 전략, 2011년 1월 스마트 전자정부 추진계획 등 다양한 정보화전략을 마련하여 추진하고 있다.

특히 최근에는 고령화, 신종 전염병, 에너지 고갈, 환경변화 등 다양한 사회적 이슈에 대한 해결방안 마련이 공통관심사로 대두되고 있으며, 클라우드 컴퓨팅, 빅데이터, 그린 IT의 부각, 무선인터넷 등 통신기술발전에 따른 참여·공유·개방 기술의 활용이 확산됨에 따라 정보화 패러다임 변화 역시 급속히 변화하고 있다. 반면에 DDoS, 개인정보 유출 등 사이버 범죄 역시 날로 지능화·조직화되어 국가 경제적 피해 및 국민 불안을 가중시키는 원인이 되고 있으며 정보문화의 건전성을 위협하는 인터넷 중독이나 악성 댓글 등도 좀처럼 줄어들지 않는 부작용이 병행되고 있다.

이와 같은 정보화의 급격한 환경 변화를 고려해 보면, 국가정보화정책은 좀 더 가시적인 성과점검과 미래사회 및 정보화 패러다임 변화에 좀 더 적극적인 대응을 하기 위해서 거시적이면서도 세밀한 준비가 필요한 시점이라고 할 수 있다.

2013년도 국가정보화시행계획에서 정부는 현재 추진 중에 있는 정보화계획의 성과달성과 함께 곧 도래할 환경변화에 대응하는 데 주안을 두고 ① 신산업 창출기반 지원 및 기존산업의 부가가치 창출 등을 통한 '미래성장 기반 확보', ② 스마트워크 환경

구축, 녹색성장 지원 확대 등을 통한 '녹색국가 전환 촉진', ③ 생활 안전 강화와 스마트 행정기반 구축 등을 통한 '국민의 삶의 질 개선' ④ 건전하고 안전한 사이버공간 조성 및 투명한 나눔 인프라 구축 등을 통한 '성숙한 신뢰사회 구현' 등 4대 중점 추진방향을 제시하고 있다.

1980년대 말부터 현재까지 추진되어 온 국가정보화정책의 과정을 살펴보면 다음과 같다. 먼저 1987년부터 역대 정부가 추진한 정보화사업은 2차례에 걸친 국가기간전산망사업(제1차 1987~1991; 제2차 1992~1996)과, 3회에 걸친 초고속 정보통신망구축사업(제1차 1995~1997; 제2차 1998~2000; 제3차 2001~2005), 그리고 3차례의 정보화촉진기본계획(제1차 1996~1998; 제2차 1999~2001: 제3차 2002~2006), 2회의 전자정부(제1차 2001~2002; 제2차 2003~2007)사업 등으로 추진되었다. 이들 정책과 사업들의 시작 및 종료 연도는 조금씩 다르기는 하지만 중요한 특성을 고려하여 큰 틀로 분류하면, 국가정보화는 제1단계 착수기(1987~1995), 제2단계 본격추진기(1996~2000), 제3단계 고도화기(2001~2010)[9]로 구분하고 있다(송희준·조택, 2007).

## 1) 제1단계: 착수기(1987~1995)

정보화의 출발은 전두환정부 말년인 1987년에 시작된 2회의 국가기간전산망사업이라고 할 수 있다. 사업을 착수하게 된 배경으로는 경기침체와 재정적자를 극복하기 위한 작은 정부 구현과 행정효율성 달성을 위해서는 정보화가 중요하다는 인식이 자리잡고 있었다.

제1단계(1987~1995) 정보화정책의 비전과 목표는 공공서비스 생산 및 공급방법의 개선, 국민 편의성 증진, 국가경쟁력 제고를 통한 작은 정부 구현이다.

제1차 국가기간 전산망사업(1987~1991)은 행정(주민, 부동산, 자동차, 통관, 고용, 경제통계), 금융, 교육·연구, 국방, 공안 등 5대 국가 핵심정보를 DB화하는 것이었다. 이중 주민·부동산·자동차에 대한 정보구축은 지방자치단체의 중요업무이다. 예를 들면 주민등록법에 시장, 군수 또는 구청장은 시·군·구 주민의 거주관계 등 인구의 동태를 파악하도록 주민등록표 작성, 주민등록증 발급, 주민등록번호 부여 등의 업무를 수행하고, 중앙정부는 주민등록 전산정보센터를 설치하여 주민 거주이동을 광역단위로 처리·관리하였다. 이 사업으로 동사무소 직원이 수작업으로 갱신한 주민등록 등·초본

---

9) 송희준·조택(2007)은 정보화 3단계를 2001~2007년으로 하고 있으나, 본 서에서는 2001~2010 년으로 수정하여 정리하였다.

을 복사하여 주민에게 발급하던 종전의 주민등록 관리체계가 전산 시스템으로 변화하고, 주민의 원거리 주소변경이 지자체간 내부 통신망을 통한 광역 처리 방식으로 발전하였다(송희준·김준한, 1991). 그러나 인터넷 보급 이전 단계였기 때문에 민원서류 발급은 여전히 방문 신청하여야 하였다.

제2차 기간전산망사업(1992~1995)은 국민복지·우체국·기상·해상화물·지적재산권 등 7개 시스템 구축사업으로서 주로 중앙정부의 외청 단위 업무에 대한 DB구축이다. 이는 지방자치단체업무 또는 지역정보화와는 직접적인 관련이 상대적으로 작은 분야이다.

▌〈표 10-1〉 제1단계 국가기간 전산망사업 추진

| 구분 | 연도 | 사업내용 |
|---|---|---|
| 제1차 | 1987~1991 | • 국가기간 DB: 행정, 금융, 교육연구, 국방, 공안<br>• 우선행정 DB: 주민, 부동산, 자동차, 통관, 고용, 경제통계 |
| 제2차 | 1992~1996 | • 우선업무: 국민복지, 우체국, 조달, 해상화물, 어선, 지적도면, 지적재산권, 기상정보<br>• 중정지원업무: 경제통상, 농업기술, 환경보전, 국세종합관리 |

자료: 송희준(2008), 정보화정책의 역사적 성찰과 향후 과제.

제1단계의 사업추진체계를 살펴보면 우선 제1차 사업을 위하여 1986년 '(구)전산망 보급 확장과 이용촉진에 관한 법률'을 제정하고, 전산망조정위원회와 한국전산원을 설치하였으며, 재정배분 방법으로 '선 투자 후 정산' 제도를 도입하였다. 특히 전두환 대통령은 대통령 비서실장을 전산망조정위원회의 초대 위원장으로 임명하여 자원 동원과 부처 간 조정에 강력한 집권적인 추진력을 발휘하였다. 그러나 1992년에 시작된 2차 사업은 민주화에 대한 높은 우선순위를 설정한 노태우정부와 김영삼정부의 정보화에 대한 무관심과 전산망 조정위원장으로 체신부장관을 선정한 약한 위상으로 인하여 분권적인 행정체계로 추진함에 따라 큰 성과를 거두지 못하였다.

## 2) 제2단계: 본격 추진기(1996~2000)

제2단계는 작고 효율적인 정부라는 이념 하에 글로벌화에 따른 시장개방에 대응하는 차원에서 인터넷이 사회적으로 급속히 확산되는 시기이다. 김영삼 대통령은 집권 초기의 민주화 관심에서 벗어나 정보통신부 신설(1994. 12), 초고속통신망사업 착수(1995),

정보화 촉진기본법 제정(1995), 정보화 촉진기본계획 시행(1996)을 주도하였다. 정보화 촉진기본계획은 대민 서비스를 향상하기 위하여 인터넷을 통한 창구 민원서비스를 개발 운영하고, 정보공유 및 공개를 강화하였다.

특히 지역균형발전을 위한 지역정보화를 지원하기 위하여 지역특성에 맞는 정보화 사업을 개발하고, 지역정보화 거점을 조성 운영하는 내용을 담고 있다. 바로 이 시기에 본격적으로 도입되는 지방자치제도와 더불어 지역정보화를 통한 지역불균형 해소와 지방경제의 활성화에 관심을 갖기 시작하였다.

제2단계 본격 추진기에 정보화는 정보화 촉진기본법 체계 하에서 국무총리가 위원장인 정보화추진위원회와 실무 간사인 정보통신부가 주도하는 형태로 추진되었다. 그러나 대통령제 하에서 국무총리와 정보통신부의 주도적 역할과 부처간 조정역량은 상대적으로 제한되었다. 이러한 요인으로 인하여 2001년부터 대통령 의제(Presidential Agenda)로 추진되는 전자정부사업은 대통령 자문 전자정부 특별위원회가 수행하게 되었다. 다만 부처들의 정보화사업에 정보통신부의 정보화촉진기금이 대응예산(Matching Fund)으로 투입되고, 한국전산원이 기술 지원하는 형태로 작용한다. 따라서 제2단계 전자정부는 부처간 수평적 파트너십에 의존하는 분권적, 상향적인 형태로 추진되었다고 평가할 수 있다.

---

**미래 IT 핵심 키워드 해설** OTT(Over The Top)

- 기존 통신 및 방송사업자와 더불어 제3사업자들이 방송 프로그램, 영화 등 다양한 동영상 콘텐츠를 인터넷을 통해 제공해 주는 서비스
- 기존의 PC 및 모바일 중심에서 홈 미디어 단말과 TV스크린까지 OTT서비스 영역으로 확대
- 시간과 장소 디바이스에 관계없이 다양한 미디어를 저렴한 가격에 이용

[OTT로 인한 미디어 산업 패러다임 시프트]
자료: 한국정보화진흥원(2013), 빅데이터로 풀어 본 대한민국 IT미래 먹거리.

| 과제명 | 목표 | 세부추진내용 |
|---|---|---|
| 1. 작지만 효율적 전자정부 구현 | 기관별 전산화와 인터넷 연결, 기관 간 정보공용 | • 대민 민원 서비스 개선<br>• 정부 정보 공유 및 공개촉진 |
| 2. 교육정보화 | 인터넷을 통한 국제 교육정보 활용 환경 실현 | • 열린 교육기반 조성<br>• 원격교육 확대 |
| 3. 지식기반 학술 및 연구 정보환경 | 연구자의 국제연구정보 실시간 활용 환경 조성 | • 기존 교육·연구전산망 고속 및 대용량화<br>• 학술·과학기술 정보DB 구축 |
| 4. 산업정보화와 기업경쟁력 강화 | 무역 등 부문별 추진정보화사업의 상호연계 | • 산업 정보의 종합DB 구축 및 활용<br>• 산업정보망 확충으로 정보유통 원활화 |
| 5. 정보화로 SOC 활용도 제고 | 물류체계 전산화 및 공공·민간 시스템 연계 | • 부문별 하위 정보시스템 고도화<br>• 물류정보망 국제화 |
| 6. 지역정보화지원 | 지역불균형 해소 위한 정보화 추진 | • 지역특성에 맞는 정보화사업 지원<br>• 지역정보화 거점 조성 |
| 7. 의료서비스 정보화 | 양질의 의료 서비스 제공 환경 조성 | • 보건의료 정보망 구축<br>• 의료보험종합전산망 구축 |
| 8. 쾌적한 생활 환경관리 정보화 | 환경정보화로 삶의 질 향상 | • 환경자료 입수 및 공유체계 구축<br>• 종합 환경 DB 구축 |
| 9. 국가안전관리 정보시스템 구축 | 전국적 안전관리 정보망 구축 | • 국가안전관리정보 DB 구축<br>• 국가안전관리통신망 구축 |
| 10. 선진외교·국방 정보체계 구축 | 정보화로 국가 외교 정보수집·활용체계 구축 | • 외교정보망 구축<br>• 첨단 정보전 대비 국방정보체계 구축 |

자료: 송희준(2008), 정보화정책의 역사적 성찰과 향후 과제.

## 3) 제3단계: 고도화기(2001~2010)

국가정보화 추진 제3단계는 전자정부를 구축 추진한 시기로 정보화를 고도화하는 단계로서 주로 전자정부 사업 위주로 추진되었다.

전자정부라는 용어는 미국에서는 1993년 처음으로 사용되었으며, OECD(2002)에서는 전자정부를 '보다 나은 정부구현을 위해 단순히 인터넷 구입이나 온라인 서비스 제공 차원을 넘어서 정부업무 전반에 있어 인터넷의 포괄적인 이용이 이루어지는 정부'라고 정의하고 있다.

우리나라에서는 전자정부를 정보기술을 활용하여 행정기관의 업무를 전자화하여 행정기관 상호간 행정업무 및 국민에 대한 행정업무를 효율적으로 수행하는 정부10)라고 명시하고 있으며, 정부혁신지방분권위원회(2003)에서도 '정보통신기술을 기반으로 하여 행정·입법·사법 등 정부내 업무의 전자적 처리와 유기적인 연계로 행정의 효율성과 투명성을 제고하여 국민과 기업이 원하는 정보와 서비스를 언제 어디서나 쉽게 접근하고 이용할 수 있게 함은 물론 참여 민주주의에 대한 국민의 요구에 적극 부응하는 정부'라고 정의하고 있다.

우리나라에서는 국가정보화가 고도화된 국가정보화 추진 3단계에서 전자정부가 분화 및 전문화되어 독립적인 사업영역으로 추진되었다. 국가정보화 추진 3단계는 3차에 걸쳐 추진되었다.

제1차 전자정부사업(2001~2002)은 김대중 정부가 전자정부를 통한 행정 투명성 제고로 부정부패를 방지하고 민원업무의 원스톱 서비스를 실현하여 행정개혁의 혜택을 국민과 기업이 피부로 체감하도록 하는 데 초점을 두었다(전자정부특별위원회, 2003: 49~55). 21세기 세계 일류국가 도약을 비전으로 최고수준의 대민 서비스 제공, 생산성과 투명성의 극대화, 최적의 기업 활동 제공, 그리고 정보인프라의 안전성과 신뢰성 확보를 목표로 정하였다. 제1차 전자정부는 4개 프론트 오피스11)(G4C, 종합국세, 4대 사회보험 연계, 조달), 4개 백 오피스(국가재정, 인사관리, 교육행정, 시·군·구 행정), 3개 인프라(결재 및 문서유통, 전자관인 및 전자서명, 범정부 통합전산센터) 등 11개 사업이 추진되었다. 4개의 백오피스 관리업무도 대부분 대민 서비스를 위한 하위 시스템을 포함하고 있다.

제2차 전자정부사업(2003~2007)은 세계 최고의 열린 전자정부 구축을 비전으로, 서비스 전달혁신을 통한 네트워크 정부 구축, 행정 효율성과 투명성 향상을 통한 지식 정부구축, 진정한 국민주권을 실현하는 참여정부 구축을 목표로 정보화와 정부혁신의 연계, 수요자 중심의 사업추진, 성과목표 설정 및 단계별 성과관리, IT산업 육성 전략을 수립하였다(정부혁신지방분권위원회, 2005: 13~29).

제2차 정보화사업의 특성은 다 부처 연계에서 범정부적 시스템 통합 및 연계로 확대되고, 쌍방향적 웹 사이트 구축(Q&A, FAQ 등), 민원처리 단계 공개 및 통지 등 거버넌스 관점에서 고객, 시민단체, 일반국민의 정책과정 참여를 포함하고 있으며, 로드맵은 정부기능과 업무, 정보자원 등 핵심요소를 범정부적으로 적용하는 선진 통합설계모

---

10) 전자정부법 제1조 제1항 (2013.7.6)

11) 프론트 오피스(Front Office)는 생산, 판매, 거래 등 부가가치 생산 즉 영업활동을 위한 업무를 의미하며, 백 오피스(Back Office)는 프론트 오피스에 대비하는 의미로 후선 지원업무를 의미함.

형을 포함하고 있다(정부혁신지방분권위원회, 2005: 50-52). 31개 로드맵사업이 조금씩 중복되거나 성격이 모호한 경우가 있어서 명확하게 유형화되지는 않으나 대체로 프론트 오피스 9개(29.0%), 백 오피스 13개 군·구 행정정보화와 제2차의 시·도 행정정보화는 지자체의 업무로 분류될 수 있다.

　　<표 10-3>에서 알 수 있듯이, 노무현정부의 제2차 사업은 제1차에 비하여 프론트 오피스 서비스보다는 백 오피스 관리에 초점을 두고 있다. 이러한 변화는 제1차에서 다 부처서비스 사업들을 시행한 결과 백오피스가 잘 정비되지 않으면 프론트 오피스도 어렵다는 현실을 인식한 결과로 해석된다[12].

　　앞에서 언급한 바와 같이 제3단계 정보화에서는 제1차 전산망사업과 같이 대통령이 전자정부를 대통령 의제(Presidential Agenda)로 추진하는 집권모형이 다시 등장하게 되었다. 이런 집권모형의 재등장은 다부처(Multi-Agency) 및 범부처(Government Wide) 통합 및 연계를 지향하는 전자정부의 진화과정이 반영되고 있다고 할 수 있다.

▎〈표 10-3〉 전자정부사업의 추진 현황

(단위: 개(%))

| 구분 | 프론트 오피스 | 백 오피스 | 인프라 구축 | 합계 |
|---|---|---|---|---|
| 제1차 | 4(36.4) | 4(36.4) | 3(27.3) | 11(100%) |
| 제2차 | 9(29.0) | 13(41.9) | 9(29.0) | 31(100%) |

자료: 송희준(2008), 정보화정책의 역사적 성찰과 향후 과제.

　　김대중 정부의 전자정부는 대통령의 강력한 지원과 조정(대통령비서실 정책기획수석) 속에 기술 전문성과 부처 간 중립성을 지닌 외부전문가로 구성된 대통령자문 전자정부특별위원회가 의제도출과 정책집행 점검 및 조정을 주도하였다. 그리고 정보통신부, 행정안전부, 기획예산처의 협업체계로 집행되었다.

　　노무현 정부에서는 대통령자문 정부혁신 지방분권위원회 산하 전자정부특별(전문)위원회가 전자정부 로드맵 과제를 발굴하고, 구 행정안전부의 총괄 하에 부처별로 시행하였다. 즉 제1기는 과제 발굴에서 종료까지 전자정부 특별위원회가 조정 및 점검·

---

12) 이것은 마치 상점에서 상품진열이 잘 되기 위해서는 창고의 재고관리가 잘되어야 하는 것과 같은 이치이다. 이와 같은 이유로 인하여 미국 연방정부도 성과, 서비스, 업무 프로세스, 데이터, 기술 등 정보시스템 핵심요소들의 참조모형(Reference Model)을 통합하는 연방 엔터프라이즈 아키텍처(FEA)를 개발 보급하고 있다.

평가하였으나, 제2기는 전자정부특별위원회에서 과제 발굴을 하고, 집행은 행정안전부 총괄하에 각 부처가 수행하는 다소 분권적 형태로 추진되었다.

제3단계의 큰 특징은 과거와 달리 국가정보화와 전자정부의 추진체계가 이원화되었다는 점이다. 국무총리와 정보통신부가 총괄하는 국가정보화와 대통령과 행정안전부가 관장하는 전자정부가 별도의 행정체계에 따라 추진되었기 때문이다.

이명박 정부는 그동안의 전자정부 추진성과를 바탕으로 전자정부 추진과정에서 발생한 단절과 분산의 문제점을 해결하고, 전자정부를 단순한 효율성 중심에서 벗어나 국가의 현안을 해결하는 주요한 수단으로 활용하고 있으며, 정보화 역기능 방지를 위해 추진되었다.

국가정보화는 전자정부, 행정정보화 등의 용어 등과 혼재되어 사용되면서 많은 혼란이 야기되었다. 그 이유로는 업무영역의 중복과 추진 주체가 다양하며, 전자정부 추진은 각 부처의 성장과 예산확보에 긴요하여 상대적으로 급성장한 면과 타 분야에 비해 빠른 변화로 전자정부가 크게 부각되었기 때문인 것으로 보인다.

과거 20여 년 동안 국가정보화는 (구)정보통신부에 의해서 추진되었으나 이명박정부에서는 행정안전부가 총괄하는 주무기관으로서, 전자정부와 국가정보화간의 개념과 영역을 보다 명확하게 할 필요성이 제기되고 있다.

따라서 다양한 접근방법 모색과 학계 논의를 종합해 보면 국가정보화는 '정부가 직접 또는 간접적인 방식으로 정보기술을 활용하여 정보의 생산, 유통, 활용을 위한 기반을 구축하고 이를 기반으로 국가사회 각 분야의 생산성과 부가가치를 제고하기 위한 제반 활동'으로 정의하고 있다(정충식, 2009). 또한 행정정보화에서 확장된 전자정부는 정부(행정)의 생산성 및 투명성 제고, 국민 참여 등 민주성 증진, 고객지향적 행정서비스 제고를 목표로 입법·사법·행정 등 정부의 전체를 정보화하는 것을 의미한다.

## 2. 부동산정보화정책 추진

부동산정보화정책은 최초 국가기간 전산망사업의 한 축인 행정전산망사업의 일환으로 부동산 종합전산망 구축을 추진하게 되었으며(한국전산원·데이콤, 1996), 이후 소관업무에 따라 개별 기관별로 자체적인 정보화사업을 추진하고 있다. 국가기간 전산망사업에서의 부동산 종합전산망사업은 전국 3,400만 필지에 대한 토지대장을 데이터베이스화(지적전산화)하여 '90.4월부터 전국적인 온라인 서비스를 시작하였다.

그동안 사용하던 국산 주전산기I(툴러런트) 시스템의 생산이 중단되고, 그 수명주기가 도래됨으로서 시·군·구 행정정보화사업의 일환으로 기존에 구축하여 운영하던 시스템을 시·군·구 시스템으로 교체 구축하고 지적전산의 재구축을 추진하였다. 뿐만 아니라 부동산 종합전산망 구축 이후에는 기관별 소관업무의 효율적 처리를 위하여 부처별·기관별로 자체적인 정보화사업을 수행하였다.

또한 행정안전부는 토지에 관한 문자정보와 속성정보의 통합서비스 제공을 위한 기반 구축을 위하여 지적도면 전산화사업을 추진하였다. 1994~1995년에는 지적 재조사를 통한 측량 데이터 획득 및 프로토타입을 개발하였으며, 1996~1997년에는 대전 유성구를 지적도면 전산화의 시범지역으로 지정하고 시범시스템을 개발하여 운영하였다. 1997년 5월에는 국가지리정보체계(NGIS)구축과 지적도면 전산화 사업을 추진하여 지적도와 임야도 72만매에 대한 수치화를 완료하였다.

토지분야 업무의 경우 (구)건설교통부는 토지거래 관리, 공시지가 산정, 공시지가 민원관리프로그램 등 일부 업무를 PC급으로 개발하여 시·군·구에 보급 운영되었다. 전국 약 2,700만 필지(과세필지 및 일부 국·공유지)에 대한 개별공시지가를 자동으로 산정할 수 있는 지가정보시스템을 1990년 1월부터 운영하고 있으며, 토지거래 입력·허가·신고·사후관리·검인대장 등 시·군·구의 토지거래관리전산시스템을 1994년 1월부터 운영하고 있다. 그리고 PC급으로 개발되어 개별적으로 운영되고 있는 토지관련 업무와 외국인 토지제도, 용도지역·지구 업무 등의 전반적인 사항을 통합 정보화하기 위하여 토지관리 종합시스템을 개발하였다.

그리고 행정안전부는 건축물대장의 효율적인 관리를 위하여 건축물대장 관리전산화를 추진하였다. 1997년 6월부터 1998년 2월까지 건축물대장 관리를 위한 시스템을 개발하였으며, 서울 송파구, 경기 광명시, 김포군, 울산시 등 산하 5개 시·군·구를 시범지역으로 선정하여 건축물 현황도면 자료를 입력하였다. 또한 건축 및 주택의 경우 민원관리 및 건축 인·허가 업무, 주택건설 사업관리, 기타 건축물관리 등의 업무에 대한 전반적인 사항을 전산화하기 위하여 1998년에는 건축행정관리시스템의 개발을 완료하여 시범운영을 거쳐 전국적으로 운영중에 있으며(구, 건설교통부), 건축물대장관리시스템(행안부)과 건축행정관리시스템(국토부)의 통합시스템 구축을 추진하였다.

대법원은 1990년부터 부동산 등기업무에 대한 정보화 계획을 수립하여 추진하였다. 부동산 등기 전산화는 1개의 중앙센터와 12개의 지역센터를 설치하고 242개의 등기소를 연결하는 시스템을 구축하고 1996년에는 응용소프트웨어 개발을 완료하였다.

따라서 1998년 10월에는 서울본원 등기과를 포함한 7개 등기소에서 대민 서비스를 개시하였으며, 지속적인 등기부 전산화 작업을 통해 전국적으로 확대 운영하고 있다. 그리고 부동산 등기 정보시스템에서 과세자료에 필요한 약 15개 항목에 대하여 국세청의 국세통합시스템에 연계하기 위한 과세자료 연계사업(대법원, 국세청)을 추진하였다.

한편 행정안전부에서는 1994년부터 국토정보센터를 운영하여 각종 정보를 제공하고 있다(행정안전부 외, 1998). 토지거래를 실명제로 전환하기 위한 기반조성을 위하여 지적·주민자료와 건설교통부의 공시지가자료 등을 연계 통합함으로서 가구별 소유현황을 파악하여 관련기관에 제공하고 있다. 1995년부터 제공대상으로 정부 10개 부처 및 산림청, 철도청, 국세청과 민원인에게 약 1억2천만건의 정보를 온라인(건교부) 또는 테이프(건교부 제외)로 제공하고 있다(이경철, 2006).

부동산 관련 정보관리 및 운영 업무는 서로 유기적인 연관성을 가지고 있어 중복된 정보구축과 운영기관의 다양성으로 인해 정보의 중복 및 불일치문제, 정보공동 활용 문제 등이 발생되고 있다. 또한 이를 처리하는 전산시스템은 각 기관별로 시차를 두고 개발되고 있어, 정보망간의 연계·통합을 통한 다양한 정보를 제공하는 데 많은 문제점이 지적되고 있다. 특히 부동산관련 업무의 처리에 있어서 민원인의 입증주의에 의한 민원처리로 인하여 민원인이 여러 기관을 방문하여 서류를 발급받아 제출하는 불편이 야기되고 있는 실태이다.

## SECTION 02 부동산정보화정책의 성공요인

앞에서 부동산정보와 정보화정책과 관련된 제반 이론 그리고 정보화정책 추진에 대하여 살펴본 바를 간략히 정리를 하여 보면 다음과 같다.

정보화라는 용어에서 화(化)의 의미는 '되어간다'는 동태적인 의미가 있어 부동산정보화정책이라는 의미에는 정보화가 되어가는 과정이라는 의미가 내포되어 있다고 할 수 있다.

우리나라 부동산정보화정책은 1980년대부터 많은 시행착오를 거치면서 고도화 되어 가고 있는 상태이다. 다만 얼마나 능률적이며, 효과적으로 부동산정보화정책을 추진하여 백 오피스(Back Office)와 프론트 오피스(Front Office)를 원활하게 지원할 수 있는 부동산정보체계를 조기에 구축하느냐가 관건인 것이다.

따라서 앞으로의 부동산정보화는 양적인 발전보다는 질적인 발전에 비중을 두고 추진해야 할 것이다. 즉 부동산정보의 정확성과 신뢰성을 향상시키고, 분산되어 있는 부동산정보의 연계 및 통합과, 최신 정보기술이 적용되어 언제 어디서나 개인화된 정보가 제공될 수 있도록 하여야 한다.

성공적인 부동산정보화정책을 구현하기 위해서 부동산정보의 특성과 부동산정보화정책의 차별성을 고려하여 이에 영향을 미치는 요인이 무엇인지를 살펴보아야 할 것이다.

즉 부동산정보화정책형성에서부터 집행, 평가하는 과정을 통하여 행정업무의 효율성과 대국민 서비스의 질 향상과 더 나아가 국민 개인이 행복감을 느낄 수 있는 정책이 되어야 하는 것이다[13]. 이는 다시 말해 성공적인 부동산정보화정책은 의도한 시간과 예산 범위 내에 완료되고 의도한 시스템이 구축 운영될 수 있었는가 하는 능률적인 측면과, 정책 산물에 대한 활용도, 만족도, 업무 생산성 향상도, 정책의 투명성과 신뢰성 등을 어느 정도 달성하였는가 하는 효과적인 측면이 충족되어야 하는 의미라고 할 수 있다.

따라서 부동산정보화정책의 산출이 능률적이면서 효과적으로 나타나기 위해서는 부동산정보화추진 리더십, 사용자 중심접근, 기술적 역량 및 적용, 정책평가 등 4개 요인을 그 성공요인이라 하였다(경정익, 2011b)[14].

## 1. 부동산정보화 추진 리더십

성공적인 부동산정보화정책이나 사업을 위한 첫 번째 중요한 영향요인은 정보화 리더십이다. 정보화에 관한 기존의 많은 논의와 실제의 정보화 사례에서 공통적으로 도출되는 영향요인은 조직에서 최고관리자의 정보화에 대한 관심과 후원이다(Anderson, 1991; OMB, 2002; OECD, 2003).

또한 대통령, 장·차관, 의회 등 정책결정자[15]가 정책집행의 성공적인 추진을 어느

---

13) 부동산정보화정책은 그 특성상 정책의 산출이 국민 개인의 행복감에 직접적으로 영향을 미치는 것은 매우 제한되어 본 연구에서는 제외하기로 한다.

14) 경정익은 "부동산정보화정책의 영향요인에 관한 연구"에서 부동산정보화정책을 형성, 집행, 평가하는 중앙 및 지방공무원과 민간 사용자 310명의 인식조사를 통해 부동산정보화정책을 성공적으로 추진하기 위한 4가지의 성공요인을 실증분석을 하여 밝혔다.

15) 우리나라의 실증적 집행연구에서 정책결정자(대통령)의 영향력이 중시되는 것은 신규정책을

정도 중시하느냐에 따라 집행자의 정책집행에 대한 의욕이 달라지며, 이는 집행에 필요한 인적·물적 자원을 획득하거나 여러 제약조건을 극복하는 데 중요한 역할을 하기 때문이다(정정길, 2010). 최고관리자의 정보화에 대한 관심은 조직구성원들의 정보화에 대한 관심과 동기를 불러일으키고, 정보화 추진 조직의 권한과 위상의 강화를 불러오며, 예산 확보와 부서내 갈등 해결을 용이하게 해 주기 때문이다(윤상오, 2004).

이러한 '부동산정보화정책 추진 리더십'은 최고 및 중간 관리자의 부동산정보화정책에 대한 관심과 지원 및 추진의지와 추진력이라 할 수 있다.

부동산에 관한 정보는 현재 국토교통부, 행정안전부, 대법원 등 여러 부처에 산재되어 있어 정보의 원활한 통합과 공유를 통해 정보의 효율적, 효과적인 활용을 하기 위해서는 관련된 여러 부서와의 유기적인 협력과 공조 그리고 혁신적인 기술의 적용이 필요하다고 할 수 있다[16]. 즉 부동산정보화정책을 성공적으로 추진하기 위해서는 대통령으로부터 장관과 단체장의 강력한 리더십이 그 어느 요인보다도 중요한 것이다.

조직의 CEO와 CIO[17]가 부동산정보화에 보다 많은 관심을 가질수록 그 중요성이 더욱 증대되어 부동산정보화정책이 성공할 가능성은 더욱 높아질 것이다. 따라서 정보화책임관(CIO)의 활성화와 전문성 강화가 요구되며, 부동산정보화 사업에 대해 장·차관을 비롯한 단체장에게 지속적이고 정기적으로 부동산정보화와 관련된 업무보고를 할 수 있도록 하며, 정보화 책임관이 회의에서 발언을 할 수 있는 권한을 부여하여 관심을 더욱 제고시켜야 할 것이다.

또한 부동산정보화정책에 대한 강력한 리더십을 발휘하기 위해서는 최고 책임자와 중간 관리자의 지식함양이 중요하다. 따라서 담당부처와 담당자에 의한 조직 내에서 정기적인 학습의 장(강연, 세미나, 간담회 등)을 마련하고자 하는 노력이 필요하다.

---

담당할 집행부처를 최종적으로 지정하거나(김광웅, 1984), 사회적으로 큰 변혁을 수반하는 정책을 처음 시작하거나, 집행부처가 갈등이 있거나 당해 집행부처가 타 부처에 비해 상대적 열위에 있을 때 이를 극복해 주는 조정자(fixer)로서 작용을 하기 때문이다.

16) 전자정부 성과보고회(2007.9.19)에서 대통령은 "부동산정보는 국가의 기본 정보로서 해당 시스템들 간에 연계·통합을 통해 서로 공유해 나가야 한다"고 역설한 바와 같이 이는 부동산정보화정책의 특징이며 추진의 핵심이라 할 수 있다(박세규·이동철, 2007).

17) CIO(Chief Information Officer)는 조직의 모든 업무를 이해하고 조직의 목표를 달성하기 위해 정보자원을 효율적으로 활용하고, 최고의사결정에 참여하여 조직의 새로운 전략과 목표를 세우고 추진, 관리하는 기술적인 능력과 비즈니스 능력을 겸비한 고위관리자를 말함.

## 2. 사용자 중심 접근

정보화는 사용자를 통해서 그 효과가 나타나며, 특히 고객들에 의한 적극적인 활동이 이루어져야 성공할 수 있다(Kettle, 1997). 특히 정보시스템 구축, DB 구축, 포털사이트 구축 등 고객의 적극적인 활용이 필수적인 상당수의 정보화사업이 고객들의 저항이나 무관심으로 활용이 저조하여 예산을 낭비하는 결과가 많이 발생하고 있어(정보화평가위원회, 2003) 고객 관점의 중요성이 더욱 커지고 있다.

따라서 '사용자 중심적 접근' 요인은 정보화 사업을 추진하는 과정에서 사용자와의 충분한 의사소통으로 의견을 반영하여 사업의 성공을 판단할 수 있게 하는 것이다.

실제 사업의 계획수립에서부터 사용자와의 충분한 의사소통을 통한 사업추진(OECD, 2003; 노미현, 2004; 강동석·유시형, 2009)과 정책추진과정에서 사용자의 관심과 호응도(김희철·이대용, 1999; OMB, 2002; OECD, 2003)의 중요성이 증가하고 있다. 이는 그간의 부동산정보화정책은 여타 정보화정책과 동일하게 공급자 중심으로 정책을 추진하여 애써 구축한 정보시스템이 내부 업무수행에서나 국민들의 사용 편의성과 비용 대비 효과성 측면에서 미흡한 결과로 얻어진 학습효과인 것으로 보인다.

따라서 부동산정보화정책을 추진한 결과로 나타나는 산출물을 상정하여, 실제 사용자를 정책추진 과정에 참여시킴으로서 사용자의 의견과 요구를 충분히 반영하고, 사용자 입장에서 필요성과 편리성을 충족할 수 있는 실용적인 산물이 산출되도록 하여야 효율적인 부동산정보화정책이 실현될 수 있을 것이다.

정보화정책의 목표는 행정내부의 효율화와 대국민 만족도 제고로서(김성태, 2010), 정부는 장기적인 관점에서 정보의 사용자 유형의 변화를 예견하여 소비 공간 확대와 소비시장 위주의 행정을 전제로 정책방향이 수정되어야 할 것이다. 특히 사용자인 국민의 시각에서 바라보는 부동산정보화정책의 방향을 재설정하여, 여러 부처와 관련된 부동산정보를 상호 연계하여 통합서비스가 제공될 수 있는 형태로 개선되어야 한다.

그리고 부동산정보화는 공공 정보 서비스를 제공하는 측면에서 CRM[18]기술을 도입하여 능동적으로 사용자 요구사항에 대한 의견수렴과 사용자의 관심을 제고할 수 있도록 하고, 정보화정책에 대한 홍보를 활성화할 수 있어야 할 것이다.

---

18) CRM(Customer Relationship Management)은 기업이 고객관계를 관리하기 위해 필요한 방법론이나 소프트웨어로서 고객에게 제공되는 서비스를 관리하고 자동화하는 고객 중심의 경영 기법.

## 3. 기술적 역량 및 적용

급변하는 정보기술의 발전에 맞는 정보화정책은 성공을 좌우하는 중요한 요인 중 하나이다. 정보화정책 수립 당시에 예측했던 기술변화 추이를 초월한 정보기술의 발전은 정보화정책이 완료되기 전에 채택한 기술을 폐기하는 사업의 실패로 귀착되기도 한다[19].

정보화정책은 기술발달에 대응하여 전개되며, 기술혁신이 정보사업에 어떻게 적용되고 있는가? 즉 실질적으로 최신 정보기술의 구현정도가 정보화정책의 성패를 좌우할 수 있는 것이다. 담당 부서에서 능률적이며 효과적으로 부동산정보를 활용하기 위하여 최신 정보기술에 대한 역량을 구비하고 적용하는가는 중요한 요인이다.

최근의 정부 공공정보화는 Web 3.0 기술에 근간을 둔 Gov 3.0[20]의 새로운 패러다임으로 부상하고 있다. 부동산정보화정책은 첨단 ICT기술의 발전과 융·복합 추세를 반영하여 지능형, 그리고 소통과 협업 지원 기술(Ubiquitous Collaboration)인 웹 X.O기술[21]과 모바일 2.0[22] 플랫폼 등의 첨단 기술을 적용하여 부동산과 관련된 정보의 공유와 활용을 통하여 가치를 창출할 수 있어야 할 것이다. 즉 최신 정보기술을 적용하여 One-Stop Service가 가능한 통합된 정보시스템이 구축되어야 할 것이다. 또한 현재까지 부처별로 필요에 의해 구축된 부동산정보와 관련된 시스템을 앞으로는 통합적인 최적의 시스템으로 고도화가 되어야 한다. 현재 추진 중에 있는 데이터베이스(DB)의 표준화 그리고 데이터 웨어하우스[23] 구축은 체계적이고 통합적인 관리 기반을 마련하여 대내·외적으로 사용자의 활용요구에 신속한 대응 및 부동산정보의 신뢰성이 향상

---

19) 교육행정정보화사업(NEIS)은 막대한 예산을 투입하여 C/S 체계 시스템이 완성됨과 동시에 폐기하고 Web방식으로 새롭게 구축하였음(윤상오, 2004).

20) Gov 3.0은 정부 및 공공부문에 Web 3.0 기술을 적용하여 구현하는 새로운 정부의 서비스를 지칭하는 것으로 기존의 정부와 사용자간의 일방향성 정보전달과는 달리 Gov 2.0은 쌍방향 소통을 통하여 사용자가 정보의 생산·공유·참여 등이 가능한 플랫폼을 제공한다(전종수 외, 2010).

21) 웹 X.O는 페이스북 또는 트위터와 같이 소비자 영역에서만 사용하던 SNS(Social Network System) 도구들을 정책과정에까지 침투시키는 기술(X-Internet, Flex, Open API, Mash-Up 등).

22) 사무실 뿐만 아니라 이동중인 모바일 기기를 통해서도 Collaboration을 가능하게 하는 IT기술로서 지금까지와는 달리 데스크탑 환경에는 없는 클라우딩 컴퓨팅 개념의 새로운 모바일 애플리케이션을 실행하는 플랫폼으로 발전하고 있다.

23) 데이터 웨어하우스(Data Warehouse)란 사용자의 의사 결정에 도움을 주기 위하여, 기간시스템의 데이터베이스에 축적된 데이터를 공통의 형식으로 변환해서 관리하는 데이터베이스를 말한다. 줄여서 DW로도 불린다.

될 수 있도록 하여야 한다.

그리고 부동산과 관련된 모든 정보를 통합하여 분석하고 추론할 수 있도록 빅데이터를 발전시켜야 한다. 빅데이터는 부동산과 관련된 방대하고 다양한 전문지식, 보고서 등을 체계적으로 분석하여 핵심 트렌드를 도출하는 복잡한 정책 수립과정을 정량적이며 계량적인 분석을 통해 정확하고 효율적으로 지원할 수 있다.

또한 부동산정보와 관련된 제반 정보를 통해 정책 의제를 발굴하고 부처별로 구축된 개별적인 부동산정보시스템들 간의 상호 호환성을 고려한 E.A기반의 정보자원관리를 조기에 정착하고 실현하는 상호운용성(Interoperability)이 보장될 수 있도록 한다.

부동산정보화정책에서 정보의 효율적인 활용은 국가와 국민경제에 미치는 영향이 지대함에도 불구하고, 현재 국토교통부의 부동산정보화정책의 추진체계를 보면 부동산정보화분야는 국토교통부 정보화24)의 일부분으로 주무부서나 주무 업무담당관이 없는 상태로 다른 분야와 함께 추진하고 있는 실정이다. 이와 같은 환경에서는 부동산정보화정책이 체계적으로 추진되기는 어려울 뿐만 아니라 또한 부동산정보화정책을 추진하는 사업관리자(PM)로서 부동산정보화정책을 추진하는 데 전문역량 발휘를 기대기도 어려울 것이다. 따라서 부동산정보화정책을 추진하는 전담 부처의 신설과 담당자의 정보기술에 대한 역량구비가 필요하다.

급속도로 빠르게 발전하는 정보기술은 정보화를 추진하는 인력에게도 변화에 빠르게 대처하기를 요구하는 특성을 가지고 있다. 따라서 부동산정보화정책을 담당하는 인력에게 필요한 능력을 분석하고 판단하여 그들을 대상으로 재교육이 적시에 지속적으로 이루어져야 한다.

더욱 중요한 부분은 부동산정책을 추진하는데 빅데이터 가치를 충분히 이끌어내기 위해서는 데이터 이면의 의미를 해석해 내는 인재, 즉 데이터 사이언티스트25) 확보가 필수라고 할 수 있다. 빅데이터에서 신가치를 찾아내고 이를 부동산정책에 적용하기 위해서는 양질의 전문인력을 확보하는 것이 최우선이다.

---

24) 국토교통부 정보화는 정보지원 및 데이터 관리체계개선, 신기술을 적용한 미래정보화 추진, 안정적인 운영기반제공 및 고도화추진을 통해 첨단IT기술이 전반에 융복합되어 지능형 선SOC서비스 창출을 추진하고 있다(국토교통부 정보화기본계획, 2016~2020).

25) 데이터 사이언티스트(Data Scientist): 데이터 엔지니어링, 과학적 방법론, 수학통계론, 고급컴퓨팅(Advanced Computing), 비주얼라이제이션(Visualization), 해커(Hackers)적 사고방식, 영역별 전문지식을 종합한 학문을 겸비하고 수행 능력이 있는 자로 정의(Wikipedia).

| 구분 | 데이터산업 | | | | 전산업 | | | |
|---|---|---|---|---|---|---|---|---|
| | '19년<br>필요인력 | 향후 5년('24년) | | | '19년<br>필요인력 | 향후 5년('24년) | | |
| | | 필요<br>인력 | 비중 | 인력<br>부족률 | | 필요<br>인력 | 비중 | 인력<br>부족률 |
| 데이터 아키텍트 | 29 | 86 | 1.0% | 1.3% | 46 | 113 | 0.9% | 1.1% |
| 데이터 개발자 | 2,619 | 4,870 | 57.4% | 13.5% | 3,044 | 5,717 | 45.0% | 13.4% |
| 데이터 엔지니어 | 429 | 785 | 9.2% | 5.1% | 476 | 839 | 6.6% | 4.9% |
| 데이터 분석가 | 309 | 1,145 | 13.5% | 14.8% | 552 | 1,694 | 13.3% | 12.2% |
| 데이터베이스관리자 | 107 | 184 | 2.2% | 1.4% | 1,137 | 2,358 | 18.6% | 6.4% |
| 데이터 과학자 | 148 | 836 | 9.9% | 34.2% | 157 | 855 | 6.7% | 32.2% |
| 데이터 컨설턴트 | 73 | 165 | 1.9% | 2.8% | 73 | 190 | 1.5% | 3.1% |
| 데이터 기획자 | 223 | 413 | 4.9% | 1.7% | 369 | 750 | 5.9% | 5.6% |
| 기타 | – | – | – | – | 96 | 187 | 1.5% | – |
| 합계 | 3,936 | 8,484 | 100.0% | 8.5% | 5,951 | 12,704 | 100.0% | 8.9% |

자료: 한국데이터진흥원(2020), 2019년 데이터산업 현황조사.

## 4. 정책평가

정책평가는 설정된 정책목표에 도달하는 과정을 정기적으로 점검하여 그 정책의 성과를 향상시키기 위한 일련의 활동(Poister, 1979)으로서 정보화정책에서도 다른 사업과 동일하게 평가기능을 강화하는 것은 정책집행에 있어서 중요한 과정이다(OECD, 2003; British Cabinet office, 2000). 정책평가에는 프로젝트의 관리기준과 운영기준이 사용될 수 있는데, 전자는 완성일자, 원가, 품질과 대응하는 측정이며, 후자는 생산시스템에 대한 성과측정에 사용된다. 감독과 피드백에는 프로젝트 팀원간의 정보교환과 유저 피드백 분석 등이 포함되어야 하며, 성과는 보상과 연계되어야 한다(Falkowski et. al., 1998).

이러한 정책평가는 정책의 내용, 집행 및 그 영향을 측정하기 위하여 체계적인 연구방법을 응용하는 것으로 정책 또는 사업의 과정이나 결과를 이해하고, 그 가치를 판단하는 사회적인 과정이다(Anderson, 1979).

따라서 부동산정보화정책에서의 정책평가는 정책을 수행하는 일련의 과정을 점검하고 보완하기 위하여 부동산정보화정책의 집행을 평가하는 일련의 활동이다.

정책평가는 설정된 목표에 도달하는 과정을 정기적으로 점검하여 그 정책성과를 향상시키기 위한 일련의 활동(Poister, 1979)이며, 정책형성과 정책집행을 점검하고 정책성과를 확인·검토하는 활동(윤수재, 2003)이다. 그러나 본 연구를 수행하는 과정에서 국토교통부, 한국정보화진흥원, 관련 기관 및 공기업을 방문하여 자료를 수집하고 전문가와 면담을 하는 과정에서 파악된 부동산정보화정책에 대한 정책평가의 실행과 활용은 기대와는 달리 매우 미흡하다는 것이다.

따라서 정책평가는 적시성 있고 이용자의 욕구에 맞게 이루어져야 할 것이며, 평가의 전 과정에 이용자가 참여할 수 있도록 하여 이용자의 저항을 최소한으로 감소시킬 수 있도록 하고, 전문지식과 평가능력을 구비한 제3자에 의한 평가가 되어야 할 것이다(정정길, 2010).

## 5. 예산 편성 및 운영

부동산정보화정책의 중요한 문제 중에 하나는 정보화 예산을 보는 시각은 투자가 아닌 비용으로 보는 관행과 타 사업에 비해 정보화사업의 우선순위를 낮게 두는 것이다(Anderson, 1991; OECD, 2003). 또한 예산주기 및 예산단위와 정보화사업의 주기 및 단위가 일치하지 않음으로서 겪는 예산확보의 문제도 정보화사업 성패에 중요한 영향을 미치기도 한다. 그리고 다년도에 걸쳐 장기적으로 추진되어야 하는 정보화사업이 년 단위로 예산 편성이 이루어지는 관행으로 예산 확보를 어렵게 하는 요인이 되기도 한다(Daws et. al., 2003). 또한 정보화는 그 속성상 부처 간 정보의 연계 및 공유 등의 측면에서 상호 통합된 사업이 다수를 차지하는 반면, 예산 배분은 부처단위로 이루어짐으로서 타 부처 관련 정보화사업이 예산배분과정에서 쉽게 소외되기도 한다(윤상오, 2004).

부동산정보화정책에서 '예산 편성 및 운영'은 부동산정보화정책을 추진하는데 있어 예산 편성이 얼마나 용이하고 지속적이며, 예산 운용은 효율적이었는가 하는 면이다.

현재 중앙 및 지방정부의 정보화 조직이 예산과 연계한 실질적인 조정, 평가 및 성과관리 기능을 수행한다고 보기 어려운 것은, 정보화 예산 편성의 어려움과 정보화 부처의 예산 편성의 자율성과 융통성이 부족하기 때문이다.

따라서 정보화 예산 심의, 실질적인 기획 및 조정, 평가에 정보화부서의 적극적인 참여와, 성과관리 기능을 수행할 수 있도록 개선되어야 할 것이다.

부동산정보화정책은 하나의 독립된 정책으로 추진되기보다는 국토교통부, 행정안전부, 대법원 등 부동산정보화와 관련된 업무를 다른 정보화정책과 병행하고 있는 실태로서 부동산정책을 주무하는 국토교통부에서도 부동산정보화 업무를 총괄적으로 수행하는 주무부서 또는 전담 공무원이 없는 상태이다.

또한 공무원과 공기업 직원을 대상으로 인식을 분석한 결과[26]를 보면 부동산정보화 업무를 수행하는 담당자의 대우와 조직의 위상, 조직 규모의 적절성에 대한 인식은 매우 낮은 상태로서 사업관리 및 조정요인과 조직운영 및 역량 요인이 부동산정보화정책에 영향을 미치지 않는 것으로 나타나 당연한 결과로 보인다.

그리고 환경변화 적응요인은 이해관계 집단의 영향 정도에 대한 매우 낮은 인식의 결과로서 기술 패러다임 변화와 최신 기술발전에 따른 적시적인 적용을 통해 정책 추진을 하여야 할 것이며, 부동산정보화정책 부서의 위상과 담당자의 대우를 보완하여 업무수행의 질을 향상시켜야 할 것이다.

▌〈표 10-5〉부동산정보화정책의 영향요인 인식조사 결과

| 변수 | 측정항목 | 평균 | 표준편차 |
|---|---|---|---|
| 부동산정보화 추진 리더십 | 최고관심지시 | 3.7565 | .88553 |
| | 최고지원 | 3.5227 | .84043 |
| | 최고의지 | 3.6688 | .84695 |
| | 중간관리추진력 | 3.7825 | .80395 |
| | 중간조정통제 | 3.4123 | .83224 |
| | 평균 | 3.6285 | .84182 |
| 사용자 중심 접근 | 사용자 요구수렴 | 3.6026 | .81553 |
| | 사용자 의견교환 | 3.4805 | .84823 |
| | 사용자 교육홍보 | 3.4188 | .79692 |
| | 사용자 의견조사 | 3.4091 | .77092 |
| | 사용자 관심호응 | 3.6299 | .83061 |
| | 평균 | 3.5081 | .81244 |

---

26) 경정익(2011a), "부동산정보화정책의 영향요인에 관한 연구."

| 변수 | 측정항목 | 평균 | 표준편차 |
|---|---|---|---|
| 기술적 역량 및 적용 | 통합서비스 실현 | 3.4708 | .71907 |
| | 상호운용성 | 3.6006 | .70798 |
| | DB 표준화/호환성 | 3.5909 | .79995 |
| | EA적용/설계 | 3.4463 | .76667 |
| | 사용자 편의성 | 3.7362 | .74014 |
| | 평균 | 3.5689 | .74676 |
| 정책 평가 | 정보화정책 사전 타당성 평가 실시정도 | 3.5422 | .80400 |
| | 정보화정책 점검평가 실시정도 | 3.4658 | .78464 |
| | 정보화정책 사후평가 실시정도 | 3.3474 | .75247 |
| | 정보화정책 평가의 적절성 | 3.4448 | .77431 |
| | 정보화정책 평가결과 활용정도 | 3.4318 | .76480 |
| | 평균 | 3.4464 | .77604 |
| 예산 편성 및 운영 | 투자 적절성 | 3.4481 | .96210 |
| | 예산확보 용이 | 3.3831 | 1.02857 |
| | 유지보수 예산 | 3.4673 | .90567 |
| | 집행 자율/융통성 | 3.2565 | .79644 |
| | 지속 예산 투자 | 3.4708 | .85178 |
| | 평균 | 3.4052 | .90891 |

자료: 경정익(2011a), "부동산정보화정책의 영향요인에 관한 연구".

1. 시기별 정보화정책의 범위와 정책영역에 대해 설명하시오.

2. 정보화정책과 부동산정보화정책의 차별성에 대해 설명하시오.

3. 부동산정보화정책의 평가 유형과 평가방법에 대해 설명하시오.

4. 부동산정보화정책의 추진에 대해 시기별로 기술하시오.

5. 부동산정보화정책의 성공요인은 무엇인지 기술하시오.

6. 부동산정보정책의 성공요인에 대하여 중앙정부와 지방정부의 공무원의 인식을 비교 설명하시오.

✔ 주요용어

부동산정보화정책 추진, 부동산정보화정책 평가, 부동산정보화정책 추진 경과,
부동산정보화정책 성공요인, 부동산정보화정책의 중앙 및 지방정부의 인식 비교

PART

# 05

# 부동산 중개
# 정보화

부동산정보기술론

# CHAPTER 11 부동산 중개 정보화 개관

## SECTION 01 부동산 중개의 정보화 필요성

공인중개사법에서는 부동산 중개(Real Estate Brokerage)를 '중개대상물에 대하여 거래 당사자 간의 매매, 교환, 임대차 그 밖의 권리의 득실변경에 관한 행위를 알선하는 것'이라 하고, 중개업(Brokerage Business)이란 '다른 사람의 의뢰에 의하여 일정한 보수를 받고 중개를 업(業)으로 행하는 것'이라고 정의하고 있다.

중개업에 관한 신문 방송 기사를 보면 복덕방, 복비라는 용어를 빈번히 사용한다. 복덕방, 복비라는 용어는 몇십 년 전 동네 어르신들이 바둑장기를 두다가 빈집이나 빈방을 찾는 사람들에게 안내, 소개하면서 받는 것이었으며, 이러한 빈방, 빈집 소개를 전업으로 하기 위한 장소가 복덕방인 것이다.

중개업은 그동안 공인중개사법이 제정되고 공인중개사라는 국가공인전문자격증제도가 도입되는 등 외형적인 변화와 발전을 거듭하고 있다. 그러나 이런 외형적인 변화와 발전에도 불구하고 중개업에 대한 일반인의 인식은 옛날의 복덕방이란 이미지를 크게 탈피하지 못하고 있는 듯하다.

지금 우리가 사는 이 사회를 얼마 전까지만 해도 정보화시대, 지능정보화시대라 하였지만 지금은 제4차산업혁명시대, 초연결시대(Hyper Connected Society), 지능정보화시대(Intelligence Information Society)라 한다. 이러한 용어가 아직도 생소할 정도로 세상은 상상 이상으로 빠르게 변하는 시대에 살고 있다. 이렇게 변하는 세상에 뒤처지지 않고 소외되지 않기 위해 부단한 노력하는 일반사람들이 바로 공인중개사무소를 찾아오는 고객임을 주지하여야 할 것이다.

30~40대 연령이 주로 구성된 회사를 대상으로 설문조사한 결과, 64%가 기술발전에

따른 적응에 스트레스(Tech. Stress)를 받고 있다고 한다. 그만큼 빠르게 변하는 기술을 따라가기가 어렵다. 그럼에도 불구하고 정보기술발전에 따른 정보화 활용은 업무를 수행하거나 일상생활을 하면서 우리에게 너무나도 많은 편익을 주기에 상당한 노력을 통해 일상생활을 하거나 업무를 수행하면서 필수적으로 활용하고자 하는 것이다.

이렇게 빠르게 변화하는 세상에 아직도 복덕방, 복비라는 용어가 공공연하게 사용되는 것은 중개업이 세상의 변화에 맞추어 가지 못하고 있기 때문이라는 것을 표현하는 것은 아닌지 곰곰이 생각해 보아야 할 것이다.

최근 부동산 중개와 중개업을 행하는 환경에 커다란 변화가 이루어져야 할 것이다. 시대가 스마트 시대를 넘어 지능정보화시대, 초연결시대로 경제, 산업, 경영, 사회, 문화, 기술 등 모든 분야에서 커다란 변화가 일어나고 있어, 종전까지의 시대와는 전혀 다른 시대로 바뀌었기 때문이다. 그래서 지능정보화시대는 정보화사회에서 일어나는 변화의 연장이 아닌 전혀 다른 새로운 시대가 된다는 것이다. 즉 빅데이터, 인공지능, 클라우드 컴퓨팅, 증강현실/가상현실, 블록체인 등의 기술발전으로 그동안 인류가 경험했던 농업혁명, 산업혁명, 정보혁명에 이에 지능정보혁명이 일어나고 있다는 것이다. 이에 대한 자세한 내용은 앞의 제1장에서 기술하였다.

우리나라의 정보화는 1980년대 말부터 시작이 되어 지금은 모든 분야에서 정보화를 고도화하여 활용되고 있다. 부동산분야도 예외일 수 없다. 부동산분야에서도 중개업의 정보화는 다음과 같은 두 가지 중요한 의미가 있다.

첫째는 부동산은 생활 밀착적이며 그 중 중개업은 일반인에 대하여 중개서비스를 제공하는 생활 밀착적인 분야로서 중개업에 정보화의 활용은 얼마나 양질의 중개서비스를 제공하느냐로서 이는 곧 일반인의 삶과 직결된다는 것이다.

둘째는 '구슬이 서말이라도 꿰매야 보배'라고 하듯이 부동산의 정보화를 발전시킨다고 한들 이를 활용하지 않는다면 아무 의미가 없는 것이다. 부동산의 정보화를 위해 정부와 민간에서 개발한 부동산거래정보망, 씨:리얼(온나라부동산 포털사이트), 한국토지정보시스템, 일사편리, 지자체 부동산관련 사이트 등 다양한 정보시스템과 포털사이트를 가장 많이 활용할 수 있는 대상 중에 하나가 중개업이며 공인중개사인 것이다. 따라서 부동산정보화가 발전하기 위해서는 중개업의 정보화가 선행되어야 하며 이를 발전시켜야 하는 것이 부동산정보화의 핵심인 것이다.

부동산 중개 정보화의 지난 과거를 되돌아보면 1980년대 말 부동산거래 정보는 공인중개사 간 자발적으로 유통하면서부터 시작되어 1993년 공인중개사법에 부동산거래정보망에 관한 조항이 반영되면서 본격적으로 추진되었다. 중개업의 정보화는 근 30여 년이 경과되었지만 실제로 정보화의 진전은 기대에 미치지 못하고 있다. 중개의 정보화는 다른 분야와 동일한 시기에 시작되었으나, 정보화시대를 지나 지능정보화시대에 와 있는 현시점에서 보면 부동산 중개 정보화는 아직도 정보화시대 초기에 머무르고 있는 듯하다.

우리는 지금까지의 정보화사회와는 또 다른 지능정보화사회를 거쳐 지능정보화사회에 현재 살고 있다. 지능정보화시대는 다양한 기술의 발달로 모바일 스마트기기에 의해 이루어지는 개방형 네트워크 사회로서 시간과 공간적 제약 없이 양방향으로 정보가 유통되고 다양한 네트워크가 확산되며, 개인에 맞추어진 맞춤식 정보가 요구되는 등 지금까지 경험하지 못한 새로운 시대인 것이다.

이와 같은 지능정보화시대에 사람들의 생활과 행동, 의식이 변화함에 따라 중개업도 이에 맞추어야 할 것이다. 다양한 산업분야 중에서 중개업의 정보화, 스마트화는 매우 미진하다고 할 수 있다.

지능정보화 시대의 변화는 중개업의 커다란 위험일 수 있지만 대다수의 중개사가 과거 방식에 의해 중개를 하고 있거나 미숙하기에 정보화와 스마트화로 쉽게 차별화하고 전문성과 신뢰성으로 경쟁력을 갖출 수 있다면 "작지만 강한 중개업"을 할 수 있는 기회이기도 하다.

중개업의 정보화 활용은 지능정보화시대에 있어 고객 개개인의 니즈에 맞추어 개인화된 고품질의 중개서비스를 제공할 수 있는 경쟁력이며 최선의 대안인 것이다.

그리고 또 한가지 대비를 해야 할 부분은 최근 코로나19(Covid-19)로 인해 비대면이 확산되는 현상을 주목하여야 할 것이다. 비대면 중개의 중요성을 인지하고 대비하여야 한다.

본 장에서는 지능정보화시대인 현시점에서 부동산 중개에는 어떤 변화가 요구되는지 그리고 빠르게 발전하는 정보기술과 정보화 발전이 이루어진 어떠한 부분을 활용할 수 있는지 그리고 부동산거래정보망, 부동산전자계약, 비대면 중개 등에 대해 알아보고자 한다.


# 1. 중개업의 현주소

이렇게 세상의 많은 변화가 있으면서 중개업에 나타나는 변화를 살펴보면 다음과 같다. 첫째, 중개업에 종사하는 인원이 급격히 증가하고 있다. 또한 공인중개사 자격시험 응시인원이 매년 급증하고 있다. 이는 아마도 베이비부머세대 은퇴, 고령화, 수면연장, 청년실업 등 사회현상을 고려해 보면 중개시장은 앞으로 더욱 치열하게 경쟁하여야 하는 극심한 레드오션시장인 것이다.

둘째, 중개업에 진입하는 대상에 새로운 변화가 있어 기대되는 면도 있다. 인간의 수명이 연장되면서 은퇴 후에도 제2의 직업을 갖지 않을 수 없는 시대가 되었다. 따라서 몇 년 전부터 은퇴를 시작한 많은 베이비부머세대들이 장롱 속에 보관하던 자격증을 꺼내거나 공인중개사자격증 시험공부를 하는 등 대거 중개업에 진입을 하고 있다. 이렇게 진입하는 베이비부머세대는 과거 상당히 전문성 있게 업무수행을 하던 패턴의 연장에서 중개업을 복덕방을 탈피하여 기존의 중개업과는 차별적이며 좀 더 전문성 있게 하고자 한다. 이러한 면은 중개업의 발전에 긍정적인 효과를 기대할 수 있을 것으로 보인다.

셋째, 중개서비스에 전문성 있는 정보제공이 요구되고 있다. 중개업을 어떻게 하면 잘 할 수 있는지에 대해 연구한 대한부동산학회와 한국주택학회의 학술지에 게재된 논문[1]을 살펴보면 유용한 정보 제공 능력과 전문성과 신뢰성을 줄 수 있도록 하는 중개업을 하여야 한다고 한다. 그중 "유용한 정보 제공 능력"이 가장 중요한 요인이라 할 수 있다. 과거 인터넷을 통해 정보를 검색하기 이전에는 고객은 필요로 하는 정보를 수집할 수 있는 창구가 극히 제한됨으로서 공인중개사를 통해 가치 있는 유용한 관련 자료를 제공 받을 수 있었다. 그러나 지금은 누구든지 손쉽게 모든 관련 자료를 인터넷 검색을 통해 수집·활용할 수 있게 됨으로서 정보의 비대칭이 역으로 형성되는 현상이 발생되고 있다. 경우에 따라서는 중개사보다 고객이 더 많은 정보를 알고 있게 되는 현상이 나타나고 있는 것이다.

넷째, 얼마 전 MBC 저녁 뉴스에서 "무너진 울타리 위기의 복덕방"이란 제목의 중개업에 관련한 기사가 방송된 적이 있다. 실제 중개업은 과거와는 달리 변호사, 법무사, 세무사 등이 중개시장에 진입을 하고 있다. 특히 트러스트와 같이 변호사가 중개업을 하겠다고 하며, 일부 변호사는 공인중개사자격증을 취득하고 중개업을 하는 등 중개시장을 넘나보고 있다. 또한 서울대생 학생은 '집토스'라는 브랜드로 중개업을 하고 있다. 이러한 트러스트나 집토스는 지금 법정 중개보수율과는 달리 중개보수를 대폭적

---

1) 육태영 외(2014), "부동산 중개업소 소비자 만족도 결정에 관한 연구", 대한부동산학회지 제32집2호, 이무선·이도연(2016), "부동산 중개 서비스 품질과 구매 후 행동의 관계 및 고객만족의 조절효과", 한국주택회지 제24집 4호.

으로 낮추어 중개시장을 교란하고 있다. 또한 대기업들도 기존의 지점과 가입망을 통해 중개업을 하고자 하여 중개업은 공인중개사만의 시장이 아닌 무한경쟁을 하여야 하는 시장이 되고 있어 매우 우려스럽다. 이와 같이 다른 분야에서 중개업 진입이 이루어지는 것은 중개업의 전문성이 미약하기 때문일 것이다.

다섯째, 중개보수율이 몇 년 전 반토막으로 하락하는 참으로 안타까운 현상이 나타났다. 이러한 중개보수율의 하락은 세상의 변화에 적응하지 못하여 나타나는 현상이라 할 수 있다. 시장의 가격은 공급자와 소비자의 합의된 가치에 의해 결정된다. 과거에 중개사가 제공하는 중개서비스는 과거 중개보수율만큼 가치가 있다고 할 수 있었으나 지금 현재의 가치는 그만한 가치가 없기 때문이라 할 수 있다. 고객이 중개보수에 합당한 가치를 인정할 수 있는 중개서비스가 제공되지 못하였기 때문이다. 반토막으로 하락한 중개보수율 조차도 시장에서는 조정되고 있으며, 직거래가 이루어지고 있는 면을 고려해 볼 때 더 하락할 가능성을 배제할 수 없어 보인다. 고객이 인정할 수 있는 가치 있는 중개서비스에 대한 면은 좀 더 깊이 고민하여야 할 부분이다.

## 2. 중개 선진국의 중개서비스

외국의 중개업은 우리와 다른 몇 가지 특징이 있음을 알 수 있다.

첫째, 먼저 중개보수에서 많은 차이가 있다. 북미(미국, 캐나다), 유럽(영국, 프랑스, 독일)과 일본의 경우 중개보수율이 1.5~6%인 반면, 아시아(홍콩, 말레이시아, 대만, 싱가포르)는 0.5~4%대이다. 우리나라의 중개보수율 0.3~0.5%로 너무 많은 차이가 있다. 물론 외국과 단순비교를 하는 데는 무리가 있다. 외국의 몇몇 국가는 매도자만 중개보수를 지불하며, 우리나라의 경우는 단순 중개·알선의서비스만 제공하고 있지만 대부분의 외국에서는 금융지원, 세무상담, 보험알선 등과 함께 종합적인 서비스를 제공하는 것이다.

예를 들어 미국의 경우 관행상 집을 파는 쪽에서 6%를 지급하고, 이를 매도자 측 리얼터, 매입자 측 리얼터가 각각 3%씩 배분한다. 캘리포니아에서 웬만한 집은 가격이 $1M(약 11억 원) 이상이고 샌프란시스코, 팔로 알토, 쿠퍼티노 지역에서는 $3M짜리 집도 흔히 볼 수 있는데, $3M짜리를 팔면 부동산 중개업자가 각각 $90K, 즉 1억여 원의 중개보수를 받게 되어 리얼터(Realtor, 중개사)는 매우 인기 있는 직종이다. 따라서 집을 사는 사람을 대표하는 것보다 파는 사람을 대표하는 것이 훨씬 시간이 적게 들기 때문

▎〈표 11-1〉 국가별 중개보수율 (2020.12.24일 기준)

| 국가 | 중개보수율 | 중개보수 지불 |
|---|---|---|
| 미국 | 3.5~6% | 매도자 |
| 영국 | 2~3.5% | 매도자 |
| 스위스, 스웨덴 | 3~5% | 매도자 |
| 캐나다 | 3~7% | 매도자 |
| 프랑스 | 1.5~5% | 매도자, 매수자 |
| 독일 | 1.5~3% | 매도자, 매수자 |
| 일본 | 2% | 매도자, 매수자 |
| 말레이시아 | 2~2.75 | 매도자 |
| 싱가포르 | 1%(매도자), 2%(매수자) | 매수자 |
| 홍콩 | 0.5-1% | 매도자, 매수자 |
| 대만 | 1-2%(매수자), 2-4%(매도자) | 매도자, 매수자 |

자료: Global Property Guide(2020.12.24). "Roundtrip transaction costs".를 취합[2].

에, 당연히 모든 리얼터들이 집을 파는 사람을 위해 일하고 싶어 한다. 문제는 매물로 나오는 집의 숫자가 리얼터 숫자보다 훨씬 적다는 것이다. 그래서 집을 파는 사람을 잡기 위해 리얼터들은 자신의 이름을 알리기 위해 갖가지 마케팅 활동을 적극적으로 하게 된다.

둘째, 이렇게 많은 중개보수의 차이는 바로 중개서비스의 수준과 질의 차이라 할 수 있다. 미국의 경우 매물을 의뢰받으면 1주일 이내 관련 자료를 수집 분석하여 보고서를 작성하여 제시하여 준다. 고객의 요구사항을 충분히 반영한 맞춤식 중개서비스를 하고 있는 것이다. 앞에서 언급한 중개보수는 중개서비스의 질과 밀접한 연관이 있다.

셋째, 시대 변화에 맞는 중개서비스로 고객의 눈높이에 맞는 중개서비스가 이루어지고 있다. 얼마 전 인터넷과 유튜브를 통해 미국에서는 중개사들에게 IT 열공 바람이 불었다고 한 내용을 접했다. 실제 빅데이터, 인공지능(AI), 클라우드 컴퓨팅, 증강현실(AR)과 가상현실(VR) IT의 다양한 기술이 활용되고 있다. 미국의 Zillow닷컴(www.zillow.com)은 미 전역의 47백만 가구 이상의 정보를 축적하여 주택소유자나 부동산 전문가가 'Zestimates'라는 툴을 활용하여 입력한 부동산정보, GIS 위치정보, 인구 및 통계정보, 학군 정보 등 부동산 매매에 필요한 정보를 통합하여 주택가격 지수

---

2) https://www.globalpropertyguide.com/transaction-costs

를 산정하여 활용하고 있다. 이러한 분석은 'R'을 기반으로 예측시스템을 구축하여 해당 가격대의 낮은 범죄율을 가진 지역 내의 집이나 높은 등급의 초등학교에서 30분 거리에 있는 매물정보를 제공하고 있다.

[그림 11-1] 영미법계 국가의 부동산거래시장 참여전문가 분업화 개념도

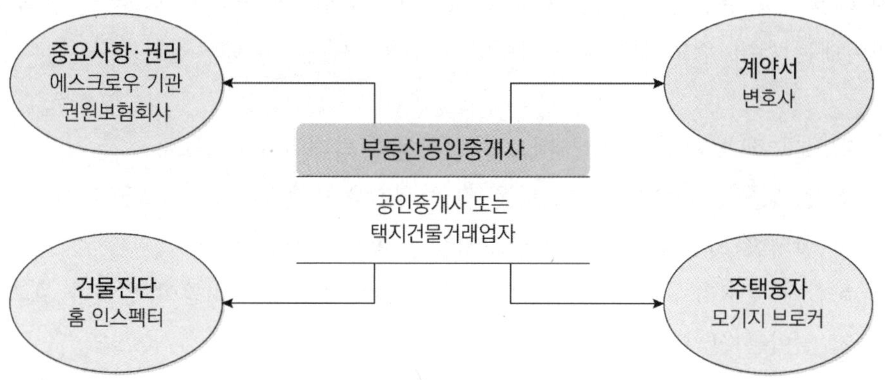

자료: 국토연구원(2016).

캐나다의 Teranet사는 'Geoware-house'라는 사이트를 통해 토지정보, 가격, 소유주 등 다양하고 상세한 정보와 각 지역의 가구수, 평균소득 등 지역데이터와 물건에 대해 인공위성으로 찍은 3D사진, 그리고 다양한 각도에서 찍은 사진정보 등 방대한 부동산 등기정보를 데이터웨어하우스(www.geowarehouse.ca)를 구축하여 서비스하고 있다.

또한 실리콘밸리에서는 빅데이터를 적용하여 부동산분야에서 성공하고 있는 스타트업 중 하나가 스마트 집(Smartzip)이다. 미국에서 부동산 거래를 할 때 대부분 리얼터(realtor) 또는 브로커(broker)라고 하는 사람의 도움을 받는다. 그 역할은 나두(nadoo)에 포스팅된, '미국에서 집 사는 과정 한 눈에 보기'라는 글에서 그 과정을 자세히 볼 수 있는데 한국의 중개업자와는 다음과 같이 좀 다른 면이 있다. ① 한국처럼 '삼성래미안 24평 6억 8천. 내년 3월 입주 가능합니다' 이런 식이 아니다. 집마다 생긴 모양이 다르고 스타일이 상이해서 고객이 원하는 집을 찾기까지 훨씬 많은 시간이 소요된다. 집을 팔 때도 마찬가지이다. 그냥 사는 집을 그대로 보여주고 파는 일은 거의 없고, 리얼터가 사람을 고용해서 집을 그럴 듯하게 꾸민 후 '오픈 하우스'라는 것을 한다. 또한 매물을 확보하기 위해 빅데이터가 활용되고 있다.

스마트집(Smartzip)은 주택과 그 주택에 살고 있는 사람들에 관한 모든 빅데이터를 수집한다. 언제 얼마에 구입했는지, 방은 몇 개인지, 고속도로에서 얼마나 가까운지, 마당은 얼마만한지, 집 주인은 몇 식구인지, 가구 소득은 얼마인지 등등이 그러한 빅데이터이다. 집마다 최고 2,000여 개까지의 속성정보를 수집한다. 이렇게 수집한 데이터를 이용해서 빅데이터의 연구단계에 해당하는 기술인 '예상분석(predictive analytics)'을 진행한다. 즉 예상분석에서는 향후 6~12개월 이내에 매물로 나올 것 같은 집을 미리 찾아내는 것이 주요 핵심 알고리즘인데 주요 내용은 다음과 같다.

① 평소에 집과 가구에 관한 정보를 모아둔다(빅데이터 수집).
② 집이 매물로 나오면 매물로 나온 집의 절반을 이용해서 6~12개월 전에 그 집에서 발생한 사건들을 이용해 알고리즘을 학습시킨다(학습).
③ 학습된 알고리즘을 다른 절반의 집들에 대입해서 알고리즘이 얼마나 효과적인지 알아본다(인지).
④ 학습된 결과가 별로 좋지 않으면 알고리즘을 수정해서 다시 대입한다. 알고리즘이 안정적이 될 때까지 반복한다(학습).
⑤ 정확도가 어느 정도 이상이 되면 학습을 멈추고 아직 매물로 나오지 않은 집의 정보를 입력하여 학습을 바탕으로 추론값을 얻는다(추론).
⑥ '조만간 팔릴 가능성이 높은' 정도를 점수로 계산한 후 순위를 매긴다(추론).

스마트집에서는 상위 20%에 해당하는 집들은 1년 내에 40~50%의 확률로 매물로 나온다고 하며, 이러한 데이터를 리얼터들이 기꺼이 정보를 구입하여 활용한다. 실제로 많은 리얼터들이 돈을 기꺼이 지불하고 서비스를 이용하고 있으며, 큰 효과를 보고 있다고 한다.

## 3. 고객의 니즈와 눈높이에 맞는 중개서비스

'손안의 작은 PC'인 스마트폰이 전 세계적 돌풍을 일으키며, "스마트"는 2010년 이후 최대의 화두로 부상하면서 우리가 살고 있는 이 사회를 "스마트사회"라고 하였었다. 스마트사회는 모바일과 스마트기기에 의해 상호 의사소통이 가능한 개방형 네트워크 사회로 시간과 공간의 제약 없이 원하는 정보를 스마트폰을 이용하여 즉각 알 수 있어 누구나 똑똑해지는 사회이다. 따라서 이러한 스마트시대는 자신에게 필요한 정보를 얼마나 쉽고 빠르게 수집하고 검색하여 활용하느냐가 중요하게 된 것이다.

종전에 일반인은 필요로 하는 부동산정보접근이 제한되어 공인중개사는 정보의 우위에서 중개서비스를 제공할 수 있었다. 그러나 지금은 대부분의 정보가 공개되고 있어 누구든지 스마트폰과 PC, TV 등을 통해 필요로 하는 정보를 쉽게 습득하여 준 전문가적 지식과 정보를 겸비하게 됨으로서 중개사와 대등하게 되었다. 공인중개사는 정보화를 통해 더욱 빠르고 정확한 정보를 수집하여 분석할 수 있는 전문가로 거듭 나야 하는 이유가 여기에 있다.

우리나라는 IT 강국으로 UN에서 발표한 전자정부 발전지수와 온라인 참여지수 모두 세계 최상위로서 잘 구축되어진 공공정보와 이를 활용할 수 있도록 개발된 다양한 정보시스템 그리고 스마트폰에서 정보를 검색할 수 있는 다양한 어플(스마트폰의 응용프로그램)이 제공되고 있다. 이와 같이 무상으로 제공되고 있는 정보시스템과 어플은 중개 정보화로 중개서비스를 획기적으로 개선하고 선진화된 중개 패러다임으로 바꿀 수 있는 유리한 여건인 것이다. 따라서 인프라와 환경을 효율적으로 활용하는 중개활동의 정보화를 한다면 전문성과 신뢰성 있는 맞춤형 중개서비스를 제공할 수 있을 것이다.

그러면 정보화에 의한 스마트 중개는 어떠한 서비스를 제공할 수 있는 것인가? 먼저 언제 어디서든지 제한 없이 중개서비스를 제공할 수 있어야 한다. 데스크탑(PC)과 스마트폰으로 클라우드 컴퓨팅을 활용한 중개 스마트 워크(Smart Work)체계를 갖추어 장소와 시간에 제한 없이 간단한 중개활동을 할 수 있다.

즉 중개업을 하는데 참고가 될 자료는 클라우드에 저장하고 불러 오면 되고, 중개서비스를 제공하는데 필요한 정보를 검색할 수 있는 다양한 어플을 활용할 수 있으면 될 것이다. 둘째, 모든 중개서비스는 데이터에 기반한 고객 개개인에 맞는 맞춤형 정보를 제공할 수 있어야 할 것이다. 정부와 기업에서 구축한 데이터베이스(DB)와 정보시스템을 활용하여 데이터(수치)에 의해 분석되어진 개개인에 맞는 중개서비스를 제공할 수 있다.

특히 최근 크게 이슈가 되고 있는 빅데이터(Big Data)는 부동산과 같이 광범위하며 복잡하게 연관된 다양한 분야의 자료를 수집하여 분석하고 결정 및 행동하기에 적합한 기술이다. 더욱이 빅데이터는 과거 데이터 뿐만 아니라 현재 데이터(LBSNS, 웹 로그 데이터 등)를 분석함으로서 선제적이며 예측 가능한 중개서비스를 제공할 수 있어 중개활동에 활용할 수 있도록 많은 관심을 두어야 할 것이다. 셋째, 중개서비스 방식을 시각화하여 이해증진으로 설득력 있어 고객과 공감하며 즉응성과 신뢰성 있는 중개서비스를 제공할 수 있다. TV모니터에 의한 브이월드(VWorld)와 포털사이트에서 제공하는 지도서비스를 활용하여 위치와 지역을 분석할 수 있으며, 개별적인 부동산 지역 및 상권분석 결과와 다양한 부동산정보검색 결과 등을 고객과 함께 확인하는 중개서비스를 제공할 수 있다.

이와 같이 최신의 정보기술에 의한 정보화 활용으로 언제 어디서나 정확한 최신의 정보와 데이터를 기반으로 개개인에 맞는 분석형 정보를 제공하여 중개의 신뢰성 향상과 함께 전문성 있는 중개서비스를 제공할 수 있도록 새롭게 태어나야 한다.

지금까지의 중개업은 보편적인 중개서비스를 제공하여 진입장벽이 높지 않는 업종이었지만, 스마트시대에서의 중개업은 정보화 활용정도에 따라 중개서비스 질의 차이가 크게 되어 머지않은 장래에 중개시장은 재편될 가능성도 배제할 수 없다. 이와 같이 중개업의 패러다임 변화는 궁극적으로 국민들에게 고품질의 중개서비스를 제공하게 되어 삶의 질을 향상시키게 될 것이다.

## SECTION 02  뉴 노멀시대의 부동산 중개 변화

뉴 노멀시대는 현실세계에서 사람과 사람, 사람과 사물, 사물과 사물간 초연결됨으로서 생성되는 데이터의 교류로 인한 폭발적인 데이터를 가상공간에서 실시간적으로 수집, 저장, 분류, 분석하여 필요로 하는 정보와 지식을 도출하여 다시 현실세계에서 활용할 수 있게 된다. 따라서 부동산 중개에서는 시간과 공간의 물리적 제약 없이 지속적인 의사소통이 가능한 사회로 연결 중심사회, 융합사회, 글로벌사회의 진전을 특징으로 하고 있다. 이에 따라 부동산 중개는 정보유통이 확대되고, 부동산정보공유와 커뮤니케이션이 증가되며, 개방, 참여 감성 중심의 중개, 첨단기술의 활용이 이루어지는 변화가 예상되고 있다.

더욱이 최근 코로나19(Covid-19)의 확산으로 인한 팬데믹 현상과 인구감소, 재해재난 등 종전까지 한번도 경험해 보지 못한 블랙스완(Black Swan)현상이 나타남에 따라 중개서비스도 유연하게 대처해야 할 것이다. 특히 코로나19로 인한 언택트(Uncact)가 확대되는 현상은 중개서비스에도 밀접한 연관이 있다. 다시 말해 중개도 비대면 중개서비스를 할 수 있는 대비가 시급하다고 할 수 있다.

## 1. 부동산정보유통 확대

뉴 노멀시대는 정보유통구조의 개편을 통하여 시간적 공간적인 확대로 정보의 개방성과 동시성이 이루어진다. 즉 공급자와 소비자의 경계가 소멸되고, 다양한 서비스 유통과 글로벌 시장 확산 등이 이루어지게 되어 완전 경쟁 시대가 도래되는 사회가 실현되고 있는 것이다.

따라서 첫째, 부동산 중개 시장에서는 종전보다 중개사와 중개사 간, 중개사와 고객 간 원활한 의사소통이 가능하게 됨으로서 대상 부동산에 대한 실시간에 의한 고객의 니즈(Needs)에 맞는 다양한 고품질 중개서비스를 제공할 수 있어야 하는 것이다.

둘째, 부동산 중개 시장의 지역적 한계를 확대하여 전국적 또는 글로벌한 공간적 확장이 될 것으로 예상할 수 있다. 종전의 중개활동은 부동산의 지역성 또는 국지성이라는 특성으로 인하여 중개업소가 위치한 지역을 중심으로 한정된 지역내에서 중개활동을 하는 것과는 달리 지능정보화시대에서는 지역적·시간적 확장으로 대변되는 정보화가 부동산과 결합되면서 시간적 지역적 한계를 초월하여 전국적 또는 글로벌한 공간적 확장을 하게 될 것이다.

셋째, 지능정보화 시대는 실시간에 의한 정보의 교류로 정보의 비대칭(Asymmetric Information)에서 정보의 대칭(Symmetric Information)으로 전환되어질 것이다. 과거 산업사회에서는 제한된 대상에게만 정보가 편중되어 이는 곧 기회부여의 차별이 존재할 수밖에 없었으며, 부(富)와 직결되어 정보를 가진 자와 정보를 가지지 못한 자 사이에는 많은 차이가 존재할 수밖에 없었다. 이는 정보화 사회에 들어서면서 많은 부분에서 정보격차가 좁혀져 왔다고 할 수 있다. 지능정보화사회에 돌입하면서 이러한 정보비대칭은 모바일과 스마트기기를 통한 실시간에 의한 정보의 공유가 더욱 확대됨에 따라 정보대칭으로 변해가고 있다. 즉 일반인은 종전과는 달리 관심 있는 부동산에 관한 정보를 편리하게 습득하게 되어 부동산 준전문가 수준의 정보를 습득하고 겸비하게 된다는 것이다. 따라서 중개사는 일반인(고객)보다도 실시간에 의한 양질의 정보를 습득하고 활용할 수 있는 능력과 개인화에 맞추어진 부동산정보를 종합분석하고 가공할 수 있는 차별화된 능력이 구비되어야 한다.

넷째, 지능정보화 시대는 모바일과 스마트기기의 확산으로 이동성(Mobility)과 즉각 반응성(Quick Refrex)이 강화되어 정보 유통의 속도가 더욱 빠르게 되었다. 지능정보화시대가 정보화시대와 크게 다른 점이라면 정보유통의 속도가 더욱 빨라졌다는 것이다. 따라서 부동산 중개업은 부동산현상에 대한 정보를 수집하여 분석하여 부동산 활동을 하는데까지 소요되는 시간이 더욱 더 단축되어 누가 얼마나 빠르게 가치 있는 정보를 제공할 수 있는가의 여부가 관건인 것이다. 지능정보화 시대는 중개사 또는 고객 모두 언제, 어디서나 필요로 하는 정보를 수집하고 분석할 수 있기 때문이다. 이는 지능정보화시대에 중개사간, 중개사와 고객간, 고객과 고객간 가시적 또는 비가시적인 부동산 정보수집과 활용의 경쟁구도를 형성할 수 있다는 것이다. 따라서 지능정보화시대에서는 정보의 유통 속도가 빠르기 때문에 중개사의 신속하고 정확한 정보수집과 분석 능력이 중개 성패의 핵심이다. 이는 중개업에서도 스마트화, 정보화가 중요한 이유이다.

## 2. 정보기술에 의한 중개 활용

지능정보화사회는 사람의 욕구를 보다 높은 수준에서 파악하고 충족시키는 '인간 중심기술'이 진화된 사회라고 볼 수 있다.

지능정보화시대에서 부동산 중개업에 예상되는 대표적인 변화로는 정보기술의 발전으로 사회가 모바일 스마트기기에 의해 개방형 네트워크화된 사회로 급격히 진전하게 되어, 부동산정보의 유통이 대폭 확대됨으로서 정보의 비대칭성 감소를 위한 노력과 정보의 가공능력이 요구되고, 정보공유와 양방향에 의한 커뮤니케이션이 증대하게 되어 고객의 개인화된 중개서비스를 제공할 수 있는 환경이 되었다. 즉 지능정보화시대의 패러다임은 공인중개사의 정보화 활용 능력에 따라 중개시장에 새로운 기회를 제공하게 될 것이다. 다시 말해 정보기술의 적극적인 활용에 의한 고급의 정보서비스를 제공할 수 있는 능력을 구비하는 것은 곧 차별화된 경쟁력을 갖게 되는 기회가 될 것이다.

또한 현재에는 종전의 데스크탑 PC가 설치된 고정된 위치에서 부동산정보를 검색하던 형태와는 전혀 다른 방식으로 이동하면서도 모바일에 의한 스마트기기를 통해 필요한 정보를 즉시 수집함으로서 정확하고 신속한 의사결정이 가능하게 되었다. 다양한 정보기술의 발전은 중개서비스 제공에 적용되어지며 앞으로 더욱 활발하게 이루어질 것이다.

먼저 가상현실과 증강현실(AR: Augmented Reality)3) 및 QR(Quick Response)코드 활

용 그리고 스마트기기의 다양한 애플리케이션[4] 등으로 부동산정보를 간편하고 편리한 방식에 의해 검색하여 서비스를 제고할 수 있다. 또한 가까운 미래에는 인공지능(AI: Artificial Intelligence)과 상황인식 컴퓨팅[5]의 발달로 정보검색을 위한 별도의 노력을 하지 않더라도 필요한 정보를 획득할 수 있게 됨으로서 정보의 비대칭성이 더욱 더 감소하게 될 것이다. 그리고 클라우드 컴퓨팅이 적용되어 시간적, 공간적인 제한이 없이 상시 중개가 가능한 환경으로 변화하게 될 것이다. 현재 국내·외적으로 정부기관 뿐만 아니라 기업에서는 언제 어디에서나 업무를 수행할 수 있는 스마트 워크(Smart Work)가 더욱 확대되어 가고 있다. 이러한 환경변화는 중개업에 적용되어 시·공간의 제한 없이 중개활동을 할 수 있는 체계구축이 이루어지게 될 것이며, 이를 통해 중개업의 지역적 한계를 초월하여 전국적이며 글로벌한 공간적 확장이 이루어질 것이다.

지능정보화사회는 인간과 스마트기기(H2M)간 또는 스마트기기와 스마트기기(M2M)간 상호 작용하는 네트워크 구축을 목표로 관련기술의 혁신이 빠르게 진행되고 있다. 또한 시간과 장소의 제한 없이 언제 어디서나 스마트기기와 소통할 수 있는 스마트 네트워크 환경이 구축되고 있다. 즉 중개업에 클라우드 컴퓨팅을 활용하여 중개 스마트 워킹으로 시간과 장소에 구애됨이 없이 중개업무 수행이 가능하게 하여야 할 것이다.

또한 네트워크를 통한 경험이 확산되는 속도가 빨라지면서 사용자 경험의 중요성이 부각되며, 소셜 웹과 모바일로 대표되는 스마트 환경에서 위치기반 서비스(LBS)와 SNS 등 모바일과 스마트기기에 의한 첨단기술이 부동산 중개업에 최대한 적용되어 효율성을 높일 수 있도록 하여야 한다.

---

3) 증강현실은 현실세계에 가상물체를 겹쳐서 보여주는 기술을 말한다. 증강현실은 현실환경과 가상환경을 융합하는 복합형 가상현실 시스템(Hybrid VR system)이며, 1990년대 후반부터 미국·일본을 중심으로 연구개발이 진행되고 있다. 기존에는 증강현실이 원격의료진단·방송·건축설계·제조공정관리 등에 활용되어 왔으나, 최근에는 위치기반 서비스, 모바일 게임 등으로 활용범위가 확장되고 있다.

4) 미래의 정보검색은 정보검색을 하지 않는 것이라고 하듯이 증강현실과 QR 코드는 종전의 정보검색과는 달리 부동산의 필요한 정보를 검색할 수 있는 스마트기기의 대표적인 어플이다. 위치기반 서비스와 증강현실이 결합되어 정보서비스를 제공하는 대표적인 어플은 국민은행의 KB 스타플러스, 네이버부동산 등이 있다.

5) 상황인식 컴퓨팅 기술(Context Aware Computing Application): 내장된 기기나 컴퓨터가 주변 상황을 감지하여 적절하고 유용한 서비스를 제공하는 기술로서 현실공간의 상황을 정보화하고 이를 활용하여 사용자 중심의 지능화된 서비스를 제공하는 기술.

## 3. 부동산정보공유와 커뮤니케이션 증대

지능정보화시대는 공급자(공인중개사)위주에서 수요자(고객)위주로 이전되고 있다. 종전의 부동산에 대한 정보는 고객에 비해 중개사가 네트워크화된 정보를 통해 상대적으로 우위에 있었다. 그러나 스마트 시대에서는 고객은 상호 정보공유와 다양한 커뮤니케이션을 통해 다양한 정보를 수집하고 분석할 수 있는 상당한 수준의 정보와 지식으로 무장되어 있으며, 또한 고객간의 평가가 후속 고객에게 커다란 영향을 미치게 됨을 주목하여야 한다. 따라서 중개사는 SNS 등 다양한 경로를 통하여 고객과의 소통을 확대하여 고객의 니즈(Needs)에 맞는 중개서비스를 제공할 수 있어야 하는 것이다.

또한 스마트한 중개 마케팅 환경이 도래됨으로서 생활밀착적이면서 개인화된 인맥구축서비스(SNS), 위치기반서비스(LBS)등 신기술이 적용되는 등 중개마케팅이 더욱 진화되고 있다. 앱 스토어(App Store)와 마찬가지로 중개사에 의해 중개를 위한 장(場)이 마련되면, 그 가상 공간 안에서 중개사와 고객, 관련 전문가들이 상호 연계되어 중개를 할 수 있는 환경이 조성될 수 있다.

중개업의 마케팅 환경에서 고객간의 정보공유가 활발하게 이루어짐으로서 중개서비스에 대한 평가가 중개업에 많은 영향을 미치게 되어 고객의 요구에 맞추어진 중개서비스를 제공할 수 있도록 하여야 하며, 이는 후속 고객에게도 이어질 수 있다.


## 4. 개방 · 참여 · 감성 중심의 중개

지능정보화시대는 스마트기기의 확산으로 인해 다양한 사회관계망이 형성됨으로서 대중의 다양한 의견이 제시되고 반영되는 유연성 있는 사회가 되어 간다.

중개업에서도 SNS 등 다양한 형태의 네트워크 형성이 확산되어 개방, 참여가 자유로운 유연한 사회가 되어가면서 감성 중심의 문화가 더욱 강조되고 있는 것이다.

따라서 지능정보화시대의 부상으로 모바일 네트워크상에서 정보선별의 취합과 다양하게 형성되는 네트워크 접속의 확산을 통해 종전과는 달리 더욱 다양한 고객과의 관계형성을 통해 중개업을 확대해 나아가야 할 것이며, 중개사는 고객의 니즈(Needs)를 정확하게 파악하고 만족도를 향상시켜 고객에게 감동을 주는 서비스와 감성에 중심을 둔 마케팅이 될 수 있도록 하여야 할 것이다.

또한 집단지성(Collective Intelligence)이 적용되어 다수의 경험과 지혜를 통하여 위험요인을 최소화함으로서 중개업의 효율성을 높일 수 있도록 하여야 할 것이다. 집단 지성은 다수의 컴퓨터 이용자 간의 상호 협동적인 참여와 소통이 만들어 내는 결과물, 집합적 행위의 결과물, 판단과 지식의 축적물 혹은 그 과정을 말하는 것이다. 따라서 집단지성은 중개업을 수행하면서 불확실성과 위험을 최소화하기 위하여 효과적으로 활용하여야 할 개념이다.

## 5. 비대면 중개서비스 제공 대비

코로나 바이러스 감염증(이하 'COVID-19')으로 세계적으로 많은 국가들이 바이러스의 전파 속도를 늦추기 위해 사람의 이동을 제한하는 셧다운(Shut Down)을 명령하게 되었다. 정부의 셧다운 정책은 국민들에게 피할 수 없는 새로운 환경을 경험하게 하였고 '언택트(Untact)'라는 신조어를 급부상시키며 비대면·비접촉 소비, 원격 교육, 재택 근무 등 새로운 비즈니스 방식이 하루가 다르게 등장하는 상황 속에 놓이게 되었다.

언택트 기술을 중심으로 비대면·비접촉을 가능하게 하는 혁신의 관점에서 재조명 되면서 최근 코로나19로 인한 셧다운 상황속에서 핵심적 키워드로 다루어지고 있다. 하지만 하루가 다르게 새로운 사례가 등장하는 현재 시점에서, 이러한 언택트 기술을 기반으로 하는 비즈니스 진화의 사례들은 비대면·비접촉 이상의 변화 혹은 혁신의 과 정으로 전환되고 있다.

특히 소비자의 수용이라는 측면에서 큰 변화를 야기시키고 있는데, 셧다운 정책이 국가로부터 발의된 '타의적 고립'의 맥락이었다면 이 과정상의 경험은 국민에게 '자의적 고립'을 추구하는 경제, 즉 '셧인 이코노미(Shut-in Economy)'현상을 불러오고 있다. 셧인 이코노미란 '스스로 가두다'라는 사전적 의미를 바탕으로 외부와 물리적 소통을 차단하고 개인화된 공간상에서 경제 사회 활동을 영위한다는 의미로 이해할 수 있다. 이러한 셧인 이코노미가 부상하면서 셧다운보다 더 전향적이고 가속화된 경제·사회적 변화가 예측되고 있다. 이제는 시장이 능동적으로 변화에 적응하기 시작했다는 의미이다.

소비자의 능동적 변화 수용은 언택트 기술을 기반으로 기존의 정통적인 기술과 서 비스를 빠르게 전환시킬 것이다(최종화, 2020).

이와 같이 급변하는 비대면 비접촉 상황속에서 중개서비스는 어떻게 발전해야 할 것인가를 대비해야 한다.

먼저 중개활동간에 중개사를 중심으로 계약 당사자, 공동중개사, 세무사, 법무사,

대출상담사 등 지원 전문가 그리고 금융기관, 세무와 등기 관련 공공기관간 상호작용을 통해 거래가 이루어진다. 따라서 이러한 다양한 관계자와 기관간 비대면으로 대체될 수 있어야 한다. 즉 중개사는 이러한 다양한 대상과 비대면에 의한 중개활동이 이루질 수 있도록 하여야 한다.

그리고 중개과정에서 중개물건을 확보하고 고객과의 상담과 거래당사자간 협상 그리고 계약체결간에 비대면에 의한 거래의 일련의 절차가 원활하게 이루어져야 할 것이다.

중개물건을 확보하고 상담이 이루어지는 과정에 SNS와 클라우드 등에 관한 다양한 앱을 활용하여 대면하는 것 이상의 중개서비스가 이루어져야 할 것이다.

거래 당사자간 협상과 계약을 체결하는 과정에도 비대면에 의한 협상이 이루질 수 있는 준비가 필요하다. 특히 계약을 체결하는 과정에서 종전에는 동일한 시간과 장소에 대면을 통해 계약체결이 이루어졌으나 각자 상이한 장소와 시간에 계약이 이루질 수 있도록 하여야 한다. 현재 부동산거래계약시스템에 의하면 다소 불편하지만 비대면에 의해 계약을 체결할 수 있다.

---

### 미래 IT 핵심 키워드 해설 3D 콘텐츠(3D Contents)

- 현실세계의 모습과 동작을 입체적으로 표현하여 눈앞에서 생생하게 살아 움직이는 사실감과 현실감을 제공하는 콘텐츠
- 최근 IT와 방송서비스가 융합하고, 문화적 속성을 가진 3D 콘텐츠가 다양한 플랫폼을 통해 확산되고 있는 추세
- 부족한 3D 콘텐츠 수급의 대안으로 2D-3D변환이 가능한 3D컨버팅 기술이 부상하며, 3D 콘텐츠 제작의 새로운 트렌드로 주목

[4G가 불러온 3D 콘텐츠 수요 가속화]
자료: 한국정보화진흥원(2013), 빅데이터로 풀어 본 대한민국 IT미래 먹거리.

## 1. 중개 매물분석 및 브리핑 기법

앞에서 언급한 바와 같이 우리나라의 중개시장의 환경은 더욱 치열한 경쟁과 고객의 눈높이에 맞는 중개서비스가 요구되고 있다. 즉 더욱 전문성 있는 중개서비스가 요구되는 것이다. 공인중개사는 외국과 같이 의뢰받은 매물에 대한 최신 관련데이터를 수집하여 정량적 분석을 통해 전문가다운 고객의 요구에 맞는 중개서비스를 제공할 수 있어야 한다. 중개시장은 종사하는 공인중개사의 증가와 비례하여 더욱 치열하게 경쟁하여야 함으로서 차별화되고 전문성 있는 중개서비스가 중개업을 잘 하는 관건일 수 있다.

본 중개업에서 매물분석 및 브리핑을 하면서 기대할 수 있는 효과는 다음과 같다.

첫째, 분석을 통한 브리핑(분석보고서)은 전문가에 의한 서비스의 기본으로 고객에게 전문성 있는 중개사임을 인식시킬 수 있다. 전문성을 인식시킬 수 있다는 의미는 신뢰성 있는 데이터를 통해 체계적인 분석 결과로 신뢰관계를 유지할 수 있다는 의미이기도 하다. 얼마 전 한국주택학회에 게재된 논문 중 중개업의 고객만족과 충성행동에 관한 연구에서 고객을 단골관계를 형성하기 위해서는 신뢰성과 전문성이 중요하다는 바와 같이 매물분석·및 브리핑은 이러한 효과를 충분히 기대할 수 있다.

둘째, 이미 일부 공인중개사는 실무에 매물분석 브리핑을 활용함으로서 기대이상의 중개매출 증가 효과가 있다고 한다. 고객입장에서 보면 공인중개사가 상당한 시간을 투자하여 전문성 있는 매물분석 보고서를 제시함으로서 분석결과의 가치는 차치하더라도 본인만을 위해 최소한 감동효과를 얻을 수 있을 것이다. 따라서 매물분석을 하여 맞춤식 중개를 하는 것과 예전의 단순중개를 하는 것과는 현격한 차별효과가 있는 것이다.

셋째, 양질의 전문성 있는 중개서비스 제공에 합당한 중개보수를 기대할 수 있다. 고객과 공인중개사간에 중개보수를 주고받는 과정에 상호 많은 생각의 차이가 있다. 공인중개사는 고객이 접근할 수 없는 전문성 있는 중개서비스를 제공함으로서 고객입장에서 인정할 수 있는 중개보수를 받을 수 있을 것이다.

[그림 11-2] 중개 매물분석 브리핑 주요 내용 예시[6]

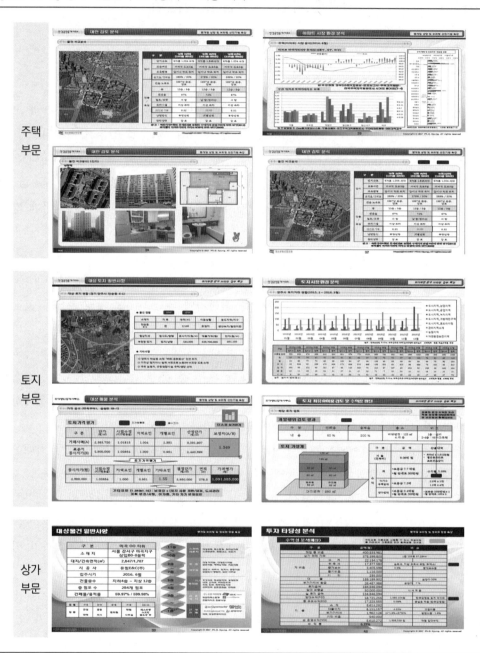

6) 중개 매물분석 브리핑에 대한 자세한 사항은 '중개정보화 활동카페(http://cafe.naver.com. markingtest2)' 참조.

## 2. 엑셀을 이용한 고객 및 매물관리

부동산 중개업은 고객의 중개활동에 필요로 하는 정보를 제공하는 서비스업이다. 공인중개사는 효율적인 중개업무를 수행하기 위하여 업무와 연관된 정보를 체계적으로 관리할 수 있어야 하며, 또한 필요한 시기에 필요한 정보를 빠르고 정확하게 찾아서 활용할 수 있어야 한다. 즉 자료나 정보의 체계적인 관리와 적시 적절한 활용이 중개활동의 핵심이라 할 수 있는 것이다.

엑셀은 이와 같이 부동산 중개업을 수행하면서 고객과 관련된 정보와 중개매물을 관리하는데 유용한 프로그램이다.

중개사의 고객상담은 중개활동의 중요한 부분으로 많은 사람들과 상담을 한다. 중개업을 수행하는 기간과 비례하여 상담인원은 증가하게 될 것이다. 중개상담 내용은 중개업의 계약이 체결되어 중개업의 매출과 직결되는 정보로서 관리가 매우 중요하다.

또한 중개에서 매물확보는 중개과정에서 가장 중요한 부분이다. 계약이 체결되었던 매물이나 매도자 또는 임대인으로부터 위임된 물건에 대한 정보는 중개 매출과 직결되는 중요한 정보로서 이를 효율적으로 관리하고 활용할 수 있어야 한다.

엑셀은 이와 같이 고객관리와 중개매물의 관리와 활용에서 중개업을 효율적으로 수행하게 하는 프로그램이다.

## 1) 효율적인 상담 및 고객관리

중개사에게 고객과의 방문 상담과 전화상담은 중요한 중개활동 중에 하나이다. 실제 계약이 체결되기까지 수차례의 상담이 이루어져 상당한 시간과 노력이 소요되는 중개활동인 것이다.

중개업을 수행하면서 상담내용은 많은 자원 소모를 통해 확보된 귀중한 정보로서 중개업을 수행하는 기간에 비례하여 그 정보는 수기작업으로는 관리가 어려워질 정도로 많아질 것이다.

경우에 따라서는 최초 상담이 이루어지고 상당한 기간이 경과된 후 후속 상담이 이루어지기도 하는데 상담의뢰인은 직전 상담에 이어 계속 이어지는 상담이 되기를 기대하는 반면, 중개사는 직전까지 상담한 내용을 인지하기 어려워 갈등이 발생하기도 한다.

이와 같이 수기작업으로는 고객을 효율적으로 관리하기 어려운 경우와, 고객과의 원활한 상담을 하기 위해서 엑셀은 유용한 프로그램으로 활용될 수 있다.

## (1) 고객관리 일지 작성

상담이 이루어진 고객에 대해서는 공통적으로 기록·유지하여야 할 사항은 엑셀프로그램에 의해 양식화 하여 작성을 용이하게 한다. [그림 11-3]은 상담일시와 상담자 성명, 연락처, 고객유형, 상담내용 등을 기록할 수 있도록 작성한 예시이다.

특히 고객유형을 자체적으로 설정한 기준에 따라 상담과정을 통하여 판단을 함으로서 고객관리의 효율성을 기하도록 하며, 이 고객관리 엑셀파일은 중개보조인 등 협력을 하고자 하는 대상과 공유하여 작성을 보완하고 동일한 정보에 의해 활용할 수 있도록 한다.

상담내용은 메모형식으로 간략하게 작성하여 차후 상담에 참고가 될 수 있도록 하며, 상세한 작성이 필요한 경우에는 별도의 문서를 작성하여 고객관리일지(엑셀)와 상세 상담 문서와의 링크를 설정하여, 해당 문서를 보고자 할 경우 해당 셀을 클릭하면 바로 볼 수 있도록 한다.

[그림 11-3] 고객 관리 일지 양식(예)

| 일 자 | 상담시간 | 담당자 | 고객유형 | 상담매물 동이름 | 상담매물 아파트명 | ㎡ | 고객명 | 연락처 | 상 담 내 용 |
|---|---|---|---|---|---|---|---|---|---|
| 2013년 06월 29일 | 14:00 | 홍길동 | A | 공릉동 | 정솔아파트 | 91 | 김길동 | 010-0000-0000 | 요구매가 3억2천, 8월20일전 매매 희망, 호가 조정예정 |
| 2013년 07월 11일 | 10:20 | 정중개 | A | 하계동 | 미성아파트 | 144 | 이현서 | 010-0000-0001 | 희망매입가 5억2천, 희망매입시기 8월말, 2주후 전화통화 |
| 2013년 07월 11일 | 12:25 | 홍길동 | B | 공릉동 | 공릉현대아파트 | 85 | 정면호 | 010-0000-0002 | 요구매가 3억2천, 8월20일전 매매 희망, 호가 조정예정 및 매각 시기 조정 |
| 2013년 07월 05일 | 14:25 | 정중개 | C | 공릉동 | 공릉현대아파트 | 61 | 이성근 | 010-0000-0003 | 희망매입가 2억2천, 희망매입시기 8월말, 2주후 전화통화 |
| 2013년 07월 06일 | 13:40 | 홍길동 | B | 공릉동 | 정솔아파트 | 91 | 이주호 | 010-0000-0004 | 요구매가 3억2천, 9월20일전 매매 희망, 호가 조정예정 다시통화하기로 함 |
| 2013년 07월 08일 | 15:20 | 홍길동 | A | 하계동 | 미성아파트 | 144 | 동영상 | 010-0000-0005 | 요구매가 3억2천, 8월20일전 매매 희망, 호가 조정예정 |

## (2) 고객관리 일지 활용

고객관리 일지를 엑셀파일로 정리하면 중개업을 오랜 기간 수행하게 되어 상담인원이 많아지게 되더라도 찾고자 하는 대상을 쉽게 검색하여 대응할 수 있게 된다.

예컨대 상담을 했던 고객이 재차 상담을 하고자 하는 경우 [그림 11-4]에서와 같이 중개사는 엑셀에 의해 정리된 고객관리 일지(엑셀파일)을 열고 키보드의 "ctrl+F"를 하여 나타나는 대화창의 '찾을 내용'에 간단한 키워드(예 고객명)를 입력하게 되면 쉽고 빠르게 해당 고객의 종전 상담내용을 볼 수 있어 고객의 종전 상담에 이어지는 상담을 하고자 하는 기대에 맞추어 대응할 수 있어 원활한 중개활동을 할 수 있을 것이다.

[그림 11-4] 고객관리 일지 검색

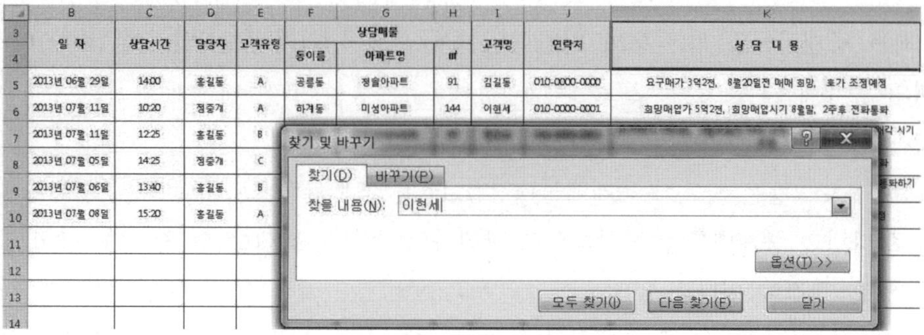

| 일 자 | 상담시간 | 담당자 | 고객유형 | 상담매물 동이름 | 상담매물 아파트명 | ㎡ | 고객명 | 연락처 | 상 담 내 용 |
|---|---|---|---|---|---|---|---|---|---|
| 2013년 06월 29일 | 14:00 | 홍길동 | A | 공릉동 | 쟁솔아파트 | 91 | 김길동 | 010-0000-0000 | 요구혀가 3억2천, 8월20일전 매매 회망, 호가 조정예정 |
| 2013년 07월 11일 | 10:20 | 정중개 | A | 하계동 | 미성아파트 | 144 | 이현세 | 010-0000-0001 | 희망매입가 5억2천, 희망매입시기 8월말, 2주후 전화통화 |
| 2013년 07월 11일 | 12:25 | 홍길동 | B | | | | | | |
| 2013년 07월 05일 | 14:25 | 정중개 | C | | | | | | |
| 2013년 07월 06일 | 13:40 | 홍길동 | B | | | | | | |
| 2013년 07월 08일 | 15:20 | 홍길동 | A | | | | | | |

찾기 및 바꾸기

찾기(D)　바꾸기(P)

찾을 내용(N): 이현세

옵션(T) >>

모두 찾기(I)　다음 찾기(F)　닫기

이와 같이 중개사는 엑셀을 이용한 고객관리 일지를 활용하게 되면 고객 간의 원만한 관계를 형성하여 호감을 유도할 수 있으며, 상담시간을 단축할 수 있는 등 중개 업무를 효율적으로 할 수 있게 된다.

## 2) 중개 매물관리

상당수의 중개사는 중개 대상물 정보 관리대장에 매물을 순차적으로 기입하는 방식으로 하거나, 중개대상물의 다양한 정보를 수록한 양식을 카드로 작성하여 관리 활용한다.

장부식으로 작성하여 중개매물을 관리하는 방식은 등록된 매물이 많을 경우 검색이 지연될 수 있으며, 상담의뢰인의 조건에 맞는 매물을 검색하기가 쉽지 않다. 또한 순차적으로 기입하게 되어 새로운 정보를 추가로 기입하기 어려우며, 통일된 형식이 없어 작성자 이외에는 명확하게 해석하지 못하는 사례가 발생하기도 한다. 또한 한사람이 작업 중일 때 다른 사람은 사용할 수 없는 문제가 있다.

카드식으로 작성된 중개매물은 통일된 양식에 의해 작성되어 판독이 쉽고 추가 및 수정이 용이하여 여러 명과 공유할 수 있는 장점이 있다. 그러나 다양한 부동산을 통일된 양식에 의해 작성하기 어려우며, 낱장으로 작성되어 분실과 관리가 어려운 단점이 있다.

최근에는 이와 같이 수기에 의해 작성되는 매물관리대장의 단점을 보완하기 위하여 컴퓨터에 의해 관리가 확대되어 가고 있다.

## (1) 중개 매물 프로그램 활용

최근 중개사들의 PC사용이 일반화되면서 부동산 거래정보사업자에 의해 다양한 유형의 중개매물관리 전용 프로그램과 정보공유기능을 함께 내장한 프로그램이 보급되고 있다.

전용프로그램은 카드식 중개매물대장을 PC용 프로그램으로 구현하는 경우가 대부분으로 다량의 중개매물을 체계적으로 관리하고 손쉽게 검색할 수 있으며, 망실, 훼손되지 않는 장점이 있다.

다만 다양한 유형의 중개 대상물에 적합하게 기록·저장하는 데 제한이 되며, 등록된 매물정보는 많은 중개사들과 공유됨으로서 매물을 확보·관리하기가 어려운 단점이 있어 사용이 제한되고 있다.

## (2) 엑셀에 의한 전용 매물관리

수기에 의한 매물관리와 부동산 거래정보사업자에 의해 제공되는 프로그램의 단점을 보완하고, 또한 특별히 보안을 유지하여야 하는 매물정보는 별도의 중개매물을 관리 하여야 할 필요가 있다.

따라서 엑셀에 의하여 [그림 11-5]와 같이 통합된 엑셀문서상에 주택, 상가, 토지 등의 부동산유형별 그리고 매매, 임대 등 거래 유형별 탭으로 구분한 양식을 작성하여 활용할 수 있다.

전용 매물관리는 다음과 같은 엑셀의 기능을 활용하여 중개업무의 효율성을 높일 수 있다.

첫째, 통합된 하나의 엑셀문서로 하여 부동산 유형과 거래 유형 등 다양한 유형을 탭(tab)으로 구분하여 검색을 용이하게 할 수 있다.

이와 같은 전용 매물관리 파일은 높은 보안성이 요구됨으로 엑셀파일 자체의 비밀번호를 설정하는 기능을 활용할 수 있다.

[그림 11-5] 매물관리 엑셀 파일(예)

◆ 전세 계약 명부

| 임대인 | | 임차인 | | 아파트 | 동/호수 | m² | 계약일 | 잔금일자 | 계약만료 | 남은일자 (오늘기준) | 계약서 | 등기사항 증명서 | 지적도 | 우편번호 | |
|---|---|---|---|---|---|---|---|---|---|---|---|---|---|---|---|
| 성명 | 연락처 | 성명 | 연락처 | | | | | | | | | | | | |
| 홍길동 | 010-0011-5561 | 강일동 | 010-3679-2360 | 수원주공아파트 | 101/102 | 101 | 2011년 04월 01일 | 2013년 04월 05일 | 2013년 04월 31일 | 10 | 계약서 | 등기사항증명서 | 지적도 | 443-380 | 경기도 |
| 오정매 | 010-0011-5562 | 권춘han | 010-3679-2361 | 한지아파트 | 1102/102 | 96 | 2011년 09월 01일 | 2011년 04월 05일 | 2013년 09월 30일 | 40 | 계약서 | 최고마토록지 | | | 565-905 | 전북 |
| 윤영근 | 010-0011-5563 | 김정민 | 010-3679-2362 | 삼성레미안 | 311/201 | 85 | 2011년 10월 01일 | 2011년 07월 05일 | 2013년 10월 30일 | 70 | 계약서 | 등기사항증명서 | 지적도 | 403-799 | 인천시 |
| 이경준 | 010-0011-5564 | 김기택 | 010-3679-2363 | 한지아파트 | 112/411 | 142 | 2011년 03월 01일 | 2011년 04월 05일 | 2013년 10월 30일 | 70 | 계약서 | 등기사항증명서 | 지적도 | 412-190 | 경기 |
| 이가현 | 010-0011-5565 | 김대원 | 010-3679-2364 | 두산아파트 | 111/305 | 85 | 2011년 10월 01일 | 2011년 04월 05일 | 2013년 12월 30일 | 131 | 계약서 | 등기사항증명서 | | 431-060 | 경기 |
| 이상민 | 010-0011-5566 | 김동만 | 010-3679-2365 | 트렌지움아파트 | 211/1102 | 115 | 2011년 10월 01일 | 2013년 04월 05일 | 2013년 10월 30일 | 70 | 계약서 | 등기사항증명서 | 지적도 | 448-130 | 경기 |
| 이상호 | 010-0011-5567 | 김동철 | 010-3679-2366 | 삼성레미안 | 101/506 | 61 | 2011년 04월 01일 | 2011년 04월 05일 | 2013년 10월 30일 | 70 | 계약서 | | | 463-856 | 경기 |
| 이성호 | 010-0011-5568 | 김영수 | 010-3679-2367 | 한지아파트 | 101/506 | 142 | 2011년 11월 01일 | 2011년 04월 05일 | 2013년 11월 30일 | 101 | 계약서 | 등기사항증명서 | | 250-801 | 강원 |
| 이승오 | 010-0011-5569 | 김봉주 | 010-3679-2368 | 두산아파트 | 205/311 | 115 | 2011년 04월 01일 | 2011년 04월 05일 | 2013년 10월 30일 | 70 | 계약서 | | | 403-721 | 인천 |
| 이용장 | 010-0011-5570 | 김성철 | 010-3679-2369 | 한지아파트 | 1102/102 | 115 | 2011년 04월 01일 | 2011년 04월 05일 | 2013년 12월 30일 | 131 | 계약서 | 등기사항증명서 | 지적도 | 447-717 | 경기 |
| 이흥배 | 010-0011-5571 | 김승우 | 010-3679-2370 | 삼성레미안 | 112/411 | 115 | 2011년 11월 01일 | 2011년 04월 05일 | 2013년 11월 30일 | 101 | 계약서 | 등기사항증명서 | 지적도 | 621-801 | 경남 |
| 임종길 | 010-0011-5572 | 김여종 | 010-3679-2371 | 한지아파트 | 311/201 | 96 | 2011년 04월 01일 | 2011년 04월 05일 | 2013년 10월 30일 | 70 | 계약서 | 등기사항증명서 | | 448-783 | 경기 |
| 임지인 | 010-0011-5573 | 김영하 | 010-3679-2372 | 한지아파트 | 205/311 | 96 | 2011년 04월 01일 | 2011년 04월 05일 | 2013년 12월 30일 | 131 | 계약서 | | 지적도 | 137-875 | 서울 |
| 장중원 | 010-0011-5574 | 김재훈 | 010-3679-2373 | 두산아파트 | 101/506 | 96 | 2011년 04월 01일 | 2011년 04월 05일 | 2013년 10월 30일 | 70 | 계약서 | 등기사항증명서 | 지적도 | 151-963 | 서울 |
| 전양일 | 010-0011-5575 | 김정현 | 010-3679-2374 | 삼성레미안 | 101/506 | 115 | 2011년 04월 01일 | 2011년 04월 05일 | 2013년 10월 30일 | 70 | 계약서 | | | 368-909 | 충북 |
| 전재현 | 010-0011-5576 | 김종훈 | 010-3679-2375 | 한지아파트 | 101/506 | 142 | 2011년 04월 01일 | 2011년 04월 05일 | 2013년 10월 30일 | 70 | 계약서 | 등기사항증명서 | | 441-440 | 경기 |
| 정동섭 | 010-0011-5577 | 김종현 | 010-3679-2376 | 두산아파트 | 112/411 | 61 | 2011년 04월 01일 | 2011년 04월 05일 | 2013년 10월 30일 | 70 | 계약서 | | 지적도 | 415-843 | 경기 |
| 정영희 | 010-0011-5578 | 김준섭 | 010-3679-2377 | 삼성레미안 | 311/201 | 115 | 2011년 04월 01일 | 2011년 04월 05일 | 2013년 12월 30일 | 131 | 계약서 | | | | 경기 |
| 정영률 | 010-0011-5579 | 김진일 | 010-3679-2378 | 두산아파트 | 1102/102 | 96 | 2011년 04월 01일 | 2011년 04월 05일 | 2013년 10월 30일 | 70 | 계약서 | | 지적도 | | 인천 |
| 정영복 | 010-0011-5580 | 김호요 | 010-3679-2379 | 두산아파트 | 101/506 | 142 | 2011년 12월 01일 | 2011년 04월 05일 | 2013년 10월 30일 | 131 | 계약서 | | | | 경기 |
| 정범연 | 010-0011- | 김태hun | 010-3679-2380 | 삼성레미안 | 101/506 | 96 | 2011년 04월 01일 | 2011년 04월 05일 | 2013년 10월 30일 | 70 | 계약서 | | | | 경기 |

탭 설정

매매명부 | 전세 명부 | 월세명부 | 상가임대 | 토지매매 | 상담고객 명부 | 위임매물현황 | DM발송

둘째, 엑셀의 필터링(filtering)기능을 통해 고객이 희망하는 조건을 충족하는 매물만을 검색하여 상담을 할 수 있다. 예를 들어 매수 희망자가 원하는 위치와 부동산 유형, 매입희망가, 매입시기 등 조건에 맞는 매물만을 검색하고자 할 경우 중개사는 매물관리 엑셀파일을 열어 양식란에 필터기능을 부여하고 난 후 매입 희망자의 조건을 설정하면 된다.

셋째, [그림 11-6]에서 보는 바와 같이 남은일자 셀에는 함수 'K5-TODAY()'를 설정하여 매물관리 엑셀파일을 열어 보면 자동으로 계약 만료를 기준으로 남은 일자가 자동으로 나타나도록 한다. 예컨대 전세계약을 한 경우 계약만료일 기준으로 남은 일자가 자동으로 나타나게 됨으로서 필터링 기능을 통해, 예를 들어 계약만료 60일 또는 70일 이전 매물만 검색할 수 있으며, 재계약을 유도하여 매물을 확보할 수 있다.

[그림 11-6] 계약만료 남은 일자 함수 설정

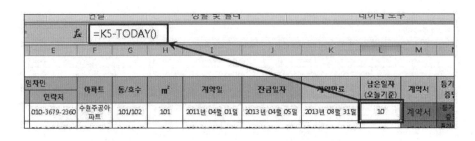

| 임차인 연락처 | 아파트 | 동/호수 | m² | 계약일 | 잔금일자 | 계약만료 | 남은일자 (오늘기준) | 계약서 | 등기<br>증명 |
|---|---|---|---|---|---|---|---|---|---|
| 010-3679-2360 | 수원주공아<br>파트 | 101/102 | 101 | 2011년 04월 01일 | 2013년 04월 05일 | 2013년 08월 31일 | 10 | 계약서 | |

$f_x$ =K5-TODAY()

넷째, 중개사는 계약을 체결하게 되면 계약서와 함께 발급하여 사용된 각종 관련 공부를 보관하게 된다. 1~2년 이후 보관된 계약서를 비롯한 각종 공부를 참고하기 위해 검색하는 데 많은 시간이 소요되고 쉽지 않을 수 있다.

매물관리 파일은 엑셀의 하이퍼링크 기능을 통해 계약서를 비롯한 공부를 엑셀파일에 링크를 설정하면 차후 해당 셀을 클릭하여 검색을 빠르고 쉽게 할 수 있다.

[그림 11-7] 관련 문서 링크 설정

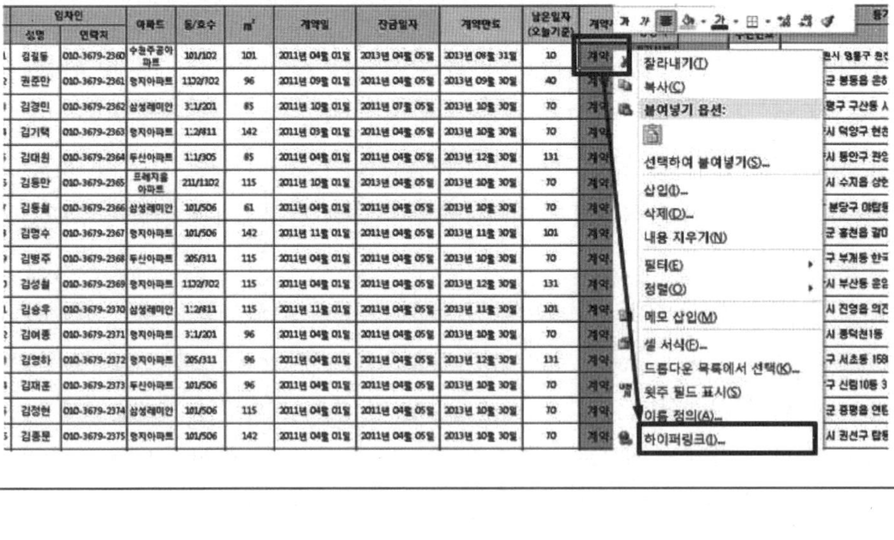

# 3. 부동산 매물의 지역 및 상권분석

## 1) 부동산 지역 및 상권분석 의의

자유경제시장체계에서 부동산 활동의 대부분은 부동산시장에서 이루어지게 된다. 따라서 효율적인 부동산 활동을 하기 위해서 부동산시장을 분석하게 되는 것이다.

이러한 부동산 활동에 영향을 미치는 정확한 정보를 수집하여 영향의 정도를 분석하는 것을 부동산 시장분석(Real Estate Market Analysis)이라 할 수 있다. 부동산시장 분석의 범주에 대해서는 학자들의 다양한 주장이 있으나 이를 간단히 정리하여 보면 시장지역분석, 인근지역 분석, 대상물 분석, 수요분석, 공급분석 등 5가지로 구분할 수 있다. 이와 같은 시장분석을 구분하는 기준에 의하여 부동산시장 분석을 엄밀히 말하면 부동산 시장분석의 5가지 중에 인근지역 분석을 의미한다고 할 수 있다. 이는 해당 부동산의 가격형성에 영향을 미치는 인근(Neighbourhood) 또는 근린지역의 다양한 환경 중 대상부동산의 활동에 영향을 미치는 환경요소의 현황과 전망을 분석하는 것이기 때문이다.

부동산의 유용성은 대상부동산의 수요에 영향을 미치게 되며, 인근지역의 다양한 환경에 의해 직접 영향을 받는다. 인근지역 환경은 대상부동산을 포함한 인근지역이 속한 부동산과 유사지역에 속한 대체부동산을 차별화하는 요소가 되며, 인근지역에 속한 부동산들은 동일한 시장환경에 영향을 받게 된다.

따라서 인근지역 분석이란 대상부동산이 포함된 인근지역과 동일한 시장범위내의 유사지역과의 차별성을 분석하는 것이다. 이러한 부동산시장 분석 결과는 부동산 활동의 의사결정을 위한 기본정보가 된다.

또한 상업용부동산의 권역은 대상 부동산의 상권(배후)에 의해 결정된다. 이와 같이 상권이란 상업용부동산에 관련된 고객이 존재하는 지리적 영역을 말한다. 독일의 지리학자인 크리스탈러(W. Christaller)의 이론에 따르면 '고객이 상품이나 서비스를 구매하기 위해 기꺼이 이동하는 거리'라고 할 수 있다. 이를 배후지역, 시장지역, 시장권역이라고도 한다.

따라서 상권분석이란 상업용부동산에 관련된 고객들이 원하는 상품이나 서비스를 구매하기 위해 기꺼이 이동하는 상권이 미치는 범위내의 지역을 분석하는 것을 의미한다.

중개사에게 있어 부동산 지역분석과 상권분석은 차별화된 고급의 중개서비스를 제공할 수 있는 중요한 중개활동이다. 종전의 표면적인 단순 중개와는 달리 다양한 데이터를 바탕으로 대상부동산을 중심으로 부동산 지역과 상권을 분석하여 정보를 제공함으로서 부동산 활동의 의사결정에 소요되는 시간을 단축할 수 있다.

또한 근대적인 중개업을 한 단계 업그레이드할 수 있는 중요한 부분이다.

## 2) 정보화시스템을 활용한 부동산 지역 분석 및 상권분석

정보화를 활용한 부동산 지역분석 또는 상권분석은 정보시스템으로 대상부동산과 연관된 다양한 데이터를 연결시켜 해당지역과 분석범위 그리고 업종 등 간단한 조건을 선택하여 분석할 수 있는 시스템이다.

대표적으로 부동산지역과 상권을 분석하는 시스템으로는 <표 11-2>와 같이 서울시에서 구축하여 운영하는 우리마을가게, 소상공인시장진흥공단에서 운영하는 상권정보 그리고 SK텔레콤에서 구축하여 운영하는 지오비전이 있다.

▌〈표 11-2〉부동산시장 분석 및 상권분석 시스템

| 구분 | 우리마을가게 | 상권분석 | 지오비전 |
|---|---|---|---|
| 서비스 개시 | 2016년 | 2006년 | 2010년 |
| URL | http://golmok.seoul.go.kr | http://sg.sibz.or.kr | www.geovision.co.kr |
| 구축/운영 | 서울특별시청 | 소상공인시장진흥공단 | SK Telecom |
| 분석범위 | 서울시 | 전국 | 전국 |

### (1) 서울시 우리마을가게

서울시는 유동인구 자료 그리고 교통인구, 통행속도, 사업체, 주요시설 등의 각종 통계자료를 취합해 '우리마을가게'를 구축하여 서비스를 하고 있다.

우리마을가게를 통해 분석에 활용되는 데이터는 <표 11-3>과 같이 서울시가 보유하고 있는 유동인구, 교통인구, 통행속도, 사업체조사, 주요시설 정보와 통계청이 보유하고 있는 인구·주택 총조사, 집계 구 자료 등이다.

우리마을가게는 중개사가 고객에게 서울시에 한하여 신뢰성 있는 데이터를 통하여 매매 및 임대 상가에 대해 추천을 하거나 특정상가에 대한 상권을 분석하는 등 컨설팅을 하기 위한 분석을 할 수 있는 정보시스템이다. 또한 중개사는 최적의 주택을 선정하거나 자영업 창업자가 상권분석을 위한 기초자료로 활용하거나 마케팅담당자가 특

정상품을 홍보하기 위해 홍보대상 인구가 많은 지역을 검색할 경우 '타깃추출'을 하는
데 유용할 것이다.

[그림 11-8] 서울시 우리마을가게 메인 화면

자료: https://golmok.seoul.go.kr/main.do

또한 중개사 자신도 특정지역에 중개사무실을 개업하기 위해 입지를 분석할 경우
분석하고자 하는 범위를 선택(원형, 자유영역)하여 그 지역에서 중개업에 영향을 미치는
요일별, 시간대별, 날씨별 유동인구, 지하철 및 버스정류장 승하차 인구, 성별, 연령별
거주인구, 업종별 사업체 및 종사자 등 다양한 정보를 참고할 수 있다.

우리마을가게의 가장 큰 특징으로는 사용자가 원하는 지역의 정보를 손쉽게 조회
하고 분석해 볼 수 있다. 행정동별 정보는 물론 자신이 원하는 지역을 선택해 그 지역
의 유동인구, 주거인구, 교통인구, 주택정보, 시설정보, 사업체, 종사자 등 다양한 정보
를 한 눈에 조회해 볼 수 있다. 여기에 서울시내 1만개 주요지점에 대한 '타깃추출' 기
능도 제공한다. 타깃추출이란 성별·연령별 인구 밀집지역을 검색하거나, 종사자 밀집
지역 혹은 유동인구 상위지점을 검색하는 기능으로 기업의 마케팅 계획수립 및 판촉홍
보지역 선정 등에 유용하게 활용할 수 있다.

또한 시스템에서 제공되는 주요 1만개 지점 유동인구조사 보고서에는 조사 지점별 위치지도, 주변사진, 보도폭, 차로 및 1층부 주요시설 등 조사 지점의 특성과 날씨별·시간대별·요일별 유동인구 통계가 상세하게 수록되어 있어 대상부동산에 대한 양질의 중개서비스를 제공하는 데 활용할 수 있다.

**▌〈표 11-3〉 서울시 우리마을가게 시스템 구축 데이터 현황**

| 연번 | 데이터명 | 세부형목 | 출처 | 주기 | 기준시점 | 주요제공정보 |
|---|---|---|---|---|---|---|
| 1 | 상가/업소 | 업종별 상가/업소(상호, 업종, 주소, 프랜차이즈) | 서울시 | 분기 | 2020년 09월 | 100개 생활밀접업종의 점포수, 개·폐업수(율), 생존율, 점포이력 |
| 2 | 인허가 업소 | 인허가 대상 업종 상가/업소(상호, 업종, 주소) | 서울시 | 분기 | 2020년 09월 | |
| 3 | 휴/폐업 | 휴/폐업 신고 사업자 | 서울시 | 분기 | 2020년 09월 | |
| 4 | 사업체 조사 | 사업체 총조사 데이터 | 서울시 | 년 | 2015년 12월 | |
| 5 | 골목상권 | 서울시 골목상권 1,010 개 | 서울시 | 년 | 2020년 09월 | 상권별 분석결과 |
| 6 | 발달상권 | 서울시 발달상권 253개 | 서울시 중소벤처기업부 | 년 | 2020년 09월 | |
| 7 | 전통시장상권 | 서울시 전통시장상권 227개 | 서울시 | 년 | 2020년 09월 | |
| 8 | 관광특구상권 | 서울시 관광특구상권 6개 | 서울시 | 년 | 2020년 09월 | |
| 9 | 카드매출/소비 | 블록별 매출(매출액, 거래건수) 성/연령대별, 시간대별, 요일별 거래패턴 | BC카드 | 분기 | 2020년 09월 | 내국인 추정매출 |
| 10 | 카드매출/소비 | 블록별 매출(매출액, 거래건수) 성/연령대별, 시간대별, 요일별 거래패턴 | KB카드 | 분기 | 2020년 09월 | |
| 11 | 카드매출/소비 | 블록별 매출(매출액, 거래건수) 성/연령대별, 시간대별, 요일별 거래패턴 | SH카드 | 분기 | 2020년 09월 | |
| 12 | 카드보정 | 지역/업종별, 신용카드사별 보정비 | 서울시 | 년 | 2020년 09월 | |
| 13 | 추정매출 | 신용카드 매출과 융합하여 추정매출 산출 | 서울시 | 분기 | 2020년 09월 | |
| 14 | 생활인구 | 서울시가 보유한 빅데이터와 KT의 통신데이터로 특정한 '특정 시점'에 '서울의 특정 지역'에 '존재'하는 모든 인구 | 서울시-KT | 분기 | 2020년 09월 | 길단위/건물단위 상존인구 |
| 15 | 길단위 상존인구 | 서울시 생활인구(집계구단위)를 그리드(50X50) 영역으로 배분, 집객시설과 배분직을 통해 길단위 상존인구 생성 | 서울신용보증재단 | 분기 | 2020년 09월 | |
| 16 | 건물단위상존인구 | 그리드(50X50)로 배분된 생활인구 이용, 그리드 내 건물의 면적과 총수에 비례하여 추가 배분을 통한 건물단위 상존인구 생성 | 서울신용보증재단 | 분기 | 2020년 09월 | |
| 17 | 교통카드 | 지하철 및 버스정류장별 승하차 인구 | 스마트 카드사 | 분기 | 2020년 09월 | 교통카드 |
| 18 | 주거인구 | 행정구역별 주민등록 통계 데이터를 건물단위별 가구수 및 성별/연령대별 인구수 추정 | 서울시 | 반기 | 2020년 06월 | 주거인구 |
| 19 | 직장인구 | 50m Cell 단위의 성/연령별 직장인구 정보 | 국민건강 보험공단 | 반기 | 2020년 06월 | 직장인구 |
| 20 | 소득분위 | 50m Cell 단위의 10분위 소득추정액 | 국민건강 보험공단 | 반기 | 2020년 06월 | 주거인구 소득분위 |
| 21 | 소비특성 | 블록별 소비유형별 비율(식료품, 의류, 신발, 가사용품, 의료, 탈것, 여가, 문화, 교육, 커피, 주류) | 나이스 지니데이터 | 반기 | 2017년 09월 | 소비유형 |
| 22 | 임대시세 | 행정동별, 자치구별 소상공인 임대시세 | 서울신용보증재단 | 반기 | 2020년 09월 | 환산임대료 |
| 23 | 금융비용 | 50m Cell 단위의 소상공인 금융비용 | 서울신용보증재단 | 분기 | 2020년 09월 | 금융비용 밀도 |
| 24 | 외국인 매출/소비 | 50m Cell 단위의 매출(매출액, 거래건수) 국가별, 시간대별, 요일별 거래패턴 | BC 카드 | 분기 | 2020년 09월 | 외국인 매출 밀도 |
| 25 | 외국인 생활인구 | 지역별 통행량 기반 생활인구 | 서울시 | 분기 | 2020년 09월 | 외국인 생활인구 밀도 |
| 26 | 주요/집객 시설 | 인구집중 유발하는 주요/집객시설 구분 및 위치정보(관공서, 금융기관, 병원, 학교, 유통점, 문화관광 / 영화관, 숙박시설, 교통관련 시설) | 각급기관 | 년 | 2018년 01월 | 주요/집객시설 위치정보 |
| 27 | 아파트 | 아파트 단지/동 단위 가구수 면적별/기준시가별 가구수 | 서울시 | 년 | 2019년 12월 | 아파트별 가구수 |
| 28 | 건물 | 건물의 용도, 층수, 주출입구, 건축일자, 주차장여부, 접도정보, 토지의 형상 등 (새주소건물+건축물대장) | 서울시 | 년 | 2019년 01월 | 건물정보 |
| 29 | 도로명 주소/링크 | 도로명 주소 지도 데이터로 도로구간 데이터 | 서울시 | 년 | 2017년 03월 | 도로 정보 |
| 30 | 버스정류장 | 시내 버스 정류장 노선, 위치 | 서울시 | 년 | 2020년 09월 | 위치정보 |
| 31 | 지하철역 | 지하철역사 노선, 위치 | 서울시 | 년 | 2020년 09월 | 위치정보 |
| 32 | 블록데이터 | 서울시 6만8천 여개의 블록영역 | 오픈메이트 | 년 | 2020년 09월 | 블록영역 |
| 33 | 블록속성데이터 | 서울시 6만8천 여개의 블록에 대한 배후지 속성 | 오픈메이트 | 년 | 2020년 09월 | 블록속성정보 |

자료: 서울시 우리마을가게 홈페이지(2020.12.25)

### (2) 소상공인시장진흥공단의 상권정보

소상공인시장진흥공단의 상권정보시스템(http://sg.sbiz.or.kr)은 점포, 인구, 주요시설, 유동인구, 매출정보 등 상권분석에 필요한 자료를 32개 기관으로부터 제공받아 49종의 상권분석 정보를 보고서로 제공한다.

중개사는 상권정보시스템을 통해 전국 1,200대 주요 상권을 대상으로 50개 업종에 대해 전국 대비 얼마나 밀집됐는지를 시각화된 밀집지수를 통해 파악할 수 있으며, 또 상권 내 도로 위 인구 통행량의 많고 적음을 쉽게 알 수 있도록 색상으로 표기되어 활용할 수 있다. 뿐만 아니라 시·군·구별로 상권정보를 제공하는데 행정동별로 기본적인 지역정보와 업종정보를 파악할 수 있게 함으로써 상권분석 전 예비정보로 활용할 수 있어 시·군·구 상권정보에는 가구수와 인구수, 시설물수, 업소수 등을 통계로 제공하여 활용할 수 있다.

[그림 11-9] 상권정보시스템 메인 화면

자료: http://sg.sbiz.or.kr

중소기업청의 상권정보시스템은 인터넷이용과 스마트폰의 플레이스토어 및 앱스토어에서 상권정보앱을 다운로드하여 이용할 수 있다.

▌〈표 11-4〉 상권정보의 제공 정보 현황

| 세분화된 상권영역 | 빅데이터 기반 데이터 | 다양한 분석 및 통계 서비스 |
|---|---|---|
| 주요발달상권<br>전통시장<br>지하상가<br>지하철<br>KTX | 인구 DB<br>매출 DB<br>상가업소 DB<br>주거인구/직장인구 DB<br>업종 DB<br>주요/집객시설 DB<br>학교/교통시설 DB<br>주요기업/브랜드지수 DB<br>점포임대 시세 DB | 상권분석<br>상권/입지평가<br>사업자경영평가<br>창업타당성평가<br>과밀지수<br>점포이력<br>소셜 트렌드 분석<br>업력통계<br>매출통계<br>임대시세통계 |

자료: http://sg.sbiz.or.kr

## (3) 지오비전의 빅데이터에 의한 지역/상권분석

상권분석서비스인 지오비전(www.Geovision.co.kr)은 고객이 지정하는 특정 상권을
부동산 114, 현대카드 등 파트너社가 축적한 다양한 데이터베이스와 해당 지역의 인구
통계 특성 등을 입체적으로 분석, 해당 상권에 대한 차별화된 상세정보를 제공하는 서
비스다.

[그림 11-10] 지오비전 홈페이지

자료: http://bizanalysis.geovision.co.kr

이를 통해 중개사는 기존 상권분석 정보 대비 더욱 정확하고 다양한 고급 상권분석
정보를 고객에게 제공할 수 있으며, 필요한 경우 부동산 전문컨설턴트로서 컨설팅 업무를
수행할 수 있어 지금까지와 달리 객관적 수치와 구체적 정보에 근거한 분석을 할 수 있다.

▌〈표 11-5〉 지오비전 활용 데이터 현황

| DB 제공사 | DB 내역 | DB 특징 | 업데이트 주기 |
| --- | --- | --- | --- |
| SK텔레콤 | 유동인구 | 기지국 통화량 통계분석(시간, 성, 연령) | 월별 |
| | 주간상주인구 | 건물데이터와 통화량 통계 분석 | 1년 |
| | 주거인구 | 통계청 센서스와 행정안전부 주민등록 통계 활용 | 1년 |

| DB 제공사 | DB 내역 | DB 특징 | 업데이트 주기 |
|---|---|---|---|
| SK마케팅&컴퍼니 | 지도 | 지도 및 시설정도(POI) | 3개월 |
| 현대카드 | 업종 매출 | 업종별 카드 가맹점 매출 통계 | 월별 |
| POS사 | 업종 매출 | POS 지역별 업종 매출 통계 | 수시 |
| VAN사 | 업종 매출 | 업종별 가맹점 매출 통계 | 월별 |
| 부동산114 | 부동산 시세/매물 | 부동산 시세 및 매물 정보(아파트/상가) | 월별 |
| | 개발 예정 정보 | 개발 예정 구역 및 정보 | 수시 |
| 한국창업전략연구소 | 주석 | 리포트 항목에 대한 전문 컨설턴트 주석 | 수시 |
| | 전문가 칼럼 | 창업컨설턴트의 상권정보 및 업종정보 | 월별 |
| 기업정보 제공 | 외부감사 기업 | 지역별 외부감사법인 정보 | 월별 |
| 통계청 | 인구센서스 | 인구통계 및 산업 세분류별 매출 규모 | 5년 |
| 행정안전부 | 주민등록 인구 통계 | 주거인구 통계 활용 | 1년 |
| 도시지하철공사 | 지하철 노선 수 | 전국 지하철 노선 정보 | 수시 |
| | 지하철 승하차 인원수 | 지하철역 승하차 인원 수 | 수시 |

자료: http://bizanalysis.geovision.co.kr:8080/main.do

## 4. 정보화의 중개서비스 활용

정보화되어 스마트한 중개서비스를 제공하는 중개활동은 어떤 모습일까? 중개사는 정보화시대, 스마트 시대에 걸 맞는 중개서비스를 제공할 수 있어야 할 것이다. 중개사는 중개서비스를 제공해야 하는 상황과 환경에 맞게 적절한 방법에 의해 정보를 검색할 수 있어야 한다.

즉 고객을 대하는 장소가 중개사무실인 경우는 PC를 통해서 그리고 현장에서는 모바일에 의한 스마트기기(스마트폰, 태블릿 PC) 등을 통해 적절한 방법에 의해 고객에게 투명한 정보를 제공하여 전문성과 신뢰성을 높일 수 있어야 하는 것이다.

중개사는 <표 11-6>에서 보는 바와 같이 중개서비스를 제공하고자 하는 장소에 따라 적절한 기기를 이용하고, 검색하고자 하는 정보가 공공정보인지 민간정보인지를 구분하여, 필요한 정보를 신속하게 제공할 수 있어야 한다.

| 구분 | 중개사무실(PC) | 현장(스마트기기) |
|---|---|---|
| 부동산 공공정보 | 씨:리얼, 일사편리<br>토지이용규제정보서비스(LURIS)<br>산림정보다드림,<br>해당 지자체 부동산 포털 | 스마트 국토정보(어플), 씨:리얼(어플),<br>토지이용규제(어플), 소상공인마당,<br>국가법령정보 |
| 부동산 민간정보 | 네이버 부동산, KB 부동산,<br>랜드북, 지오비전 | 벨류맵, 호갱노노<br>부동산계산기, 디스코 |

## 1) 정보화 중개활동 환경 조성

지능정보화시대의 가장 큰 특징 중에 하나는 시간과 장소에 제한 없이 컴퓨팅을 할 수 있다는 것과 정보의 유통과 제공이 투명하게 되었다는 것이다.

중개업은 근대적인 중개 활동을 탈피하여 스마트화된 선진중개를 할 수 있는 환경이 조성되어야 할 것이다. 즉 부동산 활동과 관련된 부동산정보는 중개사와 고객이 정보를 공유를 할 수 있도록 하여 정보의 투명성이 보장되어야 한다.

따라서 중개사는 상담을 하는 과정에 대상부동산에 관련된 각종 정보를 고객과 함께 정보를 검색하여 공유함으로서 공감대가 형성된 상태에서 원만한 중개를 진행할 수 있다.

중개사무실에서는 PC에 연결된 대형 모니터(30~40인치)를 통해서 그리고 현장에서는 스마트기기(스마트폰, 태블릿 PC)를 통해서 대상부동산과 관련된 제반 정보를 공유하면서 투명하게 그리고 시각화를 통해 설득력 있는 중개서비스를 제공할 수 있다.

**[그림 11-11] 대형모니터를 활용한 중개서비스 제공**

중개사 및 중개매물 홍보         기타

## (1) 대형 모니터를 통한 중개서비스 제공

- 대상부동산에 대한 주변 지형설명: 인터넷 포털사이트 지도 서비스 이용
- 중개 매물 설명: 상권분석시스템 이용, 추천 중개 매물 설명
- 대상부동산 관련 부동산정보 검색 결과 설명: 부동산 공부(대장, 지적도/임야도, 등기사항증명서 등)
- 중개사 및 중개 매물 홍보
- 기타

## (2) 중개의 스마트워크

최근 지식기반사회로 전환됨에 따라 스마트기기의 확산과 클라우드(Cloud) 및 가상화(Virtualization) 기술의 발전으로 시간과 장소에 제약 없이 자유롭게 컴퓨팅을 할 수 있는 환경이 조성되었다. 우리나라는 진화된 IT기술과 정부 서비스간 융·복합을 통해 언제 어디서나 매체에 관계없이 자유롭게 국민이 원하는 정부 서비스를 이용하고, 국민의 참여·소통으로 진화(進化)하는 선진화된 전자정부를 구현하게 된 것이다.

스마트워크(Smart Work)는 시간과 장소에 구애되지 않고 언제 어디서나 편리하게 네트워크상에서 함께 일을 할 수 있어 실시간의 업무처리와 업무의 효율성을 향상시킬 수 있는 유연한 근무방식이다.

종전의 중개활동은 모든 정보나 자료가 사무실에 있어 업무활동이 한정되어 중개활동에 제한을 받았으나, 클라우드 컴퓨팅 환경이 됨에 따라 중개업도 스마트워크가 가능하게 되었다.

중개사는 중개활동에 필요한 제반 정보를 클라우드7)에 저장함으로서 시간과 장소에 제약 없이 필요한 정보를 불러와 동일한 중개활동을 할 수 있게 되는 것이다. 즉 클라우드를 중심으로 각 기기(Device)와 동기화(Synchronization)가 이루어지도록 프로그램을 설정하게 된다. [그림 11-12]에서 보는 바와 같이 동기화가 설정된 디바이스에서 정보를 저장하거나 수정하게 되면 이 정보는 클라우드에 저장이 되고 이를 기준으로 다른 동기화가 설정된 디바이스에도 자동적으로 정보가 수정되어 언제 어디서나 항상 최신의 정보를 통해 중개업무를 수행할 수 있다.

---

7) 클라우드 서비스는 보편화되어 각종 포털사이트(네이버, 다음 등)에서 무료로 일정 용량의 정보를 저장할 수 있어 중개 스마트워크 체제를 갖출 수 있다.

[그림 11-12] 클라우드 컴퓨팅에 의한 중개업무수행 개념도

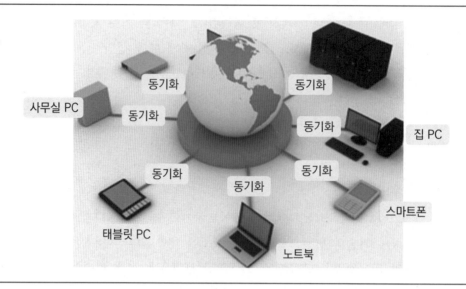

　중개활동은 크게 매물수집단계, 마케팅단계, 협상단계, 계약/종결단계 등 4개 단계를 통해 이루어진다(안정근, 2010). 각 단계별로 <표 11-7>과 같이 정보화를 통해 많은 부동산정보를 수집하여 고객에게 지속적인 중개서비스를 제공할 수 있어야 한다.

▌〈표 11-7〉 부동산 중개 단계별 수집정보

| 구분 | | 매물수집단계 | 마케팅단계 | 협상단계 | 계약/종결단계 |
|---|---|---|---|---|---|
| 부동산<br>물건정보 | 가격/거래정보 | ○ | ○ | ○ | ○ |
| | 경·공매정보 | ○ | ○ | ○ | ○ |
| | 분양정보 | △ | △ | ○ | ○ |
| | 공부정보 | ○ | ○ | ○ | ○ |
| 부동산<br>법률정보 | 부동산공·사법 | ○ | ○ | ○ | ○ |
| | 조세정보 | ○ | ○ | ○ | ○ |
| 부동산정<br>책정보 | 토지정책정보 | ○ | ○ | ○ | ○ |
| | 주택정책정보 | ○ | ○ | ○ | ○ |
| | 조세/금융정보 | ○ | ○ | ○ | ○ |
| 부동산<br>통계정보 | 경제통계 | ○ | ○ | ○ | ○ |
| | 부동산통계 | ○ | ○ | ○ | ○ |
| 기타(연구, 전망 등) | | ○ | ○ | ○ | ○ |

○: 중요, △: 보통

## 2) 개인용 컴퓨터에 의한 중개 정보화

중개사는 사무실내에서는 PC를 통해 고객에게 중개 서비스를 제공하게 되는데 중개단계별로 알아보면 다음과 같다.

매물수집단계에서 중개사는 부동산 매도자 또는 매수자로부터 중개매물을 위임받게 되면 대상부동산에 대하여 인터넷상의 행정안전부에서 운영하는 민원24를 통해 토지이용계획 확인서, 토지/임야대장, 건축물대장, 지적도/임야도 등을 열람 또는 발급하여 파악하게 된다. 그리고 소유권과 소유권 이외의 권리에 대해 대법원 인터넷등기소에서 등기사항증명서를 열람 또는 발급을 하게 된다. 또한 민간의 거래정보망을 통하여 가격을 포함한 매물정보를 조회한다.

마케팅과 협상단계에서는 경합이 되는 유사부동산에 대한 정보를 부동산거래정보망을 통해 확인하며 씨:리얼(SEE:REAL)사이트를 통해 관련된 법규와 세법, 부동산정책 등의 정보를 파악하여 의뢰인에게 지속적으로 중개서비스를 제공한다.

계약 및 종결단계에서는 정부24에서 대상부동산에 대한 각종 공부와 인터넷등기소에서 등기사항 증명서를 열람 또는 발급하여 최종적으로 확인하게 되며, 민원24의 '확인서비스' 메뉴를 통해 매도자와 매수자가 제출하는 주민등록등(초)본, 임감증명서 등 공부의 진위여부를 확인한다. 매도자와 매수자가 제시하는 신분증에 대해서, 주민등록증은 민원24에서 그리고 운전면허증은 도로교통공단 운전면허시험장 홈페이지에서 진위여부를 확인한다.

계약이 체결된 후 중개사는 국토교통부의 부동산거래관리시스템(RTMS)을 통해 인터넷상에서 부동산거래신고를 할 수 있다. 상담과정에서 특히 중개상담을 하는 과정에서 중개사는 대상부동산에 대해서 정확하고 전문성 있는 정보를 제공할 수 있어야 한다. 상담과정에 필요로 하는 정보 중 부동산시장의 전망에 관해서는 권위 있는 연구기관의 연구결과를 참조하고 토지와 주택에 관한 정책자료는 국토교통부 홈페이지의 정책자료를 통해 가장 전문성 있고 심층 깊은 정보를 취득하여 제공할 수 있어야 할 것이다.

▌〈표 11-8〉 정보화를 통한 중개서비스 제공 정보망 현황

| 구분 | 주요정보망 | URL | 비고 |
|---|---|---|---|
| 부동산종합증명서 | 씨:리얼 | www.seereal.lh.or.kr | 국토교통부(내) |
| 토지이용계획확인서 | 정부 24 | www.gov.kr | 행정안전부 |
| 등기사항증명서 | 인터넷등기소 | www.iros.go.kr | 대법원 |

| 구분 | | 주요정보망 | URL | 비고 |
|---|---|---|---|---|
| 토지(건축물)대장 | | 씨:리얼 | www.seereal.lh.or.kr | 국토교통부 |
| 주민등록등(초)본 | | | | |
| 인터넷 발급문서 진위확인 | | 정부 24 | www.gov.kr | 행정안전부 |
| | | 인터넷등기소 | www.iros.go.kr | 대법원 |
| 신분증 진위확인 | 주민등록증 | 정부 24 | www.gov.kr | 행정안전부 |
| | 운전면허증 | 교통민원24 | www.efine.go.kr | 경찰청 |
| 부동산거래신고 | | 부동산 거래관리시스템 | http://rtms.mltm.go.kr | 국토교통부 |
| 가격 정보 | 공시가격 | 주택/토지 공시가격 | www.realtyprice.or.kr | 국토교통부 |
| | | 주택 실거래가 | http://rt.mltm.go.kr | 국토교통부 |
| | | 전월세 실거래가 | http://jeonse.lh.or.kr | 국토교통부 |
| | 경·공매 | 대법원 경매 | www.courtauction.go.kr | 대법원 |
| | | 온비드 | www.onbid.co.kr | 한국자산관리공사 |
| 부동산 법률정보 | | 국토교통부 | www.mltm.go.kr | 국토교통부 |
| | | 서울법률행정 | http://legal.seoul.go.kr | |
| 부동산 조세정보 | | 국세청 홈택스 | www.hometax.go.kr | 국세청 |
| 부동산정책정보 | | 국토교통부 | www.mltm.go.kr | 국토교통부 |
| | | 서울시 | www.seoul.go.kr | 서울시 |
| 부동산 전망정보 | | 한국주택산업연구원 | www.khi.re.kr | |
| | | 한국건설산업연구원 | www.cerik.re.kr | |
| 중개 수수료 조회 | | 한국공인중개사협회 | www.kar.or.kr | |

그 외에도 공시가격, 실거래가, 분양정보, 조세, 금융에 관한 정보 등을 <표 11-8>에서와 같이 정보화를 통해 파악하여 중개서비스를 제공할 수 있다.

## 3) 스마트기기에 의한 중개 정보화

지능정보화시대의 중개서비스는 시간과 장소에 구애됨이 없이 중개서비스를 제공할 수 있어야 한다. 부동산 중개 활동을 하는 매물현장에서 실시간에 의한 부동산 중개서비스를 제공하기 위해서 스마트기기를 통해 대상부동산에 대한 각종 정보를 검색하여야 할 것이다. 따라서 스마트기기를 통한 중개서비스는 다양한 어플(Applications S/W)을 통해 제공할 수 있다.

중개사는 부동산 중개서비스를 제공하기 위해 [그림 11-13]에서와 같은 다양한 어플을 설치하여 필요시 즉각적으로 활용할 수 있도록 준비가 되어 있어야 한다.

[그림 11-13] 중개활동에 유용한 어플

# CHAPTER 12 부동산거래정보망과 전자계약시스템

부동산거래정보망 개관

　　부동산거래정보망이란 공인중개사 상호간에 컴퓨터 통신망을 통해 중개 대상물에 대한 정보를 공유하는 정보시스템을 말한다.

　　부동산거래정보망은 미국의 MLS(Multiple Listing System)과 일본의 REINS(Real Estate Information Network System), 독일의 부동산 거래소, 프랑스와 캐나다의 유통기구 등이 있다. 우리나라는 이와 유사한 형태로 1993년 12월 공인중개사법이 개정되면서 구축 운영되고 있다. 즉 부동산 매물정보를 거래정보망의 주 전산기에 등록하고 이 매물정보를 공인중개사간에 공유하여 공동중개를 하는 체계로 한국공인중개사협회와 민간 부동산 거래정보서비스 회사로부터 제공되고 있다.

　　부동산거래정보망 구축 및 운영에 대해서는 '공인중개사의 업무 및 부동산 거래신고에 관한 법률(2013. 6. 4)'을 보면 국토교통부장관은 공인중개사 상호간에 부동산매매 등에 관한 정보의 공개와 유통을 촉진하고 공정한 부동산거래질서를 확립하기 위하여 부동산거래정보망을 설치·운영할 자를 지정할 수 있다고 명시되어 있다. 즉 부동산 거래정보망의 설치 운영은 국토교통부장관의 지정을 받아야 하며, 만약 지정되지 않은 업체의 부동산 거래 정보를 이용할 경우 중개사고가 발생할시 불이익을 볼 수 있어 반드시 국토교통부장관의 승인 여부를 확인해야 하는 것이다.

　　부동산거래정보망에 대한 중개 절차를 살펴보면 [그림 12−1]과 같이 매도자 측 공인중개사는 부동산 소재지, 면적, 희망가격, 층수, 권리관계 등 중개대상물의 각종 정보를 부동산거래정보망에 등록하고, 매수자 측 공인중개사는 등록된 정보를 통해 매수조건에 맞는 부동산을 검색한다.

매수조건에 맞는 부동산을 찾은 매수자 측 공인중개사는 대상 부동산의 정보를 매수자에게 제공하고 매수의사를 타진한다. 또한 매수의사를 확인한 매수자 측 중개사는 이를 매도자 측 공인중개사에게 전달하고, 거래 당사자와 양측 중개사가 만나서 각종 거래조건을 협상한 후 매매계약서를 작성한다. 거래가 성사되면 매도자 측 중개사는 부동산거래정보망에 계약이 체결되었음을 보고하고 부동산거래정보망에서 중개대상물 리스트를 삭제한다. 매도자 측 중개사는 매도자에게 중개수수료를 청구하고, 매수자 측 중개사는 매수자에게 중개보수를 청구한다[1].

[그림 12-1] 부동산거래정보망에 의한 중개 절차

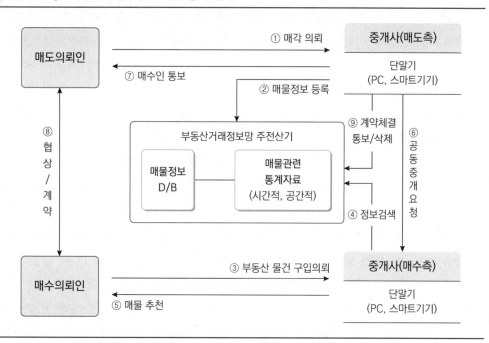

## 1. 부동산거래정보망 도입 과정

국내에서 부동산 중개업의 정보화에 대한 논의가 시작된 것은 1980년대 후반으로 온라인에 의한 부동산거래정보 유통은 공인중개사간의 필요에 의해 자발적으로 시작되었다고 할 수 있다[2]. 그 이후 1993년 개정된 "부동산중개업법"에 의해 거래정보망으

---

1) 한국형사정책연구원(2001), "부동산 서비스와 거래의 선진화방안 연구".

로 제도화되었다.

최초의 부동산거래정보 유통은 1980년도 말경 서울의 강남구 일원에서 시작된 것으로 알려져 있으며, 이어 서초구 지역의 고려정보, 송파구지역의 대한 부동산정보, 서울 노원, 도봉구지역의 문화부동산정보 등에 의해 이루어졌다. 부동산거래정보를 제공하기 위한 정보지를 초기에는 수기에 의해 작성하여 유통하다가, PC에 의한 전산화로 정보지를 보급하게 되었다.

최초로 PC통신 방식에 의해 부동산거래정보망을 운영한 사업자는 '한민네트워크'로서 1990년부터 2년간 대우증권 PC통신망을 이용해 부동산 뉴스 중심의 부동산정보망 사업을 시작하였다.

그러나 본격적으로 부동산정보가 컴퓨터 네트워크를 통해 제공된 것은 "까치라인 (구 문화부동산정보사)"이다. 서울 노원구와 도봉구지역에서 300여 중개사무소를 대상으로 부동산 매물정보지를 발간하던 문화부동산정보사[3]는 1991년 국내 최초로 부동산 거래정보 공유프로그램을 개발하여 서울 노원구지역 10개의 중개업소에 시범서비스를 시작하였다. 그 후 이를 보완하여 1992년부터 거래정보와 부동산관련 종합정보를 본격적으로 제공하였다.

이러한 PC통신에 의한 부동산거래정보 유통으로 1992년 신아정보사는 서울시 양천구와 노원구 지역을 대상으로, 1993년경에는 성심정보가 경기도 성남시 분당지역에서 그리고 한미래 정보사가 일산 신도시지역에서 서비스를 제공하게 되었다.

당시 정보 서비스를 제공하는 방식으로 문화부동산정보사는 PC 통신 거래정보망에 접속해 매물정보를 입력하고 조회하는 방식이었으며, 미래정보는 PC에 내장된 부동산 매물 관리 프로그램을 이용하여 PC에 매물정보를 수록하고 PC통신을 통해 주기적으로 주 전산기에 일괄 등록하고 다시 하루에 1~2회 일괄적으로 수신해 정보를 검색하는 방식이었다. 또한 성심정보의 경우는 위의 2가지 방식을 겸용하여 서비스를 제공하였다.

또한 부동산뱅크는 1992년 하이텔과 천리안 PC통신을 통하여 부동산 전문 IP사업을 시작하였으며 그 후 많은 부동산정보제공업체들이 부동산거래정보와 뉴스를 유통하는 서비스를 제공하게 되었다.

현재 운영되고 있는 부동산거래정보망에 대한 제도적 논의는 1992년 부동산거래

---

2) 김동현·이창석(2010), 「알기 쉬운 부동산정보론」, 형설출판사, pp.113~114.

3) 현재 (주)까치라인의 전신으로 1993년 회사명을 개명.

제도 연구를 담당하는 국토개발연구원에서 문화정보사(까치라인)의 서비스 방식에 대한 조사와 연구를 하면서 시작되었으며, 이후 이를 바탕으로 거래정보망 제도를 시행하기 위한 시행규칙을 제정하게 되었다.

부동산거래정보망이 도입하게 된 배경을 알아보면 첫째, 당시 UR(우루과이라운드) 타결로 인해 1996년 1월 1일부터 부동산시장의 대외개방이 이루어져 선진외국의 풍부한 자금과 조직력을 바탕으로 한 종합부동산회사들의 국내 진입이 예상됨에 따라 국내 부동산업계에 큰 타격이 예상되어 이에 대한 대응책이었다.

둘째, 사회적으로 보면 정보화시대가 도래됨에 따라 중개업계도 정보통신기술 발달로 인하여 부동산정보네트워크 형성과 중개업계의 전문화, 자동화가 필요했던 것이다.

셋째, 중개업계의 영세성을 극복하기 위한 대안이 필요했다. 대부분 중개업소는 1~2인으로 소규모운영이 대부분으로 체계적이고 전문적인 운영을 하지 못하는 실정이다. 이에 공인중개사의 경쟁력 강화와 질 높은 중개서비스 제공이 요구되었던 것이다.

넷째, 기업의 자금 건전화를 위한 방안이 필요했던 것이다. 기업들은 단기적인 부동산가격상승을 기대하며 자금을 투자하여 기업 본연의 설비, 개방을 위한 투자를 미흡하게 하여 국가 경쟁력을 약화시키게 되어 이에 대한 대응으로 부동산거래정보망을 통해 정보를 공유함으로서 대비하고자 하였다.

다섯째, 경제적 제약을 해결하기 위함이었다. 부동산시장은 일반재화와는 달리 부동산의 개별성과 비공개성이란 특성으로 인하여 자율경쟁에 의한 가격결정이 되지 않는다. 다시 말해 공인중개사가 부동산거래의 가격결정에 커다란 영향을 미치게 되어 가격결정이 왜곡될 가능성이 커 건전한 거래의 어려움이 있다고 할 수 있다.

부동산거래정보망은 다양한 부동산정보를 상호 제공하고 공유함으로서 거래의 투명성과 적정 가격에 의한 거래를 할 수 있는 것이다. 또한 부동산정책을 집행함에 있어도 효과적으로 할 수 있다.

## 2. 부동산거래정보망 운영의 제도화

1992년 8월 19일 건설교통부(현 국토교통부)에서는 국민들이 겪고 있는 불편을 해소하고 건전한 거래질서 확립과 중개업의 대외개방에 대비하기 위하여 중개제도 개선방안을 마련하게 되었다. 개선방안은 부동산 매매정보 유통망을 구축하는 것으로, 부동산 중개업협회를 중심으로 부동산정보유통기구를 설립하여 매물정보(임대차 포함)를 일정지역 내의 모든 중개사간에 교환 및 공개하고자 하였다.

국토교통부의 부동산관련 정보유통사업은 중개사간의 정보교환을 주된 목적으로 함으로 중개사들의 단체인 공인중개협회에 정보유통사업권을 부여하여 협회의 기능을 제고하였다. 중개업협회 또는 협회의 지정을 받은 자가 시·군·구 단위 기초자치단체 단위로 하여 부동산정보유통기구를 설립하되, 필요 시 광역유통기구가 설립될 수 있도록 하며, 정보유통망의 효율성을 높이기 위하여 가급적 넓은 지역을 관장하는 정보유통기구가 설립되도록 유도하는 것이었다.

국토교통부는 전산시스템에 의한 부동산정보유통망을 구축하기 위한 재원 마련의 어려움과 함께 전면적인 정보공개와 유통이 국내 부동산거래시장의 정서에 맞지 않아 이로 인한 제도 도입 초기에 혼란이 예상되어 역할을 분담하여 추진하게 되었다. 정부는 정보유통기구 설립·운용·지도·감독에 필요한 법적 근거만을 마련하여 효율적이고 체계적으로 정보유통이 될 수 있는 기반을 조성하고, 실제적인 설립 추진과 운영은 민간 주도로 이루어질 수 있도록 하여 민간사업자의 자본과 창의성이 최대한 이용되도록 하였다.

초기에는 민간 주도의 부동산 유통망이 구축하게 되어 당시 문화부동산정보에서 노원구 일대 400여 개 업소를 대상으로 전산망(까치라인) 및 정보지를 이용해 정보를 유통하였다. 그리고 Fax Bank는 영등포 일대 300여 개 업소간에 Fax를 통하여 매물정보를 제공하였으며 이는 미국의 MLS와 일본의 REINS 운영을 참고한 것이다.

아울러 중개의뢰인이 다수의 공인중개사에게 매물을 공유하는 현행 일반 중개의뢰계약과 특정 중개사에게 물건중개에 관한 권한을 일임하는 전속중개계약 중 선택할 수 있도록 하였다. 따라서, 전속중개의뢰시 중개의뢰인 보호를 위하여 전속중개계약을 체결한 공인중개사는 물건정보를 부동산정보유통기구를 통하여 타 공인중개사에게 전파하여야 하며 이를 위반 시에는 허가취소 등 처벌토록 할 계획이었다.

이러한 개선방안이 포함된 중개업법 개정 법률은 1993년 12월 27일에 공포되어 1994년부터 시행되었으며, 동법에서 부동산 유통기구의 명칭을 "부동산거래정보망"으로 명명되었다.

부동산거래정보망제도의 시행은 당시 관련업계에는 중요한 이슈가 되었다. 부동산거래정보망 사업에 참여한 업체는 부동산거래정보망 사업자로 지정된 전국부동산중개업협회와 한국부동산원, 아시아나 3개 업체뿐만 아니라 (주)까치라인 등 지역적으로 거래정보사업을 수행해 오던 업체와 기타 대형 건설회사, 부동산 프랜차이즈 업계, 부동산 잡지사 등 10여 개가 넘었다. 또한 한국통신과 데이컴에서도 직·간접적인 참여 방안을 모색하기 위하여 관련 업체와 긴밀한 협의를 진행하기도 하였다.

그러나 10여 개가 넘는 업체 중 전국 부동산중개업협회, 아시아나, 한국부동산원 등 3개사만 당시 건설교통부장관으로부터 사업자로 지정을 받게 된 것은 부동산거래 정보사업자 지정 요건이 엄격했기 때문이다.

공인중개사의 업무 및 부동산거래신고에 관한 법률 시행규칙의 제15조(2013.3.23) 거래정보사업자의 지정 등은 여러 차례 개정되어 부동산거래정보망에 관해 명시된 지정요건은 다음과 같다.

- 부동산거래정보망의 가입·이용신청을 한 중개사의 수가 500명 이상, 2개 이상의 특별시·광역시·도 및 특별자치도에서 각각 30인 이상 중개사가 가입·이용 신청
- 정보처리기사 1급 2인 이상을 확보
- 공인중개사 1명 이상 확보
- 부동산거래정보망의 가입자가 이용하는 데 지장이 없는 정도로서 국토교통부장 관이 정하는 용량 및 성능을 갖춘 컴퓨터 설비를 확보

## SECTION 02 부동산거래정보망의 기능 및 이용효과

스마트시대는 대량으로 양산되는 정보 중에서 유용성과 신뢰성 있는 정보의 선별이 합리적인 의사결정의 핵심이라 할 수 있다. 스마트 컴퓨팅과 집단지성(Corrective Intelligence)은 언제 어디서든지 필요한 정보를 즉각 획득하여 의사결정의 질을 향상시키고 있다.

최근 모바일 인터넷이 일반화되어 휴대성, 이동성, 즉시 접속성이 결합되어 언제 어디서나 다양한 정보를 이용할 수 있는 편제 가용성(Ubiquitous Availability)과, 개인 식별성과 위치 확인성이 결합되어 나타나는 상황 인식성(Context Awareness)이 확산되고 있으며(경정익 외, 2012), 특히 SNS(Social Network Service)에 의한 정보생산 및 소통 파워가 급증하고 있다. 따라서 앞으로는 정부, 기업, 개인 간에 더욱 많은 양의 정보가 생산되고 유통될 것으로 쉽게 예상할 수 있는 것이다. 따라서 이러한 빅데이터(Big Data)

중에서도 신뢰할 수 있는 유용한 정보의 선별과 분석이 그 무엇보다도 중요해진 것이다.

현재 부동산 활동에서 의사결정의 핵심인 부동산정보 특히 매물정보는 주지하는 바와 같이 부동산 포털사이트에서 허위로 널리 유통되고 있어 그 신뢰성과 유용성이 낮다고 할 수 있다. 이로 인하여 부동산 종사자뿐만 아니라 업체에 대한 사회적 인식과 평가가 절하되고 있다고 할 수 있다.

따라서 정부와 공인중개사 협회, 민간업체들은 부동산거래정보망의 허위매물정보 방지를 위하여 자체적으로 또는 협력을 통해 다양한 조치를 하고 있다. 정부의 '공인중개사의 업무 및 부동산거래신고에 관한 법률'에 의한 규제정책과 부동산 포털사업자의 자체적인 허위매물 신고제도 시행과 매물 확인제도를 운영하는 등 정화운동을 전개하고 있으나, 중개사에 대한 통제 위주의 단순한 대책으로 실효성이 미비한 실정이다. 또한 부동산포털 사업자의 경우도 공정거래위원회에서 승인한 '온라인 부동산광고 자율규약(안)'을 근거로 허위매물정보 방지를 위해 노력하고 있으나, 자율규약으로 강제성이 부족하여 그 실효성이 낮다.

그 근본적인 원인을 살펴보면 정확하게 매물정보를 입력함으로서 중개의뢰를 유인하는 데 도움이 되지 않는 문제를 감수해야 하는 문제가 있으나, 부동산정보제공업체는 중개사의 매물정보 등록비용이 주 수입원으로 허위매물 유통을 강력하게 제재할 수 없는 근본적인 한계가 있다. 또한 매물제공업체는 매물 정보의 다양하고 세분화된 부동산 하위시장에서 진정성을 일일이 확인하기는 어려운 것이다.

부동산 매물정보는 중개사가 중개의뢰를 받은 중개 대상물의 매매·교환·임대 활동에 관한 제반 정보이다. 즉 부동산 매물정보는 거래 성사를 위하여 유통되는 부동산 정보로서, 부동산시장 참여자가 거래 성사를 원하는 대상 부동산의 제반 현상을 분석하고 부동산 활동의 의사결정을 하는 데 필요로 하는 정보라고 할 수 있다. 매물정보는 시세 및 가격정보를 비롯하여 거래의 대상이 되는 부동산에 관한 부동산 소유현황, 거래현황, 정책현황, 과세현황 등 전반적인 내용이 모두 포함된 정보인 것이다.

이러한 부동산 허위매물정보는 실제 사실과 다른 정보가 포함되어 고의성 여부와 관계없이 정보 이용자에게 직·간접적으로 피해를 주게 되는 정보이다(김윤주 외, 2009). 허위매물정보의 유통은 1차적으로 이러한 허위정보에 기초하여 활동을 하는 일반인에게 물질적 정신적 피해를 주게 되며, 정보사용자는 인터넷상의 정보를 불신함으로써 부동산 정보를 제공하는 서비스업체와 중개사에게도 부메랑이 되어 2차적으로 많은 피해를 주어 결과적으로 정보제공자와 사용자 모두 피해를 보게 된다.

허위매물정보의 유형에 대한 선행연구를 살펴보면 김윤주 외(2009)는 허위정보 제공, 미확인 정보제공, 무효 정보제공, 가격조작 정보 제공으로 분류하고 있으며, 심형석 외(2008)는 가격왜곡 여부, 매물의 실제 존재 여부, 중복게재 여부 등 3가지로 분류하였다. 반면 김종삼 외(2009)는 정보의 내용을 기준으로 부존재매물정보와 가격오류매물정보, 속성오류매물정보, 조건오류 매물정보의 4가지 유형을 제시하고 있다.

부동산 매물의 허위정보 근절을 위한 선행연구로 김종삼 외(2009)는 허위매물 정보 방지를 위한 규제제도를 강화하고 매물정보 등록건수를 감소함으로서 허위 매물정보를 감소할 수 있을 것이며, 불법 및 무등록 중개업소 차단과 부동산포털 사업자의 자율규제를 더욱 강화하여야 할 것이라고 하였으며, 심형석 외(2008)는 <표 12-1>과 같이 소비자와 중개사, 정보제공업체, 정부차원의 다양한 대응방안을 제시하고 있다.

┃〈표 12-1〉 참여주체별 허위매물정보 근절 대응방안

| 구분 | 소비자 | 중개업자 | 정보업체 | 정부 |
|---|---|---|---|---|
| 전제조건 | 교육, 홍보 | 교육, 캠페인 | 정보업체의 자정노력 | 사업자 단체 자율조정 지원 |
| 내용 | 적극적인 신고 | 협회차원의 자정노력 | 협회차원의 자정노력 | 법률 규제 강화 |
| 실현 가능성 | 높음 | 보통 | 보통 | 낮음 |

자료: 심형석 · 임채관 · 김향란(2008), 부동산정보사이트 허위매물 현황과 정책제언.

## 1. 부동산거래정보망의 기능

부동산 거래정보망의 핵심기능은 효율적이고 건전한 부동산 거래를 촉진시키기 위한 것이라 할 수 있다. 따라서 중개대상물에 대해 공인중개사 상호간에 정보를 공유하여 매물에 대한 정보를 검색하여 중개활동에 활용하기 위한 정보시스템으로 온라인상에 부동산거래의 장(場)과 부동산 가격조정 역할을 한다.

첫째, 부동산거래정보망은 부동산 거래의 매개체로서 각종 중개대상물 정보가 모인 사실상의 부동산거래의 시장 역할을 한다. 즉 부동산거래정보망은 온라인상의 부동산시장 기능을 통해 보다 많은 공인중개사와 매물정보가 모이게 되어 그 기능이 더욱 커지게 된다.

둘째, 공인중개사는 거래정보망에 매물의 가격정보를 등록하여 공개함으로서 유사

한 중개대상물간의 가격경쟁을 통하여 가격이 조정되는 기능을 하게 된다. 이러한 수요와 공급의 가격경쟁을 통해서 부동산가격이 자연스럽게 형성되어 거래가 신속하게 이루어지는 효과를 얻을 수 있다. 부동산시장은 부동산의 개별성이란 특성으로 인해 비합리적인 가격형성과 매도자 또는 매수자 위주의 시장형성으로 가격의 등락폭이 크게 될 수 있다. 따라서 이러한 불완전한 시장구조상에 부동산투기와 허위매물 등의 문제가 발생한다. 거래정보망은 부동산정보를 공유함으로서 가격조정 기능을 통해 가격의 안정화와 부동산거래 질서 정착에 기여할 수 있다.

셋째, 부동산정보의 공급 기능이 있다. 부동산거래정보망은 공인중개사간에 부동산의 거래에 관한 정보를 등록하여 공유함으로서 공인중개사 상호간의 정보를 공유하는 부동산 중개정보시스템으로 공인중개사에게 빠른 시간 내에 필요로 하는 정보를 수집하여 중개서비스를 제공할 수 있다. 따라서 공인중개사는 부동산거래 정보망을 통해 다양한 정보를 접할 수 있는 기회를 부여받게 된다.

넷째, 중개업공동체를 형성하는 기능이 있다. 부동산 거래정보망을 이용한다면 공인중개사 상호간에 반드시 중개와 관련된 부동산정보 이외에도 경영이나 경기변동, 부동산시장의 경향 등 여러 다양한 정보와 의견을 교류함으로서 공동체 형성이 가능하다.

다섯째, 부동산 중개의 홍보기능이다. 거래정보망에 등록된 매물정보의 유통촉진을 위해 거래정보사업자는 부동산포털사이트에 소비자를 대상으로 매물정보를 홍보하게 된다.

여섯째, 중개영역의 확장기능으로 거래정보망은 지역성을 탈피하여 전국의 다양한 중개물건을 취급할 수 있다. 또한 거래정보망의 다양한 부동산정보를 활용하여 부동산개발이나 부동산컨설팅 등으로 업무영역을 확장할 수 있다.

## 2. 이용효과

부동산거래정보망은 부동산시장의 국지성으로 인한 물리적인 활동범위를 더욱 확장하여 경쟁체계에 의한 합리적인 가격결정과 거래에 소요되는 시간을 단축할 수 있는 효과를 기대할 수 있다.

즉 공인중개사 입장에서 보면 거래정보망에 가입되어 있는 중개사들 간에 중개에 관련된 체계적인 정보수집을 통한 양질의 중개서비스를 제공하고 중개활동의 효율성을 기할 수 있으며, 중개활동간 소요되는 광고비, 인건비, 활동비 등을 절약할 수 있다. 또한 부동산거래정보망에 축적된 매물가격정보로 인해 가격비교가 가능하게 되어 합리적인 가격이 형성됨으로서 매도인과 매수인은 적정가격을 가름할 수 있게 될 것이며, 이로써 중개 전반에 신뢰성이 높아지는 효과가 나타나게 될 것이다.

또한 중개를 의뢰하는 매도인과 매수인 입장에서 보면 공인중개사는 매물과 관련된 정보를 공유함으로서 공동중개를 통한 신속한 거래가 이루어지게 되어 거래시간을 단축할 수 있게 된다. 뿐만 아니라 매수자는 거래정보망을 통하여 다양한 매물에 대한 정보를 수집하여 단시간내 최적의 물건을 선별할 수 있게 되는 효과가 있다.

다만 부동산거래정보망은 현재 허위매물정보의 만연으로 근절을 위한 공인중개사와 거래정보망 제공업체의 노력이 이루어져 정확한 정보의 유통을 통한 신뢰성을 회복하고자 하는 지속적인 노력이 이루어질 때 일반인의 공인중개사에 대한 신뢰감과 거래정보망에 대한 정보의 신뢰성을 얻을 수 있을 것이며, 그 효과를 기대할 수 있을 것이다.


## SECTION 03 부동산거래정보망의 현황


부동산거래정보망은 메인 컴퓨터에 각종 부동산 매물정보를 입력 구축하여 제한된 회원간 정보를 공유하도록 하여 보다 효율적으로 중개업을 할 수 있도록 하는 정보시스템이다.

현재 국내에서 운영되고 있는 부동산거래정보망은 매물정보와 부가정보, 안내정보, 회원정보 및 통신정보 등 중개업을 수행하는 데 필요로 하는 다양한 정보를 제공하고 있다.

그러나 부동산거래정보망은 제공되는 정보 수준의 차별화가 되지 못하고 가공된 고급 정보가 제공되지 못하고 있는 실정이며, 특히 제공되는 매물정보의 원시등록이 공인중개사에 의해 이루어지는 매물정보입력체계의 한계로 신뢰성이 크게 하락함으로서 이는 근본적으로 거래정보망 운영에 많은 어려움을 겪는 중요한 원인이 되고 있다.

부동산정보서비스업체들이 제공하고 있는 주요 정보는 주택시세 및 매물정보, 각종 부동산 관련 정보(뉴스, 동향), 주택분양 일반정보 등이며, 부동산 거래정보망 이용자들이 가장 많이 이용하는 정보도 같은 순서로 나타나고 있다.

부동산거래정보망을 활성화하기 위해서는 빠르고 정확한 정보를 얻을 수 있는 정보의 체계적인 저장과 항상 최신의 정보로 업데이트하기 위한 지속적인 노력이 중요하다. 부동산의 정보 중 가격정보는 가장 최신의 정보만이 가치가 있는 현시성이란 특성이 있기 때문이다.

실제 부동산거래정보망에서 제공되는 주택의 시세정보를 비롯한 대부분 정보들이 매일 또는 수시로 갱신되고 있으나, 이에 비해 토지 등은 거래의 빈도가 낮으며, 거래의 비공개성으로 인해 자료 수집이 어렵기 때문에 1~2주 단위 또는 월 단위로 업데이트 되고 있었다.

이렇게 부동산거래정보망에서 제공되는 매물정보나 주택시세 정보는 주로 중개업소(회원 또는 프랜차이즈 가맹 업소) 등을 통해 직접 정보를 등록하도록 하고 있으며 일부 사이트의 경우 회원가입과 상관없이 정보등록이 가능한 사이트도 있다. 이런 경우 정보의 공신력의 문제가 제기되기도 한다(전남예, 2004).

지금은 10개 이상 시·도에서 1,000명이 넘는 공인중개사가 이용하면서 정보처리기사 및 공인중개사를 각 2명씩 확보해야 거래정보망으로 지정받을 수 있었으나, 앞으로 2개 이상 시·도에서 공인중개사 500명 이상이 이용하면서 정보처리기사 및 공인중개사를 1명씩 확보하면 부동산 거래정보망으로 지정받을 수 있다. 국토교통부는 부동산거래정보망 지정의 조건 완화로 활성화를 유도하고 있다.

# 1. 국내 부동산거래정보망 운영

국내 부동산거래정보망은 미국의 MLS, 일본의 REINS와 유사한 형태로서 중개사에 의해 매물정보를 거래전산망 서버에 등록하고 매물정보가 필요한 매수자 측의 공인중개사들이 필요할 때마다 부동산거래정보망에서 필요한 정보를 검색하게 되는 것이다. 이러한 부동산 거래정보망은 국토교통부로부터 지정을 받아 운영하는 "공인거래정보망"과 지정을 받지 않고 운영하는 "사설거래정보망"으로 구분할 수 있다. "공인거래정보망"은 한국공인중개사협회에서 운영하고 있는 "탱크21"과 한국공인중개사협회의 자회사인 대한공인중개사정보통신㈜에서 운영하는 "유니온프로", 한국부동산원 "부동산테크"가 있다. 또한 사설거래정보망으로는 부동산레이더, 마이스파이더, 부동산114 등이 있다.

## 1) 지정된 공인거래정보망

거래정보망제도가 시행되는 초기에는 전국부동산중개업협회(현 한국공인중개사협회), 한국부동산원, 아시아나항공이 공인중개사의 업무 및 부동산거래신고에 관한 법률(일명 부동산중개업법)에서 정한 시설과 회원을 확보하여 사업을 시작하였으나, 경영미숙과 홍보부족 등으로 사업이 부진하여 아시아나항공은 지정이 취소되었고, 한국부동산원은 지정만 받았을 뿐 실제 거래정보망사업을 하지는 않아 한국공인중개사협회만 실질적으로 거래정보망사업을 운영하고 있는 상태이다.

한국공인중개사협회에서 운영하는 거래정보망은 '탱크21'과 '유니온프로'가 운영되었다. '탱크21'은 1994년 12월 5일 당시 건설교통부(현 국토교통부)로부터 거래정보망사업자로 지정을 받아 협회내 정보사업부를 신설하여 추진하였다. 당시 한국통신(현 KT)에서 제공하는 PC통신 단말기를 이용하여 거래정보망을 이용하였으나 단말기보급과 교육 미흡으로 활성화가 순조롭게 되지 못하였다. 이후 협회는 1995년 거래정보망 운영규정을 신설하여 추진하였으며, 1996년 수도권일대를 중심으로 당시 노원지역에서 운영하던 '까치라인'과 일산지역에서 운영하던 '미래정보'와 경쟁을 하면서 적극적으로 거래정보망 사업을 시도하였으나 사업비 지출 누적으로 인한 협회 내부적인 문제가 되기도 하였다. 이후 협회는 1999년 한별 텔레콤과 FAS & Investment 등 4개 업체가 컨소시엄을 구성하고 한국부동산정보통신(주)을 설립하여 사업을 대행하도록 하였다.

2003년 협회는 한국부동산정보통신(주)과의 합자투자계약을 해지하고 회원들에게 무료로 공급하기 위한 프로그램 개발을 위하여 2004년 1월 (주)피피메이커와 수의계약을 체결하여 "탱크21"을 개발하였다.

'탱크21'은 당시 개발한 인터넷방식에 의한 전국망으로 운영되고 있으며, 공인중개사 전용 프로그램이다. 이는 공동매물, 자기매물, 계약서양식, 고객관리, 커뮤니티 등 중개업무에 필요한 내용으로 구성되어 있다. '탱크21'은 협회의 중앙에 있는 서버를 통해 검색할 때마다 접속하는 방식으로 운영된다. '탱크21'은 매물정보를 검색하기 보다는 거래계약서 등의 양식을 출력하는 기능 위주로 활용되었다.

그리고 '유니온프로'는 협회가 통합되기 전인 2002년 3월 대한공인중개사협회에서 건설교통부로부터 거래정보사업자로 지정받아 대한공인중개사정보통신(주)을 설립하여 추진하다가 2007년 11월 2일 협회가 통합되면서 현재 한국중개사협회에서 대주주로 경영에 참여를 하고 있다. 유니온프로는 매물, 시세, 경매정보, 부동산뉴스, 부가정보, 커뮤니티, 사이버중개사 등으로 구성되어 있으며 클라이언트 서버방식[4]으로 운영되고 있다. '유니온프로'는 '탱크21'과는 달리 매물 및 계약서 등 정보 보안이 가능하여 공인중개사가 선호하는 프로그램이다. 현재 유료와 무료회원으로 수원 전지역, 화성시 동탄면, 평택시, 서울 일부지역 등에서 이용하고 있다.

한국공인중개사협회에서 2014년부터 새롭게 개발하여 운영중인 케이렌(KREN)은 공인중개사 간 매물을 공유하고 중개업무 수행에 효율성을 제공하기 위한 중개업무 종합지원 시스템으로 업무관리와 대국민 매물 홍보(부동산거래소, NAVER, DAUM), 공동중개용 거래정보망 그리고 임장활동용 모바일 KREN 서비스를 제공하는 거래정보망이다.

▌〈표 12-2〉 공인 거래정보망 운영 현황

| 구분 | 탱크21 | 유니온프로 | 한방 |
|------|--------|-----------|------|
| 지정사업자 | 한국공인중개사협회 | 한국공인중개사협회 | 한국공인중개사협회 |
| 운영사업자 | 한국공인중개사협회 | 대한공인중개사정보통신(주) | 한국공인중개사협회 |
| 이용자수 | 34,200여명 | 11.363명<br>(유료 2,053명) | 90,000명<br>(20. 6월 현재) |
| 가입비<br>월 이용료 | 무료 | 가입비 11만원<br>월 이용료 2만원<br>(서울 · 평택 11,000원) | 무료 |
| 제공서비스 | 시세, 매물, 부동산 뉴스,<br>분양정보, 사이버상담실,<br>부가정보, 구인구직 | 매물, 시세, 경매정보,<br>부동산뉴스, 부가정보,<br>커뮤니티, 사이버중개사 | 시세 · 매물정리<br>고객관리, 일정관리,<br>커뮤니티 |
| 주요사업영역 | 전국 | 경기도 화성시(동탄), 수원시,<br>평택시, 서울 일부지역 | 전국 |

2004년부터 운영된 탱크21은 공인중개사간에 매물정보를 업로드하지 않음으로서 중개사간 매물을 공유하고 공동중개를 하는 거래정보망으로의 기능으로 활용하기 보다는 주로 거래계약서를 작성하는 기능 위주로 사용하여 왔다. 따라서 탱크21의 DB 서버에는 수백 만건의 거래계약서만 저장되어 보안성이 더욱 취약해지는 문제가 있었다. 따라서 한국공인중개사협회에서 저장되어 있는 거래계약서의 중요한 개인정보의

---

4) 데이터를 저장, 처리, 전송하는 중심 컴퓨터(서버)와 여기에 개인용 컴퓨터나 워크스테이션 등의 단말기를 접속, 상호간 네트워킹을 통해 각각이 CPU, 하드디스크, 주변기기 등의 자원을 공유하는 분산처리 시스템으로, PC발전으로 인하여 서버 기능의 일부를 PC가 수행하여 서버의 부하를 줄이고 성능을 높이기 위해 이용하는 방식.

보호를 강화하고 거래정보망으로서 본래의 기능으로 활용하기 위하여 2013년부터 케이렌(KREN)이란 새로운 거래정보망을 개발하여 2014년부터 탱크21을 대체하여 운영하고 있다.

케이렌은 다시 2017년도 한방으로 개칭하여 공인중개사에 의해 중개매물을 등록하고 관심매물을 검색할 수 있으며, 포털사이트(네이버, 다음)에 매물을 공유하고, 고객관리, 계약관리 그리고 한국공인중개사협회에서 운영하는 부동산 포털사이트인 한국부동산거래소와 연동되어 대국민 부동산정보를 제공하고 있다.

## 2) 지역별 운영 거래정보망 현황

본격적으로 부동산 사설거래정보망을 구축하여 서비스를 제공한 것은 1992년 서울시 노원구와 도봉구 지역을 중심으로 국내에서 까치라인(구 문화정보사)의 PC통신 서비스가 시작되면서부터이다. 그 이후 2004년 말에는 부동산114, 부동산뱅크, 부동산서브, 부동산퍼스트, 부동산1번지(구 스피드뱅크) 등의 회사가 운영되면서 이들이 모여 사단법인 한국부동산정보협회를 출범시켰다(김기호, 2006).

우리나라는 인터넷보급의 급속한 확산으로 다양한 부동산 사이트가 구축되어 운영되고 있다. 사이트의 형식은 개별 부동산 중개업소에서 자체 제작한 홈페이지를 운영하는 경우와 부동산 프랜차이즈 가맹점 형태로 인터넷마케팅을 하는 경우로 나누어 볼 수 있다. 이러한 부동산 웹사이트에서는 물건홍보와 물건탐색이 가능하다. 그 외에 개별(권리)분석, 지역정보, 교섭, 계약체결, 행정절차 등의 서비스가 온라인 또는 오프라인 상에서 이루어지고 있으며, 특히 인터넷마케팅의 활용이 활발히 이루어지고 있다.

부동산거래정보망과 중개업무의 관계를 살펴보면 부동산의 매도의뢰인이 공인중개사에게 중개의뢰를 하게 되면 매도인 측 공인중개사는 거래정보망 메인 컴퓨터에 PC를 이용하여 해당 부동산에 대한 소재지나 면적, 가격, 층수 등 기초사항과 권리관계 등 매도부동산에 대한 각종 정보를 입력한다.

또한 부동산 매수의뢰자와 공인중개사간에 매수에 관한 중개계약을 체결하면 매수인 측 공인중개사는 PC나 단말기를 이용하여 거래정보망 메인컴퓨터에 등록된 각종 부동산매물 중 매수조건과 일치하는 매물을 검색하여 매수인에게 해당 매물에 대한 정보를 제공하고, 매수의사를 확인한 후 의사가 확정되면 공인중개사의 중개하에 매도인 및 매수인과 협상을 통해 거래계약서를 작성하게 된다. 계약이 체결된 후 매도인측 공인중개사는 거래된 부동산에 대한 매물정보를 거래정보망에 계약이 체결되었음을 공지하고 차후 거래정보망에서 거래가 완료된 매물을 삭제하게 된다.

부동산거래정보망은 메인컴퓨터에 각종 부동산 매물정보를 체계적으로 구축하여 시장에 공개함으로서 중개사간 협력을 통해 보다 빠르고 정확하게 거래가 이루어지도록 중개서비스를 하는 정보시스템으로 공인중개사와 일반소비자에게 모두 유리하고 편리한 체계이다.

현재 국내에서 정보사업자에 의해 구축·운영되어 부동산 거래정보망에서 공통적으로 얻을 수 있는 정보는 매물정보와 부가정보, 안내정보, 회원정보 및 통신정보 등이 있다.

첫째, 매물정보란에는 매물조회, 신규등록, 자기매물관리, 계약체결보고 등의 작업을 할 수 있는 정보가 구성되어 있다. 매물정보란에 등록되는 모든 정보는 거래관행에 따른 매물의 종류, 즉 주거용부동산과 상업용 부동산, 토지 및 기타 부동산으로 구분하고 있다.

둘째, 부가정보에는 고시공고 정보, 부동산 뉴스, 경기 동향 정보, 부동산 실무 정보, 법령 및 판례정보, 경매정보 등이 있다.

셋째, 안내정보란 거래정보망을 이용하는 회원들이 거래정보망의 이용과 중개업의 경영시 반드시 알고 있어야 할 각종 공지사항과 소식 등을 말한다.

넷째, 회원정보란을 통하여 전국의 모든 공인중개사들의 이름과 주소, 전화번호 등을 수록하여 공인중개사 상호간의 원활한 정보교류와 일반인들에 대한 홍보를 도모하고 있다. 회원정보는 현재 전체 회원정보와 거래정보망 가입회원 정보로 구분하고 있으며, 거래정보망에 접속한 일반인들은 거래정보망에 가입한 회원 정보만 열람할 수 있다. 개인상세정보란에는 협회 회원들이 자신의 회비나 교육, 공제가입 만료일 등의 상세한 사항을 열람할 수 있도록 한다. 필요한 이들 행정사항을 미 이행함으로써 발생될 수 있는 불상사들을 최소화하게 된다. 다만, 개인 상세정보란에 제공되는 정보들은 사적인 정보로서 본인이외에는 타인이 절대로 열람할 수 없도록 프로그램이 개발되어 있다.

다섯째, 서비스정보는 거래정보망 이용자 상호간에 각종 정보의 교류를 원활하게 하는 동시에 각종 상담실과 홍보란을 제공하고 있다. 이를 통하여 관련 업체의 전문적인 정보의 수집을 손쉽게 하고 있다.

부동산거래정보망을 운영하는 회사들이 중점적으로 제공하고 있는 정보는 주택 시세 및 매물정보, 각종 부동산 관련 정보(뉴스, 동향), 주택분양 일반정보 등이고, 사용자들이 가장 많이 이용하는 정보도 수집할 수 있다. 정보이용자들은 시세정보 중에서 아파트 시세를 가장 많이 이용하고 있는데, 이는 대부분 정보망들이 비교적 매물이 많고 가격 정보 수집이 용이한 아파트 시세 및 매물정보를 제공하고 있기 때문이다.

인터넷에서 빠르고 정확한 정보를 수집하여 활용하기 위해서는 사이트 관리자에 의해 최신 정보를 계속적으로 유지하는 것이 중요하다. 부동산정보는 대부분 필요에 따라 주택 시세정보를 비롯한 매물정보를 매일 또는 수시로 공인중개사에 의해 등록되고 수집되며, 직거래 매물정보는 개인으로부터 정보 수집이 이루어지고 있다.

직거래사이트는 대부분 관리가 잘되지 않기 때문에 직거래와 공인중개사의 매물이 혼합돼 있는 경우가 많다. 업체에 따라서는 매물정보 제공을 위한 전문 정보 제공자를 두어 건당 수수료를 지불하는 방식으로 정보를 제공한다. 아파트 위주의 정보제공에서 단독주택, 다세대주택 대부분 사이트들은 공인중개사와 개인 회원들이 인터넷에 정보를 직접 입력함으로써 등록이 가능하도록 할 뿐만 아니라, 회원가입과 상관없이 정보를 등록할 수 있는 사이트도 있다. 그러나 이 경우 정보의 게시자가 불확실하다는 점에서 정보의 공신력이 문제가 있을 수 있다. 따라서 비교적 큰 부동산정보망들은 정보의 신뢰성 확보를 위해 공인중개사의 매물만을 등록, 거래가 이루어지도록 하고 있다.

▌〈표 12-3〉 지역별 운영되는 부동산거래정보망 현황(예)

| 구분 | 부동산레이다 | 텐커뮤니티 | 마이스파이더 |
|---|---|---|---|
| 사용자 수(명) | 7,000 | 6,000 | 1,800 |
| 월 이용료(원) | 22,000 | 22,000 | 20,000 |
| 주요이용지역 | • 경기도: 광명시, 용인시(죽전/동백), 시흥시, 의왕시(삼동), 의정부, 부천시<br>• 서울시: 서초구(반포동, 잠원동), 금천구(독산동), 성북구(상월곡동), 중랑구, 도봉구, 강북구(번동), 노원구, 인천시, 부산시, 대구시 수성구 | • 경기도: 과천시, 구리시, 남양주시, 성남 분당구, 용인 수지구, 안산시, 의왕시(오전동), 김포시, 고양시 덕양구, 안산시, 안양시, 의왕시, 파주시<br>• 서울시: 구로구(신도림동), 용산구(남영동), 강서구, 노원구, 도봉구, 양천구, 경상남도 양산시, 부산시 | • 경기도: 시흥시, 고양시 일산구<br>• 서울시: 양천구 |

자료: 채현길 외(2009), 부동산거래정보망의 선택요인과 만족도에 관한 연구.

## 3) 부동산 포털사이트

포털(Portal)이란 문 또는 통로(Gate)라는 의미로서, 포털사이트는 인터넷을 접속하기 위한 초기 관문으로 인터넷 사용자가 원하는 정보를 검색하기 위해 반드시 거쳐야 하는 사이트를 말한다. 따라서 부동산 포털사이트는 웹(Web)상에서 첫 단계로 부동산 정보검색을 시작할 수 있는 사이트이다.

부동산 포털사이트에서 제공하는 서비스의 진화는 박종천(2011)이 제시한 일반적인 포털사이트와 동일하게 3단계의 변화를 거치고 있는 것으로 보인다. 제1단계는 전자우편, 부동산 관련 정보검색, 시세정보 또는 부동산관련 뉴스 등의 기본적인 정보제공 서비스를 제공하는 웹사이트이다. 제2단계는 기본적인 정보제공 서비스의 기능을 넘어서 부동산과 관련된 교육 콘텐츠, 각종 통계정보 등 다양한 항목이 결합된 서비스를 제공하며, 제3단계는 커뮤니티 기반의 공동체형 서비스를 지향하는 웹사이트이다 (경정익, 2013d).

또한 Timmers(1998)에 의해 제시된 11가지의 인터넷 사업모델을 기초로 부동산 포털사이트의 서비스를 범주화하여 보면 검색형, 콘텐츠형, 종합형 등 3가지로 구분해 볼 수 있다.

검색형은 초기 인터넷 서비스의 이메일 기능과 더불어 부동산 관련 정보의 검색 그리고 이용자의 확보차원에서 부동산 관련 뉴스, 경매, 부동산 매물정보 등을 제공한다. 콘텐츠형 포털사이트는 부동산 뉴스, 부동산 교육, 매물정보, 경·공매 및 재개발/재건축에 관한 정보, 다년간 축적된 가격정보를 기반으로 하는 통계정보 제공 등 정보화를 기반으로 제공하는 사이트를 말한다.

콘텐츠형은 자체적으로 생산한 정보를 가공하여 제공하거나 부동산 관련 교육 콘텐츠와 축적된 데이터베이스를 기반으로 정보제공을 유료화할 수 있는 장점이 있다.

종합형은 포털사이트의 초기서비스인 이메일과 SNS(Social Network Service)에 의한 기능으로 회원간 상호작용을 유도하여 차별화된 서비스 제공을 목적으로 하는 포털사이트를 말한다. 공공과 민간 및 언론, 금융 등 다양한 기관들에 의해 운영되는 부동산 관련 사이트는 <표 12-4>와 같이 대부분 포털사이트로서 역할을 할 수 있도록 부동산에 관련된 다양한 정보를 제공하도록 구축하여 운영하고 있다. 이러한 부동산 포털사이트는 부동산정책, 주택·토지·상가 등 부동산매물에 대한 시세 및 매물정보, 부동산 뉴스, 투자상담, 경·공매, 재개발·재건축, 교육, 분양, 커뮤니티 등 부동산에 대한 종합적인 정보를 제공함으로서, 부동산정보검색을 위해 최초로 접근하는 사이트이다. 이에 추가하여 최근에는 모바일과 소셜미디어의 확산으로 다양한 의사소통 채널을 통하여 실시간(Real Time) 사진, 이미지, 동영상 등에 대한 다양한 콘텐츠에 의한 정보의 유통이 확산되어 가고 있는 추세이다.

▌〈표 12-4〉 부동산 매물정보 제공 포털사이트 현황

| 구분 | | 검색형 | 콘텐츠형 | 종합형 |
|---|---|---|---|---|
| 공공 | 국토교통부 | 온나라부동산종합포털 | | |
| | 지방자치단체 | 서울시 부동산정보광장, 지자체별 부동산 사이트 | | |
| | 공기업 | 온비드(On-bid), 한국토지주택공사 등 | | |
| 민간 | 포털사이트 | 다음 부동산, 네이버 부동산 등 | | |
| | 언론기관 | MK 부동산, Joinsland 등 | | |
| | 금융기관 | KB 부동산, 신한은행 부동산 등 | | |
| | 부동산정보 서비스 업체 | 닥터아파트, 부동산114, 부동산뱅크, 스피드뱅크 등 | | |
| | | 부동산레이더, 텐커뮤니티, 부동산포스 등 | | |

자료: 경정익(2013), 부동산포털사이트의 매물정보 품질개선에 관한 연구.

## 2. 주요국 부동산거래정보망 운영

외국에서 유통되는 주요 부동산거래정보망으로는 미국의 MSL, 일본의 REINS, 독일의 IZI, 캐나다의 CREA 등의 있으며, 이들을 통해 부동산 거래질서 확립과 부동산시장의 활성화를 기하고 있다.

▌〈표 12-5〉 국가별 부동산거래정보망 특성 비교

| 비교항목 | 세부내역 | 미국 | 영국 | 일본 | 독일 | 싱가포르 | 한국 |
|---|---|---|---|---|---|---|---|
| 부동산거래 정보유통 시장특성 | 거래시장 | 광역적 조방적 분산적 | 국지적 광역적 | 지역지향성 광역적 | 국지적 광역적 | 광역적 | 국지적 |
| | 거래시장에서 정보유통 가능성 | 시장규모의 광역성으로 효율적 정보유통 불가능 | 광역화가능 | 시장활성화를 목적으로 한 정보유통 가능성 | 광역적 체제 구축가능 | 광역적 정보유통망 구조 | 정보산업의 발달로 정보유통 가능성 높음 |

| 비교항목 | 세부내역 | 미국 | 영국 | 일본 | 독일 | 싱가포르 | 한국 |
|---|---|---|---|---|---|---|---|
| 부동산 거래정보 이용자 특성 | 정보 통용 관습 | 전통적으로 개방적 | 개방적 | 기본적으로 개방적 입장 취함 | 개방적 | 개방적 | 폐쇄적 |
| | 부동산을 통한 자산증식 가치관 | 보편화됨 | 한때 자본이득 규제 | 거주 목적으로 실용적 가치 높음 | 보수적임 | 공공개입에 의한 엄격한 통제 | 전통적으로 뿌리 깊음 |
| | 거주 이동성 | 이동성이 높은 사회적 구조 | 보통임 | 거주의식 자체가 고정적 | 최근 활발해짐 | 보통임 | 시기적으로 이동성이 높은 구조 |
| Business Group 특성 | 정보통용 수요 | 고용체계상, 상거래 관용상 수요발생 | 전문인의 활용, 상거래수요 증가 | 업자간의 정보교류의 수요발생 | 일정단체의 주도적 활동에 의한 공적, 사적 수요 증가 | 정부주도형 으로 부동산 활동 수요증가 | 없음 |
| | 개별정보망 조작능력 | 없음 | 있음 | 있음 | 없음 | 있음 | 없음 |
| 지도감독 관청 특성 | 정부개입 방식 | 활동의 자주성 인정 | 활동의 자주성 인정 | 중재적 지도적 | 서비스업자 자주성인정 | 정부의 시장개입 방법 | 지도, 감독적 |

자료: 국토개발연구원(1992), 부동산산업 발전에 관한 연구.

## 1) 미국(MLS)

미국의 거래정보망인 MLS(Multiple Listing System)[5]는 현재 부동산거래에서 중심적인 역할을 하고 있는 시스템으로 "거래계약을 성사시키는데 고객과 대중에게 더 나은 서비스를 제공하기 위해 참여자들 사이에 위탁된 정보거래에 대해 상호간에 질서를 부여하기 위한 것이다"라고 협회 내규는 밝히고 있다.

미국의 대규모 부동산 중개 프랜차이즈 회사들은 MLS라는 공동중개센터를 지역별로 설치하여 활용하고 있다. 이 거래정보망은 컴퓨터로 여러 회원에게 정보를 제공하

---

[5] MLS(Multple Listing System)는 1967년 설치된 물건정보 검색기구(Realtor Computer Services)의 발전된 형태로서, Multiple Listing은 이른바 부동산정보센터나 부동산협회 등을 매체로 하여 다수의 회원이 상호 협동하여 공동으로 부동산의 매각을 촉진하는 공동중개 의뢰계약의 형태를 말한다. 미국 전역의 1,400여개 지방의 중개업협회 지구지회(Local Board of Realtors)를 중심으로 MLS를 운용하여 전산망을 이용한 정보입력 및 검색작업이 이루어지고 있다.

거나 원하는 물건을 관리한다.

MLS에서 부동산 매물정보의 등록은 공인중개사와 의뢰인 모두 할 수 있으며 제공되는 정보는 사진정보 제공이 원칙이다. 공인중개사들은 중계를 의뢰받은 물건을 정보망에 입력하고 컴퓨터나 책자를 통해 등록된 매물을 검색하며, 의뢰인이 원하면 해당 물건을 비디오로 촬영하여 제공하기도 하고 하자여부, 권리분석, 개발계획 등 각종 부동산정보서비스를 제공한다.

일반 고객들도 웹상의 MLS 검색사이트[6]를 이용하여 부동산 매물이나 공인중개사를 탐색할 수 있다(문영기·유선종, 2005). 여기서 MLS 검색사이트란 미국 전역에서 공동중개서비스 계약에 의한 중개대상물 정보를 등록하고 검색할 수 있는 사이트를 말한다.

중개사들에게 MLS 검색사이트의 장점은 잠재고객들이 직접 자신이 원하는 지역의 부동산을 검색하여 그 지역의 이웃이나 주택의 형태, 특징, 가격 등을 알아보게 함으로써 중개사가 기초적인 정보를 알려줘야 할 시간을 절약하고 잠재고객들이 MLS 검색사이트를 통해 직접 공인중개사를 찾아서 연락할 수 있도록 되어 있다. 또한 매수인도 많은 시간을 절약할 수 있는데, 구매 잠재고객이 원하는 주택이 멀리 떨어진 곳에 위치할지라도 인터넷을 통해 검색하여 찾을 수 있다. 이로서 고객은 직접 중개업소를 방문하였을 때 이미 구매할 준비가 되어 있거나 적어도 자신이 원하는 부동산만 직접 방문할 수 있게 된다는 것이다. 즉, 이메일을 통하여 마음에 드는 부동산의 MLS 번호나 주소를 보내 매도인과 문의·협상을 하고 부동산에 대해 먼저 검토해 볼 수 있으며, 유사 부동산을 찾기가 훨씬 용이해지는 장점이 있다.

따라서 미국에서는 미국 중개업협회(NAR: National Association of Realtors)에 의해 MLS에서 물건을 등록하는 체계가 정착되어 있으며, 공인중개사를 통하는 부동산 거래의 대부분이 MLS를 이용하며 실제 주택거래의 90% 이상이 MLS를 통하여 이루어지고 있다.

---

6) MLS 검색사이트에서는 거래를 원하는 부동산매물정보 검색과 각 도시 공인중개사를 검색할 수 있다(문영기·유선종, 2005). MLS의 주요 활용면은 ① 멀리 떨어진 지역으로 이주를 준비하며, 직접 해당 지역에 찾아 갔을 때 도와줄 공인중개사를 찾는 경우 ② MLS 검색사이트를 통해 특정한 주택이나 지역에 대해 상세한 정보를 알고 싶은 경우 ③ 이사 갈 지역을 방문했을 때 도와줄 공인중개사를 미리 선택하려는 사람으로서 부동산을 선택하지 않으려는 사람(공인중개사의 웹사이트에 나타난 콘텐츠, 디자인, 전체적인 느낌 등을 통해 공인중개사 선정) ④ 주택매도를 도와줄 공인중개사나 이주를 계획한 도시의 공인중개사와 연결시켜 줄 공인중개사를 찾는 매도인 ⑤ 매도인이나 매수인을 소개받기 원하는 공인중개사.

이와 같이 미국의 MLS가 활성화된 가장 큰 이유는 전속중개계약이 일반화되어 있는 중개사 간의 매물정보를 인터넷에 공개하더라도 최초로 매물정보를 등록한 중개사의 이익이 보장되기 때문이다(문영기·유선종, 2005). 즉 독점중개 의뢰계약과 전속중개계약 제도가 정착되었기 때문이다(건설교통부, 2003).

[그림 12-2] 미국의 MLS

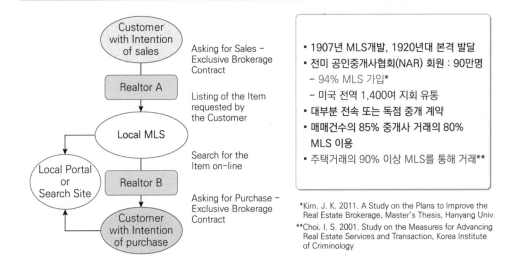

자료: 조춘만·정문섭(2013), 공간정보기반 부동산거래선진화시스템 구축방안.

## 2) 일본(REINS)

일본에서는 1960년대부터 부동산 거래정보망이 체계적으로 이용되기 시작하였다[7]. 1985년 건설성에서 부동산 유통표준 정보시스템 개발을 착수하여 1988년에 지정유통기구제도를 전국적으로 적용할 수 있도록 추진하였다. 이에 따라 동경권의 경우 1990년도에 수도권 부동산유통기구가 설립되었으며, 1995년 '택지건물 거래업법'을 개정하여 지정유통기구의 법적 지위를 부여하였다. 이에 따라 당시 전국에 존재하던 37개 유통기구는 공식 법인화하는 방식으로 재편성되어 4개 유통기구로 정비되었다. 이들 4개 법인에서 운영하는 부동산 거래정보망이 레인즈(REINS: Real Estate Information Network System)[8]이

---

7) 1968~1969년경부터 주로 도쿄, 오사카지구에서 부동산의 물건정보를 교류하여 부동산유통을 촉진하기 위한 거래센터가 여러 형태로 생겨나기 시작, 이들 센터는 업자단체, 재벌그룹, 특정유력업자와 그 거래업자군의 결합조직화에 의한 것으로 구별된다.

다(이상영, 1999). 부동산 중개사는 REINS를 통해 중개의뢰부터 거래계약 체결까지 모든 절차가 이루어지며, 이로서 서면 계약으로 이루어지는 문서위주의 유통제도가 뿌리를 내리게 되었다. REINS는 건설성장관에 의하여 전국을 수도권과 중부권, 근기권의 3대 도시권으로 구분하고, 이를 다시 37개 권역별로 세분하여 권역별 중개업협회를 중심으로 37개 지정유통기구가 설립되어 있다. 부동산 수급권역마다 하나씩 건설대신이 지정한 공동이용의 거래정보시스템을 갖고 있다. REINS의 주 전산기는 4개소에 설치되어 있으며, 이들 주 전산기를 37개 지정 유통기구가 공동으로 사용하고 있다.

**[그림 12-3] 일본의 REINS**

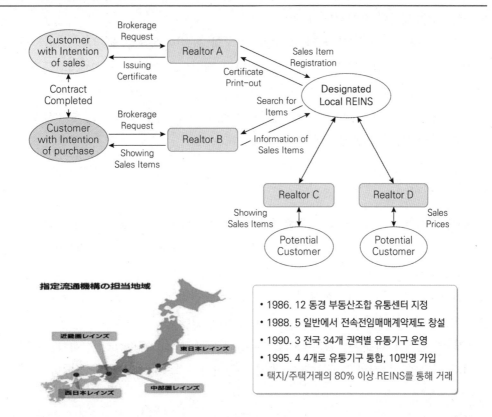

자료: 조춘만 · 정문섭(2013), 공간정보기반 부동산거래선진화시스템 구축방안.

---

8) REINS(Real Estate Information Network System)란 일본 건설성과 부동산유통근대화센터가 공동으로 개발한 부동산정보 교환을 위한 거래정보시스템으로, 부동산유통시장의 근대화를 도모하기 위하여 미국의 MLS에 영향을 받아 만들어진 것이다. 이와 유사한 시스템인 OM(Open Market)은 미국형의 중개시스템으로 중개 대기업 7개사가 부동산유통촉진협의회를 결성해서 발족시킨 것이다.

이 기구의 운용은 기본적으로 물건정보유통을 위한 컴퓨터시스템 운용과 회원(부동산업자), 제공센터, 각 지역(현) 부동산유통기구 사이의 제 업무운용으로 나눌 수 있다.

지정유통기구의 성격은 과거에는 법률에 특별한 규정이 없었기 때문에 수도권의 지정유통기구 이외에는 법인이 아닌 임의단체로 되어 있었으나, 1995년 5월 법 개정에 의해 민법상의 공익법인에 한해 지정유통기구가 될 수 있도록 규정하였다(택지 건물거래업법 제50조의2 제2항).

지정유통기구는 거래대상 부동산의 등록 및 정보제공 업무 이외에 관련 통계의 작성 및 기타 부동산유통의 원활화를 위한 업무9)를 담당하고 있다(大內建价, 1995). 중개사의 약 80%가 지정유통기구에 가입하고 있으며, 가입자는 물건정보를 접수한 후 2~3일 내에 등록이 의무화되어 있다.

이 시스템의 시행으로 컴퓨터에 의해 협회의 회원이 등록한 물건도 거래를 할 수 있게 되었다. 1995년 5월 택지건물 거래업법의 개정으로 전속중개계약 의뢰물건 등록을 의무화하였으며, 일반중개계약의 경우에는 임의 등록의 형태로 운영된다. 일반 매매자가 물건의 탐색을 공인중개사에게 의뢰하면 등록된 물건을 부동산 중개사가 지정유통기구의 전산망을 통해 검색하여 소개하게 된다.

## 3) 기타 국가

독일에서는 1975년 독일 공인중개사그룹(RDM: Ring Deutscher Makler)과 독일은행이 공동으로 부동산정보센터(IZI: Information Zentrum Immobilien)를 설립하여 전국 13개 도시 독일은행 지점에 설치되어 있으며, 운영 및 사무지원은 독일 은행에서 전담하고 있다. RDM회원은 모든 매물정보를 부동산정보센터에 등록하고, 부동산정보센터에서는 물건정보를 매일 RDM회원들에게 배부하고 있다.

캐나다는 캐나다부동산협회(CREA: Canadian Real Estate Association)산하 114개의 지구지회 가운데 111개의 지구지회를 통해 부동산거래정보망을 운영하고 있다.

---

9) 부동산거래관련 데이터, 거래가격, 수급상황 등의 부동산시장의 동향을 신속히 파악하여 국민들에게 정확한 자료를 제시해줌으로써 REINS는 거래의 공정성과 투명성을 확보하고 합리적인 부동산가격 형성을 촉진한다는 관점에서 데이터는 매월 공표하고 있다.

**❙ 〈표 12-6〉 외국의 거래정보망 특징**

| 구분 | 명칭 | 시행일 | 특징 |
|------|------|--------|------|
| 미국 | MLS | 1967년에<br>최초 설립하여<br>발전 | • 미국 전역의 1,400여개 지방의 중개업협회 지구지회를 중심으로 정보공유망을 운용<br>• 주택거래의 대부분(90%이상) |
| 일본 | REINS | 1988 | • 전국을 수도권과 중부권, 근기권의 3대 도시권으로 구분하고, 이를 다시 37개 권역별로 세분하여 권역별 중개업협회를 중심으로 37개 지정유통기구가 설립<br>• 중개업자의 약 80%가 지정유통기구에 가입 |
| 독일 | IZI | 1975 | • 독일중개사그룹(RDM)과 독일은행이 공동으로 전국 13개 도시 독일은행 지점에 설치 |

## SECTION 04 부동산거래 전자계약시스템

국토교통부는 정보통신기술(ICT) 기반의 공공서비스 확장으로 비정상적 거래관행을 차단하고 업무의 융·복합 시너지를 창출하기 위해 지난 2014년부터 4년간 약 154억 원의 재정을 투입하는 '부동산거래 통합지원시스템 구축사업'의 1단계인 전자계약시스템을 구축하였다.

**❙ 〈표 12-7〉 부동산 전자계약시스템 구축 추진**

(단위: 억원)

| 구분 | '14년 | '15년 | '16년 |
|------|-------|-------|-------|
| 예산액 | 1.6 | 10 | 53<br>(국토교통부 18, 대법원 35) |
| 사업명 | 부동산거래 통합<br>지원시스템 구축을 위한<br>사전 타당성 및<br>실행방안 수립 | 부동산거래<br>전자계약시스템 구축 | 부동산 안전거래<br>통합지원시스템 구축 |
| 사업발주처 | NIA(과학기술정보통신부) | NIA(과학기술정보통신부) | NIA(행정안전부) |
| 주관기관 | 국토교통부 | 국토교통부 | 국토교통부, 대법원 |

[그림 12-4] 부동산 전자계약 절차 흐름도

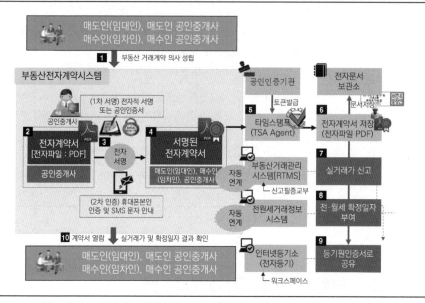

자료: 국토교통부(2017), 부동산거래 전자계약시스템 구축사업 경과보고 설명회 자료.

　　부동산거래 전자계약시스템은 중개업소에서 종이로 작성, 날인하던 부동산 매매·임대차 계약을 공동인증서를 이용한 전자서명으로 대체하는 것으로 이 시스템을 이용하면 부동산 거래시 종이 없이도 전자적 방식으로 계약을 체결하며, 실거래신고, 확정일자, 세무, 등기 등과 연계돼 계약과 관련된 제반과정을 용이하게 처리할 수 있다("부동산거래 전자계약시스템", 국토교통부 홈페이지 참조).

## 1. 부동산 전자계약시스템 개요

### 1) 부동산 전자계약시스템

　　부동산거래 전자계약시스템은 첨단 ICT기술과 접목, 공인인증·전자서명, 부인방지 기술을 적용하여 종이·인감 없이도 온라인 서명으로 부동산 전자계약 체결, 실거래신고 및 확정일자 부여 자동화, 거래계약서·확인설명서 등 계약서류를 공인된 문서보관센터에 보관하는 전자적 방식(공인인증 등)의 부동산거래 계약서 작성 및 체결 시스템이다10).

---

10) 국토교통부 부동산거래 전자계약시스템 홈페이지(https://irts.molit.go.kr/usr/cmn/main/home/RtecsInfo.do)

## 2) 주요서비스 및 사업내용

현재 부동산과 관련된 다양한 시스템이 공공과 민간에서 다양하게 개발되어 구축, 운영되고 있다. 그러나 계약 체결, 거래 신고, 세무 신고·등기 등의 업무와 연계성이 미흡하여 '부동산거래통합시스템'을 구축하게 되었다. 이 시스템은 사용자 관점에서 연관업무(시스템)를 일괄 처리할 수 있도록 함으로써, 거래안전과 사용자의 편의성을 제고하고자 하였다.

특히 종이 없는 부동산거래 전자계약을 체결함으로써 중개사무소 방문 없이 온라인 및 태블릿PC에 의해 언제 어디서나 계약 체결을 하고 공인기관에 계약서를 영구보관할 수 있고, 부동산 실거래신고를 자동화하도록 하였다. 따라서 부동산거래관리시스템(RTMS)과 연계를 통해 부동산 거래신고 의무를 간소화하며, 주택임대차계약의 확정일자를 자동으로 부여함으로써 원클릭으로 임차인의 대항력이 발생하게 하였다. 또한 전자문서 취급에 따른 법·제도를 정비하여 전자문서 취급에 따른 명확한 법적 근거와 효력이 유지토록 법령의 개정을 추진하였다. 이러한 시스템의 개념도와 부동산거래 프로세스 개념도를 그림으로 나타내면 아래 그림과 같다.

[그림 12-5] 부동산 전자계약시스템 개념도

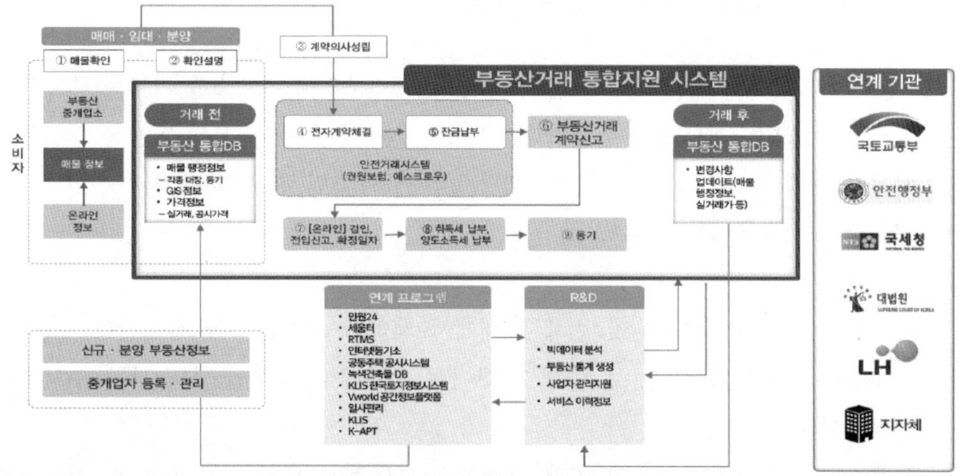

자료: 부동산전자계약시스템, 국토교통부.

[그림 12-6] 부동산 거래 프로세스 개념도

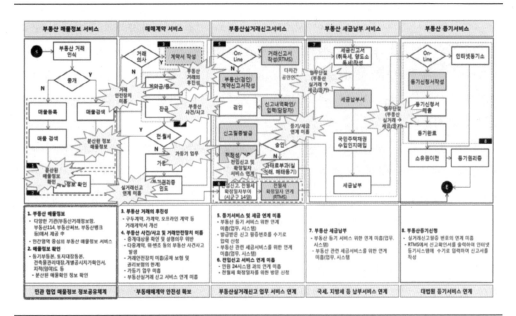

자료: 부동산전자계약시스템, 국토교통부.

## 2. 전자계약시스템에 의한 계약 체결

부동산거래 전자계약시스템에 의한 전자계약은 5단계의 프로세스를 거쳐 이루어진다.

첫째, 개업공인중개사가 부동산거래계약서를 작성하는 단계이다. 그런데 개업공인중개사가 거래계약서를 작성할 때는 임대차 및 매매계약인 경우, 다음과 같은 4단계의 프로세스를 거치도록 하고 있다.

① 부동산 매매계약서 중 첫 번째 단계에서 계약서 소정양식을 작성한다.
② 부동산 매매계약서 중 두 번째 단계에서 중개대상물 확인·설명서 세부사항을 작성한다.
③ 부동산 매매계약서 중 세 번째 단계에서 매매계약서 부동산 표시 및 계약내용을 작성한다.
④ 부동산 매매계약서 중 네 번째 단계에서 거래인(매도인, 매수인, 공인중개사)을 작성한다.

둘째, 부동산거래당사자(계약자)가 계약서 내용을 확인하고, 태블릿 PC 또는 스마트폰에서 서명하는 단계이다.

셋째, 개업공인중개사가 계약서를 확정하는 단계이다.

넷째, 전자계약시스템에서 부동산거래신고와 확정일자를 자동으로 신고하는 단계이다.

다섯째, 전자계약시스템에서 계약서를 공인전자문서보관소(공전소)에 보관하는 단계이다.

[그림 12-7] 부동산전자계약서 작성 및 준비 절차

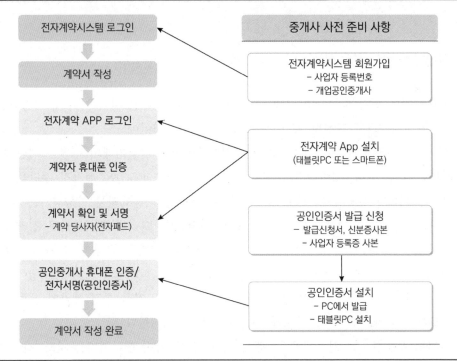

부동산전자계약시스템은 비대면 상황에서 계약당사자 그리고 공동중개사 등과 동일한 시간과 장소라는 제한을 벗어나 상호 상이한 시간과 장소에서 다음과 같이 계약을 체결할 수 있다.

[그림 12-8] 전자계약시스템에 의한 비대면 부동산거래계약 체결 절차

| 1 | 국토부 부동산거래전자계약시스템 로그인 |
| 2 | 부동산거래계약서 작성(한방) → 전자계약시스템 이관 |
| 3 | 계약자 전자계약시스템 로그인(Desk Top, Smart Device) |
| 4 | 계약자 서명(본인인증·공인인증서) ‧‧‧‧‧‧ 비대면계약 가능 |
| 5 | 공인중개사 서명(특수목적 공인인증서) |
| 6 | 부동산거래 계약 체결 완료 |

## 3. 부동산거래 전자계약시스템의 특징

부동산거래 전자계약시스템은 모든 부동산거래에 개방된 것이 아니고, 개업공인중개사가 거래계약서를 작성할 때 이용할 수 있는 시스템이다.

이러한 부동산거래 전자계약시스템은 전자계약이나 전자거래의 구현을 위한 기초단계라고 볼 수 있다. 일반적으로 전자계약(Electronic Contract)은 전자적 수단을 통해 성립된 계약을 말한다. 현실 세계에서의 계약은 일정한 법률효과를 발생시키는 청약의 의사표시와 승낙의 의사표시가 합치됨으로서 성립한다. 그러나 전자계약은 청약과 승낙의 의사표시의 합치가 전자적 수단을 통하여 이루어진다는 점에서 그 차이가 있다. 전자거래는 단지 계약의 체결이 전자적으로 이루어지는 형태뿐만 아니라 이행이 전자적으로 이루어지는 경우도 포함한다. 따라서 전자계약은 어떤 특정 계약의 유형을 말하는 것이 아니라, 계약체결의 형태 가운데 하나를 의미한다[11].

따라서 부동산거래 전자계약시스템에 의한 전자계약이 행하여지는 것도 '전자문서 및 전자거래기본법'상의 전자상거래에 해당된다고 볼 수 있다.

또한 부동산거래 전자계약시스템에 의한 전자계약은 형식적으로는 전자상거래에 해당한다고 볼 수 있다. "전자상거래"란 전자거래(전자문서 및 전자거래 기본법 제2조 제5호에 따른 전자거래를 말한다.)의 방법으로 상행위를 하는 것이며(전자상거래 등에서의 소비자보호에 관한 법률 제2조 제1호), 부동산 중개 업무도 상행위[12]에 해당하기 때문이다.

---

11) 그 결과 전자거래는 체결상의 전자거래, 이행상의 전자거래, 또는 체결과 이행상의 전자거래로 구분할 수 있으며, 이 중 전자계약과 일치하는 유형은 체결상의 전자거래이다(정창보, 2013).

그러나 부동산거래에서는 전자문서의 원인행위인 청약과 승낙의 의사표시의 합치가 전자적 수단으로 이루어지는 경우는 많지 않기 때문에 아직은 진정한 전자거래 내지 전자상거래라고는 할 수 없을 것이며, 종이계약서를 전자적 방법으로 대체하여 작성하는 것에 불과하기 때문에 진정한 전자상거래 단계에 이르렀다고 보기는 어렵다. 또한 일반적인 전자거래는 거래 당사자 사이에 직접 행하여지는 경우가 많지만, 부동산거래 전자계약시스템에 의한 전자계약은 제3자인 개업공인중개사의 중개를 매개로 하여 행하여진다고 하는 점에서도 차이가 있다.

다만, 온라인에 의한 부동산거래가 증가되고 있는 점을 감안하면 향후 부동산거래 전자계약시스템이 개업공인중개사 외에 일반 직거래 당사자에게도 개방된다면, 부동산 전자거래 내지 전자상거래[13]로 발전할 수 있는 계기 내지 초석이 될 수도 있다.

그리고 부동산거래 전자계약시스템은 부동산거래의 원스톱 서비스를 구현하는 수단이 될 수 있다. 현재 부동산의 거래과정은 복잡하고, 거래과정에서 적용되는 법규도 다양할 뿐만 아니라, 거래과정에 관여하는 개업공인중개사, 법무사, 세무사 등의 서비스도 분절되어 있다.

따라서 부동산거래 전자계약시스템에 의하면 중개, 계약서 작성, 거래신고, 확정일자, 등기, 세무업무 등이 원스톱으로 처리될 수 있다. 다만, 부동산거래 전자계약시스템상의 전자계약서가 등기원인증서로서 인정될 수 있지만, 현재는 세무 및 등기처리 업무까지 원스톱으로 구현되지 못하는 한계가 있다(김학환, 2016)[14].

---

12) 부동산 중개 업무는 상법 제46조 제11호에서 정하고 있는 '중개에 관한 행위'로서 기본적 상행위에 해당하고, 상인이 영업을 위하여 하는 행위는 상행위이며, 상인의 행위는 영업을 위하여 하는 것으로 추정되는바, 부동산 중개 업무를 실제로 영위하여 상인인 자가 그 중개를 성사시키기 위하여 또는 그 중개에 대한 책임으로 보증 각서를 작성하여 매수인의 잔금채무를 보증한 경우, 그 보증행위는 영업을 위하여 한 것으로 추정되고, 그 추정을 번복할 만한 증거가 없는 한 상행위로 간주된다(대법원 2008.12.11. 선고 2007다66590 판결).

13) 전자상거래는 개방성, 비대면거래성, 비서면거래성, 즉시성, 쌍방향성, 부합거래성, 국제성, 멀티미디어성 등을 특성으로 한다(김재두, 2012).

14) 다만, 대법원에서도 대법원 법원행정처에서 '부동산 안전거래 통합지원 시스템'(일명 등기부 선진화 방안)을 개발하는 등 부동산거래의 안정화를 전행하고 있기 때문에 결국에는 등기, 세무업무까지 원스톱으로 처리되게 될 것이다. 이와 관련해서는 김학환(2016), "부동산거래 선진화를 위한 에스크로우제도 도입 및 활성화 방안", 부동산포커스, 제96호, KAB부동산연구원, p.47. 참조.

## 4. 부동산거래 전자계약시스템 도입의 문제점

### 1) 계약자 본인확인의 문제

공동인증서는 본인확인 기능이, 공인전자서명은 문서의 진정성립 추정효가 각각 '전자서명법'에 따라 부여되고 있다. 하지만 공인저자서명의 효력인 문서의 진정성립 추정효는 특수한 사정 하에서는 번복될 수 있으며, 공동인증서의 본인확인기능 역시 공동인증서를 통하여 본인확인을 하였다는 사실 하나만으로는 모든 거래에 있어서 본인확인 의무를 다하였다고 인정될 수는 없는 한계가 있다.

공동인증서의 발급과 저장방법이 보안에 매우 취약하여 공동인증서의 비밀번호가 사실상 공동인증서의 보안을 담보하는 유일한 수단이라 볼 수 있다. 또한 공동인증서는 ActiveX 기술에 대한 의존성으로 인해 사용에 있어서도 기술적으로 보안상의 문제점을 동반하고 있으며, 발급 신청 및 사용상의 어려움으로 인해 전자신청을 기피하는 하나의 이유가 될 수 있다.

공동인증서의 문제점을 보완하기 위하여 핸드폰 실명인증방법을 병행하여 사용하더라도 핸드폰 복제, 도용, 스니핑, 파밍, 피싱 등의 형태로 핸드폰이 해킹 당할 가능성을 배제할 수 없기 때문에 완전한 형태의 해답이라고는 볼 수 없는 한계가 있다.

### 2) 전자계약시스템 활성화 및 서비스 확대 문제

국토교통부가 제안한 전자계약시스템은 공인인증기관인 TradeSign을 통해 특수목적용(부동산 거래용) 공동인증서를 별도 발급받아 사용하도록 하고 있다. 따라서 공인중개사는 계약자 입장에서 부동산 거래 용도로 별도 공동인증서를 발급받아서 사용해야 하는 하므로 사용성이 떨어질 것으로 예상된다.

또한 개업공인중개사 입장에서 번거로움을 무릅쓰고 전자계약시스템을 사용해야 할 명분도 실리도 취약해 보인다. 특히, 중개사무소 입장에서는 계약체결 단계에서 계약자들을 중개사무소로 불러들여서 일괄 처리할 가능성이 더 높아 보인다. 중개대상물 확인설명의 문제는 한층 더 복잡하다. 특히 충분한 확인 설명 없이 온라인으로 중개대상물 확인·설명서에 서명을 받게 되는 경우, 하자 민원의 발생이 더 급격하게 높아질 가능성도 있다.

## 5. 도입 기대효과

첫째, 부동산거래 전자계약시스템은 무등록 중개나 불법 중개행위, 금융사기 등 불법행위를 차단하여 부동산거래의 안정성을 기할 수 있다.

둘째, 전자계약서가 작성, 보관됨으로써 부동산거래에 관한 정보가 실시간으로 수집되어 부동산시장을 정확하게 모니터링 할 수 있고, 이를 기초로 부동산정책을 수립하여 정책의 실효성을 제고할 수 있다.

셋째, 부동산과 ICT를 등기, 세무, 금융 등 타산업과 접목하여 새로운 융합산업을 창출하고, 권원보험 등 신규산업을 창출할 수 있다.

넷째, 전자계약서에 의하여 종이 없는 계약체결과 문서보관 비용을 절감할 수 있고, 연관업무 및 신청서류 간소화, 부동산거래의 원스톱처리로 사회경제적 비용을 절감시킬 수 있다. 문서유통비 및 처리시간, 교통비 등 연간 3,316억원 절감될 수 있다[15].

구체적으로 국민, 기업(개업공인중개사), 정부 등 각 주체별로 부동산거래의 관행 등을 개선하여 거래의 안정화를 높일 수 있는 효과를 기대할 수 있다.

---

### ⚖️ TIP 부동산 중개, 독창적인 서비스로 자생력과 업그레이드

최근 몇 년간 중소 온라인 부동산 업체들 위에 군림하던 네이버 부동산이 결국 서비스를 철수하기로 하였다(플랫폼 서비스로만 지속). 부동산정보서비스 중소업체의 견제와 '네이버 규제법'을 내세운 정·재계의 압박 역시 만만치 않았기 때문이다. 대기업의 문어발식 사업 확장을 제재했다는 점에서는 의의가 있지만, 여전히 아쉬운 것은 중소 부동산 서비스의 자생력에 관한 부분이다. 실상 네이버 부동산이 들어서기 전까지, 중소 업체에 올라온 매물 내용 중에는 허위 정보 이른바 '미끼 매물'이 상당수였다. 그렇기에 네이버 역시 사업 초기에 '확인 매물'을 내세우며 우리가 나서겠다 말할 수 있었던 것이다. 거의 모든 사이트가 천편일률적이고 개성 없는 서비스를 제공하고 있다는 것도 문제다. 혹자는 기존의 온라인 부동산 시장을 두고 아직은 골목상권에 불과하며, 그들이 유통하는 제품은 불량식품 수준에 머물러 있다고 악평하기도 한다.

이번에야 거대 기업을 밀어냈다지만, 발전 없는 그들만의 리그를 언제까지 지속할 수 있을지 낙관하기 어렵다. 실제로 많은 소비자가 네이버 부동산 서비스를 이용하며 편리함과 신뢰를 느꼈다는 것을 잊어서는 안 된다. 부동산 중개업을 비롯한 부동산 온라인 시장은 이제 거대 자본으로도

---

15) 한편 산업통상자원부(2007년)에 따르면, 전자문서가 정착되면 유통비용 7천700억원, 보관비용 1천600억 원 등 연 9천300억 원의 비용을 절감할 수 있다고 발표.

장악할 수 없는 독창적인 '온리원 서비스'를 시장에 내놓아야 한다. 그리고 바로 여기에 부동산 스타트업 비즈니스에 뛰어들 기회가 있다. 유일한 것일 때 작은 것은 강하다. 또한 필요한 것은 '정보의 독창성'이다. 현재 온라인 부동산정보는 집을 구하는 사람들에게 1차 탐색을 위한 자료로 사용된다. 1차적으로 인터넷으로 매물 정보를 확인해 몇 군데 후보군을 정한 후, 2차로 현장 답사를 나가고, 3차로 공인중개사를 통해 계약을 체결하는 것이 일반적이다. 이에 따라 많은 지역 공인중개사들이 온라인 부동산에 매물 등록 수수료를 내며 고객을 유치하고 있다. 국내 온라인 부동산의 대부분은 이렇듯 매물 정보를 전시해주는 광고판에 지나지 않는다. 그러나 온라인에서 부동산 중개가 확고한 자생력을 얻기 위해 갖춰야 할 것은 '독자적인 자체 콘텐츠를 생산할 수 있는 능력'이다. 어차피 실질적인 계약 절차는 오프라인으로 밟아가는 것이 일반적이기 때문에, 온라인 부동산 중개서비스가 승부를 봐야하는 지점은 '정보의 차별성과 신뢰도' 부분이다. 이제는 광고할 자리만 마련해주는 것이 아니라 스스로 데이터를 분석하고, 정리하고, 먹기 좋게 유저에게 제공해줄 수 있어야 한다. '정보'라는 주제에 초점을 맞추어 독창적인 온라인 부동산 중개서비스로 거듭날 수 있어야 할 시점이다.

자료: 삼성경제연구소(2013.10.17), 온라인 부동산, 온리원 전략으로 골리앗을 상대하라 정리.

# 부동산 중개 인터넷마케팅

## SECTION 01 부동산 중개 인터넷마케팅의 의의

## 1. 부동산 중개 인터넷마케팅의 개념

부동산 중개업은 종전에는 연령과 성별의 제한 없이 진입할 수 있는 업종으로 인식되어 비교적 짧은 기간에 다수가 중개업에 진입하여 운영중이나 대부분 소규모 개인사업자 위주로 형성되어 있어 영세성을 벗어나지 못하고 있는 실정이다. 특히 외한위기와 금융위기라는 커다란 국내·외 사회적 변화를 거치면서 다수의 기업들이 생존의 기로에서 구조조정의 과정을 거치게 되었다. 이러한 과정에서 퇴직자 중 많은 인원이 대거 중개업으로 진출하게 되었다. 이들의 상당인원은 전직의 각자분야에서 높은 수준의 전문성 있는 업무를 수행한 경험이 있으며 대부분은 중개업 경영과 마케팅에 대한 경험과 전문지식이 부족한 상태로서 단순 중개방식을 탈피하지 못하고 있으며, 중개업의 마케팅도 과거의 근대적인 방식에서 크게 발전하지 못하고 있는 상태라고 할 수 있다.

지능정보화시대에서는 과거 산업사회에서 정보화사회로 전환되면서 나타나는 변화의 크기 이상으로 국가 또는 사회 그리고 개인의 일상생활에 이르기까지 커다란 변화가 일어나고 있다. 따라서 지능정보화시대에서 부동산 중개업은 인터넷마케팅을 얼마나 효율적으로 하느냐에 따라 중개업의 매출에 극명한 양극화가 발생할 것으로 예상된다. 스마트시대는 과거의 산업사회, 정보화사회와는 다르게 언제 어디서나 정확하고 빠른 정보검색을 통한 빠른 의사결정을 할 수 있기 때문이다.

일반적으로 부동산 중개 인터넷마케팅은 중개사와 고객간에 양방향 커뮤니케이션의 기반을 유·무선인터넷을 이용하여 네트워크를 구축하고 이를 바탕으로 마케팅활동을 하는 것을 말한다. 즉 인터넷이라는 매체를 통하여 고객의 필요와 욕구를 충족시켜 주는 부동산 매물 거래를 계획하고 실행·활동하는 것을 의미한다.

마케팅(Marketing)은 넓은 의미에서 보면 인터넷마케팅과 전통적인 마케팅으로 구분할 수 있다. 엄밀히 말하면 두가지 모두 고객만족과 경쟁력 확보라는 목표에는 큰 차이는 없으나, 단지 인터넷이란 도구를 중심으로 이루어진다는 차이가 있다.

그러나 인터넷마케팅은 기존의 마케팅과는 달리 공간적·시간적 제한을 극복할 수 있으며 표적집단에 대한 접근이 용이하고 홍보비가 저렴하며 광고에 대한 효과측정이 용이하다는 장점으로 인하여 부동산 중개 마케팅 도구로 널리 활용되고 있다.

## 2. 부동산 중개 인터넷마케팅의 특성

부동산 중개업의 인터넷마케팅은 전통적인 마케팅과는 다른 다음과 같이 구분되는 특성으로 인하여 홍보 및 정보전달 수단으로 널리 활용되고 있다.

첫째, 중개사와 고객간에 양방향에 의한 의사소통이 가능하여 중개서비스의 만족도를 극대화 할 수 있다. 신문 방송 등 기존 매체는 일방적으로 불특정 다수에게 정보를 제공하는 반면, 중개업의 인터넷마케팅은 노출된 인터넷 광고를 통하여 직접 상품이나 서비스를 체험해 볼 수 있으며 설문참여와 회원가입 등을 통해 피드백이 가능하기에 더욱 능동적으로 만족도를 충족시킬 수 있다.

둘째, 필요한 요소와 대상을 선별하여 전략적으로 광고재원을 선택적으로 투입할 수 있다. 부동산유형별, 성별, 연령, 관심분야 등을 세분화하여 주 사용층을 대상으로 타깃마케팅이 가능하므로 경제성과 효율성을 기할 수 있다. 예컨대 연령에 따라 20~30연령대는 원룸, 투룸 등 임대, 40~50세 연령대는 중·소형주택 전세 또는 매매, 60~70연령대는 오피스텔, 주택, 상가 등 수익형부동산 또는 중대형 주택 매매, 토지 등 투자매물을 주 대상 부동산으로 이에 맞추어 마케팅이 이루어질 수 있다.

셋째, 인터넷마케팅은 다른 매체와는 달리 마케팅 효과 측정이 가능하다. 인터넷상의 조회를 통하여 연령, 성별, 지역별 등 고객의 유형에 따라 얼마나 조회를 하는지를 측정할 수 있어, 참여한 고객을 분석하여 적절한 마케팅전략을 수립하여 효과적인 마케팅을 할 수 있다.

넷째, 인터넷마케팅은 홍보내용의 수정, 보완이 요구될 시 게재된 서버에 수시로 접속하여 해당 데이터를 수정·보완하거나 업데이트를 용이하게 할 수 있다.

다섯째, 인터넷마케팅은 소비자의 구매행동을 즉각적으로 유도할 수 있다.

## 1. 중개 키워드마케팅

키워드마케팅(Keyword Marketing)이란 부동산 중개업소에서 포털검색사이트의 특정 키워드를 구매하여 등록하면, 네티즌들이 해당 키워드가 포함된 검색어로 검색할 경우, 그 검색 결과 부동산 중개업소의 홈페이지 주소를 노출하게 되는 인터넷마케팅의 한 형태이다. 특정지역이나 종류별로 부동산에 관심을 가진 구매 예정자 위주로 부동산 중개 홈페이지를 노출하여 정보제공을 통한 홍보를 할 수 있기 때문에 타깃팅화되어 홍보 효과를 극대화할 수 있고, 해당 중개업소의 홈페이지 방문수와 회원가입 인원을 늘릴 수 있다.

키워드마케팅은 불특정 다수를 상대로 하는 기존의 매체광고나 배너(Banner)광고와는 다르게 특정 검색어에 대한 검색 결과에만 노출되는 광고로서, 즉 관심 있는 네티즌에게만 노출됨으로써 경제성(홍보비용)과 효과성(홍보효과)을 극대화하며, 전문 포털사이트를 통한 마켓 선점효과, 다양한 활용성 등으로 인해 효율적이라는 평가를 받고 있다.

키워드광고는 2000년대 말부터 닷컴 업체들이 수익모델 부재로 위기를 맞고 있는 상황에서 새로운 돌파구를 마련하기 위해 나온 기법으로, 국내에서는 최근 네이버, 다음, 구글, 등 대다수의 검색 및 커뮤니티 포털 업체들이 채택하고 있으며, 전체 광고에서 차지하는 비중도 갈수록 늘어가고 있다.

특히 키워드마케팅의 인지도가 확산되면서 최근에는 기존 부동산 중개사무소를 설명하는 키워드 광고에서 빌라, 아파트, 상가, 지역명이 포함된 부동산종류별로 타깃팅화된 키워드를 등록하는 업체들이 늘고 있다. 일반적이고 광범위한 키워드의 경우에는 경쟁이 심해 고가의 비용 지출이 되는 반면, 구체적인 타깃층이나 지역 등에 초점을 맞춘 키워드의 경우는 보다 저렴한 비용 지출로 훨씬 배가된 효과를 볼 수 있어 경제성 있는 홍보를 할 수 있다.

또한 다른 의미의 마케팅은 공인중개사들이 매물홍보를 하기 위해 중개 홈페이지, 중개 블로그 및 카페 등에 포스팅작업(글쓰기)을 할 때 글의 제목과 본문, 태그(tag)에 사용하는 단어를 의미하기도 한다. 인터넷상에서 네티즌이 부동산정보를 검색하고자 할 때 관련된 단어를 포털사이트 검색창에 입력하여 검색하게 되는데 중개사는 포스팅을 하는 경우 제목과 본문, 태그(Tag)에 이 단어와 일치하는 단어(키워드)를 사용하여 키워드를 일치시켜 포스팅한 글을 통한 중개 홈페이지, 중개 블로그, 중개 카페 노출을 극대화할 수 있다.

## 2. 중개 포털사이트마케팅

웹사이트의 한 유형이라고 할 수 있는 인터넷 포털사이트는 인터넷과 웹 사이트의 발전에 따라 비약적으로 발전하고 있다.

인터넷 포털사이트는 인터넷 검색을 위해서 처음 브라우저를 설치하고 작동시키면 자동으로 마이크로소프트사의 인터넷 익스플로러 사이트 등에 처음으로 연결되는 사이트[1]이며, 사전적으로 집의 현관이나 정문, 다리 또는 터널의 입구를 가리키는 말로서 인터넷에서는 많은 이용자가 웹 브라우저를 클릭하여 처음 접속해 시작하는 사이트를 지칭한다[2].

포털사이트마케팅은 포털사이트를 인터넷 활용의 관문역할을 하는 서비스로서 사용자 트래픽(User Traffic)을 기반으로 수익을 창출하는 서비스라고 정의하고 있다[3].

인터넷 포털사이트는 점차 진화하여 기존의 정의를 넘어서서 인터넷에 접속하거나 정보를 검색하는 기능 외에 이른바 원스톱(One Stop) 서비스를 대행해 주는 의미로 변모하고 있다. 원스톱 서비스는 '고객에게 정보, 제품, 서비스를 통합적으로 제공한다.'는 마케팅 관련용어로서, 인터넷 사이트에서는 접속 및 검색 기능은 물론 쇼핑, 채팅, E-mail 등의 서비스를 이용자에게 통합적으로 제공하는 것을 말한다.

포털사이트는 목적지로 이동하기 위한 관문의 기능과 함께 모든 기능과 서비스를 제공하는 초대형 사이트인 토털(Total) 개념의 사이트로 그 의미가 확장되고 있다[4].

---

1) 이계평(1999), "인터넷 핫이슈, 포털서비스", LG주간경제, 506·7호, pp.42~47.

2) Calson, D(1999). The World of New Media: Media Giants Creative Web Gateways. American Journalism Review. Vol. 21, No. 7, pp.79.

3) 문주영(2001), 「정보통신산업동향」, pp.9~24.

포털사이트가 갖추어야 할 두 가지 특성은 첫째, 이용자를 유인할 수 있는 서비스를 다양하게 제공하기 위하여 다양한 콘텐츠(Contents)를 보유해야 한다. 둘째, 다른 사이트로의 연결기능 이외에 일반적인 인터넷 기업과 같이 확보된 많은 이용자를 바탕으로 수익실현을 위한 비스니스 모델을 가지고 있어야 한다[5].

부동산 포털사이트가 갖춰야 할 기본 서비스로서 첫째, 관련 부동산정보(전자사전을 비롯한 주제별 관련 소스) 확보이며, 둘째, 디렉터리(주제별 관련 혹은 다른 사이트) 연계, 셋째, 커뮤니케이션 채널(채팅룸, 게시판, 인스턴트 메시지), 넷째, 뉴스(헤드라인 기사부터 검색 가능한 데이터베이스), 다섯째, 전자상거래(B2B, B2C) 등을 들고 있다[6]. 포털사이트의 발전과정에 대해서는, 단계별로 제1단계를 전자우편, 검색, 상품정보 혹은 뉴스를 제공하는 등의 기본서비스를 제공하는 단계, 제2단계를 기본서비스 외에 분류정보와 자체적인 콘텐츠 서비스를 제공하는 단계, 제3단계를 커뮤니티 기반의 공동체형 종합 포털사이트로 구분하기도 한다.

포털사이트의 외 제1세대는 원하는 정보로의 빠른 이동이 목표로서 검색엔진이 강조되던 세대, 제2세대는 무료 이메일, 무료 홈페이지를 통해서 많은 회원을 확보하는 것이 목표였으며, 제3세대는 원하는 모든 정보를 하나의 사이트에서 제공하는 원스톱－올(One Stop All) 서비스 쪽으로 포지셔닝하는 시기로서, 욕구－반응(Ask－Respond) 모델에 근거한다. 제4세대는 소비자의 선택을 예측하고, 가능한 대안을 제시하는 결과적으로 나만의 웹사이트라는 생각을 갖도록 서비스하는 시기로서, 소비자들이 중간역으로 거쳐 가는 것이 아니라 소비자들이 마지막으로 놀다가는 종착역 사이트로서의 포지셔닝을 강조하는 세대라고 정의하고 있다.

소비자를 대상으로 한 인터넷 포털은 서비스와 플랫폼 영역이 넓어지고 있다. 초기에는 검색과 디렉터리 서비스를 통해 유선 인터넷 이용자를 다른 사이트로 안내하는 관문적인 역할을 수행했다. 이에 따라 수익원도 검색과 디렉터리 서비스를 이용하는 거대 이용자를 기반으로 한 인터넷 광고가 주를 이루었다. 그러나 인터넷 비즈니스 거품이 빠지면서 주된 광고주 기업들의 경영 악화와 인터넷 광고 효과 자체에 대한 회의론의 대두로 광고 외에 주요 수익원을 개발해야 했다. 이에 인터넷 포털 업체는 검색 및 디렉터리 서비스는 물론

---

4) 윤재석(1999), "인터넷 포털사이트(Portal Sites)의 경제적 특성에 관한 연구: 가치사슬의 변화와 가치 통합을 중심으로" 서강대학교 석사학위논문, pp.32~33.

5) 정경애·박승봉·한재민(2004), 인터넷 포털 기업의 발전과정에 관한 탐색적 연구: 수익화 관점에서, 「Information System Review」, Vol. 6, No. 2, pp.95~111.

6) O'Lary, M. (2002), Corporate Portals Post Dot Com. Online, Vol. 26, No. 2, pp.65~67.

커뮤니케이션 서비스(채팅, 이메일 등), 커뮤니티 서비스(동호회 등), 엔터테인먼트(온라인 게임, VOD, 스포츠 등) 및 정보형 콘텐츠(금융정보, 일반 뉴스), 온라인 쇼핑 등으로 서비스를 확대하였다. 다양화는 서비스에만 한정된 것이 아니라 플랫폼 영역으로도 나타나고 있다.

[그림 13-1] 네이버 포털 부동산 사이트 (예)

자료: www.new.land.naver.com

현재 포털 서비스의 플랫폼은 기존 PC 뿐만 아니라 스마트폰, 태블릿PC 등 이동통신 단말기로도 확대되어 유·무선 통합 서비스가 제공되고 있다. 또한 통신과 방송의 융합으로 스마트 TV로 영역이 확장되고 있다. 이러한 인터넷 포털 사이트에서 하나의 카테고리를 차지하고 있는 것이 '부동산' 카테고리이다. 국내의 대표적인 인터넷 포털 사이트인 네이버, 다음 등은 부동산 카테고리에서 부동산 중개업소가 매물정보 및 업소홍보 마케팅을 할 수 있도록 서비스를 제공하고 있으며, 앞서 언급한 키워드, 카페, 블로그와 함께 부동산 중개업 인터넷마케팅을 구현할 수 있도록 되어 있다.

## 3. 중개 홈페이지마케팅

네티즌(웹 사용자)에게 홈페이지는 웹 브라우저를 실행시켰을 때 나타나는 웹 페이지를 말한다. 반면 웹사이트 개발자의 입장에서 홈페이지는 사용자가 웹상에서 어떤 사이트를 선택했을 때 제일 먼저 보이는 웹 페이지를 말한다. 따라서 보통 웹 사이트의 주소는 홈페이지의 주소를 의미한다. 이 웹 사이트 주소를 도메인 네임이라고도 하며 한국에서는 한국인터넷정보센터에서 등록업무를 담당하고 있다. 이러한 도메인 네임은 그 자체로 상업적인 가치를 지니기 때문에 단순하고 의미가 있으며 기억하기 쉬운 도메인 네임을 선점하기 위한 경쟁이 치열하다.

홈페이지를 만들기 위해서는 홈페이지 저작도구와 저장 공간이 필요하다. 홈페이지 저작 프로그램으로는 나모 웹에디터, 마이크로소프트의 프론트페이지와 매크로미디어의 드림위버 등이 잘 알려져 있다. PC통신이나 IP업체들은 가입자에게 홈페이지 내용을 저장할 수 있는 공간을 제공한다.

부동산 중개업에서 홈페이지는 그 부동산 중개사가 인터넷을 통한 지역적 제한 없이 고객들과 교류할 수 있는 채널이며, 가상세계에 설치한 중개사무소이기도 하다. 따라서 부동산 중개사가 만들어 운영하는 홈페이지는 수많은 네티즌(Netizen)과 교감할 수 있는 대화의 장이며, 정보를 주고받을 수 있는 창구라 할 수 있다.

실제 부동산 중개 홈페이지는 대부분 중개사무소에서 홍보를 위해 만들어 운영할 정도로 보편화되어 있다. 중개사무소의 홈페이지에는 업소홍보, 매물정보, 부동산뉴스, 공지사항 등으로 구성되어 있으며, 인터넷이 보편화되기 이전의 고객들이 직접 중개사무소를 방문하여 발품을 팔아가며 힘들게 보았던 부동산정보를 컴퓨터와 인터넷이 되는 곳이면 어디에서든 클릭 몇 번만으로 중개사무소 홈페이지의 매물정보를 검색할 수 있게 되었다. 이러한 변화에 발맞추어 중개사무소에서도 각종 부동산의 사진과 동영상을 촬영하여 중개사무소 홈페이지에 게재하여, 가망 고객들이 중개사무소 홈페이지를 방문했을 때 계약확률을 조금이라도 높이기 위하여 중개를 위한 홈페이지를 구축하여 운영하고 있다.

중개업 홈페이지의 인터넷상 노출을 확대하기 위해서는 모든 포털사이트에 등록을 하여야 하며, 중개사무소 홈페이지 제작시에는 홈페이지의 특성을 나타내는 메타태그(Meta tag)를 하여 포털사이트의 검색엔진이 인식할 수 있도록 하여야 한다.


## 4. 부동산 중개의 소셜미디어마케팅

현대사회는 참여 · 공유 · 개방으로 대표되는 웹2.0시대이며, 또한 소셜미디어의 등장으로 우리 사회에 커다란 변화가 있는 스마트시대라고 한다.

위키피디아(Wikipedia)에서 소셜미디어란 사람들이 자기의 생각과 의견, 경험 등을 서로 공유하고 참여하기 위해 사용되는 온라인 틀과 미디어 플랫폼이라 하고 있다.

소셜미디어의 출현과정을 보면 처음에는 참여자간에 친구관계를 넓힐 목적으로 개설된 커뮤니티형 웹사이트에서 부터 시작되었으나, 참여자가 UCC(User Created Contents) 와 같이 콘텐츠를 직접 제작하여 공유하는 기능이 강화되면서 소셜미디어라는 개념으로 발전하게 된 것이다. 따라서 소셜미디어는 직접 콘텐츠를 생산하고 공유하면서 서로 대화하는 사용자들이 만들어가는 미디어라고 할 수 있다.

국내의 경우 한국인터넷진흥원의 2019년 인터넷 이용실태조사(2020.2)에 의하면 가구 인터넷 접속률은 99.7%(전년대비 0.2%p 증가)로 거의 모든 가구에서 인터넷을 접속하고, 접속 가구는 와이파이(100%), 모바일 인터넷(99.9%) 등 무선방식을 통해 주로 접속하는 것으로 나타났으며, 국민 인터넷이용률은 91.8%(0.3%p↑)로 소폭 상승한 것으로 나타났다.

또한 SNS 이용자는 주로 카카오스토리(71.1%), 페이스북(61.4%), 네이버밴드(42.1%), 네이버카페(11.1%), 네이버블로그(10.6%) 형태의 SNS를 이용하는 것으로 나타났다.

소셜미디어가 단기간에 확산되는 이유는 스마트폰과 같은 스마트기기 보급이 확산되면서 24시간 소통할 수 있는 네트워크 인터페이스 환경이 구축되었으며, 공유하는 콘텐츠를 소비함과 동시에 쉽게 직접 생산하는 프로슈머(Prosumer)로서 활동하고자 하는 욕구가 있기 때문이다. 또한 네트워크 안에서 자기표현 및 타인과 공감대를 형성하여 사회적 관계를 유지 발전하고자 하는 욕구가 증대되었기 때문이다.

소셜미디어는 참여 공개 대화 커뮤니티 연결이라는 5개의 특성을 키워드로 한다 (FK Ⅱ 조사연구팀, 2006). 소셜미디어는 이에 관심 있는 모든 사람들의 참여를 촉진하여 송·수신자의 구분이 불명확하게 되는 특성이 있다. 또한 모든 참여와 피드백이 공개되어 있어 정보공유를 촉진함으로서 콘텐츠 접근과 사용에 대한 장벽이 없으며, 대부분의 전통적인 매체와는 달리 양방향성을 기반으로 하는 대화적 특성, 참여자들로 커뮤니티를 구성하게 하고 공통의 관심사에 대해 대화를 하는 특성 그리고 다양한 미디어의 조합이나 링크를 통해 다른 사람들과 연결하는 특성이 있다.

소셜미디어 중 이용자가 가장 많은 SNS(Social Network Service)는 회원간 서로 친구를 소개하거나 사이트내에서 공통 관심사를 가진 사람과 친구가 되는 등 새로운 인간관계를 넓혀가는 것을 목적으로 개설된 커뮤니티형 인터넷 사이트이다. 대표적인 SNS로는 미국의 마이 스페이스(MySpace)와 페이스북(Facebook), 트위터(Tweeter)가 있으며, 국내에는 카카오톡, 미투 등이 있다.

스마트폰 등 모바일 기기의 급속한 보급으로 소셜미디어 또한 급속히 확산되고 이용자 수가 폭발적으로 증가함으로서 소셜미디어가 마케팅의 중요한 수단으로 활용되고 있다. 실제 많은 기업들의 마케팅 담당자들은 향후 소셜미디어의 사용을 더욱 늘릴 것이라고 말한 것과는 달리 과거와 같이 TV, 라디오, 지면 광고를 확대하겠다고 응답한 사람은 6%, 8%, 12%으로 나타났다. 기업들이 광고매체의 수단으로 선호하는 소셜미디어 도구는 페이스북, 트위터, 링크드인, 블로그, 유튜브 순으로 나타났다. 또한 기업들이 소셜미디어로부터 기대하는 효과는 브랜드 노출과 잠재고객 생성, 매출증대와 같은 마케팅 효과 그리고 고객과의 관계유지 및 강화이다.

## 1) 중개 블로그마케팅

### (1) 특성과 이용실태

블로그(Web+log ⇒ b+log ⇒ blog)는 자기의 생각과 느낌, 알리고 싶은 정보나 주장 등을 웹을 이용하여 올리고 저장하여 다른 이용자들과 공유할 수 있는 공간이다.

인터넷을 검색하다가 발견한 흥미로운 웹 페이지에 짧은 코멘트를 덧붙이는 것이 웹 로그의 전형적인 초기 형태로서 점차 대중화되면서 이를 블로그(Blog)라 하게 되었고, 점차 내용이나 성격 또한 무척 다양해지고 있다. 즉 블로그는 운영 목적과 취지 그리고 운영자의 개인적인 성향에 따라 다양한 형태로 나타난다.

블로그는 주제와 형식에 있어서도 다양하다. 주제는 사회 이슈에 대한 짧은 철학적인 명상과 논평을 포함하기도 하고, 운영자가 좋아하는 다른 사이트로 링크가 되기도 한다. 또한 일기장 형식으로 자기의 일상사를 올리는 사람도 있고, 사회·정치 문제에 대해 자신만의 입장을 밝히기도 하며, 포토 로그(Photo Log)라는 사진 자료를 모아 웹에 올리기도 한다. 그리고 문학, IT기술 등 다양한 특정 분야에 대한 정보까지 블로그를 통해 공유된다. 또한 뉴스나 사회문제, 새로운 기술이나 상품에 관한 소식을 담는 블로그가 있는가 하면, 소박한 일상을 글이나 사진으로 담아내는 블로그도 있다. 자신의 취미나 관심 분야에 대한 블로그를 만들기도 하고, 가족이나 친구들과의 커뮤니케이션을 목적으로 블로그를 운영하기도 한다.

특히 부동산과 중개에 관한 전문지식을 업로드 함으로서 중개사에 대한 전문성을 인식시켜 중개홍보를 할 수 있는 도구로 활용된다.

블로그는 일반적으로 한 사람마다 하나(계정마다)의 블로그를 가입 및 설정할 수 있으며, 1인에 의해 자신의 글을 올리고 관리하지만, 많은 사람들이 볼 수 있고 의견을 나눌 수 있는 1인 미디어 공간이다. 블로그는 일기나 감상의 기록, 자유로운 자아 표출이 가능한 공간일 뿐만 아니라 답글, 방명록, 쪽지, 이메일 등의 기능을 통해 블로거와 방문자간의 원활한 의사소통과 친목 도모가 가능하다. 방문자와 일대일 커뮤니케이션이 가능한 반면에 네트워크 확장성을 통해 다른 블로그와 연결되어 확산될 수 있다.

현재 국내 포털사이트 이용자들의 60%가 블로그를 소유하고 있고, 일주일에 1~2시간을 블로그를 운용하는 데 소비하고 있으며, 블로그의 콘텐츠 신뢰도는 85%로서 대체적으로 신뢰하는 것으로 조사된다. 광고 매체로서 부동산 중개 블로그의 특성을 살펴보면 다음과 같이 몇 가지로 요약할 수 있다.

첫째, 정보의 투명성과 신뢰성이다. 부동산 중개 블로그에서 제공되는 정보는 공개되며, 게시글을 포스팅한 사람이 누구인지도 공개된다. 또한 이용자가 필요로 하는 전문적 정보를 제공하기 때문에 이용자들의 메시지에 대한 관여도가 높고 인위적인 조작이 가해지지 않아 참여자의 생생한 목소리를 그대로 전달한다는 장점으로 인하여 신뢰성이 크다. 특히 파워블로거처럼 전문적이고 정보력 있는 블로거들이 올리는 블로그는 다른 정보보다 신뢰성이 높다. 이러한 특성으로 인하여 고객들은 홈페이지보다 블로그의 정보를 더 신뢰하게 되어 광고주의 입장만을 전달하는 홈페이지와 달리 부동산 중개사 자신의 블로그에 양질의 콘텐츠를 등록하여 정보를 제공하면서 홍보를 할 경우에 그 효과가 크다.

둘째, 네트워크의 확장성이다. 일반적으로 블로그는 트랙백(Track Back), 태그(Tag), 퍼머링크(Permanent Link), 그리고 RSS(Really Simple Syndication) 및 SNS와 같은 이용자들이 이용하기 편리한 네트워크 인터페이스를 제공해 다른 부동산 중개 블로그와 서로 네트워크를 형성할 수 있는 기능을 제공한다.

이러한 네트워크 인터페이스를 이용하는 부동산 중개 블로그들은 다른 부동산 중개 블로그와 연결하여 커뮤니티를 형성할 수 있으며, 일 대 일, 일 대 다수, 다수 대 다수의 커뮤니케이션을 할 수 있으며, 또한 네이버(NAVER), 다음(DAUM)에는 일촌, 이웃, 친구라고 불리는 기능을 설정해 자신과 비슷한 취미나 관심 분야를 갖고 있는 사람들끼리 서로 네트워크를 형성할 수 있는 기능도 제공하고 있다. 부동산 중개 블로그는 이러한 기능들을 이용하여 다른 부동산 중개 블로그와 관계를 형성하게 되고 상대 블로그의 업데이트나 나의 글에 대한 상대방 블로거의 반응을 실시간으로 알 수 있게 된다. 이와 같이 블로거들은 이러한 블로그의 네트워크 기능을 통해 그들의 일상 속으로 들어가게 되고, 다양한 소식들을 주고받음으로서 관계를 확장하고 기존에 형성되었던 친밀한 관계를 더욱 강화할 수 있다.

셋째, 상호작용성(Interaction)이다. 부동산 중개 블로그에서 제공되는 서비스 중에 조회하기, 답글 남기기, 스크랩하기, 엮인글 달기, 그리고 공감하기와 같은 블로그 내의 상호작용적 기능들을 이용하여 중개사와 방문자 혹은 방문자간에 사회적 관계 맺기나 사회적 연결망을 형성할 수 있다.

예를 들어 중개사가 자신의 부동산 중개 블로그에 게시글을 작성하면 다른 이용자는 이 게시글에 대하여 조회를 하거나, 답글을 남기거나, 스크랩을 하거나, 엮인글 달기를 할 수 있다. 이러한 다양한 부동산 중개 블로그의 상호작용, 방문자 간의 특성으로 블로그는 사회적 연결망을 확립할 수 있으며, 이 과정에서 특정 부동산 중개 블로그는 연결망 내에서 중심적인 노드(Node)로 자리매김할 수 있고, 블로거 사이에 영향력을 행사할 수도 있다.

이러한 부동산 중개 마케팅에 활용할 수 있는 블로그의 세부 기능을 살펴보면 다음과 같다.

① 부동산 시장 동향에 대한 정보를 수록할 수 있다.
② 부동산 자료 관리가 가능하다.
③ 독자적인 자료 보관이 가능하고, 저장된 파일을 이메일로 보낼 수 있다.
④ 일반 커뮤니티의 게시판과 달리 콘텐츠 중심으로 구성되어 있어 더 많은 커뮤니티 기능을 할 수 있다.
⑤ 자신이 작성한 콘텐츠를 중심으로 한 동조자가 생겨 광범위한 커뮤니티를 형성할 수 있고, 남이 만든 블로그에 가입할 수도 있다.
⑥ 채팅이 가능하며, 특히 채팅한 내용들이 날짜별로 블로그 페이지에 기록된다.
⑦ 웹 브라우저 상에서 실시간으로 콘텐츠의 내용을 볼 수 있다.
⑧ 블로그의 통계분석기능을 통해 방문자의 성향을 분석하여 마케팅 전략에 참고할 수 있다.

## (2) 부동산 중개 블로그마케팅 유형

부동산 중개 블로그는 중개매물에 대한 노출 뿐만 아니라 고객 정보수집, 입소문 마케팅, 브랜드커뮤니티 형성, 고객관리 및 이미지 홍보를 위한 통합적 마케팅 커뮤니케이션 채널로서 활용되고 있다. 부동산 중개 블로그는 고객들 간의 자발적 여론 형성,

다양한 네트워크 확장성과 기능들을 이용한 빠른 입소문, 그리고 부동산정보에 대한 신뢰성과 친밀감 등의 특성을 가지고 있다. 따라서 중개 홈페이지와 달리 중개사 자신의 부동산 중개 블로그에 양질의 콘텐츠를 등록하여 정보를 제공하면서 홍보할 경우에 그 효과가 크다. 또한 부동산 중개 블로그는 중개서비스에 대한 고객들의 리뷰 등을 통하여 이용자들의 관심이나, 욕구, 문제점, 그리고 취향 등을 파악할 수 있는 공간으로서 활용할 수도 있다.

이러한 이유로 부동산 중개 블로그를 마케팅의 도구로 사용하는 중개사들이 증가하고 있다.

블로그의 광고 및 마케팅 유형은 이용 방법에 따라 플랫폼형, 체험마케팅형, 기업 블로그형, 제품 블로그형, 리뷰마케팅형, 그리고 위장 블로그형 광고 등 6가지 유형으로 구분하기도 한다(김위근·이강형·이동훈, 2010). 부동산 중개 블로그의 경우는 이중 체험마케팅형, 부동산 중개 블로그형, 중개 매물별 블로그형, 리뷰마케팅형, 그리고 위장 부동산 중개 블로그형 등으로 구분할 수 있다.

첫째, 체험마케팅형으로서 일반 블로거를 모집하여 중개사가 제공한 블로그 혹은 블로거 자신의 블로그에 중개서비스와 관련된 글을 게재하여 확산을 유도하는 방법이다. 이 방법은 중개사가 바이럴(Viral) 차원에서 중개서비스를 제공받고 난 후 이용 후기를 블로그를 통해 올려줄 소비자를 체험단 형태로 모집하여 활용하는 형태이다. 이 방법은 블로그를 마케팅 수단으로 활용하는 대부분의 중개사들이 사용하는 방식으로 고객 체험단을 직접 모집하는 경우도 있지만, 메타블로그와 블로그 포털과 같은 블로그 체험단 에이전시를 통해 모집하는 경우도 있다.

둘째, 부동산 중개 블로그형으로서 부동산 중개소 이름의 블로그를 오픈하여 중개사가 각종 마케팅 활동을 직접 수행하는 경우이다. 이 방법은 중개사가 직접 블로그를 운영함으로 관리가 쉽다는 장점이 있는 반면에 이용자들의 방문을 유도하기가 쉽지 않다는 단점이 있다.

셋째, 중개 매물별 블로그형으로서 기업이 제품 혹은 서비스 유형별로 다수의 블로그를 운영하는 형태이다. 이 방법은 기업 블로그형과 마찬가지로 중개사가 직접 매물과 관련된 글을 작성하여 관리한다는 점에서 적극적인 마케팅이 가능하나, 중개사가 올린 게시글에 대해서 소비자가 의문을 제기할 수 있으며, 방문자를 끌어들이는 것도 쉽지 않다. 이러한 단점을 극복하기 위하여 분야별로 잘 알려지고, 활동이 활발한 파워블로거를 선정하여 연결함으로서 조회 수와 방문자 수를 높이고 있다.

넷째, 리뷰마케팅형으로 파워블로거를 섭외하여 일정한 대가를 지불하고 제품의 리뷰(혹은 사용 후기)를 작성, 해당 블로그에 올려 홍보를 유도하는 방법이다. 파워블로거들로 하여금 자신의 블로그에 다른 블로거들의 글을 묶음 형식으로 제공한다든지 자사의 제품 및 서비스에 대해 언급하고 있는 블로거들의 글을 기업블로그에 올리는 방식을 활용하기도 한다.

이러한 방법은 파워블로거의 전문성과 신뢰성을 활용하여 제품의 특징을 빠르게 전달할 수 있으며, 투자비용 대비 높은 효과를 기대할 수 있는 마케팅의 효과를 배가시킬 수 있다.

특히 파워블로거가 오피니언 리더로서 역할을 수행하면서 블로거 간의 의사소통을 통해 광고에 대한 거부감을 줄이고, 입소문 효과를 기대할 수 있다. 다만 파워블로거를 이용하여 블로그 콘텐츠를 생성할 때 자연스럽게 이용자의 감성을 자극하면서 공감을 이끌어낼 수 있어야 한다.

다섯째, 위장블로그형으로서 중개사가 일반인으로 가장하여 다수의 부동산 중개 블로그를 만든 뒤 중개서비스에 대한 리뷰를 모아 이 블로그에 올려 확산 시키는 유형이다. 이 방법은 소비자가 포털의 검색 엔진을 통해 해당 서비스나 제품군을 검색할 때 포털 검색 엔진의 상위에 랭크될 가능성을 높이기 위해 인위적으로 위장블로그를 만들어 활용하는 방법이다. 그러나 검색 랭킹을 인위적으로 조작한다는 점에서 정보의 자율성을 왜곡시키는 가장 바람직하지 않은 방법이다.

## 2) 중개 카페마케팅

네이버, 야후, 구글 등의 포털사이트에서 서비스하고 있는 인터넷 카페(Internet Cafe)는 보통 회원제로 운영되는 사회관계망(SNS)형성의 한 종류이다.

국내에서 카페는 1999년 다음(www.daum.net)이 처음으로 운영하였으며, 그 이후 여러 포털사이트에서 개설 서비스를 제공하고 있다. 카페는 누구나 쉽게 만들어 운영할 수 있으며, 회원 관리와 통계분석 등 여러 가지 기능이 있다.

인터넷 카페는 주로 회원들 간 커뮤니티(Community)를 위해 만들어지며, 카페운영진과 회원들의 의사소통과 정보공유가 이루어진다.

부동산 중개 카페는 부동산정보, 재테크 정보, 유망 창업정보, 해외 수출관련 정보 등 유익한 정보들을 카페 운영자 및 회원들이 공유하며 멤버들 간 공고한 커뮤니케이션을 바탕으로 그 영향력을 키워감으로서 회원수 몇 십만 명인 카페 운영자는 웬만한 중소기업의 인지도보다 더 높을 정도이다.

그렇다면 이런 부동산 커뮤니티를 운영하는 사람은 누구이고 회원이 되는 사람들은 어떤 사람들일까? 이들 대부분은 부동산에 관심이 있거나 종사하는 사람들이다. 운영진 중에서는 부동산 중개사를 포함한 부동산 종사자, 금융관련 종사자, 교수, 변호사, 세무사, 법무사, 감정평가사, 언론인 등 전문가부터 평범한 직장인까지 다양하며 상당한 정보력과 식견을 가진 사람이다.

부동산 중개 카페는 회원들 중에서도 실전 투자의 경험을 쌓은 경험자에서 초보자까지 다양하며 가장 활동이 왕성한 연령군은 30대 중초반이며 여성보다는 남성들의 참여도가 높은 편이다. 회원들의 직업은 부동산 관련 종사자가 가장 많으며 회사원, 주부, 자영업자, 공무원 순으로 나타났다. 관심분야는 역시 아파트가 가장 많았으며 재개발과 뉴타운, 상가, 경매의 순서다. 부동산 커뮤니티는 일반인들도 쉽게 참여할 수 있고 다양한 정보를 접할 수도 있으며 평소에 궁금한 사항을 질문을 통해서 답변을 구할 수도 있다. 온라인 커뮤니티의 경우 풍부한 정보의 습득은 가능하지만 부동산 투자에서 성공하기 위해서는 발품을 팔며 실제 경험을 쌓는 것도 중요하다.

온라인 커뮤니티가 방대한 경우 소모임이 결성되어 오프라인 지역모임이나 투자 스터디 그룹이 형성되는 경우도 많다. 투자금액이 소액인 경우 공동투자의 형태를 띠는 경우가 많은데 부작용의 가능성이 있어 신중을 기할 필요가 있다. 운영진의 일방적인 운영보다는 회원의 참여를 유도함으로서 친목도 도모하고 다양한 정보의 교류가 필요하다.

인터넷 카페를 부동산 중개업의 마케팅에 활용하는 유형으로는 부동산 중개 카페를 개설한 후 카페에 유용한 정보제공을 통해 회원을 확보하고 카페 내에서 중개업소와 중개매물의 홍보를 통해 고객과 접촉을 유도하는 것이다. 중개업의 홍보를 위해 다음이나 네이버 등 포털사이트에 카페를 개설함으로서 관련 부동산과 연관 있는 전국 또는 해외에 이르기까지 지역적 확장과 회원을 확보할 수 있다. 부동산 중개 카페는 블로그와 비교했을 때 회원가입을 통한 커뮤니티가 이루어지기 때문에 중개 블로그보다는 적은 수이지만 같은 회원 간의 유대성 등을 고려하면 그 충성도는 블로그 방문자보다는 높다고 할 수 있다.

**▌〈표 13-1〉 카페와 블로그의 차이점**

| 카페 | 블로그 |
|---|---|
| 커뮤니티 | 1인 개인 미디어 |
| • 회원간 긴밀한 커뮤니티 가능<br>• 진성회원(고객) 확보 가능<br>• 회원 가입절차 필요<br>• 회원모집과 활성화 어려움 | • 카페에 비해 커뮤니티 미흡<br>• 회원 구분 없이 자유로운 교류 가능<br>• 회원 가입절차 불필요<br>• 개방된 매체로 확산성이 우수 |

## 3) 트위터

### (1) 특성과 이용실태

트위터는 사용자들이 '트위츠(Tweets)'라고 불리는 최대 140자의 단문 메시지를 보내고 읽을 수 있는 무료의 소셜네트워크서비스(Social Network Service) 혹은 마이크로 블로깅 서비스(Micro-Blogging Service)이다.

트위터는 2006년에 만들어진 소셜네트워킹 및 마이크로 블로그 서비스로서 수많은 소셜미디어 중에서 광고 매체로서 가장 큰 주목을 받고 있으며, 블로그와 페이스북에 이어 가장 대표적인 3대 소셜미디어 중의 하나로 자리매김하고 있다.

트위터는 실시간 간단히 글을 올릴 수 있어, 이는 대중이 짧은 글에 부담을 덜 느끼며 그것에 익숙한 소비자에게 적합한 서비스이다. 소셜미디어를 활용한 광고의 가장 일반적인 형태는 트위터 계정을 만들고 운영하여 광고마케팅의 장으로 활용하는 것이다. 기업들은 트위터를 통하여 기업이나 신제품 정보를 팔로워들에게 제공하고, 또한 각종 프로모션 정보나 기회를 제공한다.

트위터가 온라인마케팅의 도구로서 성공한 가장 큰 이유는 실시간성, 신속한 전달력, 정보의 공개성, 비대칭적 자유성, 그리고 친숙성 때문이다(이강호, 2011).

트위터는 부동산 중개 마케팅 도구로서 그 특성을 살펴보면 다음과 같다.

첫째, 부동산 중개 매물의 광고매체로서 트위터의 가장 큰 장점인 실시간성(Real-Time)이다. 트위터는 중개사들이 자신이 부동산 중개 매물에 대한 정보가 실시간으로 전달되고 타임라인 상에서 공유된다. 게시된 정보(트윗)는 즉석에서 데이터베이스에 보관되어 트위터의 오른쪽 메뉴에 있는 검색란에서 검색할 수 있게 되며 검색의 결과는 트위터의 타임라인과 같이 최신 결과부터 순서대로 나열된다. 따라서 트위터 검색기능은 부동산정보와 관련된 이용자의 가장 최신 반응(예 사용 후기)을 실시간으로 파악할 수 있기 때문에 부동산 매물 정보에 따른 고객의 반응 조사에 효과적으로 활용할 수 있다. 따라서 트위터의 검색기능은 구글의 검색기능보다 마케팅적 가치가 더 높다고 할 수 있다.

둘째, 신속한 전달력이다. 트위터는 사람들이 실시간으로 정보를 발신하면서 화제로 삼고 싶어하는 가치 있는 정보를 급속하게 확산하는 경향이 있다.

트위터의 신속한 전달력을 강력하게 보완한 것이 해시태그(#)[7]와 리트윗 기능이다.

셋째, 정보의 공개성이다. 트위터에서 제공된 부동산정보 또는 중개매물 정보는 실시간으로 모든 이용자들에게 공개되며, 게시글을 포스팅한 사람이 누구인지도 공개된다. 이러한 특성으로 인하여 소비자들은 중개 홈페이지보다 트위터의 정보를 더 신뢰하는 것이다. 또한 트위터는 사용자의 트윗이나, 답글(reply)을 표시하는 기능, 누가 누구를 팔로우하고 있는가를 확인하는 기능 등 트위터를 사용할 때 필요한 기능들을 API(Application Programming Interface)라는 형태로 외부 개발자들에게 공개하고 있다.

넷째, 비대칭적 자유성이다. 블로그 및 싸이월드의 일촌 맺기와 같은 기존의 SNS는 반드시 상대방의 승인을 필요로 하는 대칭적 관계 하에서 정보를 열람하게 한다.

즉, 실세계의 인간관계에 구속되어 네트워크상에서 자유롭게 서로 연결하는 분위기를 저해하고 폐쇄적 분위기를 조장한다. 그러나 트위터의 팔로워 기능은 다른 사용자의 트윗을 자신의 타임라인에 자유롭게 표시하도록 하는 비대칭적 관계성을 기반으로 한다. 트위터는 기존의 SNS처럼 현실세계의 인간관계를 의식할 필요가 없으며 자유롭게 정보를 수집하고 전달할 수 있다. 따라서 누구의 트윗을 자신의 타임라인에 표시하는 결정권은 오로지 자신의 자유로운 의사에 달려있다.

다섯째, 친숙성이다. 트위터는 친숙한 특성으로 인해 기존 고객과의 관계를 더 강화시키고 잠재 고객과의 관계를 구축할 수 있는 잠재력이 큰 채널이다. 중개사가 고객과 진정한 대화를 나누고 진심으로 배려한다는 진정성을 가지고 트위터를 활용한다면 고객이 먼저 다가올 것이고 이는 고객 관계를 공고히 할 수 있는 유용한 도구가 될 수 있을 것이다. 따라서 중개사는 트위터를 활용하여 그 동안 미진하였던 고객과의 관계를 공고히 구축하는 수단으로 활용할 수 있다.

## (2) 부동산 중개 트위터 활용

부동산 중개 매물의 광고매체로서 트위터의 활용은 다음의 몇 가지로 요약할 수 있다.

---

7) 트위터에서 '#특정단어' 형식으로, 특정 단어에 대한 글이라는 것을 표현하는 기능

첫째, 중개사는 트위터를 소비자 조사에 활용할 수 있다.

중개사는 트위터의 검색 기능을 이용하여 중개매물이나 중개서비스에 대한 고객들의 의견을 실시간으로 조사하고, 고객의 소리를 청취하고, 고객의 의견을 경영과 서비스 개선에 반영할 수 있다. Trendrr(http//trendrr.com)이나 TweetVolumn(http//tweet-volume.com) 같은 서비스를 이용하여 자기 회사의 상품 및 서비스가 트위터에서 어느 정도 거론이 되는가를 그래프로 볼 수 있으며, 설문조사를 통하여 트위터 상의 고객의 소리를 직접 청취할 수 있다.

둘째, 중개사는 트위터를 고객관계 관리에 활용할 수 있다. 트위터에서는 다이렉트 메시지나 공개 모드로 설정하여 관련자료나 정보가 모든 고객에게 공유가 되어 고객의 불만을 효율적으로 해결할 수 있다.

셋째, 중개사는 트위터를 활용하여 중개사와 사무실 홍보 혹은 이미지 제고에 활용할 수 있으며, 트위터를 통하여 팔로워를 늘림으로서 브랜드 홍보 효과를 극대화할 수 있다. 트위터 이용자들이 직접 관심 글로 수집해 두었다는 것은 중개사가 전달하는 메시지에 단순 노출되는 것을 넘어 중개사가 트윗하는 메시지에 소비자의 적극적인 반응을 뜻한다.

## 4) 페이스북

### (1) 특성과 이용실태

페이스북은 소셜네트워킹서비스(SNS)의 일종으로서 이용자들 간의 네트워킹 형성과 정보의 공유를 목적으로 한다. 페이스북에 부동산정보에 대한 텍스트나 사진 및 비디오의 기능을 이용하여 글을 올릴 수 있고 이를 친구로 등록한 사람에게 전달할 수도 있다. 또한 이용자들 간의 네트워킹 형성과 정보의 공유를 목적으로 네트워크를 형성하여 콘텐츠를 공유할 수 있다는 점에서는 긍정적이지만 이용자들의 입장에서는 자신들이 원하는 사람만 등록할 수 있다는 점은 제한적이다.

소셜미디어 통계전문 사이트인 소셜베이커스(http://socialbakers.com)에 따르면, 2017년 11월 기준으로 전 세계 페이스북 이용자 수는 19억 4천만 명을 조금 넘는 것으로 나타났다. 한국의 경우 2017년 5월 말을 기준으로 페이스북 이용자 수는 1,300만 명으로 한국의 이용자 규모로 나타났다. 페이스북은 전 세계적으로 순 방문자 규모가 지속적인 성장세를 보이고 있으나 영어권 국가에서 절대적인 호응을 보인 것과 달리 국내에서 확산은 크게 이루어지지 않고 있다.

## (2) 부동산 중개 페이스북 활용

페이스북을 이용하여 중개사가 중개매물을 광고할 수 있는 방법은 팬 페이지나 홍보 동영상 등을 통해 부동산 중개 매물에 관심을 가지는 팬을 확보해 나가는 방법이다.

중개사가 페이스북을 중개 매물의 광고 매체로 이용하는 대표적인 방법 중의 하나는 페이스북 내 '팬 페이지'를 구축하여 이를 통해 팬을 확보하고 관리하는 것이다. 특정 중개업소의 팬 페이지에 가입한 사람에게는 중개사가 제공하는 다양한 프로모션의 기회나 관련 정보가 제공되고, 팬 페이지에는 부동산 중개 매물 뿐만 아니라 관련된 다양한 정보에 대한 많은 이야기가 모이게 되며 내가 어느 팬 페이지에 가입하여 활동하는지 나의 친구들에게 자동으로 알려지게 되는 것이다.

## SECTION 03   부동산 중개의 성공적인 인터넷마케팅 활용

인터넷마케팅은 부동산 중개 마케팅에서 강력한 영향력을 발휘하고 있어 많은 중개사들이 이를 적극적으로 활용하고 있다. 따라서 인터넷마케팅에서 소셜미디어를 활용한 성공적인 중개 마케팅을 하기 위해서는 다음과 같은 몇 가지 사항을 유의해야 할 것이다.

첫째, 고객의 참여유도와 중개사간에 양방향 소통이 중요하다. 소셜미디어는 사람들이 자신의 생각이나 경험 관점들을 상호 참여하여 공유하는 개방된 온라인 툴과 미디어 플랫폼이다. 즉 참여를 통해 일종의 유기체처럼 성장하는 것이다. 특히 스마트기기의 확산으로 고객의 소셜미디어 참여가 더욱 용이해짐으로서 지속적인 고객과의 접촉유지를 통해 고객의 마음을 잡고 충성고객으로 만들어야 한다. 다시 말해 일회성 메시지를 전달하는 것에 그치지 않고 고객과의 지속적인 쌍방향 소통을 필요로 한다.

둘째, 형식적인 소셜미디어 개설이 아닌 실제 활용률을 높일 수 있도록 부동산에 관련된 소셜미디어를 관리하기 위한 노력을 하여야 한다. 고객의 의견을 듣고 불만사항이 입소문을 타고 확산되기 전에 적극적인 대처를 하여야 하며, 나아가 고객의 어려움과 필요를 사전에 포착하여 마케팅을 할 필요가 있다.

셋째, 메시지의 전달보다는 고객에게 재미(Fun)와 혜택(Benefit)을 줄 수 있어야 한다. 소셜미디어는 개개인이 자발적으로 참여하여 사회적 관계를 형성하는 소통의 공간이다. 여기에 노골적인 상업적 메시지가 노출되면 고객은 고개를 돌리고 더 이상 참여하지 않게 될 것이다. 따라서 고객의 관심을 끌고 지속적인 사회관계를 형성하고 유지할 수 있는 아이디어 개발이 중요하다. 즉 고객에게 재미와 감동을 줄 수 있는 혁신적인 이벤트 개발이 중요하다. 또한 고객에게 부동산의 관심분야에 관한 유용한 정보를 발굴 제공하여 실질적인 혜택을 줄 수 있도록 하여야 할 것이다.

넷째, 미디어의 통합적인 관리(Cross Media Strategy)가 필요하다. 매스미디어(Mass Media)와 통합적인 관점에서 소셜미디어를 활용함으로서 시너지 효과를 극대화 하여야 한다. 소셜미디어는 매스미디어와 대체관계가 아니라 상호보완관계이다. 매스미디어에서 얻은 정보를 바탕으로 소셜미디어를 활용하고 역으로 소셜미디어에서 얻은 정보를 매스미디어에서 활용하는 전략이 필요하다. 소셜미디어와 매스미디어를 포트폴리오화 하여 각각의 특성별로 목적과 상황에 따라 유연하게 활용할 필요가 있다. 메시지는 단일하게 유지하면서 미디어 특성을 감안해 다양한 형태로 전달하고 시간과 공간이 한정적인 매스미디어에서는 사실 위주의 간결한 메시지를 전달한다. 소셜미디어는 충분한 주변 정보를 제공하면서 다양한 소셜미디어를 관리함으로서 사용자 편의성과 확산효과를 제고함과 동시에 운영의 효율성도 추구해야 한다. 또한 블로그, 트위터, 유튜브 등을 서로 연동시켜 자유롭게 이동하며 사용할 수 있도록 사용자 환경을 개선하여 상호간 교차 트래픽을 유도할 필요가 있다.

다섯째, 개방된 SNS 플랫폼을 부동산 중개업에 접목하여야 한다. 위치기반서비스와 같은 개방된 SNS플랫폼을 부동산 중개업에 접목하여 차별화된 서비스 가치를 창출하고 고객의 욕구와 갈망을 비즈니스에 결합하여 다양한 수익의 원천을 발굴하려는 노력이 필요하다. 즉 마케팅 측면에서 소셜미디어＋스마트폰＋LBS의 조합을 통해 마케팅 컨버전스(Marketing Convergence)가 가능해졌다. 사생활 침해의 논란은 있지만 사용자 동의의 전제하에 중개사 입장에서 위치정보를 포함한 고객의 활동정보를 토대로 완전한 고객 프로필 관리(Customer Full Profiling)가 가능해졌다.

여섯째, 소셜미디어는 소규모 부동산 중개업에 더욱 유용할 수 있다. 자금부족, 인력부족, 마케팅 부족 등 3무(無)에 시달리는 부동산 중개사무소에 적합한 마케팅이다. 소셜미디어의 장점인 입소문 효과와 저비용에 맞춤화된 고객접근이 가능하기 때문에 이를 효율적으로 활용할 가치가 높은 것이다. 따라서 실제 소규모 중개사무소에서 소셜미디어를 기반으로 온라인과 오프라인을 연계한 협업 마케팅 프로그램이 활발하게 이루어지고 있다.

**TIP** 독창적인 부동산정보제공 서비스, 미국의 Trulia

　　미국 유명 온라인 부동산 사이트인 Trulia에서도 Local Info 코너를 통해 실생활과 관련된 부동산정보를 제공하고 있다. 맨션노트와 같은 리뷰 형식은 아니지만, 학교와의 인접성, 통근 시간, 자연재해 빈도수, 범죄율 등의 실질적인 정보를 지도 위에 인포그래픽화하여 보여준다. 범위는 유저가 직접 선택할 수 있다. 마치 기상안내도처럼 실생활에 관련된 지역 정보를 한눈에 볼 수 있어 유저 입장에서 매우 편리하다.

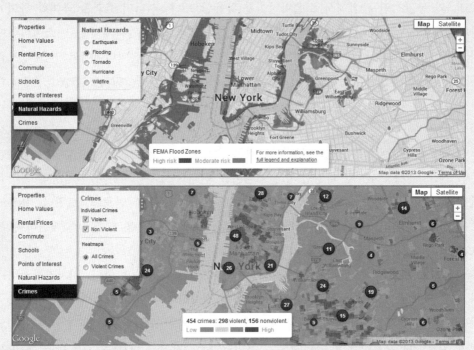

　　기존에도 댓글 형식을 통해 실생활에 관련된 리뷰 정보를 보여주는 서비스들이 존재하지 않느냐고 반문할 수 있다. 그러나 일본의 맨션노트와 함께 두 비즈니스 모델이 신선한 이유는 '신뢰할 수 있는 정보'를 '보기 좋은 방식'으로 편집한다는 점에 있다. '맨션노트'의 경우 리뷰와 스펙을 합산해 '랭킹' 형식으로 유저에게 제공했다. 자체적 알고리즘으로 매긴 점수와 합산하고 리뷰를 필터링하기 때문에 일정한 정보의 객관성을 담보한다. Trulia는 항목마다 지도 위에 색과 모양으로 표현된 '인포그래픽' 형식으로 정보를 전달한다. 지역에 대한 기업의 자체적인 조사로 신뢰도 높은 정보를 제공해준다. 둘 다 사용자 편의를 최우선으로 한 정보 전시 방식을 채택하고 있다. 이미 소비자는 시각화된 정보에 익숙하므로 표에 빼곡히 채워진 텍스트만으로는 만족하지 못한다. 따라서 조작되지 않은 '클린한 정보'들을 '어떻게 보여줄 것인가'는 향후 온라인 부동산 비즈니스에 뛰어들기 위해서 꼭 고민해보아야 할 사안이다.

자료: 삼성경제연구소(2013.10.17), "온라인 부동산, 온리원 전략으로 골리앗을 상대하라" 정리.

# 연/ 습/ 문/ 제

1. 스마트시대에서 중개업에 예상되는 변화에 대해 설명하시오.

2. 클라우드 컴퓨팅에 의한 중개업 수행에 대한 정의를 기술하시오.

3. 미국, 일본과 비교하여 부동산거래정보망에 대해 설명하시오.

4. 부동산정보망의 도입과정에 대해 설명하시오.

5. 부동산거래정보망의 기능과 이용효과를 설명하시오.

6. 부동산 중개 인터넷마케팅의 형태에 대해 기술하시오.

7. 부동산 중개의 성공적인 인터넷마케팅의 활용에 대해 기술하시오.

---

✅ 주요용어

스마트시대 부동산 중개업의 변화, 클라우드 컴퓨팅에 의한 중개업 수행, 부동산
거래정보망, MLS, REINS, 부동산 중개 인터넷마케팅, 키워드마케팅,
포털사이트마케팅, 홈페이지마케팅, 소셜미디어마케팅

# 부록

## 핵심용어 해설

부동산정보기술론

## ■ 태블릿 PC

- 태블릿 PC(Tablet PC)는 휴대형 PC 기능이 강조된 모바일 무선 통신기기로서 터치스크린을 주 입력장치로 탑재
  - 스마트폰보다 큰 스크린에 일반 메모지첩(Tablet)처럼 손이나 터치펜으로 쉽게 메모할 수 있도록 고안
  - 과거에는 컴퓨터 제조사들이 주로 태블릿 PC를 제조하였으나, 10년 애플의 iPad를 기점으로 휴대폰 제조사들도 태블릿 PC시장 진입

| 컴퓨터 제조사의 태블릿 PC | 휴대폰 제조사의 태블릿 PC |
|---|---|
| • 컴퓨터 OS 기반<br>• 12~15인치<br>• 유선인터넷, WiFi<br>• $1,500~$2,500 | • 핸드폰 OS 기반<br>• 9~10인치<br>• WiFi,3G(이동통신망)<br>• $499~799 |

- 휴대기기로 인터넷을 즐기는 환경이 구축됨에 따라 스마트폰의 화면 사이즈 제약(5인치미만)을 극복할 수 있는 태블릿 PC 시장 급성장

## ■ 스마트 TV

- 스마트 TV(Smart TV)는 운영체제 및 인터넷 접속 기능을 탑재하여 다양한 콘텐츠를 편리하게 이용할 수 있는 TV를 말하며 '인터넷 TV', '커넥티드 TV'로도 불림
  - 커넥티드 TV(Connected TV)는 인터넷 기반 서비스가 가능한 TV로서 직접 인터넷 망에 접속하여 인터넷에서 제공하는 다양한 서비스나 웹 검색도 가능

전통 TV와 스마트 TV의 비교

| 구분 | 전달방식 | 양방향 서비스 | 콘텐츠 | 애플리케이션 | 요금체계 | 예시 |
|---|---|---|---|---|---|---|
| 전통 TV | 방송전파 | 없음 | 지상파 방송사의 콘텐츠 | 없음 | 무료<br>(TV 시청료) | KBS/MBC /SBS |
| 스마트 TV | 인터넷망 | 있음 | 온/오프라인 상의 모든 콘텐츠 | 다수 | 유·무료 통합 | APPLE TV |

자료: LG경제연구원.

- 세계 최초의 스마트 TV는 '10년 7월 안드로이드 OS를 탑재한 '스마트로이'로 국내의 지피앤씨에서 생산

## ■ 평판 디스플레이

- 평판 디스플레이(Flat Panel Display)는 TV, 모니터, 휴대폰 등에 쓰이는 평평하고 얇으며 가벼운 디스플레이
  - 음극선관 때문에 두껍고 무거운 CRT(브라운관) TV나 모니터 시장을 대체하며 성장
  - LCD, PDP, AMOLED가 대표적이며, 우리나라 주요 수출 품목으로 세계 시장의 50% 이상을 차지

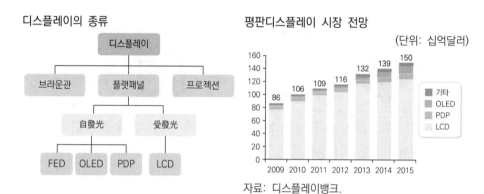

디스플레이의 종류

평판디스플레이 시장 전망

(단위: 십억달러)

자료: 디스플레이뱅크.

- 自發光, 휴대성, 다기능성, 실감영상을 강조하는 방향으로 기술이 발전하고 있으며, 최근 3D 기술 도입으로 TV와 휴대폰의 신시장 개척
  - LCD의 CRT 대체가 완료되어 감에 따라 차세대 디스플레이인 3D, OLED, 플렉서블 디스플레이 기술 선점 노력 필요

## ■ LED/LED TV

- LED(Light Emitting Diode, 발광다이오드)란 전류가 통하면 빛을 내는 반도체 소자로서 에너지 고효율, 장수명을 특징으로 한 친환경 조명으로 사용
  - 에너지 효율이란 전기 에너지를 빛 에너지로 변환하는 효율로서 고효율일수록 적은 소비전력으로 더 밝은 빛을 내는 것을 의미
- LED TV란 백라이트로 OCFL(형광등)이 아닌 LED를 사용하는 LCD TV로 OCFL BLU를 적용한 LCD TV 대비 얇고, 전력 소모가 낮으며, 더 밝은 특징을 가짐

- 엣지방식은 LCD 패널의 가장 자리에 LED 백라이트 유닛을 배치하는 방식으로 도광판을 통해 빛을 반사·확산 시켜 전면으로 보내는 방식
- 직하방식은 LCD 뒷면에 LED 백라이트 유닛을 배치시켜 엣지방식보다 더 많은 LED를 사용하여 색상 재현력을 놓일 수 있으나 발열 문제 발생
- LED 시장은 크게 조명용, 차량용, 간판용(Sign Display), LCD 백라이트용, 손전등용, 기타로 구분

## ■ WiFi

- WiFi(와이파이, 근거리 무선망)는 무선접속장치(AP)가 설치된 곳의 일정 거리 안에서 초고속 인터넷을 할 수 있는 근거리통신망
  - 스마트폰을 비롯해 노트북, 태블릿 PC 등 WiFi를 인식할 수 있는 무선랜카드가 탑재된 모든 기기를 통해 'Hot Spot'이라고 불리는 지역 안에서 초고속 인터넷 이용이 가능
  - 최근 스마트폰, 태블릿 PC, 노트북에 무선랜카드가 기본으로 탑재되고, 호텔, 쇼핑센터, 레스토랑 등을 중심으로 WiFi 제공 지역 확대
- 스마트폰의 활성화로 무선 데이터 사용량이 급증함에 따라, 3G/4G의 네트워크 이용료 고가로 보조 무선네트워크로 활성화
  - WiFi는 3G에 비해 무선 인터넷 속도가 빠르며, 무료로 제공되고 있으나, 하나의 무선접속장치(AP)가 커버하는 무선인터넷 범위가 크지 않고, 무선접속 장치(AP)간 거리가 짧을 경우 전파 간섭현상 발생

## ■ AMOLED

- OLED(Organic Emitting Diodes, 유기발광 다이오드)는 형광성 유기 화합물을 기반으로 한 발광 소자로, 자체적으로 빛을 발산할 수 있는 디스플레이
  - 자체발광의 특징으로 LCD 디스플레이 기기에 사용되는 백라이트가 필요 없으므로 매우 얇은 두께의 제품 제조 가능
  - 특수 유리나 플라스틱을 이용해 플렉서블 디스플레이 기기 제조 가능
- OLED는 화면 구동 방식에 따라 수동형(PMOLED: Passive Matrix OLED)과 능동형(AMOLED: Active Matrix OLED)으로 구분
  - 수동형은 화면에 배열된 가로축과 세로축에 전압을 넣어 교차점이 빛나게 하

는 방식인 반면, 능동형은 발광소자마다 빛을 낼 수 있는 방식

　－ AMOLED는 PMOLED에 비해 낮은 전력으로 정교한 화면 구현 가능

- AMOLED는 LCD 대비 두께, 무게, 응답속도 등에서 매우 우월하지만, 현재 높은 제조단가로 휴대폰용 소형 디스플레이 중심으로 상용화

AMOLED의 특성

| LCD 대비 장점 | LCD 대비 단점 |
|---|---|
| • LCD 대비 응답속도가 1,000배 이상, 동영상 잔상효과 없음<br>• 명암비 월등하며, 자체발광으로 각도에 따라 명암비 차이 없음<br>• 백라이트가 필요없어 두께, 무게 감소 | • 제조 단가가 매우 높음<br>　－ 15″기준 OLED단가: 단위면적당 $6.4<br>　－ LCD 단가: 당위면적당 $1 미만<br>• 유기물을 재료로 하여 산소에 취약 |

　－ 기존 LCD 제조사들이 AMOLED를 생산하고 있는 가운데, 삼성모바일디스플레이가 현재 전 세계 시장의 99% 점유

## ■ 홀로그램

- 홀로그램(Hologram)이란 궁극의 3D 영상기술로서, 어느 각도에서나 실물과 똑같이 입체적으로 보이게 하는 디스플레이

　－ 디스플레이 패널을 이용하지 않고 공간에 입체 영상을 투사하여, 실물을 보듯이 전후좌우 보는 각도에 따라 입체적 형상을 구현, 현재 3D는 원근 입체감은 살리고 있으나 좌우에서 같은 영상이 보임

　－ 영화 '스타워즈(Star Wars)'에서 홀로그램으로 메시지를 주고 받았던 장면을 통해 알려짐

　－ TV, 영화, 광고, 군사훈련, 교육 등 모든 영상 매체에 적용 가능

## ■ 5G 이동통신

- 1~4세대 이동통신 이후 '19년 초고속·초저지연·초연결의 5G 등장

　－ '84년 이동통신의 최초 등장 이후 여러 기술간 치열한 경쟁을 거쳐 이동통신 기술이 발전해왔으며, 약 10년 주기로 세대가 진화

- (1세대) 아날로그 음성통신을 위한 최초의 이동통신으로서, 크고 비싼 단말기로 보편화에 한계
- (2세대) 통화용량 증대로 이동통신이 보편화, 유럽 중심의 GSM 기술 방식과 한국·미국 중심의 CDMA 기술 방식간 경쟁
- (3세대) 데이터 서비스가 가능해지면서 스마트폰이 확산, GSM 방식의 3G 서비스가 세계적으로 확산되고 CDMA 기술은 위축
- (4세대) 대형화된 스마트폰과 초고속 모바일인터넷 서비스의 확산
- '19년부터 상용화된 5G는 기존 4G 대비 속도 20배, 저지연성(Latency, 반응속도) 10배, 연결기기의 수 10배 등 성능이 향상
- 5G 통신에는 주파수 및 네트워크 자원을 유연하게 활용할 수 있는 네트워크 슬라이싱, 다중 입출력 등의 신기술이 적용

이동통신 세대별 특성

| 구분 | 1G | 2G | 3G | 4G | 5G |
|------|-----|-----|-----|-----|-----|
| 상용화 시기 | '84년 | '00년 | '06년 | '11년 | '19년 |
| 최고 속도 | 14Kbps | 144Kbps | 14Mbps | 100Mbps | 20Gbps |
| 주요 단말기 | 피쳐폰 | 피쳐폰 (소형화) | 스마트폰 | 스마트폰 (대형화, 터치스크린) | 스마트폰, 사물인터넷, 가상현실기기 |
| 주요 서비스 | 음성통화 | 1G 서비스+문자 | 2G 서비스+화상통화 | 3G 서비스+데이터 | 4G 서비스+사물인터넷 |
| 차별성 | 통신기기의 휴대성 | 이동통신의 보편화 | 모바일인터넷 | 초고속 모바일인터넷 | 초연결성, 저지연성 |

## ■ LTE/WiBro

- LTE(Long Term Evolution)는 유럽이 주도하는 GSM/WCDMA계열의 기술로 '장기적으로 진화된' 3세대 이동통신(3G: WCDMA)이라는 뜻에서 붙여진 명칭
  - LTE-Advanced는 LTE의 진화된 버전으로 4G이동통신 표준 후보

LTE/WIBro 비교

(단위: Mbps)

| 구분 | LTE | WiBro |
|---|---|---|
| 전송속도(상ㆍ하향)* | 50/100 | 43/149 |
| 업ㆍ다운로드 속도* | 37.5/75 | 10/37.5 |
| 세계 최초 상용서비스 | '09.12(스웨덴, 노르웨이) | '06.6(대한민국) |
| 장점 | 기존 이동통신과의 연동으로 글로벌 로밍이 유리 | 인프라가 미약한 국가에서 유선인터넷 대비 저렴한 비용으로 통신망 구축가능 |
| 단점 | 상용화 초기단계 | 음성서비스 품질 미흡 전 세계적 지지기반 부족 |

*: LTE: A, WiBro E 이전의 Pre 4G사양 기준으로 비교
자료: 고제리, "국내 와이브로 사업 현황 및 전망", 산은조사월보('10년 5월)

- WiBro(Wireless Broadband Internet)는 정지 및 이동 중 언제 어디서나 고속으로 무선인터넷 접속이 가능한 무선랜 계열의 기술
  - 삼성전자와 KT 등이 개발을 주도, 외국에서는 와이맥스(WiMAX)로 지칭
  - WiBro-iEvolution(혹은, WiMAX2)은 WiBro의 진화된 버전으로 4G 이동통신의 표준후보
- 국내에서 '06년 6월 WiBro가 먼저 상용화되었으나 WiBro용 단말기 개발 부진으로 2011년 8월 현재 가입자는 약 60만 명에 불과
  - 통신사들은 이동 중 동영상 전송기술을 바탕으로 하는 WiBro보다 기존의 통신기술에서 동영상으로 확장되는 LTE를 선호

## ■ 망중립성

- 망중립성(Network Neutrality)이란 모든 네트워크 사업자는 모든 콘텐츠를 동등하게 취급하고 어떠한 차별도 하지 않아야 한다는 원칙
  - 1993년 EU의 '정보사회보고서'에서 망규제는 상호 접속 및 상호 운용성을 요구한다는 뜻으로 '망중립성'이라는 단어를 사용하며 확산
  - 2005년 FOC(Federal Communication Commission, 미 연방통신위원회)는 망중립성 4원칙을 발표한 이래, 2009년 2가지를 추가, 총 6가지 원칙 수립

FOC의 망중립성 6원칙

- 소비자들은 합법적인 인터넷 콘텐츠에 자유롭게 접근할 권리가 있다.
- 소비자들은 자신의 선택에 따라 자유롭게 애플리케이션을 사용하고 서비스를 이용할 권리가 있다.
- 소비자들은 네트워크에 피해를 주지 않는 합법적인 단말기로 인터넷에 접속할 권리가 있다.
- 소비자들은 네트워크 제공업체, 애플리케이션 및 서비스 제공업체, 콘텐츠 제공업체들 간의 경쟁을 보장받을 권리가 있다.
- 인터넷서비스업체는 어떤 콘텐츠 또는 애플리케이션도 차별해서는 안 된다.
- 인터넷서비스업체는 모든 고객정책을 공개해야 한다.

- 국내에서도 스마트폰 무제한 데이터 요금제에 따른 폭발적인 트래픽 발생에 따라 통신사와 인터넷 서비스 업체간 대립 발생

# ■ 테더링

- 테더링(Tethering)은 인터넷 접속이 가능한 기기를 통하여 다른 기기에도 인터넷에 접속할 수 있게 해주는 기술로 휴대폰의 부가 기능
  - 휴대폰을 무선 모뎀처럼 활용하여 블루투스, WiFi, USB 등을 통해 '밧줄(tether)'로 묶듯이 다른 휴대폰이나 노트북, 태블릿 PC에 연결
- 이동통신망인 3G/4G를 활용하는 것으로, 노트북 등 무선랜카드가 있는 휴대기기가 WiFi 이용 불가능 지역에 있을 때 유용하게 사용 가능

# ■ 펨토셀

- 펨토셀(Femtocells)이란 가정이나 사무실 등 실내에서 사용되는 초소형 이동 통신용 기지국으로, 이동전화와 인터넷을 연결하여 저렴한 비용으로 유무선 융합서비스 제공 가능
  - 100조 분의 1을 의미하는 '펨토(Femto)'와 이동전화 통화 가능 지역을 의미하는 'Cell'의 합성어로, 펨토만큼 촘촘한 커버리지를 제공함을 의미

스마트화와 펨토셀의 역할

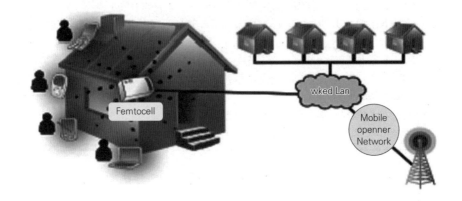

자료: 한국정보사회진흥원(2008.4), "유무선 융합시대의 다크호스 펨토셀".

- 펨토셀(Femtocells)은 작은 중계기라는 점에서 무선랜 중계기(AP)와 유사하지만 인터넷이 아닌 이동전화 접속을 위한 중계기 역할 수행
- 펨토셀은 저렴한 비용으로 데이터 뿐 아니라 음성 전송도 가능하여, 비용 문제를 해결할 수 있는 대안적 무선기술로 각광

## ■ N스크린

- N스크린(N Screen)이란 동일한 운영체제(OS)를 탑재하고 있는 정보기기간 콘텐츠를 공유하는 기술 및 시스템을 의미
  - N스크린의 정확한 영문 표기는 Multi–Screen으로, 하나의 콘텐츠를 스마트폰, TV, 컴퓨터, 전자액자 등 여러 개(n개)의 스크린(Display)에서 공유하며 구동시킬 수 있는 환경을 제공
  - 스마트폰, 태블릿 PC, 스마트 TV의 등장으로 콘텐츠 소비 채널이 증가하면서 각 정보기기별로 동일한 콘텐츠를 중복 구매해야하는 문제가 빈발함에 따라 N스크린의 필요성 증대

## ■ 블루투스

- 블루투스(Bluetooth)란 개인 근거리 무선통신기술로, 1994년 네트워크 장비업체인 에릭슨이 최초로 개발한 이후 세계 표준으로 채택

- 블루투스라는 블루베리를 즐겨 먹어 항상 치아가 파란색이었던 덴마크의 국왕 헤럴드 블라트란트의 애칭 블루투스에서 유래, 블루투스가 스칸디나비아를 통일한 것처럼 무선통신도 블루투스로 통일하자는 의미
- 저렴한 가격에 저전력으로 사용가능하고, 장애물을 투과, 10m까지 인식이 가능하며, 모든 방향으로 신호가 전송되어 정보기기를 어느 각도에 두어도 이용 가능하다는 장점 보유
- 세계 표준 기술로 언제 어디서나 블루투스를 통해 모든 정보기 기간의 자유로운 데이터 교환 가능
- 무선헤드셋이나 무선파일전송에 주로이용

## ■ NFC

- NFC(Near Field Communication)는 통신 네트워크를 이용하지 않고 근거리 내에서 단말기간 데이터를 교환하는 무선통신 방식
  - 짧은 인식거리(10m이내)는 단독 통신 방식으로는 큰 단점이 될 수 있으나, WiFi, 3G/4G 등 타 무선통신 기술과 결합시 '보안성'을 보완하여 결제 수단으로 활용 가능

NFC와 대체 기술 간의 비교

| 구분 | NFC | 블루투스 | Zigbee | IrDa(적외선) |
|---|---|---|---|---|
| 칩셋 가격 | 낮음 | 보통 | 낮음 | 낮음 |
| 인식거리 | 10cm | 10cm | 10-20m | 10m |
| 설정 시간 | 0.1초 미만 | ~6ch | - | ~0.5초 |
| 전송속도 | 106-6848Kbps | ~24,000Kbps | ~250Kbps | ~4,000Kbps |

- NFC는 모바일 결제 외에 주택/사무실 출입관리, 진품 확인, 티켓/쿠폰 확인 등 다양한 용도로 활용 가능

## ■ RFID

- RFID(Radio Frequency Identification)란 무선주파수를 이용해 직접 접촉하지 않고 1~30m 거리에서 정보를 인식하는 기술로 태그와 판독기가 필요
  - RFID 태그는 '바코드'와 같은 기능을 하는 것으로 안테나와 집적회로로 이루어

져, 직접회로 안에 정보를 기록하고 안테나를 통해 판독기로 식별 정보를 전송
- RFID 판독기는 태그에 저장된 정보를 식별하는 기기로 식별한 정보를 관리시
  스템으로 전송
- 바코드보다 장거리 인식, 빠른 인식속도, 사물 투과력 등 다양한 장점을 가지나
  높은 가격과 IT Infra 전환 비용 등은 단점으로 작용
- RFID 시장은 2009년까지 30% 이상 꾸준히 성장하였으나 스마트카드, 블루투스,
  생체정보인식 등 대체기술로 인해 성장폭은 점차 둔화되는 추세

세계 RFID 시장

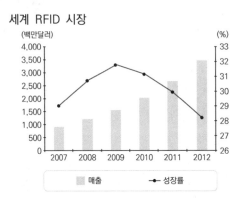

RFID의 구성

자료: Gartner

## ■ 앱스토어

- 앱스토어(App Store)는 애플리케이션 스토어(Application Store)의 준말로 스마트폰
  이나 태블릿 PC를 통해 다양한 애플리케이션(응용 프로그램)을 판매하는 모바일
  콘텐츠 장터
  - 2008년 애플이 스마트폰인 아이폰 3G를 출시하면서 'App Store'라는 이름으
    로 처음 서비스를 시작한 이후 일반 명사처럼 불리움
  - 이후 구글의 '안드로이드 마켓', 삼성의 '삼성 앱스' 등 다양한 애플리케이션
    스토어가 등장
- 애플은 앱스토어(App Store)를 통해 콘텐츠를 판매하는 독창적 수익모델을 구축하
  여 많은 개발자들의 참여 유도
  - 애플리케이션 1개 판매 당 개발자에게 판매 수익의 70%를 배분
  - 이러한 수익 구조는 '7:3'룰로 애플리케이션 스토어의 기본 수익 모델로 자리
    잡음(안드로이드 마켓은 전액 개발자 수익 모델)

- 앱스토어는 애플리케이션 구매를 통해 사용자가 다양한 만족을 얻게 함으로써 아이폰의 스마트폰 시장 점유율 1위 고수에 결정적으로 기여

애플 앱스토어 수익구조

주요 앱스토어 매출액 비교

(단위: 백만달러)

| 구분 | 2009 | 2010 |
|---|---|---|
| 애플 앱스토어 | 769 | 1.782 |
| RIM 블랙베리앱월드 | 36 | 165 |
| 노키아 Ovi 스토어 | 13 | 105 |
| 구글 안드로이드마켓 | 11 | 102 |

## ■ Web 2.0

- Web 2.0은 사용자 참여 중심의 인터넷 환경으로서, 웹을 누구나 손쉽게 데이터를 생산하고 공유할 수 있도록 하는 플랫폼으로 인식한 형태
  - 단순히 올려져 있는 자료를 수동적으로 검색하는 Web 1.0에서 능동적으로 공유하는 환경으로 진화된 것으로서, 2004년 O'Reilly Media에서 처음 사용하며 대중화
  - Web 2.0의 기본 가치는 개방, 참여, 공유로 요약

Web 2.0의 핵심요소

- 개방과 참여, 공유로 대표되는 인터넷 환경
- 가벼워진 웹 S/W와 풍부한 사용자 경험이 바탕
- 플랫폼으로서의 웹
- 참여 구조(architecture of participation)의한 네트워크 효과
- (오픈 소스개발과 같이) 여러 시공간에 흩어져 있는 독립적인 개발자들이 공동으로 참여해 혁신하는 시스템이나 사이트
- 콘텐츠와 서비스 통합을 통한 가벼운 비즈니스 모델
- 롱테일의 힘을 극대화시키는 소프트웨어

- 모바일 인터넷, 소셜네트워크서비스(SNS), 클라우드 컴퓨팅은 Web 2.0을 통해 창출된 새로운 분야로서 최근 인터넷 변화의 핵심

Web 2.0이 창출하는 새로운 비즈니스

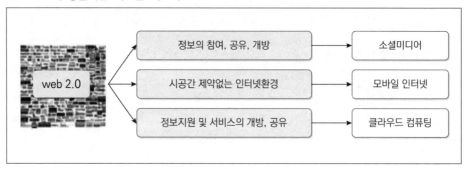

## ■ 롱테일 이론

- 롱테일 이론(Long Tail Theory)은 선호도 상위 20% 제품이 80%의 수익을 가져온 다는 파레토 법칙에 대비되는 개념으로 서 하위 80% 영역에서 창출하는 결과물 이 상위 20%의 영역에서 창출하는 결과 물보다 많다는 이론
  - 하위영역이 적은 마케팅 비용으로 긴 꼬리처럼 길어지면서 발생

롱테일 이론의 개념

Head

꼬리가 길어지면
B면적 > A면적

POPULARTY

A

B

Long Tail

PRODUCTS

  - 아마존의 매출을 분석한 결과 소수의 판매부수를 기록하고 있는 80%의 책 매 출액이 상위 20% 베스트셀러 매출액을 능가
- Web 2.0, SNS 등의 영향으로 개인의 개성을 존중하는 소비 트렌드 형성을 뒷받 침하는 이론으로, 특히 콘텐츠 시장에서 더욱 두드러지는 현상
  - 롱테일 이론이 작용하는 시장에서는 하위영역도 비즈니스의 전략적 대상

## ■ i-PIN

- i-PIN(Internet Personal Identification Number)이란 인터넷 상에서 주민번호 대신 아 이디와 패스워드를 이용하여 본인확인을 하는 수단
  - i-PIN 아이디와 패스워드를 이용하면 웹사이트에서 주민등록번호를 이용하지 않아도 회원가입 및 기타 서비스이용 가능
  - i-PIN 발급기관에서 신원정보를 보관하고 웹사이트에서 i-PIN 아이디와 패스

워드를 발급기관으로 보내면 발급기관에 보관된 정보와 대조하여 신원확인

- 공동인증서의 경우에는 인증서를 개인이 보관하나 i-PIN은 발급기관이 보관
- 인터넷 실명제 실시에 따라, 웹사이트에서 회원가입이나 주요서비스를 이용하기 위한 본인확인을 요구
  - 주민등록번호를 직접 입력하는 기존의 본인확인 방법은, 2011년 4월 농협 해킹에 의한 개인정보유출 사고와 같은 문제점에 취약
- i-PIN은 웹사이트에 주민등록번호를 노출시키지 않음으로써 주민등록번호 인증보다 보안성이 강화된 본인확인 방법

I-PIN인증과 주민등록번호 실명확인의 비교

| 구분 | i-PIN 인증 | 주민등록번호 실명확인 |
|---|---|---|
| 검증방법 | i-PIN 아이디 확인 → 본인확인 | 주민등록번호+이름 일치 확인 |
| 주민등록번호저장 | 웹사이트에 저장 안됨 | 개별 웹사이트에 저장 |
| 유출위험 | 주민등록번호 외부노출 가능성 적음, i-PIN노출시 폐지/신규발급 가능(소수의 i-PIN 발급기관만 주민등록번호 보관) | 주민등록번호 외부노출 가능성 많음(다수의 웹사이트들이 모두 주민등록번호 보관) |

# ■ 드론(Drone)

드론(Drone)은 비행기나 헬리콥터와 유사한 형태로 제작된 소형 무인 비행체를 지칭

- 과거에는 주로 적군을 정확히 겨냥해 공격하거나 테러 조직에 은밀히 접근해 타격을 입히기 위한 군사 목적으로 활용하였으나, 드론 기술이 발전을 거듭하면서 최근에는 경찰의 도난 차량 추적이나 마약수사, 재난 지역의 실종자 수색, 미디어 업계의 항공 촬영 등 활용 범위가 확산
- 2015년 1월 개최된 세계 최대 소비가전 박람회 CES(Consumer Electronics Show) 2015에서는 행사 최초로 드론 제품 전시 구역인 '무인 시스템 마켓플레이스(Unmanned Systems Marketplace)'를 설치
- 또한 2014년 3월부터 12월까지 10개월 동안 e-커머스 서비스 이베이(eBay)에서 판매된 드론은 12만 7,000대로 이를 금액으로 환산하면 1,660만 달러에 육박
- 특히 이베이에서 판매되는 리모콘 조종 완구 중 드론의 판매 비중이 2014년 2월 30%에서 2015년 1월에는 50%까지 상승하는 등 개인·레저용 드론이 인기
- 시장조사업체 BI 인텔리전스(BI Intelligence)에 따르면 2015년 5억 달러를 기록할

것으로 예상되는 민간용(civilian) 드론 시장 규모는 연평균성장률(CAGR) 20% 이상을 기록하며 2023년 22억 달러에 달할 전망

| dJI Inspire 1 | Zano, Nano drone | Hubsan nano Q4 |
|---|---|---|
| UHD급, 1.6km WiFi 전송, 운항과 카메라 조종을 분리 | 스마트폰으로 조종하는 손바닥 크기 드론, HD 카메라 장착 | 명함 크기의 세계에서 가장 작은 드론 |
| | | |

부동산
정보기술론

# 참고문헌

## [국내문헌]

- 강동석 · 유지형(2009), "공공정보시스템 효과성 측정지표의 타당성 검증에 관한 연구." 「정보처리학회 논문지」, 16(D), 한국정보처리학회.

- 강병기 · 이국철 · 이창석(2005), 「부동산정보서비스업」, 서울: 형설출판사.

- 강병기(2000), "부동산 전자상거래 활성화 방안 연구", 「정보화저널」, 제7권 제3호, 한국정보화진흥원.

- 건설교통부(2003), 부동산 거래질서 확립 및 투명성 확보방안 연구.

- 경정익 · 임병준(2010), "부동산정보시스템의 품질이 중개업무성과에 미치는 영향: 부동산 공인중개사를 대상으로", 「부동산학연구」, 제16집 제1호, 한국부동산분석학회.

- 경정익(2011a), "부동산정보화정책의 영향요인에 관한 연구", 경원대학교 대학원 박사학위논문.

- 경정익(2011b), "부동산정보화정책의 효율성을 위한 개선연구", 「부동산학연구」, 제17집 제3호, 한국부동산분석학회.

- 경정익(2012a), "모바일 부동산정보서비스의 특성이 만족도와 재사용 의도에 미치는 영향", 「부동산학연구」, 제18집 제3호, 한국부동산분석학회.

- 경정익(2012b), "부동산정보화정책의 성공요인에 대한 인식분석: 중앙정부와 지방정부 비교", 「한국공공관리학보」, 제26권 제1호, 한국공공관리학회.

- 경정익(2013a), 빅데이터의 부동산중개업 활용, 「굿옥션」제19호 칼럼.

- 경정익(2013b), 부동산-공공데이터 융합해 2-3년뒤 폭발적 성장 대비를, 매일경제, 2013.8.1.

- 경정익(2013c), 부동산 빅데이터로 효율성을 높여라, 디지털타임스, 2013.8.18.

- 경정익(2013), 부동산포털사이트의 매물정보품질개선에 관한 연구. 「부동산학연구」,

제19집 제3호, 한국부동산분석학회.

- 경정익(2014), "부동산분야의 빅데이터 활용방안과 정책적 제언", 「부동산경영」, 제10집, 한국부동산경영학회.
- 경정익(2015a), "부동산분야에서 빅데이터 전략적 활용의 영향요인에 관한 연구", 「부동산산업」창간호, 한국부동산산업학회.
- 경정익(2015a), "빅데이터에 의한 부동산활동 의사결정모형에 관한 연구", 한국부동산경영학회 학술대회.
- 경정익(2015b), "부동산분야의 빅데이터 도입의도에 미치는 영향요인에 관한 연구", 「부동산분석」창간호, 한국부동산원.
- 경정익(2015c), 「부동산정보화의 이해」, 서울: 부연사.
- 경정익(2016), "Text Mining에 의한 부동산 빅데이터 감성분석 모형 개발 연구", 「주택연구」, 제24권제4호, 한국주택학회.
- 경정익(2017a), "빅데이터에 의한 부동산정책 현안진단 및 수용예측방법론", 「부동산경영」, 제15집, 한국부동산경영학회.
- 경정익(2017b), "부동산분야의 빅데이터 활용", 「Real Estate Issue & Market Trend」, Vol.15 June, ㈜하나자산신탁.
- 경정익(2020a), 「부동산빅데이터블록체인프롭테크」, 박영사.
- 과학기술정보통신부(2019.12), "IT 강국을 넘어 AI 강국으로, AI 국가전략".
- 국가정보화전략위원회(2012), 국가정보화 기본계획.
- 국가정보화전략위원회(2012.11), "스마트 국가구현을 위한 빅데이터 마스터플랜".
- 국제미래학회 공저(2013), 「미래가 보인다: 글로벌 미래 2030」, 서울: 박영사.
- 국토개발연구원(1985), 「도시정보관리체계」, 국토개발연구원.
- 국토교통부 보도자료(2013.4.11) "부동산 서류 하나로 편리하게! 부동산종합증명서".
- 국토교통부 보도자료(2013.7.17) "부동산정보에도 빅데이터·융합 바람 분다".
- 국토교통부(2013.7), "융·복합, 개방을 통한 공간정보산업 도약방안".
- 국토교통부(2013), 국토교통부 정부3.0 추진계획.
- 국토교통부(2014), 빅데이터 체계구축 제안요청서.
- 국토해양부(2005), "부동산정보 신뢰구축을 위한 정책현황".
- 국토해양부(2008), 「2008년도 국가GIS지원연구」.
- 국토해양부(2010), 「부동산 행정정보일원화 ISP」.

- 권상희 · 김익현(2008), "온라인 댓글 인식과 활동의 관계에 관한 연구", 「한국언론정보 확회지」, 제42권, 한국언론정보학회.
- 권오복 · 박찬주 · 안동규(2005), 「e 비즈니스」, 서울: 두남도서출판.
- 김경현(2008), 「부동산 시장의 인터넷마케팅 활성화 방안에 관한 연구」, 목포대학교 대학교 지적학과.
- 김계현(2011), 「GIS 개론」, 서울: 문우당.
- 김광주(1996), "지방정부조직의 생산성 향상에 관한 연구", 「지방정부논집」, 제8권 제1호, 한국정부학회.
- 김기호(2006), "不動産去來情報 시스템의 問題點 및 改善方案에 대한 硏究", 한성대학교 부동산대학원 석사학위논문.
- 김동현 · 이창석(2010), 「부동산정보론」, 서울: 형설출판사.
- 김대종 · 구형수(2012), "공간빅데이터로 똑똑하고 신뢰받는 정부 구현방안", 「국토」, 통권 379호, 국토연구원.
- 김대종 · 윤서연(2013), 「국토정책 선진화를 위한 빅데이터 활용에 관한 기초연구」, 국토연구원.
- 김미정 · 김대종 · 이영주 · 김민철(2013), 「과학적 국토정책을 위한 공간빅데이터 활용방안」, 국토연구원.
- 김상락 · 강만호 · 박상무(2012), "빅데이터가 여는 미래의 세상", 「정보과학학회지」, 제30권 제6호, 한국정보과학회.
- 김석관(2017), 4차산업혁명의 기술 동인과 산업 파급 전망, STEPI.
- 김성태(2010), 「신 정보정책론 이론과 전략」, 서울: 법문사.
- 김성희 · 장기진(2010), 「전자상거래.com」, 서울: 청람출판사.
- 김수경 · 안기홍(2005), "시맨틱 웹 기반의 비교구매 에이전트를 위한 동적 웹 온톨로지에 대한 연구", 「한국지능정보시스템학회 논문지」, 제11권 제2호, 한국지능정보시스템학회.
- 김영진(1980), 「부동산학 총론」, 서울: 경기문화원.
- 김영학 · 이왕무 · 이동현 외(2012). 「지적학」, 신광문화사.
- 김은 외(2017), 「4차산업혁명과 제조업의 귀환」, 클라우드나인.
- 김은홍 외(2008), 「경영정보학개론」, 서울: 다산출판사.
- 김재두(2012), 전자상거래제도에 관한 법적 검토, 법학논총, 제36권 제1호, 단국대학교

부설 법학연구소.

- 김정렬(2009), 부동산 전자상거래, 이제는 현실이다, 전자신문 2009.7.8.

- 김종삼·이국철·강병기(2009), "부동산 중개광고 진성화 방안에 관한 연구,"「부동산학보」, 제39집, 한국부동신학회.

- 김희철·이대용(1999), "ERP 시스템 주 성공요인에 따른 도입특성에 대한 연구",「99 추계공동학술대회 논문집」, 한국정보전략학회.

- 노미현(2004), "ERP시스템의 구현성공과 도입성과에 관한 연구",「중소기업연구」, 제26권 제1호, 한국중소기업학회.

- 노용호·박정화·백일현(2003),「감정평가론」, 서울: 부연사.

- 대신증권 Research Center(2020), 프롭테크 4.0시대 부동산산업 새옷을 입다.

- 대한민국 정부(2014),「2014년도 국가정보화에 관한 연차보고서」.

- 디지털타임스(2010.3.2), 초연결 슈퍼지능시대, 인류의 삶 생활이 바뀐다.

- 두산 세계대백과사전.

- 매일경제/서울대학교 빅데이터센터(2014),「빅데이터 세상」.

- 문주영(2001),「정보통신산업동향」.

- 문태헌·이상호·김정훈 외(2011), "도시계획과 스마트도시계획",「도시정보」, 제348호, 대한국토·도시계획학회.

- 박세규·이동철(2007), "행정정부의 전략적 활용을 위한 연계·활용방안: 부동산정보를 중심으로",「전자정부 포커스」, 제11호, 한국정보사회진흥원.

- 박종천(2011), "인터넷 포털사이트 신뢰성에 따는 만족이 재방문 결정에 미치는 영향에 관한 실증적 연구",「e-비즈니스 연구」, 제12권 제3호.

- 박철(2011), "온라인 Social Shopping 사이트 이용의도에 영향을 미치는 요인에 관한 연구",「한국IT서비스 학회지」, 제10권 제1호, 한국IT서비스학회.

- 배동민·박현수·오기환(2013), "빅데이터 동향 및 정책 시사점,"「방송통신정책」, 제25권 제10호, 정보통신정책연구원.

- 서울시(2013), 지능형도시정보시스템 유지보수 및 자료 업데이트 사업.

- 서울시정개발연구원(2008), "부동산정보 유통체계 발전방향".

- 서삼영(2001), "한국형 전자정보의 성공적 구현전략", 제1회 전자정부구현을 위한 기업과 정부의 역할 세미나 논문발표집.

- 서진형(2002), "부동산정보의 효율적 관리를 위한 발전방안 모색",「대한부동산학회지」,

제20권, 대한부동산학회.

- 소진광·송광태(2011), "공공주택사업에 있어서 중앙정부와 지방정부간 기능배분에 관한 연구", 「한국지방자치학보」, 제23권 제1호.
- 소프트웨어정책연구소(2019), "실감경제의 부상과 파급효과"
- 송희준(2008), "정보화정책의 역사적 성찰과 향후 과제." 「한국지역정보화학회지」, 한국지역정보화학회, 제11권 제1호.
- 신기윤·여영준·이정동(2020), "디지털 전환에 따른 경제 및 노동시장 파급효과: 산업연관 및 사회계정행렬 분석을 중심으로", 「한국혁신학회지」, 15(3).
- 신윤식(1992), 「정보사회론」, 데이콤.
- 신은정 외(2017), 「오픈사이언스정책의 도입 및 추진 방안」, 과학기술정책연구원.
- 안정근(2010), 「부동산중개론」, 서울: 양현사.
- 오철호(2000), "행정정보화: 민주성 및 능률성 제고의 관점에서", 「2000년도 추계학술대회발표집」, 한국행정학회.
- 온가신·이혜미(2020), "라이브 커머스는 어떻게 소비자들의 마음을 사로잡았나? 플랫폼 및 BJ 정보원천 특성이 중국소비자들의 라이브 커머스 구매의도에 미치는 영향과 성별의 조절효과", 「e-비즈니스연구」, 21(5), 국제e-비즈니스학회.
- 원지영·유상균·정창무(2010), "스마트도시 서비스가 공동중택 가격에 미치는 영향 분석", 국토계획, 제45권 제2호, 「국토계획」, 대한국토·도시계획학회.
- 유동희·김건우·서용무(2005), "온톨로지 관련 연구의 현주소 및 향후 연구방향", 「한국경영정보학회 춘계학술대회 논문집」, 한국경영정보학회.
- 윤상오(2004), "공공정보화사업 성공요인에 관한 연구", 「정책분석평가학회보」, 제15권 제3호, 한국분석평가학회, pp.57~83.
- 윤수재(2003), "우리나라 중앙정부의 정책평가 시스템 발전 방향." 한국정책분석평가학회 춘계학술대회, 한국정책분석평가학회.
- 윤재석(1999), "인터넷 포털사이트(Portal Sites)의 경제적 특성에 관한 연구: 가치사슬의 변화와 가치 통합을 중심으로", 서강대학교 대학원 석사학위논문.
- 이각범(2011), "빅데이터를 활용한 스마트 정보구현(안)", 국가정보화전략위원회.
- 이경렬(2011), "새로운 광고마케팅 플랫폼으로서 소셜미디어 확산과 활용실태'.
- 이국철·강병기(2004), "부동산 전자상거래의 단계적 적용 방안 연구: 공공 부동산 인터넷 서비스 사례를 중심으로", 「부동산학보」, 제23권, 한국부동산학회1.

- 이국철 · 강병기(2008), "GIS산업의 국제경쟁력 결정요인 도출에 관한 연구", 「부동산학보」, 제32집 제1호, 한국부동산학회.
- 이계평(1999), 인터넷 핫이슈, 포털서비스, 「LG 주간경제」, 506-7호.
- 이래영(1986), 「부동산경영론」, 서울: 기공사,
- 이동훈(2011a), 「전자상거래와 e-비즈니스」, 서울: 한빛미디어.
- 이동훈(2011b), 「부동산학개론」, 서울: 형설출판사.
- 이상직 · 구병수 외(2002), 「e-Businsss」, 서울: 학문사.
- 이상헌 · 최선일 · 김승진, "VR · AR · MR을 아우르는 확장현실 eXtended Reality 기술동향", 삼성 SDS, 인사이트 리포트, 2018.
- 이석재 · 임수경 외(1999), 「정보화수준 평가모형에 관한 연구」, 한국전산원.
- 이승우 · 이선미 · 오정은(2010), "스마트 커머스, REAL 쇼핑이 가져온 변화와 기회", KT경제경영연구소.
- 이승환(2020), "비대면 시대의 게임 체인저, XR, 2021 ICT 산업전망 컨퍼런스.
- 이윤식(2010), 「정책평가론」, 서울: 청록출판사.
- 이은민(2016), "제4차산업혁명과 산업구조 변화", 정보통신정책연구원.
- 이재규 · 최형림 · 김현수(2006), 「인터넷환경의 지식시스템」, 서울: 법영사.
- 이재식 · 한재홍(1997), "데이터모델 재사용을 위한 사례기반 구축 프레임워크", 「한국전문사시스템학회지」, 제3권 제2호.
- 이정미(2013), "빅데이터의 이해와 도서관 정보서비스에의 활용", 「한국비볼리아학회지」, 제24권 제4호, 한국비볼리아학회.
- 이지효(2016), 「대담한 디지털 시대」, 서울: 알에이치코리아.
- 이진형(2012), "SNS의 확산과 전망", 「전파방송통신저널」, 한국방송통신전파진흥원.
- 이희연(2007), 「GIS: 지리정보학」, 경기: 법문사.
- 이창석(2012), 「부동산학 원론」, 서울: 형설출판사.
- 이창석(2012), 「부동산 설득심리」, 경기: 신광문화사.
- 임규건 · 김광용 · 김민용 · 서우종 · 안병석(2003), 「e-Businss 시대를 위한 경영정보시스템」, (Turban, E., McLean, E. and Wetherbe, J. 원저, Information Technology for Management), 서울: 사이텍미디어.
- 임성무(2006), "미래기술 혁신의 방향과 유망분야", 삼성종합기술원.
- 임정선 · 박재현(2013), "국내 M2M 시장의 현재와 미래", kt경제경영연구소.

- 장윤종·김석관(2017), "제4차산업혁명의 경제사회적 충격과 대응 방안: 기술과 사회의 동반 발전을 위한 정책 과제,"「경제·인문사회연구회 미래사회협동연구총서」, 17-19-01.
- 전남예(2004), "부동산정보망의 활성화 방안에 관한 연구", 강남대학교 사회복지대학원 석사학위논문.
- 전석호(1997),「정보정책론」, 서울: 나남출판사.
- 전자정부법 제1조 제1항 (2010.11.18)
- 전현주·윤호창·최광웅(2005), "시멘틱웹 기반 와인지식 검색을 위한 웹 서비스 설계",「한국컨텐츠학회 춘계 종합학술대회논문집」, 제3권 제1호.
- 정경애·박승봉·한재민(2004), "인터넷 포털 기업의 발전과정에 관한 탐색적 연구: 수익화 관점에서",「Information System Review」, Vol.6(2).
- 정규수(2012), "스마트 기반의 도시정보서비스 방안연구", 한국지형공간정보학회 학술대회.
- 정미애·김형주·장필성·김만진·김지은 (2018), "디지털 전환시대 과학기술혁신공간 발전방안: 혁신기업의 공간분포 분석을 중심으로,"「정책연구」, 2018-09, 과학기술정책연구원, 세종.
- 정부3.0 추진위원회(2014), 정보3.0 발전계획.
- 정부 부처 합동(2013), 빅데이터 산업 발전전략.
- 정정길(2010),「정책학원론」, 서울: 대명출판사.
- 정종휴(1998), "전자상거래의 등장에 따른 계약이론의 변용",「인권과정의 268」, 대한변호사협회.
- 정지선(2011), "신 가치창출 엔진, 빅데이터의 새로운 가능성과 대응전략",「새로운 미래를 여는 빅데이터 시대」, 한국정보화진흥원.
- 정창보, 2013, "전자계약의 성립과 문제점에 관한 연구", 국제법무, 제5집 제2호, 제주대학교 법과 정책연구소.
- 조병완(2013), "첨단 미래도시 만물지능 녹색 도시",「미래가 보인다」, 국제미래학회.
- 조선일보(2009), "5년내 태양광이 석유보다 싸지고", 2009.6.4.
- 조혜정(2019), "구독경제의 현황과 시사점" 중소기업 포커스 제19-3호, 중소기업연구원.
- 조호정(2013), "독일의 창조경제: Industry 4.0의 내용과 시사점: 제조업의 진화 전략이 필요하다",「현대경제연구원 VIP 리포트」, 현대경제연구원.

- 차대윤(2003), 「21세기 정보사회론」, 서울: 형설출판사.
- 채현길·문영기·서진형(2009), "부동산거래정보망의 선택요인과 만족도에 관한 연구", 「부동산연구」, 제12권 제2호, 한국부동산학회.
- 최병남·박종택·한선희·강혜경(2011), "스마트사회의 공간정보정책: 공간정보 인프라에서 공간정보 플랫폼으로", 「KRIHS ISSUE PAPER」 2011-12, 국토연구원.
- 최봉문·임영택(2007), "3D GIS 구축에 대한 지자체 공무원의 의식에 관한 조사연구", 「한국GIS학회지」, 제15권 제3호, 한국공간정보학회.
- 최용록(2011), "소셜마케팅의 패러다임 특성과 활성화 방안", 「e비즈니스 연구」, 제12권 제2호.
- 최종화(2020), 포스트 코로나 시대의 디지털전환과 언택트 혁신, 「FUTURE HORIZON Prus」, Vol.46.
- 하원규·최민석·김수민(2013). "만물지능인터넷 관점으로 본 초연결사회의 상황 진단 및 시나리오".
- 하지성(2011), "정보의 소셜화 시대, 공감의 맥을 찾아라," 「LG Business Insight Wekly 포커스」, LG경제연구소.
- 한국경제경영연구원(2017.4.3.), 블록체인 개념 및 활용사례 분석.
- 한국전자통신연구원(ETRI)(2020), 지능정보사회로 가는길: 기술발전지도 2035.
- 한국전산원(2003), 「한국의 초고속정보 통신망 발전사」.
- 한국정보화사회진흥원(2007), 「행정정보의 전략적 활용을 위한 연계·활용방안」.
- 한국정보화사회진흥원(2008), 「상황인식 컴퓨팅의 현황과 전망」.
- 한국정보화진흥원(2011a), "ICT기반의 미래사회 변화 트렌드 전망", 「스마트시대의 패러다임 변화 전망과 ICT전략」.
- 한국정보화진흥원(2011b), "성공적인 빅데이터 활용을 위한 3대 요소", 「새로운 미래를 여는 빅데이터 시대」, 한국정보화진흥원.
- 한국정보화진흥원(2011c), 「스마트시대의 패러다임변화 전망과 ICT전략」.
- 한국정보화진흥원(2012), 「빅데이터시대의 데이터 자원확보와 품질관리 방안」.
- 한국정보화진흥원(2012), 「스마트사회 실현을 위한 전략과 과제」.
- 한국정보화진흥원(2013), 「빅데이터로 풀어본 대한민국 IT미래 먹거리」.
- 한국정보화진흥원(2014), 「국가정보화 20년 기록」, 한국정보화진흥원.
- 한국정보화진흥원 전략연구센터(2013), 「새로운 미래를 여는 빅데이터 시대」, 한국정

보화진흥원.

- 한국콘텐츠진흥원(2020), "가상증강현실 콘텐츠산업 실태조사".
- 한국형사정책연구원(2001), 「부동산 서비스와 거래의 선진화방안 연구」.
- 한세억(2000), "정보화정책의 정체성과 진화 가능성 고찰", 「정보사회연구」, 정보통신 정책연구원, 제12권 제2호.
- 한형상·이창호(2014), "빅데이터 분석의 현황과 발전전략", 「KEIT PD Issue Report」.
- 행정안전부(2011), 「2012년 국가정보화백서」.
- 현대경제연구원(2011), 「스마트시대의 도래와 우리의 대응」.
- 현대경제연구원(2012), "빅데이터의 생성과 새로운 사업기회 창출", 한국정보화사회진흥원, 「상황인식 컴퓨팅의 현황과 전망」.
- 황철우·이지영(2001), "부동산 연구에서 GIS활용을 위한 기초적 방안 연구", 「지리학 연구」, 제35권 제2호.
- 황하진·고일상·박경혜(2010), 「전자상거래와 e-비즈니스」, 서울: 경문사.

## [국외문헌]

- Ackoff, R. L.(1967), *Management Science*, Vol.14. No.4, p.147.
- Ahituv, N. Neumann, S.(1986), *Principles of information systems for management* (2nd ed.), William C. Brown Publishers Dubuque, IA.
- Ahituv, N. Neumann, S.(1990), *Principles of Information Systems for Management*, Wm. C. Brown Publishers, Dubuque, IA.
- AI Hub website, Accessed 20 Dec. 2019.
- Alter, Steven(1995), *Information Systems; A Management Perspective,* Califonia: The Benjamin/Cumir Publishing Company.
- Aderson, David F.(1991), *Government Information Management*, Eaglewood Chiffs, N. J.: Prentice-Hall.
- Bakos, J. Y. Treacy, M. E.(1986), "MIS Quarterly", Vol.10 No.2.
- Bounfour, A.(2016), *Digital Futures, Digital Transformation: From Lean Production to Acceluction, Springer, Cham.*
- Bell, D.(1973), *The coming of post-industrial society*, New York: Basic Books, Inc.

- British Cabinet Office(2000), *Successful IT: Modernizing Government in Action.*
- Bryant, Katz, and Lazowska(2008), *Big-Data Computing: Creating Revolutionary Breakthroughs in Commerce, Science, and Society.*
- Büchi, G., M. Cugno and R. Castagnoli(2020), "Smart factory performance and Industry 4.0," *Technological Forecasting & Social Change,* 150, 119790.
- Calson, D.(1999), "The World of New Media: Media Giants Creative Web Gateways", *American Journalism Review,* Vol.21, No.7, p.79.
- Chris Yiu(2012), The Big Data Opportunity-Policy Exchange, www.policyexchange. org.uk.
- Dalenogare, L.S., G.B. Benitez, N.F. Ayala and A.G. Frank(2018), "The expected contribution of Industry 4.0 technologies for industrial performance," *International Journal of Production Economics,* 204.
- Davis, G. & Olson(1985), *Management Information System: Conceptual Foundations and Development,* New York: McGraw-Hill.
- DSIGIECO(2013), "구글 글래스에서 웨어러블 컴퓨팅 기술 집중해부", KT 경제경영연구소.
- Falkowski, G. Pedigo, P. Smith, B. and Swanson, D.(1998), A Recipe for ERP Success, Beyond Computing.
- Fatorachian, H. and H. Kazemi(2018), "A critical investigation of Industry 4.0 in manufacturing: theoretical operationalisation framework," *Production Planning & Control,* 29(8).
- Gartner(2011), "Hyper Cycle for Emerging Technologies."
- Gartner(2019), "Hyper Cycle for AI 2019."
- Ginzberg, M. J.(1992), "Developing Effective DSS and EIS: Theory, Examplrs and Strategy", '92년 정보문화의 달 기념 초청강연(한국정보처리전문가협회 주관).
- Good, H. H.(1958), *Greenhouse of Science for Management, Management Science.*
- Goodchild, M. F.(1992), *Computers and Geosciences,* Vol.18 No.4.
- Gorry, G. Scott Morton, M.(1971), *Sloan Management Review.*
- Gotsch, M., A. Kelnhofer and A. Jäger(2019), "Environmental product innovations and the digital transformation of production: Analysing the influence that

digitalising production has on generating environmental product innovations," *Working Paper Sustainability and Innovation, S07/2019, Fraunhofer ISI, Karlsruhe.*

- Hatry, H. P.(1999), *Performance Measurement: Getting Results*, Washington D. C.: Urban Institute Press.

- Hey, T. Tansley, S. & Tolle, K.(2009), Jim Gray on eScience: A transformed scientific method. In T. Hey, S. Tansley, & K. Tolle (Eds.), *The Fourth Paradigm: Data-Intensive Scientific Discovery*, Redmond, WA: Microsoft.

- IDG(2012), 사례로 보는 빅데이터 성공가이드.

- James Manyika et al.(2011), *Big Data: The Next Frontier for Innovation, Competition, and Productivity*, McKinsey Global Institute, May 2011; Steve Lohr, "The Age of Big Data", New York Times.

- Jean Philippe Vasseur and Adam Dunkels(2010), *Interconnecting Smart Objects with IP: The Next Internet.*

- Keith C. Clarke(2011), *Getting Started with Geographic Information Systems*, 5th, published by Pearson Education, INC.

- Kroeker, D. W. and Watson, H. J.(1984), *Computer Based Information Systems: A Management Approach, Macmillan*, New York.

- Laudon, K. C. Laudon, J. P.(1994), *Management Information Systems, Macmillan Publishing*, New York.

- Leung, K.(1997), *New Perspectives on International Industrial/Organizational Psychology*, New Lexington, San Francisco, CA.

- Longley, P. A. Goodchild, M. F. Maguire, D. J. Rhind, D. W.(2005), *Geographic Information Systems and Science*, Wiley, New York, NY.

- Machlup, F.(1962), *The Production and Distribution of Knowledge in the United States*, Princeton University Press, Princeton, N.J.

- Maes, P.(1994), *Communications of the ACM*, Vol.37 No.7.

- Malczewski, J.(1999), *GIS and Multi-criteria Decision Analysis, Wiley*, New York, NY.

- Manyika, J. et al.(2011), "Big Data: The Next frontier for innovation, competition, and productivity", McKinsey Global Institute.

- Mckinsey Global Institute(2011), Big Data: The next frontier for innovation, competition, and productivity.

- McLeod, R.(1995), *Management Information Systems, Prentice Hall*, Englewood Cliffs, N. J.

- Michael Beaney(2012), "Analysis", The Stanford Encyclopedia of Philosopy, Michael Beaney.

- Morgan Stanley(2010.4), Internet Trends.

- Monmonier, M.(1996), How to Lie With Maps, The University ofChicago Press, Chicago, IL.

- OECD(2003), e−Government Imperative.

- OMB(2002), e−Goverment Stratege Report.

- http//www.whitehouse.gov/omb/inforeg/egovstratege.pdf.

- O'Brien, Rita Cruise(1986), *The Political Economy of Information: A North−South Perspective, in George Gerbener and Marsha Siefert*(eds.), World Communication, New York: Longman.

- O'Lary, M.(2002), "Corporate Portals Post Dot Com. Online", Vol.26 No.2.

- Oxford University Research(2020), Proptech 2020: the future of real estete.

- Poister, Theodore H.(1979), *Public Program Analysis: Applied Research Methods*, Baltimore: University Park Press.

- Porat(1977), Marc Uri. The Information Economic: Definition and Measurement, U. S. Department of Commerce.

- Pultal, E. Raubal, M. Cova, T. and Goodchild, M.(2009), "Dynamic GIS Case Studies: Wildfire Evacuation and Volunteered Geographic Information", *Transactions in GIS*, vol. 13, supp.1.

- Ray Kurzweil(2011), 「특이점이 온다」, 경기: 김영사.

- Riesbeck, C. K. Schank, R. C.(1989), *Inside Case−based Reasoning*, Lawrence Erlbraum, Hillsdale, NJ.

- Simon, H.(1960), *The New Science of Management Decisions*, Harper & Row, New York, NY.

- Snellen(1990), *Information Strategy for Publish Policy*, Elsvier Science Publisher.

- Sung, T. K.(2018), "Industry 4.0: A Korea perspective," *Technological Forecasting & Social Change*, 132.

- Taleb, N. N.(2007a), *The Black Swan: The Impact of the Highly Improbable*, Random House, New York, NY.

- Timmers, P., "Business Models for Electronic Markets," *Electronic Markets*, Vol.8, No.2, Spring, 1998.

- Tim Berners-Lee talks at TED 2009 on linked data, The next web VIDEO on TED.com.

- Toeffler, Alvin(1980), The Third Wave, New York: Bantam Books Inc, 유재천 譯, 「제3의 물결」, 서울: 문화서적.

- Venkatraman, N.(1991), *IT-induced Business Reconfiguration: The Corporation of the 1990s*, Oxford University Press.

- Wilhoit, G. C.(ed.)(1981), *Mass Communication Review Yearbook*, Vol.II, California: Sage Publication.

- Wholey, Joseph S.(1977), Evaluability Assessment. In L. Rutman(ed), *Evaluation Research Methods*, Beverly Hills, C.A.: Sage Publications.

- Zmud, R. W.(1978), "Individual Differences and MIS Success: A Review of the Empirical Literature", *management Science*, Vol.25. No.10.

- http://cafe.naver.com/makingtest2

- http://golmok.seoul.go.kr

- http://klis.seoul.go.kr/sis/main.do

- http://stat.seoul.go.kr

- http://www.geovision.co.kr

- https://www.globalpropertyguide.com/transaction-costs

- https://www.nsic.go.kr/ndsi/introduce/service.do?menuId=MN0102

- http://www.onnara.go.kr

# 저자소개

## 경 정 익

저자는 빅데이터, 블록체인, 인공지능, CPS 등 정보기술의 부동산 활용과 제4차산업혁명, 인구구조 변화, 도시변화, 남북한 관계변화에 따른 부동산 변화 등 메가트렌드 변화에 대한 특별한 관심으로 이에 따른 미래 부동산의 변화와 발전에 대한 연구와 집필, 대학과 공공 및 교육기관의 자문과 강의 그리고 특별강연 활동을 하고 있다.

명지대 부동산대학원, 한성대학교 부동산대학원, 인하대 정책대학원, 중앙대학교, 한양사이버대 부동산대학원과 서울/한양/세종/세계 사이버대학교에서 부동산정보론, 부동산빅데이터분석, 부동산블록체인활용, 미래부동산분석, 스마트부동산 프롭테크 등으로 출강하며, 부동산최고위과정(매일경제사, 동국대, 아주대, 부산교대, 성동구청, 서초구청 등)과 명지대, 국민대, 인하대 등 다수 대학, 관련 기업체에 제4차산업혁명과 정보기술발전의 부동산활용에 대한 강연을 하고 있다.

## [학력 및 경력]

- 행정학박사(부동산정보화정책)
- 부동산학석사, 공학석사(정보통신학)
- 국토교통부 국가공간정보사업 기술평가위원
- 한국부동산정보분석연구원장
- 국민대학교 정보기술연구소 연구위원
- 도시계획/도시재생 심의/평가위원(강북구, 관악구, 동대문구, 의정부시, 평택시, 가평군, 성남시, 부평구)
- 서대문구 공유재산심의위원회 부위원장
- 공인중개사 자격시험 출제위원
- 국토교통과학기술진흥원 자문 및 평가위원
- 성남도시개발공사 기술자문위원
- 인천도시공사 기술자문위원
- 한국광해관리공단 심의자문위원
- NCS(국가직무능력표준) 부동산분야 집필/검토위원
- 한국데이터베이스진흥원 부동산 빅데이터 자문교수
- 포항 테크노파크 빅데이터 자문위원
- ㈜하나자산신탁 빅데이터 자문위원
- 광명시 빅데이터 공모심사위원
- 산업통상자원부 지식경제 기술혁신 전문위원
- 중소기업기술정보진흥원 평가위원
- 공공기관 정보화사업부문 기술자문 및 평가위원(한국정보화진흥원, 한국해양과학기술진흥원, 정보통신기술진흥센터, 국가산업융합지원센터, 경기과학기술진흥원, 한국산업기술진흥원, 한국산업기술평가관리원, 한국산업기술평가관리원, 서울산업진흥원, 경북 S/W진흥센터)
- 한국인터넷진흥원 개인정보보호 전문강사
- 문화체육관광부 개인정보보호 자문위원
- 행정안전부 개인정보보호 자율규제단체 자문
- ㈜씨에이에스 개인정보보호 자문위원
- 한국공인중개사협회 교수

- 대한주택관리사협회 교수
- 경기도 공무원 연수교육 외래교수
- 한국천문연구원 평가위원
- 한국부동산산업학회 이사
- 한국부동산경영학회 이사
- 한국부동산분석학회 정회원
- 한국정책분석평가학회 정회원
- 대한국토도시 · 계획학회 지자체 정책자문위원
- 한국정책포럼 학술이사
- 서울시 도시공간정보포럼 운영위원
- 명지대학교 부동산대학원 겸임교수
- 한성대학교 부동산대학원 겸임교수
- 서울/세종/세계사이버대학교 겸임교수
- 중앙대, 인하대 정책대학원, 한양사이버 부동산대학교 외래교수

## [저서]

- 부동산빅데이터블록체인프롭테크(2020), 박영사
- 부동산 중개 경영이론과 실무(공저, 2020), 한국공인중개사협회
- 개인정보보호 중개업 자율규약(2017), 행정안전부
- 개인정보보호 이해와 해설(2015), 부연사
- 스마트 빅데이터 시대 부동산정보화의 이해 개정판(2015), 부연사

## [주요 연구수행/논문]

- 부동산정보시스템이 업무성과에 미치는 영향(2010), 한성대학교 석사학위논문.
- 부동산정보시스템의 품질이 중개업무성과에 미치는 영향(2010), 「부동산학연구」 제16집제1호, 한국부동산분석학회.
- 부동산정보정책의 성공요인에 관한 연구(2010), 「한국공공관리학보」 제24집제3호, 한국공공관리학회.
- 부동산정보화정책의 영향요인에 관한 연구(2011), 가천대학교 박사학위논문.
- 부동산정보화정책의 효율성을 위한 개선방안(2011), 「부동산학연구」 제17집제3호, 한국부동산분석학회.
- 부동산정보화정책의 성공요인에 대한 인식분석: 중앙정부와 지방정부 비교(2012), 「한국공공관리학보」 제26집제1호, 한국공공관리학회.
- 모바일 부동산정보시스템의 특성이 만족도와 재사용의도에 미치는 영향 (2012), 「부동산학연구」 제18집제3호, 한국부동산분석학회.
- 거버넌스형 안전도시 포털시스템 설계(2012), 국립방재연구원.
- 도시 안전지수DB 구축 및 안전지수 활용방안 연구(2012), 행정안전부.
- 부동산 포털사이트의 매물정보 품질 개선에 관한 연구(2013), 「부동산학연구」 제19집제3호, 한국부동산분석학회.
- 지명법 제정에 따른 하위규정 제정(안) 마련 연구(2013), 국토지리정보원.
- 안전정보 통합운영관리 정보화전략계획 수립 및 지역안전진단 시스템 개발 설계(2013), 행정안전부.
- 창조경제와 일자리 창출을 위한 공간정보 생태계 활성화 전략 연구(2013), 국토정보공사 공간정보연구원.
- 기술수용모델을 이용한 공인중개사의 정보화활용 행동에 관한 연구(2014), 「부동산학연구」 제20집제4호, 한국부동산분석학회.
- 부동산분야의 빅데이터 활용 방안과 정책적 제언(2014), 「부동산경영」 제10집, 한국부동산경영학회.

- 부동산분야에서 빅데이터 전략적 활용의 영향요인에 관한 연구(2015), 「부동산산업」 창간호, 한국부동산산업학회.
- 부동산분야의 빅데이터 도입의도에 미치는 영향요인에 관한 연구(2015), 「부동산분석」 창간호, 한국부동산원.
- 빅데이터에 의한 부동산활동 의사결정모형에 관한 연구(2015), 한국부동산경영학회 학술대회.
- Text Mining에 의한 부동산 빅데이터 감성분석 모형 개발 연구(2016), 「주택연구」 제24권제4호, 한국주택학회.
- 빅데이터에 의한 부동산정책 현안진단 및 수용예측방법론(2017), 「부동산경영」 제15집, 한국부동산경영학회.
- 부동산 분야의 빅데이터 활용(2017), 「Real Estate Issue & Market Trend」 Vol.15. June, (주)하나자산신탁.
- 제4차산업혁명시대, 부동산산업의 정보기술 수용의 영향요인에 관한 연구(2018), 한국부동산학회, 제36권제3호.
- 블록체인에 의한 부동산 변화 연구(2019), 한국부동산경영학회 후반기 세미나 연구발표.
- 제4차산업혁명시대 도시재생의 스마트기술 도입 활성화에 미치는 영향요인(2020), 한국부동산원, 「부동산분석」 제6권제1호.
- 블록체인에 의한 부동산산업과 시장 혁신에 관한 연구(2020), 한국부동산분석학회, 제5차 부동산산업의 날 기념 학술대회 연구발표.

## [주요 강연 주제]

- 제4차산업혁명시대 부동산 변화와 발전
- 블록체인에 의한 부동산 변화와 발전
- 부동산분야의 빅데이터 활용
- 뉴 노멀시대 미래 부동산 방향
- 부동산산업별 프롭테크 발전(개발, 주택, 정보, 중개 등)
- 북한변화와 부동산시장의 기회

제4차산업혁명시대
부동산정보기술론

개정판발행    2021년 2월 28일

지은이      경정익
펴낸이      안종만 · 안상준

편 집       조보나
기획/마케팅   정성혁
표지디자인    이미연
제 작       우인도 · 고철민

펴낸곳      (주) **박영시**
            서울특별시 금천구 가산디지털2로 53, 210호(가산동, 한라시그마밸리)
            등록  1959. 3. 11. 제300-1959-1호(倫)
전 화       02)733-6771
f a x       02)736-4818
e-mail      pys@pybook.co.kr
homepage    www.pybook.co.kr
ISBN        979-11-303-1215-6        93320

정 가        36,000원